Thomas Lackmann
Das Glück der Mendelssohns

Thomas Lackmann, geb. 1954, seit 1991 Feuilletonredakteur des »Tagesspiegels«; künstlerischer Leiter der Jüdischen Kulturtage 2004, die sich der Familie Mendelssohn widmeten; lebt in Berlin.

Veröffentlichungen: Odessa. Die Stadt und ihr Traum. Eine Liebeserklärung aus Berlin. Mit Joachim Schlör und Juri Ginsburg (1999); Jewrassic Park. Wie baut man (k)ein Jüdisches Museum in Berlin (2000).

Am Anfang dieser Familiengeschichte steht Moses Mendelssohn (1729–1786), der bedeutende jüdische Philosoph der Aufklärung, der schon zu Lebzeiten europäischen Ruhm erringt. In zweieinhalb Jahrhunderten verästelt sich sein Stammbaum zu einer bürgerlichen Dynastie der Kaufleute, Künstler und Gelehrten. Ob seine Lieblingstochter Brendel, die spätere Dorothea Schlegel, ob seine musikalisch hochbegabten Enkel Felix und Fanny Mendelssohn Bartholdy, ob Franz von Mendelssohn, der prominente Wirtschaftsführer der Weimarer Republik, oder der Völkerrechtler Albrecht Mendelssohn Bartholdy - vielfältiger und über einen längeren Zeitraum als jede andere bürgerliche Familie haben die Mendelssohns deutsche Kultur geprägt.

Ihre bedeutendsten Mitglieder werden hier im Zusammenhang der Generationen und auf der Grundlage bisher unveröffentlichter Quellen porträtiert. Im Mittelpunkt dieser spannenden Familienchronik steht aber ein rastlos Reisender und um seine Identität verzweifelt Ringender: Abraham Mendelssohn Bartholdy, der Sohn des Philosophen Moses und Vater des Komponisten Felix.

Thomas Lackmann

Das Glück der Mendelssohns

Geschichte einer deutschen Familie

aufbau taschenbuch
AUFBAU VERLAGSGRUPPE

Mit 43 Abbildungen

Umschlagabbildungen (von links nach rechts):
Vorderseite: Abraham Mendelssohn Bartholdy (1776–1835), Dorothea Schlegel (1764–1839), Felix Mendelssohn Bartholdy (1809–1847), Fanny Hensel (1805–1847), Joseph Mendelssohn (1770–1848), Eleonora von Mendelssohn (1900–1951), Arnold Mendelssohn (1855–1933).

Rücken: Moses Mendelssohn (1729–1786), Fromet Mendelssohn (1737 bis 1812).

Rückseite: Francesco von Mendelssohn (1901–1972), Franz Mendelssohn (1829–1889), Paul Mendelssohn Bartholdy (1812–1874), Rebecka Mendelssohn Bartholdy (1811–1858), Philipp Veit (1793–1877), Recha Meyer (1767–1831), Arnold Mendelssohn (1817–1854).

ISBN 978-3-7466-2390-0

Aufbau Taschenbuch ist eine Marke der
Aufbau Verlagsgruppe GmbH

1. Auflage 2007

Umschlaggestaltung Therese Schneider unter Verwendung der kolorierten Bleistiftzeichnung (1849) »Fannys Musikzimmer« von Julius Helfft (Privatbesitz),
grafische Adaption Mediabureau Di Stefano, Berlin
Druck und Binden Ebner & Spiegel, Ulm
Printed in Germany

www.aufbau-taschenbuch.de

Inhalt

Anhang

Prolog
Von den »ohngefähren« Zufällen

Paris, Sommer 1799. Die Hauptstadt der Revolution ein halbes Jahr vor dem Staatsstreich Napoleons. Eine Liebhaber-Aufführung im Salon: *Oedip zu Colonos* von Antonio Sacchini, der Dauerbrenner auf dem Spielplan des Opernhauses. Den antiken Vatermörder Ödipus auf der Flucht vor zwei machtgierigen Söhnen und dem Fluch der Götter gibt ein Kaufmann aus Berlin. Der junge Baß kostet die Tragik seiner Rolle aus: als Sohn eines Vaters, den er getötet hat, als Vater eines Sohnes, den er verflucht. Er läßt sich rühren von der guten Tochter Antigone. Er empört sich über den herzlosen Polineuk, der die Vergebung seines Vaters Ödipus sucht, um seinem Bruder die Macht zu entreißen. Er leidet und zürnt: »Mein Sohn? – Du bists nicht mehr! Fort! Ich kann nur dich hassen.« Er plädiert an die höchste Instanz: »Ja, die Götter selbst sind Rächer des Hochverraths der Kinder! [...] Ihr Götter! Verfolgt sie mit Donnern der Rache!« Er genießt die Versöhnung: »Die Stille folgt den Gewittern! Der Ruhe sanftes Glück hat diesen Ort verschönt. Der Götter Zorn erlischt. Wir dürfen nicht mehr zittern.« [1]

Der Salon-Ödipus heißt Abraham Mendelssohn und lebt seit zwei Jahren als Bankierslehrling in der Stadt. Er ist 22 Jahre alt, kunstbegeistert, empfindsam, arrogant, mal himmelhoch jauchzend, dann wieder am Boden zerstört. Paris ist der Schauplatz seines Aufbruchs in das Leben. Die Liebe zur Musik hat er aus Berlin mitgebracht, wo er dem ersten deutschen Gesangsverein, der Singakademie, angehörte und in der Familie Carl Friedrich Zelters »die glücklichsten Momente meines Lebens« [2] erfuhr. In Paris ist er zum Opernfan geworden, die Bühne der großen Leidenschaften und Verhängnisse ist seine neue Heimat. »Einstweilen lieber Z: höre und mache ich so viel Musik als möglich, ich bin mit manchen Frauenzimmern bekannt geworden, die recht hübsch singen und spielen, und singe unter anderm gar oft und mit unaussprechlichem Vergnügen die Partie des Oedib in der Musik von Sachini«, schreibt er im Juli 1799 dem väterlichen Freund Zelter, »sie ist bey uns [in Berlin] gegeben worden, wie man mir gesagt hat, und hat wenig beyfall gefunden; gewiß nur bey denen, die es nicht verstehen, innere Schönheiten eines Kunstwerkes durch eine fehlerhafte Execuzion durchzufühlen; Ihnen hat sie gewiß gefallen, das sagt mir mein Gefühl, für das ich keine edlere größere und erhebendere Musik und Oper zugleich kenne, als Oedip zu Colonno; ich habe sie 13 mal hintereinander gehört, und es ist die einzige Oper die sie mir hier zu Danck geben.«[3]

Im Pariser Szenario dieses deutschen Gastarbeiters, der so gern Künstler geworden wäre, aber aus Vernunftgründen den Kaufmannsberuf ergreift, sind Motive seiner Biographie zu erkennen, die auch für die Lebenswege seiner Verwandten Bedeutung gewinnen werden. Frankreich ist zu diesem Zeitpunkt das einzige Land Europas, in dem Juden das volle Bürgerrecht besitzen. Abraham ist der mittlere Sohn des berühmtesten Juden Europas, Moses Mendelssohns, dessen Schriften zur Judenemanzipation in der Französischen Republik wesentlich beigetragen haben. Abraham muß sich entscheiden, ob er dem Vorbild dieses großen Vaters, der aufgeklärter Philosoph und zugleich frommer Jude sein wollte, folgen kann. Das Opernmotiv des Vatermords und der Versöhnung, des Traditionsverrats und der Traditionsbewahrung wird ihn sein Leben lang begleiten. Die Pariser Erfahrung wird für ihn zum Ausbruch aus Berliner Gegebenheiten. Er muß das politische System finden, in dem er – als Jude – überleben kann.

Neben der Profession des Bankgeschäfts, das schon bald zum Fundament der wirtschaftlichen Bedeutung der Mendelssohn-Familie wird, vertieft Abraham in Paris seine Liebe zur Kunst, seine Passion für die Musik. Kulturelles Engagement – damit steht er in seiner Familie nicht allein – erscheint ihm als der wahre Lebensinhalt, für den der ökonomische Profit nur die Mittel liefert. Und dann wird dem glücklichen Abraham zehn Jahre nach seinem Pariser Opernrausch ein Wunderkind namens Felix geboren ...

Als Traditionsvermittler und Verehrer ihres jüdischen Ahnherrn, als preußische Patrioten und mächtige Bankiers, als Mäzene, Gelehrte und Künstler entwickeln sich die Mendelssohns in Deutschland zu einer bedeutenden bürgerlichen Dynastie. Weil ihr Stammvater die Emanzipation der europäischen Juden vorangetrieben, weil ihr Name den jüdischen Beiklang nie verloren hat, gelten sie bis heute als berühmtes Beispiel für die sogenannte deutsch-jüdische Symbiose. Diese Wertung ist kaum dadurch beeinträchtigt worden, daß seit der zweiten Generation getaufte Mendelssohns in der Mehrzahl sind. Auch deshalb spielt in unserer Darstellung der Mendelssohn-Geschichte Abraham, der mittlere Sohn des Moses, der sich später Mendelssohn Bartholdy nennen wird, eine besondere Rolle. Ruhm wie sein Vater Moses oder sein Sohn Felix erwirbt sich dieser musikbegeisterte Finanzmakler nicht. Doch macht ihn seine Position zwischen Judentum und Christentum wie die Verbindung von künstlerischer Neigung und kaufmännischem Beruf zur Schlüsselfigur. In der Skizze der fünf Generationen, die dieses Buch entwirft, ist er das Exempel, an dem per Nahaufnahme vieles deutlich wird, was den ganzen Clan betrifft.

Diese Skizze der Generationen kann trotz ihres Umfangs kein Panoramagemälde – die definitive Familienbiographie – der Mendelssohns darstellen. Allerdings werden hier zum erstenmal bisher unveröffentlichte Dokumente und bereits publizierte Quellen zu einer Gesamtansicht montiert: Ohne die Untersuchungen der Mendelssohn-Forschung, insbesondere der seit 1972 in Berlin erscheinenden Mendelssohn-Studien, wäre eine solche Synopse nicht möglich gewesen.

Warum sich gerade unter den Nachkommen des verwachsenen Autodidakten Moische aus Dessau und der Hamburger Kaufmannstochter Fromet das besondere Mendelssohn-Soziotop der Begabten und Einflußreichen entwickelt hat, kann allerdings kaum über Belege oder Argumente beantwortet werden. Dieser Frage – nach der Machbarkeit des Schicksals – ist auch der junge

Moses Mendelssohn nachgegangen. »Würden wir nicht glücklicher seyn, wenn wir nicht den ohngefähren Zufällen unterworfen wären?« lautet die älteste überlieferte Notizbuch-Eintragung des 24jährigen Berliner Hauslehrers und angehenden Philosophen, niedergeschrieben am 16. März 1753. »Die Glücksfälle, die natürliche Begebenheiten [...], die uns unerwartet zu unserm Zwecke leiten, sind von der Natur der Wunderwerke.« An ihnen erkenne man zwar Gottes Allmacht, aber nicht immer seine Weisheit. Deshalb werde ein Weiser mehr gerührt »von einer natürlichen Begebenheit, deren Verknüpfung mit dem Ganzen er zum Theil einzusehen vermag«. Ebenso verhalte es sich »mit den Glücksfällen. Diejenige Güter, die wir durch unsere Bemühung erhalten, davon also der Grund in unseren Handlungen anzutreffen ist, verkündigen weit mehr eine gütige und weise Macht, als diejenige, welche wir erlangen, ohne sie vermuthet oder etwas dazu beygetragen zu haben: weil auch unsere Fähigkeiten, und die Klugheit, sie nach unserm Willen zu lenken, Geschenke einer gütigen, weisen und allmächtigen Hand sind.« Der Rückschluß – vom eigenen Glück auf den göttlichen Willen – sei allerdings nicht zulässig: »Wie oft ist das Glück [...] dem Gottlosen günstig, und läßt alle seine Unternehmungen gelingen [...].«[4]

Die Rede vom Glück einer sogenannten jüdischen Familie klingt aus der Perspektive des 20. Jahrhunderts, das gezeigt hat, wie schrecklich die Unternehmungen der »Gottlosen« gelingen können, möglicherweise provokant. Dennoch darf die Opferrolle einer benachteiligten Minderheit und ihrer assimilierten Nachkommen nicht die ganze Erinnerung bestimmen: Das entspräche weder der Perspektive des erfolgreichen Clans selbst noch dem historischen Blickwinkel seiner Chronisten. Der Erfolg, der immer auch von Schatten begleitet war, ist den Mendelssohns lange treu geblieben; daß in späteren Generationen das Füllhorn der Talente immer noch besonders reich über die Kindeskinder von Moses und Fromet ausgeschüttet wurde, ist vielleicht ein bemerkenswerter »ohngefährer Zufall«. Ob dabei die jeweiligen Mendelssohn-Nachkommen ihr Vermächtnis und ihre individuellen Anlagen als Chance oder als Hypothek erfahren haben, ist wieder eine andere Geschichte – das Thema der persönlichen Glücksdefinition.

Worin besteht das Glück? Mitte der 1770er Jahre hat sich Moses Mendelssohn auch dazu Gedanken gemacht, als er in der Synonymensammlung des reformierten Theologen Samuel Johann Ernst Stosch die Begriffe »glücklich« und »glückselig« kommentierte und ergänzte. Eine Person, der etwas per Zufall, ganz nach Wunsch gelinge oder auch äußerer Wohlstand zufalle, nenne man im allgemeinen glücklich, formulierte er. »Was unser inneres Wohl nicht weniger befördert als das äußere, heißt *glückselig*, so wie die Person, welche sich in diesem zweifachen Wohlseyn befindet, glückselig genannt wird.«[5]

Das innere Wohlsein des jungen Abraham Mendelssohn in seiner Pariser Zeit stellte sich ein, wenn der Opernnarr als tragische Figur des Musiktheaters vor halböffentlichem Auditorium Gefühle ausdrücken konnte, die ihm selbst kaum bewußt gewesen sind. Am Anfang der Mendelssohn-Wege durch zweihundert Jahre deutscher Geschichte steht die Suche nach der »Glückseligkeit«, der Traum vom Auszug aus dem Reich der Angst in die neue Welt der Selbstbestimmung: »Der Götter Zorn erlischt. Wir dürfen nicht mehr zittern.«

Erstes Kapitel
Der Gastarbeiter

Auf der Innenseite des Nasenbügels hat jemand מם eingeritzt. Am Rand des linken Glases ist die Ziffer 44, auf dem rechten ist eine 24 zu erkennen. Die Brille aus dunklem Holz diente nicht als Lesehilfe, eher als Staubschutz. Die Fassung der Gläser hat vier Scharniere und ist mit jeweils drei kleinen Nägeln im Holz fixiert.

Von seinen sechsundfünfzig Lebensjahren hat Moses Mendelssohn sechsunddreißig Jahre in den Diensten oder als Sozius der Berliner Kaufmanns- und Fabrikantenfamilie Isaak Bernhard verbracht: Zunächst vier Jahre als Hauslehrer der Kinder, dann als Buchhalter der Seidenhandlung und Manufaktur, schließlich als Geschäftsführer, zuletzt als Teilhaber der Witwe Bernhard und, nach deren Tod, als Kompagnon ihrer Söhne Moses und Abraham.

Die ersten Hauslehrer- und Buchhalterjahre dürfte er den Augenschutz bei seiner Arbeit kaum benötigt haben. Das ändert sich mit der Übernahme der Geschäftsführung. Obwohl er immer noch die meiste Zeit am Schreibtisch verbringt, muß der Prokurist nun auch in den Manufaktursälen nach dem Rechten sehen. Falls Moses Mendelssohn die Schutzbrille selbst mit den hebräischen Initialen seines Namens markiert hat, geschah das wohl in den letzten Lebensjahren, als seine Sehkraft deutlich nachließ. In dieser Zeit führte Mausche aus Dessau seinen selbstgebastelten Familiennamen Mendelssohn bereits so routiniert, wie das dem für die Jahre 1779 bis 1781 erhaltenen Geschäftsjournal der Firma Bernhard zu entnehmen ist. Manchmal notiert er allerdings auch im Geschäftsjournal: Moses M. Sohn.

Die Brille des Moses Mendelssohn ist das Requisit eines Doppellebens und signalisiert, daß sich der erste Mendelssohn – persönlichen Neigungen zum Trotz – mindestens so ausdauernd mit handwerklichen und wirtschaftlichen Aufgaben befaßt hat wie mit den Geisteswissenschaften, die ihn berühmt machen. Vor allem erinnert sie daran, daß der junge Talmudschüler Moses in seinem siebten Berliner Jahr die Stadt beinahe hätte verlassen müssen: Das Judenreglement von 1750 drosselte durch zahlreiche Zwangsabgaben und Einschränkungen die Zuwanderung und Ausbreitung der jüdischen Minorität, bevorzugte kapitalkräftige Einwanderer und sah für arbeitslose Hungerleider die Abschiebung vor.

Der Fabrikant Moses Mendelssohn

Preußen anno 1750 ist ein Agrarstaat mit einem jungen, aufgeklärten König, der die von ihm erhofften Reformen noch nicht durchgeführt, aber unmittelbar nach seiner Thronbesteigung, zehn Jahre zuvor, einen Eroberungskrieg begonnen hatte. Der zweite Schlesische Krieg ist gerade fünf Jahre vorbei. Die Ansiedlung von Manufakturen in Berlin wird gefördert, die erste Porzellanfabrik der Stadt 1751 gegründet. Der König hat aus Frankreich die aufgeklärten Intellektuellen d'Argens, Maupertuis und La Mettrie an seine Berliner Akademie der Wissenschaften berufen, um der Stadt einen Namen als philosophisches Zentrum zu machen und eigene Bedürfnisse nach einer unterhaltenden Tafelrunde zu befriedigen. Gerade ist der Starphilosoph Voltaire seiner Einladung zu einem Daueraufenthalt (der drei Jahre später mit einem Zerwürfnis enden wird) in Sanssouci gefolgt. Carl Philipp Emanuel Bach ist 1740 als Cembalist in die Potsdamer Hofkapelle berufen worden. Preußens Hauptstadt gewinnt an Anziehungskraft; auch die Schriftsteller Josef Sulzer, Christlob Mylius und Gotthold Ephraim Lessing sind in den vergangenen Jahren nach Berlin gezogen, in die Residenzstadt der 113 000 Einwohner. 2188 sind Juden, angesiedelt in allen Quartieren Alt-Berlins zwischen Spree und Festungsgraben. Reiche wohnen in den ansehnlichen Vorderhäusern, Ärmere in Hinterhäusern und Seitenflügeln. Die meisten sind Händler und Kaufleute, bettelarm sind die wenigsten, das selektive Aufenthaltsrecht funktioniert. Die Jüdische Gemeinde wird dominiert von orthodoxen polnischen Rabbinern, denen jeder Kontakt ihrer Gläubigen mit der christlichen Gesellschaft und mit deutscher Kultur ein Dorn im Auge ist. Die Gemeinde hat ihre eigene Rechtsprechung, sie haftet kollektiv für Vergehen ihrer Mitglieder; wer sich mit den Ältesten anlegt, kann ohne Möglichkeit des Widerrufs sein Bleiberecht verlieren, über das diese im staatlichen Auftrag befinden.

So ist auch Moses Mendelssohn auf das Wohlwollen der Rabbiner angewiesen. Als er im Jahr 1743 vierzehnjährig in Berlin ankommt, muß er wie alle mittellosen Juden für seine befristete Aufenthaltserlaubnis den Leibzoll entrichten, die Gebühr für einen polnischen Ochsen. »Heute passierten das Rosenthaler Tor sechs Ochsen, sieben Schweine, ein Jude«, lautet der Eintrag eines Wachpostens am Rosenthaler Tor im Oktober 1743: Hier soll damals, der Legende nach, Moses Mendelssohn Berliner Boden betreten haben. Wahrscheinlicher ist, daß er nicht die halbe Stadt umrundete, sondern – von Dessau kommend – das Hallesche Tor nutzte, wo Juden ebenfalls die Einreise gestattet war. Nach dem Zweck seines Aufenthaltes gefragt, soll der mißgebildete Knabe geantwortet haben: »Lernen.« So hat seine Berliner Geschichte angefangen.

Bis 1750 hat er sich, fromm und wissensdurstig, von einem Tag auf den andern durchgeschlagen; an dem Brotlaib, der eine Woche reichen muß, markiert er die Portionen für heute, morgen, übermorgen. Erst seine Anstellung als Hauslehrer beim Seidenhändler Bernhard verschafft dem Einundzwanzigjährigen nach den neuen Bestimmungen die vorläufige Aufenthaltserlaubnis. Vier Jahre später wird seine Stelle umgewandelt; nun arbeitet er als Buchhalter für den Bernhardschen Betrieb, der 1752 – zwei Jahre nach Ablehnung eines ersten Antrags, denn dem König widerstrebt es, jüdische Kaufleute zu subventionieren – die Konzession zur Seidenproduktion erhielt. Zur Abwendung künftiger Abschiebungsgefahren ist das langfristig ein sichereres Arbeitsverhältnis als das Unterrichten. Kenntnisse in Buchhaltung und in der Seidenproduktion erwirbt sich Moses autodidaktisch.

Als der junge Prokurist 1762 seine Frau fürs Leben findet, beantragt er für sie und sich die Niederlassungs- und Heiratserlaubnis; das im Folgejahr für seine Familie beantragte Schutzprivileg, welches ihm persönlich in Anerkennung seiner Gelehrsamkeit gewährt wird, gilt lediglich ad personam. Seit zwanzig Jahren in Berlin, darf er jetzt immerhin unbefristet bleiben. Nur aufgrund einer Intervention seines Bewunderers, des Marquis d'Argens am Hof des Königs, wird diese Genehmigung erteilt; der aufgeklärte Edelmann mußte dafür Friedrich II., den passionierten Philosophen, mit einem beißend ironischen Antrag bedrängen: »Ein schlechter katholischer Philosoph bittet einen schlechten protestantischen Philosophen, einem schlechten jüdischen Philosophen den Schutzbrief zu erteilen. Es steckt zuviel Philosophie in dem allen, als daß das Recht nicht auf die Seite der Bitte treten sollte.«

Im Jahr darauf verleiht man dem »schlechten jüdischen Philosophen« für seine *Abhandlung über die Evidenz in Metaphysischen Wissenschaften* den ersten Preis der Königlichen Akademie. Doch weil die Seidenproduktion dem preußischen König so sehr am Herzen liegt und Mendelssohn am Erfolg der Firma Bernhard maßgeblich beteiligt ist, wagt dieser Jahre später, das Bleiberecht für seine Familie ein weiteres Mal zu erbitten. »Vor seine Person wohl gratis, aber nicht vor seine Kinder«, schreibt Friedrich II. im Juni 1779 an den Rand des der Seidenkommission vorliegenden Gesuchs. [1]

Die Fabrik liegt nicht weit von seinem Wohnhaus, Ecke Bischofsstraße/Spandauer Straße. Dienstags und freitags besetzen Gemüse-, Fleisch- und Fischhändler den Neuen Markt. Außer Moses Mendelssohn und seinem Arbeitgeber Isaak Bernhard haben sich auch die Ärzte Marcus Herz und Benjamin de Lemos hier niedergelassen, der spätere Ehemann und der Vater von Henriette Herz, mit der sich die Moses-Tochter Brendel befreunden wird. Moses Mendelssohn hat nicht nur in der Fabrik, sondern auch bei sich zu Hause, Spandauer Straße 68, ein kleines Büro – so läßt sich leichter die bisweilen zwangsweise verfügte militärische Einquartierung abwehren, denn die Seidenproduktion, gesteuert durch Zölle, Einfuhrverbote, Exportprämien, Fabrikationsbonifikationen, Zuschüsse und fiskalische Instruktionen, hat für den Staat Priorität. Ohnehin verbringt der Fabrikant die frühen Stunden des Tages in seiner Wohnung mit Lektüre, Schreiben, Lektionen. Dafür ist er um fünf aufgestanden. Den Kaffee kocht er sich selbst. Um acht oder neun geht er zur Manufaktur. Dort steht in seinem Zimmer eine kleine Handbibliothek, um Pausen kreativ zu nutzen, zum Nachschlagen, Lesen, Überprüfen von Einfällen. Sechs Stunden dauert sein kommerzieller Arbeitstag. Die Meister treten zur Tagesbesprechung an, er erteilt Anweisungen für den Betrieb der Webstühle, diskutiert Herstellungsprobleme, Ideen für neue Produkte. Manchmal zeichnet er ihnen Muster auf. Klienten kommen ins Büro. In der griffbereiten Notizkladde hält er Geschäftliches fest: Preise, Lieferungen, Absprachen, Planungen, daneben Lesefrüchte und Kommentare. Diese Kladden spiegeln Mendelssohns (Doppel-)Leben: Notizen über Aufträge und Arbeitsabläufe, über das Pressen und Färben, über Stoffsorten wie Serge, Caffan und Flanell wechseln mit Stichworten über Freiheit und Freiwilligkeit, Kunst, den Schein und die Wahrheit. Manchmal will er im Kontor ungestört einen neu erschienenen Gedichtband studieren, und wenn ihn Kunden und Mitarbeiter aufstöbern, wimmelt er sie ab, behauptet, er sei krank, wird dann aber doch vom Chef mit Aufträgen zugeschüttet. Er versucht das Unvereinbare zu versöhnen: »Ich fing an, in Handlungssachen schön zu denken, und machte in meine Bücher eine von den Schönheiten, die man von einer Ode zu rühmen pflegt.«[2]

Auch Reisende, die von dem Weltweisen oder Schriftsteller Moses Mendelssohn gehört haben, suchen ihn im Büro auf. Er empfängt sie, plaudert, entschuldigt sich höflich und witzig, wann immer ein Färber oder Seidenwirkermeister Auskünfte braucht. Er stottert, hat die Statur eines Gnoms, ist klein, schiefgewachsen, bucklig; sein Leben lang unterschreibt er viele hebräische Briefe als »Der kleine Mauscheh aus Dessau«[3]. Manche nennen sein Gesicht häßlich, die wulstigen Lippen, die lange Nase. Die Haut ist braun und ungesund, das Haar schwarz und kraus. Viele sind fasziniert von seinen leuchtenden Augen. Wer mit ihm Zeit verbringt, fühlt sich wohl in seiner Gesellschaft. Wer ihn schlecht gestimmt aufsucht, verläßt ihn gut gelaunt. Seine Arbeiter merken, daß er sie ernst nimmt und ihnen zuhört, daß er ihr Metier versteht.

Mit den Jahren ist er die Seele des Unternehmens geworden, was seinem Patron Isaak Bernhard und den Behörden nicht verborgen blieb. Seine Geschäftspartner sind großteils Freunde und Bekannte, Verwandte, Anhänger der Berliner Aufklärung, aber auch italienische Firmen, die wunderbare Stoffe liefern. Aus Piemont den Organsin, aus Como und Mailand die Trame: Die Behörden schätzen die Firma Bernhard allerdings auch deshalb, weil sie heimische Erzeugnisse verwendet, auf deren Vertrieb jüdische Händler besonders verpflichtet werden. Der erfolgreiche Geschäftsführer Mendelssohn soll 1764 sogar 20000 Taler erhalten, um in Potsdam eine eigene Fabrik zu eröffnen. Aus Loyalität gegenüber seinem Chef lehnt er ab. Die Subvention geht daraufhin an die Firma Bernhard, fünf Fabrikgebäude in Potsdam kommen hinzu. 1575337 preußische Maulbeerbäume werden 1774 gezählt; zehn Jahre später, nach einigen Kriegen und Wirtschaftskrisen, sind es nicht mal mehr halb so viele.

Doch das Netzwerk Mendelssohnscher Beziehungen stabilisiert den Erfolg der Bernhardschen Fabrik. Zudem betreibt der kluge Geschäftsführer nebenher Wechselgeschäfte: einen von der Textilkonjunktur unabhängigen Zweig der Firma. Als er der Aufsichtsbehörde nachweist, wie das zentralistische staatliche Seidenmagazin und die Unternehmer bei der Bestellung ausländischer Rohstoffe effektiv kooperieren könnten, findet sein Finanzierungskonzept, das zur Qualitätssicherung und Preistransparenz beiträgt, den Beifall der Konkurrenz wie der Beamten. Er betreut die Bernhardschen Filialen in Ost- und Westpreußen, Schlesien, Memel und Preußisch-Litauen. Er erweitert die Produktpalette, liefert Seidentapeten für die Schlösser in Sanssouci, kopiert in seiner Fabrik – auf hohem Niveau – ostindische Seidenwaren. Sein Vertrieb erstreckt sich in alle preußischen Lande. Die Firma Bernhard & Mendelssohn floriert. Sie wird zwar nie Marktführer, hält sich jedoch auch in Krisenzeiten unter den ersten zwanzig »großen Entrepreneurs«; nach Anzahl ihrer Webstühle in Berlin und Potsdam rangiert sie meistens an vierter Stelle.

Hunderttausende von Talern gehen über Wechsel und bar durch Mendelssohns Hände. Er gehört zu den drei Spitzenunternehmern, die 1782 vom Inspektor der Seidenmanufakturen um Vorschläge für eine Verbesserung des staatlich kontrollierten Produktionssystems gebeten werden: Er halte wenig von Plantageninspektoren, durch deren Einsatz die Qualität preußischer Rohseide gesteigert werden solle, teilt er dem Inspektor mit, aber um so mehr von einer öffentlichen Anstalt zum Abhaspeln der Kokons. Zur Einhaltung verbindlicher Herstellungsregeln regt er an, Qualitätsprodukte mit speziellen Warenzeichen zu versehen, deren Fälschung streng zu bestrafen sei. Als es um die Frage geht, wieviel praktisches Know-how man von den Manufakturbesitzern fordern müsse, unterscheidet er zwischen großen und kleinen Betrieben. Die Verpflichtung der Großunternehmer auf Praxiserfahrung nütze der Produktion weniger als ein loyaler Werkmeister, der sein Handwerk versteht. Unbedingt verfügen solle der Fabrikant allerdings über Kenntnisse in Musterzeichnung und Farbmischung. Er selbst hat keine Probleme damit, dazuzulernen und mit anzupacken, außerdem ist er in der Lage, guten Mitarbeitern zu vertrauen; zeitweilig beschäftigt sein Unternehmen mehr Meister als die Konkurrenz, produziert aber mit größerem Gewinn.

Das Glück des freien Denkens

Mendelssohn ist ein erfolgreicher Geschäftsmann, das gibt ihm Sicherheit, aber er verheimlicht nicht, welcher Beschäftigung sein Herz gehört. Immer wieder träumt er davon, sich von den Geschäften loszureißen. Ein Buchhalter müsse Verstand, Witz und Empfindung ablegen und ein Klotz werden, um seine Arbeit gut zu machen, klagt er; er fühle sich wie ein Lastesel, wo er doch eher zum Paradepferd geschaffen sei.

Als er noch ein »Fohlen« war und bereits das Hebräische beherrschte, mit fünf Jahren, anno 1734, hat sein Vater ihn, den Kleinsten der Familie, frühmorgens gegen die Kälte in einen Mantel gewickelt und auf seiner Schulter zum Beth Hamidrasch, zur jüdischen Lehranstalt, getragen. In Dessau, wo der aufgeklärte Fürst jüdischen Familien Schutzbriefe gewährt hat, entwickelte sich im ersten Drittel des Jahrhunderts ein jüdisches Zentrum der Schriftgelehrten. Niederlassen durften sich Juden in der sogenannten Sandvorstadt, wo, in der Spittelstraße 10, das kleine Fachwerkhaus des Seifensieders Würdig stand, in dem Moses Mendelssohn am 6. September 1729 geboren wird. Damals war eine Woche zuvor der berühmte Hoffaktor Moses Benjamin Wulff gestorben, ein einflußreicher, gelehrter Mann mit polnischer Vergangenheit und abenteuerlichen Pogrom- und Flucht- und Konversionserlebnissen. Dessen Vetter Saul Wahl war der Vater von Moses Mendelssohns Mutter Sara, die wiederum Mendel Heymann geheiratet hat: einen Zuwanderer, der über sie den Schutzbrief, das Bleiberecht, erlangte. Aus Pietät für Moses Benjamin Wulff und für einen berühmten Vorfahren aus dem 16. Jahrhundert, den großen Rabbi Moses Isserlis in Krakau, hat Moses seinen Namen erhalten. Vater Mendel, der als Synagogenküster, Thoraschreiber und Elementarlehrer seine Familie ernährt, ruft als »Schulklopfer« morgendlich zum Gebet in die Synagoge; als Gemeindediener fertigt er religiöse Gebrauchsgegenstände an wie Tefillin und Mesúsot. Er ist »ein Mann aus der alten Welt«,[4] einfach, aber talmudisch gebildet, mit einer poetischen Ader. Von seiner professionellen Kalligraphie hat Moses die gestochene Handschrift geerbt. Das Verhältnis zum Vater ist vor allem respektvoll. Die pädagogischen Verdienste der Mutter werden auf deren Grabinschrift auffälligerweise dem »Schweigen der Himmel«[5] anvertraut, eine etwas zwiespältige Formulierung.

Früh hat sich Moses, obwohl das Vermächtnis ruhmreicher Vorfahren durchaus seinen persönlichen Ehrgeiz anspornt, von der Bindung an die Eltern gelöst. Sein väterliches Vorbild wird Rabbi David Fränkel. Im Lehrhaus attestiert man dem kleinen Jungen Frömmigkeit, Fleiß und klaren Verstand. Mit sechs studiert er die talmudischen Materialien »Halacha und Tosafot«. Die ganze Ausbildung zielt auf eine frühe Beherrschung des Talmuds. Er allerdings interessiert sich, aus eigenem Antrieb, für den biblischen Urtext, lernt Teile der 24 biblischen Bücher auswendig. Ein Lernziel ist die Fähigkeit zu scharfsinnigen Diskussionen, wozu der Knabe Moses eine erstaunliche Begabung zeigt. Er spricht von Hause aus jiddisch und entwickelt zugleich, unterstützt durch Grammatikstudien, einen formvollendeten hebräischen Stil. In der von Moses Benjamin Wulff gegründeten hebräischen Buchdruckerei erscheint 1742 der »Führer der Verirrten« von Moses Maimonides, das seit 1553 nicht mehr aufgelegte Werk des mittelalterlichen Religionsphilosophen; obwohl ein 1305 in Barcelona ergangener rabbinischer Bannspruch Männern unter 25 eigentlich das Philosophiestudium verbietet. Die Druckkosten des bahnbrechenden Werkes, das zum eigenständigen Denken anregt, tragen Verwandte Rabbi Fränkels. In das Studium des Maimonides steckt Moses so viel Energie, daß er diesem Philosophen nach eigener Mitteilung seine verwachsene Gestalt verdankt, seine Rückgratverkrümmung, die eine chronische Lungeninsuffizienz und seine Sprachstörung zur Folge hat: Er ist »schnell in der Aussprache, doch plötzlich durch ein Band der Natur im Laufe gehemmt«.[6] Zugleich bereitet der mittelalterliche Weise den jungen Schüler auf das Denken der führenden Philosophen seiner Zeit vor, auf Leibniz und Wolff. Seine körperlichen Mängel kompensiert er durch eisernen Fleiß, auch seine bleibende untergründige Schüchternheit resultiert aus bitterer Krankheitserfahrung. Die Streifzüge durch Grammatik, Dichtung und Philosophie eröffnen ihm Perspektiven für seinen ins Universelle und Humanistische tendierenden Intellekt.

Als Zehnjähriger wird Moses im exklusiven Schülerkreis der 30 Talmudjünger Fränkels aufgenommen. Der auf Grund seiner sokratisch klaren Gedankenführung gerühmte Unterricht läuft vom Nachmittag bis zum Abendgebet. Nach anderthalb Stunden Pause folgt ein Quellenstudium in Verbindung mit einem Gesetzeskodex; dasselbe morgens um sieben für Fortgeschrittene. Während des Vortrags fragt der Lehrer häufig nach, überzeugt sich vom

Eifer jedes einzelnen. Trotz seines sanften Charakters läßt er sich aus Leidenschaft für seinen Stoff bisweilen zu körperlicher Züchtigung hinreißen. Er vermittelt den Jugendlichen Freitische und Stipendien, bietet in seinem Haus ein Zimmer an, wo sie nachts, in Dreistundenschichten, bei freier Beleuchtung, Benutzung seiner Bibliothek und heißen Getränken weiterstudieren dürfen. Er selbst steht um Mitternacht auf für das gewaltige Projekt der Herausgabe des jerusalemischen Talmuds. Außerdem ediert der Rabbi seit 1739 den vierbändigen Gesetzeskodex des Maimonides. Auf Moses, dessen Mutter eine Cousine von Fränkels Schwager, dem Dessauer Gemeindevorsteher Elia Wulff, ist, hat er ein besonderes Augenmerk. Als der Schüler zwölf ist, kurz vor seiner Bar Mizwa, nimmt er sich vor, dem verehrten Rabbi ein Buch zu schenken, die *Responsen des Rabbi Isak ben Scheschet* von 1559. Er schreibt eine Widmung in das wertvolle Werk, deren Ortsangabe er später in Berlin, wenn er dem Lehrer das Geschenk überreicht, korrigieren wird: Mendelssohns ältestes erhaltenes Schriftstück, das seine Beherrschung rabbinischer Ausdrucksformen ebenso dokumentiert wie seine schwärmerische Anhänglichkeit an die gelehrte Bezugsperson.

> Hier zu Berlin, am zweiten des Trostmonats Aw 502
> Der geringe Moses, Sohn meines Herrn Vaters, des ehrwürdigen Rabbi Mendel Sofer, sein Hort und Erlöser beschütze ihn! Aus Dessau Berlin.
> Geschrieben im Hause des Thora-beflissenen, des rabbinischen Gelehrten,
> des ausgezeichneten und hervorragenden, des grossen Gaon, der Krone unseres Hauptes, des Kranzes der Schönheit, des Diadems der Heiligkeit, des Israel Liebenden, der Zierde des Geschlechts, Säule des Exils,
> unseres ehrwürdigen Lehrers, des Rabbi David, es leuchte sein Licht,
> Verfassers des Kommentars und der Glossen zum Jerusalemischen Talmud, Gott verlängere seine Tage und Jahre in Gemeinschaft mit allen,

die sich in seinem Schatten bergen, bis der Erlöser kommt,
des Vorsitzenden des Gerichtshofs und Haupts der Akademie am Orte,
der heiligen Gemeinde Dessau, möge Zion und Jerusalem wiedererbaut werden, im Jahre ›Und David war verständig in allen seinen Wegen‹ nach der kleinen Zeitrechnung.
Dieses Buch gehört mir.[7]

Als Rabbi Fränkel nach Frankfurt an der Oder berufen wird, bittet ihn Moses, mitgehen zu dürfen, wird aber wegen seiner Kränklichkeit zurückgewiesen. Am Tag des Abschieds wartet er vor der Stadt auf den Rabbi und wiederholt seine Bitte, vergeblich. Als Fränkels Wirkungsstätte bald darauf Berlin wird, wo man ihn zum Oberrabbiner berufen hat, wächst der Mut des Jungen, ihm zu folgen: In Berlin leben Verwandte der Familie Wulff. Außerdem hat er gerade den Berliner Talmudgelehrten Israel Samoscz kennengelernt, der in Wulffs Druckerei den Kommentar einer philosophischen Terminologie des Jehuda ibn Tibbon publiziert. Nach solchen Kontakten sehnt er sich, um sich weiterzubilden. Es gibt also gute Gründe, nach den Herbst-Feiertagen des Jahres 1743 aufzubrechen.

Die Verkrümmungen, Anspannungen und Strapazen der Kinderjahre haben seine Gesundheit ruiniert, ihm aber die Lust am Lernen und Denken nicht verdorben. Die geheimnisvolle Welt universaler Gelehrsamkeit zieht ihn an, die Überlieferung seines Volkes und Maimonides inspirieren ihn.

Sieben Schülerjahre hat er wenig anderes getan; bei dem Gemeindemitglied Heimann Bamberger in der Probstgasse wohnt er unterm Dach, beim Rabbi Fränkel ißt er am Wochenende, mit seiner schönen Handschrift verdient er sich ein bißchen als Schreiber. Er erwirbt antiquarische Bücher, lernt Latein und Griechisch, Englisch und Französisch und vor allem die dem Ghettojuden unvertraute hochdeutsche Sprache. Der sechs Jahre ältere hochgebildete Mediziner Aaron Gumpertz, als Jude ein interkultureller Vermittler zwischen deutschen und französischen Gelehrten, wird sein Lehrer. Lesen, Lernen, Denken ist Mendelssohns große Liebe: allen Existenzsorgen zum Trotz, gegen alle ideologischen Widerstände jüdischer Gemeindeautoritäten. Dafür nimmt er die Trennung von seiner Dessauer Familie in Kauf, von Vater Mendel und Mutter Rahel Sara, die bereits 1756 stirbt, von Bruder Saul und der Schwester Jente. Im Selbstunterricht erschließt er sich die Tätigkeitsfelder des Journalisten und Essayisten, gewinnt kluge Brief- und Busenfreunde. Der Gebrauch des eigenen Verstandes und die Artikulation in eleganter Sprache erschließen ihm eine großartige Welt. Die Lust, frei zu denken, wird das Glück seines Lebens. Doch dann begegnet er der anderen Liebe.

Die Kaufmannstochter

Im April 1761 besucht der zweiunddreißigjährige Moses Mendelssohn den Augenarzt Aaron Gumpertz in Hamburg, der dort vorübergehend bei Verwandten, der Kaufmannsfamilie Gugenheim, wohnt. Aaron, Mendelssohns Freund und Lehrer, umwirbt Friebche, die Schwester des Kaufmanns Ascher Götting, welcher wiederum mit Sara, einer Tochter des Seidenhändlers Bernhard aus Berlin, verheiratet ist. Friebchens und Saras Freundin ist Fromet, die vierundzwanzigjährige Tochter des Abraham Gugenheim, der gerade auf Geschäftsreise in Wien den Bankrott seiner Firma abzuwenden sucht. Fräulein Fromet ist, so gesehen, nicht die allerbeste Partie. Aber Aaron, Sara und Friebche werden ihr Teil dazu beitragen, daß der frischgebackene Prokurist Moses, dieser wenig ansehnliche, doch überaus besondere Mann, sie kennenlernt. Fromet Gugenheim, die als einjähriges Kind ihre Mutter verlor, ist schüchtern, aber witzig, bescheiden, aber selbstbewußt und interessiert an der Literatur. Eine zartfühlende und, wenn's drauf ankommt, energische Person. Der aufstrebende Berliner Junggeselle sieht ihr tief in die blauen mandelförmigen Augen und verliert ein wenig den Verstand. Er verliebt sich bis über beide Ohren.

Die Schöne und der Gnom werden ein Paar. Moses, so die Legende, trifft seinen Schwiegervater erstmals während der Kur in

Bad Pyrmont. Abraham Gugenheim berichtet dem jüdischen Sokrates aus Berlin, wie sehr ihn seine Tochter als Leserin verehrte, und bietet ihm Fromets Hand an. Bald darauf bricht der verwachsene Philosoph, seine Schüchternheit überwindend, nach Hamburg auf. Dort wird er sogleich von Gugenheim ermuntert, Fromets Bekanntschaft zu machen. Er ist hingerissen von ihrem »anmutigen und denkkräftigen Wesen«; sie jedoch erschrickt über seinen gräßlichen Buckel. Das gesteht sie dem Vater, der es dem betrübten Mendelssohn verrät. Der Verschmähte geht auf das Zimmer der Tochter, Abschied zu nehmen. Fromet sitzt nähend am Fenster. Sie reden lange und wie vertraut miteinander, Fromet blickt nicht auf und fragt schließlich: »Glauben Sie auch, daß die Ehen im Himmel geschlossen werden?« – »Gewiß! Und mir ist noch was Besonderes geschehen. Sie wissen, daß, nach einer talmudischen Sage, bei der Geburt eines Kindes im Himmel ausgerufen wird: der und der bekommt die und die! Wie ich nun geboren worden, wurde mir auch meine Frau ausgerufen – aber dabei heißt es: sie wird leider Gottes einen Buckel haben, einen schrecklichen. – Lieber Gott, hab' ich da gesagt: ein Mädchen, das verwachsen ist, wird gar leicht bitter und hart, ein Mädchen soll schön sein. Lieber Gott! Gieb mir den Buckel und laß das Mädchen schön und wohlgefällig sein.« [8] Da soll ihm Fromet um den Hals gefallen sein.

Was auch immer wahr ist an dieser Geschichte, die durch den Romancier Berthold Auerbach festgehalten wurde: Zueinander finden der Berliner Aufklärer und Fabrikant und die verarmte Kaufmannstochter weder durch strategische Vermittlung der Eltern noch durch professionelle Einschaltung eines Schadchens, sondern durch Gespräche und Flirts – wie ein modernes Liebespaar. Vier Wochen sieht Moses die Angebetete täglich. Morgens wünscht er, wohl geruht zu haben, und traut sich kaum, sie anzusehen. Am Tag redet er mit ihr stundenlang über Moral und andere Vergnüglichkeiten, riskiert Blickkontakt. Das Abendbrot nimmt er in ihrer Familie ein, mit der Stiefmutter Vogel, den Schwestern Recha, Brendel und Blümchen, den Brüdern Joseph und Nathan. Die Verliebten tuscheln noch ein bißchen, dann wünscht man angenehme Nachtruhe. Doch der hochgescheite Moses, erfüllt von Glück und Zuneigung, verpaßt bei diesen Begegnungen die entscheidenden Worte. Unter dem Druck des anstehenden Abschieds offenbart er Fromet schließlich in einem »wüsten Gartenhäuschen« [9] seine Liebe. Verstohlene Zärtlichkeiten, gestohlene Küsse, Seligkeit, Bekenntnisse, Aufbruch. Er sei ein »verliebter Geck«, meldet er dem Freund Lessing nach seiner Ankunft in Berlin, und glaube »glücklich mit ihr leben zu können«.[10]

Die Sprache des Herzens

Ein Jahr Verlobungszeit. Zwei Briefe wöchentlich zwischen Berlin und Hamburg, Hamburg und Berlin. Moses und Fromet schreiben hochdeutsch und jiddisch mit hebräischen Einsprengseln, alles in hebräischer Schrift. Der Bräutigam kann sich nur noch schwer auf seine tägliche Arbeit konzentrieren, die Gedanken flattern ins Haus der Gugenheims. Fromet lernt für ihn Französisch und erweitert ihre Allgemeinbildung. Moses bezahlt den Lehrer. Briefliche Auseinandersetzungen mit den künftigen Schwiegereltern beginnen. Abraham Gugenheim, der immer noch im Ausland weilt, besteht auf einem Ehevertrag nach strenger Tradition. Es geht um Sicherheiten, Brautgeschenke und Witwenversorgung und um eine fiktive Mitgift, die des Schwiegervaters Kreditwürdigkeit steigert, aber den Schwiegersohn in eine höhere Steuerklasse befördert. Moses ist dazu bereit, auch wenn die Forderung, seine Sorge für Fromet vertraglich zu fixieren, ihn empört. Bei einem Temperamentsausbruch des Schwiegervaters geht offenbar Porzellan zu Bruch. Fromet reagiert verdrießlich auf solche Verstimmungen und bewegt Moses zum Einlenken; er verspricht, seinen kessen »Berliner Ton« [11] zu zügeln. Die Verlobung wird offiziell. Ein Ring trifft in Hamburg ein, Hauben und Perlen, Kleider und Medaillons folgen; Fromet revanchiert sich mit einem wollenen Gebetsmantel für den Bräutigam. Moses' Schreiben sind intime Liebespostillen und gewitzte Familienbriefe. Er bittet die Verlobte, den Bildungseifer nicht zu übertreiben und durch zuviel Gelehrsamkeit der weiblichen Anmut zu schaden. Fromet reagiert verlegen auf die Zusendung eines grauen Kleides für 28 Reichstaler. Moses schildert der Verlobten, wie er selbst gelegentlich von wohlhabenden Freunden ausgehalten wird – und distanziert sich von den Reichen seiner Gemeinde. Als Frau an seiner Seite werde sie die Gesellschaft der Krösusse jedenfalls meiden müssen, ihr Charakter vertrage sich nicht mit deren verdorbener Denkungsart. »Allerliebste Fromet! [...] Ich beneide Sie liebste Fromet! Um die glückliche Art, wie Sie Ihre sanfte Liebe auszudrücken wissen. Ihre kleinste Briefe sind voller Zärtlichkeit, voller Empfindungen. Die Sprache des Herzens ist Ihre natürliche Sprache, und Ihre edle Gesinnungen vertreten die Stelle des frostigen Witzes, dadurch andere ihre Briefe so häßlich entstellen.« [12]

Sie beklagt sich, daß Moses, der Vielbeschäftigte, so kurze Briefe schreibt. Sie trauert über den Tod einer Freundin. Er tröstet: Gottes Wege seien für des Menschen »Maulwurf-Augen unergründlich«.[13] Moses tadelt, daß sie Ausreden sucht und Fingerschmerzen vorgibt, wenn sie nicht länger schreiben will. Er sendet ihr ein Paar Ohrringe und eine von ihm entworfene Medaille zur Schlacht bei Liegnitz. Moses schickt Fromet ein Exemplar seines Erstlings *Philosophische Gespräche*, in denen nach antiker Art zwei Freunde den Dialog führen – über die deutsche Aufklärungsphilosophie und ihr Konzept von der vorbestimmten Harmonie der Welt. Er bekennt sich zu seinen philosophischen Vordenkern Leibniz und Wolff, behauptet dann aber in kühner Unbefangenheit, der jüdische Dissident Baruch Spinoza habe in der ersten Hälfte des 17. Jahrhunderts deren Erkenntnisse über die vorbestimmte Harmonie vorbereitet – was bedeutet, daß ein jüdischer einem christlichen Philosophen etwas zu sagen hat. Eine federleichte Lektüre ist diese Liebesgabe allerdings nicht. Moses bittet die junge Frau aber auch, sich Perlen auszusuchen, die er ihr schenken möchte. Sie freut sich über Blumen, die er ihr schickt; er kontert ironisch, daß die Tochter seines Chefs das Gebinde, welches nicht billig gewesen sei, angefertigt habe.

Er freut sich, wenn Fromet von seinen Freunden gepriesen wird, und lehnt es ab, eifersüchtig zu werden. Zwischendurch korrespondiert er mit der künftigen Schwiegermama Vogel Gugenheim über Stofflieferungen. Er diskutiert mit Fromet das Perückentragen und spricht sich dafür aus. Vor drei Jahren hat er selbst damit begonnen, zehn Jahre vor seinem Tod wird er für sich selbst diese Mode der alten Zeit abschaffen. Fromet wiederum wird es später gefallen, Haarteile zu tragen und auf diese Weise das Verbot der Rabbiner, eigenes Haupthaar zu zeigen, zu umgehen. Er schreibt, früher sei Einsamkeit für ihn ein Paradies gewesen, seit er sie aber kenne, empfinde er die Einsamkeit als unerträglich. Fromet fragt, was sie der Familie Bernhard zu Purim schicken könne. Er mahnt, nicht zuviel auszugeben, vielleicht ein Fäßchen Oliven, etwas Pfeffer und Schokolade aus Spanien; sein alter Vater in Dessau übrigens freue sich auch über einen Brief von ihr. Er selbst erhalte fast jeden Posttag Briefe vom Vater Mendel, der mit ihm zanke, weil der Sohn ihn besuchen oder längere Briefe schreiben solle. Manchmal fügt Moses den Briefen an Fromet ein höflich verschnörkeltes Postskriptum für Abraham Gugenheim hinzu, während in der frotzelnden Konversation mit Schwägerin Brendel sein komisches Talent zur Höchstform aufläuft und Schwiegermutter Vogel Gugenheim mit galanten Scherzen wohlwollend gestimmt wird.

Die Süße des Lebens

»Liebe Fromet! […] Gestern sind unsere kiijumim be-efras ha-Schem [Niederlassungsrechte] accordirt worden. Nun mehr sind Sie […] ein preußischer Unterthan, und müssen die preußische Partey ergreifen. Sie werden also auf gut preußisch alles glauben, was zu unserm Vorteil ist. Die Russen, die Türken, die Amerikaner stehen uns alle zu Dienst, und erwarten nur unsern ersten Wink. Unsere Münz wird noch besser werden als Banco, die ganze Welt wird Sicherheit in Berlin suchen, und unsere Börs wird berühmt sein, von dem Schloßplatz bis an unser Haus. Dieses alles müssen Sie glauben, denn Sie haben kiijumim b'-Berlin.«[14]

Wer in Preußen leben darf, muß die patriotische Propaganda akzeptieren. Moses plädiert für Loyalität und ironische Distanz. Mit dem in der Heiratserlaubnis enthaltenen vorläufigen Niederlassungsrecht für die Ehefrau Fromet wird aus der Geschichte des nützlichen Gastarbeiters und Schutzbrief-Gelehrten Moses in Preußen die Geschichte der Familie Mendelssohn in Berlin.

Sie passen zueinander. Fromets Eitelkeit ist begrenzt; sie hört lieber Kritik, durch die sie sich entwickeln kann, als oberflächliches Lob. Sie sagt, was sie empfindet. Der Weg vom Herzen zum Mund ist kurz. Nicht zuletzt bringt sie Stabilität in die Beziehung. Sie bringt zehn Kinder zur Welt, sechs überleben. Sie hat keine Wahl: Sie wird eine starke, ungeduldige Mutter. Nur einmal, im Todesjahr ihres Erstgeborenen Chaijm, im düsteren Jahr 1766, als auch ihr Vater, der Schwiegervater und Moses' Herzensfreund Thomas Abbt sterben, erkrankt sie schwer. Sie organisiert den Haushalt, betreut die Kinder und versorgt den häufig maladen Gatten, bewirtet mal sparsam, mal großzügig die täglichen Gäste. Sie funktioniert nicht nur im Hintergrund, sie ist die anerkannte Partnerin ihres Mannes, interessierte Freundin, »gelehrt und artig«,[15] mit Verständnis für die Wissenschaft.

Als Moses ab Februar 1771 sieben Jahre lang aufgrund seines Nervenleidens kaum noch philosophisch arbeiten darf, räumt sie irgendwann das Bücherregal in seinem Arbeitszimmer leer und stellt Marmeladengläser drauf. Das trifft ihn ins Mark, sieht es doch so aus, als sei er schon tot. Aber sie hält ja zu ihm. Sie glaubt an ihn, hängt an ihm. Schickt ihm nach zehnjähriger Ehe sehnsüchtige Liebesbriefe, wenn er auf Geschäftsreise ist: Ohne ihn erscheine ihr plötzlich in Berlin, trotz Kinderschar und Hausarbeit, alles langweilig, sinnentleert. Nach seinem Tod wird sie es nicht mehr lange in Berlin aushalten. Dabei amüsiert sie sich noch zu seinen Lebzeiten ohne ihn weit mehr, als die guten Sitten es erlauben. Empfängt in seiner Abwesenheit abendlichen Männerbesuch, genießt die Unterhaltung, geht mit Freundinnen in die französische Komödie. Noch als Witwe wird sie, bis ins hohe Alter, Schach und Karten spielen, sich schick machen, rüstige Fußgängerin bleiben, über einen gesegneten Appetit verfügen.

Oft ist es nicht leicht gewesen mit diesem zerbrechlichen Weltweisen, der abends nur Wasser und Zucker – den allerdings ißt er für sein Leben gern – und überhaupt keinen Wein konsumieren darf. Das ist kein Abendbrot nach ihrem Geschmack. Aber sie ergänzen sich, so oder so. Trotz der moralischen Disziplin, die sie verinnerlicht haben, verstehen sie es, die Süße des Lebens auszukosten. Er liebt seine Fromet mehr als alles auf der Welt, mehr als seinen Vater und die Kinder; das schreibt er, nachdem er um ihr Leben gefürchtet hat, an einen seiner Freunde.

Das jüdische Paar

Das Brautkleid wird in Berlin genäht, natürlich aus herrlichster Seide. Drei Monate vor der Hochzeit hätte Fromet dieses Gewand der Träume und der Traditionen am liebsten schon in Hamburg schneidern lassen. Der Bräutigam zügelt sie: In Berlin könne man den Stoff gemeinsam aussuchen, da sei er besser und günstiger zu haben. Der Stoff kommt aus der Manufaktur des Chefs. Dieses Brautkleid wird die erste Generation der Mendelssohns lange über ihren großen Tag hinaus begleiten.

Geheiratet wird am 22. Juni 1762 in Berlin. Moses fügt sich: Alles läuft nach der Väter Sitte. Die Trauung wird vollzogen, indem der Bräutigam »einen Ring von Gold oder Silber ohne Steine« der Braut an den Finger steckt und spricht: »Mit diesem Ringe sollst für mich abgesondert seyn, nach der Weise Moses und Israels.« Er kommt mit ihr zusammen, unterm Trauhimmel, im Brautgemach. Er hat eine Morgengabe gezahlt und als seine Pflichten akzeptiert, daß er Fromet freie Kost und alles Lebensnotwendige gewähren, daß er mit ihr schlafen und einen Ehevertrag schließen werde, daß er sie im Krankheitsfall verarzten läßt, daß er sie auslöst, falls sie in Sklaverei gerät, und daß er sie begräbt, falls sie vor ihm stirbt, daß sie, falls er stirbt, bis zur Wiederverheiratung von seinem Vermögen leben kann und daß ihre Töchter verpflegt werden, bis sie heiraten oder mündig sind.

Diese traditionellen Vertragsklauseln wird er sechzehn Jahre später selbst fixieren, wenn er die *Ritualgesetze der Juden*, eine Darstellung der jüdischen Erbschaftsregeln, der Vormundschaftsbestimmungen und der den Besitz betreffenden Ehegesetze, für seine Berliner Gemeinde erstellt, da die preußischen Behörden ihren Richtern für Streitfälle von Juden untereinander eine Basisinformation zukommen lassen wollen. Bei seiner eigenen Hochzeit sind ihm diese strengen Vorschriften noch fürchterlich vorgekommen. Er mokiert sich vor seinen Freunden, daß er nun aus dem Reich der Literatur in die Flitterwochen abtauchen müsse, daß er gelehrte Statements vorbereiten solle, wie das traditionell vom Bräutigam erwartet werde, daß er wochenlang nur noch flirten und schmausen, sakrale Gebräuche ausüben, hochbedeutsame Kleinigkeiten beachten dürfe und sich aller Welt zur Besichtigung ausstellen müsse. Und doch sind Fromet und Moses, die sich vor ihrer Hochzeit kannten und aus freien Stücken füreinander entschieden – im Gegensatz zu den auf elterlichen Wunsch einander zugeführten, bis zur Eheschließung voneinander ferngehaltenen jüdischen Brautleuten ihrer Zeit –, das erste moderne jüdische Paar.

Er hat den Urtext der Bibel weitgehend im Kopf. Sie kocht selbstredend koscher. Wenn er mit christlichen Freunden unterwegs ist, entzieht er sich diskret deren unreinen Mahlzeiten, wie es sein Gesetz befiehlt. Komplizierte Situationen unprätentiös aufzulösen, darin ist er ein Meister. Auch wenn freitagabends oder am Samstag nichtjüdische Gäste im Hause sind, ziehen sich Moses und Fromet diskret zurück, sobald es Zeit ist, die Sabbatkerzen anzuzünden und die Gebete zu sprechen. Als ihm der König befiehlt, ausgerechnet am Sabbat nach Potsdam zu reisen, um dort einem auswärtigen Minister als Gesprächspartner zur Verfügung zu stehen, läßt er sich vom Oberrabbiner einen Reisedispens erteilen, der damit begründet wird, daß in diesem Fall die am Ruhetag untersagte Fortbewegung auf höchsten Befehl zum Wohl der ganzen Gemeinde stattfinde; doch soll sich der

Dispensierte, um den Glaubensgenossen wenig Anstoß zu geben, innerhalb der Stadtmauern zu Fuß bewegen.

Zu dem Alltagsregelwerk seiner Religion hat Mendelssohn ein gehorsames, aber entspanntes Verhältnis. Er hält sich daran, soweit die Gesundheit nicht beeinträchtigt wird, was bei den strengen Fastengeboten leicht vorkommen kann. In dem göttlichen Gesetz der traditionellen Lebensgestaltung verehrt er den spezifischen, seinem Volk Israel am Sinai offenbarten Kern des Judentums; dessen Gottesvorstellungen dagegen sind – seiner Ansicht nach – vollkommen identisch mit den natürlichen Erkenntnissen der alle Menschen verbindenden Vernunftreligion, die eine Gottheit bekennt sowie die Notwendigkeit der Tugend und deren Belohnung und die Bestrafung des Lasters. Gottesdienste besuchen die Mendelssohns nicht so gern in der prächtigen Synagoge an der Heidereutergasse, sondern lieber in dem kleinen Beth Hamidrasch des davor gelegenen Wohnhauses in der Rosenstraße. Für diese in das Wohngebäude integrierte Privatsynagoge, der im Jahr 1768 hundertneun Mitglieder angehören, ist das Haus aufgestockt worden. Hier tragen die Gläubigen keinen kostbaren Gebetsmantel aus Damast, wie ihn Fromet ihrem Verlobten seinerzeit gern genäht hätte; damals hatte Moses abgewinkt und ein praxistaugliches Exemplar aus Wolle bevorzugt.

Der seidene Vorhang

Fromets Brautkleid aber kommt 1775 zu neuen Ehren.

Moses ist seit vier Jahren krank. »Nervenschwäche durch Unmäßigkeit im Studium« [16] nennt er es. 1770 hatte ihn der Zürcher Theologe Johann Caspar Lavater öffentlich aufgefordert, zum Christentum überzutreten, und damit dem berühmten Berliner eine Gewissensfrage gestellt, die öffentlich beantwortet werden mußte und international diskutiert wurde. Kann ein Anhänger der Vernunftreligion wie Moses seine Treue zum Judentum begründen, ohne unglaubwürdig zu werden? Ohne der Mehrheitsreligion gefährlich nahe zu treten? Ein religionsphilosophischer

Konflikt, eine politische Zwickmühle. Die meisten europäischen Intellektuellen ergreifen in diesem Diskurs – so etwas hat es noch nie gegeben – Partei für den provozierten Juden. Doch dessen Energiereserven sind durch den jahrelangen Schlagabtausch erschöpft, sein schwacher Organismus streikt. Jetzt wird er regelmäßig nach ein paar Seiten Lektüre von Kopfschmerzen, Schwindel, Herzrhythmusstörungen geplagt. Wenn er mitten in der Nacht erwacht, so berichtet er später in seinen *Psychologischen Betrachtungen*, fühle er sich wie gelähmt, als wenn etwas Glühendes vom Gehirn den Rücken herabströmt und Widerstand findet. Bei vollem Bewußtsein bedrücken ihn Angstanfälle, Ohrensausen, Herzklopfen. Wer ihn besucht, darf nur von Belanglosem sprechen. Wenn er einen Raum betritt, in dem man Philosophisches diskutiert, muß er fliehen, um nicht ohnmächtig zu werden. Ist er allein im Zimmer, zählt er die Ziegel auf dem Nachbarhaus, um ja nicht denken zu müssen. Seine Ärzte – darunter Freunde wie der Jude Marcus Elieser Bloch und der Christ Johann Georg Zimmermann – verbieten jede Aufregung. Der reiche Veitel Ephraim, Vater seiner Hauswirtin Rösel Meyer, nimmt ihn mit nach Bad Pyrmont, bricht den Aufenthalt allerdings ab, bevor die Kur bei Moses anschlägt. Immerhin kann sich der Patient in Ephraims komfortablem Garten am Schiffbauerdamm unter Fromets Pflege etwas erholen. Er wird mit Aderlaß, Brech- und Abführmitteln und Klistieren, kalten Kopfumschlägen, Fußbädern, Blutegeln, Senfpflastern und Baldrianwurzeln behandelt. Manche Arzneien erzeugen Blähungen und neue Angstzustände. Er darf nur noch im Sitzen schlafen. Kein Fleisch, kein Gewürz, kein Tabak. Lange lebt er von Zitronenwasser, Tee, Brot und Früchten. Sein Gehalt reicht bald nicht mehr zur Begleichung der Arztrechnungen. So gewährt sein Verleger 800 Taler Vorschuß; ein ärztlicher Hausbesuch kostet schließlich einen Taler, fünf Wochenlöhne einer Köchin, ein Rezept acht Groschen, macht zwei Wochenlöhne. Diese Krankheitsjahre von 1771 bis 1778 sind die bedrückendste Zeit der glücklichen Ehe.

Erbarm' dich unser, Gott! Nach deiner Gnade!
Vergieb uns unsre Schuld, aus Vaterliebe!
Wasch unsre Seele rein von Sündenflecken!
Vertilge jede Spur der Missethat,

lautet Mendelssohns freie Übertragung des Psalms 51, die er Ende der 1750er Jahre dem Hofkapellmeister Johann Philipp Kirnberger für eine Motetten-Komposition zur Verfügung gestellt hat; 1775 wird das Werk in Berlin uraufgeführt.

Das Opfer, das allein dir wohlgefällt,
ist ein gebrochner, reuevoller Sinn.
Ein tiefgebeugtes, ein zerknirschtes Herz
verachtest du, Jehova! nicht.[17]

Doch 1775 scheint es wieder aufwärtszugehen. Fromet ist schwanger! Und Moses, immerhin, hat wieder etwas geschrieben außer Zahlenkolonnen, im Dienst der Gemeinde. Seit seiner Krankheit beschäftigt er sich mehr denn je mit dem Judentum. Den dritten Teil seines Werkes über die Ritualgesetze liefert er Ende August ab, nach der Geburt der Tochter Jente; zudem verfaßt er in diesen Freudentagen ein Gutachten über den Wert der Bibliothek eines verstorbenen Rabbiners. Ein Hoffnungsschimmer: Die schlimmste Strecke scheint geschafft. Bis knapp vier Wochen später der älteste Sohn, Mendel Abraham, im Alter von sechs Jahren stirbt, am 20. September 1775.

Zwischen dem 6. September 1774 und dem 24. September 1775 haben Fromet und Moses Mendelssohn einer Berliner Synagoge einen Thoravorhang gestiftet, aus weißer Seide, mit Ornamenten in Gold und bunten Farben bestickt. Mit zwei Meter zehn Höhe und einem Meter fünfundvierzig Breite wäre er für den Thoraschrein der Alten Synagoge zu klein gewesen. Im Vereinsbuch der Privatsynagoge Beth Hamidrasch ist er allerdings auch nicht verzeichnet. Auf dem oberen Querbehang sind ein goldener Leuchter, ein goldener Altar, das Schaubrot des Tempelkultes und ein kupfernes Waschbecken zu sehen. Auf dem Vorhang selbst präsentieren zwei aufgerichtete Löwen die Krone der Thora. »Das spendeten der gelehrte R. Moses, sein Fels und Erlöser möge ihn schützen, Sohn des Rabbiners R. Menachem Mendel seligen Andenkens aus Dessau und seine Ehefrau Frau Fromet, sie möge leben Tochter unseres Lehrers R. Abraham seligen Andenkens Gugenheim.« Die Datumsangabe lautet »Kohelet« – der Name des biblischen Buches Prediger Salomo –, womit damals in Berlins Jüdischer Gemeinde das Jahr 535 bezeichnet wurde. Ein Stiftungsmotiv ist nicht genannt. Ob das Geschenk mit einer Genesungsbitte oder einem Dank, mit Moses' Krankheit, mit der Geburt der schwächlichen, aber überlebenden Tochter oder dem Tod des Sohnes in Zusammenhang steht, wissen wir nicht. Es weist darauf hin, daß die Familie aus der Spandauer Straße 68 bei aller kulturellen Fortschrittlichkeit ihre persönlichen, kostbaren Erinnerungsstücke mit der liturgischen Tradition des Gemeindelebens verbindet: Hergestellt wurde der Thoravorhang aus dem seidenen Brautkleid Fromet Mendelssohns.

Die Religion unserer Väter

»Was könnte uns abhalten, durch ein falsches Bekenntnis uns und unsere Nachkommen allen denen gleich zu machen, die uns jetzt so schnöde verachten?« hatte Moses 1770, während des Lavater-Streits, in seinen *Gegenbetrachtungen* konstatiert. »Die Mittel uns aller dieser Schmach zu überheben, und was das Zeitliche betrifft, aus dem Elende in die glänzendsten Glücksumstände zu versetzen, sind so schwer nicht. […] aber die Liebe zur Religion unserer Väter – sie ist stärker als Tod und Elend.« [18] Für Moses ist das Judentum keine geoffenbarte Religion, die Glaubensdogmen vorschreibe; deshalb gibt es hier seiner Ansicht nach keinen Konflikt zwischen Dogma und Vernunft. Den eigentlichen Glauben teile der Jude mit allen Gläubigen der allgemeinen »Menschenreligion, ohne welche die Menschen weder tugendhaft sind, noch glückselig werden können«.[19] Vielmehr sei das Judentum ein geoffenbartes Gesetz, das nach Gottes Ratschluß speziell den Israeliten Handlungen vorschreibe, durch deren Befolgung gerade das erwählte Volk glückselig werden soll. Diese Vorschriften seien auf Vernunft und historische Wahrheit gegründet und rational überprüfbar.

Moses' theologischer Rationalismus, der unbedingte Glaubensfreiheit mit konsequentem Gehorsam gegenüber dem Ritualgesetz verbindet, ist manchen Gemeindeführern nicht geheuer. Doch seine Verteidigung des Judentums ist ihm hoch angerechnet worden. Schon 1763, als er begann, für die Berliner Gemeinde Predigten und Hymnen zu politischen Anlässen zu verfassen, war er wegen dieser und anderer Verdienste von allen Gemeindeabgaben befreit. In den letzten Lebensjahren gehört er zum fünfköpfigen Gemeindevorstand. Seine Pentateuch-Übersetzung, andernorts geächtet, wird von den Berliner Gemeindeautoritäten offiziell gelobt. Außerdem engagiert sich Moses zunehmend als Förderer und Verteidiger eines aufgeklärten Judentums. In politischen Konflikten setzt er sich für Glaubensgenossen in Dresden und Zürich, in Mecklenburg und im Elsaß ein. Er fördert die Gründung der ersten Freischule, in der jüdische Kinder von jüdischen und christlichen Lehrern in Bibel und Talmud, Deutsch, Französisch, Mathematik, Geographie und Buchhaltung unterrichtet werden. Er verfaßt das erste deutsche Lesebuch für jüdische Kinder: darin enthalten die dreizehn Glaubensartikel des Maimonides und die Zehn Gebote, aus dem Hebräischen übersetzte Tierfabeln und moralische Erzählungen aus dem Talmud, die *Andachtsübung eines Weltweisen* und ein Vorbereitungsgebet für den Versöhnungstag. Er übersetzt oder kommentiert wegweisende Schriften zur Judenemanzipation, entwirft ein visionäres, die Gewissensfreiheit innerhalb des Judentums propagierendes Programm zur Trennung von Staat und Kirche. Er berät preußische Beamte bei der Neuordnung des Juden-Eides, mit dem die Loyalität der Einwohner ohne Bürgerrecht zum Staat juristisch fixiert werden soll – künftig aber ohne diskriminierende Formulierungen und statt auf jiddisch bitte in korrektem Hochdeutsch!

Und er singt. Der Pfarrerstochter Sophie Becker hat er davon berichtet: »Sie sagen, der Weltweise bete nicht, wenigstens nicht laut, nicht mit Gesang, sondern höchstens in Gedanken. Beste Sophie! Wenn seine Stunde kömmt, und er zum Beten gestimmt ist, so wird er wider seinen Willen in Wort und Gesang ausbrechen. Der gemeinste Mensch, dünkt mich, singt nicht, daß Gott ihn höre und an seinen Melodien Gefallen finde. Wir singen unserthalben, und das thut der Weise so gut als der Thor. Mich dünkt, viele Psalmen sind von der Art, daß sie von den aufgeklärtesten Menschen mit wahrer Erbauung gesungen werden müssen. [...] So viel ist gewiß, mir haben die Psalmen manche bittere Stunde versüßt, und ich bete und singe sie, so oft ich ein Bedürfniß zu beten und singen bey mir verspüre.« [20] Manchmal steigen dem Rationalisten beim Psalmodieren Tränen in die Augen.

Die Musik der Mendelssohns

Moses singt. Zum Profimusiker – wie einige seiner Nachkommen – hat er sich nie berufen gefühlt, aber Mitte der 1750er Jahre als Siebenundzwanzigjähriger, animiert durch mathematische Studien, bei dem acht Jahre älteren Hofkapellmeister Kirnberger Klavierstunden genommen. Mit diesem Bach-Schüler, der bald darauf seine Überlegungen zur mathematischen Rationalisierung des Komponierens veröffentlichen wird, diskutiert Moses die Übersetzung des Rhythmus ins Reich der Zahlen: Dem jungen Intellektuellen leuchtet nicht ein, daß Dreivierteltakt und Sechsachteltakt alles andere als identisch sind – was arithmetisch naheläge. Am Ende der Lektionen kann er ein Menuett langsam spielen, aber dabei bleibt es dann: »Es ist sonderbar, ich kann den Tripletakt spielen, aber nicht hören!« [21] Ein Konflikt zwischen Ohr und Verstand. Der angehende Philosoph grübelt über die rationale Erfassung des Ästhetischen, er will Musik nicht nur auf den Harmoniebegriff numerisch fixierbarer Molekül-Schwingungen bringen, sondern ihre Schönheit als sinnliches Ereignis erfassen. So behandelt im Herbst 1758 seine Nachdichtung eines englischen Poems von John Dryden, *A Song for St. Cecilia's Day, November 22, 1687*, unter dem Patronat der heiligen Cäcilie, der katholischen Schutzheiligen der Musik, die Erzählung von Jubal, dem im 4. Buch Mose genannten Erfinder des Harfenspiels – das transrationale Faszinosum harmonischer Klänge:

Wie mächtig kann die Tonkunst das Gemüth bewegen!
Als Jubals Saytenspiel erklang,
Da horchten um ihn seine Brüder,
Und fielen auf ihr Antlitz nieder,
Vor diesem himmlischen Gesang;
Ein Gott, so dachten sie, muß sich hierinnen regen;
Denn sieh! Das Zauberwerk ist hohl,
Das so begeisternd sprach, so wohl. [22]

1761 veröffentlicht Moses anonym, auf Kirnbergers Anregung, den *Versuch, eine vollkommen gleichschwebende Temperatur durch die Construction zu finden*: Der Kontrast zwischen Logik und Wohlklang – was auf dem Rechenpapier harmonisch-logisch erscheint, klingt in der Ausführung unakzeptabel! – soll überwunden werden. Er sucht zudem nach einer Erklärung der Spannung zwischen Konsonanzen und Dissonanzen. Ihm ist klar, daß arithmetische Durchsichtigkeit in der Kunst Langeweile erzeugt: »Das Einerley, das Magere, das Unfruchtbare, ist dem Geschmacke unerträglich. Die Theile müssen ferner auf eine sinnliche Art übereinstimmen, ein Ganzes auszumachen; das heißt, die Ordnung und Regelmäßigkeit, die sie in ihrer Folge beachten, muß in die Sinne fallen. Mißhellige, verwirrte und durch einander geworfene Theile, sind ohne zureichenden Grund vielmehr so, als anders neben einander; und wenn ihre Ordnung nicht in die Sinne fällt, wenn sie versteckt ist, und erst durch Nachsinnen herausgebracht werden muß; so geräth unsere Seele gleichsam in Verwirrung. [...] Eine versteckte Ordnung ist, in Ansehung unserer Sinne, von einem völligen Mangel derselben nicht zu unterscheiden.« [23]

Moses Mendelssohns *corpus callosum* – jenes Faserbündel, das die linke Hirnhälfte (Rhythmus und Sprache) mit der rechten (Tonhöhe und Klangfarbe) verbindet – ist wahrscheinlich nicht, wie bei Musikern, um fünfzehn Prozent dicker gewesen als der Durchschnittsumfang dieses Nervenstranges. Gleichwohl wird sich das Wechselspiel seiner philosophisch-mathematisch-musikästhetischen Affinitäten über das Erbgut und die familiäre Sozialisation bei Kindern und Kindeskindern auffallend bemerkbar machen. Darauf hat auch eine Frau Einfluß genommen, die zu Moses' Lebzeiten nur zur guten Bekanntschaft gehörte. Im feudalbürgerlichen Elternhaus der Sara Levy, die 1761 als Drittjüngste unter den zwölf Kindern des Hofjuden und Gemeindevorstehers Daniel Itzig zur Welt kam, werden in den 1770er Jahren Werke Johann Sebastian Bachs und seines Sohnes Carl Philipp Emanuel mit Hingabe und Könnerschaft aufgeführt. Sara gewinnt Wilhelm Friedemann Bach als Klavierlehrer; bei den musikalischen Gesellschaften im Haus ihrer ältesten Schwester Hanna tritt sie als Solistin auf. Bella, ihre zweitälteste Schwester, erhält wiederum Klavierunterricht beim Hofkapellmeister der Prinzessin Amalie, Kirnberger, der auch Carl Friedrich Zelter das Pianospiel beibringt, dem späteren Direktor der Singakademie. Bella wird einmal durch ihre Enkel Fanny Hensel und Felix Mendelssohn Bartholdy bekannt werden, als deren musikalischer Mentor und Lehrer Zelter eine wichtige Rolle spielen soll.

Sara Levy fördert und prägt mit ihrem Bach-Kult das Musikleben ihrer Zeit und das der Mendelssohns: als aktives Mitglied der Singakademie, als Musikalien-Sammlerin, besonders der Werke Johann Sebastians und Carl Philipp Emanuels, als Stifterin von Kopien und kostbaren Autographen an die Singakademie; als Auftraggeberin für Carl Philipp Emanuel Bach und – in ihrem Haus Hinter dem Neuen Packhof 3, da, wo heute Berlins Alte Nationalgalerie steht – als Gastgeberin eines Salons, der über fünf Jahrzehnte Bestand haben wird. Dem Stammvater Moses wird sie im Elternhaus oder nach der Heirat mit dem Bankier Samuel Levy im Jahr 1783 begegnet sein, als sie begann, Soireen im Stil der Prinzessin Amalie zu veranstalten. Nicht nur Saras

Musikgeschmack ist konsequent konservativ auf das Überlieferte ausgerichtet; als Kind des großen Daniel Itzig bleibt die Verehrerin des lutherischen Thomaskantors und seiner Söhne bis zu ihrem Tod 1854 dem Judentum treu.

Der Vererbungsnachweis musikalischer, mathematischer und philosophischer »Gene« von der ersten Mendelssohn-Generation auf die Nachgeborenen liegt fast auf der Hand, vor allem wenn man die eingeheirateten Begabungen berücksichtigt: Mathematisches Talent vererbe sich bekanntlich »eher vom Vater auf den Schwiegersohn als auf die Söhne«,[24] hat der Mathematiker Hans Freudenthal einmal über Hermann Amandus Schwarz[25], einen dieser verschwägerten Mathematiker im Mendelssohn-Stammbaum, gewitzelt. Tatsächlich sind neben Schwarz, der Marie Elisabeth Kummer heiratete, eine Urenkelin des Moses, zwei weitere bahnbrechende Mathematiker des 19. Jahrhunderts über ihre Ehefrauen Familienmitglieder geworden: Ernst Eduard Kummer[26], der Ottilie, die Tochter des jüngsten Moses-Sohnes Nathan, ehelichte, und Gustav Peter Lejeune Dirichlet[27], der sich mit Felix Mendelssohn Bartholdys jüngerer Schwester Rebecka verband. In dieser Linie, unter den Nachkommen des mittleren Moses-Sohnes Abraham, meldet sich das Genie der Abstraktion wiederum mit erfolgreichen Mathematikern des 20. Jahrhunderts: bei Kurt Hensel[28] (an dessen brüderlicher Seite Paul Hensel, ein Philosoph, zu finden ist) und bei dessen Enkel Walter Haymann[29]. Komponisten treten nur in diesen beiden Linien auf: unter den Nachkommen Abrahams dessen Kinder Fanny und Felix, unter Nachkommen Nathans dessen Enkel Arnold Mendelssohn. Nathan Mendelssohn selbst war als berühmter Verfertiger astronomischer Instrumente ein ausgewiesen mathematischer Kopf. Sein Ururenkel Roland Percival Sprague[30] hat in der sechsten Mendelssohn-Generation den mathematischen Genius der Familie ein weiteres Mal aufleben lassen. Dagegen konnte sich die Fähigkeit zu ambitionierter Hausmusik in zahlreichen Zweigen der Mendelssohn-Dynastie erhalten und bei Kindeskindern fortpflanzen, deren Virtuosität Moses' lahmes Piano-Menuett glanzvoll überragte.

Eine Familie in Berlin

Die Mendelssohns sind ein häusliches Paar. Ihr angemietetes Wohnhaus in Alt-Berlin, einem Quartier für alle Schichten der Bevölkerung, nicht weit vom Neuen Markt und vom Backsteinbau der gotischen Marienkirche, hat zwei Stockwerke, schöne Zimmer, die geschmackvoll möbliert sind. Hier lebt die zuletzt achtköpfige Familie mit zwei Dienstboten, den Hauslehrern und manchen Schülern des Hausherrn, die wiederum dessen Kinder unterrichten. Den größten Teil der Bibliothek hat Moses in seinem Studierzimmer in der Mansarde untergebracht. Einige Jahre nach dem Tod Abraham Gugenheims zieht auch Fromets Stiefmutter ins Haus. Vogel Gugenheim ist, da sie keinerlei Vermögen besitzt, auf die Unterstützung des Schwiegersohns angewiesen, der sie liebevoll respektiert. Sie ist eine Hilfe im Haushalt, ein heiteres Gemüt. In guten Tagen trällert sie gern ein Liedchen vor sich hin: »Wenn's immer so wäre, wenn's immer so wäre.«[31] Dabei sind die gesundheitlichen, wirtschaftlichen, politischen Umstände oft alles andere als sonnig.

Das große Glück sind die Kinder. Auch die Töchter erhalten eine gute Allgemeinbildung. Sie reißen sich darum, auf Fromets Briefen Grüße an den Vater zu krakeln. Brendel, die älteste, Vaters Liebling, muß abendlichen Besuchern schon mal eine Stunde lang vorführen, wie weit sie mit dem Klavierunterricht gekommen ist. Joseph, der älteste (überlebende) Sohn, erhält den ausführlichsten Unterricht durch den Vater: Thora-Lektionen, Philosophie. Nathan, der kleinste, nennt sich Nathan der Weise und bettelt gern um Zuckerbrot. Die Familie hat auch einen schönen Schrebergarten vor dem Oranienburger Tor, nahe den Gärten des Grafen Reuß, das Reservat der Kinder, die Erholungszuflucht der Eltern. Dem Vater gefällt es, den Kindern seine Welt des Wissens zu erschließen. Er haßt Gelehrsamkeit, die schlechte Laune produziert. »Die Philosophie soll mich glücklicher machen, als ich ohne dieselbe seyn würde, und dieser Bestimmung muß sie treu bleiben. So lange sie eine gute Gesellschafterin ist, und mich auf eine angenehme Weise unterhält, bleibe ich bey ihr.

So bald sie vornehme, frostige oder gar saure Geister macht, und üble Laune bekömmt, laße ich sie allein, und spiele mit meinen Kindern.«[32]

Jente, die jüngste Tochter, und Recha, die zweitälteste, werden in den Briefen der Eltern selten erwähnt. Recha, immerhin, wird später als Fromets Lieblingstochter angesehen; in den Briefen des Vaters kommt sie, wie auch die Schwester Brendel, als Heiratskandidatin vor. Beide Mädchen werden guten Bekannten der Familie versprochen. Moses ist überzeugt, seinen gehorsamen Töchtern, für die Widerspruch undenkbar wäre, damit beste Zukunftschancen gesichert zu haben. Daß er der traditionellen Ehevermittlung eher traut als der modernen individualistischen Liebesheirat, hat er schon 1776 mit der Gründung einer »Heiratsgesellschaft« gezeigt, einem Spar- und Kreditinstitut für geplagte jüdische Väter lediger Töchter. Mittlerweile setzt er, wie einst der Schwiegervater, auf Sicherheit. Es bekümmert ihn, seinen Kindern weder ein ordentliches Vermögen noch das Generalprivileg und Bleiberecht vererben zu können, so daß auch Joseph keine geisteswissenschaftliche Ausbildung, die ihn interessieren würde, erfährt, sondern auf eine im Sinne des Judenreglements nützliche Anstellung angewiesen ist.

Auch von Abraham, dem zweitältesten Sohn und zweitjüngsten unter den Geschwistern, ist in der elterlichen Korrespondenz wenig die Rede. Als er sechs ist, erwähnt der Vater seine unübersehbaren Begabungen. Als er acht ist, gibt man ihm einen vielseitigen Lehrer, den er liebt und verehrt. Er vor allem ist das Zwischenkind der Mendelssohns: immer wieder unsicher, an welchem Ort und in welcher Rolle er seinen Platz finden könnte, in der Familie wie im Leben. Vier Wochen nach seinem neunten Geburtstag ist der Vater tot.

Die Mendelssohns sind auch deshalb eine häusliche Familie, weil Reisen teuer ist; aber ein paar gemeinsame Fahrten zu den befreundeten Meyers, der Hofagenten-Familie im mecklenburgischen Strelitz, sind überliefert. Fromet begleitet ihren vielgefragten Mann nach Dresden, nach Baruth, wo einer seiner Brieffreunde lebt, der Oberförster Jung, und nach Wolfenbüttel, zu

Lessing. Gelegentlich geht Moses ohne seine Frau auf Geschäftsreise: nach Memel, wo er mit dem Schwager Joseph die Pleite einer von diesem geleiteten Filiale des Bernhard-Mendelssohnschen Geschäftes abzuwenden hat. Nach Königberg, wo er im Auftrag des anhaltinischen Ministers von Zedlitz dem mathematisch-philosophischen Kant-Schüler Kraus die Berufung auf eine Professur in Halle überbringt; den zu einer philosophischen Vorlesung im Hörsaal erschienenen kleinen Juden verspotten die Studenten, bis Immanuel Kant seinen verehrten Briefpartner begrüßt und umarmt: »ehrerbietig bildeten die Schüler eine Gasse, als die beiden Weltweisen Hand in Hand den Hörsaal verließen«.[33] Heimwehsignale kommen von unterwegs: »Ich grüße meine vielgeliebte Kinder. Du kannst mir nit glauben wie mir wird, wenn ich an sie denke.«[34] Die Kinder fiebern seiner Heimkehr entgegen. Aus der Ferne lädt er sie vergnügt zum Begrüßungskaffee bei seiner Rückkehr ein. Ja, er gehört nach Berlin: Hier sind die Menschen, die ihm alles bedeuten, hier verdient er sein Geld, hier ist er anerkannt, ja berühmt. »Ich reise Sonntag der uns zum Guten kommen möge so Gott will retur nach K[önigs]B[erg], und sehne mich nun mehr herzlich, recht sehr herzlich, Dich, meine libe Fromet, unsre libe Kinderchen, unsre gute Mutter, unsre unschäzbare Freunde, ich seze dises Wort nicht ohne Nach Druk, unsre unschäzbare Freunde, zu sehn, zu umarmen, zu genissen, und glüklich zu sein.«[35]

Dreimal in seinem Leben wird er mit Ausreiseplänen konfrontiert. Als ein Anonymus ihm die Gründung eines Judenstaats in Palästina ans Herz legen möchte, winkt er ab: Abschied von der deutschen Kultur käme für ihn nicht in Frage, zudem sei ein solches Projekt nur vorstellbar, wenn Europas Großmächte durch einen Krieg abgelenkt würden. Als der Reichsfreiherr von Monster um Unterstützung für die Ansiedlung von Juden und Christen in einem kleinstaatlichen Territorium der Freiheit und Gleichberechtigung wirbt, reagiert Mendelssohn mit Skepsis. Ernsthafter gibt er sich der Fluchtphantasie im Jahr 1766 hin, als ihm in Berlin die Freunde abgehen und ihm vieles zuviel wird: die kreativitätshemmende Fabrikarbeit, Todesfälle und Krankheiten in der Familie, Zukunftssorgen. Er träumt davon, künftig auf dem Lande zu leben, wo der Unterhalt billiger ist. Seine Ersparnisse werfen bereits 300 Taler Jahreszinsen ab, und als Schriftsteller könnte er sich noch etwas hinzuverdienen. Fluchtpunkt des so gedachten Neuanfangs müßte ein Ort sein, an dem auch jüdische Familien leben, wo man als Jude einen Schutzbrief bekommt, wo neueste Literatur und andere Nachrichten erhältlich sind. Er bittet seinen Freund Thomas Abbt, den Philosophen und Hofrat in Bückeburg, seine guten Beziehungen zum Hof von Schaumburg-Lippe spielen zu lassen. Doch ein paar Wochen später ist Abbt tot. Die Mendelssohns bleiben: eine Familie in Berlin.

Die Stadt der ersten Generation

Das Berlin der ersten Mendelssohn-Generation besteht aus dem historischen Zentrum der Doppelstadt Berlin/Cölln mit dem königlichen Stadtschloß sowie den Vorstädten Friedrichswerder, der Dorotheenstadt mit der Straße Unter den Linden, der schachbrettartig angelegten Friedrichstadt mit dem zentralen Gendarmenmarkt und der Spandauer Vorstadt jenseits der Spandauer Straße. Die Linden, an denen das Zeughaus steht, Preußens Waffenarsenal und Museum für Kriegsbeute, sind im Verlauf des Jahrhunderts zur wichtigsten Magistrale geworden. Schon Friedrich Wilhelm I., Vater des regierenden Friedrich II., hatte wohlhabende Berliner dazu gezwungen, repräsentative Privatbauten mit Palastfassaden zu errichten. Zudem finanziert der König aus seiner Schatulle drei- und vierstöckige »Immediatbauten«, die ebenfalls dem Umfeld seiner Residenz das prächtige Aussehen einer Hauptstadt von europäischem Rang verleihen sollen. Aufgrund der hohen Unterhaltskosten können sich selbst Adlige ein solches Haus nicht immer leisten, müssen an wohlhabende Bürger vermieten.

Die Stadtpaläste finden sich längs der Linden, an der Wilhelmstraße sowie im Straßennetz der Friedrichstadt, wo allerdings gleichermaßen ein- bis dreistöckige böhmische Handwerkshäuser stehen. Auch in Alt-Berlin, am Neuen Markt bei der Marienkirche, stoßen altmodische Gebäude mit ihren Giebelfassaden an die neuen längs der Straße errichteten, traufenständigen Häuser mit italienischen Palastfassaden. Dienstags und freitags wird hier Markt abgehalten. In diesem Viertel, zu dem die Spandauer Straße gehört, wohnen Handwerker, Kaufleute, Gelehrte, Christen und Juden, auch eine Kolonie von Dichtern und Schriftstellern. Vossens Buchhandlung ist in das Gewölbe unter dem Rathaus am Neuen Markt eingezogen. Hier besorgt sich Moses Mendelssohn schon mal frühmorgens Ewald von Kleists neue Gedichte, um damit seinem Freund Friedrich Nicolai eine Freude zu machen. »Eine Straße voller Freunde« hat der Dichter Karl Wilhelm Ramler dieses Quartier genannt. Neuester Trend bei der Fassadengestaltung ist in diesen Jahren der französische Zopfstil. Dagegen stagniert der Fortschritt sanitärer Infrastruktur; als Kanalisation dient nach wie vor der von Ratten bevölkerte, bis zu einem Meter breite Rinnstein, den bestenfalls Holzbohlen oder Fußgängerbrücken abdecken.

Unter den Linden, auf halber Strecke zwischen Schloß und Brandenburger Tor, ist von 1742 bis in die 1780er Jahre das Forum Fridericianum entstanden, ein Gebäudeensemble der Kultur und der Politik, aus vielen Baustilen zusammengesetzt: die Oper im palladianischen Stil, der antikisierende Pantheon-Bau der katholischen Kathedrale als Zitat aus dem alten Rom, die Königliche Bibliothek als Kopie eines (noch nicht realisierten) Erweiterungstraktes der barocken Wiener Hofburg, das zunächst als neues Stadtschloß projektierte Palais des Prinzen Heinrich im Stil des preußischen Barock. Es gibt im protestantischen Berlin jener Zeit rund zwanzig Kirchen, unter ihnen die Heilig-Geist-Kapelle unweit des Hauses der Mendelssohns in der Spandauer Straße. Daneben existieren auch drei Freimaurergroßlogen, an der Dorotheenstraße, an der Oranienburger Straße und am Köllnischen Park, sowie die Synagoge in der Heidereuter Gasse. Die Schloßportale an der Front zum Lustgarten zeigen vier Jahreszeiten mit allegorischen Figuren: Dem Winter, wenn der König Potsdam verläßt, um dem großen Hoffest in Berlin beizuwohnen, sind Schauspielermasken und Musikinstrumente beigegeben; in den Wintermonaten werden bald einige jüdische Frauen ihre Salons etablieren.

Neben der ersten Börse, dem ehemaligen Lusthaus an der Spree, steht seit etwa 1750 ein bescheidener barocker Dom, der als Hauptkirche die 1747 abgerissene Dominikanerkirche auf dem Schloßplatz ersetzt. Den Lustgarten hatte schon der Soldatenkönig vom barocken Park zum Aufmarschplatz umgeformt. Seit dem Beginn des Jahrhunderts prägen Kasernen diverse Quartiere, so in der Johannisstraße/Ecke Friedrichstraße, in der Universitätsstraße, in der Kommandantenstraße, am südlichen Spittelmarkt und an der Münzstraße. Das unauffällige alte Brandenburger Tor wird Ende der 1780er Jahre im Stil der Athener Propyläen neu errichtet. Seit 1730 entstehen auf dem Platz am Tor barocke Palaisgebäude. Den beiden Kirchen auf dem Gendarmenmarkt, erbaut am Beginn des Jahrhunderts, sind um 1780 Türme hinzugefügt worden. Das Komödienhaus wurde 1774 auf der Mitte des Platzes errichtet. Reisende, die Berlin besuchen, staunen über die Gleichmäßigkeit seiner Anlage und seine breiten Straßen. Öffentliche Beleuchtung gibt es keine, die Handlaterne muß den Weg weisen. Erfreulicherweise ist das Jagdrevier des Tiergartens unter Friedrich II. in einen Park umgewandelt worden und nun der Öffentlichkeit, den promenierenden Bürgern, zugänglich: ein Salon unter freiem Himmel.

Ein Freiraum für Worte und Gedanken

Wer bei Moses und Fromet zu Gast ist, kann erleben, was es heißt, miteinander ein Gespräch zu führen. Zum Abendessen, das der Hausherr aus gesundheitlichen Gründen stehend einnimmt, finden sich neben der Familie auch Freunde des Hauses, Schüler und auswärtige Besucher ein. Moses fordert die Gäste auf zu essen, während er sich selbst standhaft an seine Diät hält. Manchmal zieht er sich in den Nebenraum auf das Sofa zurück, schaut durch die Glastür dem Treiben bei Tische zu und kehrt, wenn die Stimmung steigt, in die Runde zurück. Manchmal wird Fromet diese tägliche Bewirtung zu teuer. Dann bringt sie die Süßigkeit für zwischendurch, Mandeln und Rosinen, knapp abgezählt. Aber die Gesellschaft fühlt sich in Moses' Gegenwart wohl. Er stellt für Menschen aus verschiedenen Milieus eine Atmosphäre des Vertrauens her. Er brilliert als unterhaltsamer Moderator, ihm gefällt es, Scherze zu machen. Manchen verletzt seine Ironie, meistens verkneift er sich die scharfen Pointen. Er fördert im Stil der Talmudgelehrten die Vielfalt der Interpretationen. Wo gestritten wird, hinterfragt er die Terminologie und erklärt, was bloß ein Kampf um Begriffe war. Wenn er am Nachmittag oder am Sabbat – oder während seiner letzten Monate in den frühen Tagesstunden – zu Gesprächen über das Dasein Gottes seine Schüler, junge jüdische Männer, um sich versammelt, sitzt er zunächst wie ein Kampfrichter mit gesenkten Augen zwischen ihnen, läßt sie über ein vorgegebenes Thema diskutieren. Er bestärkt die eine oder andere Seite durch einen Zuruf, eine Geste, steht auf zur Schlichtung, wenn die Kontroverse eskaliert. These und Gegenthese breitet er noch einmal aus, ohne den Weg der Gedanken vorzugeben: bis die Streitenden selbst erkennen, wo sie zusammenkommen. Redet man vertraulich über Reformen, zügelt er die Rebellen – »Nicht übereilen!« – und ermutigt die Resignierten: »Nicht verzweifeln! Alles hat seine Zeit und Stunde unter der Sonne.«[36]

Zwei seiner berühmtesten Werke hat er in Gesprächsform vorgelegt. In einer Zeit, in der die Adligen französisch sprechen, König Friedrich II. Bücher in deutscher Sprache ignoriert und nur die Bürger deutsch reden, wird Moses, der sich das Deutsche wie eine Fremdsprache aneignen mußte, einer ihrer ersten brillanten Stilisten. Er weist die Leser seiner Aufsätze und Rezensionen auf die Differenz von Rede- und Schriftsprache, auf die unterschiedlichen Verständnisebenen der Sprache hin, er sensibilisiert sie für die Bedeutungsvielfalt wichtiger Worte. Er definiert Begriffe, mit denen die Intellektuellen ihre Diskurse über Gott, Welt und Kunst austragen. Er übt Stilkritik und formuliert Hypothesen zur Entstehung der Sprache. Diese Sprachphilosophie inspiriert seine besondere Gesprächsführung. Mendelssohn lebt in einer Gesellschaft, der vor kurzem noch das innovative Bürgertum zu fehlen schien, was die königliche Einwanderungspolitik durch gut ausgebildete hugenottische und kapitalkräftige jüdische Gastarbeiter, die eine Art Ersatzbügertum darstellen, auszugleichen suchte. Mittlerweile gibt es ein erstarkendes Wirtschaftsbürgertum der Unternehmer und ein Bildungsbürgertum der Beamten, Gelehrten, Künstler. Moses Mendelssohn, der weise jüdische Fabrikant, gehört zu diesen Kreisen. In der Republik der Gelehrten hat er sich das Bürgerrecht längst erworben.

Gelehrte werden Vertraute

Das von Moses geknüpfte und im ersten Mendelssohn-Salon unter Fromets Fittichen gepflegte Netzwerk der Berliner Aufklärung ist ein Lebenswerk von historischer Bedeutung. Der Immigrant aus ärmlichen Verhältnissen wird zum führenden Denker seiner Zeit. Zu seinen jüdischen und christlichen Brief- und Gesprächspartnern zählen Philosophen wie Johann Georg Hamann und Friedrich Heinrich Jacobi, Theologen wie Johann David Michaelis und Johann Gottfried Herder, Mathematiker wie Johann Albrecht Euler, Dichter wie Gotthold Ephraim Lessing und Johann Wilhelm Ludwig Gleim, Rabbiner und Pastoren, Offiziere, Landwirte, Adlige wie Karl Wilhelm Ferdinand, der Herzog von Braunschweig, Beamte wie der Jurist und Staatsrechtler Ernst Ferdinand Klein, Mediziner wie Johann Georg Ritter von Zimmermann und Marcus Herz, Pädagogen wie Johann Bernhard Basedow, Verleger wie Friedrich Nicolai und der Buchhändler Christian Friedrich Voss, Musiker wie Johann Philipp Kirnberger, Unternehmer wie David Friedländer und Veitel Ephraim. Die Kollegen von der Akademie der Wissenschaften wollen dem berühmten Vorzeigejuden, international bekannt als der »Juif de Berlin«, die Mitgliedschaft in ihrer königlichen Institution verleihen; Friedrich der Große weiß das zu verhindern.

Aber er kann nicht verhindern, daß eine bürgerliche Öffentlichkeit, die sich allmählich jenseits der höfischen Langeweile entwickelt, diesen jüdischen Denker akzeptiert. Schon Mitte der 1750er Jahre hat Moses aufgrund seiner mathematischen Interessen Anschluß an den Klub »Das gelehrte Kaffeehaus« gefunden, eine geschlossene Gesellschaft von rund hundert Akademikern, in der Tarock gespielt und diskutiert wird. Hier soll eines Abends jeder Anwesende Selbstgedichtetes über die eigenen Fehler aus dem Ärmel schütteln. Moses tritt die Flucht nach vorn an und reimt einen Vers über seine Beziehung zu zwei Prominenten der Antike, dem buckligen Dichter Äsop und dem sprachbehinderten Politiker Demosthenes. Die Notwendigkeit, das Handicap zu überspielen, mobilisiert seine Phantasie. Als jedoch bald darauf die Reihe an ihn kommt, der Clubversammlung eine Abhandlung vorzutragen, läßt er aus Schüchternheit den dafür verfaßten Aufsatz *Über die Wahrscheinlichkeit*, eine Reflexion zum Beweis der Ursächlichkeit durch Erfahrungsschlüsse, von einem anderen Clubmitglied vorlesen. Dem vorgeblichen Verfasser unterläuft allerdings beim Verlesen des Satzes »Der Grad der göttlichen Präzisenz sei gleich 0«[37] ein verräterischer Verständnisfehler: Nicht Null sagt der Vorlesende, sondern O! Gelächter der Zuhörer. Selbst Moses, der die eigene Autorschaft bis dahin abgestritten hat, fängt jetzt zu grinsen an. Der essayistische Versuch provoziert Widerspruch, ein Jahr lang geht eine Diskussion zu diesem Thema zwischen Professor Aepinius, einem Gegner der Wolffschen Philosophie, und Moses im Kaffeehaus hin und her.

Sein Selbstbewußtsein entwickelt sich. In diesem Jahr, 1755, ist sein Erstlingswerk gedruckt worden, die *Philosophischen Gespräche*. Er hat begonnen, eine hebräische Zeitschrift herauszugeben, die allerdings nach wenigen Nummern eingestellt wird; noch ist der Widerstand gegen eine Verbindung von Aufklärung und Judentum bei den Gemeindeautoritäten zu groß. Er schreibt bereits für Friedrich Nicolais *Bibliothek der schönen Wissenschaften und der freyen Künste*, später für dessen *Briefe, die neueste Literatur betreffend* und die *Allgemeine deutsche Bibliothek*. Er wird schließlich Ehrenmitglied der geheimen »Mittwochsgesellschaft«, die das Aufklärungsmagazin *Berlinische Monatsschrift* herausgibt: Hier treffen sich jeweils bei einem der 24 Mitglieder Juristen, Theologen und Publizisten, ein Prinzenerzieher und ein Königlicher Leibarzt, um über Aufklärung und Gesetzgebung zu diskutieren; der Kriegsrat Christian Wilhelm von Dohm und der Jurist Ernst Ferdinand Klein, zwei um die Gleichstellung der Juden bemühte Beamte, gehören ebenso dazu wie Friedrich Nicolai und der Theologe Johann Joachim Spalding. Auch im »Montagsclub«, wo man zu gemeinsamen Abendessen mit heiterer Konversation einen Freund mitbringt, ist Moses außerordentliches Mitglied, an der Seite von Lessing, Nicolai und dem Flötisten Johann Joachim Quantz, unter dem Präsidium des Ästhetikers Johann Georg Sulzer von der Akademie der Wissenschaften.

Mendelssohn, mittlerweile eine Autorität in philosophischen Kreisen, erwirbt sich bei denen, die ihn kennen oder von ihm hören, bald den Ruf eines Seelsorgers. Einen atheistischen Schulinspektor, der wegen mangelnder Anerkennung von seiten der Vorgesetzten einen Hungerstreik beginnt, bewegt er in langen Gesprächen zu einem Neuanfang, ohne verhindern zu können, daß der verwirrte Mann sich zuletzt im Irrenhaus das Leben nimmt. Der Erbprinz von Braunschweig möchte von Mendelssohn wissen, wie dieser die historischen Beweise zugunsten des Christentums wirklich einschätze, und hier verläßt der oft provozierte Jude ein einziges Mal die konfessionspolitische Dekkung: Nach dem Neuen Testament müsse man eine göttliche Dreieinigkeit, die Menschwerdung einer Gottheit, annehmen, außerdem »das Leiden einer Person der Gottheit, die sich ihrer göttlichen Majestät entäußert hat, viertens die Genugtuung und Befriedigung der ersten Person in der Gottheit durch das Leiden und den Tod der erniedrigten zweiten Person«. Diese Glaubenssätze scheinen »der menschlichen Erkenntnis schnurstracks zu widersprechen«. Mit dem, was ihn die Vernunft über das Wesen der Gottheit lehre, sei das nicht in Harmonie zu bringen. Wenn so etwas im Alten Testament stünde, müßte er dieses ebenfalls verwerfen. Der Herzog möge diesen offenen Brief vernichten und nicht mit Ungnade reagieren, »ich breche mit Zittern ab und erwarte mein Schicksalmit der quälendsten Ungeduld«.[38]

Einen zahnkranken Königsberger, der nur in Berlin behandelt werden kann, sich aber nicht in die fremde Stadt traut, bringt er von einer Dienstreise mit – und bittet Fromet mit ziemlich schlechtem Gewissen, den Fremden aufzunehmen. Ein thüringischer Benediktiner, der an seinem Glauben zweifelt, bittet ihn um Beistand. Die Männer beginnen einen intensiven brieflichen Austausch; der Mönch besucht Berlin, man redet oft und ausführlich miteinander, im Studierzimmer in der Spandauer Straße, im Schrebergarten hinterm Oranienburger Tor. Den Kleriker, dessen Kloster er entweihen würde, wenn er es beträte, nennt Moses seinen Bruder im Geiste. Auch im vermeintlich toleranten Berlin werde sein Leben durch Diskriminierungen täglich eingeschränkt. Bei den Abendspaziergängen mit Frau und Kindern beschimpfe man die Familie, werfe Steine nach ihnen. Er müsse dann den Kindern erklären, warum dies geschehe: »Ja, lieber Papa! spricht ein anderes, sie verfolgen uns immer in den Straßen und schimpfen: Juden! Juden! Ist denn dieses so ein Schimpf bei den Leuten, ein Jude zu sein? Und was hindert dieses andere Leute? Ach! Ich schlage die Augen nieder und seufze mit mir selber: Menschen! Menschen! Wohin habt ihr es endlich kommen lassen?«[39]

Moses und Fromet leben in einem Jahrhundert des Freundschaftskultes. Das Ideal »echter« Freundschaft, die etwas anderes sein soll als das Zweckbündnis der Höflinge, beruht auf vernünftigem Einverständnis und gegenseitigem vertrauensvollem Wohlwollen. Zunächst werden vor allem Männerbündnisse gepflegt; die Formeln barocker Höflichkeit weichen zarten Gefühlsbekenntnissen. Selbst Moses, der vor jedem falschen Ton auf der Hut ist, garniert seine Briefe mit Bekundungen der Hingabe und Aufrichtigkeit. Er hat Talent zur Freundschaft. Aaron Gumpertz, der noch vor Moses in den Kreisen nichtjüdischer Intellektueller verkehrte, begleitet die ersten Schritte des Freundes, führt ihn in den Kaffeehausklub ein und vermittelt den Kontakt zu dem späteren Schutzbrief-Vermittler Marquis d'Argens und zu Lessing. Thomas Abbt wiederum, den jungen Popularphilosophen, der sich in der provinziellen Enge Bückeburgs nach den Berliner Diskussionen sehnt, lernt Moses durch Friedrich Nicolai kennen; durch die Korrespondenz mit Abbt wird Moses zum Schreiben des *Phädon* angeregt. Gumpertz und Abbt sterben bereits in den 1760er Jahren; Nicolai ist der einzige dieser Freunde, der Moses überleben wird. Lessing, Nicolai, Mendelssohn – sie bilden ein Trio, das im Zentrum der Berliner Aufklärung steht und sich, während Lessings Aufenthalten an der Spree in den Jahren 1754/55, 1758–1760 und 1765/66, zwei- bis dreimal wöchentlich trifft. Eine vertraute Runde der Offenheit, Wahrheitsliebe und des geistreichen Witzes, des Gelächters und der gegenseitigen Achtung. Nicolai als Verleger und Zeitschriftenherausgeber bietet Moses für seine schriftstellerischen Aktivitäten ein anspruchsvolles redaktionelles Umfeld, zuverlässige Partnerschaft und das vertrauenswürdige Echo eines Geistesverwandten.

»Herr Moses half m[ir]«, beschreibt Nicolai im März 1759 in einem Brief an den Schweizer Dichter Johann Peter Uz die Zusammenarbeit und die Persönlichkeit des Freundes, »bloß seine Freundschaft gegen mic[h] macht, daß er sich noch mit den schönen Wißenschaften beschäftiget, da sonst dieselben eigent[lich] sein Werk nicht sind. Her Moses hält sich zur Synagoge und warum sollte er dieses nicht thun? – Er ist eines der grösten Genies die Deutschland ie gehabt [...]. Er ist aus Deßau gebürtig, und konnte bis in sein vierzehntes Jahr keine Sprache als hebräisch, ja nicht einmahl recht Deutsch lesen. Inzwischen ward er unter den Juden vor einen großen Talmudisten gehalten und er solte schon die Tochter eines Rabbinens heirathen. [...] Er hat das beste Herz, wie glücklich wäre ich wenn ich immer um ihn sein könnte, ich habe nie einen innigern Freund gehabt.«[40] Nicolai ist vier Jahre jünger als Moses, ein streng erzogener Buchhändlersohn, der es lieber vorgezogen hätte, als Schriftsteller von den Zinsen seines Erbes zu leben, mit seinem Verlagsgeschäft aber, dem wichtigsten Forum zur Verbreitung der Aufklärung, größeren Ruhm ernten wird als mit seinen literarischen Satiren zur Verbesserung der Welt. Sein 1765 begonnenes bedeutendstes Lebenswerk, das Rezensionsmagazin *Allgemeine Deutsche Bibliothek*, soll mit seiner Themenvielfalt – 8000 Besprechungen in vier Jahrzehnten! – das Deutschland der Kleinstaaten durch die Erfahrung geistiger Zusammengehörigkeit verbinden. »Ich besuche Herrn Nicolai sehr oft in seinem Garten«, schreibt Moses an Lessing. »(Ich liebe ihn wirklich, teuerster Freund! Und ich glaube, daß unsere Freundschaft noch dabei gewinnen muß, weil ich in ihm Ihren wahren Freund liebe.) Wir lesen Gedichte; Herr Nicolai liest mir seine eigenen Ausarbeitungen vor; ich sitze auf meinem kritischen Richterstuhl, bewundere, lache, billige, tadle, bis der Abend hereinbricht. Dann denken wir noch einmal an Sie und gehen, mit unserer heutigen Verrichtung zufrieden, voneinander.« [41] Der Kontakt zwischen Nicolai und Moses wird nie abbrechen, wenn auch in späteren Jahre die Routine der Verlagsangelegenheiten die Verbindung bestimmt.

Wie Juden und Deutsche Freunde werden

Die Freunde Lessing und Moses sind sich im Jahr 1754 beim Schach begegnet. Aaron Gumpertz, der beide als hervorragende Spieler kennt, hat das Treffen vermittelt, im Gasthaus, im Klub, vielleicht bei sich zu Hause. Es hat schnell gefunkt zwischen den beiden Fünfundzwanzigjährigen. Nun besucht Moses den Dichter regelmäßig früh zwischen sieben und neun in dem kleinen Haus auf dem Hof der Nicolai-Kirche, das Lessing mit einem komischen Stubengenossen aus Bautzen bewohnt, dem kleinen Naumann, einem Schriftsteller, über den sich die beiden während ihrer Morgengespräche über Himmel und Hölle, Gott und Welt, Theater und Literatur gern ein bißchen lustig machen. Lessing ist forscher als Moses, ein nervöser Dramatiker, Essayist und Kritiker im Kampf gegen Vorurteile, im Streit für die Vernunft. Hyperkritisch mit sich selbst, rastlos, immer unzufrieden. Ein Glücksspieler, der viele Arbeiten zugleich beginnt, der die Ablenkung in Weinstuben und Kaffeehäusern braucht, um sich neu zu konzentrieren; in der Diskussion brillant, bereit, sich selbst zu widersprechen, glanzvoll und witzig, polemisch und verletzend. Moses nennt ihn einen Menschen, der sich immer selbst auf die Schultern steigen wolle. 1754 verteidigt er Lessings Komödie *Die Juden*, in der rassistische Klischees ad absurdum geführt werden, gegen eine antijüdisch ausgerichtete Rezension des Theologen Johann David Michaelis. In Artikeln der Zeitschrift *Theatralische Bibliothek* stellen sich die Freunde, Seite an Seite, den Vorurteilen des lutherischen Professors entgegen. Der Jude Moses – es ist sein erster gedruckter Text – schreibt anonym: »Laßt einen Menschen, dem von der Verachtung des jüdischen Volkes nichts bekannt ist, der Aufführung dieses Stückes beiwohnen: die guten Leute, wird er bei sich denken, haben doch endlich die große Entdeckung gemacht, daß Juden auch Menschen sind.« [42] Lessing ermutigt Moses zum Schreiben, gibt seine Texte in den Druck.

1756 beginnt der Siebenjährige Krieg. Gerade hat Lessing eine auf vier Jahre geplante Bildungsreise als Begleiter eines Kaufmannssohns begonnen, die er nun nach drei Monaten, in Amsterdam, abbrechen muß. Moses schreibt ihm Anfang 1757 aus Berlin in das preußisch besetzte Leipzig: »Liebster Lessing! Ich bin mit meiner Jahresrechnung zu Stande, und könnte nun mehr vollkommen ruhen und zufrieden leben, wenn ich nicht gewissermaßen für Ihre Ruhe besorgt wäre. Warum fliehen Sie diesen Ort der Unruhe, der Betrübniß und der allgemeinen Verzweiflung nicht? Kommen Sie zu uns, wir wollen in unserem einsamen Gartenhaus vergessen, daß die Leidenschaften der Menschen den Erdball verwüsten. Wie leicht wird es uns seyn, die nichtswürdigen Streitigkeiten der Habsucht zu vergessen, wenn wir unsern Streit über die wichtigsten Materien, die wir schriftlich angefangen, mündlich fortsetzen werden? […] Metaphysische Streitereien sind nicht so bald entschieden.« [43]

Ihre philosophischen und ästhetischen Diskussionen setzen sie fort, auch wenn der Kampf um den Lebensunterhalt sie wieder auseinanderreißt. Lessing zieht im Mai 1770 nach Wolfenbüttel. Dreimal besucht Moses den Freund, der dort als Bibliothekar des Braunschweiger Herzogs sein Auskommen gefunden hat. Beim dritten Besuch im Dezember 1777 ist Fromet dabei, die Lessing von Berlin her kennt und zwischendurch schon mal einem Brief des Gatten hinzugefügt hatte, sie wisse gar nicht, ob Lessing, der ewige Junggeselle, Grüße einer Frau überhaupt akzeptiere. Moses wiederum hat die Begegnung mit Lessings erst kürzlich angetrauter Ehefrau Eva König, die vier Kinder in die Ehe bringt und nun ein weiteres mit dem neuen Gatten erwartet, durch die Zusendung eines Blumengrußes galant vorbereitet: »Um mir bey Madam eine Empfehlung auszusparen, die sonst ein unbekanntes bärtiges Gesicht weniger freundlich aufgenommen haben würde.«[44] Seit langem hat er sich auf dieses Wiedersehen gefreut. Die Berliner tragen sich ins Gästebuch der Bibliothek ein. Vor Aufregung verkritzelt Fromet ihren Namen. Die berühmte Büchersammlung, durch die der Freund ihn führt, beeindruckt Moses, aber er sei nicht gekommen, um zu erfahren, was in diesen schönen Särgen sei, sondern um Lessings Meinung zu hören. Es wird ein ganz besonderes, glückliches Beisammensein. »Wenn's immer so wäre …«

Zwei Ehepaare. Zwei Familien. Zwei Freunde, die verschiedener Meinung sind: wo es zum Beispiel um Freimaurer und Spinoza geht. Denn Lessing ist dem Geheimbund beigetreten; Moses möchte dem Verschwiegenen, scherzhaft und eifersüchtig, die Mysterien des Ordens entlocken. Auch nähert sich Lessing, der als junger Pfarrerssohn Vorbehalte gegen Spinozas Pantheismus hatte, dieser Vision, in der Gegensätze von Geist und Materie aufgelöst sind, erst an. Moses dagegen, dessen erste philosophische Schrift Spinozas Verdienst um die deutsche Philosophie gewürdigt hatte, entscheidet sich auf seinem Weg als Reformer *innerhalb* des Judentums gegen die Radikalität des Ketzers, der seit seinem vierundzwanzigsten Lebensjahr von der Synagoge ausgestoßen war. Differenzen, persönliche Entwicklungen: Den Draht zueinander haben sie nicht verloren. Gut zwanzig Jahre sind seit der ersten Schachpartie vergangen. Gemeinsame Kämpfe, Rückschläge, Resignation und Stagnation, neue Zuversicht. Häusliches Glück, wer hätte das von Lessing, dem Zerrissenen, gedacht. Vielleicht sei familiäre Seligkeit doch die Bestimmung des Menschen, hat Moses Jahre später formuliert; sogar Lessing sei das schließlich klargeworden.

Dann, vier Tage nach der Abreise der Mendelssohns – das Unglück. Am ersten Weihnachtstag wird Traugott geboren und stirbt. Die Mutter folgt ihm zwei Wochen später. In seinem letzten Brief, am 19. Dezember 1780, schreibt Lessing: »An dem Briefchen, das mir Dr. Flies damals von Ihnen mitbrachte, kaue und nutsche ich noch. Das saftigste Wort ist hier das edelste. Und wahrlich, lieber Freund, ich brauche so ein Briefchen von Zeit zu Zeit sehr nötig, wenn ich nicht ganz mißmutig werden soll. [...] Auch ich war damals ein gesundes, schlankes Bäumchen; und bin jetzt ein so fauler, knorrichter Stamm! Ach, lieber Freund! Diese Szene ist aus! Gern möchte ich Sie freilich noch einmal sprechen!« [45]

Dazu kommt es nicht, am 15. Februar 1781 stirbt Lessing in Braunschweig. »Mich beschäftigt itzt der einzige Gedanke: Lessings Tod«, schreibt Moses am 8. Mai an den Schriftsteller und Diplomaten August Hennings in Kopenhagen, »er ist mir immer gegenwärtig, wie das Bild einer Geliebten. Ich schlafe mit ihm ein, träume von ihm, wache mit ihm auf, und danke der Vorsehung für die Wohlthat, die sie mir erzeigt hat, daß ich diesen Mann so frühzeitig habe kennen lernen, und daß ich seinen freundschaftlichen Umgang so lange genossen habe. Die Welt kennt seinen schriftstellerischen Werth; wenige aber kennen nur seinen freundschaftlichen Werth; ja ich finde daß sein moralischer Wehrt überhaupt in vielen sogar miskant werde. [...] Wenn irgend ein Mensch besser war, als er sich in seinen Schriften zu erkennen gab; so war es Lessing. Die am meisten wider ihn eingenommen waren, wußte er in einer Stunde persönlichen Umgangs zu gewinnen [...].« Der Freund habe nie geschmeichelt, sei ein Feind äußerer Höflichkeit gewesen, sei von Eigennutz und Dünkel weit entfernt und bereit gewesen, »einem jeden mit seinem Reichthum an Begriffen zuvorzukommen, daß man sich in einer Unterredung mit ihm, allezeit scharfsinniger glaubte, als man wirklich war [...]. Sarkastisch und bitter gegen jeden Gek, der sich die Wahrheit allein gefunden zu haben einbildete, war er liebreich und bescheiden gegen jeden der die Wahrheit suchte.«[46]

In Lessings letzten Jahren ist neben dem Essay *Die Erziehung des Menschengeschlechts* und den Schriften des *Anti-Goeze-Streits*, seiner Auseinandersetzung mit einem lutherischen Pastor in Hamburg um den Primat der Vernunft, das dramatische Gedicht *Nathan der Weise* entstanden, in dem zur Verhandlung der Toleranz- und Wahrheitsfrage Personen des Mendelssohn-Haushaltes, mehr oder weniger verfremdet, als Bühnenfiguren auftreten. In der Titelfigur, dem philosophischen, witzigen, mutigen Kaufmann Nathan, der den Haß auf die christlichen Mörder seiner Familie in Toleranz und Menschenliebe verwandelt, hat der Dramatiker Moses Mendelssohn das berühmteste Denkmal gesetzt. Wo der Jerusalemer Klosterbruder dem versöhnlichen Nathan zuruft: »Bei Gott, Ihr seid ein Christ! Ein beßrer Christ war nie!«, und dieser antwortet: »Wohl uns! Denn was mich Euch zum Christen macht, das macht Euch mir zum Juden!«,[47] sind die Konfessionskriege und Ketzerverfolgungen des Abendlands für einen Wunschtraum-Moment im Himmel der Vernunftreligion aufgehoben.

Die Freundschaft mit Lessing ist das schönste politische Projekt im Leben des Pioniers Moses, der seiner Gesellschaft zugleich gezeigt hat, wie Juden Deutsche werden können. Später hat man gemeint, der historische Moment dieser utopischen Freundschaft sei einmalig gewesen, die einzigartige Verbindung zweier Welten, die sich in Moses Mendelssohn und Lessing erstmals einander geöffnet und verstanden hätten. Visionen der Freiheit und des Dialogs, große Hoffnungen: Wie aus Juden und Deutschen Freunde werden.

Bücher, Kinder, Webstühle

Seit der Fabrikangestellte Moses Mendelssohn 1755 vor einem Haus Unter den Linden gestanden und sich, Seidenballen unterm Arm, Gedanken für seine *Briefe über die Empfindungen* notiert hatte, ist es mit der Buchproduktion in Berlin, mit dem preußischen Seidengewerbe und mit der Familie Mendelssohn – nicht ohne Rückschläge – vorangegangen. 1756 übersetzt Moses Rousseaus Schrift *Von der Ungleichheit unter den Menschen*. 1763: Geburt der Tochter Sara. 1764: Tod Saras, Geburt Brendels. 1766 hat sich die Firma Bernhard von anfänglich 16 auf 23 Webstühle vergrößert. Chaijm wird geboren und stirbt. 1767 begründet der Bestseller *Phädon oder über die Unsterblichkeit der Seele* Mendelssohns internationalen Ruhm. 25 Webstühle. Geburt Rechas. 1768 hat die Fa. Bernhard 43 Webstühle in Berlin, 36 in Potsdam. 1769: Geburt Mendel Abrahams. 80 Webstühle. 1770: *Schreiben an den Herrn Diaconus Lavater zu Zürich.* Geburt Josephs. 1771: In Berlin laufen bei Bernhard & Mendelssohn zwei Webstühle für Samt, 46 für Seide, in Potsdam 33. 1772: 74 Webstühle. 1773: 97 Webstühle. 1775: Geburt Jentes, Tod Mendel Abrahams. *Ritualgesetze der Juden* erscheint. 1776: für Samt und Seide 55 Webstühle in Berlin, 12 Webstühle für Halbseidenes. Geburt Abrahams. 1777: 102 Webstühle, davon vier für Samt. 1778: Geburt und Tod Susgens. 1779: 58 Ganzseidenwebstühle in Berlin. 1780: 65 Webstühle in Berlin. Das erste Buch der Thora-Übersetzung im Buchhandel. 1781: Geburt Nathans. 1782: 29 Webstühle in Berlin, betrieben mit 14 Meistern, 13 Gesellen und neun Lehrlingen. Mendelssohns Übersetzung der englischen Verteidigungsschrift *Rettung der Juden* wird gedruckt. 1783 kommen die Psalmen-Übersetzung heraus und *Jerusalem oder über religiöse Macht und Judentum*. 38 Webstühle in Berlin, vier in Potsdam. 1784: Der Aufsatz *Ueber die Frage: was heißt aufklären?* wird veröffentlicht. 1785 erscheinen die *Abhandlung von der Unkörperlichkeit der menschlichen Seele* und *Morgenstunden oder Vorlesungen über das Daseyn Gottes*.

»Der Tod hat an meine Hütte gepocht«

Moses ärgert und grämt sich in den letzten Wochen des Jahres 1785 und bricht schließlich zusammen, weil er es nicht erträgt, daß der Philosoph Friedrich Heinrich Jacobi den geliebten Lessing als »Spinozisten« bezeichnet, was zu seiner Zeit soviel wie »Atheist« bedeutet. Es trifft ihn ins Herz, daß seine Vertrautheit mit dem toten Freund in Zweifel gezogen wird. Er wird, wie seinerzeit im Lavater-Streit, zu einer öffentlichen Diskussion genötigt, deren Rücksichtslosigkeit und Aufregung er nicht gewachsen ist.

Auf dem Weg zum Verleger Voss, der seine Streitschrift *An die Freunde Lessings* in Druck geben soll, erkältet sich der Entkräftete am Silvesterabend 1785 und stirbt vier Tage später an einem Schlaganfall. Marcus Herz – Kant-Schüler, Freund und Aufklärer, der Arzt seiner letzten Jahre – hat ihn am Montag, dem 2. Januar 1786, besucht. Moses hustet, wälzt Handlungsbücher, klagt über sein nachlassendes Gedächtnis. Am Dienstag sitzt er im Pelz auf dem Sofa, unter Lessings Büste. Hat nicht geschlafen. Freut sich über die Geisteskräfte seines kleinen Nathan, fühlt Stiche in der Brust. Doktor Herz zieht den Kollegen Bloch hinzu, man verordnet Umschläge, erwägt den Aderlaß. Mittwoch früh eilt Joseph zu Herz: Vater sei sehr unruhig. Moses liegt auf dem Sofa, Lessings Büste steht ihm gegenüber. Die Augen sind trübe. Das Gesicht ist blaß, eingefallen. »Ich will mich einmal aufsetzen, vielleicht geht es besser.« Er setzt sich auf einen Stuhl, dann wieder auf das Sofa. »Nun ist es vorüber.«[48] Herz redet nebenan mit Fromet und dem Schwiegersohn Veit. Moses rutscht vom Sofa herab, den Kopf zurückgeworfen, Schaum vor dem Mund.

Am Beginn der literarischen Karriere Mendelssohns stand mit dem *Phädon* die Frage nach dem einzigartigen Wert des Individuums und seiner unsterblichen Seele. »Der Tod hat an meine Hütte gepocht, und mir ein Kind geraubt, das nur elf Monate, aber diese Gott Lob! munter und unter hoffnungsvollen Versprechungen, auf Erden gelebt hat. – Mein Freund! Die Unschuldige hat die elf Monate nicht vergebens gelebt. Ihr Geist hat in dieser kurzen Zeit ganz erstaunliche Progressen gemacht. Von einem Thierchen, das weint und schläft, ist sie der Keim eines vernünftigen Geschöpfes geworden. Wie die Spitzen des jungen Grases im Frühlinge durch den harten Erdboden dringen, so sah man bey ihr die ersten Leidenschaften anbrechen. Sie zeigte Mitleiden, Haß, Liebe, Bewunderung, verstand die Sprache des redenden Menschen, und war bemüht, ihre Gedanken Andern erkennen zu geben. Ist von allen diesem keine Spur mehr in der ganzen Natur anzutreffen? Sie werden über meine Einfalt lachen, und in diesem Raisonement die Schwachheit eines Menschen erkennen, der Trost sucht, und ihn nirgends findet, als in seiner Einbildung. Es kann seyn, ich besitze Eigenliebe genug, eine jede Lehre zu adoptiren, die meine Gemüthsruhe befördert, ohne meinen Fehlern zu schmeicheln. Ich kann nicht glauben, daß uns Gott auf seine Erde, etwa wie Schaum auf eine Welle gesetzt hat [...].«[49]

Das hatte Moses drei Jahre vor dem Erscheinen seiner *Gespräche über die Unsterblichkeit der Seele* an den Freund Thomas Abbt geschrieben. Die *Morgenstunden* am Ende seiner Laufbahn sind das Pendant zum *Phädon* von 1767, dieser Neuübersetzung und Ausarbeitung der in Platons *Gastmahl* überlieferten Abschiedsdialoge des Sokrates. Sie hatte der Frage nach dem Wesen der Seele die Vernunft-Argumente eines Gläubigen und ein anspruchsvolles Menschenbild entgegengestellt: Das »unermeßliche Weltgebäude sey hervorgebracht worden, damit es vernünftige Wesen gebe, die von Stufe zu Stufe fortschreiten, an Vollkommenheit allmählich zunehmen, und in dieser Zunahme ihre Glückseligkeit finden mögen. Daß diese nun sämmtlich mitten auf dem Wege stille stehen sollten, nicht nur stille stehen, sondern auf einmal in den Abgrund zurückgestoßen werden, und alle Früchte ihres Bemühens verlieren: dieses kann das allerhöchste Wesen unmöglich beliebt, und in *den* Plan des Weltalls gebracht haben, der ihm vor allen wohlgefallen hat. [...] Sobald wir [...] mit dem Leben unser Daseyn verlieren, so hört es auf ein bloßes Mittel zu seyn, es wird der Endzweck, das letzte Ziel unserer Wünsche, das höchste Gut [...].«[50] Er – Sokrates alias Moses – könne »unmöglich glauben, daß ein Mensch, dem mit diesem Leben alles aus ist, sich, nach seinen Grundsätzen, dem Wohle des Vaterlandes, oder des ganzen menschlichen Geschlechtes, aufopfern könne«.[51]

In den *Morgenstunden* resümiert Moses seine Einsichten zur Erkenntnistheorie und zu den vernunftbegründeten Gottesbeweisen der Antike und seiner Zeit und erklärt Lessings »geläuterten Pantheismus«[52]. Er beschließt das letzte große Werk mit einem optimistischen Credo: Es sei »keine unbescheidene Anmaßung von dem Erdensohne, wenn er von seiner Endlichkeit auf das Daseyn des Unendlichen, von seiner Eingeschränktheit auf die Wirklichkeit des Allervollkommensten zu schließen wagt. Es geziemet dem unsterblichen Geiste des Menschen gar wohl, sich der Gottheit so verwandt zu glauben, daß von jedem seiner Gedanken ein Weg zu derselben zu finden sey. [...] daß er, als *Begriff*, von Ewigkeit her ein Gegenstand der göttlichen Erkenntniß gewesen, und, als *Sache*, dazumal auch Wirklichkeit erhielt, als die Bedingungen der Zeit und des Raumes ihn [...] zum würdigen Gegenstande der göttlichen Billigung machten; als er *irgendwo* und *irgendwann*, zum *Besten* gehörig, selbst das *Beste* ward.«[53]

In beiden Hauptwerken beantwortet der fromme Rationalist sich und seiner verunsicherten Zeit die metaphysische Frage nach einem Großen und Ganzen, dem der einzelne verantwortlich bleibt. Das Thema der Verantwortung des Individuums – für seine Gesellschaft, für die persönlichen, kulturellen Ideale – wird sich als Leitmotiv späterer Mendelssohn-Generationen und ihrer Weltanschauung herausbilden.

Der Citoyen

Zu den Talmud-Texten, die Moses ins Deutsche übersetzt hat, gehört die Erzählung vom Rabbi Assi, der im Sterben lag und weinte, als ihn sein Neffe fand. »Was weinst du, Rabbi? Muß nicht jeder Blick in dein vollbrachtes Leben dir Freude bringen? Hast du etwa das heilige Gesetz nicht genug gelehrt? Siehe, deine

Schüler hier sind Beweise vom Gegenteil. Hast du etwa versäumt, Werke der Gottseligkeit auszuüben? [...] Die Demut war die Krone aller deiner Tugenden! Niemals wolltest du erlauben, daß man dich zum Richter der Gemeinde wählte, so sehr auch die Gemeinde es wünschte.« – »Eben das betrübt mich jetzt«, antwortete der Rabbi. »Ich konnte Recht und Gerechtigkeit unter den Menschen handhaben, und aus mißverstandener Demut habe ich es unterlassen. Wer sich der Gerechtigkeit entzieht, ist schuld an dem Verderben des Landes.« [54] Der alte Text wirft ein Licht auf Mendelssohns eigene Position als Reformer und Repräsentant seiner Minderheit: zwischen Bescheidenheit, diplomatischer Zurückhaltung und mutigem Engagement.

Die Frage nach der Macht der Moral und den konkreten Auswirkungen geistiger Aufklärung formulierte auch ein Brief an den Arzt Johann Georg Zimmermann, nachdem dieser dem Freund und Patienten sein Werk *Über die Einsamkeit* geschickt hatte, in das Moses bisher kaum ein Auge hatte werfen können, weil sich Fromet, Tochter Brendel, Schwiegersohn Simon Veit, Sohn Joseph und weitere Mitglieder des Haushaltes das Traktat aus den Händen rissen. »Zur sehr gelegenen Zeit haben Sie gesprochen, vortrefflicher Mann«, rühmt der Philosoph und ergänzt Zimmermanns Lob der Einsamkeit, die dem aufgeklärten Menschen als Ort der Bewährung dienen solle, durch einen Appell zu aktiver Wachsamkeit – gegen Fanatismus, Aberglauben und Vorurteile: »Wir träumten von nichts als Aufklärung, und glaubten durch das Licht der Vernunft die Gegend so aufgehellt zu haben, daß die Schwärmerey sich gewiß nicht mehr zeigen werde. Allein wie wir sehen, steiget schon, von der andern Seite des Horizonts, die Nacht mit allen ihren Gespenstern wieder empor. Das Fürchterlichste dabey ist, daß das Uebel so thätig, so wirksam ist. Die Schwärmerey *thut*, und die Vernunft begnügt sich zu *sprechen*.« [55]

Die Bedeutung Moses Mendelssohns liegt weniger in der Errichtung eines philosophischen Systems als in der politischen Wirkung seiner Persönlichkeit: Er betont die sittliche, praktische Vernunft und erlangt damit weitreichenden Einfluß auf die Zeitgenossen. Als Philosoph bezieht er sich auf seine Vorgänger

Gottfried Wilhelm Leibniz und Christian Wolff; deren Gedanken zur Harmonie und Einheit der Welt, zu Logik, Mathematik und Religion werden von ihm weitergeführt und ergänzt. Wenn er sich am Ende seines Lebens in den *Morgenstunden* mit der Begründung des Gottesglaubens befaßt, haben ihn auf diesem Feld philosophische Kollegen wie Kant, dessen *Kritik der reinen Vernunft* 1781, im Todesjahr Lessings, erscheint, längst argumentativ überholt. Durch seine sieben Krankheitsjahre mag Moses den Anschluß verpaßt haben; ein »Alleszermalmer«, wie man Kant zu seiner Zeit ehrfürchtig titulierte, wäre selbst bei stabiler Gesundheit kaum aus ihm geworden. Am einflußreichsten – auf Lessing, Kant, Schiller u. a. – wurden die Themen und Schriften seiner Anfangsjahre, seine Ästhetik und Kunsttheorie, seine Überlegungen zu Schönheit und Sinnlichkeit.

Seine eigentliche Stärke aber bleibt, trotz gelegentlicher polemischer Zuspitzung, die Synthese: sein Vermächtnis an jene Nachkommen, die sich mit ihren Talenten eher vermittelnd als umstürzlerisch in die Gesellschaft einbringen werden. Auch Mendelssohns Gabe, Philosophisches so allgemein verständlich zu artikulieren, daß eine breite Leserschaft seinem Gedankengang folgen kann und darin eigene Fragen erkennt, kennzeichnet den begnadeten Brückenbauer. So entstehen die Bucherfolge: Werke wie der *Phädon*, Jahrzehnte später bereits als veraltet betrachtet, treffen zum Zeitpunkt ihres Erscheinens den Nerv des Publikums. Der Autorenruhm begründet seinen Ruf als Weltweiser, der Status des bedeutenden Philosophen festigt sein Ansehen in der Jüdischen Gemeinde. Der Katalysator der Berliner Aufklärung wird zum Aufklärer des Judentums; dabei war die jüdische Aufklärung, Haskala, eine religionsnahe, aber interkulturelle Bewegung, in der Moses als jüdischer Sokrates unter den Maskilim (Aufklärern) wie Saul Ascher, Lazarus Bendavid, Herz Homberg, Naftali Hartwig Wessely, David Friedländer, Isaak Euchel und Salomon Maimon die Vorreiter- und Prominentenrolle spielte. Sein Einfluß auf die Öffnung des Judentums für die deutsche Kultur jedoch und ebenso die Anerkennung als Repräsentant seiner Gemeinschaft, als der Jude von Berlin, als moderner, als deutscher Jude in der christlichen Mehrheitsgesellschaft, machen seine historische Bedeutung aus. Den Juden lebt er beispielhaft vor, wie man selbstbewußt, gesetzestreu und sogar als Anwalt einer von jiddischen Brocken unverdorbenen hebräischen Sprache zugleich in der deutschen Kultur zu Hause sein kann; den Christen beweist er, daß ein gläubiger Jude moderner preußischer Bürger sein – könnte. Die Emanzipationsdebatten und -gesetze späterer Jahrzehnte sind ohne seine theoretischen Arbeiten zur inneren Verfassung und zum interkulturellen Potential des Judentums sowenig denkbar wie ohne die Modellfunktion seiner Biographie. Tatsächlich hat er nicht nur zur Emanzipation der Juden und durch seine Bibelübersetzungen zu ihrer sprachlichen Integration, der Annahme des Deutschen als Umgangssprache, entscheidend beigetragen, sondern auch als Stilist und Theoretiker zur Emanzipation des Deutschen als Kultursprache.

Bei seiner Beerdigung ist die ganze Jüdische Gemeinde auf den Beinen, die jüdischen Geschäfte bleiben den ganzen Tag geschlossen. Viele Christen folgen dem Trauerzug. Der Dichter Karl Wilhelm Ramler, dem Moses seine Übersetzung des Psalters gewidmet hatte, schreibt eine Trauerkantate: »Der beste Freund der Besten / Stand auf der höchsten Stufe / Des ganzen Israels, / Steht in der ersten Reihe / Des menschlichen Geschlechts.« [56]

Die *Königlich-Preußische Zeitung von Staats- und gelehrten Sachen* meldet am 5. Januar 1786: »Für die Welt sowohl als für seine Freunde bleibt sein Verlust unersetzlich. In welchem künftigen Jahrhundert wird ein solcher Geist in der Hülle eines sterblichen Körpers wieder zur Reife kommen? [...] Es ist eine tiefe Wunde, welche die jüdische Nation durch den Tod Moses' des Weisen empfangen hat. Er war ihr Lehrer und Führer, ihr Ratgeber, ihr Vertreter, ihr Erzieher, ihr alles. Talmudisten und Kaufleute, Vorsteher und Schullehrer, Richter und Ärzte, Künstler und Schriftsteller, alles lief zu ihm, wie zu einem selten fehlenden und nie bestechlichen Orakel; und was er für das innere Wesentliche ihrer Religion tat, das weiß ja die Welt!«

Das Muster im Webstuhl Gottes

Als Moses Mendelssohn die Schutzbrille aufsetzte, um für seine beiden Berufe, als Philosoph und Fabrikant, einigermaßen sehfähig zu bleiben und um die »beste aller möglichen Welten« verbessern zu können, bezog sich die Vorstellung der Aufklärer von der allmählichen »Erziehung des Menschengeschlechts« (Lessing) vor allem auf sittliche Erfolge, denen der technische Fortschritt zu dienen hat. Ein Jahrhundert später – unter Fortschrittsglauben versteht man mittlerweile eher das Vertrauen in die Weiterentwicklung zivilisatorischer Techniken – wird ein weiterer Mendelssohn unter die Fabrikanten gehen. Paul Mendelssohn Bartholdy, Urenkel des Philosophen, ein Sohn des Komponisten Felix Mendelssohn Bartholdy, hat die Kreativität seines Vaters geerbt, aber er ist Chemiker: Gründer und erster Generaldirektor der Berliner Aktiengesellschaft für Anilinfabrikation, die durch Kapital aus der Mendelssohn-Bank und dem ebenfalls verwandtschaftlich verbundenen Geldinstitut der Familie Warschauer maßgeblich finanziert wird. Bald nach Pauls Tod im Jahre 1880 wird die AGFA, in der seine Söhne und weitere Verwandte wichtige Posten innehaben, zu einem internationalen Unternehmen – und während des Ersten Weltkriegs zum wichtigen Giftgasproduzenten. Für die IG Farben, in die nach dem Krieg die AGFA aufgegangen ist, sitzt nunmehr Otto von Mendelssohn Bartholdy, Pauls ältester Sohn, als Hauptaktionär im Aufsichtsrat, sein Bruder Paul Mendelssohn Bartholdy ist einer der Direktoren in diesem weltgrößten Chemiekonzern – bis 1933.

Die Mendelssohns, von Moses bis zu den Folgegenerationen im 20. Jahrhundert, sind eine Familie der neuen Zeit. Die Krise der Moderne wird auch zur Krise ihrer Ideale. Zur Zeit Moses Mendelssohns, seiner traditionellen Webstühle und jener Webmuster, die jeder Weber manuell umsetzen mußte, erschien die Verwaltung und Gestaltung der Welt noch als hoffnungsvolles Unterfangen. 1805 wird in Frankreich der erste maschinell gesteuerte Webstuhl erfunden; seine binäre Kodierung gilt Medientheoretikern als Vorläufer der am Ende des Jahrhunderts eingeführten

Lochkarten-Zählmaschine von Hermann Hollerith (und des daraus resultierenden digitalen Computersystems). Mit Hollerith-Maschinen werden im Ersten Weltkrieg die Kriegsrohstoffabteilung des Deutschen Reiches und in der Weimarer Republik die Reichsbahn und die IG Farben ausgestattet. Zwischen 1933 und 1945 werden Hollerith-Maschinen in Deutschland zur Erfassung, Durchleuchtung und Selektion der Bevölkerung sowie zur Verwaltung der Konzentrations- und Vernichtungslager eingesetzt. Die Büro- und Verwaltungstechnik, mit der das Zusammenleben der Menschen zum Wohle aller organisiert werden kann, mutiert ebenso wie der gigantische Chemiekonzern, dessen Direktoren nach dem Zweiten Weltkrieg als Kriegsverbrecher angeklagt werden, zum Instrument des Massenmords. Das Antlitz der schönen neuen Zeit erscheint als Fratze, technischer Fortschritt dient der Barbarei.

Zweieinhalb Jahrhunderte zuvor war das Vertrauen in die grundlegende Einheit der Welt und in das große Versprechen der Aufklärung noch nicht erschüttert. Von Moses Mendelssohn erzählte man, er habe über das Dasein Gottes mit solcher Deutlichkeit zu reden gewußt wie über ein neues Muster für seine Seidenproduktion. Seinen Nachfahren, den Unternehmern, Gelehrten und Bankiers, mußte die Gewißheit, daß etwas oder jemand die Welt im Innersten zusammenhält, zuletzt abhanden kommen.

Heimkehr

Nach dem Tod des großen kleinen Mausche Dessau verlieren sich die meisten Spuren der ersten Mendelssohn-Generation. Moses' Schwester Jente ist schon 1769 unverheiratet in Dessau gestorben. Sein älterer Bruder Saul, ein rabbinisch gebildeter, verschlossener Mann, hat zu Moses' Thora-Übersetzung Anfang der 1780er Jahre Beiträge geleistet, geriet dabei aber in Streit mit einem anderen eigensinnigen Mitarbeiter an diesem Großprojekt, dem berühmten Rabbiner Salomon Dubno, unter anderem wegen eines lächerlichen Geldbetrags; damit versiegen die Nachrichten über ihn. Fromets Schwester Brendel, mit der Moses seinerzeit so ausgiebig zu schäkern wußte, hat schließlich nach Berlin geheiratet. Der Bruder Joseph Gugenheim wird – nach seiner Tätigkeit für die Firma Bernhard & Mendelssohn in Berlin und Memel – Kaufmann in Kopenhagen.

Die Witwe Fromet indes verschwindet nicht von der Bildfläche der Überlieferung, sie bleibt – mehr oder weniger, da die Wege ihrer Kinder auseinandergehen und das männliche Familienoberhaupt, Joseph Mendelssohn, mit der Mutter selten unter einem Dach wohnt – das Zentrum der Familie. Sie bittet den preußischen König Friedrich Wilhelm II. um das ihrem Mann vormals verweigerte Generalprivileg für sich und ihre Kinder und erhält es wegen dessen Verdiensten. Ihre Kontakte zu Moses' Freunden brechen zunächst nicht völlig ab. Sie korrespondiert über den Verbleib von Mendelssohn-Briefen und unternimmt Versuche, die Werke ihres Mannes herauszugeben. Zu Hause ist es ruhiger geworden, doch das ungesunde Leben in Berlin strapaziert sie nun mehr als zuvor. Sie erwirbt das Wohnhaus in der Spandauer Straße – und zieht bald darauf mit den drei jüngsten Kindern und der Stiefmutter Vogel, ein Jahr nachdem ihr das Bleiberecht in Berlin königlich garantiert wurde, zur Tochter Recha nach Neustrelitz, in das Umfeld der befreundeten Familie Meyer. 1793 stirbt dort Vogel Gugenheim und wird, wobei die Armut der Zugereisten Probleme bereitet, auf dem Altstrelitzer Friedhof begraben. Der alte Nathan Meyer gibt Fromet Halt. Sie ärgert sich, als Indiskretionen über das unglückliche Berliner Eheleben ihrer Tochter Brendel nach Neustrelitz gelangen; zumal auch Rechas Strelitzer Ehe im argen liegt. Mit Rücksicht auf ihren berühmten Mann erhält sie das herzogliche Privilegium zur Niederlassung und die Erlaubnis, das Haus Nathan Meyers zu erwerben, der nach Altona zieht – ein Jahr später verkauft sie es wieder. Im Jahr 1800 folgt sie dem Freund Meyer an die Elbe. Im Jahr 1805 schenkt sie der Hochdeutschen Israeliten-Gemeinde zu Altona einen Thoravorhang. Die »Witwe R. Mosches« ist auf der Rückseite des kostbaren Stücks als Spenderin bezeichnet.

Die Gemeinde vermerkt in ihrem Spendenbuch: »Von den Erben R. Mosche Dessau's seligen Angedenkens durch den Vorsteher Itzig Schiff erhielten wir ihn als Geschenk zur Benutzung in der hiesigen Synagoge. Zu dem Vorhang gehört ein Falle (Kaporet) und ein Mäntelchen.« [57] Bei der Spende handelt es sich um das zwei Jahrzehnte zuvor schon einmal gestiftete, zum Thoravorhang umgearbeitete Brautkleid Fromets. Offenbar war das gute Stück mittlerweile aus dem kleinen Berliner Bethaus in die Stifterfamilie zurückgekehrt.

Fromet wohnt wieder in ihrer Vaterstadt. Sie hält sich zur Synagoge und freut sich ihres Lebens. Sie pflegt intensiven Kontakt zu ihrer Familie; zwei Söhne und die Tochter Recha sind ebenfalls in die Hansestadt gezogen; an fünf Enkeln hat sie ihr Vergnügen. Mehr als die Hälfte ihres Lebens – die ersten 25 Jahre und das letzte Dutzend – hat Fromet in Hamburg verbracht. In ihrer von praktischen Motiven bestimmten Rückkehr an den Ort und zur Gemeinde ihrer Jugend zeigt sich eine Bewegung der Heimkehr: eine Hinwendung zu familiären Ursprüngen, die sich bei vielen Mendelssohns wiederholen wird.

Als Fromet Mendelssohn ihr letztes Lebensjahrzehnt in Hamburg verbringt, beginnt die Frage nach der wahren Religion in der Familie zum Problem zu werden. Warum läßt sich jetzt auch Nathan, ihr jüngster Sohn, taufen? Warum ist ihr Enkel Felix noch nicht beschnitten worden? Werden die Söhne ihrer Tochter Brendel der mißratenen Mutter in den Katholizismus folgen? Kann es für die eigenen Kinder nicht ein Happy-End geben wie in Lessings hohem Lied der Toleranz, dem *Nathan*? Im Stück, dem Kult-Drama der Mendelssohns, wurde die Frage nach der wahren Religion zwar nicht für egal erklärt, aber doch in tolerantes Wohlgefallen aufgelöst. Das ist in der Wirklichkeit schmerzhafter. Bestimmt hat sich Fromet, die am 18. März 1812 stirbt, ein Happy End gewünscht: den Einklang ihrer Kinder und Enkel mit der Religion Moses Mendelssohns. Ihr seidenes Geschenk an die Altonaer Synagoge macht sie ein Jahr nach Dorotheas, pardon, Brendels Konversion. Ein Stiftungszweck ist nicht vermerkt.

Zweites Kapitel
Die Kinder der Ringparabel

6200 Taler für das Haus und ein paar heilige Bretter.

»Es verkauft nehmlich der Herr Banquier Joseph Mendelssohn sein ihm zugehörges, allhier in Berlin in der Spandauer Straße belegenes Vol. 9, No 345. im Stadtgerichtlichen Grund und Hypotheken Buche verzeichnetes Wohnhaus, nebst dem dazu gehörigen Seiten Gebäude zur linken Hand, Hof und Wieden Kavel [...] mit allen End Nieth und Nagelfesten Pertinentien, besonders auch mit denen zur Laubhütte gehörigen Brettern, an den hiesigen Banquier Herrn Salomon Veit hier mit erb und eigenthümlich, und unwiederruflich.« [1]

Der Vertrag ist auf den 7. September 1800 datiert. Joseph Mendelssohn hat das Haus drei Jahre zuvor von dem Fabrikanten David Rieß gekauft, der es von der nach Mecklenburg fortgezogenen Fromet Mendelssohn erworben hatte. In dem Elternhaus an der Spandauer Straße baute Joseph, nachdem er als Buchhalter der Firma Itzig erste Berufserfahrungen gesammelt hatte, zwischen 1793 und 1795 eine eigene Handlung mit zwei Angestellten auf; nützlich waren ihm dabei die Geschäftskontakte des Vaters, der hier sein zweites Büro besaß.

Die besondere Geschichte des Hauses geht weiter zurück: Mitte des 18. Jahrhunderts lebten hier Lessing und sein Cousin, der Publizist Christlob Mylius, später Friedrich Nicolai und bis 1759 der Dichter Karl Wilhelm Ramler. 1762 waren die Mendelssohns eingezogen, deren Wohnung bald zu einer der ersten Adressen der Berliner Aufklärung wurde. Jahr um Jahr hatte die Familie in diesem Haus im Herbst, zwei Wochen nach dem jüdischen Neujahrstag, das Laubhüttenfest gefeiert – eine Tradition, die Joseph, der Älteste, fortsetzte, zumindest für einige Jahre.

Nomaden sehen nachts die Sterne

Das Laubhüttenfest (Sukkoth) erinnert gläubige Juden an die vierzig Nomadenjahre des Volkes Israel vor dem Einzug in das Gelobte Land. Sieben Tage lang leben sie im Freien in einer Art Verschlag, der sogenannten Sukka. Hier nimmt man die Mahlzeiten ein, dankt – es ist Herbst – für die Ernte, und mancher übernachtet in der Hütte. Man redet miteinander, liest in der Thora, empfängt Gäste, singt. Die Maße des rituellen Camping-Baus sind vorgegeben. Das Dach der Hütte muß aus Zweigen, Blättern und Rohrmatten bestehen, nachts sollen die Sterne zu sehen sein.

Joseph Mendelssohn verkauft sein Elternhaus samt den Laubhüttenbrettern an Salomon Veit. Seine zum Jahresanfang 1800 mit Moses Friedländer gegründete Firma Mendelssohn & Friedländer residiert nun im Palais Itzig. (Der Vater seines Kompagnons, David Friedländer, ist nicht nur ein hochangesehener Aufklärer und erfolgreicher Seidenhändler, sondern auch ein Schwiegersohn des reichen Hoffinanziers Daniel Itzig.) Später wird Josephs Privatadresse einige Jahre »Unter den Linden 22« lauten; das ist vornehmer als die Spandauer Straße in der Altstadt. Das Laubhüttenholz kommt mitsamt der Nr. 68 in gute Hände. Die Veits sind den Mendelssohns schon lange als Geschäftspartner verbunden. Der Schulterschluß ist noch enger geworden, seit Brendel sich zum Entsetzen der Gemeinde und ihrer Brüder von dem ehrenwerten Simon Veit hat scheiden lassen. Joseph ist kein Frömmler oder Moralapostel, aber das Ansehen seines Vaters und die guten Sitten verteidigt er traditionsbewußt. Außerdem hält er das Geld zusammen, gute Bretter haben ihren Preis.

Auch Salomon Veit wird Ende September in der Spandauer Straße eine Laubhütte bauen. Nachts kann man dann wieder die Sterne sehen; der Weg ins Gelobte Land ist noch weit.

Der Kaufvertrag, der eigens die «zur Laubhütte gehörigen Bretter« aufführt, gibt Hinweise auf die religiöse Praxis Joseph Mendelssohns, der es ansonsten verstand, die Nachwelt darüber im unklaren zu lassen. Er hat sicherlich nach jüdischem Brauch geheiratet, aber Berichte über Synagogenbesuche finden sich nicht. Auch ist bis heute unklar, ob es sich bei jenem Teehaus mit sakral anmutender Fensterfront, das der Berliner Bankier vier Jahrzehnte später auf seinem Landsitz bei Koblenz errichten ließ, um ein Bethaus handelt. Unbestritten ist aber, daß Joseph zeit seines Lebens Jude war: Als einziger Sohn Moses Mendelssohns ist er auf einem jüdischen Friedhof begraben worden, an der Schönhauser Allee in Berlin, gemeinsam mit seiner Frau Henriette, dem Sohn Alexander und dessen Frau Marianne; sein ältester Sohn Benjamin ließ sich taufen und nahm den Namen Georg an. Der große, ehemals vergoldete Schriftzug »Familie Mendelssohn« an der Innenseite der Friedhofsmauer scheint für mehr als diese vier Grabstellen geplant. Doch zur Zeit seiner Anfertigung waren die Kinder des treuen Juden Moses im Leben wie im Tod, gesellschaftlich wie konfessionell, längst verschiedene Wege gegangen. Der Weg ins Gelobte Land bleibt unsicher.

Der Paß des Moses Mendelssohn

In einer Ausgabe der *Morgenstunden* von 1786, jener »Vorlesungen über das Daseyn Gottes«, an denen Joseph Mendelssohn als einziger der Geschwister teilgenommen hatte, hat ein unbekannter Leser Verse auf das Titelblatt geschrieben:

Als Mendelssohn jüngst vor den Scheidewegen
Zum Himmel und zur Höll ankam
Und steil auf zum Visier den Sonnendohm sich nam
Um keinen Zerberus verlegen;
Sprang ihm von Kommandanten wegen
Sct. Peter, Luther und Calvin
Aus iren Schilderhäusergens entgegen
Und recta vor den Schlagbaum hin.
Tutti: Wohin? – Wohin? – Wohin? –
Mend. Zum Dohm!
Tutti: Den Pas! Den Pas! Den Pas!

Sct. Peter: Woher der Pas du kleiner Höckerschimmel?
Calvin: Von Genf? *Luther:* Von Wittenberg?
Sct. Peter: Von Rom?
Mend. Wi so? *Tutti:* Wo ist dein Pas datirt zum Himmel?
Calvin: Zu Genf? *Luther:* Zu Wittenberg? *Sct. Peter:* Zu Rom?
Sonst scher dich nur zum Teufel alter Schimmel!
Mend.: Mein Pas ist alt; datirt in aller Früh
Im Hauptquartier zu Sinai!
Der Schlagbaum knarrte auf und Moses ging gen Himmel.[2]

Der Vater hat seinen Kindern das eigene religiöse Selbstvertrauen nicht weitergeben können. Brendel, Recha, Joseph, Henriette, Abraham und Nathan stehen am Scheideweg – zwischen »Himmel und Hölle«, Wahrheit und Fälschung, Glaubenstreue und Abfall, dem Judentum ihrer Vorfahren und der christlichen Gesellschaft Preußens. Was in der Aufklärungsphilosophie des Vaters und in Lessings Ringparabel als gelöst erschien, stellt sich Moses' Kindern als Lebenskrise und Glaubenskonflikt dar. Romantiker werden die Vernunftreligion der Aufklärer angreifen. Der preußische Staat wird seine christliche Identität proklamieren und die Rechte Andersgläubiger, trotz offizieller Emanzipations-Versprechen, in Frage stellen. Die Bekehrungseiferer werden Oberwasser bekommen. Wer wie die Geschwister Mendelssohn in dieser Zeit lebt, darf auf den Fortschritt keine großen Hoffnungen setzen. Sie sind die Generation der Entscheidung.

Recha Meyer, die Jüdin im Unglück

Ihr jiddischer Name ist Reikl. Eigentlich heißt sie Recha. Die meiste Zeit ihres Lebens nennt man sie Meyer. Liebevolle Grüße des Vaters an sein »Reikelchen« sind überliefert, auch sein sanfter Tadel ihrer Schreibfaulheit. Sie ist die zweite in der Reihe der überlebenden Kinder. Die Schwester im Schatten: vor ihr Brendel, die Ungestüme, nach ihr Joseph, der Stammhalter. Was sie an Spuren hinterlassen hat, sind die besorgten, oft auch spöttischen Bemerkungen ihrer Verwandten. Der Schwager Friedrich Schlegel kritisiert ihre Gewöhnlichkeit. Zu dem Durchschnittlichen ihres Lebens gehört ihre Religion. Sie ist geblieben, was sie immer war. Ihre Talente behält sie für sich. Sie lernt, zuzuhören und zuzuschauen, wenn die Geschwister ihre Erfolge präsentieren.

»Ich habe Dir liebes Meyerchen besonders schreiben wollen – aber schade fürs Postgeld. Wie ich zu meiner Freude höre blüht Deine Liebenswürdigkeit aufs glänzendste unter dem wirthlichen Schatten Deines Baums – u. die plumpen Mücken werden von Deinem leichten spielenden neckenden Witz beschämt.«[3] – Mit ironischem Unterton läßt die jüngere Henriette in diesem Brief an die Familie ihres Bruders Abraham die Schwester Recha grüßen. Hinter der Stichelei steckt geschwisterliche Rivalität. Die Mendelssohns sind eine Männergesellschaft; im Mittelpunkt steht der Stammvater, später bilden die Häuser der beiden Bankiersbrüder Joseph und Abraham das Zentrum. Da konkurrieren die drei Schwestern um Anerkennung und Unterstützung. Reikl hat dabei schlechte Karten. Geistsprühend oder charmant wie ihre Rivalinnen präsentiert sie sich selten. Sie erregt Mitleid, durch Krankheiten und privates Unglück. Eine Porträtzeichnung vom Dezember 1830 zeigt ihr spitzes Gesicht, die umschattete Augenpartie, den umflorten, traurigen Blick.

Den Namen Meyer wird sie nicht mehr los. Moses Mendelssohn hatte die 18jährige im Herbst 1785 Mendel Meyer, dem Sohn eines Freundes in Mecklenburg, versprochen. Dann stirbt der Vater. Bald darauf findet die Hochzeit in dem fürchterlichen Nest Strelitz statt. Da lebt sie nun. Zwei Jahre später ziehen Mutter, Großmutter und die drei jüngsten Geschwister zu ihr. Ihre Ehe rettet das nicht. Mendels Geschäfte gehen bergab. Im verflixten siebten Jahr kommt die Tochter Rebecka zur Welt, nach sieben weiteren Jahren folgt die Scheidung. Die Meyer zieht mit Tochter und Mutter nach Hamburg-Altona, versorgen muß sie sich nun selbst. Sie baut eine Erziehungsanstalt für jüdische Mädchen auf, wie sie in jenen Jahren aus dem Boden schießen: ohne

Bildung kein Anschluß an die neue Zeit. Die Konkurrenz ist groß, die wirtschaftliche Lage der Hansestadt im ersten, napoleonischen Jahrzehnt des Jahrhunderts miserabel. Ihr Institut muß mehrfach umziehen. Recha kämpft sich durch und hat bescheidenen Erfolg. Die Meyer, berichtet Schwägerin Lea nach Berlin, »hat einen angenehmen Eindruck auf mich gemacht, sie sagt mir, seitdem ihre kleine Pensionsanstalt ihre ganze Gütigkeit erfordere, sei sie ruhig und völlig gesund geworden. Ihre Tochter ist ein munteres, blühendes u. wie man sagt, sehr geschicktes u. gutes Mädchen.« [4]

Die Tochter Rebecka, von der Verwandtschaft Betty genannt, steigt 1807 in das Erziehungsgeschäft der Mutter ein. Als Fromet Mendelssohn am 16. März 1812 stirbt und die Brüder auf der Flucht vor den Franzosen schon längst die Stadt wieder verlassen haben, ist Recha wirklich allein.

Als ihr Erziehungsinstitut immer schlechter läuft, versucht die Schwester Henriette von Paris aus das Ehepaar Meyer wieder zusammenzuführen. Mendel Meyer lebt inzwischen unter dem Namen Johann Martin Meyer in der Normandie. Daß Recha sich von ihm trennte, als er wirtschaftlich großes Pech hatte, verurteilen die Geschwister. Der Ex-Gatte scheint einer Versöhnung nicht ganz abgeneigt zu sein – doch sie mißlingt. Recha bleibt, auch wenn es ihr dabei nicht sehr gut geht, selbständig. Darin unterscheidet sie sich von den meisten Frauen ihrer Zeit.

Vernunft schützt vor dem Christentum

Irgendwann hat ihr geschiedener Mann offenbar das Christentum angenommen. Auch von der Tochter sagt man, sie sei »in jungen Jahren« getauft worden. [5] Rührt daher der Name Betty? Kaum vorstellbar, daß Fromets Lieblingstochter der Mutter diese Konversion des Enkelchens zugemutet hat. Im August 1818 – Recha und Betty leben mittlerweile wieder in Berlin – kehrt die einzige Tochter der Meyer, ihr ganzer Stolz, jedenfalls zum Judentum zurück. Betty heiratet einen Mann aus traditionell gläubiger Familie, der den Mendelssohns freilich nicht sehr brillant erscheint. Henriette Mendelssohn meldet der Schwägerin Lea aus Paris: »Übrigens sind die Umstände unter welchen Betty sich verheirathet gewiß nicht von der Art, welche die trüben Blicke in die Zukunft rechtfertigen. Die Familie ist geehrt u. glücklich, der junge Mensch so romanhaft und treu liebend, daß man befürchten kann Betty werde zur Strafe für ihre Unbestimmtheit sich nach der Hochzeit in ihren Mann verlieben um ihr Unrecht zu vergüten.«[6] Die Braut selbst freut sich über das Ende ihres ungesicherten Lebens: »[…] die übrigen Glieder meiner Familie leben alle in dem ruhigsten sorgenlosesten Verhältnisse. Meine äußere Lage wird der ihrigen gleich, und meine innere muß es auch werden, wenn ich danach zu handeln weiß, denn der junge Mann hat für mich eine mir ganz unbegreifliche Liebe und hängt im genauesten Sinne des Wortes von meinem Blicke ab. Gott weiß, wie ich dazu komme; Du weißt, ich habe so etwas nie herbei zu führen gewußt […]. Mutter küßt und grüßt Dich hunderttausendmal, sie ist, so wie eigentlich mein Vater und alle andern auch, sehr vergnügt über meinen Entschluß, nur daß sie jetzt leider so oft kränkelt.«[7]

Heinrich Beer, der Bräutigam, ist ein Bruder des Komponisten Giacomo Meyerbeer. Rechas einziger Enkel, Anton Ludwig, wird jüdisch erzogen, was die zum Christentum konvertierten Freunde spöttisch kommentieren. Mit zunehmendem Alter verliere Recha an der äußeren Welt, schreibt Henriette Herz, seit über vier Jahrzehnten eine Freundin der Mendelssohns, »ohne an innerer zu gewinnen. Betty ist Mutter eines Sohnes, den sie zu dem hat machen lassen, was er doch nie sein wird, d. h. zum Juden. Die ›vernünftige‹ Erziehung, die er erhalten wird, soll ihn nach der Meinung innerlich auch schützen vor dem Christwerden und ihn also zum Heiden bilden.«[8] Aus der Perspektive jener, die sich wie Henriette Herz vom Judentum gelöst haben, ist Rechas Festhalten am alten Glauben schwer zu verstehen. Die Politiker der Restauration versuchen in den Jahrzehnten nach 1816, das preußische Emanzipationsedikt von 1812 und ähnliche fortschrittliche Verordnungen aus napoleonischer Zeit in der

Alltagspraxis zurückzunehmen; so wird die Berufs- und Namenswahl für Juden wieder eingeschränkt. Wer sich solchen Diskriminierungen aussetzt, hat offenbar die Zeichen der Zeit nicht verstanden.

Den Tod des zehnjährigen Enkels im September 1831 hat die »vernünftige Jüdin« Recha nicht mehr erlebt. Sie schwächelt zunehmend; die Brüder Abraham und Joseph, auf dessen Gut bei Koblenz sie noch einmal Kräfte sammelt, kümmern sich manchmal um sie. Nach ihrem Tod im April 1831 bemerkt die Schwester Dorothea, die Jüngere sei »ganz plötzlich« gestorben, »aber doch nach vieljähriger Krankheit und großen körperlichen Leiden – leider, leider ohne ein Kind der h. Kirche zu sein«.[9] Reikl, das zerbrechlichste unter den Kindern Moses' und Fromets, hat sich durchgebissen: hart im Nehmen, früh erschöpft, ohne Bitternis. Ihre Verbindung zum väterlichen Glauben war für die Skeptikerin ein Halt, den sie nicht auch noch verlieren wollte. Aus Schwäche und aus Stärke ist sie Jüdin geblieben. Es war genug, daß ihre Ehe mit Mendel – eine mißglückte Idee des großen Vaters Moses! – scheitern mußte. Es schien ihr wohl vernünftig, diesmal treu zu sein.

Joseph Mendelssohn, der Jude im Glück

Der Vernünftigste unter seinen Geschwistern ist sicherlich Joseph Mendelssohn. Rechas drei Jahre jüngerer Bruder wird nach dem Tod des Vaters Familienoberhaupt. Ihm eilt voraus, ein »rauh und roh verschrieener Mensch«[10] zu sein. Den Dichter Heine beeindruckt er nachhaltig, der Diplomat Varnhagen ist mit ihm verfeindet. Er ist ein kantiger Charakter, gebildet aus eindrucksvollen Gegensätzen, der seine Geschäfte umsichtig betreibt und nach und nach Ansehen und Macht in der Gesellschaft erwirbt. Ein preußischer Bürger mit strengen sittlichen Grundsätzen und großer Selbstdisziplin. Von seiner Leidenschaft für die Literatur, seiner zärtlichen Sorge für die Söhne und Freunde, seinem kindlichen Vergnügen, auf dem Land den Gutsherrn im Grünen zu spielen, erfährt nur, wer ihm wirklich nahesteht.

Der arrivierte Kaufmann und Bankier steht im sechsundsiebzigsten Lebensjahr, als sein Neffe Arnold wieder einmal Unterstützung fordert: Er müsse sich für die Wohngemeinschaft mit einem vermögenden Freund standesgemäß einrichten, um dann gemeinsam mit ihm philosophische Studien betreiben zu können. Auf den forschen Bettelbrief antwortet Joseph am 12. Januar 1845: »Mein lieber Neffe! Ich will Deinem guten Beispiel folgen und mich nicht bei den Redensarten aufhalten. Ich will Dir den Vorschuß von Thalern 250 nicht machen. Somit wäre mein Brief zu Ende. Ich kann mich aber nicht enthalten Dir in Kurzem meine Gründe dieser Weigerung mitzuteilen.« [11] Der Neffe habe von Kindheit an Neid gegenüber den reichen Verwandten entwickelt. Das beste Mittel gegen solche Gefühle sei, »sich mit großer Thätigkeit u. großem Fleiß daran zu machen um wenn das Glück gut ist, ähnlichen Wohlstand zu erreichen. So ist es ja so sehr vielen geglückt u. wenn es nicht allen geglückt ist, so hat Fleiß u. Arbeit doch auf jeden Fall das Gute, daß man Geist u. Körper erkräftigt u. den Aerger vergißt, indem man sein Glück u. seine Freude befördert siehet ohne eben reich zu sein. Nun hat der liebe Gott unter so vielen guten Eigenschaften die er Dir verliehen hat u. die gehörig genutzt zum gewünschten Ziele führen würden, Dir Thätigkeit u. Liebe zur Arbeit versagt. Du liebst ein beschauliches Leben das Deiner geistigen Thätigkeit genügen u. sie fördern würde. Schwierigkeit zu überwinden, rüstig Dich zu rühren und zu arbeiten u. mit dem Schicksal zu kämpfen ist Deine Sache nicht.« [12]

Der Neffe, studierter Mediziner, könnte ein ordentlicher Doktor werden, meint der Onkel, er hätte mit etwas Anpassungsfähigkeit in die Praxis eines alten Arztes einsteigen und sich hinterher immer noch über diesen lustig machen können. Von dem anfangs eingeschlagenen guten Wege führe ihn das philosophische Grübeln gänzlich ab: »Du weißt wie ich – ganz antiphilosophischer Geist – diese abstrakte Philosophie ansehe. Ich halte sie für nichts andres als ein geistiges Spiel, etwas besser als Karten oder Schachspiel, womit man aber keinen Hund aus dem Ofen lockt. [...] Gäbe ich Dir die gewünschte 250 Thaler, so überläßt Du Dich Deiner Lieblingsneigung, u. der praktische Weg bleibt weit – weit weg. Dazu mag ich die Veranlassung nicht geben, weil es mir scheint, daß es für Dich höchste Zeit ist Dir eine Selbständigkeit zu schaffen die Du nur durch Fleiß, Nachgiebigkeit so sauer sie auch wird, u. unausgesetztes Bestreben erreichen kannst [...].« [13] In der Folge verschärft sich der Ton des Bittstellers. »Du bist mein Neffe«, beschwichtigt Joseph, »und wenn wir uns lange genug gezankt haben, werden wir uns doch wohl vertragen« [14] – geradeso wie es sein Hamburger Bankiersfreund Salomon Heine und dessen Neffe Heinrich, der Dichter, getan hätten. Im Laufe des Jahres 1845 läßt sich der Onkel dann doch noch 250 Taler ablocken, kündigt aber das Ende der Subvention an und ermächtigt den Neffen, diese Absage jedermann zu zeigen. »Du sagst: Arbeiten, Holz hacken – ja Holz hacken, wenn man nichts besseres kann und findet um sich zu erhalten.« [15]

Joseph, der seinen gesellschaftlichen Beitrag wie selbstverständlich leistet, hat für das Schmarotzertum des Neffen kein Verständnis. Seine politische Einstellung hat er in einem literaturwissenschaftlichen Aufsatz zwischen den Zeilen artikuliert. Der siebzigjährige Literaturliebhaber und Dante-Verehrer verfaßt anonym zwei Vorlesungen zur Interpretation der *Göttlichen Kömödie* durch den Dichter Gabriele Rossetti, der als Anhänger des revolutionären italienischen Nationalismus im englischen Exil lebt. Joseph interessiert sich für die politische Moral der Dichtung und porträtiert einen Dante, der sich vom papsttreuen Konservativen zum kaisertreuen Antiklerikalisten wandelt und für die Trennung von Staat und Kirche eintritt. Deren Vermischung »werde den Untergang des Staates und der Religion herbeiführen«.[16] Wer weder gut noch böse sein wolle, habe nur sein eigenes Wohl im Auge, denn wenn das Vaterland »durch allgemeine Zerwürfnisse dem Untergang nahe ist«,[17] müsse der Redliche sich für eine Seite entscheiden. Der Sohn Moses Mendelssohns verbindet die antiklerikale Stoßrichtung der Aufklärung mit den intellektuellen Ambitionen seiner jungen Jahre.

»Vielleicht bin ich in geringem Grad empfindungsvoll«

Der Vater hat mit dem Dreizehnjährigen das analytische Denken, Formulieren und Argumentieren geübt. Auf einem Blatt aus Josephs Übungsheft finden sich (neben den väterlichen Korrekturen) Definitionen des Knaben: über den »Unterschied zwischen Mitleid und Erbarmen«, »zwischen Bewundren u Verwundren«, »zwischen Zahl und Anzahl«, »zwischen Vergehen, Sünde, Laster«. »Wenn ich die Gesetze einer Gesellschaft, die nur darum (wenn sie gefolgt, oder übertreten werden) den Charakter angehen, weil sie nun einmal angenommen sonst aber ohne Verlust guten Gemüths gehalten oder nicht gehalten werden könnten, wenn ich dieses übertrete, so habe ich mich vergangen und meine That ist ein Vergehen. Habe ich aber Gesetze der natürlichen oder einer geoffenbarten Religion (wenn ich mich dazu verbunden habe) übertreten so habe ich gesündiget und die That ist eine Sünde, ist mir eine Sünde zur Gewohnheit geworden so bin ich lasterhaft.«[18]

Dem früheren Hauslehrer Herz Homberg klagt Moses, daß der älteste Sohn die Hebräischstunden hingeworfen habe, da er an talmudischer Haarspalterei, »einer so unfruchtbaren Art des Witzes«,[19] keinen Geschmack finde: Doch in den »soliden« Wissenschaften komme er voran und lasse Vorzügliches für die Zukunft erwarten; er »dringt tief ein, und schaut mit festem, forschendem Blick umher, thut aber niemals große Sprünge, wie von einem jungen, feurigen Kopfe erwartet werden könnte«.[20] Als Jude bleibe ihm am Ende aber wohl nur der Arztberuf übrig. Wie sein Vater werde er sich durchstümpern müssen, »bald als Gelehrter, bald als Kaufmann; ob er gleich Gefahr läuft, keines von beyden ganz richtig zu werden«.

Öffentlichen Unterricht in Physik und Chemie besuche der Sohn, heißt es ein halbes Jahr später. Verstand: sehr fähig. Sprachbegabung: läßt zu wünschen übrig. »Er ist selbst in der lateinischen Sprache noch sehr zurück, und hat im Hebräischen fast alles vergessen [...]. Ich lasse ihn seinen eigenen Weg gehen. Ich bin, wie Sie wissen, kein Freund vom Zwange; und bei diesem eisernen Charakter, der sich eher brechen als biegen läßt, wäre ohnehin durch Zwang nichts auszurichten. Sein gesunder Menschenverstand wird ihn schon zu irgendeinem Ziele leiten.«[21]

Als der Fünfzehnjährige für den Vater nach Hamburg reisen muß, schreibt er von unterwegs einen Brief an die älteren Schwestern Brendel und Reikl: »Dir libe Brendel, Dank insbesondre für Deinen liben Brif. Auf dasjenige was Du Schmeichelhaftes für mich schreibst, antworte Dir nichts. Wir kennen uns. Mögen doch jenige Complimente machen, und Complimente mit noch grösseren Complimenten vergelten, die ein Vergnügen darin finden, einander die Wahrheit zu verhehlen, da doch jeder von ihnen weiss, dass ihm die Wahrheit nicht gesagt wird. Wir libe Schwester, wollen uns nicht belügen, sondern uns redlich alles sagen, was wir gutes oder böses an uns finden. Dass Du libe Schwester! Empfindler mit empfindu[n]gsvollen Menschen für eins hältest, wundert mich[.] Villeicht bin ich in geringem Grade, das letztre, oder das erste – wie es mir vorkomt, auf keine Art. Nie wird man Dir wohl Empfindung vorrüken, wohl aber ein wenig Empfindlerei.« Am Zwischenfeiertag des Laubhüttenfestes wolle er wieder abreisen, aber Matthias Claudius, den Wandsbecker Boten, werde er auf Brendels Wunsch wohl noch besuchen. Und dann beschreibt der »eiserne« Charakter den Schwestern – die eine hat der Vater gerade verlobt, die andere wurde bereits verheiratet – ein seltsames Reiserlebnis: Man habe unterwegs an einer Mühle gerastet; dort sei ihm ein junger Mann mit feinem Gesicht und blonden Locken aufgefallen. Dieser habe ihm gestanden, zwei Jahre zuvor aus einem sächsischen Städtchen von seinem Vater, dem Bürgermeister, fortgelaufen zu sein, da er gegen seinen Willen verheiratet werden sollte. »Er hat mich sehr gerührt, der junge Man, und villeicht Euch nicht weniger.«

»Wenn keiner will, bekomme ich Lust«

Ein paar Jahre, Jahrzehnte später ist Joseph Mendelssohn einer der einflußreichsten Kaufleute, schließlich der führende Privatbankier Berlins. Das bescheidene Wechselgeschäft ist aus der Spandauer Straße in die Burgstraße, in das Palais Itzig, gezogen. Joseph hat dort bis 1803 mit Moses Friedländer und in Hamburg mit der Firma Zadig kooperiert. 1804/05 holt er den Bruder Abraham für Hamburg und Berlin und 1806 den angeheirateten Neffen Joseph Maximilian Fränkel in das Unternehmen. Während der Napoleonischen Kriege verlassen viele Geldinstitute, allen voran staatliche wie die Königliche Giro- und Lehnbank und die Preußische Seehandlung, die Hauptstadt. Man befürchtet Unordnung und französische Unterdrückung. Der Bargeldumlauf stockt, Zinsen werden nicht bezahlt, zur Besoldung des öffentlichen Dienstes ist kein Geld mehr da, der königliche Hof flieht in die östlichen Provinzen. Auch die Mendelssohns vernachlässigen ihren Berliner Stammsitz zugunsten der Hamburger Geschäfte. Noch besteht ihre Handlung vor allem in der Besorgung von Wechselaufträgen, Wertpapieren und Waren. Auf ausgedehnten Geschäftsreisen zwischen 1809 und 1817 erweitert Joseph seine geschäftlichen Kontakte bis nach Amsterdam, Wien, Paris, Frankfurt am Main und Hamburg.

In Berlin versucht man unterdessen, die anachronistischen christlichen Kaufmannsgilden in einer neuen Koperation zu organisieren, der auch jüdische Kaufleute angehören sollen. Als im Herbst 1814 auf Einladung des Finanzministers von Bülow konkrete Verhandlungen beginnen, werden die jüdischen Kaufleute durch Liebermann Schlesinger und (den aus Hamburg bei Nacht und in Verkleidung vor den Franzosen geflüchteten) Joseph Mendelssohn vertreten. Bis zum März 1820 werden die Statuten verhandelt, viele christliche Kaufleute würden den Einfluß der Juden lieber zurückdrängen als mit ihnen zu einem Verband gehören. Dann unterzeichnet der König: Die Korporation der Kaufmannschaft zur Vertretung des gesamten Berliner Handels, das Vorläuferinstitut der Handelskammer, ist gegründet. Die

Voraussetzungen dafür waren 1810 durch die Einführung der Gewerbefreiheit und 1812 durch das Emanzipationsedikt geschaffen worden. Doch erst jetzt genießen alle Kaufleute innerhalb dieser Korporation hinsichtlich der Glaubwürdigkeit ihrer Bücher, der Wechselfähigkeit, der kaufmännischen Zinsen, der Provision und der Geschäftsfähigkeit ihrer Handelsgehilfen die gleichen Rechte. Bis 1846 wird Joseph Mendelssohn dem Vorstand der Korporation angehören. Sein Bankhaus hat während der Befreiungskriege an Staatsanleihen verdient und schließlich, von 1815 bis 1827, mit einem eigenen Pariser Büro Frankreichs Reparationszahlungen verrechnet und abgewickelt. Zwischen 1815 und 1821 werden in Paris auf Königlich-Preußische Rechnung 199 Millionen Francs und 1,6 Millionen preußische Taler umgesetzt. Gemeinsam mit den Rothschilds, deren Berliner Interessen sie ab 1818 vertreten, zeichnen die Mendelssohns russische Inskriptionen in Höhe von 1,5 Millionen Silberrubel. Den Präsidenten der Preußischen Seehandlung erinnert Joseph daran, daß ihm für das Geschäft einer 30-Millionen-Taler-Anleihe bei Rothschilds in London, die er persönlich in Gang gebracht hat, eine Beteiligung von 300000 Pfund zugesagt worden sei: »Ich brauche jetzt wahrlich Verdienst, es ist mir in letzter Zeit manches schiefgegangen, und in dieser Angelegenheit habe ich doch meinen Eifer wenigstens an den Tag gelegt.« [22] Er erwirbt sich das Vertrauen und die Hochachtung der preußischen Finanzpolitiker. Als 1832 eine Prämienanleihe der Seehandlung zu verteilen ist, muß Joseph erst zur Beteiligung überredet werden, übernimmt dann aber 2,5 Millionen Taler der auf Berlin entfallenden Summe von 5,15 Millionen.

Während dieser rasanten Geschäftsentwicklung wechseln seine Sozietätskontrakte: Die gemeinsame Firma mit dem Bruder, J. & A. Mendelssohn, wird 1821, das Nachfolgeunternehmen Mendelssohn & Fränckel 1827 aufgelöst; seitdem besteht Mendelssohn & Comp., das Geldinstitut von Vater Joseph und Sohn Alexander, dem sich 1837 der Neffe bzw. Cousin Paul Mendelssohn-Bartholdy als Teilhaber zugesellt. Daneben initiiert Joseph die Gründung des Berliner Cassen-Vereins, zu dem sich

1823 zehn Privatbankiers mit dem Ziel zusammenschließen, den bargeldlosen Zahlungsverkehr zu erleichtern und zu sichern; die Organisation residiert – wie anfangs die Mendelssohn-Bank – viele Jahre im ehemaligen Itzig-Palais an der Burgstraße. Zu seinem Zeichen wählt der Verein das (durch Joseph eingeführte) Firmenemblem der Mendelssohns, den wachsamen Kranich mit dem Stein in der angezogenen Kralle, ein Symbol für Geselligkeit und Verantwortung: Der Kranich – so die antike Legende – halte für seine Artgenossen die Augen stets offen; sollte er einmal müde werden, würde ihn der zu Boden fallende Stein aufschrekken. Joseph regt an, die Börsenkurse telegraphisch einzuholen. Auch die Gründung einer Preußischen Staatsbank, der späteren Reichsbank, bereitet er vor, unter anderem durch seine Schrift *Ueber Zettelbanken mit besonderer Hinsicht auf eine Preußische Landesbank.*[23] Das Personal dieser Institution, deren Gründung er nicht mehr erlebt, dürfe nicht aus den Beamten rekrutiert werden: »Männer, die für den Staatsdienst erzogen und darin gelebt und gewebt haben, kennen das Gewerbe der Industrie nicht so genau und sind nicht so eingelebt darin, wie es durchaus nötig ist.«[24]

Der geistige Horizont Joseph Mendelssohns ist weit gespannt. So gründet er unter dem Dach der Jüdischen Gemeinde Ausbildungs- und Erziehungsstiftungen, zudem zwei Versicherungsanstalten und das erste bürgerliche Theater Berlins, dessen Direktorium er angehört; 1835 betreibt er den Bau eines Speichergebäudes zur Lagerung von Handelswaren, an der Gesellschaft zur Errichtung des Zoologischen Gartens beteiligt er sich noch drei Jahre vor seinem Tod. Er gehört 1842 zu den Gründern der Berlin-Hamburger-Bahn und einiger kleiner Eisenbahngesellschaften sowie 1847 zu den Initiatoren des Berliner Freihandelsvereins und versucht im selben Jahr mit einer Gesellschaft für sozialen Wohnungsbau der revolutionären Stimmung im Lande entgegenzuwirken. Als im März 1848 der Staat die im freien Fall befindliche Börse stützt und billige Kredite zur Eindämmung der Arbeitslosigkeit ausgibt, gehört Joseph Mendelssohn zu einer Gruppe von 32 Kaufleuten, die sich für die sofortige Gründung einer unabhängigen Diskontbank verwenden. Zwischen 1820 und 1848 steigt die Zahl der Berliner Banken – weitere Neugründungen und Konkurse eingerechnet – von 60 auf 140 Kreditinstitute; von den zehn um 1820 führenden Banken sind zuletzt nur noch die Nummer Eins, Gebrüder Schickler, und das Haus Mendelssohn übriggeblieben. Joseph wird zum Garanten der Kontinuität. Er agiert souverän, redlich, zielsicher, überzeugt mit seinen Erfahrungen seine Geschäftspartner und gewinnt, nicht zuletzt durch seine noble Haltung, immer wieder wichtige Verbündete. »Ich ärgere mich wenig, ein gutes Geschäft nicht gemacht zu haben, wenn mich nur Gott behütet, daß ich kein schlechtes mache«, schreibt er im Mai 1830 an einen Hamburger Bankiersfreund. »Im Ganzen lieber Heine! muß ich Dir meine verkehrte Natur nur offen darlegen. Wenn die ganze Welt gewaltig hitzig nach einem Geschäft ist, so fühle ich in mir einen gewissen Widerwillen dagegen. Wenn keiner will, bekomme ich Lust.«[25]

Seine äußere Erscheinung ist auf drei Porträts festgehalten, die Durchsetzungskraft ahnen lassen: eine hohe, gelichtete Stirn, der angespannte Kiefer, Lippen, die im Lauf des Lebens schmaler werden, Mundwinkel, die sich nach unten ziehen, ein Blick, der nicht ausweicht. Eine religiöse Orientierung verraten diese Darstellungen sowenig wie seine öffentlichen Verlautbarungen. Anders als in seinem Elternhaus wurde vermutlich bei Joseph Mendelssohn, der die Berliner Kultur- und Wirtschaftsprominenz regelmäßig empfing, nicht koscher gegessen. Aber das jüdische Netzwerk der Geschäftspartner funktioniert weiterhin. Projekte der Jüdischen Gemeinde fördert er in Maßen.

Seine erste Vereinsgründung, die »Gesellschaft der Freunde«, ein Forum der Solidarität, der Emanzipation und Modernisierung, wird eine bedeutende Organisation außerhalb und innerhalb der Jüdischen Gemeinde. Die Gesellschaft strebt, wie Joseph bei seiner Eröffnungsrede zur konstituierenden Versammlung 1792 proklamiert, die Überwindung von »Elend und Unwissenheit«, der »Hauptfeinde des Fortschritts«, an. Man fühlt sich dem »Licht der Aufklärung«, der sozialen Fürsorge und der Freundschaft verpflichtet.[26] Man diskutiert die Tagespolitik, richtet einen

Sozialfonds für die Mitglieder und ihre Familien ein und pflegt die Geselligkeit. Der Vereins-Leitspruch »Nach Wahrheit forschen, Schönheit lieben, Gutes wollen, das Beste thun« stammt von Moses Mendelssohn. Neben Joseph, dem Spiritus rector, zählt sein fünfzehnjähriger Bruder Abraham zu den Gründungsmitgliedern. Auch Mendelssohn-Bankiers späterer Epochen werden dieser Gesellschaft angehören, die sich zu einem Klub der Entscheidungsträger vornehmlich jüdischer Herkunft entwickelt und 1935 aufgelöst wird. In der »Gesellschaft der Freunde« artikuliert sich Josephs säkularisiertes Judentum. Seine langjährige Gemeindezugehörigkeit, öffentlich weder thematisiert noch hinterfragt, schadet seinem Renommee keineswegs, bestätigt eher das Bild des zuverlässigen Geschäftsmannes. Diese konfessionelle Beständigkeit und sein Bekenntnis zur Aufklärung weisen ihn als treuen Erben seines Vaters aus, dessen lebhafte Beschäftigung mit der religiösen Tradition er allerdings nicht nachvollzieht. Seine konfessionelle Toleranz auch innerhalb der eigenen Familie zeigt ihn gleichwohl souverän und weitsichtig, als aufmerksamen Leser der Ringparabel.

»Die Spur der Dinge, die wir groß nennen«

Anfang April 1811, in den letzten Tagen seiner Hamburger Jahre, schreibt Joseph an seinen siebzehnjährigen Sohn Benjamin in Berlin über die Gefahr der Einberufung zur Grande Armée: »Der Kaißer hat nehmlich entschieden, daß den Juden in den holländischen Departements so gut wie jedem Andren das Recht bleibt, sich durch remplacants ersetzen zu laßen. Ich bin kein Jude und habe dementhalben, wenn es ernst wird, durchaus keine Sorge, denn es stehen mir hundert Mittel zu Gebote, außerdem daß wir höchst wahrscheinlich nicht als französische Bürger betrachtet werden, weil wir Preußen sind. Es ist also nicht meiner individuellen Lage halber, sondern würklich die schreckliche Idee war es, die mich alterirte, daß durch alle die Schrecken und Greuel unsrer Zeit nicht einmal so viel gewonnen ist, das lächerlichste aller Vorurtheile auf die Seite zu räumen. In dieser Rücksicht war es mir erfreulich, zu sehen, daß der Mann, dem das Schicksal die Kraft gegeben, so vieles zu ändern, über diese alfanzereyen weg ist und sie nirgend aufkommen laßen will.«[27] Erleichtert stellt Joseph fest, daß die Juden unter Napoleon nicht benachteiligt werden sollen und wie andere Bürger auch im Einberufungsfall einen Stellvertreter bezahlen dürfen. Möglicherweise richtet sich der kaiserfreundliche Ton des Schreibens an die Postzensur; in jenen Apriltagen hatte der Streit mit den Besatzern, ob die Mendelssohn-Brüder als französische oder preußische Bürger oder als Fremde gehobener Klasse zu behandeln seien, bereits begonnen. Acht Tage später steht, wie ein Brief der Mutter Hinni an Benjamin erkennen läßt, ihr Abschied von der Hansestadt bevor, die dem napoleonischen Kaiserreich einverleibt wurde: »Je näher die Zeit zur gänzlichen Trennung von hier heran rückt jemehr fühle ich es daß 10 Jahre viel sind [...]. Gern nähme ich ein Stück von der Alster und Elbe mit. Das wird uns fehlen, indeß behalten wird doch das Bild in der Seele.«[28]

Das glückliche Familienleben des Patriarchen Joseph Mendelssohn spiegelt sich, soweit er es nicht unter dem heimischen Dach in der Berliner Jägerstraße 51 oder auf dem rheinischen Weingut Horchheim genießt, in der Mitteilungslust seiner Reisebriefe. Wenn der Neununddreißigjährige auf seinen täglichen dreistündigen Fußmärschen das »Ungeheuer« Paris entdeckt und seiner Hinni zu Hause von dem »kotzigen Wetter«,[29] von miserablem Pflaster, elender Beleuchtung und öffentlicher Notdurftverrichtung berichtet, von herzerhebenden öffentlichen Gebäuden und Boulevards, die doppelt so breit sind wie die Berlins, dann schlüpft er für die Familie in die Rolle des Reporters. Zudem zeugen die Briefe von großer Zuneigung und Vertrautheit zwischen dem Vater und seinen Söhnen: »Mein lieber guter Benjamin!« lautet ein Gratulationsbrief aus dem verschneiten Wien. »Deinen Geburtstag habe ich in mir und für mich allein mit gerührtem Herzen gefeyert, und mich herzlich mit dem Gedanken gefreuet daß Du mein Sohn bist, daß es Dir an keinen äußern und innern Anlagen mangelt um glücklich zu seyn und daß ich mit Sicherheit erwarten kann, Du seyest mein Freund wie ich der Deine bin –. Mögen die Götter Dir ferner Deine Gesundheit und Deinen innern Sinn erhalten, sorge für beyde, folge in Rücksicht der Ersteren erfahrenen Rathgebern und in Ansehung des letztren allein Dir selbst, Deiner ungetrübten Ansicht der Dinge – bedarfst Du in irgend einer Lage Deines Lebens des Rathes oder des Trostes; so hast Du Deine Mutter und Deinen Vater die kein größeres Glück kennen als Dich zufrieden zu sehen [...].« [30]

Der Ton zwischen den Eheleuten – man unterschreibt mit Initialen – ist da schon kühler; man verläßt den Ton geschäftsmäßiger Sachlichkeit nie. Der Verriß einer Tragödienaufführung eskaliert zur fundamentalen Kulturkritik, ein Varieté und eine Molière-Inszenierung werden hoch gelobt, eine Shakespeare-Aufführung kommentiert der leidenschaftliche Theatergänger mitleidig: »Der Total-Eindruck ist schrecklich. Wer so wie ich gern in kleinen Dingen den Reim und die Spur der Dinge aufsucht, die wir groß nennen, der findet in diesem Hamlet das ganze Schicksal unsrer Zeit [...].« [31] Noch 1809 erwägt Joseph die Umsiedlung in das napoleonische Paris; zugleich rät er seiner Frau vom Kauf eines Hamburger Gartens ab, der zu viel Arbeit mache: »Behielten wir die Benutzung und Bewirtschaftung selbst, so möchten wir unsren Nachbarn ein zu demütigendes Beispiel unsrer Agriculturkunde ablegen.« [32]

Als sich Europa gegen Napoleon erhebt, meldet sich der älteste Sohn Benjamin freiwillig zur preußischen Armee. In den deutschen Staaten wird der Nationalstolz zur Mode, Frankophilie und weltumarmende Brüderlichkeit der Aufklärungsepoche scheinen dahin. Josephs Reisebriefe werden Kriegsberichte, ohne daß der jüdische Preuße, bei allem patriotischen Schulterschluß, seine humanistischen Ideale aufgibt: »[...] es ist ein Jammer, das schöne Deutschland so miserabel zerstört zu sehen [...] man kommt von Leipzig über Weißenfels, Naumburg, Weimar, Erfurt, Gotha, Fulda, Hanau, lauter lebendige und durch ihr eigenes Dasein sowohl als durch ihre Remeniscenzen aus der Geschichte merkwürdige Städte, und das deutsche Leben ist da so recht eigentlich zuhause. Desto mehr tut es einem wehe, auf der ganzen Straße fast kein Haus ohne Spuren der Zerstörung zu finden.«[33] 1815, zurückgekehrt in das von der Koalition besetzte Paris, registriert er die Zerstörungswut seiner Landsleute: »Es mag recht sein, den Franzosen den Krieg etwas ernstlich fühlen zu lassen, damit sie ihn verabscheuen lernen, es mag recht sein, sie ein bißchen zu quälen, damit sie die ernstlichen Forderungen einräumen, die man an ihnen machen wird, um uns bald los zu werden – daß wir Preußen uns aber wieder brauchen laßen, den Schimpf und Fluch auf uns zu laden [...] das ist schrecklich. Kosaken und Baschkiren und Ungarn und Tartaren sind lieber gesehen hier als die Preußen – so war es 1813 nicht. Der Kaiser Alexander ist der wahre bien aimé, und sie halten ihn alle für ihren Schutzgott gegen uns Preußen [...]. Tu mir den Gefallen, liebe Hinni, zeige diesen Brief nur unsern Verwandten etwa – ich merke, es ist manches, was vielleicht nicht gern gesehen wird.«[34]

»Laßt ja die schmeichelhaften Äußerungen unter uns«

Über das gesellige Leben in der Jägerstraße und über Wohl und Wehe der Familienbande hat Hinni Mendelssohn im Herbst 1830 der Schwiegertochter Rosa in Bonn Bericht erstattet: »Unser kleines Eßstübchen ist abends immer gedrängt voll, und die Frauen würden die Mehrzahl bilden im Hause, aber der Himmel hat genug Studenten und andere Herren wachsen lassen, die für bunte Reihe sorgen. So lange die Geselligkeit beschränkt und im Innern meines Hauses bleibt, ist sie mir sehr willkommen, aber das Ausgehen bleibt meine Antipathie, und denkt Euch, ich habe mich überreden lassen, eine Familien-Vereinigung wöchentlich zu verspeisen, abwechselnd bei uns und bei Bartholdys. Ihr wißt, wie liebe Leute sie alle sind. Er und sie und die Kinder, Fanny und Hensels häusliches Glück, alles ist vortrefflich und mir sehr erfreulich, aber wenns drauf ankommt einen Abend dort zu verleben, bin ich ganz betrübt. Soll ich aber, da der Vater sich ganz willig dazu findet, die Veranlassung geben, daß die Brüder wieder

Monate lang sich nicht um einander bekümmern? Wenn es auf diese Weise erreicht werden kann, daß sie sich einander wieder nähern, so will ich gern das Lampenlicht, die Zugluft und all die geistreichen Spiele aushalten. Ich bitte Euch, liebe Kinder, laßt ja diese schmeichelhaften Äußerungen unter uns bleiben.«[35]

Mit größeren Zusammenkünften, die den engen Kreis der Familie überschreiten, hat die Hausfrau ihre liebe Not. »Im Vertrauen sage ich Dir, liebe Rosa, die Diners ruinieren mich. Es ist sehr wahrhaft, wie der Vater oft behauptet, eine Abendgesellschaft sei eigentlich viel amüsanter, und er meine, es wäre besser, die kostspieligen Diners lieber ganz zu lassen. [...] Eh ich mich's aber versehe, hat der Vater wieder mehrere Notablen zum Sonntag eingeladen, und da bin ich also wieder visavis der Pasteten und Fasanen und Austern & &. [...] Du kennst wahrscheinlich alle Gäste außer einem Ritter von Gerstner [...]. Er ist der Eisenbahn-Mann der neuen Zeit. Durch seinen Willen regiert, wird nächstens ganz Europa durcheinander rutschen. Er ist gewiß gescheit, geistreich und erfindungsreich, eins nur gefällt mir nicht. Er hat das Unglück gehabt, in einem Jahre seine junge Frau und 3 Kinder zu verlieren. Das ist gewiß höchst tragisch und geeignet, jedes Menschen Mitgefühl zu erregen; allein er erzählt das sogleich, und, wie mir scheint, mit der Absicht Effect zu machen. [...] Die andren Gäste waren Professor Rauch, Professor Ranke, Humboldt, nebst Staffage von gewöhnlichen Essern.«[36]

Alexander von Humboldt, der Jugendfreund Josephs, dessen große Forschungsreisen seit 1799 von der Mendelssohn-Bank kreditiert werden, ist der treueste Gast. »So ein berühmter Mann ist vortrefflich für die Wirtin«, schreibt die Gastgeberin im Winter 1843/44. »Die jungen Leute sind sehr zufrieden, wenn sie sagen können, daß sie ihn gesehen haben. Übrigens sage ich Euch, daß Humboldt mit dem Alter immer liebenswürdiger und herzlicher wird. Seine Anhänglichkeit an [Joseph] Mendelssohn ist wirklich dauernd. Was irgend nur ihn oder Mendelssohn oder überhaupt die Welt noch angeht, das teilt er sogleich mit und bespricht oder vielmehr beschreibt er mit Mendelssohn. *Das aber unter uns*.«[37] Humboldt selbst nennt es in einem Brief an

Alexander Mendelssohn ein »seltenes Glück des Lebens einen Jugendfreund, Ihren herrlichen Vater nach einem halben Jahrhundert und mehr, so geistig, rüstig, hülfreich, im Innern sanft bewegt wiederzufinden«.[38] Ein Jahr zuvor hatte Joseph, ohne dessen Interventionen Humboldts Finanzen im Schuldenchaos versunken wären, dem Freund aus einer prekären Lage geholfen: Der alte Herr sollte seine Wohnung in der Oranienburger Straße 67 mitsamt der Bibliothek verlassen, da der neue Hausbesitzer Eigenbedarf angemeldet hatte. Joseph erfährt eines Morgens davon, kauft das Haus und teilt dem bedrohten Mieter am Nachmittag mit, er könne unbefristet wohnen bleiben. Für die Mietzahlung, 187 Reichstaler und 17 Silbergroschen per Quartal, werde ab sofort Humboldts Kontokorrent bei Mendelssohn & Co. belastet. Das Talent zur Freundschaft hat Moses Mendelssohns großzügiger Ältester von seinem Vater geerbt.

Der Reichtum eines Lebens

Josephs ältester Sohn Benjamin ist 1821, um seine akademische Karriere nicht zu gefährden, zum Christentum übergetreten. Ein Zerwürfnis zwischen Vater und Sohn ist daraus so wenig entstanden wie durch die – formell – christliche Erziehung der Kinder des jüngeren Sohnes Alexander. Lediglich formell sei auch die Mitgliedschaft Alexanders und seines Vaters in der Jüdischen Gemeinde gewesen, wird später über Joseph und seinen Sohn gesagt werden. [39] Hätte ein Glaubensbekenntnis dem vernunftgläubigen Joseph Mendelssohn viel bedeutet, fänden sich in seinen thematisch reichen und ausführlichen Briefen wohl entsprechende Hinweise. Um so nachdrücklicher nimmt er die Rolle des väterlichen Nachlaßverwalters an, fühlt er sich doch in der Position eines letzten, die wahre Überlieferung garantierenden Zeugen, wie er Anfang 1843 in einem Billett an Karl August Varnhagen von Ense erkennen läßt: Dieser, schreibt Joseph, habe »den Wunsch geäußert einen Autographen meines Vaters zu haben u ich mache mir das Vergnügen Ihnen hierbei ein solches zu übersenden. Es ist ein Blatt aus einem Collecteenenbuch, welches das Eigenthümliche hat daß es seine Handschrift in deutschen, lateinischen und griechischen Characteren trägt – daß es wirklich seine eigne Handschrift ist bin ich zu bezeugen bereit. Es möchte schwärlich noch Einer leben deßen Zeugniß in dieser Hinsicht authentisch wäre.«[40]

In einem biographischen Abriß für die Moses-Werkausgabe, die der Sohn Georg Benjamin Mendelssohn herausgibt, zeichnet Joseph die Gestalt des Vaters mit großer Kenntnis und Ehrerbietung, reflektiert dessen Frömmigkeit jedoch eher distanziert und zeigt darin das eigene kühle Verhältnis zur Religion. Während seine Frau mit der Schwiegertochter über Gott und die Welt räsoniert – über den Ewigen, der die Unterdrückten offenbar seit Tausenden Jahren nicht aus ihrer ungerechten Situation befreien will, über die vergeblichen Schritte der Menschheit zur Humanität und über die Dankbarkeit, die »wir unseren Vorfahren schulden«[41] –, sind theologische Diskussionen zwischen Joseph und seinen Geschwistern nicht überliefert. Nur Brendel (Dorothea), die sendungsbewußte Katholikin, drängt ihm zuletzt die Gretchenfrage auf. Die zeitweise zerrüttete Beziehung zwischen Bruder und Schwester hat sich im Lauf der späten Jahre entspannt: Er ist mittlerweile spendabler und milder gestimmt, sie ein bißchen diplomatischer. Dann kommt Dorothea auf ihr Thema zu sprechen. Sie freue sich über sein Glaubensbekenntnis in seinem Brief, »auch wenn Du es nicht ausgesprochen, mußte ein jeder es erkennen, der Dich kennt und Dein Leben und Deine Handlungen sieht«. Allerdings habe Joseph formuliert: »Die gewöhnlichen und angeborenen Schwächen weiß der, der sie dem Menschen angehängt hat, zu würdigen«[42] – diese Unterstellung kann Dorothea nicht hinnehmen. Der Schöpfer produziere nichts Fehlerhaftes. Doch der Ansicht des Bruders, das ganze Leben sei eine Schule zur Überwindung der Fehler, um »diese Flecken-Reinigung zu erlernen«, stimmt sie zu. Der Meinungsaustausch über die Schöpfungs- und Erlösungslehre aus katholischer und jüdischer Sicht erinnert an jene Gedanken zur Unterscheidung von »Sünde, Vergehen, Laster«, die fünfzig Jahre zuvor ein dreizehnjähriger Schüler in der Spandauer Straße 68 seinem Übungsheft anvertraute. [43]

Am Tag vor seinem Tod befaßt sich Joseph mit Algebra, er liest viel, schläft gut, setzt sich am Morgen – der Husten der letzten Tage hat nachgelassen – nach dem Ankleiden in den Lehnstuhl und stirbt. Eine andere Überlieferung sagt, er sei seinem Diener beim Ankleiden tot in den Arm gesunken. Von dem »inneren Glück«, das seine Schwägerin Lea an ihm wahrzunehmen meinte, als sie anno 1805 den faszinierenden Bruder und Geschäftspartner ihres Abraham in Hamburg kennenlernte, spricht nun auch seine Nichte Rebecka: »[...] sein Ende war so beispiellos glücklich wie sein ganzes Leben. [...] solche eigentümliche, bedeutende Männer wachsen nicht viel nach; es gehörte auch sein reichbeglückter und bewegter Lebenslauf dazu, um ihn so auszubilden.« [44]

Der älteste Mendelssohn war mit seiner Herkunft im Einklang und wurde – wie nur wenige Juden seiner Zeit – zugleich von der christlichen Umgebung als herausragende Persönlichkeit anerkannt. Mit seiner souveränen Bereitschaft, nach dem Beispiel Nathans des Weisen andere Überzeugungen zu respektieren, ohne gleichgültig zu sein, wird er zum Vorbild der gesellschaftlich einflußreichen Bankierssöhne und -enkel, die sein Lebenswerk, Mendelssohn & Co., weiterführen.

Henriette Mendelssohns Suche nach der wahren Liebe

Am Tag nach der Beerdigung des Fräuleins, das als Jente geboren, später Jette oder Henriette genannt und auf den Namen Maria getauft wurde, schrieb Carl Friedrich Zelter, Direktor der Berliner Singakademie, an seinen Freund Goethe: »Sie war unter all ihren Geschwistern ihrem Vater am ähnlichsten.« [45]

1812 ist für Henriette, die jüngste Tochter unter den sechs Geschwistern, das Jahr der Entscheidung. Es ist ihr siebenunddreißigstes Lebensjahr. Im März 1812 tritt sie eine neue Stelle an. Das große Los: Sie wird Gouvernante der Tochter eines napoleonischen Generals, bezieht die herrlichste Wohnung in einem Adelspalais an den Champs-Elysées. Um die Stelle antreten zu können, mußte sie sich allerdings taufen lassen.

Am 11. März 1812 erläßt die Regierung im fernen Berlin das »Edikt betreffend die bürgerlichen Verhältnisse der Juden im preußischen Staate«. Es gewährt der israelitischen Minderheit, die bis dahin weder Bewegungsfreiheit noch Gewerbefreiheit besaß, volle staatsbürgerliche Rechte und den Zugang zu akademischen und kommunalen Ämtern; für die Offizierslaufbahn und Verwaltungsämter im Staatsdienst soll allerdings die Konversion zum Christentum Bedingung bleiben. Mischehen bleiben verboten. 70000 in Preußen lebende Juden sind nunmehr offiziell fast so emanzipiert wie die Juden in Frankreich. Gut zwei Wochen später sind zum letztenmal französische Truppen in Berlin eingezogen: diesmal nicht wie zuvor als Eroberer, sondern als sogenannte Verbündete Preußens auf dem Weg nach Osten. 20000 preußische Soldaten müssen sich am Rußlandfeldzug Napoleons beteiligen, des Herren über Europa auf dem Höhepunkt seiner Macht.

Zu Henriettes neuem Arbeitsverhältnis gratuliert die Berliner Verwandtschaft. Über den Religionswechsel schweigt man sich aus; möglich, daß sich die Konvertitin mit dieser Nachricht zurückgehalten hat. Die etwas klatschsüchtige, aber liebenswürdige und beliebte Erzieherin berichtet am 15. März 1812 ihrer Schwägerin Lea und den Brüdern weitere Details der »glücklichen Veränderung« ihrer Lage. Sie lebe nun »Wand an Wand mit dem Kaiser, der in Elysée wohnt«[46], es gebe die schönsten Equipagen, herrliche Gemälde und das geschmackvollste Mobiliar im ganzen Haus. Sie bewohne eine Vierzimmersuite mit Ausblick auf den Boulevard und die Gärten; dazu ständiges Kaminfeuer in allen Zimmern, komfortable Fußteppiche, vier Bedienstete, unbegrenzte Spesen. Am 16. März 1812 stirbt im fernen Hamburg Fromet Mendelssohn. Vier Wochen später geht ein Brief an »Messieurs frères Mendelssohn Banquiers à Berlin« ab: »Erst gestern habe ich den Tod unsrer Mutter erfahren den Ihr mir wahrscheinlich aus freundlicher Schonung nicht früher habt melden wollen, denn wie ich höre ist sie schon seit drei Wochen tod. – Die Pobeheim versichert mich daß sie nicht lange gelitten, dafür danke ich Gott von Herzen! Übrigens kann ich Euch nicht sagen, liebe Brüder u. Schwestern wie bekannt, ja wie vertraut ich schon seit langer Zeit mit dem Gedanken an den Tod geworden bin, ich fürchte ihn nicht, weder für mich, noch für diejenigen die ich liebe, unsre Mutter war alt, u. hatte wenig Freude mehr am Leben, daß Ihr Hamburg verlassen habt, mußt ihr Kummer machen, u. in dem Alter findet man nicht leicht Trost. Sonderbar genug, macht ich mir grade in der lezten Zeit lebhafte Vorwürfe daß ich so wenig in meinem Leben für unsre Mutter gethan, daß Euch die ganze Sorge für Sie [sic] überlassen war, u. ich wollte ihr eben schreiben u. meine jezige Lage umständlich berichten.«[47] Gewissensbisse der Tochter, die ihren Weg allein und in Abkehr von der Religion des Vaters gegangen ist, sind zwischen den Zeilen ebenso zu spüren wie ihre Angst, von den Informationen der Familie abgeschnitten und vielleicht im Stich gelassen zu werden.

Am 24. Juni 1812 überquert Napoleons Armee die Memel und damit die russische Grenze, wo sich im Herbst die Niederlage der Grande Armée in Rußland abzuzeichnen beginnt. Das Blatt der Geschichte wendet sich, die antifranzösische Stimmung in Europa wächst. In dieser Situation schreibt Henriette an ihren katholisch konvertierten, konservativ gewendeten Schwager Friedrich Schlegel in Wien: »Ich ehre nämlich Ihre Gesinnungen, lieber Friedrich, und den reinen Eifer, der sie antreibt, diese jetzt und da wo sie wirken können, zu verbreiten, aber es ist mir, als wäre *Patriotismus* keine christliche Tugend, und als wäre der Nationenhass unvereinbar mit der Liebe, die Christus gelehrt und zu der er uns ermahnt. – Die Bedrückung, die Greuel und Verheerungen, die wir jetzt erleben, sind Gerichte Gottes, denen wir [...] nichts entgegensetzten *können*, ich meine, auch nicht *sollen*, eben weil Gottes Hand so augenscheinlich waltet und uns eben jetzt gezeigt, wie er übermüthigen Frevel bestraft. Bestrebe sich jetzt ein jeder, Mensch und Christ zu sein, dann werden wir dieses losen Bandes der Nationalliebe, das jedes politische Ereignis so leicht zerreisst, nicht mehr bedürfen. – Für die Menschen hat der Herr gelitten, nicht für diese oder jene Nation!«[48] Während das Regime, unter dem ihr Arbeitgeber reich und mächtig geworden ist, ins Wanken gerät, während ihre deutschen Verwandten sich als Feinde Frankreichs bekennen, empfindet Henriette die Bedrohungen des Weltuntergangs – und sucht Zuflucht in einer universalen Menschenliebe, die gleichermaßen vom Humanismus der Aufklärer wie von der christlichen Erlösungslehre inspiriert ist.

»Endlich das Leben auf einen flüchtigen Augenblick genießen«

Im Oktober teilt sie der Schwägerin Lea mit, die von den Brüdern versprochene Abschrift des mütterlichen Testaments sei noch nicht eingetroffen. Die düstere Jahreszeit steht ihr nun bevor. »Wollten Sie nehmlich für mein Winter Glück sorgen, u. eine rechte Masse von königlichen Räucherpulvern nach Hamburg an M[e]yern, der es mir hierher besorgen will, schicken, so haben Sie Sich nicht nur meinen Geruchssinn, sondern alles was in mir riecht u. fühlt, verpflichtet, denn solch ein vaterländischer Geruch, bringt mir bekannte Töne, so viel Erinnerungen u. Empfindungen hervor, daß Sie mir dies in der Fremde u. Einsamkeit in welcher ich lebe, nicht versagen müssen.«[49]

Diese Erinnerungen reichen ein Vierteljahrhundert zurück: an das Ende der 1780er Jahre, als es die jüngste Tochter der Witwe Fromet Mendelssohn mit ihren kleinen Brüdern an das mecklenburgische Weltende verschlagen hat. Jette, der Backfisch, leidet unter der Trennung von der großen Schwester Brendel, die aus Berlin Trostbriefe sendet: »[...] unglüklich muss Dich Dein neuer Aufenthalt nicht machen. Du mußt selbst alles heraussuchen, Du mußt keine Kleinigkeit unbenutzt lassen, wenn Du so oft nicht mehr das Glük wirst haben könen, Menschen nach Deinem Herzen zu sehen, so wirst Du nur immer mehr noch ihren Werth einsehen lernen, beschäftige Dich nüzlich, lerne so viel Du kanst, sei Notleidenden behülflich so viel Du vermagst, mit Rath Trost oder Geld […].« [50] Die schwesterliche Aufmunterung schließt mit der Ermahnung: »[…] gewöhne Dir an jeden Abend getreu aufzuschreiben, nicht allein was Du gethan, u Dir begegnet sondern auch was Du gedacht u gefühlt hast. Schike es mir von Zeit zu Zeit. […] A. v. Humboldt läßt Dich grüßen, es thut ihm leid das er Dich nun sobald wohl nicht wieder sehen wird er war ganz *ebaubi* wie ich es ihm sagte.« [51]

Die nach Strelitz verbannte Jette leidet und liebt aus der Distanz: Das wird ihr Lebensthema. Als sie endlich nach Berlin zurückkehren, bei der verheirateten Schwester im Bankiershaushalt Veit wohnen darf, genießt sie die an Flirts und Geistesblitzen so reichen Zusammenkünfte der Freundeskreise um Brendel, Rahel Levin und Henriette Herz. Hier spricht man unter gleichgesinnten Frauen und Männern über das Leben und die Helden der Literatur, über große Dichter und ihre Ideale, über Tugenden und Leidenschaften; hier träumt man vom Überwinden der Standes-, Konfessions- und Geschlechterschranken – und überwindet sie, für kostbare Stunden. Jette ordnet sich den Freundinnen unter, schreibt im Sommer 1793 an die intellektuell brillante Rahel, der man Herrschsucht nachsagt: »[…] ich selbst war ehedem von einem solchen Wahn bethört, und das kam daher, weil sich Ihnen alles ergab. […] aber das ist durchaus nicht wahr, ich weiß es und habe Ihre *richtigeren Begriffe*, gepaart mit einem wohltuenden *Nachgeben*, oft genug angestaunt, und in der letzten Zeit hat's mich sogar, oft auf eine gewisse Art gedrückt, wenn Sie *baten*, *wünschten*, wo es so süß war, Ihnen zu gehorchen!« [52] Jette ist selig, dabeisein zu können. Man vergnügt sich im Tiergarten, bewundert »die Stille des Abends, die wirklich große Schönheit des Waldes, und wie alles erfrischt und neu vom Regen dastand«,[53] und redet, wenn die wunderbare Rahel nicht dabei ist, doch nur über sie.

Auch Brendel, die unglücklich Verheiratete, ist bisweilen mit von der Partie und immer wieder Rahels Liebhaber, Graf Karl von Finckenstein: »Es giebt wirklich nichts Hübscheres, als diese Abende im Thiergarten, man spricht recht pflaumenweich miteinander, lacht und treibt allerlei Spaß ohne sich zu geniren, macht die schönsten Promenaden im Thiergarten miteinander, der Mond mag scheinen oder nicht, und was das Beste von der Sache ist, ist verliebt in einander, daß es eine Lust und Freude ist. [...] Du glaubst nicht, wie hübsch das ist, das liebt sich wie Kraut und Rüben durcheinander, und läuft sich nach, daß es eine Freude ist.«[54] Auch Rahel liebt und leidet – an der Hartherzigkeit ihrer Verehrer. Daß selbst die bucklige graue Maus Jette von erfüllter Leidenschaft träumen könnte, mag dieser kaum bewußt sein, als sie der Freundin, »die überaus frappiert davon«[55] ist, das Geheimnis ihrer Selbstabneigung anvertraut: »Ich bin unansehnlicher als häßlich. So bin ich in allem.«

Jette kommt aus einer Familie, in der geistreiche Konversation, Herzenswärme und eine hohe soziale Einstellung das Miteinander prägen. Wie sie diese Kindheitserfahrung in ihrem weiteren Leben verwirklichen kann, geht über ihre Vorstellung hinaus, als sie Berlin im Frühjahr 1799 – wenige Wochen nach der Scheidung ihrer Schwester Brendel – verläßt. In Wien arbeitet sie als Erzieherin und verfällt in Depressionen: »Sie wissen nicht, was das heißt, leer, träge, und immer sehr kleinlich beschäftigt zu sein; [...] eine Andre, mit eben so viel Sinn für alle Arten von Lebensfreuden, und besonders für die schönsten und edelsten, wie ich, die dabei aber den Verstand hätte, nicht bloß zu wünschen, sondern auch zu verlangen, und nicht aus so viel Resignationen und Gründen zusammengesetzt wäre wie ich, würde in meiner Lage schon den Verstand verloren haben, nämlich toll geworden sein [...] die Vergangenheit gibt mir keine schöne Erinnerungen, die Gegenwart keinen Genuß, und für die Zukunft habe ich keine Hoffnungen.«[56] Sie leidet an ihrer ungebildeten Umgebung, kann dem allgemeinen Lob – »Einer glaubt's dem Andern, daß ich sehr interessant bin!«[57] – nichts abgewinnen: »[...] ich weiß nicht mehr, was ich mit mir anfangen soll, wie ich endlich das Leben das einem so hoch angerechnet wird, wenn auch nur auf einen schönen flüchtigen Augenblick genießen soll!«[58]

Sie beobachtet, wie der Lebemann Friedrich Ferdinand Wiesel ein an Rahel im fernen Berlin gerichtetes zweideutiges Angebot wiederholt, während er mit Rahels schöner Freundin Pauline den Ehebund eingeht. »Wiesel läßt keinen Tag vergehn, ohne mich zu sehen, da ich so wenig Ansprüche mache, und nur Freude an ihm habe, so betrachtet er mich wie den zweiten Theil seiner Frau.«[59] Sie begutachtet Rahels ehemaligen Verlobten Finckenstein, der als preußischer Gesandter in Wien weilt: »Sein Herz kommt mir gerade vor wie eine Uhr für Kinder, sie hat das Zifferblatt, aber sie geht nicht.«[60] Sie stöhnt über österreichische Geschmacklosigkeiten, beklagt die verlorene Lebenszeit: »[...] ich bin auf einmal erwacht, und sehe nun, daß ich bis jetzt weder das rechte gewollt, noch gethan, daß gerade die Ideen, die ich am liebsten in mir pflegte, denen ich die größten Opfer brachte, gar nichts taugen, kurz ich bin jetzt da, wo andre Frauen schon in ihrem vierzehnten Jahre sind, nur mir war es vergönnt, bis zum vierundzwanzigsten in einer anderen Welt zu leben [...] wie es enden wird? Ich werde immer durchgehends von allen Menschen und Menschenarten geschätzt und geliebt und nicht gekannt sein, ich werde Theilnahme für Alle, und niemand sie für mich haben, ich werde meine kleinen Opfer bringen, die keinem eigentlich nützen, und mir meine Existenz verderben – [...] jetzt bin ich aber auch fertig und gescheidt genug, von der Welt nichts mehr zu erwarten, als was sie mir geben kann, ich halte keinen Menschen mehr für besser als mich selbst [...].«[61]

In ihren Jugendjahren hat Jette gelernt, freundlich und gefällig zu sein, um nicht ausgeschlossen zu werden. Sie fühlt sich als häßliches Entlein und braucht Halt bei den Freunden: Ein männlicher Begleiter, durch den sie wie jede ordentliche Ehefrau ihrer Zeit eine Position in der Gesellschaft erlangen kann, findet sich nicht für sie. Trotz ihrer Anpassung an die Milieus, in denen sie Anschluß sucht, hält sie unbeirrt an den kulturellen und moralischen Idealen fest, die ihr das Elternhaus mitgegeben hat. Zugleich verabschiedet sie sich, geprüft durch Krankheiten und Enttäuschungen, von der Illusion der großen Liebe.

Die Schale jedes Lebensglücks

Der Aufbruch kommt überraschend. Bruder Abraham ist Kassierer beim Pariser Bankier Fould, die Familie braucht ein Kindermädchen. Jette ist wohl Ende 1801 nach Paris gezogen, jedenfalls hat ihre Freundin Lea Salomon in diesem Jahr die Stadt besucht. Spätestens im Winter 1802 etabliert sie sich im Gartenhaus der Familie Fould an der Rue Richer.[62] Die Wohngemeinschaft mit Abraham, dem unberechenbaren Bruder, vertreibt fürs erste die Einsamkeit. Um das Geschwisterpaar versammelt sich bald eine Gruppe von Deutschen und deren europäische Freunde: Die junge Frau versteht es, sich von der als oberflächlich und vergnügungssüchtig empfundenen Lebensart der napoleonischen Epoche abzusetzen und »mit wenigen Menschen einen Kreis zu bilden in dem die Verderbtheit der Menge nicht eindringen kann«[63]. Anfangs begleitet Henriette, wie sie hier vorwiegend gerufen wird, Madame Fould und die Kinder in den Süden und eine andere Familie als Gesellschafterin ins »steinerne Bern«[64]. Mit der Zeit erweitert sie ihre Erziehungsarbeit über die Betreuung der kleinen Lolo Fould auf Kinder anderer Familien. Sie schwärmt, wie ihr Bruder, von den kulturellen Vorzügen und der Weltläufigkeit der französischen Metropole, mahnt ihn aber, diese Vorliebe bei seiner Zukunftsplanung nicht zu überschätzen: Er solle die Heirat mit ihrer Berliner Freundin Lilla bloß nicht ausschlagen, nur um das Paradies der französischen Lebensart festzuhalten. Sein Chef habe vor, ihm die Kasse abzunehmen! Jette mokiert sich über die Dekadenz der feinen Gesellschaft, ihre Glücksspiele, Seitensprünge, deren Unterhaltungswert sie freilich nicht verachtet, und rühmt den deutschen Tiefsinn. »Da geht es mahl wieder echt französisch her, Phrasen über Phrasen u. nichts dahinter, noch gut wenn es nur bei der jongliere bleibt, u. gar keine Resultate hervorgehn.«[65] Sie ist knapp bei Kasse, will genau wissen, wieviel das Testament eines verstorbenen Freundes ihres Vaters für sie vorsieht – und ob »die Schlegel«, ihre stets mittellose Schwester Brendel, bedacht worden sei. Der gegenüber äußert sie Furcht vor dem nahenden

Krieg und beklagt – wie so oft – ihre eigene Existenz: »Küchenkraut lebt ungefähr so.« [66]

Henriette, mittlerweile eine Frau in den Dreißigern, hat ihre Träume, pflegt die Freundschaft zu klugen, erfolgreichen, meist unerreichbaren Männern. In Wien hatte Bernhard von Eskeles sie umworben; nun trifft man den nobilitierten Bankier, der zur angeheirateten Verwandtschaft zählt, häufig in ihrem Pariser Salon. Aus ihren Briefen an August Wilhelm Schlegel, den Schriftsteller und Begleiter der berühmten Madame de Staël, spricht Anhänglichkeit. Sie »nehme unbedingt und ganz gewißenlos alles was Sie mir freundliches ja schmeichelhaftes sagen, als mein Eigentum an, wenn es Ihnen nicht gleichgültig ist, von einem aufrichtigen Gemüth verehrt und geliebt zu sein, so darf ich mit Recht hoffen, daß Sie gern an mich denken«.[67] Ihr Leben werde »nur zuweilen durch die Erinnerung an wenige schöne Stunden aufgehellt«.[68] Sie plaudert über Ausstellungen, Bücher, Museums- und Theaterbesuche, und sie sorgt sich – eingedenk der Briefzensur freilich verhalten – über ihre eigene »jezt so gesunkene Nation«[69] und die Entwicklung des napoleonischen Europa: »Wann und wo werden wir uns wieder sehn theurer Freund? Mir wäre diese Erholung dieser Lichtsstrahl in meinem finstern Leben wohl nöthig. Doch wie es geschehen kann, sehe ich nicht, hier ist die Luft zu elektrisch, die Wolken türmen sich schwärzer und schwärzer, auf Erquickung nach dem Unwetter dürfen wir wohl nicht mehr hoffen!«[70] Sie versucht die Spannungen zwischen Madame de Staël und Augusts Bruder Friedrich, ihrem Schwager, zu schlichten, sie sehnt sich nach Harmonie. Und sie klagt über das Dumpfe ihrer herrschaftlichen Reisegesellschaft: »So will das Schicksal, (nehmen Sie nicht übel, daß ich nicht die Vorsehung sage) mich immer mit der Schale jedes Lebens-Glücks abfinden! Ich grüße Sie herzlich wie ich Sie liebe wissen Sie.«[71]

Henriette ist vielleicht zu kränklich, zu unansehnlich und viel zu intelligent, um den Mann ihrer Träume zu finden und an sich zu binden. Der wunderbare Vater, dem sie äußerlich und charakterlich so ähnlich sehen soll, steht ihr zusätzlich im Weg: Ein unbedeutender Partner kommt für sie kaum in Frage. Andere Rollen als die der pädagogischen oder häuslichen Dienstleistung gibt es in ihrer Zeit nicht für unverheiratete Frauen wie sie. Während Freunde und Bekannte ihre sozialen und kommunikativen Talente genießen, muß sie selbst immer wieder gegen die Mutlosigkeit angehen – und sich damit begnügen, bisweilen am Glück der anderen teilzuhaben. Einsamkeit und Verzweiflung verbinden sich mit der Angst vor der drohenden politischen Katastrophe: »Wenn alles wahr ist was man von den entgegengesetzten Enden Europens hier sagt, so möchten wir wohl bald den 5. Akt der großen Tragödie erleben.«[72] Zu diesem Zeitpunkt haben Frankreich und Rußland Europa in zwei Interessensphären aufgeteilt, im besiegten Preußen leidet man an einer schändlichen Niederlage mit territorialen Verlusten, und in Spanien tobt ein Volksaufstand gegen Napoleons Bruder, den die französischen Besatzer nicht unterdrücken können. Henriette, die preußische Wahlpariserin, steht zwischen den Fronten.

Der Glaube einer Liebeskranken

Als sie im Mai 1810 August Wilhelm Schlegel von der Hoffnung schreibt, in ihrem Gemüt könne sich bald »manches klarer und schöner entfalten«, so daß ihr »die Sorgen des Lebens nicht mehr so drückend erscheinen«,[73] klingt zaghafter Optimismus an. Die Besuche Karl August Varnhagens im Sommer 1810 machen sie glücklich. Der gutaussehende, gescheite, einfühlsame Adjutant des Prinzen Bentheim ist eng mit Rahel befreundet; aber das stört die Freundin der berühmten Salonière nicht. Varnhagen verbringt viel Zeit mit Henriette und deren französischen, deutschen, polnischen Schutzbefohlenen, fertigt zauberhafte Scherenschnitte an, fackelt ein kleines Feuerwerk ab, das im Salon Brandspuren hinterläßt, spielt mit den Mädchen im Garten und vergißt bisweilen sein politisches Geschäft. Nicht nur die Kinder verlieben sich in den phantasievollen Gesellschafter. Abends besucht er natürlich auch Madame Mendelssohns »edlen Gesellschaftskreis«[74], zu dem in den Vorjahren schon die Staël und Alexander von Humboldt gestoßen waren. Er trifft dort Charlotte Constant, die Gattin Benjamin Constants, des früheren Geliebten der Staël; der Politiker, Schriftsteller und Napoleon-Gegner war vor seiner Verbannung in der Rue Richer ein und aus gegangen. Und Varnhagen begegnet dem Komponisten Gaspare Spontini, dem aus seiner Heimat ausgewiesenen dänischen Satiriker Peter Andreas Heiberg, der im französischen Außenministerium als Dolmetscher arbeitet und dabei »Muße genug behielt, um vorzugsweise der Literatur zu leben« [75], der Abenteurerin und Schriftstellerin Helmine von Chézy, Enkelin der Dichterin Anna Louise Karsch, der von ihrem Mann unter dramatischen Umständen verlassenen Bankiersgattin Sophie von Pobeheim, Clara Bianca von Quandt aus Berlin, Ehefrau des Leipziger Kunstsammlers Johann Gottlob von Quandt, dem Magnetiseur, Dichter und Leibarzt des Fürsten von Hardenberg, David Ferdinand Koreff, sowie Baron Friedrich von Drieberg, einem ungehobelten märkischen Rittmeistersohn, der das Pariser Konservatorium besucht.

In Henriettes Salon treffen konträre deutsche und französische Ansichten aufeinander, die Gastgeberin versteht geschickt zu vermitteln. Man debattiert gefährliche politische Positionen und geheime Informationen aus Regierungszirkeln erstaunlich offen. Doch anregender als diese geistreichen Salongespräche empfinden Varnhagen und Henriette ihre Abende zu zweit. Das äußerlich so ungleiche Paar parliert ganz vertraut über »deutsche Gegenstände« [76], gemeinsame Freunde und Bekannte, Kunst und Dichtung, Philosophie, Religion und Politik. Sie bekennt sich zur Vernunft als einziger Erkenntnisquelle und berichtet, daß sie von der Schwester Dorothea Rechenschaft über deren unbegreifliche Konversion gefordert habe. Daraufhin habe jene sie ermahnt, selbst den wahren Glauben anzunehmen, was sie sich lächelnd, »ein für allemal« verbeten habe.[77] Henriette ist selig, ohne sich Illusionen zu machen. Sie sorgt sich um den »geliebten Freund«[78], der ihr aufrichtig zugetan ist; ein zärtliches Billett verrät ihre Angst um den übermütigen Begleiter: »Ich möchte noch eh der Abend kommt wißen, daß Sie ohne Schmerzen sind u ob die gestrige kindische Unbesonnenheit wirklich Folgen gehabt! Lassen Sie michs wissen lieber Freund! Guten Morgen – Genießen Sie den herrlichen Tag und denken Sie dabei daß ichs auch wohl möchte.«[79]

Was auch immer sie ersehnt haben mag: Varnhagen reist weiter, nach Prag – um dort Rahel zu treffen. Drei Wochen nach dem Abschied wünscht Henriette »recht herzlich«, daß die Begegnung klappt. Jetzt duzt sie ihn, geniert sich ein wenig, »daß ich in meinem Alter wie ein liebeskrankes Mädchen an Dich denke«,[80] und dankt für die brieflichen Komplimente. »Du hattest mir freilich nie etwas Ähnliches gesagt, aber es war mir doch bald klar, daß ich Dir wert geworden, und wenn meine herzliche Neigung und meine Umgebung Dir den Aufenthalt in Paris erträglich gemacht, so war Deine Gegenwart, Dein Gespräch und, laß mich's nur noch mal sagen, Deine Liebe, ein Glück für mich, das meinem Leben Reiz und Bedeutung gab. [...] so lang ich Dich noch am Abend erwarten konnte, war alles besser, nun aber dehnt sich mein Leben wieder wie eine endlose Sandfläche vor meinem Gemüt aus [...] es kömmt jene Zeit mir wie letzte Abendröte an meinem nun dunklen Lebenshimmel vor.« Die Fünfunddreißigjährige klagt und gesteht dem Freund: »[...] meine Abende sind so einsam als traurig wie der Garten, den ich, seit Du uns verlassen, nicht ein einziges Mal bis zu Ende gegangen. Und nun leb wohl, mein lieber, innig lieber Freund, denke an mich und daß Deine lieben Briefe die einzige Erholung meines Lebens sind [...].«[81] Der lange Liebesbrief an Varnhagen zeigt eine junge Frau, die den Traum vom Glück doch noch einmal für kurze Zeit mit beiden Händen zu greifen versucht und weiß, daß sie ihn nicht festhalten kann. Henriette fügt sich in die vertraute Zuschauerrolle – und sucht die Liebe in einer anderen Welt.

Wenige Wochen später kommen in einem Brief an den Pastorensohn August Wilhelm Schlegel religiöse Fragen zur Sprache. Sie fürchte jede »Einwirkung« in ihre religiösen Gesinnungen, sie sei bis zur Stunde »keinem fremden Lichte gefolgt, ja ich habe die Augen verschloßen, und doch ist in meinem Innern entstanden, was ich als Christenthum und als Christus Wesen betrachte,

Ergebung, Muth und Glaube, nicht an jenen äußerlichen Dingen, aber an einer göttlichen Liebe und Gerechtigkeit«.[82] Freilich, mit den katholischen Zeremonien könne sie nichts anfangen, die Messe möge sie nicht, die Taufe halte sie für unwichtig: »[...] bedarf es noch eines andern Mittlers als den Glauben an jenen der für alle litt?«[83] Sie würde nie den Mut aufbringen, mit anderen darüber zu sprechen: »[...] so wie ich mich kenne fürchte ich eine wahre Verstockung wenn man mir Dogmen und äußerliche Handlungen aufdringen wollte, ich stehe darin meiner Schwester weit nach, die mit wirklich erhabner Selbstverleugnung fremde Meinung aufnehmen kann! – Von Ihnen wünsche ich lieber als von irgend einem andern zu hören, ob ich in diesem meinem Sinne Christin bin.«[84] Der leidende Christus steht für Henriette als tröstende Identifikationsfigur am Anfang ihrer Begegnung mit dem Christentum. Ihre inneren Kämpfe offenbart sie wenigen. Doch dem Dichter Adelbert von Chamisso, der sie im Oktober 1810 ebenfalls besucht, entgeht nicht die »große Dosis der Verzweiflung, die sie in den Knochen hat«.[85]

Glänzendes Elend, wunderbare Verwirrung

Als Varnhagen 1814 – nunmehr Diplomat unter dem preußischen Staatskanzler von Hardenberg – nach Napoleons erster Kapitulation in Paris eintrifft, hat sich das Vertrauensverhältnis zu der einst so ergebenen Freundin abgekühlt. Auch Henriettes Interesse an der Politik hat nachgelassen. Varnhagen begegnet ihr bei einem Besuch des österreichischen Staatskanzlers von Metternich, des starken Mannes im Europa der Restauration, der wie die Tochter Moses Mendelssohns im Palais Sebastiani wohnt. »Mit ihr war durch den Eintritt in dies Haus eine große Veränderung vorgegangen, sie war katholisch geworden, nicht eigentlich schon im Besitz eines festen Glaubens, aber voll Hoffnung, ihn zu erlangen, und so traten die äußern Ereignisse, wie groß sie auch sein mochten, ihr sehr zurück gegen die innern, mit denen sie täglich zu kämpfen hatte.«[86] Varnhagen versucht die gerade erst christlich Konvertierte zu beruhigen, selbst er, der langjährige Christ, verfüge über so wenig Glaubensgewißheit wie sie: »[...] ohne daß ich in dieser Richtung reicher zu werden begehrte, was allerdings ihr Fall war, und wenn ihr dies zu werden gelang, so sah sie voraus, daß sie mich würde verwerfen müssen, was sie nur eben jetzt noch nicht durfte, da sie eingestandenerweise das mir Fehlende auch erst zu erringen hoffte.« Diese »wunderbare Verwirrung« sei wenig unterhaltsam, ja unbequem gewesen und habe den Umgang »etwas ermatten« lassen.[87] Daß die Befangenheit der frommen Gouvernante nicht nur mit ihren Glaubensanstrengungen, sondern auch mit seiner Person und traurigen Erinnerungen zu tun haben könnte, kommt dem beschäftigten Diplomaten nicht in den Sinn. Doch der Kontakt zwischen beiden reißt nicht ab. »Lassen Sie mich Ihnen beiden nicht fremd werden«, schreibt Henriette 1815 an Rahel und Varnhagen, die jetzt verheiratet sind. »Wir gehen einer bedeutenden Zeit entgegen, doch was sich auch immer ereignen mag, *wir* wissen daß es ein Ewiges giebt, u reichen uns in diesem Glauben die Hände.«[88] Sie weiß wieder zurückzutreten. Wenn Varnhagen Schuhe oder Taft für Rahel einkaufen möchte, läßt er sich von Henriette beraten.

So lebt sie vor allem für andere, das wird Henriette am Ende ihre Pariser Jahre, als ihr Zögling Fanny Sebastiani heiratet, nicht ohne Bitterkeit feststellen: »[...] die Frage von sogenannten theilnehmenden Freunden: Was denken Sie zu thun? – ist mir ein schneidendes Schwert. Daß die Treue u. Liebe die ich dem Kinde u. dem Mädchen in dieser Reihe von Jahren bewiesen habe, eigentlich nur eine Rolle war, daß der Vorhang nun fällt u. Fanny morgen in einem neuen Stück erscheint, in welchem keine Rolle für mich ist, das hätte ich mir allerdings immer sagen sollen, vielleicht habe ich es mir auch zuweilen gesagt – aber wie ganz anders dringt die Wirklichkeit ein!«[89] Dreizehn Jahre hat Sorge für die hübsche, aber phlegmatische und talentlose Generalstochter das Dasein der Gouvernante bestimmt. Vertrauliche Briefe an die Berliner Nichte, die andere, hochbegabte Fanny, kompensieren das »glänzende Elend«[90], den Niveauverlust, die intellektuelle

Ödnis ihrer Umgebung, den Mangel an interessanten Gesprächspartnern. Henriette liebt die Berliner Wunderkinder; sie bejubelt ihre Kompositionen und begleitet neugierig und mit wehmütigem Neid das Leben der Mendelssohn Bartholdys in Berlin.

Manchmal hat auch sie ein paar schillernde Ereignisse aus Paris zu berichten. Sie schwärmt von dem Konzert des Pianisten Moscheles, berichtet über den großen Ball der Rothschilds, dem sie – trotz Einladung – ferngeblieben sei: »Ist es denn bei Euch auch so liebe Fanny? Giebt es denn wie hier bloß diesen einzigen Ausdruck für das Vergnügen, welcher Art es sein mag? Geburts- oder Tauffeste, Hochzeiten ja Silberhochzeiten alles beginnt oder endet mi[t] diesem leeren monotonen Schein Genuß, zuweilen bin ich mißtrauisch gegen mich selbst, wenn es darauf ankömmt die sogenannte Welt u. ihre Vergnügungen zu beurtheilen, aber hier glaube ich, darf ich es mir erlauben, es abgeschmackt, geistesertödtend u. Fantasieleer zu finden, daß gerade die Jugend, so empfänglich für jede Freude u. offen für jeden Eindruck, es zu keinem höheren Genuß bringen kann, als eben einem Ball! Ich suche schon seit langer Zeit nach einem jungen Mädchen, dem das Tanzen gleichgültig wäre, aber ich habe nur zwei gefunden, eine Engländerinn u. eine Russinn u. beide waren kränklich!«[91]

Als sich Joseph 1815, während der zweiten Pariser Besetzung durch die Koalition, mit seinem Sohn Benjamin bei Henriette aufhält, streitet sie oft heftig mit dem geschätzten ältesten Bruder – ob über ihre verschiedenen Religionen oder die preußische Besatzungspolitik, ist dem damaligen Bericht (an Lea Mendelssohn) nicht zu entnehmen: »[…] die gute Hinny deren Ankunft wir nun erwarten, wird neues Leben in unsre Debatten bringen, ich gestehe Ihnen aber daß ich mitten im heftigsten Streit von nichts anderm überzeugt bin als daß wir in den Händen der allwaltenden Vorsehung sind, die über ganze Generationen über Schuldige u. Unschuldige hinweg, ihr Werk vollenden wird!«[92] In späteren Briefen an Lea geht es auch wieder um Politik: Henriette kritisiert die Mordbrennerei der preußischen Soldateska anno 1815 scharf, spottet über ihren schnarchenden Hotelnachbarn, einen Abgeordneten, der im wachen Zustand so nichtssagend wie die ganze Nationalversammlung sei: »Wir hören von nichts anderm als sogenannte Politik u. sehen bloß eine gewiße Anzahl Deputirter recht eigentliche Repräsentanten der Langeweile. Es wird viel hin u. her gesprochen, wobei ich mich nicht enthalten kann [...] für mich selbst die Achseln zu zucken wenn alles doch darauf hinaus läuft daß die Herrn im Spiegel der Zeiten immer nur ihr eignes Bild sehn.«[93]

Auch in moralischen Fragen urteilt sie mitunter rigoros. Den Kontakt zu Pauline Wiesel, deren Freizügigkeit ihrem eigenen Lebensstil widerspricht, bricht sie ab, da ihr Zögling Fanny »sich ein solches Deutsch und eine solche Deutsche nicht zu erklären wüßte«. Was die strenge Gouvernante nicht daran hindert, zur Erheiterung der Berliner Verwandtschaft eine Anekdote vom letzten Besuch Paulines zu erzählen: »Wie ihre Stimmung beim Frühstück sich erheiterte, frug ich sie: Sagen Sie mir aufrichtig, liebe Pauline, haben Sie in der Schweiz keinen amant gehabt? – Ach nein, liebe Mendeline, das Land ist dazu nicht geeignet.«[94] Henriette, die alte Jungfer und unterhaltsame Briefeschreiberin, hat wieder einmal eine vergnügliche Pointe plaziert – über die Leidenschaften der anderen.

»Wer sich ganz aufgibt, der wird gelobt«

Mitte der 1820er Jahre verschlechtern sich Henriettes Lebensumstände noch einmal. Die Zukunft Fräulein Sebastianis läßt wenig hoffen: Der tumbe Bräutigam, Charles-Laure-Hugues-Théobald de Choiseul, Herzog von Praslin, bringt nichts in die arrangierte Ehe ein – außer seinem Namen. Henriette erhält nun eine Pension, doch der Lebensinhalt geht ihr verloren. Sie sieht ihre naive Schülerin in schlechte Gesellschaft geraten. Bereits Jahre zuvor hatte sie befürchtet, die »sogenannte große Welt« werde mit »verderblichen Forderungen u. Versprechungen wie eine gewaltige Schneelawine näher kommen u. alles mühsam erreichte u. gepflanzte in einem Moment zerstören«.[95] Dreizehn Jahre ihres Lebens hat sie diesem Mädchen gewidmet, nun scheint der Erfolg ihrer Erziehung bedroht. Das ganze Ausmaß der Zerstörung muß sie nicht mehr erleben: 1847 erdolcht der Herzog seine Frau, deren Liebreiz auf 115 Kilo angewachsen ist, und vergiftet sich; als Schuldige dieser Katastrophe wird die angeblich lesbische Gouvernante Mendelssohn ausgemacht, durch die das Mädchen für die Ehe verdorben worden sei.

Im Mai 1825 kehrt Henriette an die Spree zurück. Für die Berliner, Juden wie Protestanten, ist eine katholische Tochter des berühmten Moses eigentlich eine Provokation. Um so angenehmer empfindet man, daß diese Konvertitin – im Gegensatz zu anderen – niemanden zu bekehren versucht. Wo künftig von ihr die Rede ist, klingt vor allem diese Überraschung an. Skeptisch dagegen notiert Rahel in ihr Tagebuch: »Wer sich ganz aufgiebt, der wird gelobt: so wollen sie uns. So wird es J. gehen. Wenn sie nur wird ahnden lassen, daß es doch noch eine J. giebt, so ist die Herrlichkeit vorbei.«[96] Die scharfsinnige Bemerkung kann beides sein: feministischer Kommentar oder Assimilationskritik. Mit der glücklichen Genügsamkeit, die Henriette in ihrem Alltag als praktizierende Katholikin und hilfreiche Tante ausstrahlt, kann Rahel nichts anfangen. Abschätzig klingt zwei Jahre später, in einem Brief an Pauline Wiesel, ihre Bemerkung über »Jettchen«: Die Freundin sei »bigott, – katholisch –, und liebt stumm und still, was wollen Sie mehr? Aber mich wundert nichts dabei, als daß sie gegen Leidenschaft der Liebe spricht, als wäre das nicht das einzig Ewige auf Erden; und als hätte *sie nie* geliebt; es mag auch so sein: die Meisten schwindelt's nur so, und vergessen kann man's nie. Wiedergeliebt sein wollen, und Treue verlangen, ist dumm, – und von den Vorfahren uns eingebläut, – aber Bezaubrung durch die Augen; Glück durch *Sehen*, das ewig Schöne, Paradiesartige auf der Erde. [...] Jette Mendelssohn ist dabei noch lieb und gut.«[97] Was Rahel als Verrat am Leben erkennt, ist für Henriette innerer Frieden ohne Bitterkeit.

Jetzt ist sie in ihren Fünfzigern, äußerlich eine gebrechliche Dame, in ihrer Ausstrahlung zuversichtlich. Das Gemeindeleben und die Verwandtschaft sind ihr wichtig. Von ihrer kleinen Wohnung nahe der St. Hedwigs-Kathedrale macht sie sich des öfteren, das Spielbrettt unter dem Arm, auf den Zehn-Minuten-Weg zu Varnhagens in der Mauerstraße: wo sie besonders gern Hühnerbraten verzehrt und ganze Nachmittage, während Rahels Siesta, mit dem pensionierten General und Militärschriftsteller Wilhelm von Willisen, einem Jugendfreund des Hausherrn, Schach spielt. Frühmorgens trippelt sie zur Messe. Manchmal fährt sie an Rahels Seite durch den Tiergarten spazieren, wie einst im Mai.

Die Krone eines schönen Lebens

In ihrem vorletzten Lebensjahr gelingt Henriette ein unerwartetes Versöhnungswerk: Sie vermittelt zwischen Joseph, Abraham und der mittlerweile verwitweten Dorothea, für die dreißig Jahre nach ihren Jugendsünden eine Heimkehr in die Vaterstadt, ein Spießrutenlauf in Berlin nicht in Frage kommt. Die katholischen Schwestern korrespondieren und planen – nach einem Vierteljahrhundert – ein Wiedersehen. Henriette gibt einen Brief Dorotheas an Joseph weiter, sie ermuntert die Schwester, dem Bruder direkt zu schreiben – »ich habe ihn nie anders als freundlich gesinnt für Dich gefunden«[98] –; auch an Abraham solle sich Dorothea jetzt wenden: »Deinen Brief an mich habe ich ihm übrigens gegeben – aber laß Dich die kleine Ueberwindung nicht reuen, und [...] schreibe ihm einige freundliche Worte wie sie Deinem Herzen und Deiner Feder so leicht werden!«[99]

Sie selbst wird die Schwester im Sommer wiedersehen, da sie »mit Grauen daran denke die schönen Tage in den übelriechenden Straßen Berlins wo die Sonne von Morgens bis Abends auf meinem Fenster steht, zu verbringen«.[100] Ihre Ansprüche sind bescheiden: »Ich brauche sehr wenig Raum aber viel Luft und Licht und Bäume und dies alles in der Nähe der Kirche.«[101] Das Dresdner Treffen wird eine Freude, die Schwestern besuchen häufig die Familie des Dichters Ludwig Tieck; Dorothea erinnert sich später: »[...] wir verlebten in erneuerter Schwesterliebe und Uebereinstimmung alles dessen, was uns lieb und heilig ist, einige so schöne Wochen, daß das Andenken daran mich gewiß im Leben nie mehr verlassen wird.« [102] Es ist ihre letzte Begegnung. »Liebe Schwester«, hieß es in einem Brief Dorotheas im März 1830, »ich möchte mich wie der Prophet unter den Wacholderstrauch sezen und sagen Herr ende es mit mir – ich kann Dir nicht sagen wie alt ich mich fühle.« [103] Aber die Jüngere stirbt zuerst. Am 9. Oktober 1831 vom Schlag getroffen, bleibt Henriette die letzten fünf Wochen hinfällig und stirbt sechsundfünfzigjährig, glaubt man ihrer Nichte Fanny, »mit einer Fassung, einem so klaren Bewußtseyn, und solcher Sorge für Andre bis zum letzten Augenblick, daß sie ihrem schönen Leben die Krone aufgesetzt hat«.[104]

Die jüngste Tochter Moses Mendelssohns erschien so »angenehm vor Gott und den Menschen«, wie der Wunderring der Lessing-Parabel seinen Träger machen sollte, daß es der Verwandtschaft leichtfiel, ihr gegenüber Toleranz zu üben. Ihre Absage an jedwede Frömmelei, »sei sie nun das Resultat eines engen Sinnes oder der Mode«,[105] nahm man gern an; ihr Bekenntnis zum Glauben wurde respektiert: »Je höher ich alles, was auf Religion Bezug hat, und sie selbst als das Höchste stelle, je weniger kann ich es billigen, wenn man diese Ideen zu bloßen Formen herabwürdigt.« [106] In ihrem Testament dankt sie den »lieben Verwandten« für alle Freundschaft und dafür, »daß sie mich auf keine Weise in der Ausübung meiner Religion gehindert und keine Gehässigkeiten gegen dieselbe an den Tag gelegt haben, so daß ich es mir selbst zuschreiben muß, wenn Gott der Herr mich nicht der Gnade gewürdigt hat, meine Geschwister zur katholischen, wirklich seligmachenden Kirche hinüberzuziehen«. Man möge auf ihr Grabkreuz die Worte setzen: »Redemisti me, Deus, Deus veritatis« [107] – »Du hast mich erlöst, Herr, du treuer Gott.«

Henriette ist ihre katholische, vom Arbeitgeber nahegelegte Konversion zur Lebensentscheidung geworden, in die sie bei der Bewältigung ihrer Schicksalsschläge und Depressionen hineingewachsen ist. Eine Spiritualität des stellvertretenden Leidens hat ihr geholfen, den eigenen Enttäuschungen Sinn zu geben. Ihre Entfernung von dem väterlichen Glauben beschäftigt sie: Zehn Jahre nach ihrer Taufe bittet sie die Brüder um ein Autograph des Vaters als Reliquie – aber bitte keine hebräischen Buchstaben!

Daß sie auch als Katholikin der Vernunft und dem Ethos der Aufklärung verbunden blieb, bezeugen Zeitgenossen, die in ihr Moses Mendelssohn erkennen wollten. Dem Gespenst der Einsamkeit und dem Dämon der Verzweiflung ist sie schließlich immer wieder entkommen. Daß, wie ihr Grabspruch behauptet, Erlösung und Wahrheit voneinander nicht zu trennen sind, war wohl die Entdeckung ihres Lebens.

Der Mechanicus Nathan Mendelssohn

Am 17. August 1807 teilt Henriette aus Paris ihrem kleinen Bruder in Berlin mit, daß sie – genauso wie Alexander von Humboldt, der Förderer Nathan Mendelssohns – bei ihrem Arbeitgeber, dem Bankhaus Fould, Oppenheim & Co., für den Fünfundzwanzigjährigen vorgesprochen habe. Sobald sich die englische Politik, was die ökonomische Entwicklung betreffe, vorteilhafter gestalte und sobald »gewisse Leute hier sich die Unart, ihre Engagements nicht zu halten, ihre Schulden nicht zu bezahlen, abgewöhnen werden«, sei eine Ausdehnung der Fouldschen Waffenfabrik in der Provence nicht ausgeschlossen. Da Nathan ein geschickter Mechanikus sei, würde ihn Herr Fould gerne anstellen. Er dürfe sich allerdings nicht mehr verstecken, müsse sich endlich persönlich bewerben. »So könnte es also geschehen, daß dieselben Quellen, an denen Petrarch so harmonische, heiße, zärtliche Verse sang, für die Räderbetriebe, die zum Bau jener Maschinen, welche Tod und Verderben über die Erde bringen, dienen.« Zugleich empfiehlt die Schwester dem Bruder noch eine andere Job-Möglichkeit, sich nämlich beruflich lieber in Wien mit Hilfe der dortigen Verwandten niederzulassen: »Österreich ist ein schönes Land, und jetzt gibt es doch kein anderes Deutschland!!« In den geistreich parlierenden, die Tagespolitik aufgreifenden, so typisch Mendelssohnschen Briefdiskurs mischt sich ein theologischer Zwischenruf: »Lebe wohl, lieber Nathan, alles Reden erbittert uns und hilft zu nichts, wir müssen die ganze Sündenlast vergangener

Jahrhunderte büßen!« [108] Doch im ersten Jahrzehnt des neuen Jahrhunderts sieht das Leben des jüngsten Mendelssohn noch so aus, als könne alles gut ausgehen – schwesterlichen Unkenrufen zum Trotz.

Nathan Mendelssohn ist naturwissenschaftlich und technisch hochbegabt. Ein Optimist, in jungen Jahren. Über die Vertrauensseligkeit des Dreijährigen hatte einst der Vater geschrieben: »Mein kleiner Nathan nam das Geschenk so auf, als wenn er darauf gerechnet hätte. ›Dieses schenkt mir Sophie?‹ sprach er; ›schön! Sie hat es mir auch versprochen; und nun will ich es auch meiner Braut schenken, aber erst ein wenig selbst damit spielen‹«; worauf Sophie Becker, die Brieffreundin des Vaters, zuversichtlich antwortet: »Mein kleiner Nathan verdient Freunde zu haben, weil er so fein auf ein gegebenes Wort bauen kann. Möchte er nie betrogen werden!« [109] Anders als seine älteren Brüder besucht das Nesthäkchen eine öffentliche Schule, das Joachimsthaler Gymnasium. Eine zeitgenössische Miniatur zeigt ihn als feschen Jüngling mit nachdenklichen dunklen Augen, etwas abstehenden Ohren, langen, geschwungenen Koteletten, Halstuch und steifem Kragen, schönen Lippen, unmerklich lächelnd. 1805 kehrt der Dreiundzwanzigjährige von einer Mechanikerausbildung im Ausland zurück, besucht seine Mutter und den größten Teil der Familie in Hamburg und eröffnet eine an Aufträgen reiche Werkstatt in Berlin. Die Mutter sorgt sich, ob seine Arbeiten auch gut verkauft werden; »wen das Geld nicht in der Welt wäre, hätte man manche Freide mehr«; sie sehnt sich nach ihm, sendet ihm »meßer gabel u. lefel mit, sie sind sehr altmodisch, ich wünsche aber das du sie nicht umtauschest, und behälst sie zum Andenken, ich habe sie solang gebraucht, u. werde mich freyen, wen ich einst bei dir Eese sie da zu finden«.[110]

Als Nathan um die Hand der Itzig-Enkelin Jette, der Tochter des Potsdamer Lederfabrikanten Elias Daniel Itzig, anhält, bemerkt seine Schwägerin, die Itzig-Enkelin Lea in Hamburg, gegenüber ihrer Cousine in Wien: »Über Jettens Wert sind wir längst einig. Es wird Dir aber lieb sein von einer Unparteiischen zu hören (und das bin ich trotz der Verwandschaft wirklich), daß sie einen äußerst gutmüthigen, soliden, grundehrlichen, fleißigen Mann bekommt, dem die Biederkeit und Offenheit des Herzens aus den Augen leuchtet, der häuslichen Frieden und eheliches Glück über alles schätzt, der den reinsten Willen hat seine Frau zu beglücken und dem nur dieses Familienleben fehlte, um ganz heiter, vergnügt und so froh zu sein wie nur die wahrhaft bürgerliche Klasse arbeitender Menschen es ist. In letzterer Hinsicht paßt er auch sehr zu den ökonomisch gewöhnlichen Elias Kindern. Er besitzt kein Vermögen, ist aber einer oder eigentlich *der* geschickteste Mechanicus im Preußischen. Die Regierung kennt u. A. durch Alexander Humboldt und durch den trop fameux nome Stein seine Geschicklichkeit und unterstützt ihn. For's erste bekommt er vom König freie Werkstatt und Wohnung; in Zukunft wahrscheinlich mehr.«[111] Die Heirat Nathans und Jettes ist eine Liebesheirat, gegen die der Brautvater zunächst Einwände hat. Aber Nathan Mendelssohn, der sich »zu einem trefflichen Menschen gebildet«[112] hat, genießt die Unterstützung der Regierung; man beabsichtigt, ihn mit der Ausführung staatlicher Aufträge in einem königlichen Gebäude zu Königsberg zu beauftragen. Und seine Braut ist von »einer unzerstörbaren Heiterkeit, bei der einem wohl wird«.[113] Ein sympathisches Paar also, mit den besten Aussichten.

Der mathematische Künstler

Das Grundvertrauen Nathan Mendelssohns mag in der Gewißheit des Naturwissenschaftlers bestanden haben, daß die Welt nach bestimmten Gesetzen funktioniert und als solche zu erklären ist. Die Liste der Instrumente, die dieser hochspezialisierte Techniker in seiner Werkstatt anbietet, ist eindrucksvoll. Das dokumentiert eine Anzeige, die Alexander von Humboldt, der diese Gerätschaften auf seinen Expeditionen benutzt, in *Gilberts Annalen der Physik* veröffentlicht. [114] Humboldt propagiert einen Coulombschen Apparat zur Messung der magnetischen Kraft und einen zur Messung der stündlichen Veränderung der Magnetabweichung, kleine Taschen- oder Grubenkompasse, hochempfindliche Waagen für Physiker und Chemiker sowie Luftpumpen mit gläsernen Zylindern, Elektrisiermaschinen und Sextanten. Nathan ist »durch die Kunst und Wissenschaft belebende Liberalität des Staatsministers Freiherr vom Stein« und »vermittelst Königlicher Unterstützung in den Stand gesetzt«, eine große »Ramsdensche Theilmaschine auszuführen«,[115] die 1810 vollendet wird. Zudem gibt er einige Hefte einer Zeitschrift zur Mechanik heraus; aber Berlin ist zu dieser Zeit kein Ort für den technischen Fortschritt.

Seine Bewerbungen in Frankreich und Österreich schlagen ebenso fehl wie die Hoffnung auf den königlichen Auftrag in Königsberg und der auf einer Inspektionsreise gefaßte Plan, mit dem Büchsenmacher Apfelbaum in Danzig eine Gewehrfabrik zu errichten. Der letzte und aufwendigste Versuch Nathans, naturwissenschaftliche Begabung und wirtschaftliche Selbständigkeit in einer unternehmerischen Initiative zu verbinden, findet im niederschlesischen Bad Reinerz statt, wo unter Ausbeutung der kurz zuvor entdeckten Eisenlagern eine Hüttenindustrie entwickelt werden soll. Zu Beginn der 1820er Jahre pachtet er dort, unterstützt von seinem Bruder Joseph, ein 24 Morgen großes Gelände, läßt sich ein Haus mit Türmchen errichten und zahlt für den Bau eines Eisenhüttenwerks jährlich 200 Taler an den Stadtkämmerer. Die feierliche Grundsteinlegung für den Schmelzofen findet am 18. August 1823 statt. Allmählich kommt der Hüttenbetrieb in Gang. Doch im August 1827 geht ein gewaltiger Wolkenbruch nieder, der bis zu den Ufern der Neiße große Schäden anrichtet; das in »wilder Gebirgsschlucht, unmittelbar an den Ufern der Weistritz«[116] gelegene Bergbau-Unternehmen wird davon ebenso betroffen wie von den verheerenden schlesischen Überschwemmungen des Jahres 1829. Zu diesem Zeitpunkt hat Nathan vor den kaufmännischen Anforderungen bereits kapituliert und seine Fabrikantenlaufbahn aufgegeben.

Im Januar 1839, drei Jahre nach seiner endgültigen Rückkehr in die preußische Hauptstadt, demonstriert Nathan Mendelssohn seine weitreichenden wissenschaftlichen Interessen und Forschungen durch die Gründung der Polytechnischen Gesellschaft.

In einer an Techniker und Gewerbetreibende gerichteten Annonce heißt es, man wolle sich zur Anregung industrieller Initiativen und zum fachlichen Austausch zweimal monatlich um sieben Uhr abends treffen, Praktiker wie Theoretiker. Am 23. März 1839 genehmigt das Königliche Polizei-Präsidium die Statuten, und am Ende des ersten Jahres ist die Mitgliederzahl bereits auf 98 gestiegen. Der Vorsitzende Nathan Mendelssohn hält Vorträge über die Photogenie genannte Lichtmalerei und die neuste Erfindung Daguerres, über Stecknadelfabrikation, Waldwolle, Galvanoplastik, Elektromagnetismus und Telegraphie. In ihm verbindet sich jener vorsichtige Zukunftsoptimismus, der im Hause des Aufklärers, Mathematikers und Fabrikanten Moses Mendelssohn seinen Ausgang nahm, mit dem Fortschrittsenthusiasmus des Industriezeitalters. Nathan ist der Naturwissenschaftler unter den Geschwistern, der seine Neigung an manche der Nachkommen weitergibt.

Im Befreiungskrieg

Eine andere moderne Erfahrung prägt Nathans weitere Entwicklung: das Nationalgefühl, die kollektive Identitätseuphorie am Anfang des 19. Jahrhunderts in Europa. Unter dem Eindruck der französischen Herrschaft wächst in den deutschen Staaten eine starke patriotische Bewegung. Zu Beginn der Befreiungskriege verwandelt Nathan Mendelssohn seine Berliner Werkstatt in eine Piken-Schmiede. Im Mai 1813 schließt er den Betrieb, meldet sich freiwillig, um seine Spezialkenntnisse dem Chef der Artillerie, Prinz August von Preußen, zur Verfügung zu stellen. Er wird zum Leutnant im 4. Churmärkischen Land-Wehr-Infanterie-Regiment befördert und soll die Waffenfabriken in Neiße inspizieren, »da werden Sie Gelegenheit finden, dem Staat nicht blos als Offizier, sondern auch in Anwendung Ihrer Kunst, zur Vervollkommnung mancher Sache, Nutzen zu stiften«.[117] Nach der Völkerschlacht bei Leipzig am 17./18. Oktober 1813 wird er aufgefordert, zunächst Prinz Augusts Hauptquartier in Thüringen aufzusuchen. Sein Kriegstagebuch vom 17. November 1813 bis zum 11. Januar 1814 ist das ausführlichste erhaltene Dokument von seiner Hand. Es berichtet von mühsamen und gefahrvollen Wegen bei Wind, Regen und Schnee, von Verwundeten und Verwüstungen, von Plünderungen und militärischer Unordnung.

Nathan erhält den Befehl, die Gewehrfabrikation von Suhl zu inspizieren, einer Stadt, die aufgrund ihrer Waffenproduktion einst als »Zeughaus von Deutschland« bekannt war. Den Weg dorthin, von Ilmenau am Fuß des Thüringer Waldes, legt er großteils zu Fuß zurück, was auf den vereisten und schneeverwehten Wegen schneller geht als mit dem Wagen oder zu Pferd. Er soll herausfinden, woher und zu welchem Preis das Eisen bezogen wird, wie teuer die Kohle und das gefertigte Gewehrteilstück und wie hoch die Produktivität der Arbeiter ist, wie man die Arbeitsabläufe regelt, durch welche Handgriffe die Produktion beschleunigt werden könnte, welche eingesetzten Maschinen beispielhaft funktionieren. In seinem Marschbefehl werden »hohe Militair- und Civilbehörden dienstergebenst ersucht«, ihn »nicht allein ungehindert paßiren zu lassen, sondern alle in Suhl befindliche Gewehr-Händler, Rohrschmiede, Büchsenmacher, Garniturgießer, Schäfter und Garniseur auf das Gemeßenste angewiesen, ihm bei ihren Arbeiten jederzeit freien Zutritt zu gestatten und mit allen dabei vorkommenden Handgriffen bekannt zu machen, bei Vermeidung harter Ahndung«.[118] Später, in Dessau, wo Nathan Mendelssohn bei einer reichen Hofrätin einquartiert ist, verpaßt er – wie ihm der Kommandant verrät – seinen Neffen Benjamin, der ebenfalls als Freiwilliger dient, um nur wenige Tage.

Der 31jährige Leutnant tritt selbstbewußt auf, besonders wo seine Profession gefordert ist. Er konstruiert Katapulte, inspiziert eine Sternwarte und fachsimpelt mit Kollegen von der Astronomie. Er ist auch als Soldat der junge Bildungsbürger, besucht in Weimar Theateraufführungen und das Dichter-Idol Goethe. Seine vaterländische Loyalität bleibt sachlich, jenseits der patriotisch-religiösen Schwärmerei jener Tage. Wirklich begeistert ist er nur, wenn es um naturwissenschaftliche Entdeckungen geht. Sein Tagebuch dokumentiert aber auch das ermüdende bürokratische Hin und Her der Militärbehörden um den richtigen Einsatz seiner Fähigkeiten: Auf die stolze Erfahrung des Befreiungskriegers folgt der Karriereknick.

Verwalter der Kümmernisse

Sein Unglück beginnt mit der »Civilanstellung als Fabrikkommisarius bei der Königl. Gewehr Fabrik zu Neiße«, die auf Befehl des kommandierenden Prinzen zur Entlassung aus dem Militärdienst führen muß; von den Militärbehörden wird Nathan freilich weiterhin als Leutnant tituliert. Seine Familie – 1811 war der erste Sohn, Ernst Carl Hugo, geboren – bleibt vorerst in Berlin, Nathan soll ja zunächst nur die Gewehrfabriken inspizieren. 1817 siedelt man dann nach Neiße über. Ein Jahr später sterben zwei Söhne, deren Namen nicht überliefert sind; auch Ernst Carl Hugo, dessen Todestag unbekannt ist, stirbt früh. 1821 wird die Neißer Fabrik privatisiert, Nathan wird »als überzählig und bis zur Wieder-Anstellung mit dem principienmäßigen Inactivitätsgehalt außer Tätigkeit gesetzt«.[119] Über das Leben der Familie im entfernten Schlesien berichtet im Oktober 1824 Nathans Schwägerin Lea nach Wien: »Vor Kurzem habe ich meine Schwägerin und unsre cousine Jette wieder gesehen. Auf dringende Bitte ihres Mannes hat der meinige ihm eine bedeutende Summe gegeben, damit ein Eisenwerk bei Reinerz in Schlesien anzulegen. Den Bau soll er geschickt vollführt haben; möge der Himmel das Werk gedeihen laßen, und dem Dirigenten die Ausdauer und das Glück geben, das ihm bisher leider! fehlte. Jette ist ein Muster von Heiterkeit und Anspruchslosigkeit in allen Bedingnißen zum Leben. Reinerz ist im Winter eine Einöde; selbst alle Gelegenheit den Kindern Erziehung zu geben, fehlt in dem armen Gebirgsflecken. Trotz allem siehst Du sie seelenvergnügt und ungeheuer dick. Die Kinder sind eine Art Wilde, schrecklich unbequem, kurz, Lafontain'sche Naturmenschen, aber gut und klug, besonders die kleine Ottilie: auch den Verlust dreier Kinder hat sie durch ihre 3 jetzt lebenden völlig verschmerzt.«[120]

Als Nathans Unternehmen scheitert, zieht die Familie in das 20 Kilometer entfernte Glatz, wo man zunächst vom »Wartegelde mit Aussicht auf baldige Wiederanstellung« [121] lebt und die drei Kinder, Arnold, Ottilie und Wilhelm, eine bessere Schulausbildung erhalten. Der geschickte Werkzeugmacher wird 1832 zum Steuereinnehmer ernannt, erhält 250 Taler jährlich plus Tantiemen, maximal 600 Taler im Jahr, was seinen Erwartungen, »zu welchen meine frühere Stelle mich berechtigt«,[122] keineswegs entspricht. Zwei Jahre später wird er zum »Haupt Amtskontrolleur« in Liegnitz befördert und antwortet auf die in Aussicht gestellte Übernahme der Hauptrendantur, er verdanke es allein seiner körperlichen Konstitution, daß er bis jetzt »ohne Nachtheil für die Gesundheit die früher gewohnte bewegliche Lebensart gegen die Gebundenheit an den Schreibtisch habe vertauschen können«.[123] Doch die Beförderung unterbleibt, 1836 soll die Rückversetzung nach Glatz erfolgen. Als er dann überraschend die Stelle des Revisors der Berliner Hauptstempel- und Formularverwaltung bekommt, gratuliert ihm seine Frau Henriette erleichtert: »Geliebtester Mann! Glücklicher als durch Deinen Brief vom 2ten hätte ich nicht werden können, und wenn es mit Deinen Nachrichten so weitergeht, so werde ich mich bald wieder erholen von den Leiden und Kümmernissen der letztvergangenen Zeit. Vorzüglich froh war ich durch den Gedanken, daß wir in keinem Fall wieder nach Glatz wandern müssen, was doch des schlimmsten schlimmster Fall wäre.«[124] Den Posten behält Nathan bis zum Tod. Inventur, Kontrolle, Regelanwendung, Bestandsprüfung, Listenkorrektur, Akten anlegen, Haken machen. Ein Leben in der Schreibstube. Die Welt der Unendlichkeiten schrumpft zusammen. Der hochspezialisierte Erfinder und Konstrukteur von Instrumenten zur Erforschung des Universums wird Verwalter von Verwaltungsmaterial.

Ein tragischer Freimaurer

Welche Rolle bei der Bewältigung dieser Schicksalsschläge die Religion gespielt haben mag, geht aus überlieferten Zeugnissen nicht hervor. Nathan ließ sich am 25. April 1809 von einem reformierten Prediger in der Friedrichs-Waisenhauskirche in Berlin-Rummelsburg taufen. Deren Register vermeldet, der 27jährige Täufling habe zuvor »gehörig Unterricht« genommen, er »bezeichte seltene Liebe zum Christentum, legte ein würdiges Glaubensbekenntnis ab und nannte sich Carl Theodor Nathanael Mendelssohn«.[125] Die christianisierte Familie seiner Frau wird Nathan kaum unbeeindruckt gelassen haben; zudem entschließt er sich 1816 auf einer längeren Dienstreise, in Danzig der »Grossen Freimaurer Loge Royale York zur Freundschaft« beizutreten. Im Folgejahr wird er zum Gesellen und Meister befördert und wechselt in eine andere Loge. Später wird er in Berlin Sprecher der »hochwürdigen Großen Loge von Preußen« und hält vor Logenbrüdern Vorträge.

Eindeutig christlich bekennen sich Nathan und Jette anläßlich der Konfirmation ihres ältesten Sohnes. Henriette schreibt dem 14jährigen Arnold: »Deine ersten Lebenstage fielen in die traurigste Zeit unseres Lebens. Du zähltest kaum 3 Wochen, da starb mir ein geliebter Vater so plötzlich, daß ich Krankheit und Tod fast in denselben Stunden erfuhr. Kaum von diesem harten Schlage durch das Gefühl für Dich und Deine Geschwister zu leben abgeleitet, legten sich zwei Deiner Brüder, blühende, schöne Knaben, die, an Geist und Herz ausgezeichnet, uns schon die innigsten Freuden gewährten, aufs Krankenlager, und ehe 3 Wochen vergingen, mußten wir beide zur Ruhestätte begleiten. Damals, lieber Sohn, Gott bewahre Dich, je diese traurige Erfahrung zu machen, verließ uns alles, Glaube, Liebe, Hoffnung, alles vermeinten wir im ersten, wilden Schmerz der Erde geopfert zu haben, und mein höchster Wunsch war der Tod, worum ich oft und heiß den Himmel anflehte.« Nur die »wunderbare Erhaltung« Arnolds, dieses »Lieblings des Himmels«, habe sie schließlich als Zeichen göttlicher Gnade aufgerichtet: »So wurdest Du also schon vom Himmel zu einem hohen Zwecke bestimmt, Du wurdest der Trost Deiner Eltern, Du wurdest das Band, was sie wieder an die Erde knüpfte.« Der Heißsporn müsse aber sein Temperament zügeln: »Dann, lieber Sohn, wird ein innerer Friede bei Dir eintreten, der aus der Pflichterfüllung von selbst entsteht, der Dich so heiter und froh machen wird, daß Du Gott und Menschen dadurch gefällig sein wirst« – hier zitiert die Mutter Lessings Ringparabel – »und dann ist die hohe Bestimmung erfüllt, dann werden wir, so lange der Himmel uns das Leben schenkt, stolz und heiter auf Dich blicken und segnend in unserer letzten Stunde unser Auge auf Dich wenden!«[126] Der knappe Konfirmationsbrief des Vaters aus Glatz wendet das Thema ins Protestantische: »Aber nicht denken allein soll der Christ; er muß durch Handlungen seinen Gedanken Leben geben, er muß recht und richtig handeln, so wie es unser Luther getan, dabei auch weder rechts noch links um sich schauen. Es geselle sich auch Sanftmut zur Strenge, so wie dem Luther Melanchthon zur Seite stand.«[127]

Nathans und Henriettes Credo der Pflichterfüllung verträgt sich gut mit der gesellschaftlich etablierten Freimaurer-Ideologie. Im Juni 1844 werden die drei preußischen Großlogen feststellen, ihr gemeinsames Ziel bestehe darin, »fern von jeder politischen und konfessionell-kirchlichen Tendenz nach den Grundsätzen des Christentums auf die Veredlung ihrer Mitglieder und Beglückung des Menschengeschlechts hinzuwirken«.[128] Juden, die in auswärtigen Logen Aufnahme gefunden haben, seien »in den mildesten, aber bestimmtesten Ausdrücken«[129] abzuweisen. Noch im Revolutionsjahr 1848 wird die Zulassung nichtchristlicher Logenmitglieder zu den Veranstaltungen der Tochterlogen als »durchaus unstatthaft« bezeichnet.[130] Es sei schließlich »der ganzen Maurerwelt bekannt«, daß die Ordenslehre der Freimaurer, die sich von allen revolutionären Bewegungen fernhielten, »auf der ewig unwandelbaren Grundlage des Christenthums«[131] beruhe. Nathan, der Jüngste, der sich als kleines Kind gern Nathan der Weise nannte, dient einem Staat, der sich unter Friedrich Wilhelm IV. offensiv als christliche Monarchie definiert. Die Unabhängigkeit als freier Unternehmer oder als Schöpfer wissenschaftlicher Apparaturen hat er notgedrungen mit der Sicherheit des öffentlichen Dienstes eingetauscht. Existenzdruck und Glaubensfragen vermischen sich. Das Toleranz-Ideal der Ringparabel verblaßt zur schönen Utopie.

Beschädigte Weltordnung

In dem verheißungsvollen Auftakt seiner Biographie erscheint Nathan Mendelssohn als ein naturwissenschaftlich außerordentlich begabter und gebildeter Handwerkskünstler, dem eine große Laufbahn gewiß schien. Für seine Zeitgenossen und die Nachwelt verschwand dieser Aspekt bald schon hinter dem Drama des unglücklichen Vaters und seines verlorenen Sohnes. Die Spannungen zwischen dem loyalen Staatsbürger Carl Theodor Nathanael und seinem Sohn Arnold deuten sich bereits in der elterlichen Konfirmationspredigt an, verschärfen sich während der Studienjahre des angehenden Mediziners. Zerrüttet scheint die Beziehung Anfang 1845, was in einem harten Urteil des Sohnes zum Ausdruck kommt: »Mein Vater hielt mich früher sich fremd und fern durch seine eigentümliche Härte und Rauhigkeit, die an Lieblosigkeit grenzte, eine Rinde, die nie der offene Erguß gediegener Herzlichkeit sprengte.«[132] Jetzt werde er ihm »ferner und fremder gehalten durch die bornierte Hartnäckigkeit seines einseitigen und beschränkten Urteils. Diese harte, in sich verstockte Einseitigkeit ist der Grundzug seines ganzen geistigen Wesens.« Der Vater gehöre eben zu jenen Leuten, die »alles verwerfen, was nicht in ihren Kram paßt, wenn man nicht denselben langen Weg und Ochsenschritt geht, den sie gegangen«.

Lebensstil, Weltanschauung, politische Haltung von Vater und Sohn kollidieren. Nathan nennt Arnold einen Kommunisten und droht, sich dessen Ideen notfalls mit Kanonen entgegenzustellen. 1846, Mutter Henriette ist seit einem Jahr tot, verwickelt sich der Älteste in eine politische Diebstahlsaffäre und wird im Februar des Revolutionsjahres 1848 von einem Kölner Gericht zu fünf Jahren Zuchthaus verurteilt. Die Familie ist schockiert, das

Ansehen des königstreuen Vaters scheint zerstört. Nathan will ein Gnadengesuch einreichen, Kaution zahlen, falls Arnold bereit ist, Europa zu verlassen. Alexander von Humboldt und Joseph Mendelssohn beraten den gedemütigten und enttäuschten Vater; acht strategische Schreiben Humboldts, der selbst mit dem König über eine Lösung konferiert, sind erhalten. Nathans Bittschrift ist auf den 18. März 1848 datiert, den Tag, an dem in Berlin die revolutionären Unruhen ausbrechen. Arbeiter, Studenten, Revolutionäre gehen auf die Barrikaden, es gibt Tote und Verletzte. Die Armee, den Bürgern nie ganz geheuer, macht sich verhaßt. Friedrich Wilhelm IV. befiehlt den Rückzug der Truppen. Nathan schreibt unterdessen an den König, nennt das Urteil gegen den Sohn eine »harte, doch gesetzlich nothwendige Folge« des Schuldspruchs, appelliert »tief gebeugt« an die »Weisheit und Milde« seines »großmüthigen« Herrschers und fleht für seinen »vernichteten Sohn um Gnade«. Dieser habe kurz vor der Tat von dem Bankhaus Mendelssohn 1200 Taler erhalten – sei also keinesfalls gezwungen gewesen, zur Erlangung von Bargeld das Gesetz zu brechen. »Mein Herz spricht den Unglücklichen, von jedem Verdacht, einer betrügerischen und gewinnsüchtigen Absicht frei; aber auch ich muß meinen ältesten Sohn, dessen wissenschaftliches Streben ich früher mit Stolz verfolgte, eines großen jugendlichen Leichtsinnes anklagen. Die Handlung, wozu er sich [...] hat verleiten lassen, widerstrebt der bürgerlichen Ordnung, mag auch eine Ahndung, aber gewiß keine Vernichtung, durch eine schwere und entehrende Strafe verdienen [...]. Ew. Majestät allerhöchster Entschließung ist es vorbehalten, eine Wunde zu heilen, an der sonst ich, mein unglücklicher Sohn und meine ganze Familie verbluten würden [...].«[133] Die Antwort Friedrich Wilhelms IV., der die Umwandlung in eine Gefängnisstrafe verfügt und Haftabkürzung avisiert, geht am 1. Juli in Sanssouci heraus. Im September verläßt Nathan den Freimaurer-Orden; man wünscht ihm »auf seinem fernern Lebenswege Glück, Heil und Segen«.[134]

Zuletzt bewohnt der Witwer das Gebäude einer Werkzeugfabrik an der kleinen Johannisstraße in der Spandauer Vorstadt, nicht weit von seiner vorherigen Wohnung an der Oranienburger Straße, wo seine ehemalige Freimaurerloge residiert und der greise Alexander von Humboldt lebt. Es ist ein einfaches Viertel im Schatten der Artilleriekaserne. Der letzte Brief seines Sohnes mit der Mitteilung, daß dieser am Geburtstag des Vaters katholisch geworden sei, erreicht Nathan nicht mehr; das Schreiben des Verlorenen klingt forsch und ein bißchen anbiedernd. Am 9. Januar 1852 wird Nathan Mendelssohn, »der jüngste und längstlebende der Söhne von Moses Mendelssohn, in seinem Bette todt gefunden«, notiert Varnhagen in sein Tagebuch. »Er war ein geschickter Mechanikus, aber unglücklicher Geschäftsmann.«[135] Sein Nachlaß, der teilweise in das Berliner Mendelssohn-Archiv gelangte, enthält neben ausstehenden Forderungen seiner Polytechnischen Agentur u. a. eine Kriegsgedenkmünze, eine Büste Moses Mendelssohns, Freimaurer-Insignien, rund 250 Zigarren, 43 Flaschen Weißwein, eine Schachtel Gift, an gerahmten Gemälden die Himmelfahrt Marias von Raffael und Porträts von Joseph Mendelssohn, Felix Mendelssohn Bartholdy, Fanny Hensel, der Schwester Ottilie und ihrem Mann, Professor Eduard Kummer, Alexander von Humboldt, Friedrich II., Friedrich Wilhelm III. und Moses Mendelssohn, an ungerahmten Gemälden Raffael, die Madonna malend, Luther, die heilige Barbara, die Schutzpatronin des Bergbaus, sowie die goldene Uhr des Vaters, ein Londoner Fabrikat, auf dessen Rückseite sich zwei antike Männerfiguren und zwei Frauen über die Weltkarte beugen; das Deckglas ist gesprungen. Unbeschädigt hat auch der jüngste Sohn des Moses seinen Glauben an eine funktionierende Weltordnung nicht bewahren können.

Die Pilgerin Dorothea Schlegel

Im Sommer 1838 schreibt die vierundsiebzigjährige Witwe Dorothea von Schlegel aus dem hessischen Bornheim an ihren jüngsten Bruder Nathan in Berlin: Sein Brief habe ihr große Freude gemacht, seine Person und Stimme die gemeinsame Kindheit wieder vergegenwärtigt. An ihre letzte Begegnung in Paris vor beinahe 40 Jahren erinnere sie sich dagegen kaum. Den gerade erlebten Tod einer Enkelin habe sie noch nicht verschmerzt. »*Sieben* Kinder hast Du verloren, Du armer Bruder! Das ist wohl hart! Aber nur ihren sterblichen Teil hast Du, wie Du sagst, *der Erde* wiedergegeben, ihr besserer, *ewiger* Teil, ihr eigentliches Selbst, ist Dir nur vorangegangen und erwartet Euch, um nie wieder sich getrennt zu sehen, bei Gott. Nach diesem Wiedersehen wollen wir trachten und uns mit seiner Hoffnung trösten.«[136]

Zu diesem Zeitpunkt gehört Dorothea, die als Brendel Mendelssohn am 24. Oktober 1764 geboren wurde und als Madame Veit sechzehn Jahre verheiratet war, bereits dreißig Jahre der katholischen Kirche an. Vor ihrem missionarischen Eifer ist niemand sicher, ihre Gebete gelten der Rettung der Verwandtschaft aus dem Fegefeuer. Dorothea war zuvor vieles: Anhängerin der Aufklärung, Salondame in Berlin, ungestüme Frühromantikerin im Jenaer Freundeskreis, in zweiter Ehe evangelische Christin. Rückblickend nehmen sich diese Brüche, Wandlungen und Abenteuer wie die Stationen einer turbulente Reise aus, die schließlich in das Reich der alleinseligmachenden Gewißheit führt. Dorothea hat radikale Schnitte vollzogen, Name, Religion, Konfession, Ehemänner, Lebensstile gewechselt – und sie bleibt sich treu dabei. Ihrer Sehnsucht nach dem Absoluten folgt sie, ohne Kompromisse einzugehen.

»Erkennen Sie das Glük?«

»Er verlangte mit Heftigkeit nach Hause, in sein Zimmer zu seyn, es dünkte ihm er läge auf einen Felsen mitten im Meer, die Wellen stiegen immer höher, und der Felsen wankte, und stürzte zusammen, dann schrie er laut auf, ward ohnmächtig, und gleich darauf fing dieselbe Phantasie wieder an. Keinen Moment schloß er seine Augen, Tag und Nacht war es ununterbrochen dieselbe Fantasie, dasselbe Angstgeschrei, und sein Flehen daß man ihn vom

Felsen abnehmen, und nach seinem Zimmer bringen möchte. Kein Mittel half, der Arzt endlich versicherte daß er sterben müßte, wenn nicht der Schlaf ihn in den nächsten 24 Stunden erquickte. Verzweifelnd, und nun doch alles für verloren achtend wollte Fabian wenigstens versuchen, ihn die letzten Momente des Lebens weniger gräßlich zu machen. Eine Tragbare wurde bereitet [...].« Diese Zwangsvorstellungen von Lähmung, Verwirrung, Untergang finden sich in den Entwürfen zu der Novelle *Camilla*,[137] mit der Dorothea während ihrer Pariser Jahre (1802–1804) den Roman *Florentin* fortzusetzen versucht. Die tiefste Verzweiflung liegt zu dieser Zeit – vielleicht – schon hinter ihr. Begonnen hat Brendels biographisch-ideologische Geisterfahrt mit ihrer Hochzeit 1783 in Berlin.

Simon Veit, der neunzehnjährige Bräutigam, ist unansehnlich, uninteressant, ungebildet und redet nur vom Geschäft. Ausgerechnet den hat der Vater für seine Älteste, die geistreiche und gesellige Brendel, bestimmt. Dem jungen Wilhelm von Humboldt erscheint er hohl und platt: Ihm kommt die unglückliche Braut vor wie eine schöne Blüte, die mutwillig zerstört worden sei. Dem Vater Moses erscheint der brave Geschäftsfreund als gute Partie. Veit stammt aus einer angesehenen jüdischen Familie, gilt als tugendhaft, ist ein solider Kaufmann. Die Tochter muß Moses' langweiligen Favoriten akzeptieren – dem geliebten Vater zum Gefallen.

Ihre Familie mag den Kaufmann Veit, Brendel träumt von Kultur und Esprit. Ihr Ältester, Moses Juda, der die Namen der Anfang 1786 gestorbenen Großväter trägt, kommt im vierten Ehejahr zur Welt. Er lebt nur sechs Monate. Im siebten Ehejahr wird Jonas geboren, das Jahr darauf Abraham, der nur zwölf Wochen alt wird. Der Tod der Söhne, die den Namen ihrer Ahnen ehren, wird zum Omen. In der jüdischen Tradition des Vaters fühlt sich Brendel mit ihren Wünschen eingeengt und verloren. Die universalen Ideale, die sie von ihm gelernt hat, weisen über die Beschränkungen einer nur geduldeten Minderheit weit hinaus. In der Rolle ihrer lebensfrohen Mutter, die sich dem Moralkodex der Gemeinde im Zweifel flexibel zu fügen weiß, kann sie sich selbst nicht wiederfinden. Außerdem ist Simon Veit kein Moses Mendelssohn! »Ich war eine kurze Zeit betäubt, u. Sinnlos, da mein großer, mein geliebter Vater starb!« schreibt Brendel im Dezember 1791. »Doch stiller, Gesundheit nagender, drückender Gram verließ mich nicht, da mir mein Erstgebohrener starb; ein Säugling, dessen existenz mit der meines Vaters in gar keinen Vergleich zu bringen war, u. doch! Diesen 21. September habe ich der Welt noch einen Sohn geschenkt; und nun werden Sie es erst recht platt bei mir finden, wenn Sie herkommen; ich bin fast beständig in die Kinderstube, u. es ist kein vernünftiges Wort mehr mit mir zu sprechen.«[138] Feibisch, dessen deutscher Name Philipp lautet, wird im zehnten Ehejahr geboren. Die Angst der Mutter, auch Jonas und Philipp zu verlieren, ist groß. »[...] etwas wird meine Fröhlichkeit doch niedergeschlagen dadurch, daß mein Kleiner jezt sehr am Zahnmachen leidet – Gott erhalte ihn mir, ich wüßte nicht wie ich seinen Tod (den ich doch alle Augenblik sehr nahe sehe) wie ich den ertragen sollte!«[139] In der Schönhausener Sommerfrische entzieht sie sich dem Ehetrott. »In meinem Zimmer, u rund um mich ist es *rein*, und draußen weit, u heiter, der Kopf kalt u ruhig, mein Herz warm, u empfänglich für jedes Gefühl; erkennen Sie das Glük?« schreibt sie der Freundin Rahel; »noch bin ich zu sehr Gewohnheits Sklavin, um gleich im ersten Augenblik thun zu können was ich gern thun möchte [...]. Nennen Sie es Phantasie worin ich mich jetzt so wohl fühle? Sie mögen Recht haben, es ist viel zu schön und heiter, um etwas reelles zu sein. Damit mögen sich – Kaufleute freuen. Vielleicht werden Sie es lächerlich finden, wie mich meine kleine Anstalt hier so vergnügen kann? Aber entweder *Groß*, oder *Klein*, ich kann mich nicht auf der lumpigen Mittelstraße herumtreiben, u die halb verwelkten Blumen mit Mühe u Schweißbedeckter Stirn aufsuchen, die dem seeligen Glük in seinem Taumel entfallen – Genug – [...] meine Schwester wartet mit dem Abendbrodt.«[140]

1 Moses Mendelssohn (1729–1786)
Gemälde von Johann Christoph Frisch, 1786

Der Seidenfabrikant, Schriftsteller und Philosoph inspirierte den Aufbruch der Berliner Aufklärung und setzte sich für die Rechte der diskriminierten jüdischen Minderheit ein. Seine Freunde und Schüler bewunderten seine Ausstrahlung, seine Schlagfertigkeit und seine Gesprächsführung. Das Bild des Hofmalers Friedrichs des Großen entstand nach Mendelssohns Tod.

2 Fromet Mendelssohn geb. Gugenheim (1737–1812)
Alte Reproduktion einer Miniatur von 1767

Als 24jährige begegnete die Hamburger Kaufmannstochter dem Prokuristen und Publizisten Moses aus Berlin, es wurde die große Liebe ihres Lebens. Fromet brachte zehn Kinder zur Welt, von denen sechs das Erwachsenenalter erreichten.

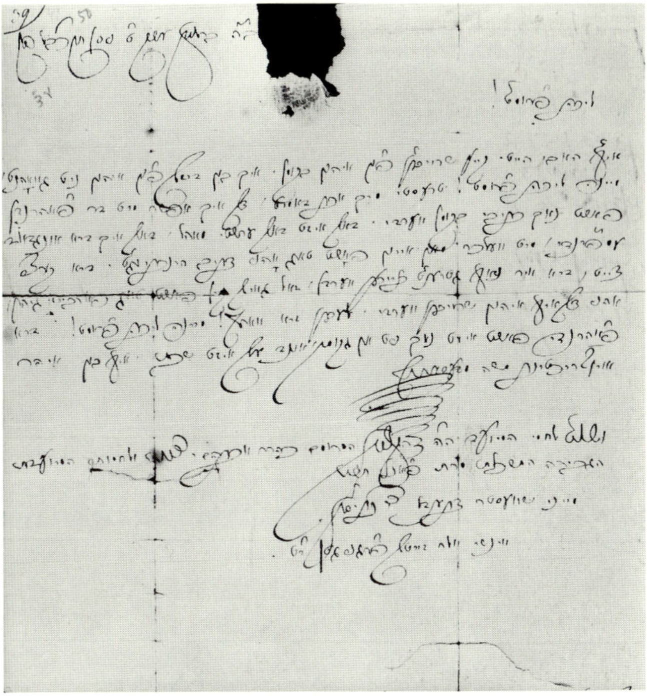

3 Brief von Moses Mendelssohn an Fromet Gugenheim
16. März 1762

Die Liebesbriefe, die das Paar während der einjährigen Verlobungszeit zweimal wöchentlich wechselte, sind in hebräischen Buchstaben und deutscher Sprache geschrieben, mit hebräischen und westjiddischen Einsprengseln.

4 GOTTHOLD EPHRAIM LESSING
Gemälde von G. D. May, um 1767

Die Freundschaft mit Lessing, dem Pastorensohn und aufstrebenden Dramatiker, soll beim Schachspiel begonnen haben. Mit dem Verleger Friedrich bildeten Nicolai, Mendelssohn und Lessing das Triumvirat der Berliner Aufklärung.

5 Gotthold Ephraim Lessing (stehend), Johann Caspar Lavater (rechts am Tisch) bei Moses Mendelssohn
Stich nach einem Gemälde von Daniel Oppenheim, 1856

Lavater, der reformierte Christ, hatte Moses aufgefordert, das Christentum zu widerlegen oder sich taufen zu lassen. Die Strapazen dieser öffentlichen Debatte, in der Moses seinen Ruf als gläubiger Jude wie als Aufklärer verteidigen mußte, trieben ihn in eine siebenjährige Nervenkrankheit.

Phaedon

oder

über die

Unsterblichkeit der Seele

in drey Gesprächen.

von

Moses Mendelssohn.

Mit Kön. Preuß. Churf. Brand. und Churf. Sächs. Freyheit.

Berlin und Stettin

bey Friedrich Nicolai.

1767.

6 Titelblatt der Erstausgabe des »Phaedon«, 1767

Mit einer kommentierten Übersetzung der Abschiedsgespräche des Sokrates in Platons *Gastmahl* begann der Schriftstellerruhm des jungen Philosophen Moses Mendelssohn.

7 Moses Mendelssohn wird am Berliner Tor in Potsdam von der Wache examiniert
Kupferstich von M. S. Lowe nach einer Zeichnung von Daniel Chodowiecki, 1791

Der Posten am Tor soll gefragt haben, womit der Jude handle, worauf Moses Mendelssohn geantwortet habe: »Mit etwas, was Sie nicht haben: mit Verstand.«

8 Die ungleichen Geschwister
DOROTHEA (BRENDEL), JOSEPH und ABRAHAM MENDELSSOHN
Scherenschnitte aus dem Stammbuch des Herz Homberg

9 Dorothea Schlegel geb. Mendelssohn (1764–1839)
Ölgemälde von Johann Friedrich August Darbés, 1798

Das frühe Gemälde zeigt Moses' Lieblingstochter in dem dramatischen Entscheidungsjahr ihres Lebens. Noch ist sie Saloniere und unglückliche Bankiersgattin in Berlin. Anfang 1799 wird sie von Simon Veit geschieden und zieht mit ihrem Geliebten Friedrich Schlegel nach Jena.

10 Abraham Mendelssohn Bartholdy (1776–1835)
Zeichnung von Wilhelm Hensel, um 1825

Das zweitjüngste, schwierigste Kind von Moses Mendelssohn und der Vater des Komponisten Felix Mendelssohn Bartholdy war ein rastlos Reisender und seine Identität Suchender: »Früher war ich der Sohn meines Vaters, jetzt bin ich der Vater meines Sohnes.«

11 Joseph Mendelssohn (1770–1848)
Gemälde von Wilhelm Ternite, 1831

Der älteste Sohn und Gründer der ersten Mendelssohn-Bank erfüllte als aufgeklärter Jude das Vermächtnis seines Vaters. In der Berliner Kaufmannschaft erwarb er sich Respekt, er wurde als Mäzen und Wohltäter geschätzt.

12 Jägerstrasse 53–51
Anonyme Zeichnung, um 1810

Im Ostteil der Jägerstraße entwickelte sich am Ende des 18. Jahrhunderts die Keimzelle des Berliner Bankenviertels. In dem nahe am Gendarmenmarkt gelegenen Haus Nr. 51 (rechts angeschnitten zu sehen) bezog die Firma J. & A. Mendelssohn 1815 ein Kontor.

13 Henriette Mendelssohn (1776–1862) in mittleren Jahren
Gemälde eines unbekannten Künstlers

14 Lea Mendelssohn Bartholdy (1777–1842)
Zeichnung von Wilhelm Hensel, 1823

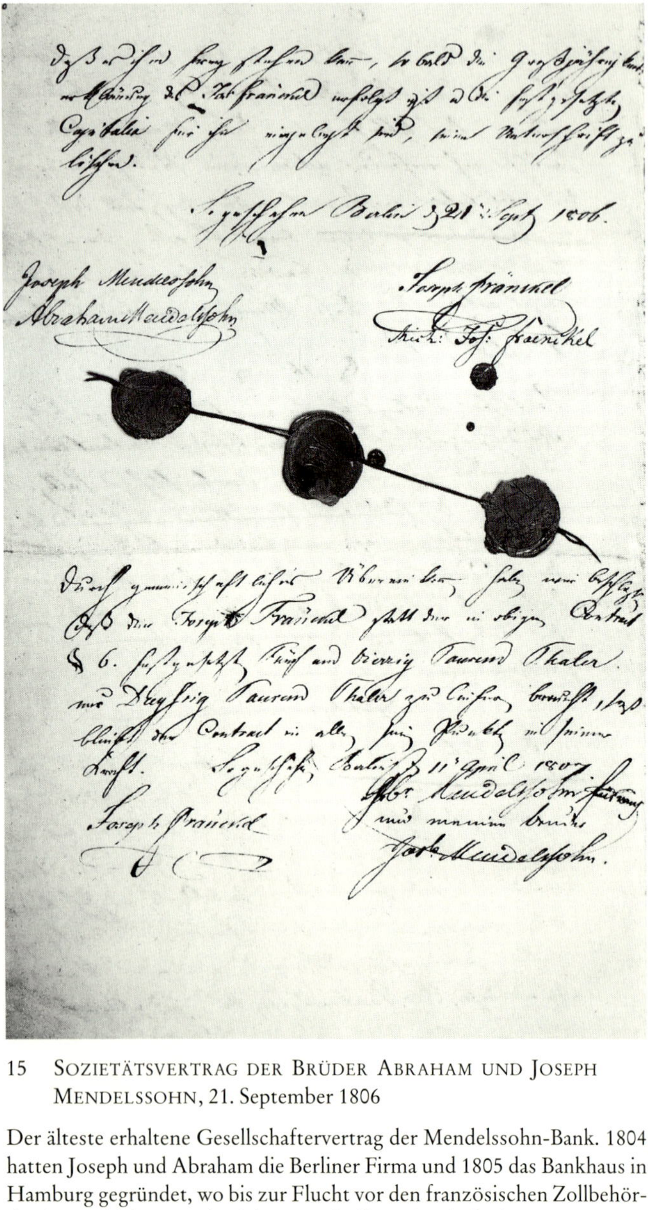

Joseph Mendelssohn
Abraham Mendelssohn
Joseph Fränkel
Mich: Jos: Fraenkel

15 Sozietätsvertrag der Brüder Abraham und Joseph Mendelssohn, 21. September 1806

Der älteste erhaltene Gesellschaftervertrag der Mendelssohn-Bank. 1804 hatten Joseph und Abraham die Berliner Firma und 1805 das Bankhaus in Hamburg gegründet, wo bis zur Flucht vor den französischen Zollbehörden im Frühjahr 1811 der Schwerpunkt ihrer Geschäfte lag.

16 Relief von JOHANN GOTTFRIED SCHADOW, um 1800

Für den Saal der neuen Berliner Börse am Lustgarten stiftete der junge Joseph Mendelssohn Stuckreliefs mit Handelsmotiven.

17 BÖRSE (VON F. BECHERER), links angeschnitten zu sehen, FRIEDRICHBRÜCKE, BADEHAUS UND ZEUGHAUS ZU BERLIN,
Aquarell von F. A. Calau, vor 1822

Die Börse war nicht nur der Umschlagplatz für Wertpapiere, sondern auch Berlins schnellste internationale Nachrichtenzentrale. 1833 wurde Joseph Mendelssohn Vorsteher der Korporation der Kaufmannschaft.

18 Nathan Mendelssohn (1782–1852)
Anonyme zeitgenössische Miniatur

Der jüngere Bruder von Joseph und Abraham betrieb eine Werkstatt für astronomische Instrumente und galt als bester Mechanikus Berlins.

19 Recha (Reikel) Meyer geb. Mendelssohn (1767–1831)
Zeichnung von Wilhelm Hensel, 1830

Als einzige der Töchter Moses Mendelssohns hielt Recha am Judentum fest.

»Nun verstand ich die Franzosen«

Die Briefe Brendels und ihrer Freundinnen umkreisen – neben Kunst, Klatsch und Literatur – auch das unglückliche Eheleben der jungen Jüdinnen in Strelitz und Berlin, was bald die Sittenwächter der Verwandtschaft auf den Plan ruft. Währenddessen stürmt das Volk in Paris die Bastille, das Zeitalter der Französischen Revolution bricht an. Der Citoyen erhebt sich zum Souverän, die Ideen der Aufklärung scheinen politische Realität zu werden. Die deutschen Intellektuellen sind begeistert – eine Begeisterung, die bei den meisten mit der Schreckensherrschaft Robespierres nachläßt. Brendel erkennt die sozialen Mißstände der Feudalgesellschaft als Ursachen dieser Revolte und schreibt nach einem Besuch in Rheinsberg, wo Prinz Heinrich residiert, an die Freundin Rahel: »[…] es ekelt einem für diese sinnlose Macht und Reichthum. *Sein* Haus, *sein* Garten und alles, was er aus *seinem* Fenster übersehen kann, ist üppig und prächtig; gehen Sie nur um ein Haus weiter, nur die Ecke herum, und Sie finden kein ganzes Dach, keine reine Strasse, kein angezogenes Kind. […] Es ward sehr lebendig in mir, wie ein ganzes Volk mit einemmale sich gegen die schwelgenden Tyrannen auflehnen kann, die sich ewige Symphonien vorspielen lassen und so das Geschrei des Elends nicht hören […]. Ich dachte mir ganz Frankreich so und nun verstand ich die Franzosen.«[141]

Ein politischer Kopf ist Brendel aber genausowenig wie die meisten ihrer Freundinnen. Ihre Welt ist die Philosophie und Literatur, der Heros jener Jahre Goethe, der Autor des *Werther*. Im »Tugendbund«, einem schwärmerisch-empfindsamen Freundschaftszirkel, dem neben ihr und der schönen Arztgattin Henriette Herz auch die Brüder Wilhelm und Alexander von Humboldt und der hübsche Assessor Carl von Laroche, Sohn der Schriftstellerin Sophie La Roche, angehören, erstrebt man – als Kind der Aufklärung – die wahre Liebe und die moralische Vervollkommnung. In den Salons Rahel Levins, Henriette Herz' und im Hause der Veits treffen sich jüdische Bürgerfrauen, junge Adlige, Offiziere, Hofleute und Schriftsteller; gesellschaftliche

Schranken scheinen überwunden. Hier geht es um Geselligkeit, um intelligente Konversation und erotisches Flair.

Brendel, die sich bald den modischen Namen Dorothea gibt, lebt mittlerweile in einer jüdischen und in einer nichtjüdischen Welt. In den Salons der jungen, schöngeistigen Elite entschädigt sie sich für die Trostlosigkeit ihrer Ehe. Ihr Leben verändert sich, deutlich entfernt sie sich vom Glauben und den Traditionen ihrer Eltern. Zuerst verdreht der charmante Abenteurer Edouard d'Alton ihr und den Freundinnen den Kopf. Dann begegnet die temperamentvolle, geistreiche, zuweilen auch spöttische Madame Veit dem zehn Jahre jüngeren Friedrich Schlegel – ihrem Schicksal. Ein junger Gelehrter, in allem das Gegenteil Simon Veits: geistvoll-genialisch, ungemein gebildet, beredsam, witzig – ein Kopf, sagt Rahel, worin Operationen geschehen. Der Fünfundzwanzigjährige macht Eindruck in den Berliner Salons. Moses' Lieblingstochter hat endlich den Mann gefunden, zu dem sie aufsehen kann.

Anderthalb Jahre nach dieser Schicksalsbegegnung erscheinen vor dem Rabbinatsgericht der »ehrenwerte Herr Simon Veit, Sohn des ehrenwerten Herrn Juda Witzenhausen s. A. nebst dessen Frau, Frau Brendel, Tochter des verstorbenen ehrenwerten Herrn und Lehrers Moses aus Dessau. Und der Mann sprach folgendermassen: Meine Frau Brendel will sich von mir scheiden lassen. Ich habe alle Mittel angewendet, um sie von diesem Vorsatz abzubringen. Sie besteht aber fest darauf. So habe ich [...] in diese Ehescheidung eingewilligt.«[142] Während der Scheidung weint Simon, Dorothea straft ihn mit Verachtung. Sein großzügiges Versorgungsangebot nimmt sie jedoch an. Ihre Gefühle zu jener Zeit schildert ein Brief, den sie am 2. Februar 1799 an den Freund Brinkmann schreibt: » Seit 3 Wochen bin ich, nach vielen Contestationen, Scenen, – nach manchem Schwanken, und Zweifeln – endlich von V. *geschieden*, und ich wohne allein – aus diesen Schiffbruch, der mich von einer langen Sklaverey befreit, habe ich nichts gerettet, als eine sehr kleine revenue, von der ich nur äußerst sparsam leben kann, vielen guten, frohen Muth, meinen Philipp, einige *Menschen*, mein Klavier, und das schöne bureau, den ich von Ihnen habe, und vor den ich Ihnen jetzt schreibe – da haben sie in wenigen Worten alles was ich nun *besitze* – aber wie soll ich Ihnen alles herrechnen was ich *los geworden* bin? [...] Es war noch eben Zeit – hätte ich diesen lezten glücklichen Moment nicht festgehalten, und benuzt, so wäre es dann zu spät gewesen, und – glauben Sie mir – ich hätte es nicht ertragen – [...] *mein* Tod war beschloßen wenn ich hätte unwürdig leben müßen! Diese innere nothwendigkeit hat mich bestimmt einen Schritt zu thun, der wie Sie längst denken werden die öffentliche Meynung gegen sich hatt – [...] ich habe nach meiner Überzeugung gehandelt; daß ich es bis jezt nicht gethan habe, ist unverzeihlich von mir, zu meiner Vertheidigung kann ich nur das einzige anführen, das ich bis jezt meine Rechte eigentlich gar nicht kannte.«[143]

Freie Liebe

Ein Skandal. Die ordentlichen Bürger sind entrüstet, man tratscht. Mit der Scheidung behauptet Dorothea ihren Glücksanspruch – gegen die Gesetze ihrer Religion, gegen die moralischen Normen der Gesellschaft, gegen die Prinzipien des Vaters. Die Tochter des berühmten Moses Mendelssohn, eine Frau der jüdischen Oberschicht, tauscht Wohlstand und häusliche Sicherheit gegen ein Leben in freier Liebe mit einem jungen, mittellosen Gelehrten. Auf ihre Kinder hat sie keinen Anspruch. Ende des 18. Jahrhunderts erhalten geschiedene Mütter das Sorgerecht für die Söhne nicht. So spricht das Rabbinatsgericht Jonas und Philipp dem Vater zu. Doch Simon Veit ist bereit, den sechsjährigen Philipp bis zu dessen zehntem Lebensjahr der Mutter zu überlassen. Bei einer erneuten Heirat oder einem Religionswechsel müsse die Mutter den Sohn jedoch vorzeitig dem Vater zurückgeben – so lautet der Vertrag.

Sechs Wochen nach Dorotheas Auszug aus Simons Haus, erscheint Friedrichs *Lucinde*, ein Roman, der die freie Liebe, die weibliche Leidenschaft feiert und der als autobiographisch gelesen wird. Die Tochter des edlen Moses als Protagonistin einer obszönen Schrift! Schlegel schockiert und provoziert die ehrbaren Bürger, Dorothea wird zum Gespött. Wenige Freunde, unter ihnen Henriette Herz und Friedrich Schleiermacher, verteidigen das Paar und sein literarisches Denkmal. An Schleiermacher schreibt Dorothea im April 1799: »Oft wird mir es heiß, und wieder kalt ums Herz, daß das Innerste so herausgeredet werden soll – was mir so heilig war, so heimlich; jezt nun allen Neugierigen, allen Hassern Preiß gegeben. [...] Ach es ist nicht die Kühnheit, die mich erschreckt. Die Natur feiert auch die Anbetung des Höchsten in offnen Tempeln, laut durch die ganze Welt – aber die Liebe? – Ich denke aber wieder: alle diese Schmerzen werden vergehen, mit meinem Leben [...].«[144]

Aus dem engen Quartier im Kasernenviertel an der Ziegelstraße brechen Dorothea und Philipp im Oktober 1799 nach Jena auf – in die Kommune der Frühromantiker. In der thüringischen Provinz werden die Brüder August Wilhelm und Friedrich Schlegel und deren Gefährtinnen Dorothea und Caroline gemeinsam mit Ludwig Tieck, dem Philosophen Friedrich Wilhelm Schelling und Friedrich von Hardenberg, der sich Novalis nennt, gegen den Zeitgeist revoltieren, eine neue Ästhetik und Literaturepoche begründen. Der Kreis erscheint Dorothea, die sich nie ganz aufgenommen fühlen wird, zugleich als eine »Republik von lauter Despoten«[145] und als Paradies gleichgesinnter Schöngeister: »Ein solches ewiges Concert von Witz und Poesie und Kunst und Wissenschaft, wie mich hier umgiebt, kann einem die ganze übrige Welt und besonders das, was die übrige Welt *Freuden* nennt, leicht vergessen machen.«[146] Man lebt und dichtet Tür an Tür, trägt einander Aufsätze und Verse vor, debattiert ästhetische Programme, plant Zeitschriften wie das *Athenaeum*, kritisiert den Rationalismus der Aufklärer und entdeckt die Kunst des Mittelalters.

Bisweilen wird Dorothea in Jena von der moralischen Empörung der Mendelssohns, Veits und der Jüdischen Gemeinde eingeholt. »Es scheint, die Berliner können nicht ruhen; sie können eben so wenig ein Leben als einen Roman sich ohne geschlossnen Schluss denken und nehmen nun gar bei mir die heilige Taufe als völligen Ruhestand und Auflösung an. Wie wäre es, wenn sie mich todt sein ließen?«[147] Kurze Zeit hofft sie auf Versöhnung und plant, mit Friedrich zurück nach Berlin zu ziehen, »diesen Garten, und ein Häuschen allein, das wäre ja ein wahre Glückseligkeit«. Der Mutter, die ihr gerade »freundlich und ziemlich vernünftig geschrieben« habe, wolle sie »alles, rein von der Leber weg«, erklären.[148] Fromets Antwort läßt dann quälend lange auf sich warten und ist niederschmetternd, die Tochter übersendet das Dokument der Feindschaft im April 1800 dem Freund Schleiermacher in Berlin: »Lesen Sie einmal den Brief von meiner Mutter; zu Friedrich, der ihn durchaus sehen wollte, habe ich vorgegeben, ich hätte ihn verbrannt; so bald Sie ihn gelesen thun Sie es ja gleich; ein solches Aktenstück muß nicht existiren, es ist unwürdig.«[149] Falls solche Beleidigungen anhielten oder die Mutter gar nach Berlin zurückkehrte, sei für Dorothea kein Platz mehr in der Stadt. Dann wieder versucht sie voller Schuldgefühle, die Reizthemen Schlegel und Scheidung gegenüber der Mutter auszuklammern: »Darf ich sie, da sie sich so mit aller Gewalt zusammen nimt, brüskiren? Wenn ich es thäte, und sie würde zufällig krank, oder sie stürbe gar, obgleich ich weis, daß sie ganz natürlich sterben würde, ich könnte mich doch nie darüber beruhigen.«[150] Das Ansinnen Schleiermachers, doch die Taufe anzunehmen und zu heiraten, wehrt Dorothea ab; ihren Philipp möchte sie keinesfalls dem Vater überlassen. Wochen später schreibt sie einer Freundin überschwenglich: »Die Bilder und die katholischen Gesänge haben mich so recht gerührt, dass ich mir vorgenommen habe, wenn ich eine Christin werde, so muss es durchaus katholisch sein.«[151]

Vom Paradies zur Spießerhölle

Während die Hausfrau und Mutter Dorothea als Autorin, Übersetzerin, Kopistin, Lektorin und Redakteurin die literarische und publizistische Arbeit des Geliebten fördert, während sie sich um Einkünfte kümmert und mit ihrer bescheidenen Pension die

Unternehmungen und Reisen ihres rastlosen Friedrich finanziert, vergnügt sich der genußfreudige Bürgerschreck gern auch mit anderen Damen. Aber selbst wo er Dorotheas Freundinnen Rahel Levin und Karoline Paulus erfolgreich den Hof macht und ein Verhältnis mit der schönen Schriftstellerin Sophie Mereau in Jena verletzend lange aufrechterhält – Dorothea findet sich ab. Er braucht sie. Sie braucht ihn, auf ihre Art; und notiert ins Tagebuch: »In einer schönen Ehe ist es nothwendig, dass die Frau gerade so viel Verstand besitze, um den des Mannes zu verstehen; was darüber ist, ist vom Uebel. […] Ob mir mein Bestreben wohl gelingen wird, Friedrich sein Geselle zu werden: nämlich das in seinem Sinn auszuführen, was er für mich angelegt? Das wäre *ein* Zweck: Der andre wäre, mit dem Schreiben so viel verdienen zu können, dass Friedrich nicht mehr für Geld zu schreiben braucht.«[152] Schlegel gibt, ohne die bescheidene Autorin zu nennen, Dorotheas einzigen Roman *Florentin* heraus, der dem Edelmann Edouard aus den Berliner Salonjahren ein Denkmal setzt: Der Romanheld will als Soldat in die freiheitlichen amerikanischen Kolonien, ist aber zu sehr mit der Verarbeitung von Jugenderlebnissen und der Rettung seiner Schwester, die gar nicht seine Schwester ist, befaßt. Sein Weg nach vorn richtet sich auf die Erforschung der eigenen geheimnisvollen Ursprünge.

Derweil zerbricht das Jenaer Paradies an den Eitelkeiten, der Rivalität und Engherzigkeit, an hormoneller Verwirrung, Krankheiten und der sozialen Inkompetenz seiner Bewohner. Das himmlische Zusammenspiel romantischer Avantgardisten entpuppt sich als klägliche Spießerhölle. Caroline Schlegel, die Frau August Wilhelms, verliebt sich in den jungen Schelling, die Freundschaft zwischen ihr und dem Schwager Friedrich verwandelt sich in Haß; auch Dorothea wettert gegen die Ehebrecherin. Carolines Tochter Auguste stirbt, Dorothea ergeht sich in Schuldzuweisungen. Novalis folgt im März 1801, erst siebenundzwanzigjährig, seiner 14jährigen großen Liebe in den Tod. Die Reise Friedrichs und Dorotheas geht vorläufig nach Paris.

Kraft der ergreifendsten Wahrheit

Den Siegeszug in der französischen Hauptstadt haben sie sich einfacher vorgestellt. Freunde und Verwandte reagieren nicht so hilfreich wie erwartet. Auch Dorotheas Versuch, durch eine vorgetäuschte Trennung von Friedrich das mütterliche Erbe vorzeitig zu erhalten, scheitert: Der Graben zur Familie vertieft sich, nur die Schwester Henriette hält noch den Kontakt. In Paris öffnet der Name Schlegel keine Tür, nicht einmal von der skandalösen *Lucinde* hat man hier gehört. Friedrich besichtigt Pariser Museen, beginnt sein Studium der indischen Kultur und sitzt ansonsten hinter dem Schreibtisch, verstockt in seiner wachsenden Frankophobie. Sonntagmittags hält er Privatvorlesungen im Athenée des Arts über neue Philosophie und Literatur, die Einnahmen decken kaum die Raummiete.

Paris, die Kapitale napoleonischer Machtkonzentration, ist zu dieser Zeit ein Ort, »wo alle leben konnten, wie sie wollten, ohne daß Jemand etwas dawider hatte«.[153] An den Abenden trifft man sich meist bei Helmina von Hastfer, spätere von Chézy, einer vorurteilsfreien und abenteuerlustigen Frau, die sich Dorothea besonders verbunden fühlt und sie hilfsbereit unterstützt. Aber bald versammelt sich auch ein vorwiegend deutscher Kreis bei den Schlegels in der Rue Clichy, zu dem der Komponist Johann Friedrich Reichardt, der Altphilologe Carl Hase und der Dichter Achim von Arnim gehören. Dorothea gibt wieder die Salonière; ihr fehlen die Freundinnen Karoline Paulus, Henriette Herz und Rahel, die intensiven Gespräche der Jenaer Kommune. Doch die Pariser Jahre sind für sie eine besonders produktive Zeit, der Höhepunkt ihres Lebens mit Friedrich Schlegel. Sie brilliert als kluge Wirtschafterin, näht Kleider, strickt und stopft Strümpfe, versorgt den Sohn, kocht und arbeitet zugleich an der Fortsetzung des *Florentin*, verfaßt Beiträge für Friedrichs Zeitschrift *Europa*, kopiert seine Werke, verdient mit ihren Übersetzungen etwas Geld, besucht Museen, Theater, Konzerte und pflegt eine umfangreiche Korrespondenz. Zugleich bereitet sie sich auf ihren Übertritt zum Protestantismus vor: »Uebrigens lese ich hier in

Paris als ein Gegengift viel in der Bibel; Luthers Uebersetzung [...] und finde nach meinem Gefühl selbst das protestantische Christenthum doch reiner und dem Katholischen weit vorzuziehen; dieses hat mir zuviel Aehnlichkeit mit dem alten Judenthum, daß ich sehr verabscheue. Der Protestantismus dünkt mich aber ganz die Religion Jesu zu sein und die Religion der Bildung; im Herzen bin ich ganz, soviel ich aus der Bibel verstehen kann, Protestantin; das öffentliche Bekenntniß davon halte ich nach meinem Glauben gar nicht für nöthig, denn sogar in diesem öffentlichen Bekennen liegt mir eine katholische Ostentation, Herrschsucht und Eitelkeit.«[154]

Vater Moses lächelt am Altar

Dorothea sucht noch immer nach einem Lebensmodell, mit dem sie sich identifizieren kann. Dabei gerät sie in Konflikt mit der eigenen Sozialisation: »Die sogenannten Aufklärer halten den Unglauben zu gleicher Zeit für den Stand der Natur und für den Punkt der höchsten Bildung; als ob nicht schon darin der grösste Widerspruch läge! *Glauben* ist Stand der Kindheit oder der Natur; *Verstehen* oder *Ueberzeugung* die höchste Bildung; zwischen beiden steht der *Zweifel*; positiven Unglauben kann es nicht geben: *Unglauben* ist nichts, ist Leerheit.«[155] Heimlich nimmt die Tochter des Moses bei dem schwedischen Gesandtschaftsprediger Carl Gambs, einem Bekannten Helminas, Religionsunterricht. Sie fürchtet, daß das protestantische Bekenntnis sie erneut von Schlegel trennen könnte, sympathisiert dieser doch seit einiger Zeit mit dem Katholizismus. Außerdem sorgt sie sich, daß ihre Konversion publik werden könnte. »Du kannst gar nicht glauben«, schreibt sie an Helmina, »welch ein Meer von Verwirrung über mich losbrechen würde, wenn man etwas davon erführe, eh es Zeit ist.«[156]

Am Montag, dem 6. April 1804, betreten die Kapelle der schwedischen Gesandtschaft Madame Veit, Friedrich Schlegel, einer seiner Neffen sowie die Freunde Gottfried Schweighäuser und Helmina von Hastfer als Paten und Trauzeugen. Hinter der kleinen Gruppe wird die Tür verschlossen. Dorothea wirkt erschüttert, Friedrich wahrt »den Anschein von Gleichmuth«[157]. Brendel Veit, geborene Mendelssohn, wird auf den Namen Dorothea Friederike getauft. Während der Zeremonie hat sie eine beglückende Vision: Moses Mendelssohn erscheint an der rechten Seitenwand des Altars und lächelt ihr versöhnlich zu. Dann wird das Paar getraut. Sie sei froh, daß der Ritus deutsch vollzogen worden sei, schreibt sie der Schwägerin Charlotte: »es wäre mir auf französisch nicht recht vollwichtig vorgekommen. [...] Bekannt in den Zeitungen wollen wir es nicht machen, [...] auch, um Herrn Veit zu schonen, der sich bey jeder Gelegenheit artig und gefällig gegen uns erzeigt, und diese Schonung allerdings verdient.«[158] Nicht einmal die Freunde, ausgenommen Tieck und August Wilhelm, sollen davon erfahren. Die Preußische Gesandtschaft will das jüdische Scheidungsdokument zunächst nicht anerkennen. Taufe und Trauung sind ein einsamer Schritt, mit dem sich Dorothea weiter von den jüdischen Geschwistern entfernt, die den ungeliebten Friedrich Schlegel unter allen Umständen vom Mendelssohnschen Erbe ausschließen wollen. Unter ihren Tagebuchnotizen jener Tage findet sich auch ein Kommentar zu der Senatsabstimmung am 30. April 1804, bei der General Lazare Carnot, der Held der Revolutionsarmee, als einziger gegen Napoleons Ernennung zum Kaiser protestiert. Sie schreibt: »Es gehört meinem Gefühle nach mehr Muth dazu, seine Stimme allein und unbegleitet und mit der Ueberzeugung des Alleinstehens zu erheben, als dazu gehört, in eine Schlacht zu gehen.«[159]

Eines Nachmittags in geräuschloser Stille

Der Kurswechsel des stürmischen Paares geht voran. »Er haßt die sogenannte Aufklärerey über jeden andern Unfug, und meynt es ganz ernstlich mit dem Christenthume«, schreibt Dorothea der Freundin Karoline Paulus über den Wandel ihres Friedrich.[160] Auch ihre nächste Wende vollzieht sie radikal: »Ich hasse diese

Aufklärung unserer Zeit recht von Herzen; es ist noch nichts Gutes, Nein Nichts, von ihr hergekommen! Schon weil er so uralt ist zieh ich den Katholizismus vor; alles Neue taugt nicht.« [161] Das teure, antiklerikale Paris verlassen Dorothea und Friedrich nach der Hochzeit überstürzt: Philipps Tuschkasten, ein Porträt seines Bruders Jonas, Tauf- und Heiratsdokumente, ein Kochbuch, ein Katalog Pariser Monumente und eine Handlaterne wurden in der Rue Clichy vergessen, müssen von Schwester Henriette nachgeschickt werden. Die Schlegels ziehen nach Köln – auf Anregung der Brüder Boisserée und ihres Freundes Johann Baptist Bertram; die drei hatten bei den Schlegels in Paris zur Untermiete gewohnt und bei Friedrich Privatlektionen genommen. Am Rhein hoffen die Neuvermählten endlich eine geistige Heimat und eine Festanstellung für Schlegel zu finden.

In Köln beginnt ein Lebensrhythmus, der Dorotheas Ehe fortan bestimmen wird: Sie bangt um Friedrichs berufliche Zukunft, korrigiert seine Texte, schreibt sie ins reine, wartet auf die Rückkehr des Reisenden, der immer öfter der Enge und Armut ihres Lebens entflieht. Sie verdient etwas Geld mit ihren Übersetzungen, muß Freunde und Bekannte um finanzielle Unterstützung angehen, schreibt Briefe und betet. Die Existenzangst wächst, doch behauptet sie: »Mein Muth hat etwas von der Spargelnatur an sich. Je öfter er abgeschnitten wird, desto dicker wächst er nach.«[162]

Als Napoleon und Joséphine pompös in Köln einziehen, richten sich die Erwartungen – man spricht von der Einrichtung neuer Schulfonds – der antifranzösisch gesinnten Schlegels vorübergehend auf den Kaiser. 1806 kehrt der nun dreizehnjährige Philipp, wie bei der Scheidung vereinbart, zu seinem Vater nach Berlin zurück. Dorothea, die Einsame, schreibt unablässig ihrem Friedrich, aber das Porto ist teuer, dem Geliebten entgegenzureisen unmöglich: »Wie wird mir bei jedem mal daß am Haus geschellt wird, oder daß ein fremder Tritt die Treppe herauf kömt, das Herz klopfen.« [163] Bedrückt von ihrer Isolation, findet sie Trost in katholischer Frömmigkeit, und weist die Skepsis ihrer Freundin Karoline Paulus zurück, mit diesem Schritt nur »der modernen katholischen Wuth« zu folgen. [164] Ihr und Friedrich gehe es einzig um die »Wiederherstellung des ächt christlichen Glaubens«. Schlegel wendet sich gegen den zur Morallehre verengten Protestantismus, der sich als Religion der Aufklärung samt seinem Fortschrittsglauben durch die Französische Revolution diskreditiert habe. Das verlorene Paradies sucht er in der Welt des Mittelalters und in der katholischen Kirche. Hier erhofft sich der mittellose, immer noch nicht anerkannte Intellektuelle poetische Transzendenz, den ganzen Menschen bestimmende Spiritualität und ein umfassendes, philosophisches System.

Bald schon übertrifft Dorothea in ihrem Eifer den eigenen Mann, der noch zögert, und zerstreut seine Bedenken gegen den Übertritt zum katholischen Glauben. Die Rücksicht auf seine protestantische Mutter sei gewiß heilig, dürfe aber in dieser Angelegenheit nicht den Ausschlag geben. »Dass Du dem Geiste nach längst katholisch bist, das weiss die ganze Welt.« [165] Sie drängt: »Diese Ostern war ich in rechter Versuchung, Dir voranzugehen, aber ich hielt mich. Ohne Noth trenne ich mich nicht von Dir. Gott gab Dich mir zum Führer«. Schließlich führt Schlegel theologische Gespräche mit dem Regens des Priesterseminars. Am 10. Mai 1808 meldet der *Hamburger Correspondent*, was das Paar gern verheimlicht hätte: »Der durch seine Lucinde und mehrere belletristische Schriften berühmte Friedrich Schlegel ging am 23ten mit seiner Frau, einer Tochter des berühmten Moses Mendelssohn zur katholischen Kirche über. Diese feierliche Handlung geschah in der ehemaligen Domkirche zu Köln. Man merkte an beiden Neubekehrten eine Erbauung und Gottesfurcht, die dieser erhabenen Zeremonie würdig war.«[166] Friedrich läßt sofort – vergeblich – ein Dementi verbreiten und bittet August Wilhelm, der Mutter alle Blätter mit dieser Verleumdung vorzuenthalten. Im Juli berichtet die *Quartalschrift für katholische Theologie*, daß Herr Dr. Schlegel und seine Gattin das katholische Glaubensbekenntnis angenommen hätten. »Dies geschah aber nicht in der großen Domkirche, sondern in der sonst Marien im Pesch genannten Nebenkirche [...], nicht vor einer zahlreichen Volksversammlung, sondern nur in Gegenwart der höchst nötigen Zeugen, nicht unter einem festlichen Gepränge, wie dies alles die Kölnische französische Zeitung unrichtig gemeldet hat, sondern nachmittags in geräuschloser Stille.«[167]

»Der Greuel des verworfensten Heidenthums«

Mit der Annahme des katholischen Glaubens wird es stiller um Dorothea. In der zweiten Lebenshälfte verlaufen ihre inneren Auseinandersetzungen nicht mehr so aufwühlend, so grundsätzlich, so umstürzend und öffentlich. Um so schneller wechseln nun – zwischen Kriegen und epochalen Gipfelkonferenzen – die Orte ihres Lebens. Im Herbst 1808 ziehen die Schlegels nach Wien, mitten in das katholische Habsburg, wo Dorothea wegen der zurückliegenden Skandale zunächst das gesellschaftliche Interesse auf sich zieht. Friedrich wird Sekretär der Hof- und Staatskanzlei, gibt für den Erzherzog Karl die österreichische Armeezeitung, ein anti-napoleonisches Propagandablatt, und die kulturkonservative Zeitschrift *Deutsches Museum* heraus. Im folgenden Jahr ziehen französische Truppen durch das brennende Wien. 1810 heiratet Napoleon, auf dem Höhepunkt seiner Macht, die habsburgische Kaisertochter, ein Ereignis, dem Friedrich in einer Hymne huldigt. 1813, die Russen treiben Napoleons Armee aus dem zerstörten Moskau zurück und verbünden sich mit Preußen und Österreich, beginnen die Befreiungskriege. Im März wendet sich der preußische König an sein Volk und erklärt die Vertreibung Napoleons zur Aufgabe aller Untertanen. In Berlin und andernorts erweist man sich als Patriot. Die Mendelssohns und Veits zeichnen Kriegsanleihen. Anfang April zieht Philipp Veit – zusammen mit dem Dichter Joseph von Eichendorff – als Freiwilliger in den Krieg und nimmt an der Völkerschlacht bei Leipzig teil.

Im Folgejahr tagt der Wiener Kongreß zur restaurativen Neuordnung Europas. Im April 1816 folgt Dorothea ihrem Mann nach Frankfurt am Main, wo dieser als österreichischer Legationsrat den Sitzungen des Deutschen Bundestages beiwohnt.

Schlegel wird geadelt, der Papst verleiht ihm eine der höchsten Auszeichnungen, den Christusorden. Im Frühjahr 1818 reist Dorothea nach Rom zu ihren beiden Söhnen, die dort als Maler leben. Sie ist stolz auf deren biblische Frescomalerei und zuversichtlich, daß Philipp irgendwann Priester werden wird. Ihre Neugier hat sich Dorothea erhalten. Sie beobachtet, schwärmt, analysiert – und entdeckt Schattenseiten des römischen Katholizismus. »Der Greuel des verworfensten Heidenthums scheint in mitten des Christenthums eingebrochen zu seyn; abscheulich, traurig und lächerlich zu gleicher Zeit. Von diesem Aberglauben, Unwissenheit, Geldgier, Trägheit und Sittenlosigkeit bey Geistlichen wie bey Weltlichen [...], davon kann man sich keine Vorstellung machen.«[168] Sie nimmt Anstoß an dem Klerus, der sich weniger für die kirchliche Erneuerung als gegen die protestantische Konkurrenz engagiert. Liturgische Feiern, »ohne Innigkeit oder Andacht, so blos auf äußern Pomp angelegt«[169], stoßen sie ab, Kirchen »im schlechtesten Geschmack des 17ten Jahrhunderts«[170] lassen sie kalt; dagegen kommen ihr im Kolosseum die Tränen. Sie entschuldigt sich bei Friedrich für ihre Offenheit und schildert ihm die Verwahrlosung: »die Kerls kommen hier in den Beichtstühlen, klagen sich an gestohlen oder geraubt zu haben, und wenn die Beichtväter ihnen die Absolution verweigern, wofern sie nicht wenigstens den ernsten Willen haben das Entwendete zu ersetzen, so [...] setzen ihnen die Räuber entgegen, die vom Pabste losgesprochen ohne auch nur einen Bajock zu ersetzen, jetzt frei und frank einhergehen, das geraubte Gut genießen und communiziren wie andre Leute!«[171] Das Volk werde irregeführt und müsse den rechten Glauben verlieren. Angesichts der gottlosen Zustände in Deutschland, Frankreich, Italien, »ja in ganz Europa – wie sollte wohl da die Furcht nicht entstehen, daß nun die schreckliche Zeit für uns angebrochen ist, die Zeit des Strafgerichtes, wie früher über Afrika und Asia, wo doch auch einmal die Kirche blühte«.[172] Sie ist der Jetzt-erst-recht-Typ: Weder ihre kritische Wahrnehmung noch ihren tiefgläubigen Idealismus hat die Tochter des aufgeklärten Philosophen in der Stadt des Papstes aufgegeben.

Im Sommer 1819 erfährt sie von einer schweren Krankheit Simon Veits. »Ich weiß nur zu wohl, daß meine Starrköpfigkeit, mein Eigensinn, meine Heftigkeit, Leidenschaftlichkeit, mein unseelige Unruh, Unzufriedenheit und Phantasterei, ein gewisses sträfliches Treiben nach etwas Fremden, Unbekannten mich herumtrieb, und ich allein bin schuld an unserer Trennung, und an alles, was Gott mir verzeihen wolle, wie Du mir verziehen hast!« schreibt sie, fünf Wochen vor dessen Tod, dem Vater ihrer Söhne. »Wäre damals schon eine *wahre* Bildung mein Streben gewesen, so wie es eine *falsche* war; hätte ich damals das Licht des wahren Glaubens, die einzige beseeligende Richtung nach den Gütern des ewigen Lebens erkannt, vieles wäre dann wohl anders und besser gelenkt worden.« Die Güte des himmlischen Vaters habe sie davor bewahrt, auf schlimmen Abwegen verlorenzugehen. »Ewig will ich Gott dafür loben und ihn bitten, daß er Dich für Deine große Milde, da Du segnest, wo andre geflucht haben möchten, daß er Dich mit seinen ewigen Gütern lohne und Dir den Frieden Gottes gebe, wie er ihn mir gegeben hat, damit wir dereinst in seiner ewigen Klarheit auf ewig vereint leben mögen!«[173]

Schlegel begleitet unterdessen den österreichischen Kaiser und Kanzler Metternich als Kunstsachverständiger auf einer Italienreise; nach seiner Verabschiedung widmet er sich in Wien und Dresden der Herausgabe seiner Werke. 1830, nach dem Tod ihres Mannes, zieht Dorothea von Wien nach Frankfurt zur Familie ihres Sohnes Philipp, der mittlerweile die Kunstsammlung und die Malklasse des Städelschen Kunstinstitutes leitet. Die siebzigjährige k. k. Legationsratswitwe richtet sich nach einem turbulenten Leben ein letztes Mal häuslich ein – in der biedermeierlichen Familienidylle. Die Mendelssohns haben nach Dorotheas frühen Fehltritten, durch die der Name des Vaters antijüdischem Spott preisgegeben wurde, auf ihren reaktionären Katholizismus vor allem mit Unverständnis und Distanz reagiert.

»Es lebe Wahrheit und Ordnung!«

Im Leben der Wandelbaren, Impulsiven aber gab es Kontinuitäten, frühe Prägungen, die Dorotheas merkwürdig verschlungenen Weg bestimmten. Bereits Helmina von Chézy sah in der Konvertitin noch die »Tochter des Orients«[174]. Beweggründe für den Übertritt finde man im »Pomp und Einklang kirchlicher Feierlichkeiten zu dessen Gewalt das Wiederaufleben frühester Andachtsempfindungen im israelitischen Tempel unbeschreiblich beitrug, denn es ist ausgemacht, daß sich eine Jüdin in katholischen Kirchen heimischer fühlen muß, als in evangelischen, die dem alttestamentlichen Ceremoniengeist durchaus entgegen sind«. Dorothea habe sich durch »ihres ersten Glaubensbekenntnisses Gewöhnungen« beeinflußt, »bis in das Kleinste allen Pflichten und Andachtsübungen« unterzogen, »denn in Strenge der Gebote und in Uebung des Gehorsams, wie in Anzahl der Pflichten des Cultus und in der traditionellen Beibehaltung des uralt Hergebrachten überbietet das mosaische Gesetz noch die römische Kirche«.[175]

Dorotheas Hinwendung zu einem dogmatischen Glauben war sicherlich Ausdruck ihrer Suche nach geistigen Autoritäten und bewundernswürdigen Männern. So wie sie sich den väterlichen Wünschen fügte, so erduldete sie später die Exzentrik und Gefühllosigkeiten Friedrich Schlegels, um ihn glücklich zu machen. Als starke Persönlichkeit mit großem Anlehnungsbedürfnis schwankt sie zwischen schwärmerischem Aufbegehren und völliger Anpassung. Maßzuhalten war ihre Sache nicht. Sie wechselt des öfteren, immer radikal, ihre Meinungen und stößt dabei auch enge Freunde vor den Kopf. »Alle Wahrheit und Gerechtigkeit müssen dabei zu Grunde gehen«, klagt Varnhagen von Ense.[176] Rahel attestiert der Jugendfreundin die Fähigkeit selektiver Erinnerung: »so ein glückliches Gedächtnis, daß Sie alles vergessen«![177] Als Dorothea zum Katholizismus übertritt, nimmt sie den Verlust langjähriger Vertrauter in Kauf. Mit Schleiermacher überwerfen sich die Schlegels: »Keiner ist aber schändlicher und giftiger als Schleiermacher; ich hatte nie rechtes Zutrauen zu diesem hochmüthigen Calviner«, schimpft Dorothea.[178] Auch die Freundschaft zu der protestantischen Karoline Paulus übersteht den Glaubenswechsel nicht. Die Autorität, der alle Beziehungen untergeordnet werden, ist Friedrich Schlegel. Dorothea stellt den Sinn des eigenen Lebens in Frage, sobald sie fürchtet, dem Geliebten im Wege zu stehen. Selbstverständlich unterstützt die einstige aufgeklärte Salondame das politische System der Restauration, von dem er nicht zuletzt Lohn und Brot erwartet. »Vivat Metternich! Ein anders Amulet bekommen jetzt meine Briefe an Dich nicht«, rühmt sie hoffnungsvoll den Architekten der europäischen Reaktion.[179] Selbsterhaltungstrieb und rückwärtsgewandtes Vertrauen in das monarchische Gottesgnadentum verbinden sich mit strenger Frömmigkeit.

Den technischen Fortschritt, »diese maschinenmässigen Fabrikarbeiten [...], die den Geist des Menschen herabwürdigen, indem sie ihm den Gedanken der freien Vollendung unmöglich machen«, verflucht Dorothea entschieden. »Dieses sind die Erfindungen, womit unsere Zeit prahlt, [...] dass nämlich derjenige, der einen Haufen Gold besitzt, sich im Stande sieht, eine solche Industriemaschine in Bewegung zu setzen, wodurch er seine Goldhaufen mehrt und Tausende seiner von Gott erschaffenen Brüder von der Gottähnlichkeit entfernt«.[180] Während der Befreiungskriege ist auch sie von der nationalen Aufbruchsstimmung mitgerissen worden. Es ist für sie ein »heiliger Krieg«, den Habsburg, Preußen und Rußland gegen die französischen Freidenker führen. Das ständische Ancien régime und die egalitäre französische Nation stehen sich bei Waterloo in Dorotheas Sicht wie Gut und Böse gegenüber: »So werden wir doch mit Gottes Hülfe endlich von dem Gespenst dieser sogenannten *Nation* befreit werden und wir einsehen lernen, dass eine *Menge* ohne Respect für Herkommen, für eingebornes, mitgebornes Gesetz und Gesetzlichkeit, ohne Beschränkung, ohne Gehorsam, ohne Ergebung und ohne Glauben an die göttliche Weltordnung, dass ein solches losgewordenes, nur in seiner Willkür lebendes, nie gleichmässig fortschreitendes, sondern unaufhörlich nur immer im tumultuarischen Uebesichgreifen umhergetriebenes Volk *keine Nation* ist. Es lebe Wahrheit und Ordnung!«[181]

Dennoch ist in Dorotheas Unterwerfung unter den genialen Mann und die absolute göttliche Ordnung ihre Zielstrebigkeit und Kompromißlosigkeit kaum zu übersehen. Sie erreicht fast alles, was sie will. Ihren Friedrich hat sie bekommen und lange Zeit alimentiert, zu ihr kommt er stets zurück. Und sie erreicht schließlich, innerhalb von nur zwei Jahren, inmitten der Kriegsturbulenzen und gegen den Widerstand Simon Veits, die gewünschte Taufe ihrer Söhne.

Mit ihren existentiellen Wagnissen und Kehrtwendungen, ihrem weltanschaulichen Extremismus ist Dorothea, die Älteste der Geschwister, zur radikalen Außenseiterin der Familie, zur anderen Mendelssohn geworden. Die ideologische Sturzfahrt von der universalen Aufklärung zur patriotischen Spätromantik erfährt von den Kindern Moses Mendelssohns niemand so rasant wie sie. Zur feministischen Heiligen taugt sie zwar kaum, doch hat sie weibliche Rollenvorgaben ihrer Zeit deutlicher als jede ihrer Verwandten unterlaufen. Auch die fromme Dorothea reist noch furchtlos und allein durch wilde Alpenregionen. Auf einer solchen Fahrt verfolgt sie vergnügt das Gespräch böhmischer Juden, die sie für eine Spanierin halten: »Es war zum Todtlachen, und dazu musste ich mich stellen, als verstände ich ihren Jargon nicht!«[182]

»Judenspektakel etc.«

Sie kokettiert bisweilen mit ihrem »asiatischen Ursprung«[183], der antijüdische Selbsthaß wird mitfühlend ins Missionarische transformiert: »So z. B. versteh ich erst jetzt recht die Erscheinung des Heilandes, wie die verderbten, zu Grunde sinkenden Juden einen Erlöser von den übermüthigen Heiden hofften, und er verderbt wie sie waren nicht rathsam fand sie frei zu machen, sondern darauf drang daß sie die innere Freiheit erlangten«,[184] schreibt sie im Juli 1809 an den Schwager August Wilhelm – und bleibt bei dieser Position, als zehn Jahre später Meldungen über Pogrome jenseits der Alpen zu ihr nach Italien dringen: »Ueber alle die Geschichten im armen Deutschland, den Judenspektakel etc. habe ich eine solche tiefe Traurigkeit in meiner Seele, daß ich es nicht mit Worten beschreiben kann. Alle heiligen alten Geschichten, die Prophezeiungen, das Harren und die Trauer um die Verblendung des Volkes und der Fürsten [...].« Gerade lese sie die Psalm-Verse: »Rache zu vollziehen an den Heiden / Strafgerichte unter den Völkern: Könige zu legen in Ketten, / Fürsten in eiserne Fesseln: Gericht zu halten über sie, wie geschrieben steht«:[185] Es komme ihr vor, »als geschähe das jetzt«.[186]

Mit ihrer Einstellung zum Judentum vertritt Dorothea in einem Land, in dem Juden gesetzlich diskriminiert und judenfeindliche Äußerungen gesellschaftsfähig sind, eine weitverbreitete, eher gemäßigte Position. Auch im Bekanntenkreis der Mendelssohns finden sich antijüdische Ansichten. Die Brüder Humboldt etwa sind der Familie seit Moses' Zeiten, seit Dorotheas »Tugendbund« freundschaftlich verbunden. Während Alexander, dessen Forschungen von Joseph und Abraham großzügig unterstützt werden, den Mendelssohn-Geschwistern unbedingte Loyalität und herzliche Anteilnahme beweist, bleibt der Staatsmann Wilhelm, der hilft, wenn Not am Mann ist, reserviert. Die Lebensumstände der Mendelssohns interessieren ihn nicht, er vergißt mitunter ihre Namen, macht aber bei Gelegenheit seine Aufwartung: »Ich habe sie in Paris besucht, wie ich die Jugendbekanntschaften und die Juden nie verlasse«, schreibt er 1816 aus Frankfurt am Main seiner Frau.[187] Doch eigentlich liebe er »nur die Juden *en masse, en détail* gehe ich ihnen sehr aus dem Wege«.[188] Seine Frau Caroline wiederum verurteilt die Liberalität ihres Mannes: Man verleihe den Juden Bürgerrechte, »und das einzige, wozu sie sich derer bedienen, ist das Schachern und Handeln usw«.[189] Juden seien bereits Patronatsherren von Christen und Kirchen! Die Masse des Vermögens, ja »das Vermögen des Staats ist größtenteils in ihren Händen, hier in Berlin ist es sehr auffallend, wie jetzt, wo ein großer Häuserverkauf wieder stattfindet, unter vieren gewiß drei von Juden aquiriert werden«. In Berlin besäßen sie schon ein Drittel der Häuser, noch dazu die besten. »Wenn ich was zu sagen hätte, ich ließe sie drei Generationen lang nicht handeln und alle zwanzigjährigen Jünglinge [...] wären Soldaten, da wollte ich wetten, daß in 50 Jahren die Juden als Juden vertilgt wären. Und daß das nicht ein Gewinn für die Menschheit wäre, lasse ich mir nicht ausreden, die Juden in ihrer Gesunkenheit, […] ihrem angeborenen Mangel an Muth, der von diesem Schachergeist herrührt, sind ein Flecken der Menschheit.«[190] Es ist dieselbe Caroline, die zwei Jahre zuvor an die Juwelierstochter Rahel Robert, ehemals Levin, geschrieben hat, Dorothea Schlegel sei in Wien nahezu der einzige Mensch, von dem sie sich geliebt fühle.

Dorotheas religiöse, mit christlichem Antijudaismus grundierte Ansichten belasten ihre Beziehung zu den jüdischen und zu den protestantisch konvertierten Geschwistern zusätzlich. Gelockert hatte sich der familiäre Zusammenhalt bald nach dem Tod des Vaters mit der Zerstreuung der Familie zwischen Berlin, Strelitz, Hamburg, Wien und Paris ohnehin. Noch zu Beginn der 1790er Jahre hatte sich Joseph um die Berliner Familienmitglieder (Nathan und Recha lebten zu dieser Zeit mit der Mutter in Strelitz) gesorgt. Das Familienzentrum verlagert sich im ersten Jahrzehnt des 19. Jahrhunderts nach Hamburg und Altona, an den Wohnort der Mutter. Mit der Flucht Josephs und Abrahams aus Hamburg nach Berlin im Jahr 1811 beginnt eine Heimkehrbewegung, der Recha, Henriette und Nathan in den nächsten Jahren und Jahrzehnten folgen. Die briefliche Kommunikation tritt in ihrer Bedeutung bald zurück, die Familie trifft sich nun regelmäßig in den Wohnungen Josephs und Abrahams. Nur Dorothea ist von diesen Zusammenkünften ausgeschlossen: Sie bleibt ihrer Heimatstadt fern, der ideologische Graben zwischen den Geschwistern scheint zu tief, die alten Zerwürfnisse sind zu groß. Eine vorsichtige Annäherung zeichnet sich in den 1820er Jahren ab, in Briefen Dorotheas und wohlwollenden Antworten Josephs. Die Dissidentin zeigt wieder Interesse am Leben der Berliner Verwandtschaft – und an deren Seelenheil: Das Thema ist präsent und macht nervös, auch wo sie es nicht anspricht.

Die Umarmung

Mit dem Tod Friedrich Schlegels im Januar 1829 beginnt ein neues Kapitel der geschwisterlichen Beziehungen. Die Abneigung gegen den zuletzt ziemlich verfetteten Lebemann von Schlegel, den die Mendelssohns der Schmarotzerei verdächtigten, hatte die Verbindung zusätzlich kompliziert. Nun ist der unliebsame Schwager in Dresden verschieden; nicht direkt an einer Gänseleber, wie Spötter kolportieren, sondern am Schlaganfall. Seine Freunde überlegen, wie sie dem frühen Schlegel, nicht dem späten, ein Denkmal setzen sollen: ein Schicksal, das auch seiner Frau bevorstehen wird, die nun, bestürzt und mittellos, seine Schulden übernehmen und seine Werke herausgeben will – eine typische Dorothea-Idee. Für die Reise zu ihrem Sohn und zur Aufstokkung ihrer Pension erhält die Witwe von den Brüdern Unterstützung. Nachdem Recha und Jette 1831 gestorben sind, rücken die vier überlebenden Geschwister etwas enger zusammen. Auf Josephs Gut in Horchheim und in Frankfurt, an Dorotheas Wohnort, treffen sich Schwester und Bruder nun regelmäßig; einmal kommt auch Abraham dazu. In Briefen und Gesprächen teilt man sich Todesfälle, Familienfreuden und Krankheiten – das Beinleiden und den Husten – mit, spricht über weibliche Handarbeiten, Geschäftliches, Kindheitserinnerungen. Die Geschwister blicken nach vorn und zurück: »Die Ähnlichkeit zwischen Philipp und dem kleinen Hensel – wie heißt er denn mit Vornamen – ist recht merkwürdig, ich halte es für einen Mendelssohn-Stempel; die meisten Kinder von Philipp haben auch dunkelbraune Augen und hellblondes Haar.«[191] Wenn Dorothea der Nichte Rebecka die Leviten liest, da diese über die geplatzte Verlobung der Verwandten Marianne Saaling mit dem Witwer Varnhagen tratscht, klingt zwischen den Zeilen eigene leidvolle Erfahrung an: »Man geht ja ganz grausam in Berlin mit ihr um, warum das? Mich dünkt, wenn sie wirklich die Schwachheit gehabt hat, aus *Eitelkeit* sich von einem Anfall fremder Leidenschaftlichkeit hinreißen zu lassen, so ist sie bestraft genug, und die Entschlossenheit, womit sie abbrach, sobald sie zur bessern Einsicht erwachte, sollte ihr doch das Urteil ihrer Zeitgenossen eher versöhnen [...]. Ist es nicht vielleicht doch möglich, daß sie sich immer [...] nach einem *glücklichen* Los gesehnt hat, daß sie in dieser, immer noch nicht erstorbenen Sehnsucht sich zu einem falschen Schritt hinreißen ließ, in welchem sie irrthümlich die Gewährung ihres Wunsches ahndete?«[192]

Ihre Frömmigkeit gibt ihr den Lebenssinn. Ihren Selbstzweifel verwandelt sie mit bewundernswerter Energie in Vitalität. Die katholische Weltanschauung entdeckt sie als das System der Synthese, in dem abgebrochene Lebensentwürfe aufgehoben sind: Es ist auch das ideologische Konzept zur erlösenden Umarmung ihrer Verwandten. Die Versöhnung mit den Geschwistern ist so einigermaßen gelungen. Doch den nachgeborenen Mendelssohns wird die Abtrünnige, trotz ihrer literarischen Prominenz, suspekt bleiben. »Nicht gedacht soll ihrer werden« heißt es noch zwei Generationen später.[193] Der Lebensmaxime des Vaters und dem Tenor der Ringparabel, Toleranz zu üben, können die Kinder nur schwer folgen; die katholischen Mendelssohns bleiben der Nachwelt weitgehend unbekannt. Selbst die 1972 begonnenen, inzwischen dreizehnbändigen, von vielen Nachkommen mitgetragenen Mendelssohn-Studien haben bislang keinen Beitrag der eifrigen Frankfurter Katholikin gewidmet, die am 3. August 1839, im Alter von 74 Jahren, starb: der Jüdin, die Lucinde war.

Der Zweifler

Am 28. September 1835, sechs Wochen vor Abrahams Tod, schreibt Dorothea Friederike von Schlegel an ihren Bruder und dessen Frau Lea in Berlin einen etwas nichtssagenden Brief: über die Folgen einer Grippeerkrankung, Felix' Umzug nach Leipzig, über den Besuch zweier Enkel Josephs. Das harmlose Schreiben klingt, gemessen an Dorotheas Kapazitäten, vorsichtig. Ihre bislang gestörte Beziehung zu dem mittleren Bruder erlebt erst seit kurzem eine positive Wendung. Sie bemüht sich um Artigkeiten, will nichts falsch machen. Den Teufel wird sie tun, schon jetzt die Gretchenfrage anzuschneiden, obwohl ihr ein solcher Briefwechsel mit Joseph bereits gelungen ist. Aber Abraham ist in religiösen Fragen ein harter Brocken.

Er ist kein Tabubrecher, kein Bekenner. Woher sein Vater, aller Vernunft zum Trotz, die eigene Glaubensgewißheit nahm, hat er dem Sohn nicht mehr verraten können. Natürlich könnte er die Gottesbeweise des Moses in den *Morgenstunden* nachlesen, das würde seine Zweifel nicht vertreiben. Er ist keiner, der sich auf die Existenz eines Gottes festlegen möchte. An Religion interessiert ihn, im Sinne der Aufklärung, das moralische Prinzip. Der Drang frommer Leute zum transzendenten Du ist ihm unheimlich. Er ist eben auch Einzelgänger.

Sein Schwiegersohn Wilhelm Hensel, der Beinahe-Katholik mit der superkatholischen Schwester, ist da schon von anderem Format. Der Pastorensohn glaubt so fest an die Trinität wie an den König. Unter den Bildern seines Nachlasses befindet sich auch die Kopie eines Gemäldes des italienischen Malers Guercino von etwa 1620: die Begegnung des ungläubigen Thomas mit dem Auferstandenen. Vielleicht hat Abraham dieses Bild gekannt. Der zweifelnde Apostel hält mit der linken Hand seine rote Toga zusammen. Die Rechte wagt sich tastend vor zu einem kaum erkennbaren Wundmal am Brustkorb des Erlösers. Vernunft und Erscheinung vertragen sich nicht. »Glauben«, hatte Dorothea geschrieben, »ist Stand der Kindheit oder der Natur; Verstehen oder Ueberzeugung die höchste Bildung; zwischen beiden steht der Zweifel.«

Er wagt sich vor, bringt Gedanken und Erfahrung nicht zusammen. Abraham, der getaufte Agnostiker, der indifferent Gläubige, steckt mit Kopf und Herz im Zwiespalt der Moderne.

Drittes Kapitel
Der Sohn meines Vaters

Abraham Mendelssohn Bartholdy oder die Schwierigkeit, ein Mendelssohn zu sein

Sein letzter Auftritt vor den Verächtern der Tradition eskaliert in einem peinlichen Zweipersonenstück mit unsichtbarem Chor. Pietät, Starrsinn, unerklärliche Emotionsaufwallung, verschwommene Kindheitserinnerung: Er wird nicht mehr viel Zeit haben, um herauszufinden, was ihn da umgetrieben hat. Er ist ein Mann von Welt, der eigentlich auf Konventionen hält. Jetzt hat er seinem Hausfreund eine Szene gemacht. Dabei ist Abraham Mendelssohn Bartholdy fast blind; unter den Briefen, die er in den vergangenen Monaten zu signieren versuchte, stand nur noch ein geschmiertes Kürzel. Von der Erscheinung des selbstbewußten Besuchers, der sich an diesem Berliner Novemberabend mit ihm in seinem Haus Leipziger Str. 3 über das Junge Deutschland unterhält, kann der Hausherr nicht mehr viel erkennen.

Der Gast, ein Adliger, der 1819 wegen seiner liberalen Gesinnung aus dem diplomatischen Dienst entlassen wurde, hat ihn provoziert. In dem Gespräch über neue Literatur verteidigt er zwei umstrittene Autoren und weist darauf hin, daß sogar ein Lessing zu Lebzeiten angefeindet wurde. In diesem Moment gerät der bis dahin gutgelaunte Gastgeber außer sich. Es war ein Abend der angeregten Gespräche mit vertrauten Besuchern, gescheiten Gesprächspartnern. Man war schon dabei, freundlich auseinanderzugehen. Nun schlagen die beiden alten Freunde mit Argumenten aufeinander ein, ohne die Motive des anderen zu verstehen. Den unsichtbaren Chor auf dieser Bühne der literarischen Gesinnungsprüfung geben zwei lebende und zwei tote Autoren.

Die beiden lebenden heißen Karl Gutzkow und Heinrich Laube. Ihre berüchtigten Namen – »die beiden energischsten

Naturen des Jungen Deutschlands« [1] wird man sie einmal nennen – hat der Gast, Karl August Varnhagen von Ense, als Beispiel für verkannte Talente angeführt. Er selbst ist eine Dissidentennatur, aber kein Rebell; erst postum werden seine Freund und Feind kompromittierenden Tagebücher erscheinen. Für Varnhagen verkörpern Gutzkow und Laube den Protest gegen die politische Restauration: Vor zwei Tagen, am 14. November 1835, sind alle ihre bisher erschienenen und künftigen Schriften in Preußen verboten worden. Gutzkows Roman *Wally die Zweiflerin* hat in den vergangenen Monaten mit seiner Blasphemie und Amoralität die Bürger entrüstet und die Berliner Zensoren herausgefordert. Bereits im April war ein Buch, für das Gutzkow ein kühnes Vorwort geschrieben hatte, auf den Index gesetzt worden – Friedrich Schleiermachers *Vertraute Briefe über Schlegels Lucinde*. Auf Konfrontation ist dieser Gutzkow offenbar spezialisiert.

Auch Heinrich Laube, wie sein Mitstreiter Gutzkow Herausgeber politischer Zeitschriften und wegen seiner Burschenschaftszugehörigkeit exmatrikuliert, gilt als führender Kopf der literarischen Jungen Wilden. Laube ist 29, Gutzkow 24. Zu diesen Aufrührern fühlt sich ihr 50jähriger Förderer Varnhagen hingezogen. Abraham Mendelssohn Bartholdy ist von ihnen abgestoßen.

Ein Moses ohne Judentum

Die beiden toten Autoren im Chor dieser Szene am 16. November 1835 sind Abrahams Vater und dessen Freund: Als der Name Lessings fällt, gerät Abraham außer sich. Lessing! Abraham selbst hat diesen Aufklärer, den emanzipierte Juden und gerade die Mendelssohns als Vordenker der Toleranz verehren, nicht gekannt. Aber er weiß, wieviel die Verbundenheit mit diesem leidenschaftlichen Freigeist seinem Vater bedeutet hat. Und er weiß, daß sein Vater – verletzt durch die Angriffe auf seine Freundschaft mit dem Dramatiker – im Eifer des publizistischen Verteidigungsgefechts krank geworden und gestorben ist, erkältet auf dem winterlichen Weg zu seinem Verleger: So jedenfalls werden die Ereignisse in seiner Familie gedeutet.

Doch über Abrahams Erinnerungen an den eigenen Vater liegt ein Schleier der Kälte. Er vermag die emanzipatorische Pionierleistung des Mannes, der seinen jüdischen Zeitgenossen den Weg aus dem Ghetto in die Moderne wies, sachlich zu würdigen, doch der Glaube dieses gesetzestreuen Juden ist für ihn eine überholte Erscheinung – und ein Problem. Je verhaltener er sich über den Vater und dessen Lebenswerk äußert, um so emphatischer singt er, wo immer die Gelegenheit sich bietet, ein Loblied auf die Werke Lessings und den Glanz ihres Verfassers. Lessing ist für ihn die große Vaterfigur, ein Moses ohne Judentum, die unanfechtbare Lichtgestalt einer Aufklärung, die ohne Einschränkung zur Identifikation einlädt. Vor ihm verblassen die blamablen intellektuellen Rabauken der Gegenwart.

Da stehen sie im Ring: Moses Mendelssohn alias Gotthold Ephraim Lessing contra Gutzkow und Laube mit ihrem Fürsprecher Varnhagen. Mittendrin, auf dieser Drehbühne öffentlich verhandelter Ideologien, zwischen den sichtbaren und unsichtbaren Kontrahenten, den lebenden und den toten Mitspielern, sitzt in seinem Berliner Wohnzimmer, Leipziger Straße 3, Abraham Mendelssohn Bartholdy. Er sieht Umrisse, Schatten, Licht. Er, der die Tradition seines Vaters verlassen hat, behauptet sich als Verteidiger der alten gegen die neue Avantgarde. Er setzt sich als treuer Sohn in Szene und interpretiert dafür den Vater auf seine Art; schlägt sich als vermeintlich bedingungslos loyaler Sohn auf die Seite Lessings. Dem kann keiner das Wasser reichen; ein Gutzkow, ein Laube schon gar nicht!

Drei Tage nach dem Streit mit Varnhagen stirbt Abraham Mendelssohn Bartholdy im Alter von 58 Jahren. Auf seinem Schreibpult liegt das letzte von seinem Sekretär aufgenommene Diktat, adressiert an Varnhagen, ein Entschuldigungsbrief, der keiner ist. Am Anfang steht ein gewundener Satz, dessen Syntax die Seelenverfassung eines Sohnes spiegelt, der durch einen Disput über Literatur und Politik plötzlich in Bekenntnisnot geraten ist – und seinem ahnungslosen Gegenüber die verquere Beziehung zum eigenen Vater offenbaren muß: »Wenn Sie, hochgeehrter Herr und Freund, erwägen, daß Lessing während eines großen Teils seines Lebens der vertrauteste Freund meines Vaters war, und von diesem innigst geliebt und wahrhaft verehrt worden, daß Lessing den Nathan, die Emilia Galotti, die Erziehung des Menschengeschlechts, den Laokoon, die Dramaturgie (welcher Deutschland mehr schuldig geworden, als allen seitdem geschriebenen Theaterkritiken und Feuilletons zusammengenommen, nämlich die Kenntnis Shakespeares) geschrieben, daß er ohne Widerrede ein profunder Gelehrter war, daß fast aus jeder Zeile in seinen Werken der klarste Verstand mit dem tiefsten Gemüt vereinigt, hervorgeht, so werden Sie es um so freundlicher entschuldigen, daß ich grüßend seine Verteidigung vielleicht etwas zu lebhaft gegen Sie geführt habe.«[2] Das ist schon beinahe eine Entschuldigung, die der nächste Bandwurmsatz gleich wieder relativiert: »Ich war überrascht, ich kann es auch heute noch nicht leugnen, Sie, den ich so oft mit der wärmsten Verehrung von Lessing und seinen Werken, besonders vom Nathan, und besonders von der daraus hervorleuchtenden Gesinnung sprechen gehört habe, nun eben diesen Mann, der die Wahrheit so hoch verehrte, daß er sie für Gott allein geeignet glaubt und für sich nur das ewige Streben danach, kurz, diese Sonne, in welcher man durch schwarze Gläser wohl Flecken auffinden kann, mit Leuten zusammenstellen hören muß, welche bis jetzt nur Flecken gezeigt haben, hinter denen allerdings Niemanden versagt ist, eine Sonne zu ahnen.« Mit »diesen Leuten«, das wird Varnhagen – dem die Mendelssohn Bartholdys den Brief zukommen lassen – später an den Rand schreiben, seien Gutzkow und Laube gemeint.

Noch am Tag nach dem Verlust seiner Contenance hat sich Abraham nicht im Griff. In seinem Diktat fährt er fort, Varnhagen subtil zu beleidigen: Der Gast – immerhin ein enger Freund der Familie – habe sich wohl nur deshalb zu seiner ungeheuerlichen Herabsetzung Lessings hinreißen lassen, weil er diesen jungen Dichtern persönlich nahestehe! Dann bricht der Brief ab. Zwei Tage vor seinem Tod vermag der Stadtrat Mendelssohn Bartholdy den inneren Widerstreit zwischen gesellschaftlicher Konvention und persönlicher Aufgewühltheit nicht mehr unter Kontrolle zu bringen. Sein finaler Schlagabtausch über Dichtung und Wahrheit, Kanon und Autorität im Schatten der Restauration kreist um eine Metapher von metaphysischer Eindringlichkeit: die Sonne und ihre schwarzen Flecken. Die Öffentlichkeit, in der sich solche Gedanken formulieren lassen, ist nicht das rationale Forum des aufgeklärten Pluralismus, sondern die große Oper der Grenzfragen, das Theater der letzten Dinge.

Die Suche nach dem Selbstverständnis

Zu der bürgerlichen Öffentlichkeit, die sich im Rahmen literarischer, geselliger und politischer Foren zu seinen Lebzeiten etabliert, hat der mittlere Sohn Moses Mendelssohns ein eher zwiespältiges Verhältnis. Dabei verkehrt er korrekt und formvollendet mit städtischen und staatlichen Behörden; beantragt 1797 für seine erste Frankreichreise einen Paß und legt 1805, nach seiner Einheirat in die durch königliches Generalprivileg naturalisierte Familie des Hofbankiers Daniel Itzig, seinen Bürgereid ab – unter »Beobachtung der Gebräuche seiner Religion«. Zugleich vertritt er gegenüber dem preußischen Staat selbstbewußt die Interessen des mit dem Bruder Joseph gemeinsam geführten Bankhauses und zahlt während der Befreiungskriege zwar die geforderten Zwangsanleihen, setzt bei deren Berechnung allerdings – das Risiko von Bußgeldern einkalkulierend – die Taxierung des eigenen Vermögens deutlich niedriger an als die Behörden. Ob zwischen 1805 und 1811 als preußische Bankiers im französisch besetzten Hamburg oder 1813, kurz vor der Kriegserklärung Preußens an Frankreich, als Akteure eines antifranzösischen Waffengeschäftes mit Österreich – den Mendelssohn-Bankiers gelingt es, Staatsräson und eigene Rendite zu kombinieren.

Zugleich distanziert sich Abraham von den patriotischen Modebewegungen, denen es 1813, im Jahr des europäischen Aufstands gegen Napoleon, plötzlich allerorten um »die Sache

Deutschlands« zu gehen scheint. Wie viele engagierte Berliner Bürger stattet er in diesem Jahr Kriegsfreiwillige aus. Doch wenn auf einmal alle »die Sache Deutschlands« propagieren, wachse bei ihm wieder Skepsis, schreibt Abraham im Frühjahr 1814 an seine Jugendfreundin Rahel Varnhagen, der er wenige Monate zuvor noch in Prag bei der Versorgung verwundeter Soldaten mit Spenden und finanziellen Transaktionen beigestanden hat.

Ein Teil seiner Persönlichkeit wehrt sich dagegen, die Meinung der Masse zu teilen, dennoch verspottet ihn seine Schwester Henriette als Opportunisten: Seine republikanischen Interessen verdränge der Bruder schnell, sobald er sich durch den Besuch eines hohen Adligen in den eigenen vier Wänden persönlich geehrt fühle.

In seinem letzten Lebensjahrzehnt, von 1825 bis 1835, übt Abraham Mendelssohn Bartholdy schließlich doch noch ein öffentliches Ehrenamt aus – als unbesoldeter Stadtrat. Dieses vor allem dem Berliner Armenwesen gewidmete Engagement nimmt er sehr ernst, entzieht sich aber möglichst offiziellen Auftritten und Repräsentationspflichten. Sein Schwanken zwischen gesellschaftlicher Mitwirkung und skeptischer Verweigerung ist untergründig von einer problematischen Identitätssuche bestimmt. Darin ähnelt er anderen, künftigen Mendelssohns: Bei aller Verschiedenheit zieht sich die Loyalität zum preußischen Staat wie ein roter Faden durch die Biographien der zweiten und der dritten Generation, die aber meistens mit dem Überlebensreflex vorsichtiger Zurückhaltung verbunden ist. Die Erinnerung an Diskriminierung und Rechtsunsicherheit hat dabei eine Rolle gespielt.

Die Bühne der Kunst

»Für meine Überzeugungen bin ich bereit, bis zum Scheiterhaufen zu gehen – exklusive«:[3] Dieses Voltaire zugeschriebene Bonmot soll Abraham Mendelssohn Bartholdy gern zitiert haben. Das rebellische Element kann sich in der Familie nicht durchsetzen, wohl aber wird die Suche nach einem Gleichgewicht zwischen Bürgertreue und Distanz von der Macht den meisten Bankiers und Gelehrten, manchmal auch den Künstlern der Familie, wichtig sein. Dabei zeigt sich gerade unter Abrahams Nachkommen patriotisches Selbstbewußtsein eher gebrochen, in angestrengten Akten öffentlicher Selbstbehauptung. Auch der familieninterne Streit um die Nobilitierung der Nachfahren des Juden Moses Mendelssohn wird vor allem unter *seinen* Enkeln ausgetragen. Die Kindheitserfahrung als Zwischensohn, seine Sozialisation zwischen Emanzipation und Reaktion, seine Zerrissenheit zwischen Herkunft und Anpassung werden seinen Umgang mit der Außenwelt entscheidend motivieren – und behindern. Folgenreicher als sein älterer Bruder hat Abraham eigene Lektionen über die Notwendigkeit privater Schutzräume und die Risiken öffentlicher Auftritte an seine Kinder weitergegeben.

Alle hatten sie Gründe, nicht im Rampenlicht stehen zu wollen. Wer der Diskriminierung entkommen ist, will nie wieder Spießruten laufen. Aber einer hat die traditionelle Mendelssohn-Vorsicht irgendwann nicht mehr nötig gehabt. Er wird der Star, dem die Öffentlichkeit zu Füßen liegt wie keinem Mendelssohn zuvor und danach. Die Familie liebt ihn abgöttisch, die Frauen himmeln ihn an, das Konzertpublikum applaudiert enthusiastisch – dem Sohn, dem Künstler. Die Sonntagsmusiken der Familie – zunächst in der Alten Kommandantenstraße 7, später in der Leipziger Straße 3 – waren ein glänzendes Podium der kleinen Residenzstadt Berlin: Hier inszenierte der Künstlervater Abraham für seine Wunderkinder eine wohlwollende Öffentlichkeit im Schutzraum des Salons. Die private Bühne wird zum Sprungbrett in den Olymp.

Sein Sohn ein Unsterblicher – Felix, der Glückliche.

Ihm hat der Vater einmal geschrieben, daß Kunst und Leben sich durchdringen sollen: »So wenig der Mensch mit dem kein andrer etwas zu thun haben will, der sich gezwungen freiwillig in die Einsamkeit zurückzieht, seinen Lebensberuf erfüllt hat, so wenig der Künstler seinen Kunstberuf, der nicht auch seiner Zeit wünschte [daß er] von ihr erkannt würde. Kunst ist Leben, u.

Leben ist Kunst, beide müßen sich tragen u. durchdringen, sie müßten in guter Ehe leben, das Coelibat taugt für beide Nichts.«[4] Die Kunst war sein erster Traum vom Leben.

1796 fand der 19jährige Abraham in der Berliner Singakademie die Bretter, auf denen man am besten der Welt entgegentritt – für den Sieg des Guten, Wahren, Schönen. Damals verschwanden unter dem Glanz der Ideale die drückenden Fragen seines persönlichen Woher und Wohin. Sein erster Auftritt vor der Stadt, in der er geboren wurde, war Gesang, seine Botschaft Musik, seine Hoffnung die Kunst. Damals wäre er gern Künstler geworden. Mit dem Erfolg seines Felix beginnen sich drei Jahrzehnte später seine Jugendträume auf andere Art zu verwirklichen. Der Triumph des Sohnes wird seine größte öffentliche Anerkennung.

Der Seelenhüpfige

Der Lebenslauf Abraham Mendelssohn Bartholdys beginnt und endet in Berlin. Im Paris der eben überstandenen revolutionären Terrorherrschaft lernt der Zwanzigjährige den Bankiersberuf. Sieben Jahre später wird er an der Seite seines Bruders Joseph Teilhaber der Mendelssohn-Bankhäuser in Berlin und Hamburg und heiratet eine reiche Enkelin Daniel Itzigs. Weitere sieben Jahre später verläßt er Hamburg – wo seine Kinder Fanny, Felix und Rebecka geboren wurden und wo verbotene, profitable Geschäfte während der französischen Kontinentalsperre zu machen waren – Hals über Kopf auf der Flucht vor Napoleons Zollbehörden. Anfang der 1820er Jahre macht er sich als Finanzmakler selbständig. Als Stadtrat und als Gastgeber der von Fanny und Felix geprägten Sonntagsmatineen wird er zu einer angesehenen Persönlichkeit der hauptstädtischen Biedermeier-Gesellschaft. Pleiten wichtiger Geschäftspartner und Gesundheitsprobleme überschatten seinen letzten Lebensabschnitt in der ersten Hälfte der 1830er Jahre.

Dramatisiert wird die unspektakuläre Kaufmannsbiographie durch die Erfahrung politischer Umbrüche – und durch Abrahams

Auseinandersetzung mit Fragen seiner Herkunft und seiner Identität. Im Paris post Robespierre wird er in den Vergnügungsrausch der Überlebenden hineingezogen und von der politischen Verführbarkeit der Bürger, die ihrer Freiheit nicht gewachsen sind, abgestoßen. Nach dem Wiener Kongreß plant er, das Deutschland der wiederkehrenden Pogrome für immer zu verlassen. Er ist ein Preuße, der im Laufe seines Lebens oft zweifelt, ob es nicht besser wäre, Franzose zu sein oder wenigstens ein Preuße in Paris.

Im Wandel der Zeiten ist er selbst rastlos unterwegs. Nur ein Drittel seiner 59 Jahre verbringt er – nach Abzug der 14 Jahre in Paris und Hamburg sowie zahlreicher Geschäfts-, Erholungs- und Familienreisen – in Berlin. In Metz, Weimar, Düsseldorf, Frankfurt, Prag und London, seiner faszinierenden letzten Entdeckung, macht er Station und immer wieder in Paris. Es treibt ihn zum Aufbruch; wenn er hier ist, wünscht er dort zu sein, möglichst schnell. Zum Reisen nutzt er auch die Nächte, strapaziert aufs äußerste Wagen und Pferde. Unzufriedenheit und Neugier lassen ihn, den seine Frau »seelenhüpfig« [5] nennt, selten zur Ruhe kommen.

Die Schweizerreise

Die »programmatischste« unter seinen Exkursionen ist die Schweizerreise der Familie 1822. Von solch einer Bildungstournee mit der ganzen Familie hat man bei Leuten, die ein wohlhabendes, aber kein feudales Leben führen, bislang noch nicht gehört. Ein Geschäftsmann nimmt sich fünf Monate Zeit, um seinen vier Kindern, seiner Frau, dem Hauslehrer, einem Arzt, etlichen Dienstboten und sich selbst die herrlichste Natur zu zeigen! Es geht um Horizont-Erweiterung. Um den Aufbruch in den nächsten Lebensabschnitt: der hochbegabten Kinder, der konvertierenden Eltern, des Vaters, der sich von seinem Kompagnon, dem Bruder Joseph, trennt. Es geht um Ablenkung für Lea, die Wochen zuvor ihr fünftes Kind geboren hat und begraben mußte. Es geht um die Reise ins anderswo, um ein Ritual des Übergangs.

Zur Reisegesellschaft stoßen in Frankfurt am Main Leas Cousinen Julie und Marianne Saaling. Man startet am 6. Juli und ist Mitte Oktober wieder in Berlin. Die Route geht über Stuttgart, das Rheintal, Konstanz und Mainau, durch den Kanton St. Gallen bis nach Appenzell; über Zürich nach Glarus, in das Linthal und über den Zuger See nach Küßnacht zu Tells Kapelle; man fährt mit dem Schiff nach Art, steigt von den Ruinen des 16 Jahre zuvor durch einen Bergsturz zerstörten Goldau hinauf zum Rigi. Per Schiff nach Luzern, nach Fluelen und Altdorf, auf dem Pferd durch das Reußtal, das Teufelstal und die Teufelsbrücke Richtung Gotthard. Durch das Urner Loch in das Ursnertal, mit dem Schiff zu Tells Platte, nach Grütli und Luzern. Schließlich nach Bern und Interlaken, über die Wengeralp ins Haslital, an den Genfer See nach Vevey und Chamonix. Bergsteigen, Übernachtungen, Mahlzeiten, Gelächter und Unterhaltung, Abendrot, Panorama, Eingeborene, Fauna und Flora, Gipfel, Grünflächen, Gewässer, Folklore, *Sightseeing*, Geschichte und Kunstgeschichte. Rund 4 854 Kilometer.

Seit drei Jahren wohnt die Familie im Haus der Mutter und Großmutter an der Alten Kommandantenstraße nahe dem Kupfergraben in beengten Verhältnissen. Nun schwärmen Lea, Fanny und Felix in ihren Briefen nach Deutschland und Paris von den grandiosen Natureindrücken. Wo sie Abraham erwähnen, kommt das Abtrainieren seines »ollen Bauches« zur Sprache, seine »ganze holde Peripherie« sei geschwunden. Lea rühmt das »Wunderland« und konzediert, »daß es mich mit meinem Erbfeinde, u. mit der Erbsünde meines Gemahls, dem Reisen aussöhnt«.[6] In ihren Berichten an die Schwägerin Henriette erscheint Abraham als angespannter Conférencier, der zwischen Empfindsamkeit und innerer Abschottung schwankt. Er, »der an allem, auch an Wiesen u. Felsen die unrechte, das heißt, die politische Seite herauskehrt, erfreut sich neben dem Romantischen meistens am *Negativen*: die *Abwesenheit* der Höfe, Minister, der Anleihen u. stehenden Armeen beglückt ihn, u. wenn wir bei Idealen der Natur u. Kultur gar nicht an Rothschildiana denken, so fallen sie ihm als abgedankten banquier treulich ein«.

Losgelöst von Berliner Alltagsverpflichtungen, erfährt der Kaufmann ein neues Lebensgefühl. Vor sechs Jahren, bei der Taufe ihrer Kinder, haben Abraham und Lea bestimmt, daß diese später einmal den Namen Bartholdy annehmen und ihren jüdischen Namen ablegen oder ihn zumindest durch den Zusatz neutralisieren sollen. Als die Familie im Juli 1822 zu ihrer Reise aufbricht, ist die Taufe der Eltern, die dem Namenswechsel vorausgehen muß, für die Rückreise geplant. Schon zu Beginn der Fahrt unterschreibt Lea einen Brief und später auch im Stammbuch des Hauslehrers Heyse mit ihrem künftigen Doppelnamen, während Felix im selben Album noch mit Mendelssohn signiert. Kurz vor der Erlangung des christlichen Bürgerbriefes inszeniert Abraham die Schweizerreise als große Fahrt, mit der seine Auswanderungspläne und Wanderjahre ein Ende haben sollen.

Er ist das Zwischenkind unter den Mendelssohn-Geschwistern – zwischen alter und neuer Zeit, zwischen den Religionen, zwischen den Schauplätzen. Seine Geschwister nennen ihn Heraklit, nach dem Philosophen des »Alles fließt«; im Gegensatz zu dem ältesten Bruder Joseph, den sie mit Demokrit, dem Philosophen der unteilbar beständigen Atome, vergleichen. In barocken Darstellungen sieht man Heraklit und Demokrit weinend und lachend einander gegenüber, die familiäre Charakterisierung greift das auf: Joseph, der in sich Ruhende, wirkt vorwiegend heiter; Abraham, der Zerrissene, geht seiner Umwelt mit Trübsinnsphasen auf die Nerven. Formuliert hat er das Gefühl der eigenen Übergangsposition mit einem Bonmot, das den Traditionsbezug der Mendelssohns, aber auch ihren Identitätskonflikt ironisch pointiert: »Früher war ich der Sohn meines Vaters, jetzt bin ich der Vater meines Sohnes.«[7]

Die Mendelssohns werden ihrer Zeit und der Nachwelt als Brückenbauer Eindruck machen: als Vermittler zwischen Gestern und Morgen, als Vertreter einer lebendigen Tradition. Abraham, der Zerrissene, ist ein Überlieferer, der Brücken abbricht und Fundamente sucht, ein Mittler ohne Mitte.

Berliner Matriarchat

Das Gegenprogramm zur eigenen Rastlosigkeit hat er geheiratet.

Die Verbindung mit Lea Salomon, von Abrahams Schwester Henriette eingefädelt, ist ein Projekt praktischer Vernunft. Im Herbst 1803 schreibt die Erzieherin an den Bruder, der sein Pariser Leben ungern aufgeben möchte: »Und doch lieber! wäre diese Heirath ein so seltnes in jeder Rücksicht so ausgezeichnetes Glück für Dich das ich Dich nicht genug bitten kann, nicht übereilt zu sein [...]. Mir ist als wäre ich 20 Jahre älter als Du, u. als könnte ich Dir aus Erfahrung sagen, daß man gewöhnlich in Deinem Alter sehr leichtsinnig das Glück verkennt, wenn man es auch wirklich auf seinem Wege findet, man hofft dann immer das alles sich noch besser nach unsern Wünschen eignen soll, das Glück ist aber unterdessen schon fern u. unerreichbar! Ich hoffe in Deinem nächsten Brief zu lesen, daß Du Lilla schon gesprochen hast, u. je öfter Du sie sprichst, je mehr wirst Du gesehen haben, daß Du selten vielleicht nie wieder eine Frau wie diese findest [...].«[8] Das »in jeder Rücksicht ausgezeichnete Glück« besteht für Abraham in der Wahl einer eindrucksvollen Persönlichkeit, die eine sehr gute Partie zu sein verspricht.

Von Lea Salomon, die der junge Bankier am 26. Dezember 1804 in Berlin geheiratet hat, sagt man, sie sei nicht schön, doch gleiche ihr körperlicher Wuchs der anmutigen Erscheinung eines Luftgeistes. Sie ist anspruchsvoll, wirkt bescheiden, witzig und taktvoll, geistvoll und pointiert. Ihr Großvater war der angesehenste, mächtigste Jude in Berlin. Sie hat eine erstklassige Ausbildung erhalten, beim Bachschüler Kirnberger das Klavierspiel gelernt und nebenbei sogar Homer im Original gelesen. Ihr Milieu ist Berlins Jüdische Kolonie. »Hier galt die Stimme der Männer fast nichts; die der Frauen und Mädchen war entscheidend. [...] Der Ton in diesen Zirkeln hatte das meiste Grossstädtische; er war zwanglos, leichtsinnig und so vielseitig und seicht als möglich. Die Unterhaltung bestand aus einem beständigen Haschen nach Witz [...]. Man folgte den Französischen Dichtern; die Tagesgeschichte der Deutschen Literatur flösste indes das grösseste Interesse ein, und führte oft sehr geistreiche, oft auch ziemlich plumpe Debatten an Theetischen und Toiletten herein.«[9] Lea liebt das Landleben. Im Sommerhaus ihrer Familie, der Meierei Bartholdy hinter dem Schlesischen Tor bei Berlin, verbringt sie die schönste Zeit ihrer Jugend. Die Bäume und Laubengänge, Küchengarten und Treibhäuser gehen ihr in der Stadt nicht aus dem Sinn.

Zu Beginn des Jahres 1805 folgen Abraham und Lea dem Bruder Joseph und ziehen der gemeinsamen Bankgeschäfte wegen nach Hamburg. Da muß sie erst mal schlucken. Soviel Improvisation, Chaos und Enge hat sie in der ersten Unterkunft nicht erwartet. Sie nimmt es leicht, packt erst einmal die Pariser Geschenkkistchen ihres Mannes aus, probiert die neuen Kleider an und drapiert die phantastischen Stoffe. Wenn es nach ihm gegangen wäre, säßen sie jetzt in irgendeinem Pariser Dachzimmer in der Rue Richer, er wäre immer noch Kassierer im Bankhaus Fould. Aber darauf hat sie bestanden: Er solle sich wenigstens selbständig machen, als Bankier, an der Seite des Bruders. Ein Leben als Angestelltengattin kann sie sich nicht vorstellen. Sie ist eine Enkelin des großen Daniel Itzig! Nun sitzen sie also in Hamburg – nicht in der Dachwohnung, aber in einer Art Studentenbude. Sie wird sich einrichten, aber das Heimweh bleibt.

Sie schreibt aus Hamburg an ihre Mutter und die Schwester, denkt oft an den Garten vor dem Schlesischen Tor. Im Sommer werden sie ein Landhaus draußen am Elbufer in Altona beziehen, Martens Mühle. »Ich träume mir mein Arkadien, und ich bin in meiner beschränkten Mittelmäßigkeit sehr glücklich«, hatte sie sechs Jahre zuvor in der Meierei Bartholdy einem Freund gestanden.[10]

Jetzt ist es allerdings November. Elf Monate ist sie verheiratet. Ihr Mann ist zweifellos ein Schwieriger. So viele Talente, Launen, Eigensinn. Er wird ihr schon ans Herz wachsen. Zumal sie ja nun eine richtige Familie sind. Sieben Uhr früh ist die kleine Fanny auf die Welt gekommen. Abraham war besorgt und aufgeregt. Hat seiner Berliner Schwiegermutter hochgemut geschrieben:

daß an der Tochter Bachsche Fugenfinger zu erkennen seien.[11] Dann bricht er zur Dienstreise nach Frankreich auf. Vierundzwanzig Jahre später, zwei Monate vor ihrer Silberhochzeit, wird Lea an ihren Felix schreiben: »Ruhe mußt Du von uns Frauen lernen, lieber Sohn! Als ich drei Tage mit Fanny in Wochen war, mußte Vater nach Paris. Ich kam mir sehr zeitlos und unglücklich in der mir fast fremden Stube vor, aber ich überstand dies u. manch anderes Ungemach, so schmerzlich es war.«[12]

»Du willst das Zimmer, das dir fehlt«

Abraham bleibt das *perpetuum mobile*,[13] Lea die Stabilität. Der Gegensatz ihrer Persönlichkeiten zeigt sich 1825 bei ihrer größten gemeinsamen Anschaffung: dem Erwerb des Reckeschen Palais in der Leipziger Straße 3. Die Dimension der barocken Anlage von 1735 – mit dem zweistöckigen Hauptgebäude, den Seitenflügeln, dem Gartenhaus und dem großen Garten – geht über den eigentlichen Bedarf der Familie weit hinaus. Man braucht ein neues Quartier, weil Leas Mutter gestorben ist. Deren Haus an der Alten Kommandantenstraße, das die Mendelssohn Bartholdys mitbewohnt hatten, soll verkauft werden, und zwar zügig: Abraham hat die Kuratel für den Schwiegermutter-Nachlaß im Streit mit seinem Schwager niedergelegt.

Für 56000 Taler sei das Palais trotz seines verwahrlosten Zustandes – in diesen Zeiten, bei diesen Mieten – eine günstige Erwerbung, behauptet Lea. Während ihr Mann wieder einmal in Paris weilt und sich anschließend von seinen Reisestrapazen erholt, ist sie es, die monatelang über das neue Zuhause jubelt, über das Renovierungselend klagt und die Bauarbeiter dirigiert. Die Erwerbung sei eigentlich gewagt, »denn es enthält zwar alle Elemente einer schönen Besitzung, bedarf aber unendlicher Reparaturen, Verbeßerungen u. eines bedeutenden Baues«.[14] Vor allem singt Lea in den Briefen an ihre Wiener Cousine Henriette das Loblied der Grünanlage: »Was uns zu diesem weit aussehenden Plan lockte, ist ein wundervoller Garten, vielmehr Park, voll herrlicher alter Bäume, der alles einengende eines Stadtgartens dadurch verliert, daß er ringsum von anderen Gärten begränzt ist.«[15] Fast 13 Morgen! Sie hofft, das investierte Kapital werde in Form zuverlässiger Mieter gute Zinsen tragen, sieht aber in der geplanten Erweiterung »nebst inneren Veränderungen eine Last die wie ein Berg auf mir liegt«.[16] Zwei Monate später ist sie schon in »die furchtbarsten Bauleiden« verwickelt, [17] während ihr Mann an der Ostsee kurt; um so mehr genießt sie es, das ruhige Gartenhaus zu bewohnen. In dessen Mitte befindet sich »ein selbst für Berlin selten großer Saal, mit einer ovalen imposanten Kuppel, auf Säulen ruhend. Vier Stufen führen in den Garten hinab, von denen man eine Durchsicht von Baumgängen u. Gruppen bis ans Ende hat. Ist das Grün wie im Frühjahr noch nicht dicht, so hat man eine Mühle außerhalb der Stadt zum Gesichtspunkt, zu der wir uns auch für den Sommer einen Blick aushauen lassen wollen. Alle eigentlichen Gartenzierden müßen wir uns erst schaffen; bis jetzt haben wir nichts als prächtige Linden, Rüstern [Ulmen], Buchen, Kastanien, Akazien; Gebüsche u. Grasplätze, ein großes Feld u. eine Meierei, wo ein Pächter mit 12 Kühen sein Wesen treibt u. uns frische Milch u. Butter liefert. Im Herbst wollen wir Anlagen machen laßen, größtentheils aber nur Blumenpflanzungen u. Rasen verbeßern, ohne der parkähnlichen, ehrwürdigen Alterthümlichkeit Schaden zu thun.«[18]

Bis in den Spätherbst zieht sich die Renovierung des Vorderhauses. Zugleich beginnen aufwendige Gartenarbeiten: Über sechs Wochen sind die Arbeiter täglich mit dem Graben, Pflanzen und Umsetzen der Bäume beschäftigt. Es gebe nur zwei andere derart herrliche große, schattenreiche Gärten in der Stadt, freut sich die Hausbesitzerin. Die schöne »vernachläßigte Wildheit« des Gartens werde zu einer vortrefflichen geschmackvollen Anlage gewandelt, die sie an den Park ihrer Kindheit, die »erste Meierei«, erinnert. »Wir laßen aber keinen der ehrwürdigen Bäume wegnehmen, was auch die moderne Wuth dagegen sagen mag.«[19] Mitte Dezember können die Zimmer im Haupthaus – »wirklich grandios u. schön, doch so proportionirt, daß die Größe nicht lästig u. isolirend erscheint« [20] – bezogen werden, die Arbeiten am Gartenhaus dauern an. Fast täglich geht Lea mehrere Stunden in ihrem Garten spazieren, »ein Vergnügen, das mir bisher für den Winter ganz unbekannt war, da die Vorbereitungen einen Wagen kommen zu laßen, sich zur Ausfahrt anzukleiden, u. Gesellschaft zu suchen, so weitläufig sind, daß ich sie nur bei seltem schönen Wetter überwand«.[21]

Varnhagen von Ense hat von Abraham und Lea Mendelssohn Bartholdy folgende Anekdote überliefert: »Er wollte bemerkt haben, wenn eine Frau eine Wohnung miethe oder bewohne, so bedaure sie immer, daß nur Ein Zimmer fehle, und wenn ihrer auch noch so viele wären. Er nahm daher an, bei jeder Wohnung sei ein Zimmer, das fehle; und sagte daher einst zu seiner Frau:›Ja, liebe Lea, ein Zimmer *mehr* zu schaffen, wäre wohl noch möglich, aber was hülfe das. Du würdest doch noch immer eines vermißen; du willst das Zimmer [...], das dir fehlt, das aber kann ich Dir nicht schaffen!‹«[22] Er setzt auf Expedition, sie auf Expansion. Lea investiert – wie ihr Mann – umsichtig in den Erfolg ihrer Kinder und die gesellschaftliche Anerkennung der Familie. Sie garantiert, wann immer Launen und grandiose Projekte den Gatten verwirren, seine Verankerung in Zeit und Raum. »Mein Mann ist aber, wenn ich nicht zugegen bin, [...] der Unaufhaltsame, u. ist stets mit Marschall Vorwärts, daher ich behaupte, daß er ohne mich nicht mit Nutzen reist.«[23]

»Durch Ordnung zur Freiheit und Heiterkeit«

Als Erzieher seiner Töchter folgt Abraham in Übereinstimmung mit seiner Frau, die das »Ministerium des Inneren« führt, einem Weiblichkeitsideal, das im Widerspruch zu den selbständigen und einsamen Wegen seiner Schwestern Dorothea, Recha und Henriette steht. In pädagogischen Episteln idealisiert der Vater, der sich gerade wieder auf Dienstreise befindet, seine Ehefrau zur makellosen Übermutter. Fanny, die Älteste, soll als artige Tochter bemüht sein, »der nie genug zu liebenden und zu ehrenden Mutter zu Gefallen zu leben, durch Gehorsam zur Liebe, durch Ordnung zur Freiheit und Heiterkeit zu gelangen«, mahnt der Patriarch die Vierzehnjährige.[24] Ein Jahr später beschwört er noch einmal in einem Konfirmationsbrief das Beispielhafte der Mutter, »dieser edelsten, würdigsten Mutter, deren ganzes Leben Pflichterfüllung, Liebe Wohltun ist, [dieser] Religion in Menschengestalt. Du wuchsest heran unter ihrem Schutz, u. im steten Anschauen und unbewußter Nachahmung und Gewohnheit [...] dessen, was dem Menschen einen Werth gibt. Deine Mutter war und ist, und mein Herz sagt mir, sie wird noch lange bleiben, dein und deiner Geschwister, und unser aller Vorsehung und Leitstern auf unserem Lebenspfade. Wenn du sie betrachtest, wenn du das unermeßliche Gute, das sie dir solange du lebst, mit steter Aufopferung und Hingebung erwiesen, erwägst, und dann in Dankbarkeit, Liebe und Ehrfurcht dir das Herz auf und die Augen übergehen, so fühlst du Gott und bist fromm!« Auf die Eloge folgt prompt der sittliche Imperativ: »sei *wahr, treu, gut*, deiner Mutter, und ich darf wohl auch fordern, deinem Vater, bis in den Tod gehorsam und ergeben«.[25] In einem weiteren Brief, zwei Monate später, ermutigt der Vater das junge Mädchen, sein musikalisches Talent »gutmütig und vernünftig« dem Ruhm des Bruders Felix unterzuordnen. »Beharre in dieser Gesinnung und diesem Betragen, sie sind weiblich, und nur das Weibliche ziert die Frauen.«[26]

Trotz seines Hangs zum patriarchalisch-jüdischen Despotismus – den ihm sein Enkel Sebastian Hensel bescheinigt – hat Abraham aus dem Scheitern der von Moses Mendelssohn arrangierten Ehen seiner Schwestern gelernt: Die Töchter werden nicht gegen ihren Willen unter die Haube gebracht. Den Part der Prüfung, ob der Neigungskandidat eine ökonomisch vertretbare Partie darstellt, übernimmt die Mutter. Der Vater spielt die Rolle des verständnisvollen Vermittlers – ohne gegen Leas gefürchtetes »Wüthen« viel auszurichten. Fanny und Rebecka setzen auf seine Unterstützung, doch wenn es ernst wird, weicht Abraham der Konfrontation lieber aus: »Vater hatte wie immer auch diesmal lebhaft eingewilligt, als es aber zum Handeln kam, verließ ihn das Vertrauen und er erklärte nichts thun zu wollen.«[27]

In späteren Jahren, als er gesundheitlich abbaut, ändert sich das Kräfteverhältnis zwischen dem Vater und den Töchtern. Er muß sich helfen lassen. Der Anspruch unbedingter Autorität wird durch die Erfahrung der Abhängigkeit abgemildert. Fanny und Rebecka lesen ihm vor, lassen sich Briefe diktieren, dienen als liebevolle Reisebegleiterinnen. Daß er die Eigensinnigen – über ihre Qualifikation als warmherzige Töchter und Mütter seiner Enkel hinaus – als begabte Individuen gewürdigt hätte, ist eher die Ausnahme (zum Beispiel bei häuslichen Konzerten). Ihr Metier ist die häusliche Dienstleistung. »Nimm, liebe Fanny, meinen väterlichen und herzlichen Glückwunsch zum heutigen Tage«, schreibt er der Tochter zum 26. Geburtstag, »und laß mich glauben, daß ich Dir ein angenehmes Geschenk mit der Versicherung mache, Du seyst mir in der letzten Zeit sehr lieb und theuer geworden, Du habest mit Deiner guten Laune, mit Deiner innigen Zufriedenheit, mit der ganzen Art u Genügsamkeit Deines häuslichen Lebens, die einzigen Lichtpunkte in manche trübe Momente gebracht. Bleibe dabei, was bessres bekommst Du doch nicht, glaube das mir, der manche Wechsel im Leben – nicht allein ausgestellt, u bezahlt – sondern erduldet u würdigen gelernt hat [...].«[28] Daß Fanny in der Rolle der Tochter, Ehefrau und Mutter ihre Pflichten erfüllt, liegt ihm mehr am Herzen als der Erfolg ihrer Konzertveranstaltungen und die Qualität ihrer Musik. Daß sich Rebecka nicht nur zur attraktivsten und umschwärmtesten seiner Töchter, sondern auch zur Sprachbegabtesten, Witzigsten und politisch Aufgewecktesten unter den Geschwistern entwickelt, hat der Vater kaum registriert. »Die Eltern lieben sie nicht viel«, bemerkt Rebeckas Freund Johann Gustav Droysen.[29]

Die Geschichte der Mendelssohns ist – trotz Dorothea Schlegel und Fanny Hensel, denen im Pantheon ihres Jahrhunderts Plätze zustehen – eine patriarchalische Erfolgsstory. Die selbstbewußten, intelligenten und künstlerisch begabten Frauen, die als Mendelssohns geboren wurden oder einen Mendelssohn heirateten, unterstützten im Hintergrund den Aufstieg ihrer Männer und sind der Nachwelt weitgehend unbekannt geblieben. Viele haben sich – das gehörte sich so in ihrem Milieu – karitativ oder mäzenatisch engagiert. Auch bei der Weitergabe der Tradition, der Familiendokumente und mündlicher Überlieferung, ist den Frauen eine zentrale Rolle zugefallen; den Nachkommen haben sie oft zuverlässiger als die Männer die Familienwerte vermittelt.

In der Partnerschaft von Lea und Abraham sind viele Eigenschaften dieser künftigen Frauenparade bereits auszumachen. Auch Lea Mendelssohn Bartholdy gehört zu den Frauen, die den bildungsbürgerlichen Kanon tradieren. »In ihr lebten Traditionen oder Nachklänge von Kirnberger her; von dorther war sie mit Seb. Bach bekannt geworden und hatte das unausgesetzte Spiel des temperirten Klaviers ihrem Hause eingepflanzt.« [30] Sie kommt aus einer berühmten jüdischen Familie, vermittelt ihren Kindern nicht nur die finanziellen Segnungen des Erbes, sondern auch dessen geistige Wurzeln. Und doch hat sie den Wunsch, den Belastungen der eigenen Abstammung zu entkommen. Das ist ihre Fortschrittsvorstellung, darauf richtet sich ihr Ehrgeiz und ihr Sicherheitsbedürfnis. Das gemeinsame Projekt Leas und Abrahams besteht in der Anstrengung, sich und ihren Kindern auf Dauer die gesellschaftliche Anerkennung zu sichern, um es ein für allemal geschafft zu haben: anzukommen.

Der Wunderkinderzieher

Mai 1819, im Park des Schlößchens Monbijou. Ein flitzender Zwerg, ein hüpfender Riese. Sie jagen sich über die Parkwege, laufen unter Fliederbüsche. Das lange Haar des Kleinen – ein sportlicher, drahtiger Irrwisch – weht im Maiwind. Der Ältere ist korpulent. Er keucht, holt auf. Ein komisches Kameradenpaar. Der Ältere hastet und stolpert, den Kleinen hat er fast eingeholt. Jetzt geht die Verfolgung andersrum. Der Garten von Schloß Monbijou ist berühmt für den Gesang unzähliger Nachtigallen, für die hundertdreißig Rosengattungen im Blumensalon, beliebt als Spielplatz artiger Kinder. Der Ältere im Dauerlauf ist ein angesehener

Kaufmann. Hier fällt er aus der Reihe unter den Gören, die sich auf den gepflegten Wegen vergnügen; das macht ihm nichts. Jetzt hat ihn der Kleine am blühenden Flieder eingeholt. Dem rundlichen Mann rutscht das Hemd aus der Weste, das dünne Haar klebt an der Stirn. Er wischt sich den Schweiß. Der hübsche Knirps faßt seine Hand, rast im nächsten Moment quietschend aufs neue los. Der Erwachsene nimmt Anlauf, treibt ihn in den entferntesten Winkel des Parks.

So könnte sich die von Lea Mendelssohn in einem Brief des Jahres 1819 skizzierte Szene zugetragen haben.[31] Eine vergnügte Verfolgung, vom alltäglichen Kräftemessen zwischen irgendeinem Kind und seinem Vater nicht zu unterscheiden. Abraham, der Seelenhüpfige, in seinem Element – der Fortbewegung. Er greift nach den Hosenzipfeln ewiger Jugend.

Das kontrollierte Ebenbild

Im Frühjahr 1821 macht ein Geschäftsfreund auf dem Weg von Warschau nach Paris bei den Mendelssohns Station. Sein Kompliment ist für Lea das schönste Geschenk: »Il n'y a que vous, Madame! Qui puissiez donner une telle tète, car je ne crois pas qu'il y soit un second Felix en Europe.«[32] Nein, ein Wunderkind wie ihren Felix gibt es nicht noch einmal in Europa!

Der Zwölfjährige hat zum Geburtstag der Mutter gerade sein zweites Singspiel komponiert. Das Libretto, eine Übersetzung aus dem Französischen, hat der Vater bei einem Freund der Familie, dem Mediziner Johann Ludwig Casper, bestellt; die Musik hat er erst Ende Januar bei seinem Sohn in Auftrag gegeben. Nun sitzt der junge Komponist am Klavier, sein Kompositionslehrer Zelter wendet das Notenblatt und reiht sich wie sein Freund, der Musikaliensammler Pöltschau, und andere geladene Honoratioren der Stadt in den kleinen Privatchor der konzertanten Aufführung ein. Der Schauspieler Ludwig Devrient, dessen Frau und der Librettist Casper übernehmen die Gesangsrollen.

Das Singspiel *Die beiden Pädagogen* persifliert zeitgenössische Erziehungsideale. Ein Vater will seinen verwöhnten Filius an die Kandare nehmen. Er glaubt an das Allheilmittel Disziplin (»sonst wäre ich nicht einer der reichsten Männer dieser Gegend geworden«) und sucht eine pädagogische Koryphäe. Der Dorflehrer schwört auf den Stock als Erziehungsmittel und plädiert dafür, den Sohn im Sinne Basedows zu einem funktionierenden Glied der Gesellschaft heranzubilden. Ein aus dem Ausland angereister Pädagoge preist hingegen Pestalozzis Erziehungsideale, die das Individuum berücksichtigen. Im komischen Duett der Spezialisten (»Pestalozzi, Pestalozzi, Pestalozzi!« – »Basedow, Basedow, Basedow!«) werden pädagogische Ideologien ad absurdum geführt. Der Dorflehrer hat noch nie ein Erziehungsbuch gelesen, der Meisterpädagoge entpuppt sich als Hochstapler. Der Sohn, der nur Spaß und Liebelei im Kopf hat (»Lieber Vater, die Zeiten haben sich geändert«), spielt alle gegeneinander aus: Der Hochstapler ist am Ende seinem Zögling – »Ich werde gehorchen, unter der Bedingung, daß du meine Befehle verfolgst« – zu Diensten, der Dorflehrer macht sich zum Narren und deklariert die eigene Hilflosigkeit zum pädagogischen System: »Ein Pröbchen auf mein Erziehungssystem – nachgeben, nachgeben!«[33]

Die Diskussionen der Eltern um die rechte Erziehung ihrer Kinder spiegeln sich in dem Singspiel des Sohnes; möglicherweise greift es auch die Unterschiede zwischen dem im Umgang mit seinen Söhnen einfühlsamen Joseph Mendelssohn und dem auf Höchstleistung ausgerichteten Erziehungsprogramm Abrahams auf. Wahrscheinlich hat dieser über seinen eigenen Widerstreit als Erzieher, wie er in Personen der Komödie Gestalt annimmt, sogar lachen können. In jedem Fall hat der komische Pädagogenstreit seine Kindheitserfahrungen berührt. Denn Basedows Philanthropinum in Dessau, die erste Musterschule der Aufklärungspädagogik, ist auch durch Moses Mendelssohn gefördert worden, der als liebevoller Patriarch keinen Zweifel daran ließ, daß die heranwachsenden Kinder seine vernünftige Lebensplanung zu befolgen haben. Wie sein Zeitgenosse Basedow setzte auch er auf die Formung des Kindes zur Lebensertüchtigung. Der optimistische Pestalozzi strebt dagegen an, in den Kindern Liebe, Vertrauen und Dankbarkeit zu wecken als Basis von Sittlichkeit und Religiosität. Von der Natur angelegte Kräfte sollen sich so entfalten; der Mensch soll lernen, sich selbst zu helfen: ein emanzipatorischer Ansatz, der Abraham imponiert haben mag; er fördert die Begabungen seiner Kinder, erzieht sie allerdings ebenso zur Anpassung an gesellschaftliche Konventionen und Rollenerwartungen. Dem skeptischen Pädagogen fehlt das Selbstvertrauen, um loszulassen. Er will die Kontrolle behalten – und die Zuneigung des Kontrollierten. Sein Felix ist ihm zu nah, als daß er den Götterliebling aus der Pygmalion-Rolle des idealen Ebenbildes entlassen könnte.

Wir Seelenverwandten

Der erste Sohn wird als Universalkünstler zum Bild des Vollkommenen modelliert, er lernt – abgesehen von musikalischer Ausbildung – das Zeichnen und Dichten, humanistische Sprachen, Französisch und Englisch und – wie in bürgerlichen Haushalten jener Zeit üblich – das Tanzen. Der Unterricht entspricht den kulturellen Idealen des aufstrebenden Bürgertums, wird allerdings mit ungewöhnlichem Aufwand an hervorragenden Fachkräften umgesetzt. Freie Zeit zum Spielen bleibt wenig. Von März 1816 bis April 1818 besucht Felix die nahe gelegene Lehr-, Pensions- und Erziehungsanstalt des Dr. Messow, danach erhält er zusammen mit Fanny Privatunterricht. Engagiert werden als Kompositionslehrer der Singakademiedirektor Carl Friedrich Zelter und als Hauslehrer Karl Wilhelm Heyse, der Vater des Schriftstellers Paul Heyse; außerdem als Klavierlehrer der Komponist Ludwig Berger und als Violinlehrer ein Konzertmeister der Königlichen Oper, C. W. Henning.

Zugleich bleibt der Vater auch auf künstlerischer Ebene wichtige Bezugsperson. »Ich kann es oft gar nicht begreifen, wie es möglich ist, über Musik ein so genaues Urtheil zu haben, ohne technisch musikalisch zu sein«, schreibt Felix im März 1835 an seinen Vater. »Und wenn ich das, was ich allerdings dabei *empfinde*, so klar und anschaulich *sagen* könnte, wie Du, sobald Du darüber sprichst, so wollte ich keine einzige confuse Rede mehr in meinem Leben halten. Habe tausend Dank dafür, und für Deine Worte über Bach. Du hast nun freilich nach einmaligem unvollkommenen Hören meines Stückes das herausgefunden, was ich nach langer Bekanntschaft erst jetzt, und darüber sollt' ich mich wohl ein wenig ärgern; aber dann ist's mir doch wieder lieb, daß eine solche Deutlichkeit des Gefühls bei Musik da ist, und daß Du die gerade hast, denn was am Ende, und in der Mittelstelle verfehlt ist, liegt in so kleinen Fehlern, die sich mit so wenig Noten [...] hätten verbessern lassen, daß weder ich noch irgend ein Musiker ohne öfteres Hören darauf gekommen wäre, weil wir es in der Regel tiefer suchen.«[34]

Abrahams Idee von der Kunst geht über das herkömmliche Konzept vom Künstler als Dienstleister weit hinaus. Er fordert die Treue zur eigenen Begabung – rät aber seinem Sohn mitunter, Kompromisse zu machen zugunsten der ökonomischen Sicherheit. Daß er dennoch für den genialen Sprößling auf musikalischem Terrain zum intellektuellen Partner wird, macht die ungewöhnliche Qualität dieser Vater-Sohn-Beziehung aus. Sein konventioneller Geschmack hindert ihn nicht daran, dem eigenen musikalischen Sensorium zu trauen: der inneren Stimme des Berührt- und Gerührtwerdens unbedingt zu folgen.

Der Mißerfolg

Zur Belastung in einem frühen Stadium dieser Partnerschaft wird 1827 Felix' Operndebüt *Die Hochzeit des Camacho*. Die Vorstellung Abrahams und Leas, daß eine Starkarriere als Komponist letztlich über die Opernbühne führen müsse, ist dem Sohn nicht verborgen geblieben; er macht sich ihre Hoffnung, den Komponisten von vier im privaten Kreis erprobten Singspielen bald als junges Operngenie zu erleben, zu eigen. Doch sein Debüt fällt durch. Das erfolgsverwöhnte Wunderkind und seine stolzen Eltern müssen Intrigen an der Berliner Oper und schlechte Kritiken hinnehmen. Für Felix beginnt die Reihe seiner Zerwürfnisse mit der Stadt Berlin, über die er nie ganz hinwegkommen wird. Seine Suche nach dem idealen Opernstoff wird fortan von Zweifeln begleitet sein. »Gib mir eine rechte Oper in die Hand und in ein paar Monaten ist sie komponiert«, bittet er vier Jahre später den Freund Eduard Devrient. »Ich sehne mich jeden Tag von Neuem danach, eine Oper zu schreiben.«[35] Doch leider seien »die Worte« dafür einfach nicht da, er suche wirklich »nichts Anderes« als einen brauchbaren Librettisten. Zuvor hatte Lea deutlich gemacht, daß sie sich mit dem Scheitern der Opernkarriere nicht abfinden werde. Es sei unendlich wichtig für den Sohn, mit einer Oper einen »Coup« zu machen, hatte sie Felix im Sommer 1829 beschworen. Er könne doch so ein Stück sehr gut im nächsten Berliner Winter komponieren und dafür seine weiteren Reisepläne erst einmal aufschieben.[36] Auch der Vater erinnert immer wieder an die Notwendigkeit musikdramatischer Profilierung, schlägt dem unmutigen Sohn gelegentlich ein untaugliches französisches Libretto vor und mahnt: »Mir ist, außer Beethoven, kein dramatischer Komponist bekannt, der nicht eine Menge total vergessener Opern gemacht hätte, ehe er den rechten Punkt zur rechten Zeit gefaßt und sich Platz gemacht. Du hast einen einzigen öffentlichen Versuch gemacht, der zum Teil am Text gescheitert und eigentlich weder gelungen noch mißlungen ist. Später hast Du an den Texten zu viel gemäkelt – den rechten Mann nicht gefunden, vielleicht aber auch nicht recht gesucht; ich kann mich des Glaubens nicht erwehren, daß tätigere Nachforschungen und billigere Anforderungen Dich zum Ziele führen müssen.«[37] Noch der vorletzte Brief des Vaters im Oktober 1835 schließt mit dem apodiktischen Vermächtnis: »Du mußt eine Oper schreiben! Dein Vater A.«[38]

Der Stachel sitzt. Wenn Felix das Erfolgsmodell seines Vaters verkörpern soll, darf er die wichtigste Karrierestufe nicht verfehlen. Die frühe Niederlage erleben Abraham, Lea und Felix gemeinsam. Die Sorge um Publikumsgunst und künstlerische Anerkennung verbindet sich mit dem Wunsch der Eltern, dem Diskriminierungsdruck von einst endgültig zu entkommen und selbst gesellschaftlich akzeptiert zu sein. Der Opernflop zeigt die Zerbrechlichkeit ihrer schönsten Hoffnungen. Von nun an ist ihr Traum, den Götterliebling als Stern am Opernhimmel aufgehen zu sehen, mit bitterer Erinnerung und zusätzlicher Anspannung verbunden.

Der Traum vom verlorenen Sohn

Abrahams starke Identifizierung mit seinem Ältesten, in dem sich unerfüllte künstlerische Lebensträume des Vaters verwirklichen, fügt der elterlichen Angst, ihr Kind zu verlieren, ein sehr persönliches Motiv hinzu. Zweimal haben Lea und ihr Mann schockartig den Verlust ihrer Söhne erlebt, zufällig in den beiden Entscheidungsjahren 1816 (nach der Taufe der Kinder) und 1822 (vor der Konversion der Eltern). Der vierjährige Paul wird im November 1816, auf der Rückreise von einem mehrmonatigen Paris-Aufenthalt, an der Poststation vergessen. Man bemerkt seine Abwesenheit, kehrt um und findet ihn auf der Straße. Der Kleine ist wohlbehalten, sein Vater fällt vor Aufregung »in den Kot«. Sechs Jahre später ist es dann Felix, der zum Auftakt der großen Schweizerreise für eine Stunde auf der brandenburgischen Landstraße verlorengeht. In jedem Wagen der großen Reisegesellschaft hatte man angenommen, der 13jährige habe das jeweils andere Fahrzeug bestiegen. Den davonrollenden Wagen folgt der Junge brav. »Ein Bauernmädchen gesellte sich zu ihm, sie brachen sich starke Stöcke ab und gingen getrost weiter […].« Als die Familie ihn endlich wiederfindet, versucht der Vater seinen Zorn, Ausdruck seiner großen Angst, zu besänftigen. Kurz zuvor war bereits Carl Friedrich Zelter von einer ähnlichen Angstvorstellung geplagt worden, als er auf der Reise nach Weimar träumte, der ihm anvertraute Felix sei nachts entführt worden.

Später werden sich die elterlichen Verlustängste in der Sorge äußern, die Kontrolle über Felix' Entwicklung zu verlieren. Als der jugendliche Felix sich den Einflüssen des Musikkritikers Adolph Bernhard Marx, eines Beethoven-Verehrers und Hausfreunds der Mendelssohn Bartholdys, öffnet und sein musikalischer Intimus wird, wachsen die Spannungen zwischen dem Intellektuellen und dem eifersüchtigen Patriarchen. Marx erhält zeitweilig Hausverbot.

Zu Abrahams Lebzeiten wird Felix, anders als seine Geschwister, keine dauerhafte Partnerschaft eingehen. Seine Karriere vertrage solch eine Beziehung noch nicht, meinen die Eltern. Ein Frauenschwarm ist er freilich schon, gewöhnt, von jungen und reifen Damen angehimmelt zu werden, in Berlin und auf Tournee. »Hier nun leb ich prächtig«, schreibt er dem Freund Karl Klingemann in den Sommerwochen seiner ersten Englandreise 1829. »Eben hab ich einen Spazierritt gemacht und munter getrabt neben dem galoppierenden Schimmel den Miss Ann ritt; und dann gab ich Miss Susan (aus dem Konzert kennst Du sie, hässlicher könnte sie leicht sein) eine Lektion und spiele vierhändig mit ihr und zeige ihr wie sie aus dem Gelenk spielen müsse, naturgemäß aber nur des Abends spät; wenn wir dann alle zusammen (nämlich die Mädchen und ich, die Brüder lasse ich schiessen und jagen und spiele den sanften Deutschen) sitzen und eine hübsche Mühle von 4 verschiedenen Seiten zeichnen (Du weißt also, dass es drei Töchter sind), wenn sie dann im Garten mit Armbrüsten nach dem Ziele schiessen, wie ich eben durchs offene Fenster vernehme (ich muss hineilen) wenn sie frische Kränze im Haar tragen und mir davon den duftenden Nelkenstrauss schenken, der neben mir auf der Partitur meines Quartetts an B. P. liegt, wenn die eine […] im blauen Reitkleide ungeschickt gehend Dich verlässt und dann wieder ins Zimmer kommt im weissen wallenden Kleide, und die Brust so weiss und frei – kein Nachsatz.«[39] Der Vater, den Moralvorstellungen der Gesellschaft verpflichtet, hält seinen Sohn an, keinen Skandal zu machen, die Familie nicht zu blamieren, der Karriere nicht zu schaden. Dabei wird das Vertrauen zwischen Vater und Sohn selbst durch eine Ménage à trois 1833 in London – als der schwerkranke Abraham sich in eine Engländerin verliebt, die in tragischer Liebe Felix verfällt – kaum irritiert.

Keine der Affären des Sohnes kann beider Beziehung gefährden, deren Innigkeit nicht einmal darunter leidet, daß Abraham als Finanzverwalter des Sohnes die Einnahmen und Ausgaben des erwachsenen Felix kontrolliert.

»Dein Vater und Freund«

Schon zu Lebzeiten Felix Mendelssohn Bartholdys ist der Vorwurf geäußert worden, der mit allen Gütern und Talenten Gesegnete sei zu glücklich gewesen, um tiefgründig zu komponieren. Die ersten Biographien und geschönten Briefausgaben legten nahe, daß eine harmonische Vater-Sohn-Beziehung zu dieser unerträglichen Leichtigkeit seiner Existenz beigetragen habe.

Felix war zwar kein Streber, hat als Teenager gelegentlich normal über die Stränge geschlagen, aber den Bruch mit dem Vater vermieden. Doch gibt es Dokumente, die untergründige Spannungen zwischen Vater und Sohn ahnen lassen, am eindrucksvollsten geschieht das in einem Briefwechsel vom Juli 1829. Der Brief des Vaters beginnt ohne Anrede.[40] Er müsse sich dem Sohn in einer ernsten Angelegenheit »explicieren«: Der Vorwurf lautet, daß dieser auf seiner Englandtournee den von dem Vater angenommenen Familiennamen Bartholdy entweder »supprimiere« oder zumindest dessen Vernachlässigung dulde. Felix sei noch nicht aus der väterlichen Gewalt entlassen, er habe »die einfache und unumgängliche Verpflichtung« anzunehmen, daß das Handeln seines Vaters »ernstliche Überlegung und gute Gründe« habe. Er habe ihm seinerzeit auf einer gemeinsamen Reise nach Paris die Gründe der Namensänderung »weitläufig« dargelegt. »Hast du sie vergessen, so hättest du mich noch einmal danach fragen können, haben sie dir nicht triftig geschienen, so hättest du mir bessere entgegen setzen sollen. Ich will ersteres glauben, weil ich letzteres nicht finden kann.« Es folgt eine umständliche Argumentation, mit der die Abkehr der Mendelssohn Bartholdys vom Judentum als notwendige Pietät gegenüber dem Vermächtnis Moses Mendelssohns legitimiert wird. Dieser habe sich zu seiner Zeit schließlich auch der Gesellschaft angepaßt. »Heißt du Mendelssohn so bist du eo ipso ein Jude, und das taugt dir nichts, schon weil es nicht wahr ist. Beherzige dies, mein lieber Felix und richte dich danach. Kommt heute noch dein Brief so finde ich auf dem großen Bogen wohl noch Platz zu einigen Worten. Dein Vater u Freund. – Ich habe Nichts Eiliges auf deinen eben erhaltenen Brief zu antworten, was mir noch einfällt kommt heut über 8 Tage.«

Der Vater versteckt sich hinter lebenspraktischer Argumentation, ohne die eigene emotionale Verflechtung zuzugeben. Wenn sein Alter ego Felix unter jüdischem Namen Karriere macht, ist das eigene Assimilationsprojekt in Gefahr. Er bürdet die Problematik seiner Vater-Beziehung dem Sohn auf und fordert dafür Gehorsam ein. Die finalen Formeln »mein lieber Felix« und »Dein Vater u Freund« sollen die Schärfe der Konfrontation abpolstern. Der Streß des Themas und der verwickelten Formulierungen führt bei Abraham zu einer derartigen Anspannung, daß er nach Abschluß des Schreibens – anläßlich des eben eingetroffenen jüngsten Briefes von Felix – keinem anderen Gedanken mehr Ausdruck verleihen kann.

Um so bewundernswerter ist die diplomatische Souveränität des Sohnes: »Lieber Vater Deinen Brief vom 8 ten July habe ich am Dienstag erhalten, und mich recht ernsthaft gefragt, ob ich mir wirklich, wie Du es sagst, Vernachlässigung oder Nicht-Achtung Deiner Befehle und Maßregeln habe zu Schulden kommen lassen, was natürlich nur aus Unachtsamkeit geschehn sein müßte, denn Du weißt recht wohl und traust mir zu, daß ich es aus Absicht und mit Vorsatz nicht gethan habe, und gewiß nicht thun will.« [41] Felix schildert seine Erfahrungen mit Konzertveranstaltern, legt dar, daß seine Person in der Öffentlichkeit mit dem Namen des Großvaters verbunden sei, und bestreitet, daß der Vater ihm je bedeutet habe, diesen Namen ganz abzulegen, »um nur den neuen zu behalten«. Der Brief des Sohnes klingt verbindlich, ergeben und selbstbewußt. Daß er wie alle seine Geschwister den Namen Bartholdy ablehnt, verschweigt er freilich. »Zum Beweise, daß ich für meine Person das Bartholdy weder vernachlässige noch supprimire, wollte ich Dir eigentlich Billete von Sir A. Johnston u. a. beilegen, die immer adressiren To Monsieur Bartholdy, auch meine neuen Visitencarten, aber ich denke, Du glaubst es mir, so wie ich es Dir sage, und es braucht der peinlichen Beweise davon nicht mehr; ich will nie vernachlässigen, was Du mir befiehlst, aber aus Absicht habe ich es auch wahrlich noch nicht gethan, und nun bitte ich Dich, lieber Vater, sey wegen der Sache nicht mehr böse. Sie ist nun einmal geschehen, u. insofern nicht mehr zu Ändern; daß aber meine Absicht nicht war, etwas gegen Deinen Willen zu thun, das glaube mir, und verzeihe mir, wenn ich unwissend Deinen Zwecken zuwider gehandelt habe.« Er unterschreibt förmlich, ganz korrekt, freundlich: »Dein F. M. B.«

Felix weicht aus, die gegensätzlichen Positionen werden heruntergespielt. Das elegante Zurückfedern ist seine Art des Fluchtversuchs. Doch die Auseinandersetzung und der drohende Vertrauensverlust beunruhigen Vater und Sohn. Sie versuchen bald darauf, sich auf halber Strecke zwischen London und Berlin zu treffen – ohne Erfolg, da Felix durch einen Unfall in London festgehalten wird. Als er am Ende des Jahres in die Familie zurückkehrt, bringt er – zur Silberhochzeit seiner Eltern – ein Singspiel mit, *Die Heimkehr aus der Fremde*: [42] die Geschichte eines jungen Mannes, der nach langen Kriegsjahren seiner Familie so verwandelt gegenübertritt, daß sie ihn zunächst nicht wiedererkennen.

Seinem Vater schwebt ein Erziehungsideal vor, das Gehorsam und Vertrauen kombiniert. Die meisten Briefe hat Abraham an seinen Felix geschrieben. Manchmal kürzt er die Schlußwendung, den bevorzugten Gruß *Dein Vater und Freund*, ab – eine Formel, die Autorität und Intimität beschwört. Im Alltag gelingt ihm diese Verbindung oft nicht. Aber selbst wenn diese behauptete Freundschaft mit dem Sohn unter Spannungen leidet, erneuert die Unterschriftsformel den Wunsch, der Intimus zu sein. Indem er sich wie selbstverständlich als Freund darstellt, spekuliert Abraham vor allem auf das ersehnte Echo: die Freundschaft des Sohnes.

Stafettenwechsel

Von keiner Vater-Sohn-Beziehung in der Mendelssohn-Familie sind so viele Details bekannt wie von der Verbindung zwischen Abraham und Felix. Außergewöhnlich an dieser großen Liebe, deren Entwicklung sich in beider Korrespondenz und in den Beobachtungen der Familie nachvollziehen läßt, ist das charakterliche Format des Sohnes, der den Vater zuletzt als »meinen einzigen ganzen Freund während der letzten Jahre und meinen Lehrer in der Kunst und im Leben« [43] bezeichnet. Während Abraham anfangs in seiner väterlichen Funktion zwangsläufig als Autorität, als die stärkere und prägende Person erscheinen mußte, zeigt sich Felix im Lauf der Jahre als die stärkere Persönlichkeit. Er ist in der Lage, auf die Zerrissenheit des Vaters ausgleichend und einlenkend zu reagieren, ohne sich zu verbiegen. So hat er im Streit um den Mendelssohn-Namen die eigene Position letztlich durchgesetzt, für seine Generation und die folgenden Generationen.

Dabei ist auch Felix – als Sohn seines Vaters, als Kind der dritten Assimilationsgeneration – dem Leistungsdruck der Anpassung ausgesetzt. Die Unruhe des Vaters setzt sich gewissermaßen in seinem Leben fort, doch zugleich findet er die Möglichkeit, die geerbten Spannungen und Zerreißproben durch seine Musik zu verarbeiten. Wo es zwischen ihm und seinem Vater knirscht, ohne daß die Verbindung zerbricht, stehen Felix und Abraham dann auch für viele andere Väter und Söhne in der Mendelssohn-Geschichte, die – aus dynastischer Räson, aus Pietät, aus Zuneigung – die Zusammenarbeit der Generationen nicht abreißen lassen. Es ist kein Zufall, daß die hochentwickelte Tradition der Hausmusik in den Bankierslinien wie in anderen Teilen der Verwandtschaft dazu beigetragen hat, familienintern auf künstlerischer Ebene zusammenzufinden: um unausweichliche Geschwister- und Generationskonflikte im schönsten Fall zu kompensieren.

Für eine Dynastie kann der Generationswechsel eine heikle Phase sein. Das Lebenswerk Moses Mendelssohns bestand darin, die Anforderungen von morgen mit den Erfahrungen von gestern in Einklang zu bringen, doch vermochte die Mehrzahl seiner Kinder seinen Erfahrungen nicht mehr zu folgen. Für spätere Mendelssohn-Generationen wird die Stafettenübergabe, da die Abkehr von einer diskriminierten Religion keine Rolle mehr spielt, äußerlich weniger dramatisch verlaufen. Besonders in den Bankierslinien, wo Kontinuität für das Geschäft wichtig ist, funktioniert der Wechsel von den Vätern zu den Söhnen, zumindest äußerlich. Abraham Mendelssohn Bartholdys Geschichte als Vater seiner Söhne steht für den schwierigen wie für den gelungenen Stafettenwechsel. Er verpflichtet seinen Sohn Paul, der im Schatten des großen Bruders steht, das kaufmännische Erbe anzutreten; glücklich wird der Jüngste dabei nicht. Seine eigenen künstlerischen Ambitionen hat Abraham dagegen auf Felix übertragen, der in der Lage ist, dem Rat des Vaters weitgehend zu folgen und dennoch dem eigenen Genius treu zu sein. Er wird nach dem Tod des Vaters, den er zunächst als Katastrophe empfindet, mit der Gestaltung des eigenen Lebens neu beginnen: eine Mendelssohn-Geschichte vom Aneinander-Festhalten und von der Schwierigkeit, erwachsen zu werden.

Die Vorbilder

Ein Nachmittag im Bankhaus J. & A. Mendelssohn, zu Beginn der 1820er Jahre. Seit sechs Jahren residiert die Firma im Haus Jägerstraße 51. Seit 17 Jahren sind die Brüder Kompagnons. Der Firmengründer erhebt die Stimme, ein Tenor: »Ich J. Mendelssohn«. Der Baß antwortet: »Ich A. Mendelssohn«. Sie schmettern ein Duett, schauen auf ihre Bilanzen. »Wir J. et A. Mendelssohn, Mendel-Mendelssohn: Zahlen, empfangen, zahlen, empfangen nur bares Geld und Cassenscheine. Ja fest soll dies stehen, Bruder schlags nur an: süße Freundschaft! Süße Freundschaft! Welche Wonnen, welch Entzücken!« Da zerspringt die beschworene Harmonie. »Doch von Musik verstehst Du nichts«, spottet

Abraham, »denn die ›Olimpia‹ ist schlecht, denn die Olimpia die ist ganz schlecht [...].« Die Brüder geraten über Gaspare Spontinis Monumentaloper *Olimpie* aneinander. »Ich soll von Musik nichts verstehn!« Joseph Mendelssohn ist empört. »Das muß ich wirklich einmal sehn. Denn die ›Olimpia‹ ist sehr schön. Ja, ›Olimpia‹ ist sehr schön [...].« – »Ei schweige«, knurrt Abraham. Das provoziert den Bruder, der Ton wird schärfer. Den Angestellten klirren die Ohren: »Thut das Feuer nicht anschüren. Ich kann keine Kasse führen!« – »Was willst du?« fragt Joseph den Bruder gereizt. Sie singen nun mit- und gegeneinander: »Unsere Eintracht, unsere Eintracht stören kann sie ›Olympia‹ allein. Stille, stille, stille – « Neunundzwanzigmal Stille. In diese Waffenruhe platzt ein Künstler mit grellem Sopran. »Was will er denn, mein Herr, was will er, will er denn mein Herr?« fragen J. und A. Mendelssohn unwirsch. »Konzert zu geben bin ich hier«, bekennt der Sänger, worauf die Brüder einmütig erwidern: »Schon wieder einer von dieser Race. Mach dass du fortkommst, damit ich dich nicht schasse.«

Der große Bruder

Die Szene hat Felix dem Geschäftsalltag seines Vaters und seines Onkels abgelauscht. Das Singspielfragment, mit dem der Elfjährige erstmals sein Talent der Verarbeitung familiärer Situationen zu häuslichen Singspielen beweist, ist nie aufgeführt worden.[44] Die Büroatmosphäre und die Last des Mäzenatentums werden skurril skizziert, am markantesten ist jedoch die Beziehung der ungleichen Brüder gezeichnet: ihr Bemühen, den geschäftsmäßigen Schulterschluß zu demonstrieren, und der rechthaberische Nervenkrieg einer langjährigen Partnerschaft. 1819/20 haben sich beide Brüder lange in Paris aufgehalten, wo gerade Spontinis *Olimpie* zum Gefallen des einen, zum Mißfallen des anderen ihre Premiere erlebt. Felix verwendet prompt die ästhetische Meinungsverschiedenheit zwischen Vater und Onkel für sein holpriges Libretto. Den eigentlichen Grund für die Gereiztheit der Brüder benennt das Singspiel nicht. Manifest wird der Konflikt ein

Jahr später, als Joseph und Abraham ihre geschäftliche Verbindung beenden. Von dieser »einvernehmlichen«, aber in der Folge die Familie belastenden Trennung der langjährigen Partner klingt schon mancher schräge Ton zwischen den Zeilen des ironischen Singspiels an, was seine Aufführungschancen – mit der zunehmenden Entfremdung der Brüder – kaum gesteigert haben dürfte.

Abraham Mendelssohn Bartholdy hat nach dem frühen Tod des Vaters in seinem sechs Jahre älteren Bruder zunächst eine Orientierungsfigur gefunden – und den familiären Rivalen. In seiner lebenslangen Auseinandersetzung mit Joseph bleiben der Vater Moses und dessen Vermächtnis, von dem sich der Jüngere befreien möchte, stets präsent. Joseph steht für ein jüdisch-deutsches Erfolgsmodell der Integration, den funktionierenden Spagat zwischen traditioneller Religion und gesellschaftlicher Anerkennung. Abraham Mendelssohn Bartholdy wählt – entschiedener als jeder andere Mendelssohn der zweiten Generation – einen anderen Weg: den der Assimilation. Seine gestörte Beziehung zum älteren Bruder und seine frühe Suche nach anderen Vorbildern verdeutlichen seine Haltung zur eigenen Herkunft.

Joseph ist das Familienoberhaupt, und er ist als Gründungsmitglied der »Gesellschaft der Freunde«, in der auch Abraham gelegentlich ein Ehrenamt übernimmt, die Respektsperson mit den älteren Rechten. Joseph ist der Gründer des Bankhauses und als Kompagnon in der 1804 von beiden Brüdern gegründeten Firma der Senior mit den besseren Kontakten. Seine Souveränität und Verläßlichkeit machen den jüdischen Kaufmann zum Vertrauenspartner preußischer Finanzpolitiker, schließlich zum führenden Bankier der Hauptstadt. Während seines Aufenthalts in Paris 1819 bezeichnet ihn die Kanzlei des Staatskanzlers von Hardenberg als »unseren dort anwesenden Banquier«.[45] Mit den geschäftlichen Erfolgen des Älteren kann Abraham nicht konkurrieren. Als er sich Anfang der 1830er Jahre bei dem Präsidenten der Preußischen Seehandlung beschwert, ihm, dem frei agierenden Finanzmakler, seien Anteile an einem Prämiengeschäft der Seehandlung nicht direkt angeboten worden, rechtfertigt ein internes Schreiben, verfaßt von einem geschäftlichen

Konkurrenten, die Entscheidung mit dem Hinweis auf die schwierige, unzuverlässige Persönlichkeit Abrahams: Selbst Joseph Mendelssohn, der verläßliche Geschäftspartner, sei »wegen des Bruders in Verlegenheit«. Es folgt ein Vergleich der drei Mendelssohn-Kaufleute, bei dem Joseph und dessen Sohn Alexander als noble Partner erscheinen, während Abraham Mitleid erregt: Er sei ein »Mann der vielleicht ¾ seines Vermögens verloren und seine kaufmännischen Stellung größtentheils eingebüßt« habe. Man habe ihm, bei dem »alles von augenblicklicher Laune und Stimmung abhängt«, auch deshalb keine Anteile anbieten können, weil er »Jedem ohne Ausnahme erzählt, das Geschäft wird aus geboten und sey ihm beinahe aufgedrungen«. Abraham gehöre »zu denen, welche niemals gefehlt oder [falsch] gesehen haben wollen – er muß also in [jeden] Fällen jede Schuld andern unterlegen«. Ihm sei freilich nichts übelzunehmen, »der Mann ist durch seine Handlungsweise um einen großen Theil seines Vermögens gekommen, hat nicht die jetzige Kraft, sich darüber hinweg zu setzen – ist zum Theil mit der Welt und sich zerfallen, und besitzt eine ungemeßne bitterkeit, weshalb er in der That wohlwollende Rücksicht verdient«.[46] Dieses Versagerbild, die drastische Beschreibung kaufmännischer Niederlagen und charakterlicher Mängel, legt nahe, wie wichtig es für den Finanzmakler Mendelssohn Bartholdy ist, den großen Bruder, der ihm immer ein paar Schritte voraus ist, auf einem Gebiet zu übertrumpfen: als stolzer Vater, Manager und Berater des gefeierten Künstlers Felix.

Die Brüder haben sich auseinandergelebt; für beide scheint in derselben Firma, in derselben Gemeinde kein Platz zu sein. Fünfunddreißig Jahre ist es her, seit der besorgte Paris-Reisende Abraham in einem Brief nach Berlin seinen Ersatzvater Carl Friedrich Zelter inständig gebeten hatte, sich mit dem Bruder wieder zu versöhnen. »Nun noch eine Bitte an Sie lieber Zelter! wegen einer Sache die mir sehr am Herzen liegt. Sie können nicht glauben, wie sehr drückend es mir war, das Verhältnis zwischen Ihnen und Joseph so verschoben zu wißen; zuletzt kamen Sie einander etwas näher, wie stehen Sie jezt? sagen Sie mir es bald und aufrichtig [...].«[47]

Der väterliche Freund

Carl Friedrich Zelter – Maurermeister, musikalischer Autodidakt, Komponist – wird Abrahams Bezugsperson in wichtigen Jahren seines Lebens. Er verkörpert wie sein langjähriger Brieffreund Goethe jene deutsche Kultur, der sich der assimilationswillige junge Bankier verbunden fühlt. Zelter ist temperamentvoll und energisch, kommunikativ und autoritär, jovial und cholerisch, poetisch und grob. Als der 17jährige Abraham aus Neustrelitz nach Berlin zurückkehrt, wird – in der ersten Hälfte der 1790er Jahre – Zelters Familie sein Zuhause. Abraham hat nun Anschluß an eine große musikalische Familie, Nestwärme und einen Ratgeber. Der Hausherr ist achtzehn Jahre älter als sein Zögling und gerade dabei, zum zweiten Mann der Singakademie aufzurükken, in die er Abraham einführt; kennengelernt haben beide sich möglicherweise bei einer musikalischen Gesellschaft Sara Levys, einer Tochter Daniel Itzigs. In der Singakademie, dem bürgerlichen Zirkel zur Pflege christlicher Sakralmusik, findet Abraham das Forum zum Ausdruck der eigenen musikalischen Begeisterung. Im Sommer 1799 schreibt er aus Paris an seinen väterlichen Freund einen sehnsuchtsvollen Brief – ein Zeugnis tiefsten Vertrauens: »Je weiter ich komme lieber Z:, je mehr ich mich kennen lerne, je mehr sehe ich, daß ich Ihnen *alles* schuldig bin, was ich geworden bin und was ich je werden kann; ich habe nicht glücklich genug seyn sollen, Sie früher oder länger zu kennen, aber ich danke Ihnen drey Jahre in denen ich die glücklichsten Momente meines Lebens genoßen habe, und es ist das höchste was der Mensch dem Menschen zu danken haben kann, was selbst den gebenden an den Empfangenden bindet, was mich selbst noch jetzt auf Ihre Freundschafft so sicher rechnen läßt als Sie auf meine ewige Dankbarkeit und Liebe rechnen können. [...]Ich habe Ihnen unendlich viel zu sagen, aber immer nur über mich und von mir, und ich weiß ja noch nicht ob Sie das noch genug intereßirt um es nur zu lesen; daher schreib ich Ihnen diesen brief gleichsam wie ein Verirrter in der finstern Nacht, leere Töne und unzusammenhängende Worte ausruft, um zu hören ob ihm jemand antwortet, den er dann um Schutz und Aufnahme in seine Hütte bitten kann. Wenn Sie mich glücklich machen wollen so schreiben Sie mir *bald* sehr bald und freundschafftlich. [...] Wenn ich mich recht sammeln will, so denke ich mir so recht lebhaft einen Abend in Ihrem Hause wie ich deren so viele glückliche verlebt habe, aber wenn es mir dann einfällt daß sich gewiß vieles verändert habe, und daß ich gar nichts davon weiß so stört der mein ganzes Vergnügen, und Zweifel und Ahndungen verdrängen meinen ruhigen Genuß.«[48]

Nach seiner Rückkehr in die Heimatstadt, im Sommer 1811, tritt Abraham dem verehrten Chorleiter als Geschäftsmann und Familienvater gegenüber. Er gewährt Zelter günstige Kredite und engagiert ihn als Lehrer für Fanny und Felix. Das einstige Vorbild wird sein Angestellter. Der Unterricht endet 1826, nach der Aufführung der Ouvertüre zum *Sommernachtstraum*. Das Stück ist der künstlerische Durchbruch des jungen Komponisten, dessen Ausnahmebegabung bereits im Vorjahr der greise Luigi Cherubini ein positives Urteil ausgestellt hat. Abraham kommt zu dem Schluß, daß sein meisterhafter Sohn den Kompositionslehrer nicht mehr braucht. Zelter selbst erteilt seinem Schüler zwar »im Namen Mozarts, Haydn's und im Namen des alten Bach« den »Gesellenbrief«,[49] ist über dieses Ende seiner Lektionen jedoch verärgert – und weiterhin zweimal wöchentlich bei den Mendelssohn Bartholdys zu Gast.

Seine Vorbehalte gegenüber dem Judentum wird Zelter vor Abraham kaum verborgen haben. Er mußte nicht damit rechnen, den mittleren Sohn des Moses, den späteren Konvertiten, als Verteidiger des Judentums zu erleben. Er war informiert über Abrahams ersten förmlichen Schritt zur Abwendung von der Synagoge, die versäumte Beschneidung des Erstgeborenen, über Familien- und Gemeindekonflikte, die dieser Traditionsbruch nach sich zog. Daß Zelters Einstellung zu »den Juden« das Selbstwertgefühl des aufstrebenden Kaufmanns Mendelssohn beeinflußt hat, ist wahrscheinlich. Zelter war kein Judenfeind, hat aber in seinen Briefen an Goethe rassistische Klischees reproduziert – auch in Anmerkungen zu *seinen* Mendelssohns, denen er, wann immer sie sich zur Aufwartung bei Goethe ankündigen, ein wohlwollendes Entree bereitet. Die Frau Joseph Mendelssohns preist er jovial als »eine Freundin meiner besten Jahre und das schönste weibliche Geschöpf, was mir vorgekommen ist«.[50] Die Frau habe »etwas Orientalisches behalten«,[51] wie er es gern habe: »Das Frauchen ist von der besten Güte und war vor 20 Jahren wirklich eine Rarität, ein rechtes Täubchen [...].«[52] Von Abraham berichtet Zelter, dieser habe sich nach dem Tod des Vaters sein »Haus mit dem, was drinne war, gefallen lassen. Er gehört zu den Braven [...] ist mir sehr gewogen, und ich habe offne Kasse bei ihm, denn er ist in den Zeiten der allgemeinen Not ohne Schaden an seiner Seele reich worden«.[53] Am 26. Oktober 1821 kündigt Zelter dann seinen Besuch bei Goethe an: Er komme »mit einem zwölfjährigen muntern Knaben, meinem Schüler, dem Sohn des Herrn Mendelssohn«. Dieser sei »zwar ein Judensohn, aber kein Jude. Der Vater hat mit bedeutender Aufopferung seine Söhne nicht beschneiden lassen und erzieht sie, wie sich's gehört; es wäre wirklich einmal eppes Rores, wenn aus einem Judensohn ein Künstler würde.«[54] Als der Brief bald nach dem Tod Zelters – unter Auslassung des Beschneidungsthemas – veröffentlicht wird, löst er bei den Mendelssohn Bartholdys Bestürzung und tiefe Enttäuschung aus.

Trotz seiner Sympathien für einzelne Vertreter der Minderheit ist Zelters verächtliche Distanz zum jüdischen Kollektiv nicht zu überhören. Er redet mit gespaltener Zunge, drückt sich gegenüber geborenen Christen anders aus als vor Bekannten jüdischer Herkunft. Wo Abraham dem verehrten Freund näherkommen will, muß er diesen Abstand zur eigenen Abstammung verinnerlichen – die Empfindung der Zwiespältigkeit gegenüber der eigenen Geschichte.

Mit Goethes Segen

Bei seinen ersten Begegnungen mit Johann Wolfgang Goethe 1797 und 1816 gehört Abraham Mendelssohn noch dem Judentum an, bei seinen letzten Weimarer Besuchen in den 1820er

Jahren ist er bereits getauft. Die erste Begegnung ist Zufall. Abraham macht mit seinem Freund, dem Arzt David Veit, im August 1797 auf dem Weg nach Paris halt in Frankfurt am Main. Die jungen Männer entdecken den berühmten Dichter im Theater, Veit spricht ihn an, man verabredet sich für den nächsten Tag. »Sind Sie ein von Mendelssohn? fragte er mich, und das war das erstemal daß ich meinen Vater ohne Beywort und so nennen hörte wie ich es immer wünschte.« Diese Bemerkung kann sich auf den Zusatz »der Jude« beziehen oder auf ein rühmendes Adjektiv; sie verrät so oder so, daß die Nennung und Bekanntheit seines Vaters für den Sohn ein Problem darstellt – wenngleich er davon profitiert. Man redet über Kultur, eine halbe Stunde lang, die Abraham »warlich stärkend« ist. Er geht anderntags nochmals in die Komödie, sieht Goethe drei Logen weiter und streift ihn beinahe in der Pause: »[...] er erkennt mich, erwiedert mein Compliment mit vieler Höflicheit, und da ich sogleich vorbeygehen will, so redet er mich an, und ich sprach wieder eine halbe Stunde mit ihm. Das soll was sehr seltenes bey ihm seyn, und ein Beweis, daß ich ihm nicht misfallen habe. Den hat die Natur zum großen Mann gezeichnet, und in seinem Auge steht alles da, was er jemals gutes und großes gemacht hat; wenn man ihm gegenüber steht und ihm scharf ins Auge sieht, so erweitert sich der Raum zwischen ihm unmerklich und ganz ungeheuer, man hört ihn kaum mehr sprechen, und weiß doch ganz genau was er gesagt hat [...]. Ich kam einigemal in Verlegenheit denn ich sah ihn äußerst scharf und oft an, und er hat die Gewohnheit, jeden den er zum erstenmal sieht, ganz genau und fast unverrückt mit seinen Augen anzusehen; daher wir uns oft begegneten. Der nur kann Göthe stolz finden, der gern alles zu sich herunterziehen will und die Mühe sich ein wenig anzustrengen, und zu überdenken, was er spricht, scheut, mir machte es ein unendliches Vergnügen mich in seiner Gegenwart gewißermaßen erhoben zu fühlen. [...] Er spricht stets mit großem Ernst ganz kurz und gedrängt, und verlangt kurze und bestimmte Antworten; ich war davon prevenirt, bemühte mich sehr ihm wie er es gern hat zu antworten und das hat ihm vielleicht gefallen.«[55]

Jahrzehnte später werden dieser ersten Goethe-Beschreibung die enthusiastischen Berichte des jungen Felix aus Weimar folgen. Abrahams Frankfurter Begegnung wird zur Initialzündung einer Goethe-Verehrung, an der sich alle Mendelssohns beteiligen. Bei den folgenden Besuchen in Weimar, jeweils auf der Durchreise von oder nach Paris, wird Abraham stets versuchen, die Intensität dieser ersten Begegnung wiederherzustellen. An der Anerkennung, die sein Wunderknabe Felix durch Goethe erfährt, an der Gemeinschaft, die er mit dem berühmten Geheimrat erleben darf, nimmt die ganze Verwandtschaft teil. Goethes Segen und Zuneigung autorisieren die künstlerische Berufswahl des Sohnes Felix – und bekräftigen damit den Assimilationsweg der Mendelssohn Bartholdys. Daß Goethe anläßlich der Weimarer Judenordnung von 1823 gegen christlich-jüdische Mischehen sein zorniges Veto einlegt, dringt aus den Kabinettsräumen nicht an die Öffentlichkeit. Für Abraham und andere Mendelssohns ist er »weit über jede Gemeinheit erhaben«.[56] Im Goethe-Kult jener Jahre öffnet sich den Assimilierten das Heimatland deutscher Kultur. Nach Abrahams Meinung muß man alles von Goethe lesen – bis auf die *Farbenlehre*, die unmoralischen *Wahlverwandtschaften* und das »ungesalzene Ragout« der *Wanderjahre*.[57] In Goethe harmonieren für ihn Kunst, Erfolg und Macht. So krönt seine Frau Lea eine Karriereberatung ihres Felix mit der Bemerkung: Es »wäre aber auch Tadelns werth, dich dem Publikum, der Kunst u. Geist [zu] entziehen, wenn sie Dich rufen, v. Goethe sagt: die Gegenwart ist eine mächtige Göttin«.[58]

»Er ist zwar ein Judensohn, aber kein Jude«: Als Abraham im Dezember 1833 diese auf Felix gemünzte Bemerkung im postum publizierten Briefwechsel zwischen Goethe und Zelter liest, trifft sie mittlerweile auch auf ihn zu. Fünf Wochen zuvor ist ihm »ein neuer Bürgerbrief nach christl. Ritus und unter dem erhaltenen Namen ausgefertigt worden«,[59] elf Jahre nach seiner Taufe. Der Seitenhieb des Familienfreundes, dem man faktisch nicht widersprechen kann, bringt das Dilemma der Assimilation auf den Punkt: die »Zwar-aber«-Haltung der Mehrheitsgesellschaft, den Übergang vom christlichen Antijudaismus zum biologischen

Rassismus. Für Abraham bedeutet Zelters »Zwar-aber« das Scheitern seines Anpassungsweges: Seine Herkunft holt ihn ein, er wird von anderen darauf festgelegt.

Der jüdische Lehrer

Die Anziehungskraft der Vorbilder Goethe und Zelter hat für Abraham gegen Ende seines Lebens nachgelassen, spätestens als er ihre Korrespondenz liest und sich – »jeder Brief ein Stich ins Herz«[60] – von den einstigen Leitfiguren verraten fühlt. Der Ausstrahlung seines Bruders Josephs kann er sich noch als Erwachsener kaum entziehen; allerdings verkörpert der Ältere die Tradition, mit der er selbst inzwischen gebrochen hat.

Doch eine andere jüdische Bezugsperson wird ihm lebenslang in Erinnerung bleiben. Der elsässische Mathematiker Moses Metz Ensheim, ein Mitglied des Berliner Aufklärungszirkels um Moses Mendelssohn, wird 1782 für fünf Jahre Abrahams Hauslehrer. Ensheim, der sich dem elterlichen Wunsch, Rabbiner zu werden, entzog, indem er auf Wanderschaft ging, kennt die jüdische Tradition. Mit dem fünfzehnjährigen Joseph und dessen Schwager Simon Veit analysiert er eine Übersetzung des mittelalterlichen Philosophen Maimonides. Auch Abraham hat den grandiosen Denker, eine freundliche Persönlichkeit, ins Herz geschlossen. Zurückgekehrt ins Elsaß, lebt Ensheim von Privatlektionen, da er als Jude an der Metzer École Centrale keine Anstellung erhält. Er schreibt für das in Berlin erscheinende erste hebräische Periodikum *Der Sammler* und fördert publizistisch die Emanzipation der Juden. Für die jüdische Gemeinde von Metz verfaßt er zum ersten Jahrestag der Republikgründung und zur Feier des Sieges der französischen Armee über die königlich-preußischen Truppen bei Valmy einen hebräischen Hymnus auf die Ideale der Revolution, der zur Melodie der *Marseillaise* in der Synagoge gesungen wird. Er ist die politisch aktivste Figur im Leben des jungen Abraham. Als sich die Familie nach dem Tod des Vaters zerstreut, schwärmt Abraham immer wieder von seinem wunderbaren Lehrer. Ende August 1797, auf der Reise nach Paris, findet er ihn in Metz wieder und drängt ihn, nach Berlin zu gehen, den Bruder Joseph und den Freund Zelter aufzusuchen. Er stellt sich vor, wie es wäre, wenn Ensheim und Zelter, diese verschiedenen Charaktere, einander umarmten. »Ich freue mich wie ein Kind auf die Bekanntschaft zwischen Ihnen beyden«, schreibt er an Zelter nach Berlin.[61] Zuletzt arbeitet Ensheim in Bayonne als Hauslehrer bei Verwandten eines Führers der französischen Juden, mit denen die Mendelssohn Bartholdys noch in den 1820er Jahren in Kontakt stehen. Einen Teil seines Vermögens vermacht er der jüdischen Elementarschule seiner Heimatstadt. Nachrufe ehren ihn 1839 als Fürsprecher der religiösen Reformbewegung. Er ist ein politisch aktiver Jude der neuen Zeit, der seinen eigenen Weg geht, um so seiner jüdischen Herkunft treu sein zu können. Abraham hat seine Nähe gesucht, seine Intelligenz bewundert, ohne sich an der Haltung des einstigen Lehrers zum Judentum zu orientieren. Er hat mehrfach erwogen, für immer nach Frankreich zurückzukehren, wo die Gleichberechtigung der Juden weniger Rückschlägen erlitt als in Deutschland. Seinen ehemaligen Schüler hat Ensheim nicht nur durch den Vornamen Moses an Vater Mendelssohn erinnert: Er bleibt als gläubiger Jude den Idealen der Aufklärung treu. Schließlich muß Abraham sich damit abgefunden haben, daß die Überzeugung dieses Mannes, der ihm menschlich soviel bedeutete, sich mit seinen eigenen Lebensentscheidungen nicht vertrug.

Der Namensgeber

Jacob Ludwig Salomon Bartholdy, Leas ältester Bruder, ist für seinen Schwager Abraham ein Vorbild mit Widersprüchen: Diplomat und Spieler, Konvertit und Konservativer, Verführer und Ratgeber. Und ein verlorener Sohn.

1805 läßt sich der geborene Salomon taufen, bald darauf erscheint sein erstes Buch, *Bruchstücke zur näheren Kenntniß des heutigen Griechenlands*, unter seinem Christennamen. Bartholdy heißt die Meierei seiner Mutter am Schlesischen Tor, seinen jüdischen Nachnamen führt Jacob nun als dritten Vornamen. Er studiert, reist durch Europa und Kleinasien, kämpft in der Wiener Landwehr gegen Napoleon und erlebt 1809 den Aufstand der Tiroler gegen Frankreich. Er begleitet den preußischen Staatskanzler von Hardenberg nach Paris, London, auf den Wiener Kongreß, wird Preußens Generalkonsul in Rom und Preußens Geschäftsträger am Hof von Florenz, engagiert sich als Kunstsammler, Mäzen und Kritiker. Abraham Mendelssohn kennt er aus jungen Jahren. Man trifft sich in Paris, Wien und Prag. In Berlin führt Abraham die Geschäfte Bartholdys. Dessen bekanntester Brief an den Schwager handelt – angeblich – von der Erfindung des Namens Mendelssohn Bartholdy.

Anläßlich der Taufe seiner Nichten und Neffen 1816 schreibt Bartholdy an Abraham: »Du sagst, Du seiest es dem Andenken Deines Vaters schuldig – glaubst Du denn etwas Übles getan zu haben, Deinen Kindern diejenige Religion zu geben, die Du für sie, für die bessere hältst? (Hier ist weder von Dogmen noch vom Wesen der Religion selbst die Rede); – Es ist gerade zu eine Huldigung die Du u. wir alle, den Bemühungen Deines Vaters, um die Wahre Aufklärung im Allgemeinen zollen; u. er hätte wie Du, für Deine Kinder, vielleicht wie ich, für meine Person gehandelt. Man kann einer gedrückten, verfolgten Religion getreu bleiben; man kann sie seinen Kindern als eine Anwartschaft auf ein sich das Leben hindurch verlängerndes Märtyrthum aufzwingen; – solange man sie für die alleinseligmachende hält; aber so wie man dies nicht mehr glaubt, ist es eine Sünde. – Ich würde rathen daß Du den Namen Mendelssohn-Bartholdy, zur Unterscheidung von den übrigen Mendelssohn's, annimmst; Von dem hernach Deine Kinder, das Mendelssohn wenn sie erwachsen sind, u. es gut finden weglassen können, welches mir um so angenehmer seyn wird, – da es die Art ist auch mein Andenken bey ihnen zu erhalten, u. worüber ich mich herzlich freue. So erreichst Du Deinen Zweck, ohne etwas Ungewöhnliches zu tun; – Denn in Frankreich u. überall ist's Brauch den Namen der Verwandten der Frau dem seinigen als Unterscheidung beyzufügen.«[62] Der Konvertierte legt Abraham nahe, sich von der jüdischen Verwandtschaft unmißverständlich abzugrenzen – eine Argumentation, die Abraham ein gutes Jahrzehnt später gegenüber seinem Sohn ähnlich wiederholt. Zum Zeitpunkt dieser Korrespondenz ist die Taufurkunde von Fanny, Felix, Rebecka und Paul bereits mit der Anmerkung versehen, Abraham und Lea wollten »zu ihrem gemeinschaftlichen Familiennamen Mendelssohn noch den Nahmen Bartholdy hinzufügen«;[63] oder dieser Vermerk wurde erst nach der Lektüre des Briefes hinzugesetzt.

Über Bartholdys religiöses Selbstverständnis fehlen eindeutige Zeugnisse. In seinem Griechenland-Buch stellt er fest, die Juden seien seit Moses Zeiten ein Volk der Sklaven und der Sklavengesinnung geblieben.[64] Seine Konversion verschweigt er – anders als seine Schwester Lea – der eigenen Familie nicht und macht sie bald publik, da sie sein berufliches Fortkommen fördert. Zur Wahrheitsfrage verhält sich der Angepaßte – »Hier ist weder von Dogmen noch vom Wesen der Religion selbst die Rede« – indifferent; ironisch thematisiert er die eigene Abstammung: »Ich liebe sehr Geschenke zu bekommen u. zu machen. – Das liegt noch im orientalischen Blute wo alle Verhandlungen u. Freundschaften so anfangen.«[65]

Daß dieser imposant aufgestiegene Schwager für Abraham eine Bezugsperson gewesen ist, legen der »Namensbrief« und gemeinsame Reisepläne nahe. Jacob Ludwig Salomon Bartholdy ist der verlorene Sohn einer orthodox jüdischen Mutter. Das kann Abraham, den distanzierten Sohn des großen Moses, nicht unberührt gelassen haben. Der Schwager ist 1810 zum letztenmal in Berlin gewesen, hat aber in den Folgejahren immer wieder eine Versöhnungsvisite bei der grollenden Mutter erwogen. »Mein Schwager Mendelssohn schreibt mir meine Mutter thue äusserlich blos böse gegen mich – u fange zuweilen an gegen ihn über mich zu schelten (ich weiß nicht worüber) damit sie den Spaß habe, mich von ihm vertheidigen zu hören […].«[66] Eine für ihn unvorteilhafte Testamentsverfügung beunruhigt später den von Geldnöten geplagten Lebemann. Über die Vermittlung seiner Nichte Fanny hofft er im Sommer 1821, bei Bella Salomon wieder in Gnaden aufgenommen zu werden.[67] »Wenn ich Mama wie es im nächsten Jahre, falls ich die Erlaubnis dazu erhalte, mein Vorsatz ist besuche, wird sich schon der Rest von Unmuth auch verlieren.«[68] Doch die Hoffnung trügt. Sein Gefühl, ein Verstoßener zu sein, wird nicht ausgeräumt. Am heraufziehenden Erbschaftsstreit zeigt sich, daß der verlorene Sohn die Verweigerung des elterlichen Segens nicht verwindet.

An diesen Verwerfungen nimmt Abraham als Hausgenosse und Testamentsvollstrecker der Schwiegermutter Anteil. Sein Abschied von Jacob verläuft fast so dramatisch und konfus wie die Biographie des Schwagers selbst. Früher hat er diesen kleinen Mann, den andere wegen seines Äußeren verspotten oder wegen seiner scharfen Zunge hassen, bewundert: seine Liebe zur Kunst, seine couragierte Polemik, seine für einen Judensprößling ungewöhnliche Karriere. Er hat sich mit dem von der Mutter verstoßenen Abtrünnigen identifiziert. Er hat das Chaos seiner Finanzen hingenommen und seine Spielsucht ignoriert, für die Jacob sogar seine Nichte Fanny einspannte, die ihm im Nachbarhaus am Gendarmenmarkt regelmäßig Lotterielose kaufen mußte. Zuletzt geht Abraham der ewige Streit um Geld und Religion, den das Testament seiner Schwiegermutter entfacht, zu sehr auf die Nerven. Als er erfährt, daß seine unbeschnittenen Söhne von dem Erbe ihrer Großmutter ausgeschlossen sein sollen, droht er, das Amt des Testamentskurators abzulehnen, bis sie ihren Letzten Willen korrigiert. Nun regt sich Jacob auf: wegen seiner Benachteiligung aus konfessionellen Gründen. Im März 1824 stirbt Mutter Bella. Jacob protestiert gegen das Testament, Abraham legt die Kuratel nieder. Im Jahr darauf stirbt Jacob, wenige Monate nach seiner überraschenden Entlassung aus dem diplomatischen Dienst – und Schwager Abraham hockt mit dessen Nachlaßverfügungen und Schulden in Berlin, mit peinlichen Enthüllungen über ein verworrenes Leben – über Geliebte und deren Kinder in Rom –, mit der Verantwortung für die Kunstwerke, die jetzt verkauft werden müssen, während gleichzeitig die römischen Begünstigten des Testaments befriedigt werden wollen und Verwandte in Wien und Berlin beleidigt sind. Bartholdys Vermächtnis beschäftigt Abraham noch lange, die Kunstsammlung des Schwagers soll er an königlich-preußische Sammler vermitteln. Jacobs Leben, ein eindrucksvolles Abenteuer mit skandalträchtiger Bruchlandung – das wäre wohl doch nicht Abrahams Stil gewesen. Aber seinen Namen hat er übernommen.

Das frühere Schabbes-Gefühl

Dreimal hält der Zug auf dem Weg zum Grab an. Dann beten sie den Psalm »Der du im Schirm des Höchsten sitzest«[69]. Natürlich auf hebräisch. Von ihrem Haus in der Kommandantenstraße ist es nicht weit bis zu dem Friedhof, auf dem sein Vater schon lange liegt. Die letzten sechs Jahre haben sie im Haus der Schwiegermutter gewohnt. »Er, sag' ich, wird dein Retter seyn / Wenn Netze drohn, wenn Seuchen töten. Mit seinem Fittig deckt er dich; dein Schirm ist unter seinen Flügeln.«[70] Sie wollte nicht, daß er die Synagoge verläßt. Aber schließlich hat sie sich damit abgefunden. »Erzittre nicht bey nächtlicher Gefahr; für Pfeile die des Tages schwärmen; Wenn nicht die Pest im Finstern schleicht; Nicht wann am Mittag Seuche wüthet.«[71] Er wird sein Trauerkleid nicht zerreißen, wie sich das gehört. Natürlich schauen ihn alle jetzt an. Vor zwei Jahren ist er getauft worden. Er kann nicht so tun, als wäre er noch Jude. »Du wirst auf Leopard und Otter treten, zerdrücken Löwenbrut und Drachen.«[72] Dann wird der Sarg hinabgesenkt, mit einem Beutel Staub aus Erez Israel. Der Rabbiner sagt: »Vom Staub kommst du, zum Staub gehst du.« Auf hebräisch. Abraham wirft drei Schaufeln mit Berliner Erdklumpen hinterher. Beim Kaddisch steckt ihm der Kloß im Hals. »Erhoben und geheiligt werde sein großer Name in der Welt, die er nach seinem Willen erschaffen, und sein Reich erstehe in eurem Leben und in euren Tagen.« Beim Verlassen des Friedhofs wäscht man sich die Hände. Das tut er auch, warum nicht. Er ist ja nicht schuld an ihrem Tod. Unreinheit werde auf diese Weise abgewischt, so heißt es. Er hat da seine eigene Meinung. Jetzt rufen sie den Hinterbliebenen zu: »Gott tröste euch mit allen, die um Zion und Jerusalem trauern.« Sie rufen auf hebräisch. Der Klang ist ihm fast vertraut, aber die Bedeutungen verschwimmen. Noch brennt das Trauerlicht in ihrem Haus, so soll es sein. Ein Jahr lang sollte es brennen. Elf Monate lang müßte er das Kaddisch sprechen für die Schwiegermutter. Das wird er wohl nicht tun.

Die Regularien

Den größten Teil seines Lebens, 46 von 59 Jahren, war Abraham Mendelssohn Bartholdy Jude. Seine Beschneidung ist durch seine eigene Aussage, mit Verweis auf »das Attest der hiesigen Beschneidungsgesellschaft«, im Bürgerbriefprotokoll vom 8. Januar 1805 bestätigt.[73] Als er gegen Ende der 1780er Jahre – möglicherweise in Neustrelitz – seine Bar Mizwa erlebt, ist der Vater bereits tot. Seine Hochzeit am 26. Dezember 1804, von der wenig mehr als das Datum überliefert ist, vollzieht Abraham nach dem jüdischen Ritual. Am 31. Mai 1805 legt er schließlich, obwohl zu jener Zeit in Hamburg ansässig, den Berliner Bürgereid ab – unter »Beobachtung der Gebräuche seiner Religion«.[74] Dieser »Judeneid« bestand aus einer Unschuldsbeteuerung, der Anrufung Gottes und der Selbstverfluchung bei Meineid. Zur Reform dieser Schwurformel, die den Rechtsverkehr zwischen Juden und Christen erst ermöglichte, aber diskriminierende Zusätze enthielt, hatte Moses Mendelssohn im Sommer 1782 ein ministeriales Gutachten erstellt.

Vielleicht hat Abraham in seinen Hamburger Jahren mit Rücksicht auf die Mutter religiösen Familienfeiern noch beigewohnt. Seine Pietät reicht zwar nicht aus, den Erstgeborenen beschneiden zu lassen, doch wird eine Taufe der drei ältesten Kinder zu Fromets Lebzeiten aufgeschoben. Als sie 1812 stirbt, ist ihr Sohn Abraham schon vor den französischen Behörden nach Berlin geflüchtet; an ihrer Bestattung auf dem Jüdischen Freidhof in Altona kann er nicht teilnehmen. Ein oder zwei Jahre nach ihrem Tod läßt Abraham drei Kinder ins Mitgliederverzeichnis der Jüdischen

Gemeinde zu Berlin eintragen, in dem auch Lea und er aufgeführt sind. Ein weiteres Jahr später, 1815, zeichnet sich als Ergebnis des Wiener Kongresses ab, daß die Versprechungen des Emanzipationsedikts, das den Juden die preußische Staatsbürgerschaft gewährte, in der postnapoleonischen Neuordnung Europas zurückgedreht werden. Im Folgejahr werden die vier Kinder Abraham Mendelssohns unter Ausschluß der Öffentlichkeit getauft. Schon während der Befreiungskriege beschäftigt sich Abraham mit einer möglichen Auswanderung; in der Diskussion mit seiner Frau wird daraus die Frage »emigrieren oder konvertieren«. Nach den Hep-Hep-Pogromen von 1819, die dem jüdischen Bürgertum plötzlich den Judenhaß der Bevölkerung und die Unsicherheit ihrer Gleichberechtigung vor Augen führen, gewinnen die Argumente für eine Emigration wieder an Gewicht. Die Schwiegermutter Bella Salomon allerdings akzeptiert weder einen Glaubenswechsel, der den Ihren das Bleiben erleichterte, noch die Trennung von ihrer Tochter und den Enkeln. Im Oktober 1822 lassen sich schließlich auch Abraham und Lea taufen, anderthalb Jahre später stirbt Bella Salomon. Wie von seinem Bruder Joseph, der dem Judentum treu geblieben ist, ohne daß die Teilnahme an einem Synagogengottesdienst überliefert wäre, ist auch über Abrahams Religionsausübung jenseits standesamtlich relevanter Regularien nichts bekannt. Während der jüdische Glaube in seinem Alltag keine Rolle spielt, erlebt er seine Zugehörigkeit zur jüdischen Minderheit als Bedrohung. Der Diskriminierungsdruck verstärkt die Distanz zur religiösen Tradition seines Vaters.

»Der entsetzliche Plan, über die Juden zu schreiben«

Abraham, der Mann des Übergangs, steht an einer Schnittstelle der jüdisch-deutschen Assimilationsgeschichte. Für den Wechsel von dem traditionsbewußten Judentum der ersten zum Protestantismus der dritten Mendelssohn-Generation ist der Einfluß seiner religiösen Einstellung und seiner Vermittlerrolle auf die eigenen Kinder entscheidend.

Welche distanzierten Ansichten über die jüdische Religion in der bürgerlichen Schicht verbreitet waren, der seine Ehefrau entstammte, läßt sich aus brieflichen Äußerungen Leas rekonstruieren. Eine wohlwollende Äußerung Leas über die Glaubensgemeinschaft und das Bekenntnis ihrer Vorfahren ist unter ihren zahlreichen Äußerungen zu diesem Thema schwer zu finden. »[...] haben Sie den entsetzlichen Plan aufgegeben, über die Juden zu schreiben?« fragt die 22jährige im Sommer 1799 ihren Brieffreund Garlieb Helwig Merkel, den Sohn eines aufgeklärten baltischen Pastors. »Sagen Sie mir nur, welch ein Gott oder welche Göttin könnte bei diesem Sujet präsidieren? Meiner kleinen Kenntniß der Mythologie und der Bewohner des Parnaß, Helikon und Pindus nach, gibt's keinen einzigen.«[75] Das Thema ist ihrer Meinung nach zu unansehnlich, als daß sich der christliche Schriftsteller darüber verbreiten sollte. Bald darauf wird sich der erste Verwandte in ihrer Familie taufen lassen, was Lea dazu anregt, die Motive der Konvertiten in auswegloser Lage – Liebesbeziehungen oder berufliche Notwendigkeit – zu verteidigen. Knapp zwei Jahrzehnte später, während in Preußen manche Errungenschaften der jüdischen Gleichberechtigung wieder zurückgenommen werden, befindet sie sich selbst in einer solchen Zwangslage. Sie fürchtet in Deutschland für die Lebenschancen ihrer Kinder, die sie zunächst ohne Wissen ihrer frommen jüdischen Mutter hatte taufen lassen, und nennt die Beschneidung, die sie ihren Söhnen erspart habe, eine »Kannibalenzeremonie«.[76] Der politische Druck auf die jüdische Minderheit hat wohl zu dieser Verschärfung des Tones beigetragen. Wenn Lea schließlich im März 1823, ein halbes Jahr nach ihrer eigenen Taufe, begründet, sie selbst sei vor allem deshalb mit ihrem Mann zum Christentum übergetreten, »um von den Kindern nicht getrennt zu sein«,[77] spielt ihre Einschätzung des Judentums als eine Religion archaischer Riten bereits keine Rolle mehr: Es geht ihr nun vor allem um die gemeinsame Zukunft der Familie.

Die herrschende Religion

Wo sich Abraham zu »den Juden«, ihrer Religion und ihrem Erscheinungsbild äußert, geht seine Kritik über Leas ironische Distanz hinaus. Das mildeste Urteil enthält sein Konfirmationsbrief an Fanny. Der ungetaufte Vater stellt voran, daß einst das Judentum die »herrschende« Religion gewesen sei, heute sei es das Christentum, und fährt fort: »Wir, deine Mutter und ich, sind von unseren Eltern im Judentum geboren und erzogen worden und haben, ohne diese Form verändern zu müssen, dem Gott in uns und unserem Gewissen zu folgen gewußt. Wir haben Euch, dich und deine Geschwister im Christenthum erzogen, weil es die Glaubensform der meisten gesitteten Menschen ist.«[78] Den ersten Satz könnte man so deuten, als seien die Eheleute insgeheim Juden geblieben – doch beinhaltet er wohl die nüchterne Feststellung, daß beide den Ausdrucksformen ihrer vormaligen Religion bereits entfremdet sind.

Härter klingt die Abgrenzung des mittlerweile Getauften neun Jahre später in jenem Brief an Felix, der die Auseinandersetzung um den Familiennamen enthält. Die Wahrheit sei »nur Eine und ewig, die Form aber vielfach und vergänglich«: Die Form des jüdischen Glaubens bezeichnet Abraham als »die veraltetste, verdorbenste, zweckwidrigste«; selbst das aufgeklärte »Judentum in der Übergangsperiode«, für das Moses Mendelssohn stehe, schließe sich, »weil es sich von Innen heraus rein geistig zu verwandeln strebt, der alten Form um so hartnäckiger und consequenter« an. Die Konsequenz sei für ihn der Übertritt gewesen: »so erzog ich Euch in der christlichen als der gereinigteren von der größten Zahl civilisirter Menschen angenommenen und bekannte mich auch selbst zu derselben, weil ich für mich thun mußte, was ich für Euch als das bessere erkannte«. Allerdings artikuliert sich an dieser Stelle zugleich Kritik des Stadtrats Mendelssohn Bartholdy an dem absoluten Wahrheitsanspruch eines alleinseligmachenden Christentums: an der »neuen Form« der Mehrheitsreligion, die »anmaßend und herrschsüchtiger« auftrete, indem sie behauptet, »eben nur durch sie sey das Gute zu erreichen«.[79] Sein Bekenntnis zum Toleranz-Credo der Ringparabel verhindert nicht ein polemisches Pauschalurteil gegen die »verdorbene« Form der alten Religion. In dem Angriff auf das Judentum meint Abraham, der Sohn, erklären zu können, warum er sich von seinem Vater losgesagt hat.

Wie man seine gesamte Familie verachtet

Die nächste Generation wird diese Einstellungen des Vaters verarbeiten und – zum Teil – eine andere Gelassenheit entwickeln. Das markanteste Zeugnis dafür ist ein Brief Rebeckas an ihren Neffen Sebastian Hensel, knapp zwei Jahrzehnte nach Abrahams Tod. Sie lese gerade mit Unbehagen ein überflüssiges Buch über einen »Schwachmatikus«, der dadurch nicht klüger werde, daß er mit Moses und Lessing verkehre: Berthold Auerbachs *Dichter und Kaufmann. Ein Lebensgemälde aus der Zeit Moses Mendelssohns*. Das Buch sei »zu jüdisch für einen Juden. Unsereins kann sich nicht Veilchen und Täubchen reizend denken, ich habe das ganze Buch durch gemauschelt«. Es habe sie jedoch »persönlich interessiert, weil ich an viele Erzählungen von Vater und Mutter dabei gedacht habe, namentlich Vaters tiefen Haß gegen das Judentum, der mir oft unangenehm war, wieder verschiedentlich darin erklärt und motiviert gefunden habe«.[80] Interessant an diesem Kommentar ist Rebeckas Selbstdefinition als Jüdin und ihre Ablehnung des väterlichen Antijudaismus. Den Selbsthaß des Vaters scheint sie, mittlerweile als Professorengattin im christlichen Bürgertum anerkannt, überwunden zu haben. Ganz entspannt wirkt sie allerdings nicht, die nostalgische Folklore Auerbachs geht ihr auf die Nerven. »Ich bin kein Judenfeind, es geht mir aber über den Spaß«, hatte Rebecka 26 Jahre zuvor, im Sommer 1829, noch ihrem Bruder Felix geschrieben. Der Anlaß war das schlechte Benehmen eines jüdischen Musikers. Damals hatte Felix gekontert: »Du, 1. Beckchen, mußt Rüffel besehen. Was meinst Du damit, daß Du schreibst, Du seyest keine Judenfeindin? Ich nehme an, das sey nur ein Scherz: denn sonst würde ich ganz andere Saiten aufziehen. Es ist wirklich sehr liebenswürdig von Dir, daß Du nicht Deine gesamte Familie verachtest, nicht wahr?«[81]

Felix vertritt unter den Geschwistern die entspannteste Position im Verhältnis zum Judentum. Im Februar 1833 schreibt er seinem Freund Klingemann nach England: »Bei Gott, das hübscheste Haus in Berlin machen Friedländers, ich war zweimal seit ich hier bin am alten Freitag [Vorabend des Sabbats] da, und die alten Bilder und Zeichnungen und das alte Klavier, und die alte schöne Stimme der kleinen Frau, und die alte Freundlichkeit von Joseph, und die Menge neuer kleiner Kinderchen rührte mich fast; wenn ich ihn am Jüngsten Tage nackt aus dem Grabe steigen sehe, so wird er mich fragen, ob ich am nächsten Freitag zu ihm kommen werde. Eigentlich sind das glückliche Menschen, und ich denke oft, ob ich nicht sehr klug wäre, auch eiserne Töpfe zu verkaufen, und wenn Zukunft und Vergangenheit nicht wären, so täte ichs am Ende.«[82] Der protestantische Kirchenmusiker ist durchaus in der Lage, mit der »doppelten Identität« gelassen umzugehen. Bei den jüdischen Freunden wird er zum Juden, feiert mit ihnen den Sabbat. Zugleich schaut er von außen auf diese andere Welt, die zu seiner Geschichte gehört. Die dritte Generation muß die Entscheidung der zweiten gegen die Religion ihrer Vorfahren nicht selber treffen und deren Kämpfe um Legitimation des Lebensweges nicht fortsetzen. Aber sie erinnert sich an Erfahrungen und an Ressentiments ihrer angespannten Eltern.

»Heute früh haben sie die Juden emanzipiert«

Im Sommer 1833, während eines England-Aufenthalts an der Seite seines Vaters, erlebt Felix eine Parlamentsdiskussion um die bürgerliche Gleichstellung der Nichtanglikaner, d. h. vor allem der Katholiken und Juden. »Heute früh haben sie die Juden emanzipiert«, schreibt er nach Berlin und nennt »Judenhasser«, die in der Parlamentsdebatte zu Worte kamen, mit der jiddischen Vokabel »Rohsche« (Bösewicht). Das Abstimmungsergebnis im

Unterhaus, 187 Ja- gegen 52 Nein-Stimmen, kommentiert er erleichtert: »Das ist ganz nobel und schön und erfüllt mich mit Dankbarkeit gegen den Himmel.«[83]

Am selben Tag wie Felix schreibt Abraham an Lea: »Es wird dich freuen, daß gestern im Unterhause die Juden Emancipations Bill durchgegangen ist, ich zweifle sehr, und ich höre, daß die eigentlichen Urheber diese Bill ebenfalls zweifeln, daß sie für diesesmal im Oberhause auch durchgehen werde, eben so wenig aber, daß auch hier partie remise nicht perdue sein wird, wobei denn freilich zu bedenken, daß für jetzt nur 27/m [27000] Juden überhaupt, unter ihnen sehr viele reiche, noch mehr wohlhabende und fast alle Nahrungsfähige, hier existiren, auf eine Bevölkerung von nahe an 24 Millionen, was freilich ein anderes Verfahren erlaubt, als das Preußische in Posen. Sobald diese Maasregel hier durchgesetzt sein wird, dann wird England das eigentliche gelobte land der Juden, die seit Ch[risti] G[eburt] eine solche vollkommene Emancipation nie und nirgends erlebt, auch nur in Anspruch genommen haben; die natürliche Folge davon müßte die sein, daß nicht ein einziger Jude im übrigen Europa bliebe, der auf irgendeine Weise mittel und Wege hätte, nach E. zu kommen, und sich dort zu erhalten, und sie hätten es somit in ihrer Hand, die Regierungen zu vernünftigen Maasregeln zu veranlassen.«[84] Am 2. August notiert er sarkastisch, daß man sich in Berlin über die Ablehnung der »Judenbill« durch das Oberhaus freuen dürfte, obwohl immerhin ein Emanzipationsgegner, der Erzbischof von Canterbury, Moses Mendelssohn »ehrenvoll erwähnt habe«[85] als Beispiel für »Gelehrsamkeit« und »geistige Befähigung« der Juden.[86] Im selben Brief befürwortet er die Idee, seinem Vater in Dessau eine schlichte Gedenktafel zu widmen. Daß noble Männer noble Juden loben können, ohne politische Konsequenzen für die gesamte Minderheit daraus zu ziehen, dürfte ihm bekannt vorgekommen sein. Auch der vorläufige parlamentarische Rückschlag bestätigt seine Erfahrungen in Preußen. Doch das Erlebnis der historischen Situation bewegt ihn und befähigt den verlorenen Sohn des Moses, diesmal ohne Einschränkung die Perspektive seines Vaters einzunehmen.

Die Existenz Gottes

Spätherbst 1835. In der Leipziger Straße 3 liegt seit ein paar Tagen das Thema Religion in der Luft, angeregt durch Fannys Sonntagsmusiken: Die Bachkantaten *Herr, gehe nicht ins Gericht* und *Liebster Gott, wann werd ich sterben* wurden aufgeführt. Die Matinee war so außerordentlich, daß der Vater die Sorge äußert, solch hoher Standard lasse sich auf Dauer nicht halten. Er parliert vergnügt mit seinen Gästen, mit Leopold von Ranke, Karl August Varnhagen von Ense und Eduard Gans. Dann kommt es zum Streit mit Varnhagen, der die umstrittenen Schriftsteller des »Jungen Deutschland« mit Lessing vergleicht. Abraham verteidigt wütend den Freund des Vaters.

Drei Abende später liest ihm Rebecka lange vor: das »Glaubensbekenntnis des savoyischen Vikars« aus Rousseaus *Émile*. Die Lektüre führt zu den Glaubenskämpfen der Aufklärer zurück. Der ketzerische Vikar, ein katholischer Anhänger der Vernunftreligion, rechnet mit den Offenbarungsreligionen ab, rät aber schließlich seinem Zögling: »Kehr in dein Vaterland zurück, nimm deine Vaterreligion wieder an, bekenne dich aufrichtigen Herzens zu ihr und gib sie nie wieder auf.«[87] Rebecka rezitiert den Wunsch des Priesters: »Mein Sohn, mach deine Seele immer bereit, die Existenz Gottes zu wünschen, und du wirst niemals daran zweifeln!«[88] Abraham redet an diesem Abend über den Glauben an Gott. So deutliche Worte zu diesem Thema hat die Familie selten gehört. Nicht düstere, eher heitere Bilder stehen ihm vor Augen.

In der Nacht geht es ihm schlecht. Am Morgen redet er abwechselnd klar und verwirrt. »Ich kann euch nicht helfen, ihr könnt mir nicht helfen.« Lea und die Töchter fürchten einen Schlaganfall. Der Arzt kommt. Abraham will von ihm wissen, wie seine Krankheit heißt, »Nervenaufregung« reicht ihm nicht: »Es muß doch einen Namen haben.« Er redet undeutlich, man versteht: »Felix ist fort, Bejeac[89] ist mir vorausgegangen. Nun will ich versuchen zu schlafen.« Er dreht sich zur Seite. Sie öffnen den Fensterladen, erschrecken über sein Gesicht.[90]

Der menschliche Gedankenstrich

Die Abfrage seiner religiösen Überzeugung hat sich Abraham Mendelssohn Bartholdy, der größte Zweifler der zweiten Mendelssohn-Generation, gewöhnlich verbeten. Besonders drastisch hatte er seine Abneigung gegen jeglichen Bekenntniszwang durch Assoziationen ausgedrückt, die er zwei Jahre vor seinem Tod, im Sommer 1833, bei einem Londoner Ausstellungsbesuch vor einem Gemälde David Wilkies gegenüber seinem Sohn formulierte. Das Bild zeigt eine intime, peinliche Situation. Ein junger Kapuziner bekennt seine Sünden. Ein alter nimmt ihm die Beichte ab. Der alte sieht hart und grimmig aus. Das elende Gesicht des jungen Ordensmannes erweckt den Eindruck, als habe er Beichte in Pillenform eingenommen: Die ekelhafte Medizin tut Wirkung, gerade hebt er an, sich zu übergeben, so deutet Abraham die Szene. Felix findet die beiden Kapuziner im Beichtstuhl »interessant und gut«[91]. Der sehbehinderte, gegenüber zeitgenössischer Kunst skeptisch eingestellte Vater kommt ihm in der Bewertung des Werkes auf halber Strecke entgegen. Die grimmige Härte des Beichtvaters scheint ihm ganz richtig getroffen; die offensichtliche Übelkeit des Beichtkindes erinnert ihn an einen Berliner Kaufmannskollegen, der die bürgerlichen Rechte der christlichen Gesellschaft – wie Bankier Mendelssohn – durch Heirat einer Itzig-Enkelin erhalten hatte, aber offenbar zum Thema des von frommen Autoritäten geforderten Seelen-Striptease eine kritische Meinung vertrat. Abrahams Bildinterpretation verrät mehr über seine Animositäten gegenüber den Forderungen religiöser Amtsträger als über seine Kenntnisse der katholischen Bußpraxis. Die Generation der hierarchischen Führer verkörpert für ihn die Starrheit der alten Religion. Mit der Opferrolle des Nachwuchsmönches, dem disziplinarische Zumutungen seiner Glaubensgemeinschaft anscheinend gegen die Natur eingeführt werden, kann er sich identifizieren.

Schon der Stammvater der Familie hatte mit erzwungenen Selbstoffenbarungen und deren Publikation schlechte Erfahrungen gemacht. So entwickelt sich unter seinen Nachkommen eine besondere Sensibilität für das Risiko von öffentlichen Bekenntnissen.

Zugleich differenziert sich die konfessionelle Ausrichtung in der nächsten Generation. Sehr geschlossen erscheint dabei die Haltung der katholischen Mendelssohns, die sich ebenso im Verwandtschaftskreis behaupten müssen wie als Minderheit in Preußen. Lea Mendelssohn Bartholdy berichtet im Januar 1826, ihre katholische Schwägerin Marie Henriette und die frisch konvertierte Cousine Marianne Saaling gingen zwar mit ihrer neuen Religion »sehr bescheiden« um, »aber neulich wie wir bei ersterer waren, machte sichs kurios genug, daß alle Katholiken sich um einen Tisch setzten u. sich zum *Graulen* Gespenstergeschichten erzählten, während wir Ketzer andre Plätze einnahmen und andre Gespräche pflagen«.[92] Die meisten getauften Mendelssohns einigt jedoch nicht ihre Konfession, sondern die Wahrung der Familientradition. Sie halten auch zusammen, indem sie in späteren Generationen auffällig häufig Verwandtenehen schließen: eine Parallele zu jenen Conversos auf der Iberischen Halbinsel, die nach der Zwangsbekehrung über Generationen heimlich dem Judentum anhingen und sich, unter besseren Verhältnissen, wieder offen dazu bekannten. »Berliner Marannen« waren die Mendelssohns trotzdem nicht. Sie fühlten sich als deutsche Familie im Vaterland der deutschen Kultur. Zugleich bildete den Kern ihrer Familienüberlieferung die stolze Erinnerung an den Stammvater, der für sie vor allem ein Aufklärer war, während seine jüdische Frömmigkeit vergessen wurde.

Abraham Mendelssohn Bartholdy steht am Beginn dieser Anpassungsgeschichte, die auch als Verlust- und Verdrängungsgeschichte verstanden werden kann. Die Integration, wie sie seinem Bruder Joseph so souverän und selbstverständlich gelingt, ist für ihn eine persönliche Zerreißprobe. Als angestrengter Identitätssucher, als gehetzter Reisender und als verlorener Sohn seines Vaters verkörpert er eher die Schattenseiten der Mendelssohnschen Familiensaga. Was die ihm folgenden Generationen vor allem als Erfolgsgeschichte werten, ist bei ihm mit Ängsten, Zweifeln und langjährigen Entscheidungsnöten verbunden. Den

Phantomschmerz der religiösen Leerstelle, der ihn als Abtrünnigen der Synagoge und Kind der Vernunftreligion bis an sein Lebensende begleitet, hat er 1833 in einem Brief aus London an seine Frau pointiert beschrieben: Er hoffe allen Ernstes »zu Gott, noch in dieser Woche« seine Abreise ansetzen zu können und sei dankbar, daß Lea die Nachricht von seiner bösen Knieverletzung »nicht gerade am Sonntage erhalten« habe, »an welchem Tage stets mein früheres Schabbes Gefühl eintritt und an welchem Alles Unangenehme mir doppelt unangenehm wird«.[93] Die Übertragung des feiertäglichen Unbehagens von der alten auf die neue Konfession scheint problemlos gelungen, zugleich bleibt die mit dem heiligen Sabbat einstmals verbundene Beklemmung unvergessen. Der Zwischensohn des Moses, der sich selber bitter als menschlichen Gedankenstrich zwischen seinem Vater und seinem Sohn verspottet hat, steht für die Aufgabe der Nachgeborenen, ein großes Erbe zu tragen und dabei den eigenen Weg zu finden: für die Schwierigkeit, ein Mendelssohn zu sein.

Viertes Kapitel
Heimkehr in die Fremde

Zwei Schwäne stecken ihre langen Hälse in einen überquellenden Gabenkorb. Sie ruhen auf der Mitte eines verzierten Balkens, der zwei girlandengeschmückte Säulen verbindet. Unter ihnen drehen sich auf einem silbernen römischen Zifferblatt die Zeiger einer Pendeluhr, darunter schwingt das schwere Perpendikel. Zur halben oder vollen Stunde erklingt ein zartes »Bim«. Die Uhr unter dem Glassturz wurde wohl um 1820 in Frankreich hergestellt; am 3. Oktober 1829 gelangt sie als Hochzeitsgeschenk an ein Berliner Brautpaar. Der Brautvater Abraham Mendelssohn Bartholdy hatte, kurz vor der Vermählung seiner ältesten Tochter Fanny, das goldglänzende Stück auf einer seiner Geschäftsreisen, in Paris oder den Niederlanden, erworben. Das Schwanenmotiv, von Napoleons Gemahlin Joséphine sehr geschätzt, war im Empire als modisches Ornament weit verbreitet. Bei der Auswahl des Präsentes mag eine Rolle gespielt haben, daß der Schwan nicht nur Reinheit, Schönheit und Frömmigkeit, sondern auch Treue symbolisiert.

Gegenwart wird Vergangenheit, Pendelschlag um Pendelschlag. Die Uhr mit ihrer offenliegenden Mechanik steht an dieser Stelle der Familienchronik für die Verwandlung von Zeit in Geschichte, für die Mechanik des technischen Fortschritts, für das Tempo des gesellschaftlichen Wandels. »Nun leb wohl und bleibe der Alte, hier findest Du Alles beim Alten, auch das Neue«, so hat Fanny Mendelssohn Bartholdy am Vormittag ihrer Hochzeit den »Abschiedsbrief« an ihren geliebten Bruder beschlossen.[1] Die zweite Mendelssohn-Generation hatte Entscheidungen für ihren Weg der Integration getroffen, den Kindern einen vollen Gabenkorb an Startchancen präsentiert. Doch die Ankunft der dritten Generation im deutschen Bürgertum ist nicht abgeschlossen. Oder doch? Sie ist die Generation des Übergangs.

1829 – Das Jahr der Triumphe und Trennungen

Es ist ein besonderes Jahr – zumindest für die Familie Mendelssohn; für Berlin, die preußische Hauptstadt, weniger. Hier beschließt man anno 1829 die Einführung der Hundesteuer – zur Finanzierung der Granitplatten auf den Bürgersteigen. Das erste Pferderennen des »Vereins für Pferdezucht und Pferdedressur« findet zwischen Lichterfelde und Lankwitz statt. Ein Gesetz verbietet, auf der Straße Drachen steigen zu lassen, ein Antrag zum Betrieb von Pferdeomnibussen wird gestellt – und 17 Jahre später genehmigt. Die Jüdische Gemeinde eröffnet ihre erste Altersversorgungsanstalt. Alexander von Humboldt begibt sich auf Wunsch des Zaren im April auf eine Forschungsreise nach Sibirien, von der er kurz vor Jahresende zurückkehrt. Die Weltgeschichte notiert währenddessen das Ende des Russisch-Türkischen Krieges und die damit verbundene Anerkennung der Unabhängigkeit Griechenlands durch das Osmanische Reich. In England werden die ersten Gewerkschaften gegründet, das Schraubenschiff wird erprobt, und Stephensons Lokomotive »The Rocket« gewinnt eine Preisfahrt. Friedrich von Schlegel, dessen *Philosophie der Geschichte* postum erscheint, stirbt fünfundzwanzig Jahre nach seiner Hochzeit mit Dorothea. Seit damals hat Schlegel bei den Berliner Mendelssohns wenig an Sympathie gewonnen, aber die Kontakte zwischen den Familien waren nicht völlig abgerissen. Im April 1817 hatte der österreichische Legationsrat beim Bundestag zu Frankfurt seiner elfjährigen Nichte Fanny einen Vierzeiler gewidmet: »Lebe heiter, denke milde, / Schwebe still im sanften Gleise, / Blühend nach der Blumen Weise, / Wie sie duften im Gefilde.«[2]

Die eigenwillige Fanny, die dem Frauenideal der Schlegelschen Verse wohl kaum entsprach, hat das Gedicht immerhin auf die erste Seite eines Notenalbums geklebt, in dem sich seit dem Herbst 1821 die prominenten, vor allem musikalischen Gäste der Eltern verewigten. Es ist das Album ihrer Mädchenzeit, und es wird mit dem letzten Eintrag im Sommer 1829 abgeschlossen: in Erwartung des neuen Lebensabschnitts.

1829 jähren sich zum hundertsten Mal die Erstaufführung der *Matthäuspassion* und der Geburtstag Moses Mendelssohns. Die Wiederaufführung des Bachschen Werks durch Felix Mendelssohn Bartholdy, dessen Freund, den Sänger Eduard Devrient, und die Berliner Singakademie wird in Anwesenheit des preußischen Königs ein Ereignis. Felix' Bach-Interpretation, seine Hommage an den musikalischen Ahnherrn, ist ein Triumph, ein umjubelter Erfolg – und der Auftakt seiner ersten Englandreise, die ihn für lange Zeit von der Familie fortführt. Unter der Trennung leiden die Mendelssohn Bartholdys, aber Eltern und Geschwister platzen auch vor Stolz über den wachsenden Ruhm des Sohnes und Bruders.

Das andere Ereignis, der 100. Geburtstag Moses Mendelssohns, in ganz Deutschland mit Feierlichkeiten und Stiftungsgründungen, in der Berliner »Gesellschaft der Freunde« mit einem Festakt und der Gründung der »Moses Mendelssohn'schen Waisen-Erziehungs-Anstalten« begangen, geht zwar unter würdiger Beteiligung der Mendelssohns, aber fast ohne Anteilnahme der Mendelssohn Bartholdys vorüber. Den Feiern am 10. September bleibt Abraham fern. Ausgerechnet in dieser Zeit versucht er den Sohn unter Einsatz der väterlichen Autorität zum Ablegen des großväterlichen Namens zu bewegen. Als vier Wochen später seine Tochter Fanny den märkischen Predigersohn Wilhelm Hensel heiratet, verbinden sich in Berlin lebende Mendelssohns erstmals mit einer Familie nichtjüdischer Herkunft.

Zuvor aber reist Abraham nach Holland, um den eigenen Vater nicht öffentlich ehren zu müssen und seinen durch den Namensstreit etwas irritierten Sohn wiederzusehen; der muß nach einem Droschkenunfall in London (»hat mich eines schönen Stücks Haut mit zugehörigem Fleisch, schwarzem Tuchhosenzeug und m. a. beraubt«[3]) das verabredete Treffen platzen lassen. Felix bleibt schließlich auch der Hochzeit seiner Lieblingsschwester fern. Zunächst hatte er geplant, im Stil seines reiselustigen Vaters auf die letzte Sekunde zum Polterabend zu kommen, aber drei Wochen später ist »das Knie noch matt und steif, die Wunde immer noch nicht geschlossen, und ich fürchte, daß noch 14 Tage hingehen mögen, ehe ich abreisen kann«.[4] Als er schließlich, nach sechsmonatiger Verzögerung, in Berlin eintrifft, nur wenige Wochen vor der Silberhochzeit der Eltern, hat sich für alle innerlich mehr verändert, als man sich eingestehen mag. Das Jahr der Feste, Triumphe und Jubiläen ist für die Beteiligten eine Zeit des Erwachsenwerdens und der Trennungen.

Fannys Verlobung

Elf Tage nach dem Tod Friedrich von Schlegels, am 23. Januar 1829, feiert man die Verlobung Fannys und Wilhelm Hensels. Fünf Jahre hatten beide, auf Wunsch der Brauteltern, getrennt und ohne Briefkontakt gelebt. Nun ist Hensel von seinem Stipendiumsaufenthalt in Italien zurückgekehrt. Jetzt erst lernen sie sich eigentlich kennen, müssen immer wieder Unstimmigkeiten glätten, zu denen neben Fannys Launen Wilhelms Eifersucht und angstbesetzte Unsicherheit beitragen. Er ist, aus der Sicht der Mendelssohns, ein armer Schlucker, längst nicht so arriviert und zielstrebig, wie sich das Schwiegereltern wünschen, nicht so ironisch und schlagfertig wie die neuen Verwandten. Doch als er endlich zum Königlich Preußischen Hofmaler (mit einem Jahresgehalt von 400 Reichstalern, das den Bezügen eines mittleren Beamten entspricht) ernannt wird – eine Nachricht, die Alexander von Humboldt der Familie verkündet –, ist das Paar nicht mehr aufzuhalten. Mutter Lea, bei der Partnerwahl ihrer Kinder grundsätzlich von Zweifeln geplagt, zeigt sich »überrascht, erschreckt von der Schnelligkeit der Entscheidung und außer Stande, ihre Einwilligung zu wiederholen«. Fanny notiert in ihr Tagebuch: »Vater war gleich sehr froh und zufrieden, Mutter brachten wir, tant quant bien mal in Ordnung, die Geschwister waren glücklich.«[5] Sie feiern am Abend, mit Tee im Freundeskreis, auf dem Zimmer des Lieblingsbruders. Fanny zieht sich um zehn Uhr mit rasendem Kopfschmerz zurück, Wilhelm schmettert sein Glück mit selbstgeschmiedeten Versen in die Berliner Nacht: »Einen Garten will ich bauen / Um die Traute hoffnungsgrün, / Daß sie mag in Freuden schauen / Wie des Lenzes Kinder blühn. / Wonnevolles Liebeleben / Soll beginnen rings und rund / Und Musik als Lerche schweben / Ueber dem geweihten Bund.«[6]

Das Fest

Keine andere Familienfeier ist mit solchem kreativen Aufwand organisiert worden, keine wurde später als so einzigartig erinnert wie die Silberhochzeit von Abraham und Lea Mendelssohn Bartholdy. Es war ein Jubelfest, auf das sich die Kinder »Jahre lang gefreut hatten«[7] und wurde gefeiert gut zweieinhalb Monate nach der ersten Hochzeit einer Mendelssohn Bartholdy in der Berliner Parochialkirche – ein verspieltes Jubiläum kindlicher Pietät.

Ende August 1829 beginnt Felix in England mit seinem dichtenden Diplomatenfreund Karl Klingemann Ideen auszubrüten, die ihnen auf der Reise durch Schottland gekommen sind: »Was macht mein Liederspiel, oder Komödie zur silbernen Hochzeit? Ich will komponieren höllisch drauf los und fange schon an.«[8] In Berlin ist man noch mit den Hochzeitsvorbereitungen beschäftigt, da verpflichtet Felix die Schwestern, ein Festkomitee zur »Anordnung silberner Feyerlichkeiten« einzurichten. Für den ersten Weihnachtstag schlägt er drei einaktige Liederspiele vor, mit Kostüm und komplettem Orchester; die Kosten übernehme er. Zuerst wolle er die »Soldatenliebschaft«, sein dramatisches Debüt von 1820, »das den Eltern immer noch lieb ist«, wiederaufführen, »ohne Veränderung einer Note und ganz mit der Besetzung von damals«. Dann soll ein Liederspiel von Fanny, gedichtet von Wilhelm, folgen: »nett, luftig, lieblich an allen Ecken, sehr zart und schön«;[9] schließlich eine Idylle von ihm, in der ein älteres Ehepaar, ein verlorener Sohn, eine schöne Nachbarstochter, ein verkleideter Seemann und dergleichen auftreten. Das Ehepaar müßten natürlich Fanny und Wilhelm darstellen: »Hensel haßt die Musik, Fanny haßt die Soldaten, und ihr Sohn kommt nun, in einen fahrenden Musikanten verkleidet, zurück, ist aber eigentlich Soldat und vergißt sich alle Augenblicke und läßt den Kriegsmann durchgucken; nun mag ihn der Vater nicht wegen der Verkleidung, die Mutter nicht wegen der durchguckenden Wirklichkeit, beide haben ihn aber doch lieb […].«[10] Währenddessen beendet Fanny, nach einem Eifersuchtsanfall ihres Wilhelm, die Zusammenarbeit mit Felix' Freund Johann Gustav Droysen, der ihr ein szenisches Gedicht als Festspielvorlage geliefert hat. Der Mitwirkung seines Berliner Freundes Devrient versichert sich Felix noch in England. Dieser solle in dem Silberhochzeits-Liederspiel – wenn er wolle, andernfalls werde er totgeschlagen – die Hauptrolle übernehmen.

Auf der Heimreise, in Calais und in einer Brüsseler Gaststube, komponiert er, »bis zwei Kinderfrauen mit zugehörigem Gewürme sich ums Kamin setzten und die Bälger in Schlaf sangen«.[11] Die Reise nach Berlin legt er in zehn Tagen zurück, was selbst dem Vater Respekt einflößt. Dann tagt das Festkomitee in der Leipziger Straße 3, im ehemaligen Elternschlafzimmer, das mittlerweile umgebaut und Wilhelms Atelier ist. Der Schwager entwirft eine Vase, die ein Geschäftsfreund Abrahams zur Feier des Tages von der Königlich Preußischen Porzellanmanufaktur fertigen lassen will, Fanny und Rebecka nähen, Felix rezitiert Klingemanns *Aus der Fremde* – zum Entzücken der Zuhörer. Mutter Lea ist ausgegangen, besorgt Kleider für fünfundzwanzig arme Leute, die zu Ehren des Silberhochzeitspaares beschenkt werden sollen. Die Handlung von Fannys Festspiel wird durch das Festkomitee abgesegnet; Wilhelm schreibt seinen Text im Verlauf eines Tages, sie komponiert die Musik in acht Tagen. Felix komponiert ebenfalls, das lädierte Bein hochgelegt, während Rebecka assistiert, die Tür öffnet, wann immer es klingelt, und Texte kopiert. Man beschließt, den Eltern ein Sofa zu schenken, Wilhelm liefert den Entwurf, die Töchter stricken Kissen. Für die Hauptrolle wird der kleine Tenor Eduard Mantius gefunden. Acht Tage vor der Aufführung beginnen die Proben. Wilhelm malt vormittags, abends speist und zeichnet er bei den Schwiegereltern: Schwägerin Rebecka nutzt jede Gelegenheit, ihm seine Rolle einzubleuen, »wobei wir solchen Lärm zu machen pflegten, dass Fanny im dritten Zimmer nicht komponieren konnte«.[12] Man probt insgesamt fünfmal in der Gartenhauswohnung der Hensels, bei Devrients, die als Mieter im Hause wohnen, und im Königlichen Theater. Regisseur Devrient leidet bei dem Versuch, den stocksteifen Dilettanten »die Hände loszureissen«.[13] Wilhelm vergißt seinen Text, der kleine Mantius wagt nicht, »einen Finger zu bewegen, und spielt das ganze Stück mit einer Hand auf dem Rücken, und fluchte so anmutig und zart, Fanny sagt, wie ein Veilchen«.[14] Er bittet Fanny um Erlaubnis, ihr bei der Probe die Hand küssen zu dürfen; Rebecka verspricht ihm Marzipan, wenn er nur »ordentlich fluchen wollte«.[15] Heiligabend ist Orchesterprobe, spät werden die Kulissen aufgebaut. Am Weihnachtstag kommt Devrients Hiobsbotschaft, er sei am Samstagabend zur Darbietung deutscher Lieder beim Kronprinzen bestellt. Felix rastet aus, verlangt vom Freund, bei Hofe abzusagen: »[...] seine Aufregung darüber nahm dergestalt zu, daß er im Abendkreise der Familie anfing irre zu reden, unaufhörlich englisch zu sprechen und die Seinen in großen Schrecken zu versetzen.« Ein Machtwort Abrahams bringt »den wilden Redestrom zum Stehen, man schaffte ihn zu Bett und ein zwölfstündiger tiefer Schlaf brachte ihn wieder in normalen Zustand«.[16] Felix hat sich in sein Liederspiel so verliebt, daß er es noch Monate später als »das Beste, was ich bis jetzt komponiert habe«,[17] bezeichnen wird.

Das Festspiel

Kurz vor Weihnachten wird Berlin unter einer Schneeschicht von 80 Zentimetern begraben. Heiligabend beschenkt man im Palais der Mendelssohn Bartholdys die fünfundzwanzig Bedürftigen, Männer, Frauen und Kinder, mit Winterkleidung. Am Abend des ersten Weihnachtstages tritt überraschend die Silberpolterabendgesellschaft in den Salon: der Schwager Joseph, die Schwägerin Hinni mit Sohn Alexander, Schwiegertochter Marianne und deren drei ältesten Kindern Marie, Margarete und Hermann, Abrahams Schwestern Henriette Maria Mendelssohn und Recha

Meyer, deren Tochter Betty mit dem Gatten Heinrich Beer; die Cousinen Marianne Saaling und Julie Heyse mit Ehemann Karl, dem ehemaligen Hauslehrer der Mendelssohn Bartholdys, und der Hausarzt Dr. Becker. Aus dem Freundeskreis der Kinder kommen die Brüder Heydemann, Albert, der Pädagoge, und Ludwig, der Jurist, der Historiker Johann Gustav Droysen und Adolph Bernhard Marx, der Musikkritiker; dazu Professor Eduard Gans, der Rechtsphilosoph und glücklose Verehrer Rebekkas, ferner Baron Franz von Reden, der im Hause residierende Hannoversche Gesandte, mit Gattin Henriette, außerdem Karl August Varnhagen von Ense mit seiner Rahel und deren Bruder, der Dichter Ludwig Robert, mit seiner Friederike, der »schönen Schwäbin«. Fanny, Felix, Rebecka und Paul singen den Chor der Landleute aus Cherubinis *Les deux journées*; rundum werden die Augen feucht, denn zum Polterabend vor fünfundzwanzig Jahren war dasselbe Stück erklungen. Gratulationen, Umarmungen. Es folgen anzügliche Sketche von Professor Gans, gespielt von Betty Beer, Friederike Robert, Marianne Mendelssohn und Marianne Saaling, veredelt durch Felix' Kindersymphonie.

Am Sonntag werden die Geschenke überreicht, prachtvolle Bouquets, das spezielle Sofa und die Riesenvase, auf der unter anderem Vater Abraham in Toga, die Berolina und ein Dampfschiff zu sehen sind. Für die Abendvorstellung öffnet sich die Tür zu Leas Salon. Durch die Fenster sieht man auf den Hof hinaus, auf die niedrigen Seitentrakte, auf das ebenerdige, von hohen Bäumen überragte Gartenhaus. Dem großen Saal schließt sich, durch drei Bogen verbunden, ein Kabinett an, das man nun als Bühnenraum nutzt. Eine Tribüne für etwa 120 Gäste ist aufgebaut worden. In dem vorzüglich besetzten Kammerorchester spielt Felix' Jugendfreund Eduard Rietz die erste Geige. Als Sänger treten in Fannys und Wilhelms Festspiel neben den Schwestern Eduard Devrients Frau Therese auf sowie J. E. Busolt, der Baß der Königlichen Oper, Ludwig Landsberg, Geiger am Königstädter Theater, und der Bruder Paul. Trompetenklang, Orchesterfanfare. Drei Herolde kündigen »die Hochzeiten« an: Es erscheinen als allegorische Figuren Therese mit Rosenkranz, Rebecka im Silberkleid, Myrten und Diamanten im Haar, schließlich Fanny, goldgeschmückt. Das Schlußterzett beschwört den Zusammenklang von Erinnerung, Gegenwart und Zukunft. Trompetenklang, Orchesterfanfare, allgemeine Rührung.

Felix' Liederspiel

Der Höhepunkt des Festes ist Felix' Liederspiel. Bettys Gatte, der Bankier Heinrich Beer, will das Ensemble sofort für weitere Aufführungen engagieren. Devrient wird um Zugaben bestürmt. Er hatte bei Hofe die Abkürzung seines Auftritts erwirkt, war zu den letzten Festspieltakten eingetroffen. Das Stück lebt von seinen ironischen Anspielungen auf die Familie. Wilhelm Hensel, über dessen Unmusikalität die Mendelssohn Bartholdys gern spotten, muß seine Rolle des Familienvaters – so will es die Partitur – auf einem Ton singen; nicht einmal den soll er getroffen haben. Der Dirigent Felix kann sich vor Lachen kaum halten. Einen anderen Außenseiter der Familie, den Cello spielenden Bruder Paul, hat er mit einem Solo bedacht. Leas Schneckenhäuslichkeit wird in der Figur der Mutter, »die fremde Leute nicht grüßen mag«,[18] zum allgemeinen Amüsement karikiert. Fanny gibt mit schwarzem Samtkäppchen, rotem, schwarz-gold besetztem Rock und schwarzem Leibchen die Schulzenfrau, Rebecka deren Mündel Lisbeth. Eduard Mantius spielt den verlorenen Sohn, Eduard Devrient brilliert als verwirrungstiftender Kauz. Zu Beginn trauert die Mutter dem zwangsrekrutierten Sohn nach; ihr Mann hingegen träumt, daß sein Hermann in der Zwischenzeit General geworden sei, und fragt beim Zeitungslesen: »Hat keine Schlacht hier stattgefunden? / Gibt's nichts von Schießen, Hauen, Wunden?«[19]

Es soll ein Fest gefeiert werden. Kauz will den Zeremonienmeister spielen; Hermann erscheint verkleidet und empfiehlt sich als Wandermusikant. Es funkt zwischen ihm und Lisbeth, bis Kauz dazwischentritt und das Liebespaar verrät. Hermann wendet sich mit einer Serenade an die Angebeteten; es ist das schönste Lied der Aufführung:

Es winken dich in den Zauberkreis
Befreundete liebe Gestalten
Und was man am Tag nicht zu sagen weiß,
Es will in der Nacht sich entfalten.
Und wenn es durch Schlummer und Träume bricht [...].
Wir schweben und gleiten in Feenreih'n
Herbei zu der luftigen Runde.
Es fliegt mit den Wolken im Mondenschein
Vorüber die günstige Stunde.
Verliere die günstige Stunde nicht [...].[20]

Kauz, der sich Lisbeth näherte und vorgab, der verloren geglaubte Hermann zu sein, wird entlarvt; Hermann gibt sich zu erkennen. »Wie blüht ein neues reiches Leben / Aus langem Harm und Gram hervor!« seufzt erleichtert Mutter Fanny. Der Schlußchor feiert die Verbindung des Neuen und Alten, ein Neujahrswunsch folgt, den der dankbare Felix seinem Librettisten Klingemann später übermittelt: »'s ist wieder ein Zeitwechsel, und die Bilder werden gewechselt, und man muss daneben stehen und zugreifen und warten, was es bringt und was es ändert. Nur uns ändre es nicht, das ist der Hauptwunsch und ich weiss, dass er in Erfüllung gehen wird.«[21]

Im Mittelpunkt der Silberhochzeit stehen die Kinder, Protagonisten der dritten Mendelssohn-Generation, mit ihren Zukunftsträumen und ihrem Traditionsbewußtsein. Es ist ihr Fest, das vier Familienlinien und drei Generationen zu der Vision eines harmonischen Übergangs in den nächsten Lebensabschnitt der Familie zusammenführt: Die heimlichen Sorgen des Erwachsenwerdens und des Abnabelungsprozesses werden künstlerisch und komisch überspielt. Daß in Felix' Liederspiel eine einzige explizit jüdische Klischee-Figur, wenn auch mit nichtjüdischem Namen, auftritt – der Hausierer Kauz, ein Außenseiter und Verlierer –, wird den aufmerksameren Zuschauern vielleicht aufgefallen sein.

Ihre Augen hinterlassen den tiefsten Eindruck. Kleine Person, starke Persönlichkeit. Sie wird zum Mittelpunkt der Familie.

Über ihre Häßlichkeit gehen die Meinungen auseinander. Eine Schönheit ist sie auf den Porträts ihres Mannes. Die großen, dunklen Augen hat sie von der Mutter geerbt, oder vom Großvater väterlicherseits. Der hat ihr auch die schiefe Schulter mitgegeben. Kraft steckt in den kleinen Händen, die auf einer Zeichnung Hensels »Fannys Pfötchen« heißen. Ihr Musiklehrer Carl Friedrich Zelter attestiert der Hochbegabten, daß sie wie ein Mann Klavier spiele. An Zartheit und Intelligenz, urteilt ein Freund des Bruders, sei ihre Beethoven-Interpretation der von Felix überlegen. Aber er wird sie überholen – als Wunderkind, Komponist, umjubelter Star.

Sie ist hyperkritisch, nicht nur gegenüber anderen. Wo es um die Kunst geht, haßt sie Kompromisse. Mit dem Bruder streitet sie über die Qualität der Kompositionen, ist ihm die wichtigste künstlerische Instanz. Er nennt sie Fenchel oder Kantor; sie genießt diesen ironischen Respekt, dieses Vertrauen. Da sie weder das eine noch das andere aufgeben kann, versucht sie ihr Leben als Hausfrau und Mutter mit der Leidenschaft für die Musik zu verbinden. Mehr als 400 Kompositionen – Lieder, Klavier- und Orgelwerke, Kammermusik, A-cappella-Chöre, Orchesterwerke, Kantaten und ein Oratorium – sind von ihr erhalten. Ihre Produktivität als Liedkomponistin hat in den Ehejahren allerdings nachgelassen – obwohl ihr Mann, anders als der Bruder, ihr Schaffen unterstützte. »Mit meiner Musik geht es sehr schlecht«, notiert sie während einer Schaffenskrise in ihr Tagebuch. »Komponiert habe ich in Ewigkeit nichts, es fällt mir auch gar nichts mehr ein und auch meine Spielkräfte nehmen sehr ab. Diese ganze Geschichte wird bald ein Mährlein sein.«[22]

Ihre erste Liedkomposition hatte sie dem Vater zum Geburtstag gewidmet, da war sie vierzehn. Der läßt ihr Kompositionsunterricht erteilen, weist sie aber oft auf ihre wahre Bestimmung hin. Noch der Dreiundzwanzigjährigen schärft er ein: »Du mußt

Dich mehr zusammennehmen, mehr sammeln; Du mußt dich ernster und emsiger zu Deinem eigentlichen Beruf, zum *einzigen* Beruf eines Mädchens, zur Hausfrau, bilden. [...] Der Frauen Beruf ist der schwerste; die unausgesetzte Beschäftigung mit dem kleinsten, das Auffangen eines jeden Regentropfens, damit er nicht in dem Sande verdunste, sondern zum Bache geleitet Wohlstand und Segen verbreite, die stete unausgesetzte Beobachtung des einzelnen, die Wohltat jedes Augenblicks und die Benutzung jedes Augenblicks zur Wohltat [...].«[23] Eine öffentliche musikalische Laufbahn ist damit nicht zu vereinbaren.

Im Musentempel

Nach dem Tod des Vaters im November 1835 tritt Fannys Bedeutung für das Leben in der Leipziger Straße 3 deutlicher hervor. Schon seitdem Felix so viel auf Reisen und schließlich aus Berlin fortgezogen war, leitete sie als Spiritus rector und Konzertmeister die Sonntagsmusiken. Sie gilt als die bedeutendste Pianistin der Hauptstadt, tritt aber nur bei zwei Benefizkonzerten öffentlich auf, sonst ausschließlich im privaten Rahmen. Das Programm und die Qualität ihrer Matineen suchen in Berlin ihresgleichen. Beethoven, Bach, Ignaz Moscheles, Karl Arnold, Johann Nepomuk Hummel, Mozart, Haydn, Weber, Louis Spohr, Gluck, Chopin, dazu, mehr und mehr, die eigenen Kompositionen, natürlich auch die des Bruders, und immer wieder Beethoven. Sie dirigiert oder sitzt am Piano, die wichtigsten Musiker der Stadt werden engagiert oder sind aus Freundschaft mit dabei. Manchmal drängen sich an die dreihundert Personen in den Saal, dessen Wände zum Garten aus Glas bestehen und im Sommer zurückzuschieben sind. Dann beteiligen sich die Vögel am Konzert. Wände und die flache Deckenkuppel sind barock-phantastisch mit Fresken geschmückt. Die Konzerte beginnen am Vormittag elf Uhr und dauern vier Stunden, dazwischen gibt es eine Pause mit Konversation und Erfrischungen. Im illustren Publikum gibt es kaum jemanden, »der nicht durch ein intimes Verhältniß zur Musik ein

Anrecht auf seinen Platz beweisen konnte, und es galt durchreisenden musikalischen Celebritäten immer für eine hohe Auszeichnung, der Ehre einer Einladung zu diesen Morgenconcerten gewürdigt zu werden«.[24] Unter Fannys Gästen sind Clara und Robert Schumann, Paganini, Gounod, die Opernsängerin Jenny Lind, Heinrich Heine, Ferdinand Hiller, Schleiermacher und Schlegel, die Brüder Humboldt, die Varnhagens, Louis Spohr, Meyerbeer und Frédéric Chopin. Zu den Stammgästen gehören der junge Paul Heyse, der norwegische Dichter, Naturphilosoph und Berliner Universitätsrektor Henrik Steffens und der Altphilologe Philipp August Boeckh, seit 1840 Mieter im Hause. Auch Ferdinand Lassalle, der spätere Sozialistenführer, beehrt den privaten Musentempel. Eine hübsche blonde Gräfin sitzt in der ersten Reihe und wird von Franz Liszt, dem neuen Star-Pianisten, nach absolviertem Vortrag im Triumph fortgeführt. Das silberne Haupt des Bildhauers Bertel Thorwaldsen, der eines Morgens von Hensel und dessen Künstlerkollegen Eduard Magnus und Carl Begas gleich dreimal porträtiert worden ist, überragt die anderen Gäste; in der geöffneten Flügeltür des Ateliers stehen die soeben gemalten Bilder, um während der Pause besichtigt zu werden. Gegen 15 Uhr setzt man sich im kleineren Kreis zu Tisch.

»Gott erhalte mir die Liebe«

Fannys Energie und Witz, ihr großes Herz und ihre emotionale Intelligenz halten die nahe und ferne Familie zusammen: den Lieblingsbruder samt Familie in Leipzig sowie Paul, den Bankier und Verwalter der Familienfinanzen, mit seiner Familie in der nahen Französischen Straße, Rebecka mit Mann und Kind im selben Hause. »Meine Liebe zu Rebecka, und unser Verhältniß wird immer inniger, so auch das mit meinem Mann, ich kann sagen, daß ich durch Liebe immer glücklicher werde«, vertraut sie wenige Wochen nach dem Tod der Mutter im Januar 1843 dem Tagebuch an. »Gott erhalte sie mir die Liebe und die Lieben.«[25] Dabei hilft ihr das Haus mit den hohen Zimmern und dem herrlichen Garten, kein »gewöhnlicher Besitz, ein toter Steinhaufen, sondern eine lebendige Individualität, ein Mitglied, teilnehmend am Glück der Familie, [...] gewissermaßen Repräsentant derselben«.[26] Sie ist nun die Dame des Hauses. Wenn Felix abwesend ist, aber auch während seiner Besuche und seiner Versuche, in Berlin wieder beruflich Fuß zu fassen, ist sie der Anziehungspunkt.

»Aber eigentlich träumt man doch nur«

Daß ihrem Leben etwas fehlt, erkennt Fanny erst auf ihrer Italienreise 1839/40. Fast ein Jahr ist sie mit ihrem Mann, dem neunjährigen Sohn Sebastian und der Köchin Jette unterwegs. Die Familie reist über Leipzig, München, Monza, Mailand, Verona und Padua zunächst nach Venedig. »Ich fange an mich zu emancipiren, und habe heut schon, da ich unseren gewöhnlichen Gondolier antraf, einen Weg außerhalb der Stadt gewagt. Was dolce far niente ist, weiß wirklich Keiner, der sich nicht bei schönem Wetter auf einer venezianischen Gondel hat schaukeln lassen. Man bildet sich ein, man sey reisethätig, denn man sieht über und unter und neben sich an allen Seiten das Schönste, was es giebt, aber eigentlich träumt man doch nur, und weiß gar nicht recht, wie Einem geschieht.«[27] Dann geht es weiter nach Bologna, Florenz und Siena, über Orvieto nach Rom. Ein halbes Jahr Rom!

Hensel lebt auf, weil er Freunde aus seiner römischen Stipendiatszeit wiedersieht, den Akademieleiter Jean August Dominique Ingres und seinen Schüler August Kaselowsky. Hier wird er anders gewürdigt als im Berliner Mendelssohn-Zirkel, wo Musik die erste Geige spielt. Nach langen Krankheitswochen kommt seine Arbeit wieder in Schwung. In Rom erfährt auch Fanny künstlerische Anerkennung wie noch nie, sie wird von Künstlern verehrt und inspiriert, tritt endlich mit ihrer Musik aus dem privaten Kreis heraus. In der Villa Medici freunden sich die Hensels mit den Malern Charles Dugasseau und Horace Vernet, dem Musiker George A. Bousquet und dem Komponisten Charles Gounod an, der sich in Fanny verliebt. »[...] ich spielte viel, die

Langeweile zu verscheuchen, welche einige englische Ladies in reichem Maasse verbreiteten; und als sie fort waren, und nur die bekannten Herren noch da, fing ich *de plus belle* an, und spielte bis Mitternacht. Bousquet und Dugasseau machen es mir in so fern schwer, als sie nie eine Sache vergessen, die ich ihnen, auch vor Monaten, nur einmal gespielt; ein besseres Publikum kann man wirklich nicht haben. Ich schreibe auch jetzt viel; nichts spornt mich so an als Anerkennung, wogegen mich der Tadel muthlos macht und niederdrückt. Gounod ist auf eine Weise leidenschaftlich über Musik entzückt, wie ich es nicht leicht gesehn. Mein kleines venezianisches Stück gefällt ihm außerordentlich, ferner das aus *h moll*, was ich hier gemacht habe, Felixens Duett, sein *Capriccio aus a moll* und vor allem das Concert von Bach [BWV 1052], das ich wenigstens schon zehnmal habe spielen müssen.«[28]

»Kein Schmerz als der, dass die Zeit vergeht«

Fanny und Wilhelm sind überwältigt: von der Poesie, den Impressionen, den anregenden Gesprächen. »Ich will mir gar nicht verhehlen, dass die Atmosphäre von Bewunderung und Verehrung, von der ich mich hier umgeben sehe, wohl etwas dazu beitragen mag, ich bin in meine frühen Jugend lange nicht so angeraspelt worden wie jetzt«, vertraut die Vierunddreißigjährige ihrem Tagebuch an.[29] Die Berliner verlängern ihren Aufenthalt. Die Abende in der Villa Medici sind festlich: man musiziert gemeinsam, zeigt einander die eigenen Arbeiten, redet und lacht bis spät in die Nacht. Einmal ist Wunschkonzert: Wilhelm porträtiert die Freunde, und wer gerade Modell sitzt, darf sich eine Musik bestellen. Fanny spielt den *Fidelio* rauf und runter, zuletzt Beethovens C-Dur-Sonate op. 53. Da ist es schon halb eins in der Nacht, der betrunkene Gounod nennt Beethoven einen »Gassenjungen« und wird zu Bett gebracht. Ein andermal verabredet man sich zum Mondscheinspaziergang. Als Dugasseau, Bousquet und Gounod in Begleitung des Geigers Léonard Terry eintreffen, verfinstert sich plötzlich der Himmel. Fanny soll musizieren, um die Stimmung zu retten; aber sie spielt miserabel, der fremde Herr Terry schüchtert sie ein. Dann, kurz vor Mitternacht, klart der Himmel auf. Unter Jubel brechen die Freunde zum Kolosseum auf. Der Mond ist mal glänzend, mal verschleiert, sie ziehen an der Fontana di Trevi vorbei; zurück geht es durch den Ruinen- und Säulenwald des Forum Romanum. Gounod klettert auf eine Akazie, wirft einen blühenden Zweig herunter. Fanny nimmt ihre Haube ab, läßt das Haar fallen. Jetzt ziehen sie hinauf zum Kapitol, hinab zum Pantheon, das »ungemein still und ernsthaft«[30] dasteht. Auf der Piazza Colonna stimmt einer das Bach-Konzert an, die anderen fallen ein, marschieren im Takt.

Es ist die Nacht vor ihrer Abreise. Abschiedsschmerz. Um neun erscheinen die drei Franzosen in Begleitung der norwegischen Pianistin Charlotte Thygeson. Fanny ist müde, will nicht wieder zu weinen anfangen, spielt die beiden Allegri der *Appassionata*. Gounod fällt ihr zu Füßen und bittet um das Adagio aus Beethovens *Hammerklavier-Sonate*. Jetzt kommen weitere Freunde, Maler und Musiker, bringen ein Ständchen, die Frau des Kupferstechers Jean-François Bellay singt Fannys Cavatine *Deh, torna a me*, eine der römischen Kompositionen. Fanny spielt zum allerletztenmal das Bach-Konzert.

Am Abend kurz vor der Abreise, es ist der 1. Juni 1840, sieht Fanny noch einmal »das reine rothe Gold hinter St. Peter, das glühende Violett der Albanergebirge, und die unbeschreiblich reiche und große Tonung der Luft und aller Gegenstände zwischen diesen beiden Punkten [...]. Ueber der Kirche stand der Neumond, nach der Seite von St. Paul der Jupiter, die anderen Sterne waren noch nicht sichtbar [...]. In der Stadt wurden die Lichter angezündet, der Abend war angebrochen, Ave Maria wurde geläutet [...].«[31] Sie dankt Gott für die »zweimonatliche, ununterbrochene Glückseligkeit! Die reinsten Genüsse, deren ein Menschenherz nur fähig ist, haben sich gefolgt, fast keine störende Viertelstunde, in dieser ganzen Zeit. Kein Schmerz als der, dass die Zeit verging.«[32]

Das Reisesouvenir

Unter Fannys Reisesouvenirs befindet sich ein knapp sechzig Zentimeter hohes Kreuz, das die Hensels wahrscheinlich auf ihrer zweiten Italienreise1845 erwarben, als sie der hochschwangeren Rebecka in Florenz beistanden. Es ist aus Olivenholz, reich verziert mit Perlmutt-Intarsien. Die Ornamente zeigen neben floralen Mustern neutestamentliche Motive. Kein Corpus Christi, aber drei Nägel, die Hände und Füße des Gekreuzigten durchbohrten, sind dargestellt. Am Fuß des Kreuzes, der sich zu einem Postament verbreitert, ist eine Taube unter einem Strahlenkranz abgebildet: die Ausgießung des Heiligen Geistes. In der Mitte des Postaments sieht man die segnenden Hände des Auferstandenen mit den Wundmalen. Christologische Kernaussagen sind symbolisiert, ohne dem Gottessohn ein Gesicht zu geben: eine Balance zwischen calvinistisch-jüdischem Bilderverbot und lutherisch-katholischer Kruzifix-Tradition.

Fanny wird das Souvenir, jenseits seiner sakralen Symbolsprache, einfach gefallen haben. In ihrem Musikzimmer stand es an einem zentralen Ort: vor einem Spiegel auf dem Seitentisch gegenüber dem Flügel, gleich am Fenster. So jedenfalls hat der Maler Julius Helffit die Ordnung des Zimmers nach ihrem Tod festgehalten. Es wäre voreilig, das schöne Handwerksstück als Beweis einer über Stoßgebete hinausgehenden Frömmigkeit zu deuten. Vor allem vergegenwärtigte es seiner Besitzerin das Sehnsuchtsland Italien als Ort ihrer künstlerischen Emanzipation.

Allerdings ist Fanny in der Begegnung mit transalpiner Religiosität bewußt geworden, daß sie selbst in der protestantischen Kirchenmusik verwurzelt war. Nach dem Besuch einer armenischen Osterliturgie in Rom klagt sie über »das verwünschteste Katzengeheul«, das »menschliche Ohren nur vernehmen können«. In ihr Tagebuch notiert sie: »Kleidung, Bewegungen, die Art des ganz unartikulirten Gesangs, alles das ist noch weit jüdischer weit barbarischer, als in der katholischen Art des Gottesdienstes.«[33] Ein Brief an den Bruder, in dem sie dieselbe »scheußlichste Katzenmusik« und jene Gläubigen kritisiert, die »ihren Gott auf die menschenfresserischste Weise angrunzen«,[34] vermeidet allerdings den Vergleich mit Riten der jüdischen Vorfahren. Felix ist, was dieses Thema betrifft, pietätvoller als seine Geschwister.

»Ich kann nicht gut Autoritäten annehmen«

»Es ist unbegreiflich, was die Pfaffen aller Konfessionen heutzutage wieder für Unheil in der Welt anstiften«, notiert die Tagebuchschreiberin am 9. Dezember 1842. Sie schimpft über die Willkür der Regierenden, die sich stets auf die geistlichen Sittenwächter berufen können. Erst werde eine Lockerung der Zensur angekündigt, man gebe politische Karikaturen grundsätzlich frei, greife aber, sobald einmal eine wirklich brisante Zeichnung erscheine, sofort wieder ein: »Unsere politischen Zustände bleiben sich gleich, d. h. ungleich. Mit einer Hand giebt man, und mit beiden nimmt man wieder.«[35]

Die Lokal- und Weltpolitik ist in Fannys Aufzeichnungen regelmäßig Thema. Es ist die Zeit der Revolutionen und der Restauration, des Nationalismus und der Kolonisation. Für die Wiedereroberung Kabuls durch die Engländer interessiert sie sich ebenso wie für deren Opiumkrieg mit China und die französische Kolonialpolitik in Algerien. Sie kritisiert die heimischen Zustände, ihren König, Friedrich Wilhelm IV., der die seit Jahren von seinen Ständen beantragte Verfassung verweigert: »In Deutschland ist wahrlich alles Unrecht auf Seiten der Fürsten. Die Völker betragen sich höchst musterhaft.«[36] Im Staatsrat sei das neue Ehegesetz, das die Scheidung erschweren und den kirchlichen Einfluß verstärken sollte, durchgefallen, höhnt sie; das neue Zensurgesetz sei dort gar nicht erst eingebracht, sondern sofort publiziert worden: »[...] den versammelten Ständen werden solche Dinge vorgelegt, daß jeder ordentliche Mann sich schämen muß, so vor Narren gehalten zu werden, denn es ist reine Mystification. Indessen geht doch, inmitten aller Hindernisse, der Geist der Nation vorwärts, das ist nicht zu verkennen. Neulich fiel mir einmal auf, wie beim Durchlesen einer einzigen

Zeitung, also bei Ansicht unserer jetzigen Zustände unzählige Male der gesunde Menschenverstand beleidigt wird. Der Adlige, welcher eine unwürdige Handlung begeht, wird ein Bürgerlicher (in Preußen), der Jude welcher ein rechtlicher Mann ist, befindet sich in dem bürgerlichen Zustande eines ehrlosen Christen, d. h. ohne Ehrenrechte (in Sachsen). Der König eröffnet die Anrede an die Stände ›es ist mein gnädigster Wille‹ o neunzehntes Jahrhundert, Du hast noch viel auszukehren.«[37]

Jeder Bürger müsse sich über »die Heuchelei und Lügenhaftigkeit in allen Schritten der Regierung empören«, ereifert sie sich einen Monat später. »Der König betrachtet und behandelt die, deren Meinung von der Seinigen abweicht, wie persönliche Feinde […].«[38] Die Politisierung im Vorfeld der Revolution von 1848 verfolgt sie mit Sympathie. Als sich die Stände im Preußischen Landtag – unter Zustimmung nahezu aller Prinzen – gegen die Beschränkung ihrer Rechte durch den König verwahren, prophezeit sie: »Nun ist die Politik für die nächste Zeit Alleinherrscherin. Alles andere wird nun unmöglich seyn.«[39] Sie kommentiert die politische Entwicklung kritisch und engagiert – mit ungebrochenem Eigensinn. Nach einem Streit mit Hensel über die Qualität des Bildes *Der Triumph der Religion*, das sein Nazarener-Kollege Friedrich Overbeck geschaffen hat, bemerkt Fanny despektierlich, was dem Frauenideal ihrer Zeit widerspricht: »[…] ich kann nicht gut Autoritäten annehmen, nicht einmal die seinige, sondern will mit meinen eigenen Augen sehen.«[40]

Das Liebespaar

Fannys und Wilhelms Verbindung ist, ähnlich wie der Lebensbund von Moses und Fromet, eine außergewöhnliche Liebesgeschichte: die Tochter des reichen Juden und der arme Predigersohn, ein brotloser Künstler, der auch noch Mutter und Schwestern versorgen muß. Sie politisch liberal und nicht sehr religiös, er monarchistisch-konservativ und (von Hause aus, später unter dem Einfluß seiner katholischen Schwester Luise) ziemlich fromm. Die ironische

Hauptstadtpflanze aus dem Milieu der Emporgekommenen und der märkische Kalauerfreund. Hier die hochtalentierte Musikerin, deren Sterne Bach und Beethoven heißen; dort der amusikalische Porträtzeichner, als Künstler beeinflußt von den fromm-nostalgischen Nazarenern in Rom und ihren sakralen Projekten, Hofmaler eines rückwärtsgewandten Monarchen. Sie, die stärkere Persönlichkeit, oft unerschrocken und doch interessiert an seiner breiten Schulter. Er ist manchmal wehleidig und bewährt sich, wenn es drauf ankommt, als Draufgänger. Ein Außenseiter innerhalb dieser stolzen, mitunter arroganten Familie. Ein Eindringling, der neben gelegentlichem Spott auch Abhängigkeit aushalten muß: daß er nur an Fannys Seite so viel Freundlichkeit erfährt.

Sie begegnen sich zum erstenmal im Winter 1821/22. Der junge Künstler Hensel darf durch Vermittlung Karl Friedrich Schinkels an der Ausstattung eines Hoffestes mitwirken und die nach der Ballade »Lalla Rookh« des irischen Dichters Thomas Moore arrangierten Phantasie-Tableaus festhalten. Fräulein Mendelssohn besucht in Begleitung der Eltern die Atelierausstellung dieser Bilder, die für die russische Thronfolgerin – sie ist die älteste Tochter des Preußenkönigs – bestimmt sind. Preußischer und russischer Adel, kostümiert als bucharische und indische Fürsten, Prinzessinnen, Höflinge. Ein Gefolge von 168 Personen, ein Fest für 4000 Gäste, zwölf großartige Bilder! Tout Berlin ist präsent. Die Ausstellung ist Stadtgespräch. Fanny ist siebzehn, Wilhelm fast elf Jahre älter. Er war Soldat in den Befreiungskriegen, nun verkehrt er als Künstler bei Hofe. Er imponiert ihr, ist emotional, tiefsinnig und lustig.

Daß es zwischen beiden gefunkt hat, zeigen im Sommer 1822 zwei Gedichte, die er ihr widmet, vor dem Aufbruch der Familie zur großen Schweizerreise. Weihnachten 1822 darf er bei den mittlerweile getauften Mendelssohn Bartholdys feiern. Er schenkt der Angebeteten den Gedichtband eines Freundes, in den er das eigene Konterfei gezeichnet hat. Anderntags sendet ihm Mutter Lea das intime Präsent zurück. Ein paar Wochen später lädt sie ihn zum Abendessen mit Alexander von Humboldt ein: Zuckerbrot und Peitsche.

Als Wilhelm im Sommer 1823 mit einem königlichen Stipendium, aber schweren Herzens für fünf Jahre nach Italien geht, wird ihm die Korrespondenz mit Fanny untersagt. Er darf aber den künftigen Schwiegereltern Briefe schreiben, ihnen bei den römischen Erbschaftsquerelen, Jacob Salomon Bartholdys Nachlaß betreffend, gefällig zur Hand gehen, ihre Ermahnungen zu mehr Fleiß und Disziplin über sich ergehen lassen und hoffen, daß seine Nachrichten Fanny irgendwie erreichen.

»Ein Bild auf den Klavierdeckel Deiner Seele«

Nachdem Wilhelm im Oktober 1828, »ohne Unterbrechung Tag und Nacht fahrend, über die Alpen, dann auf die schnellste Weise nach Berlin« [41] zurückgekehrt ist, beginnt die Zeit der verstohlenen Zärtlichkeiten, der unzähligen Billetts und Postillen. »Täglich morgens kam Hensels Diener und brachte und holte ein Zettelchen des Grußes, oft ernsten Inhaltes; die ganzen Kämpfe zweier gewissenhafter Naturen spiegeln sich darin wider.«[42] Nur wenige der Briefe, die Sebastian Hensel, dem Familienchronisten, noch als Konvolut vorlagen, sind bekannt geworden; den Sohn hinderte die Pietät, sie zu zitieren. Die 21 erhaltenen Briefe des Brautpaares erzählen von großen Gefühlsturbulenzen. Fanny fühlt sich dem Freundes- und Geschwisterkreis, dem geliebten Bruder und den Ansprüchen der Eltern verpflichtet. Wilhelm kämpft mit der Eifersucht und seinen Komplexen, oft zweifelt er an ihrer Loyalität. Es gibt Streit, Tränen, Versöhnung, immer wieder, bis kurz vor der Hochzeit. »Wilhelm! Wilhelm! Wird Dich denn meine herzliche Liebe, meine treue Zuneigung nicht, nie befriedigen, darf ich das nicht hoffen?« fragt Fanny am 5. Februar 1829. »Fühlst Du denn nicht von Herzen zu Herzen was Du mir bist? Ich klage mich bitter an, muß mein alter Launendämon immer dazwischen treten, u. uns Tag um Tag die Freude stören ich bin so wüthend auf mich, ich könnte mich schlagen. Brich meinen Eigensinn, u. bis [d]u ihn gebrochen sieh mein Herz das Dich liebt durch meine Launen. Komm so früh wie gestern, es hält mich ja nach Tisch nichts ab, oder komm jetzt einen Augenblick, wenn Du kannst.«[43] Ihn plagen Verlustängste, er fühlt »tödtlichste Unruhe«, wenn Fanny nur unwohl ist: »Werde nicht krank, ich trüg es nicht!«[44]

Als Wilhelm in Breslau Mutter und Schwester besucht, schreibt ihm Fanny: »Felix hatte gestern Abend komponiert, und da sahen seine Augen wunderschön aus. Es ist was ganz eigenes mit seinen Augen, ich habe noch bei keinem Menschen die Seele so unmittelbar darin gesehn. Du mußt ihn so unendlich lieben, zwischen uns dreien muß Alles so vollkomen richtig und einig und wahr seyn, dann will ich in dieser Welt keine unfrohe Minute haben, wenn Ihr Euch recht liebt, ich bin mit meiner Stellung gegen Euch beide zufrieden.«[45] Nach einem »flauen Abschied« am Abend und schlechten Träumen in der Nacht fragt Hensel wiederum die Verlobte: »Wie siehts in Deiner Seele aus? Du kannst den schönen klaren Morgen in sie ziehn u er malt das Bild der Zukunft drin. Ich habe nichts dagegen, daß Felix recht glänzend im Vorgrund steht, sondern schlinge den Arm um ihn, Euch u wir werden eine gute Gruppe machen! Da hast Du ein Bild auf den Klavierdeckel Deiner Seele [...]. Es wird Alles gut [...].«[46] In den Brautbriefen wirbt Fanny für ihre Wunschvorstellung einer Ehe, von der Felix nicht ausgeschlossen ist: für einen freundschaftlichen Dreibund mit beiden geliebten Männern, von denen sie keinen verlieren will.

»Grundbedingung bleibt die Uebung Deiner Kunst«

Ein andermal kränkt den Bräutigam in einem Gespräch über seine Zukunftspläne die verletzende »Härte der Mutter«: »Du wirst mit mir fühlen daß meine Stellung zu den Eltern nicht ist wie sie seyn sollte u ich würde Deine, ja eigne Achtung verscherzen, wenn mir das Demüthigende derselben gleichgültig bliebe.«[47] Fanny versucht den Verlobten mit dem »lumpigen Trost« zu beruhigen, daß selbst Felix, »der leibliche älteste Sohn«, keine stärkere Position habe: »[...] es ist also ein Familienunglück [...].

Mir scheint, mit dem *Reden* sey nicht viel gethan, Mutter ist keine Freundin von Explicationen, Du redest Deine Worte in den Wind, u. wenn sie geredet sind, sind sie vergessen.«[48] Doch kaum ist dieser Ärger verflogen, gibt Fanny neuen Anlaß zur Eifersucht: Felix wird überraschend zur Singakademie bestellt, wo sein sechzehnstimmiges Chorstück *Hora est* auf dem Programm steht; sie möchte dabeisein und versetzt Hensel: »[...] was ich Dir eigentlich melden wollte, daß ich nämlich erst nach 7 zu Hause komme, bist Du böse?«[49]

Ende August 1829, Felix ist seit Monaten in England und wird von der Familie sehnlichst zurückerwartet, spitzt sich die Krise zu. Fanny muß abermals um Kredit betteln: »Du schnürst mir mit Deinem Glauben die Kehle, und das Herz zu, ich liebe Euch Beide so ganz verschieden, und so ganz gleich, ich fühle die Unmöglichkeit, mein Leben ohne Einen von Beiden glücklich zuzubringen, meine Seele fühlt, glaub' es mir, Wilhelm, und mögest Du es auch fühlen, diese selige Dreieinigkeit so stark [...]. Ja das Wesen der Liebe, Du willst nicht, daß ich es Sinnlichkeit nenne, nenne es denn, wie Du willst, wirft wol eher ein Gewicht mehr in Deine Schaale, wenn ich Dich abends vorm Einschlafen so herzlich umarme.«[50]

Schließlich macht ihr Wilhelm, der sich als Maler wenig, als Dichter gar nicht ernst genommen fühlt, auch noch im Freundeskreis eine Szene: Fanny arbeitet ausgerechnet mit Johann Gustav Droysen, dem Freund ihres Bruders, an einer Liedkomposition. Das erträgt er nicht. Fannys Reaktion ist drastisch: *»Ich komponire nichts mehr für Gesang, wenigstens nicht von neuen, mir persönlich bekannten Dichtern, am allerwenigsten aber von Droysen.* Mir bleibt die Instrumentalmusik, ihr kann ich anvertrauen, was ich will, sie ist discret. [...] Ich sehe nun wohl ein [...]: Die Kunst ist nicht für Frauen, nur für Mädchen, an der Schwelle meines neuen Lebens nehme ich Abschied von dieser Kindergespielin [...].«[51] Wilhelm weist das Opfer bestürzt zurück. Man müsse eine andere Lösung finden, denn »*Grundbedingung von Allem bleibt ganz uneingeschränkte Uebung Deiner Kunst*«. Er will ihr das Komponieren nicht verbieten und möchte vor den Freunden auch nicht als mißgünstiger Tyrann dastehen:

»Fanny, wenn wir uns ein recht schönes Leben zimmern wollen, so müssen sich die Mauern bei Deinen Tönen fügen! Sey fügsam u ich will es selber seyn, so viel Du nach Lieb' u Gewissen von mir wollen kannst.«[52] Felix' Vorschlag, Wilhelm solle doch den Text für Fannys Silberhochzeitskomposition schreiben, stürzt den Gekränkten in neue Bedenken: Nein, dann müsse ja jeder denken, daß Fanny nicht freiwillig mit ihm arbeite, sondern nur weil er es befehle! Da nehme er lieber Abschied von der Dichtkunst, »die ja nicht die Hauptrichtung meines Lebens ist. […] Sie fahre hin u möge die Zeit bald jedes Andenken an sie verlöschen.«[53] Es kommt natürlich anders: Wilhelm wird den Text zur Silberhochzeit der Schwiegereltern und noch viele andere für Fanny schreiben, da diese nicht aufhören kann, Lieder zu komponieren.

Wilhelms Verlustängste werden gezähmt, aber nie verschwinden. Verstellen kann sich auch Fanny nicht: Ihre Freude über alles Schöne wird jederzeit ebenso sichtlich wie ihre Verstimmung, ihr Zorn und ihre Antipathie gegen langweilige Gesprächspartner, die sie mit tiefen Falten auf der Stirn und um die Mundwinkel offenbart.

Der zwei Tage vor der Hochzeit, am 1. Oktober 1829, vorgelegte Ehevertrag dokumentiert die Sorge der Brauteltern um die wirtschaftliche Sicherheit ihrer Tochter: »§ 2 Die Demoiselle Braut hat schon jetzt ein eigenes Vermögen von 18613 rt 19 sgr […]. Der Stadtrath Mendelssohn Bartholdy, welcher dasselbe in Händen hat, verpflichtet sich, dasselbe […] mit fünf pro Cent jährlich in vierteljährlichen Terminen zu verzinsen, auch […] so lange das Vermögen seiner Tochter in seinen Händen bleibt, zu den Revenuen dieses Vermögens soviel zuzulegen, daß seine Tochter eine jährliche Einnahme von 1500 rt Courant […] hat. […]« Fannys garantierte Einkünfte sind demnach mehr als dreimal so hoch wie das Grundgehalt ihres Hofmalers. Deshalb behält sich der Brautvater weiterhin die Kontrolle vor, der Vertrag fixiert Gütertrennung: Die Braut ist befugt, ihre Einkünfte selbst zu verwalten und »darüber ohne Zuziehung ihres Mannes zu disponiren«. Falls erforderlich, müsse sie das Geld »zur standesmäßigen Unterhaltung des Haushalts« verwenden.[54]

Das Musikzimmer

Der Konflikt zwischen ihrem Leben als Ehefrau und Mutter und ihrer musikalischen Begabung ist für Fanny nicht zu lösen. Das Leben mit Wilhelm und dem 1830 geborenen Sohn Sebastian macht sie glücklich; die Musik hingegen ist für sie innere Bestimmung und Leidenschaft, doch kommen ihre Kompositionen außerhalb der halböffentlichen Sonntagsmusiken kaum zur Geltung. Felix rät von einer Publikation ihrer Werke ab. Zur Autorschaft habe Fanny weder »Lust noch Beruf« – dazu sei sie »zu sehr eine Frau, wie es recht ist, sorgt für ihr Haus und denkt weder ans Publikum noch an die musikalische Welt, noch sogar an die Musik, außer, wenn jener erste Beruf erfüllt ist«.[55] Fanny selbst hatte dem Freund Karl Klingemann schon 1829, im Jahr ihrer Hochzeit, deutlich gemacht, was sie von derlei Ansichten hält: »Daß man übrigens seine elende Weibsnatur jeden Tag, auf jedem Schritt seines Lebens von den Herren der Schöpfung vorgerückt bekommt, ist ein Punkt, der einen in Wut und somit um die Weiblichkeit bringen könnte, wenn nicht dadurch das Übel ärger würde.«[56] 1846 entschließt sich Fanny dann doch zur Edition ihrer Kompositionen. Felix gibt seinen »Handwerks-Segen«, wenn auch nicht von ganzem Herzen.

Nach dem überraschenden Tod der Mutter im November 1843 hatte die Tochter in ihr Tagebuch geschrieben: »Ein glücklicheres Ende für sie hätte man sich aber nicht ausdenken können. Es war wörtlich wie sie vorigen Sommer […] sagte, daß sie es wünsche: ohne Bewußtseyn, und ohne Arznei, aus der Mitte des Lebens hinweg, das sie liebte, in voller geistiger Lebendigkeit, die immer ihr eignes Erbtheil war, ein wünscheswerthes Ende, wie es auch dem seligen Vater zu Theil geworden, und wie ich es mir jeden Tag von Gott erbitte.«[57] Die Frage, wie man es eigentlich verdiene, zu den Glücklichen oder weniger Glücklichen auf Erden zu gehören, beschäftigt Fanny im Frühjahr 1847, nach einem harten Winter der Teuerung: »Wenigstens fühle ich es lebhaft und dankbar, und wenn ich des Morgens mit W. gefrühstückt habe, und dann Jeder an seine Arbeit geht, da empfinde ich mich mit wahrer Rührung glücklich, wenn ich an den kommenden Tag denke, und an den Vergangenen. Ich kann wol nicht läugnen, daß die Freude an der Herausgabe meiner Musik auch meine gute Stimmung erhöht [...] es ist sehr pikant, diese Art v. Erfolg zuerst in einem Alter zu erleben, wo sie für Frauen, wenn sie sie je gehabt, gewöhnlich zu Ende sind.«[58]

Fanny stirbt an einem Freitag im Mai 1847, bei der Probe für die Sonntagsmusik. Am Tag zuvor hatte sie zu Wilhelm gesagt: »Ich bin so glücklich, wie ich's gar nicht verdiene.« Ihr Mann antwortete: »Wenn du es nicht verdienst, wer verdient das sonst wohl.«[59] Diesen Morgen ist es schwül. Das Klavier steht an der offenen Saaltür, sie schlägt kräftig an, ihre Hände werden taub. Sie wäscht sie mit Essig, aber es wird nicht besser. Ein Bluterguß im Gehirn. Felix erfährt drei Tage später in einem Frankfurter Hotel von dem Tod der Schwester und bricht unter einem Aufschrei zusammen.

Für Fanny ist die Frage nach dem Glück ein Thema gewesen; Antworten ihres Lebens finden sich im Bild ihres Musikzimmers. Drei Jahre nach ihrem Tod bittet die Familie den Maler Julius Helfft, diesen Raum zu malen. An den Wänden – über dem Flügel, neben der Tür – hängen rund zwanzig goldgerahmte Gemälde, spiegeln sich im Frisierspiegel auf dem Tisch am Fenster, vor dem das florentinische Kreuz steht. Ein geschnitzter Notenständer, ein Armsessel. Eine weiße Flügeltür zum Nachbarraum. Ein Schreibtisch, ein Nähtischchen am Fenster. Licht fällt in das Zimmer, helle Streifen auf den Holzboden, in die weißen Vorhänge, zwischen die Goldrahmen an der Wand. Ein Mausoleum der Erinnerung. Für Fannys Berufe als Hausfrau, Künstlergattin, Korrespondentin und Künstlerin – zwischen Emanzipation und Fügsamkeit – stehen die Requisiten ihres Zufluchtsraums.

Ihr anstrengendes Glück, wie Julius Helfft es aquarelliert, bestand darin, individuellen Begabungen ebenso nachzugehen, wie dem ambitionierten Bildungs- und Assimilationsprogramm ihrer Eltern und Anforderungen der Tradition an ihre Frauenrolle zu entsprechen. Ihr Anpassungs- und Einpassungsstreß war der Lebenserwartung unzuträglich. Das postume Porträt des Zimmers ist ein Bild aus Jahren des Abschieds: Als das Aquarell entsteht, sind Fanny und Felix tot; Joseph Mendelssohn, der mit seiner Familie in der Jägerstraße wohnt, ist im Folgejahr gestorben. Das Haus an der Leipziger Straße mit dem legendären Garten und Gartensaal wird verkauft. Die Familie verliert ihre Mitte.

Eine Residenzstadt wird politisch

In der Stadt werden nun Bahnhöfe gebaut: der Potsdamer, der Anhalter, der Stettiner, der Frankfurter und der Hamburger. Vor dem Oranienburger Tor errichtet man die Borsigsche Eisenbahn- und Maschinenfabrik, im Südosten Berlins entstehen Textilfabriken und große Arbeiterviertel. Schornsteine erscheinen im Stadtbild, Dreck und Lärm nehmen zu. Wasserzufuhr wird ins Haus verlegt, es gibt weniger Pumpen in den Straßen und Höfen, Sikkergruben muß jeder selbst anlegen. Die stinkende Jauche wird durch die Straßen abtransportiert, ihre Gase schwärzen die Bleitapeten der bürgerlichen Salons, deren Fenster zur Straße hin geöffnet sind. Der Zoologische Garten wird eröffnet. Droschken und Pferdebahnen prägen das Stadtbild, Vergnügungsetablissements und Ballhäuser boomen. Vor dem Rosenthaler Tor, im sogenannten »Vogtland«, und an der Linienstraße entstehen die Armenviertel.

Seit 1815 hat sich die Bevölkerung der Stadt mehr als verdoppelt; Berlin zählt nun vierhunderttausend Einwohner, von denen 7,5 Prozent im Jahr 1847 das Bürgerrecht haben: Ausländer und Gewerbetreibende bemühen sich um den Erwerb des Dokuments, während die Berliner meinen, es entbehren zu können – politisch hat der Bürger schließlich nichts zu melden. Die kleine Residenzstadt mausert sich zur Großstadt. Diskussionsforen, die eine parlamentarische Auseinandersetzung vorbereiten und ersetzen, entstehen auf Vereinsbasis. Die Regierung, der Schwäche ihres absolutistischen Systems bewußt, sucht jede Opposition zu ersticken. Wer sich in diesen Vereinen engagiert, zieht sich meistens nach einiger Zeit verbittert zurück oder wendet sich den Radikalen zu.

Die Revolution im Frühjahr 1848 wird in Berlin ihren Ausgang in den Kaffeehäusern nehmen, in denen sich seit einiger Zeit die Dissidenten treffen und wo man die liberalen Blätter aus dem Rheinland und die internationale Presse mit Berichten über die Pariser Aufstände lesen kann. Die gutinformierten Mendelssohn-Bankiers, deren Wohn- und Geschäftshäuser unweit der bekannten Cafés liegen, haben – folgt man Sebastian Hensels Bericht – die Nachricht von der Pariser Februarrevolte als erste in Berlin empfangen und dann schnell weitergegeben.

Berlins interessantester Salon ist immer noch der bei Varnhagen von Ense, wo auch Fannys Schwester Rebecka Dirichlet verkehrt.

Kartoffelrevolution

Ende der 1840er Jahre wird auch die sogenannte Judenfrage diskutiert, sogar im Preußischen Landtag. Gewöhnlich fallen die assimilierten und gesellschaftlich etablierten Juden kaum auf. Konflikte entstehen erst, als jene Liberalen, die eine Emanzipation prinzipiell befürworten, den schlechten Ruf des jüdischen Proletariats auf das jüdische Bürgertum übertragen. 1847 wird der Jüdische Kulturverein aufgelöst, da dort auch politische Themen behandelt werden. Die Regierungsvorlage zum Judengesetz, das jüdische Bewerber von öffentlichen Ämtern und vielen akademischen Positionen ausschließen sollte, löst Unwillen aus. Zugleich darf sich der erste jüdische Privatdozent habilitieren, ein jüdischer Hauptmann wird erstmals Major.

Der Gegensatz zwischen Monarchie und Bevölkerung spitzt sich zu. Als einige Zuhörer während eines Vortrags in der Akademie der Wissenschaften bei der Erwähnung der königlichen Kirchenpolitik in Anwesenheit Friedrich Wilhelms IV. zu lachen wagen, läßt seine Majestät mitteilen, er werde den Sitzungen künftig fernbleiben. Die Teuerungen bringen das Proletariat in Aufruhr. Auf dem Gendarmenmarkt prügeln sich am 21. April 1847 verzweifelte Hausfrauen mit Kartoffelverkäufern. Es kommt zu Plünderungen, ein Regiment marschiert auf, die wütende Menge wird auseinandergetrieben. Anderntags werden Geschäfte in der Königstadt geplündert und zerstört, Scheiben am Palais des Prinzen Carl von Preußen eingeworfen. Die Schulen und Theater bleiben geschlossen. Das Schloß wird vom Militär umstellt. Das Gerücht, es werde Brot verschenkt, lockt Notleidende ins Stadtzentrum. In der Klosterstraße steigt ein gutgekleideter Bürger auf eine Laterne und redet zu dreihundert Plünderern: Sie seien im Recht, wenn sie die hohen Preise kritisierten, aber im Unrecht mit der Räuberei. Ein belagerter Bäcker schmeißt grimmigen Blicks Brot aus dem Fenster, der Bäckerjunge wirft die Brotstücke den Belagerern an den Kopf. Mittags reitet der König, freundlich begrüßt, schon wieder die Linden hinunter. Die Kartoffelrevolution ist vorbei.

Sebastian Hensel hat in seiner Familienchronik den Übergang zur 1848er-Epoche so dargestellt, als sei mit Fanny und Felix das »frohe künstlerische Element« dahingerafft worden: mit ihrem Tod habe für die Mendelssohns wie für alle Deutschen ein ganz anderes, das politische Kapitel begonnen. Auch sein Vater sei schließlich der politischen »Signatur der Zeit« verfallen.[60] Dabei übersieht er, daß bereits seine Mutter künstlerische Eigenwelt und politisches Bewußtsein miteinander zu verbinden wußte. Eines ihrer schönsten Werke, das Klaviertrio op. 11, wurde am 12. April 1847 uraufgeführt: zufällig am Tag der Eröffnung des Vereinigten Landtags, des ersten preußischen Parlaments, der noch eine Ständevertretung war und noch im selben Jahr wieder aufgelöst wurde. Nach dem Verkauf des Reckeschen Palais tagt in der Leipziger Straße 3 nicht nur das Preußische Herrenhaus, die Adelskammer der konservativen Oberschicht, sondern zeitweise auch der Reichstag des Norddeutschen Bundes, Deutschlands erstes in allgemeinen und direkten Wahlen bestimmtes Parlament. Die bedeutendste Komponistin des 19. Jahrhunderts hätte sich dafür begeistern können. Ihr Mann, einer der populärsten Künstler im Berlin seiner Zeit, verweigert sich den neuen Ideen.

Der königstreue Wilhelm Hensel

Am 29. November 1848, vier Tage nach dem Tod Joseph Mendelssohns, feiert König Friedrich Wilhelm IV. Silberhochzeit. Ein paar Tage zuvor hat General Friedrich von Wrangel den Belagerungszustand über die Hauptstadt verhängt: politische Klubs und öffentliche Versammlungen sind verboten, Drucksachen werden zensiert.

Unter den adligen und bürgerlichen Getreuen, die an dem königlichen Paar vorbeidefilieren, befindet sich auch der verwitwete Hofmaler Hensel. Er überreicht die drei für diesen Anlaß kopierten und in einen rotsamtenen Prachtband eingehüllten Solo-Gesänge aus dem Festspiel zur Silberhochzeit seiner Schwiegereltern. Ein Erinnerungsstück aus glücklichen Tagen, aufbereitet für den Jahrmarkt höfischer Artigkeiten. Der Instinkt für das, was Fanny gefallen hätte, ist Wilhelm Hensel anderthalb Jahre nach ihrem Tod abhanden gekommen.

»Ich habe keinen Wunsch mehr für mich«, hatte Wilhelm seiner Schwester Luise wenige Tage nach Fannys Tod geschrieben, »keine Vorliebe für ein Land, keine Liebe mehr für meine Kunst. Möge die letztere wenigstens wieder erwachen, so ich sie üben könnte zu Fannys Preis! [...] Eine gastliche Schwelle hat das Haus Hensel fortan nicht mehr.«[61] Den einst so häuslichen Mann treibt es nun – obwohl seine Schwägerin Rebecka die Wohnung über ihm bezieht und ihn und seinen Sohn versorgt – auf die Straße und in Versammlungen, er ißt im Gasthof oder reihum bei Verwandten. Ihm fehlt die vertrauenswürdige Gesprächspartnerin, die aufmerksame Kritikerin seiner Kunst, die Organisatorin und Buchhalterin seiner Bildverkäufe und der Halt seiner schwankenden Persönlichkeit.

Am Tag der Barrikadenkämpfe, dem 18. März 1848, als die aufbegehrende Bevölkerung die königliche Hinhaltepolitik und die militärische Einschüchterung nicht mehr länger hinnimmt und im Zentrum Berlins eine Straßenschlacht zwischen Arbeitern, Studenten, Revolutionären und dem Militär tobt, geleitet Wilhelm die Prinzessin Marie Luise von Preußen von ihrem unsicheren Palais am Wilhelmsplatz zum Schloß. Anderntags wird im Rahmen der Bürgerwehr, die nach dem Rückzug des Militärs Ordnung wahren soll, das »Fliegende Künstler Corps« gegründet und zur Bewachung des Königs eingesetzt. Zum Führer des Trupps wird Hensel bestimmt, der mit seiner militärischen Erfahrung das Vertrauen des Monarchen genießt. Da er sich für Zuwendungen an hilfsbedürftige Kameraden einsetzt, entsteht bald das Gerücht, die Künstler hätten sich kaufen und gegen das Volk instrumentalisieren lassen. Wilhelm dementiert weitschweifig; das Korps erhält einen neuen Führer.

Zur Belohnung für den Treuedienst darf er den König zum Dombaufest nach Köln begleiten, wo der Weiterbau der mittelalterlichen Kathedrale als deutsch-christliches Nationaldenkmal gefeiert wird. Nach seiner Rückkehr engagiert er sich in dem neugegründeten »Conservativen Comitee«, das die *Kreuzzeitung* herausgibt, ein publizistisches Organ der Konservativen, in dem man Schreckliches über die »verruchten Demokraten« lesen kann.

Mit dem Eisernen Kreuz verbindet der Veteran Hensel eine Enttäuschung, deren Narben 1848 aufbrechen. Eigentlich war ihm die zu Beginn des Befreiungskriegs gestiftete Tapferkeitsauszeichnung bereits vor fünfunddreißig Jahren zugesprochen worden. Nach der Völkerschlacht bei Leipzig wird der Freiwillige Jäger in eine heldenhafte Verfolgungsjagd verwickelt, die sein Vorgesetzter allerdings tadelt, da Hensel ohne Order gehandelt habe. Auch bei einem Gefecht im hessischen Gelnhausen tritt er tollkühn hervor. Die Eskadron stimmt dafür, ihm das Kreuz zu verleihen; dann wird ihr der angekündigte Orden wegen eines Exzesses, an dem Hensel unbeteiligt war, entzogen. Für seinen Mut bei der Schlacht von Arcis-sur-Aube verspricht ihm Großfürst Konstantin Pawlowitsch einen russischen Orden; es bleibt bei dem Versprechen. 1814 wird verfügt, daß Eiserne Kreuze nach dem Tod ihrer Träger anderen Berechtigten »vererbt« werden können; 1816 wird die Verleihung Eiserner Kreuze offiziell beendet. »Erbberechtigte« im Zivilstand erhalten 1837 die Erlaubnis, das Eiserne Kreuz anzulegen. Nun wendet sich Wilhelm an sechs Kriegskameraden, die seine Qualifikation bezeugen. Sein

Antrag bei der Generalordenskommission bleibt erfolglos, er zieht sich »resignierend auf die Anerkennungen der Kunst zurück«.[62] Aber als er wieder Uniform trägt, um den König gegen die Revolution zu schützen, drängt es ihn erneut, das Ehrenzeichen anzulegen. Zwei Generale bestätigen seine Tapferkeit, Wilhelm selbst memoriert seine Gefechtserlebnisse in einer mehrseitigen Notiz. Für eine neuerliche Eingabe verwendet der Übergangene dieses Material aber nicht. Allerhöchste Anerkennung, die dem Sohn eines strengen märkischen Predigers immer so wichtig war, ist ihm verwehrt geblieben.

Die Gesichter des Jahrhunderts

Wilhelm Hensels letzte vierzehn Lebensjahre nach Fannys Tod ergeben in der Darstellung seines Sohnes ein trostloses Bild. Sebastian Hensel hatte die revolutionären Unruhen im März 1848 als Abiturient erlebt, er hatte vergnügt an einer Barrikade mitgebaut, in der Bürgerwehr der Gymnasiasten Polizist gespielt und mit gemischten Gefühlen gesehen, wie der König vor den Särgen der gefallenen Aufständischen von der aufgebrachten Menge gezwungen wurde, beim Passieren jedes Sarges den Hut zu ziehen. Aber daß sich sein Vater auch später noch »so ganz der ekelhaften Politik«[63] ergab, bedrückt den Sohn. Eins ums andere Mal hat Wilhelm ihm versprochen, bald wieder mit dem Malen zu beginnen, doch sein künstlerisches Talent vernachlässigt er und versinkt in eine Traumwelt der Erinnerungen und Illusionen.

Erschüttert steht der Sohn schließlich inmitten des verkommenen Hausstands seines verstorbenen Vaters. Kisten, Schubladen, Tische, Schränke stehen durcheinander, dazwischen, über den Fußboden verteilt, Papiere, Zeichnungen, Kupferstiche, Briefe, alte Zeitungen, Droschkenmarken, Rechnungen, Visitenkarten. Drei Wochen lang verbrennt er den Abfall in einem eisernen Ofen. Unter dem Schutt der väterlichen Existenz entdeckt er schließlich das künstlerische Vermächtnis des Vaters – eine »unvergleichliche Sammlung« von Porträtzeichnungen.

Theodor Fontane, der Wilhelm Hensel in seinen *Wanderungen durch die Mark Brandenburg* ein Denkmal gesetzt hat, preist das Riesenwerk der 1 027 Zeichnungen. Noch in ferner Zukunft werde dieser »Bibliothekenschatz« [64] zu den Nachgeborenen sprechen. Nahezu alles, was zwischen 1815 und 1861 in Mitteleuropa zu Rang und Ansehen gelangt sei, gebe sich hier ein Rendezvous: 89 Dichter, Gelehrte, Schriftsteller, 62 Architekten, Maler, Bildhauer, Komponisten, 51 Staatsmänner und Generale, 21 Schauspieler und Sänger. »Alle diese Portraitköpfe sind *nicht* Phantasieschöpfungen, laufen auch nicht auf ein bequemes ›corriger la nature‹ hinaus; sie verraten vielmehr, abgesehen von einer meisterhaften, unserem Hensel ganz eigentümlichen Technik, vor allem auch eine eminente Begabung für das Charakteristische.«[65] Seine biographische Skizze schließt Fontane mit der Bemerkung: »Die Seele griechisch, der Geist altenfritzig, der Charakter märkisch. [...] Bei Hensel blieb alles in Balance [...] die Neuuniformierung eines Garderegiments oder ein Witzwort des Professor Gans interessierten ihn ebenso lebhaft wie der Ankauf eines Raffael.«[66]

Gestorben ist Wilhelm Hensel 1861 an einer Wunde, die er sich bei der Rettung eines Kindes zugezogen hatte, das unter einen Pferdeomnibus geraten war. Die letzten Jahre des Witwers hat Fontane zartfühlend umschrieben: »Er war jetzt über sechzig, und die Zeit war da, wo man nicht mehr *vorwärts* und kaum noch *um* sich, sondern nur noch *rückwärts* blickt.«[67] Der Blick zurück gehörte zu Wilhelm Hensels Persönlichkeit. Die Mendelssohns haben diese Nostalgie bisweilen belächelt, aber seine Verehrung der Tradition – irgendwie – verstanden.

Rebecka Dirichlet, die Demokratin

Auch Fannys Schwester Rebecka hat den Mendelssohnschen Sinn für Tradition, zugleich erlebt sie politisch bewußter und kritischer als ihre Geschwister die Umbrüche des Jahrhunderts.

Die hübsche und in ihrer Jugend umschwärmte Rebecka ist eine warmherzige, gewitzte, hochmusikalische Frau, deren Talente von den Eltern kaum gewürdigt wurden. Sie nimmt es mit Gelassenheit und auch ein wenig Bitterkeit hin. »Meine älteren Geschwister haben mir meinen Künstlerruhm weggestohlen«, soll sie gescherzt haben. »In jeder anderen Familie würde ich als Musikerin hoch gepriesen worden sein und vielleicht als Dirigentin einen Kreis beherrscht haben.«[68] Die Drittälteste ist der klügste Kopf im Geschwisterquartett, sie hat den schärfsten analytischen Verstand, verfügt über pointierte Ironie und schonungslose Selbstironie. Mit einem »wütenden Franzosenfeind«[69] und prinzipiellen Revolutionsgegner wie ihrem Schwager Hensel hat sie über Politik kaum ernsthaft reden können. Die verwandtschaftlichen Verabredungen beschränken sich mit der Zeit auf wenige Gelegenheiten: »[…] alle vierzehn Tage ein Diner en famille, das ist, in Anbetracht, dass wir ein ganz anderes Zusammenleben hätten führen können, sehr wenig […].[…] wenn ich auch sonst mal behauptet habe, der Rinderbraten am Sonntag sei das Band, das die Familie zusammenhält, so hält sie, wenn's zum Klappen kommt, doch noch anderweitig zusammen und geht nicht ohne einen grossen Riß auseinander.«[70]

Engagiert hat sich Rebecka nach dem Tod der Schwester als Ersatzmutter um ihren Neffen gekümmert und ihn in ihren Briefen mit politischen und weltanschaulichen Kommentaren versorgt. Im November 1848, nach der endgültigen Niederschlagung der Berliner Revolution, empfiehlt sie ihm, Moses Mendelssohns *Phädon* und die Bibel zu lesen: »Demut, Unterwerfung unter den Willen Gottes muss sein, wenn der Mensch Mensch sein will. Kämpfe gegen Sterbliches, gegen Ungerechtigkeit, gegen Willkür mit aller Kraft, die Dir zu Gebote steht, aber verwende sie nicht zu erbittertem Murren gegen das Schicksal. […] suche Dir daraus Deinen eigenen Glauben zu bilden, wenn der vom Prediger gelehrte nicht mehr aushält […].«[71] Als die Frankfurter Nationalversammlung 1849 dem preußischen König die Kaiserkrone anträgt, fragt sie: »Soll ich mich begeistern, dass Deutschland als letzte Rettung vor Russen und Franzosen noch mehr vor sich selbst, sich *dem* an den Kopf wirft, der seit einem Jahre, nein seit neun Jahren, wir wissen ja wie, regiert? [...] Armes Deutschland, armes Volk.«[72] Den Deutschen gehe es möglicherweise mit der Revolution wie den Juden mit der Erwartung des Messias, spottet sie im Juni 1849.[73] Die Deutschen seien doch von Anbeginn ihre eigenen ärgsten Feinde gewesen. »Was hält uns eigentlich hier? Erinnerungen, Kälte, Staub, Mücken, Kiefern, Gewohnheit. Das einzige Wichtige, die Erinnerungen, könnten und müssen wir ja mitnehmen. Aber wir bleiben doch hier – wären wir nur beisammen!«[74] Daß sich ihr Neffe vom Barrikadenkämpfer zum Besitzer eines großen Anwesens in Ostpreußen gewandelt hat und gewissermaßen auf die Seite der Konservativen gewechselt ist, entlockt ihr die sarkastische Anrede »lieber Rittergutsbesitzer, Kandidat zum Aufknüpfen bei der nächsten Revolution«[75].

Exekutionen und ein wahrhaft glücklicher Abend

Mit ihrer politischen Überzeugung steht Rebecka auf der Seite der republikanischen Linken. Unterstützt wird sie in dieser Haltung von ihrem Mann, dem Mathematiker Peter Gustav Lejeune Dirichlet. Der stammt vom Niederrhein, hat als Hauslehrer des Generals Maximilien-Sébastien Foy in Paris, eines napoleonischen Kommandeurs und späteren liberalen Oppositionellen, gearbeitet und in dieser Stadt seine politische Sozialisation erfahren. Durch Alexander von Humboldt ist er nach Berlin empfohlen worden, wo er Ende der 1820er Jahre als Lehrer an der Kriegsschule angestellt wurde, der Universität als Privatdozent und schließlich als Professor angehörte. In Deutschland gilt er bald als zweite mathematische Koryphäe nach Gauß; seine Schüler rühmen die Klarheit seiner Beweisführungen, den assoziativen Reichtum seiner Vorträge.

Die Bekanntschaft mit den Mendelssohn Bartholdys und der attraktiven jüngeren Tochter machte der junge Dirichlet vor der Pariser Julirevolution 1830; geheiratet hat das Paar im Mai 1832. Johanna Mathieux, eine Pianistin, die vor ihrem tyrannischen

Mann nach Berlin geflohen war und im Hause Bettina von Arnims wohnte, beschreibt die Gespräche jener Jahre in der Wohnung der von ihr bewunderten Rebecka: »Eine Schwägerin Fannys, Luise Hensel, war eine Freundin Clemens Bretanos und durch dessen Einfluß vermocht worden, in den Orden der barmherzigen Schwestern einzutreten. Sie war schön und geistreich, und während sie in diesem Kreise mit vieler Würde allerlei mittelaltrige Richtungen zu vertheidigen suchte, vertrat Professor Dirichlet die jungfranzösischen Freiheitsideen. Varnhagen von Ense und Professor Gans gehörten zu den regelmäßigen Besuchern, und man kann sich denken, daß die Zeitinteressen von so klugen und doch so in sich verschiedenen Personen lebhaft diskutirt wurden.«[76]

Anderthalb Jahrzehnte später gewinnt nach Jahren der Stagnation und Restauration die politische Entwicklung wieder an Dynamik. Einflußreicher werden die nationalen und liberalen Kräfte des Bürgertums. Anfang März 1848, während die Bewegung der Pariser Februarrevolution nach Deutschland übergreift, rufen Heidelberger Oppositionelle ein deutsches Vorparlament in Frankfurt am Main ein; in Wien wird Metternich, der Architekt der europäischen Restauration, gestürzt. Berlin ist unter der Kontrolle der Bürgerwehr, ein radikales preußisches Parlament erarbeitet eine radikale Verfassung. Friedrich Wilhelm IV. scheint einzulenken. Seit Mai tagen eine Deutsche Nationalversammlung in Frankfurt und eine Preußische Nationalversammlung in Berlin. Im Juni verlieren bei Pariser Straßenkämpfen rund fünftausend Menschen ihr Leben. Im Rheinland, in Hessen, Thüringen, der Pfalz und Baden, wo die Deutsche Republik ausgerufen wird, ist es zu Aufständen gekommen, die bald von fürstlichen Truppen niedergeschlagen werden. Im Oktober beginnen Verfassungsberatungen in der Frankfurter Paulskirche. Im November wird Preußens Nationalversammlung nach Brandenburg verlegt, über Berlin wird der Belagerungszustand verhängt. Im Dezember wird das Parlament aufgelöst, der König gibt Preußen am Parlament vorbei eine Verfassung. Im März 1849 wird in der Paulskirche eine Nationalverfassung verabschiedet, Friedrich

Wilhelm IV. lehnt die ihm angetragene Kaiserkrone ab, weil an ihr »der Ludergeruch der Revolution« hafte. 28 kleinere deutsche Staaten nehmen die Reichsverfassung an, während Preußen für den Fall ihrer Inkraftsetzung Sanktionen androht und seine Deputierten aus der Paulskirche abzieht; andere Staaten folgen. Es ist die Zeit, in der bei Rebecka Dirichlet in Berlin erregte Politikdebatten mit revolutionären Hauptleuten stattfinden. Die preußische Verfassung wird schließlich revidiert, aus dem allgemeinen, geheimen, gleichen Wahlrecht wird ein Dreiklassenwahlrecht, das Besitz und Bildung bevorzugt. Das Frankfurter Rumpfparlament vertagt sich nach Stuttgart und beschließt, das Volk zu bewaffnen und ein Reichsheer aufzustellen, um die Reichsverfassung durchzusetzen. Preußische und Bundestruppen verfolgen die badische Revolutionsarmee, die am 23. Juli in Rastatt kapituliert.

Am 24. Oktober notiert Varnhagen in sein Berliner Tagebuch: »Abends bei Dirichlet's. Ein wahrhaft glücklicher Abend! Niemand zugegen, als beide Gatten und der älteste Sohn Walter. Rebecca las mir aus den Reisebriefen ihres Bruders Felix vor; aus Weimar, München, Wien, Venedig, Rom. Die reiche Vergangenheit der edlen glücklichen Familie stieg lebendig vor mir empor. Die herrlichen Eltern Abraham und Lea, die begabten, liebevollen Kinder! […] Eben so wie der Bruder erscheint mir aber auch die vorlesende Schwester im schönsten Lichte. Ich betrachte sie mit wahrer Freude. Im Vorlesen und Mittheilen eröffnet sich ihr edles reiches Gemüth, ihr gebildeter Geist, ihr reiner Sinn in ganzer Fülle. […] In Rastatt wieder drei geborne Preußen standrechtlich erschossen. Diese Hinrichtungen, so lange nachher, so kalten Blutes, sind grauenvoll. Alle Welt ist empört darüber. Nur unsre Regierung, unsre Militairbehörden sind völlig verhärtet, verwildert. […] Rasende Aeußerungen eines Grafen von Pfeil in Schlesien, der die Frau, welche für Kinkel's Leben zu bitten gewagt, öffentlich ausgepeitscht sehen will […].«[77]

Die Fluchthelferin

Im April 1850 wird Rebecka von dem Besuch einer Frau Kinkel überrascht. Johanna Kinkel, geschiedene Mathieux, hat mittlerweile den Bonner Theologen Gottfried Kinkel geheiratet, der als Redakteur der *Bonner Zeitung* und ihrer Wochenzeitung für soziale Fragen, *Spartacus*, als linker Abgeordneter im preußischen Unterhaus und als Teilnehmer am badisch-pfälzischen Aufstand von 1849 zu einer Symbolfigur der republikanischen Bewegung geworden ist. Im Juni 1849 haben ihn preußische Truppen gefangengenommen, ein Rastatter Kriegsgericht verurteilte ihn zu lebenslanger Haft. In vielen Städten bilden sich zur Unterstützung seiner Familie Komitees, der Inhaftierte wird zum Märtyrer der Revolution. Als seiner Frau, die Kinkels *Bonner Zeitung* kommissarisch leitet, ein Besuch in der Spandauer Festung, für den sie extra nach Berlin gereist war, verweigert wird, kommentiert Rebecka: »Vor solchem Unglück schweigt doch alles andere.«[78]

An einem Abend im Herbst 1850 meldet sich ein Besucher namens Heribert Jüssen bei Madame Dirichlet. Er wird in einen großen Salon geführt, in dem die Möbel, Bilder, Bücher und Musikinstrumente elegante Behaglichkeit vermitteln. Jüssen, der eigentlich Carl Schurz heißt, ist ein ebenfalls verurteilter Kampfgefährte Kinkels, der aus Rastatt fliehen konnte. Durch Johanna Kinkel, die mit ihrem Mann über Geheimcodes in Kontakt steht, ist ihm die Adresse vermittelt worden. Rebecka tritt ein, schwarz gekleidet, in der Hand eine große Brieftasche. »Sie bringen mir Grüße von einer Freundin aus dem Rheinland?« Schurz bestätigt, daß ihn diese Freundin beauftragt habe, ein Paket mit wertvollen Papieren abzuholen, das sie »zu gütiger Aufbewahrung in Ihre Hand niedergelegt« habe. Rebeckas Antwort klingt gelassen. »Ich wußte, daß Sie um diese Zeit kommen würden. In dieser Brieftasche finden Sie alles. Ich kenne Ihre Pläne nicht, aber sie müssen gut sein. Sie haben meine aufrichtigen Wünsche. Gott schütze und segne Sie.«[79]

Am 6. November kann sich Gottfried Kinkel mit einem Seil von dem Spandauer Zuchthausdach herablassen. Unten erwartet ihn Schurz, der einen Wachmann bestochen hat. Eine Kutsche steht bereit. Über Warnemünde gelingt beiden die Flucht nach England. Im Februar 1851 bittet Varnhagen von Ense, Rebecka möge Johanna Kinkel, die sich mit ihren Kindern auf die Emigration nach England vorbereite und vorher in Berlin erwartet werde, die Adressen Londoner Freunde übermitteln. »Ich denke jetzt oft im Rückblick auf alles, was wir seit sechs Jahren erlebt haben, und was uns wohl noch bevorsteht, wie idyllisch doch das Leben Deiner Mutter war!« seufzt Rebecka drei Jahre später, während des Krimkrieges, in einem Brief an ihren Neffen. »Ein misslungener oder ein guter Musiksonntag war eine Hauptbegebenheit, der vereinigte Landtag ein grosser politischer Moment, der Brand des Opernhauses eine Kalamität. Wohl ihr! Wir müssen uns jetzt freuen, wenn 3000 Franzosen und Engländer und noch viel mehr Russen auf dem Schlachtfeld bleiben.«[80]

Ein großes Jom Kippur in Göttingen

Im Frühjahr 1855 erhält Dirichlet den ehrenvollen Ruf nach Göttingen, auf den Lehrstuhl des verstorbenen Carl Friedrich Gauß. Die Verhandlungen führt Professor Wilhelm Weber, einer jener berühmten »Göttinger Sieben«, die schon in den 1830er Jahren als Liberale mit Verbannung und Entlassung bestraft wurden. In Göttingen lockt die Aussicht auf ein liberales akademisches Umfeld. Die Ignoranz der Berliner Hochschulpolitik gegenüber Dirichlets wissenschaftlicher Kapazität hat dazu beigetragen, daß er und Rebecka den schweren Abschied von Berlin in Kauf nehmen. Wie ein Schlag trifft ihre Entscheidung den Vertrauten Varnhagen, der von Wehmut überwältigt wird: »Aber mir schnürte diese Ankündigung das Herz zusammen, es war mir im Augenblicke, als ob Berlin verödete! Dieser Rest von der Abraham Mendelssohn'schen Familie, dieser schönen Erinnerungen von Haus und Garten, von belebter Jugendlust, soll mir nun auch hier verschwinden! Ich mußte weinen, als ich allein geblieben war!«[81]

In »Kuhschnappel«, wie Rebecka die kleine Universitätsstadt nennt, richtet sie sich – der zweiundzwanzigjährige Walter ist bereits außer Haus – mit ihren jüngeren Kindern, dem 15jährigen Ernst und der 10jährigen Flora, mit dem angesehenen Mann und der hochbetagten Schwiegermutter unerwartet angenehm ein. Die Luft sei besser und die Gegend hübscher als in Berlin, was nichts bedeute; sie hoffe »überhaupt zu leben, wie die Maus im Käse«.[82] Sie hält Kontakt zu dem Freundes- und Verwandtenkreis an der Spree, zu Sebastian Hensel in Ostpreußen und pflegt die Familientradition eines offenen Hauses. So bezeichnet sie gegenüber den Berliner Verwandten eine pflichtschuldige, von den freundlichen Göttingern erwartete Gegeneinladung in ihr Haus, bei der 72 Personen Tee, Musik und Literatur geboten wurden, nonchalant als jüdisches Versöhnungsfest: »Wir [...] haben die Stille unterbrochen, unsere Appartements geöffnet und vorigen Dienstag ein großes Jom Kippur gegeben.«[83] Ein andermal lädt man zur musikalische Soiree: »Vorgestern haben wir unsere Appartements eröffnet, und unseren sechzig intimsten Freunden die Heimkehr vorgesungen«, schreibt Rebecka unter der ironischen Datierung »Kuhschnappel, 11. Dezember« an den Neffen. »Und es fiel sehr gut aus; die Ensemblestücke gingen so gut, und das Ganze hatte solchen Zug und Leben, dass es mir selbst Vergnügen gemacht hat. Beim Nachtwächterlied habe ich manche Träne geweint [...]. Zuletzt Krippe mit zwei Kardinalbowlen und ungeheurer Dankbarkeit, ausgedrückt durch furchtbares Essen und Trinken und mehrere Professorentoaste: Wirte, Gäste, Sänger, Musik, alles Mögliche. [...] ich fühle mich ordentlich ein bisschen mehr zu Hause hier, seit hübsche Musik hier bei uns gemacht ist. Ja, ja, wir füttern die Leute mit Brosamen unserer alten Herrlichkeit.«[84] Es ist eine Heimkehr in der Fremde.

Der erste Schnellzug braucht seit dem Sommer 1857 von Kuhschnappel nach Berlin sensationelle fünf Stunden: So trifft Rebekka ihren Varnhagen von Ense im November 1857 ein letztes Mal. Bei seinem Besuch in Göttingen ist sie ihm noch »mit einem lauten Freudenschrei« entgegengelaufen. Als Varnhagen am 10. Oktober des folgenden Jahres, sieben Wochen vor ihrem eigenen

Tod, in Berlin stirbt, kondoliert Rebecka seiner Nichte Ludmilla Assing und nennt ihn einen »herrlichen Mann«. Sie habe sich auf ihn bei Besuchen in der »von meinen Lieben so grausam verwaisten Vaterstadt« immer besonders gefreut, mit ihm sei nun die »letzte lebende Erinnerung« an ihre Eltern und Geschwister »zu Grabe getragen«.[85]

Georg Benjamin Mendelssohn und der Glaube an die alte Ordnung

Im April 1848 schreibt Joseph Mendelssohns ältester Sohn, der Bonner Professor Georg Benjamin Mendelssohn, aus Berlin an seinen Freund, den Staatsrechtler Clemens Theodor Perthes: »Wir treiben auf einem sturmbewegten Meere umher, ohne Steuer und ohne Steuermann; die Frage ist nur, ob wir an einer Klippe zerschellen oder an eine wir[t]barere Küste geworfen werden, wo es vielleicht gelingen ka[nn], einen Theil der Mannschaft und Ladung zu retten. Es wäre wohl Aussicht da, aus den mittelaltrig anarchischen Zuständen nach und nach heraus zu kommen und zu einem leidlichen Provisorium zu gelangen [...]. Phantasten führen das Regiment bei uns, von oben bis unten, Gemüthsphantasten und dürre, trockne Verstandes Phantasten. – [...]. für's erste bleiben wir wohl hier, bis sich's entscheidet, ob meine Eltern noch nach Horchheim gehen können und wollen. Gehen sie, so gehen wir mit ihnen; wo nicht, so suchen wir nach eine[m] möglichst ruhigen Fleck. [...] wie viel leichter einem der Rückzug in seine Austernscha[le] wird, sobald man nur nicht zu Hause, nur nicht in Preußen ist.«[86]

Georg Benjamin Mendelssohn ist ein kritischer Konservativer und überzeugter Preuße, der viel Zeit auf dem Weingut seines Vaters bei Koblenz verbringt. Er ist verheiratet, hat eine Adoptivtochter, reist viel, interessiert sich für Politik, wohnt Parlamentsdebatten bei und hat einflußreiche Freunde. Er ist Geograph und Historiker; an der Universität hat er einen schweren Stand.

Zehn Monate nach dem »sturmbewegten« Brief klingt die Einschätzung des Mittfünfzigers kaum optimistischer. Der Versuch des Paulskirchen-Parlaments, »von dem allgemeinen Bewußtseyn der Nationalität aus den Staat zu postuliren«, sei verunglückt, der »nationale Aberglaube« habe Schiffbruch erlitten, schreibt er an Perthes. »Möge nur nicht der nationale Glaube mit in den Abgrund hinabgezogen werden.« Die Wahlergebnisse für beide preußische Kammern zeigen, daß die Aristokratie wieder erstarkt sei und die revolutionären Unruhen im bürgerlichen Lager Sehnsucht nach einer mächtigen Führung hervorgerufen haben: »[...] wenn nur der rechte Mann die Zügel zu ergreifen weiß. Ob wir diesen rechten Mann haben?« Deutschland müsse sich an Preußen anschließen, dürfe Preußen keinesfalls in sich auflösen. »Das niederdrückende bei dem allen ist – das Schiff im Sturm, zwischen Klippen, mit mehr oder minder Hawarie, zu erhalten, für die nächste Zeit zu erhalten, kann man hoffen – aber wo liegt der Hafen?«[87] Als Perthes an der Richtigkeit dieser Ausführungen zweifelt, legt Georg Benjamin nach: »Deutsch bin ich, wenn auch nicht neu deutsch [...]. Das erstarkte Preußen kann dem Staat-seyn-wollen des Deutschen Volks den festen Kern der Wirklichkeit geben; [...] Preußen hat noch das Heer! – hat das Heer nicht als äußeres Besitztum, sondern als Gipfel und Krone all dessen, was im Staate noch gesund ist; hat es nicht blos als historischen Kriegsruhm, sondern als lebendige Macht. Möchte es ebenso mit Deutscher Art, Wissenschaft u. Kunst seyn, mit Deutschem Sinn! [...] Durch Wählen und Wühlen wird der glimmende Funke nicht erhalten werden, wenn ihn kein Gotteshauch zur Flamme anfacht.« Am Ende dieses Schreibens, das einige Tage liegengeblieben ist, erinnert Mendelssohn an den Höhepunkt der Berliner Märzrevolte: »Der 18t. ist übermorgen, ein schaudererregender Jahrestag. Aber wie dankbar müssen wir doch seyn! Ja, ohne die Barrikaden wären wir wahrscheinlich noch nicht so weit hinabgeglitten, aber wir wären noch im Gleiten. Dankbar aber doch nicht den Barrikadiers, sondern denen, die uns nächst Gott von ihrem Joch erlöst haben.«[88] Zuletzt folgt ein Postskriptum mit der befriedigten Mitteilung, daß am Jahrestag den Märzgefallenen zwar Kränze gebracht werden dürfen, der Belagerungszustand jedoch nicht aufgehoben wird. Der Patriot Georg Benjamin Mendelssohn beurteilt die demokratische Bewegung so skeptisch, daß er seine Zeit zurückdrehen möchte.

»Vorgestern waren wir im Feuer«

Daß Benjamin ein Konservativer werden sollte, war nicht abzusehen, als der Siebzehnjährige 1811 ein Medizinstudium in Berlin aufnimmt, Philosophie bei Fichte und Theologie bei Schleiermacher hört. Seine wissenschaftliche Laufbahn steht frühzeitig fest, so wie der Bruder Alexander bald ins väterliche Bankgeschäft eintritt.

Bis zum Emanzipationsedikt des Jahres 1812 war Juden nur das Studium der Medizin erlaubt; jetzt gibt es keine Beschränkung mehr. Benjamin interessiert sich für Geologie und Mineralogie. Im Frühjahr 1813 folgt er dem Aufruf des Staatskanzlers von Hardenberg und meldet sich als Freiwilliger zum Jäger Detachment des Königlich Preußischen Husarenregiments No. 1. Preußen und Rußland haben sich gegen Napoleon verbündet; am 17. März folgt die offizielle Kriegserklärung. Zwei Jahre zuvor, als die Familie in Hamburg unter französischer Obrigkeit wohnte, hatte Joseph Mendelssohn alle in Frage kommenden juristischen und finanziellen Auswege in Betracht gezogen, um eine Einberufung in Napoleons Armee für sich oder seinen Sohn abzuwenden. Jetzt stellt er dem Sohn bei der kämpfenden Truppe einen Kreditbrief aus, der an alle Geschäftspartner gerichtet ist und an »Jedermann, dem unser Namen nicht fremd ist«[89]. Die Eltern schreiben dem Sohn fast täglich; von ihm sind 40 Feldzugsbriefe an die »herzlieben Ältern«[90] erhalten. Im Juli 1813, während eines Waffenstillstands mit Frankreich, schreibt er aus dem Cantonnement Grieningen bei Brieg, der Frieden erscheine jetzt nicht wünschenswert: »Den Preis des Kampfes müßten wir in den Händen des Feindes lassen [...].«[91] Er wisse gar nicht, was er im Friedensfall tun solle: »Auf keinen Fall werde ich mich je wieder unter die Herrschaft der Franzosen begeben, die, um eine französische Phrase zu gebrauchen, den Anblick unsrer Säbel jederzeit wie den Gottseibeiuns scheuten.[92] Am 30. August beschreibt er die Szene nach der Schlacht an der Katzbach wie ein Panoramabild. Ein durch die Regengüsse der letzten Tage überschwemmtes Land. Menschen und Pferden durchwaten die Felder. Französische Soldaten werden von Kosaken verfolgt und zu Hunderten als Gefangene zurückgebracht. Zwischen den Bergen ist die Ruine eines ausgebrannten Magazins zu sehen. Davor marschierendes Fußvolk, Zeichen einer Meuterei. Russische Soldaten inspizieren ihre Gefangenen. Französische Offiziere stehen halbnackt, erscheinen verwegen kostümiert. »Dieses Schauspiel, das uns ganz unerwartet auf dem Gipfel eines Berges zu Teil wurde, ehe wir uns noch darunter mischten, wird einem lange gegenwärtig bleiben.«[93] Der Jäger Benjamin erlebt den Krieg antifranzösisch begeistert, doch politisch reflektiert. Die Feldzugszeit ist für ihn auch die Zeit der Freundschaften: mit Karl Sieveking aus einer Hamburger Patrizierfamilie; mit August Grahl, der als Maler in Rom zum Freundeskreis Wilhelm Hensels stößt; mit dem Dichter Joseph von Eichendorff. Als Napoleon Elba verläßt, eilt er erneut zu den Waffen, in Blüchers Hauptquartier zu Lüttich – nicht ohne auf dem Weg, als Mendelssohnscher Goethe-Verehrer, dem Geheimrat in Weimar einen Brief Carl Friedrich Zelters zu überbringen. Nach der Eroberung von Paris wird der Seconde-Lieutenant Adjutant des Polizeidirektors der preußischen Besatzungsregimenter.

Bald nach seiner Entlassung aus der Armee studiert Benjamin in Kiel Geographie und treibt in der Schweiz und in Italien geologische Studien. 1821 tritt er zum Protestantismus über, nennt sich künftig Georg Benjamin und heiratet sechs Jahre später in der Berliner Marienkirche, in Sichtweite des großväterlichen Hauses in der Spandauer Straße, Rosamunde Richter, ein Mädchen aus christlicher Familie. Im Jahr darauf wird er promoviert und habilitiert in Bonn, wo er seit 1829 als Privatdozent Vorlesungen zur Allgemeinen Geographie hält. Hier beginnt seine enge Freundschaft mit Moritz August Bethmann Hollweg, dem späteren Abgeordneten des Preußischen Parlaments, Begründer des Deutschen Evangelischen Kirchentages und Preußischen Kultusminister. Er lernt den Historiker und Staatsmann Barthold Georg Niebuhr und den Philosophen Christian August Brandis kennen. Die Freunde schließen sich zu einem exklusiven Professorenkreis zusammen, der von den übrigen Kollegen Abstand hält. Auch die Bekanntschaft mit dem patriotischen Dichter Ernst Moritz Arndt entwickelt sich in der rheinischen Universitätsstadt. Zu seinem Großvater Moses bekennt sich Georg Benjamin als Herausgeber dessen Gesammelter Werke, auch wenn er an der Edition selbst nicht mitarbeitet. In Bonn engagieren sich Rosamunde und Benjamin in der evangelischen Kirchengemeinde, häufiger aber sind sie in Horchheim oder auf Reisen.

Der germanische Stempel

Im Herbst 1835 erscheint – kurz vor dem Tod seines Onkels Abraham, der sich noch beeindruckt darüber äußerte – Georg Benjamins Schrift *Das Germanische Europa*. In der Nachfolge Alexander von Humboldts und Karl Ritters, des Neubegründers der geographischen Wissenschaft, beeinflußt durch Leopold Rankes Vorstellung von den romanisch-germanischen Völkern, unternimmt er den Versuch einer «geschichtlichen Erdkunde«. Ihn interessiert das Zusammenspiel geographischer, rassischer, historischer Faktoren in jenen Regionen, wo germanische Elemente romanische dominieren. Nur wo geschichtliche und physische Elemente sich, konträr oder komplementär, zu einer organischen Einheit verbinden und politische Strukturen ausbilden, haben sie seiner Ansicht nach Bestand: So gelange jede Nation zu der Verfassung, die ihrer Natur entspricht.

Georg Benjamins romantisch-nationales Geschichtsbild hat seinen ideologischen Ursprung im antinapoleonischen Kampf: »Der Franzose will seine Macht ausdehnen, nicht als Christ um Heiden zu bekehren, nicht, oder nicht allein, als Barbar, aus Ehrbegierde oder Habsucht; der Gedanke liegt unvertilgbar im Sinn der Nation, daß sie sich als Inhaberin der Kultur berufen glaubt, sie weiter zu verbreiten. Noch heute sieht der Franzose mit ähnlichen Gedanken über den Rhein, wie einst der römische Imperator.«[94] England erscheint ihm hingegen als »deutsche Mark auf celtischem Boden«, in der das Christentum gewaltfrei eingeführt wurde. Das sei in Deutschland großteils anders gewesen. So stehe im Vergleich zu England das 1803 untergegangene Heilige Römische Reich Deutscher Nation »wie der Cölner Dom da neben den englischen Bauwerken derselben Zeit. Der Plan unendlich großartiger, kunstreicher, harmonischer; die Zierrathen ein organischer Theil des Ganzen; Gipfel in die Wolken strebend; – die englischen Kathedralen, dem Boden näher, auf breiter Grundlage, nur im Kleinen mit einer Fülle künstlicher Arbeit geschmückt, – sind vollendet.«[95]

Im »neueren Völkerleben« sieht Mendelssohn die Kräfte Rußland und Nordamerika einander gegenüberstehen: »Dort die unbedingteste Alleinherrschaft; hier die schrankenloseste Demokratie; – hier wie dort Sclaverei, die abzustellen das souveraine Volk so wenig vermocht hat, wie der autokratische Wille.«[96] »Die germanische Welt« aber habe »ihre Wurzeln in die verschloßne Region des ewigen Polar-Eises« gesenkt und ihre Zweige nach Süden hin entfaltet. Sie habe sich »gegen den barbarischen Osten gestellt«;[97] nun trete »bei erneuerter Gefahr von Westen her, das abendländische Deutschland abermals, wenn nicht als herrschender, doch als vereinigender Mittelpunkt hervor«. Germanisches Leben sei nicht mehr auf Europa begrenzt: »während jenseits des Oceans eine neue germanische Welt erblüht, drückt germanische Bildung ihren Stempel mehr und mehr dem Staats- und Geistesleben des asiatischen wie des europäischen Nordens auf«.[98]

Was aus der Perspektive des 20. Jahrhunderts wie ein imperialistisches Manifest klingt, ist die Gedankenwelt eines Antimodernisten in Preußen. Georg Benjamins rassische und biologische Kategorien verweisen außerdem auf seine Identitätssuche in einer Umbruchszeit sowie auf den Drang seiner Epoche zur wissenschaftlich legitimierten Ideologie. Eine unerwartete Stimme im Kreise der Enkel Moses Mendelssohns, unter denen sich fast jede politische Couleur finden läßt.

Der Außenseiter

Alexander von Humboldt, der Freund der Familie, lobt das *Germanische Europa*, leitet es an die Académie des sciences weiter und versucht Karl Ritter, der häufig bei den Mendelssohns in der Jägerstraße zu Gast ist, als Rezensenten zu gewinnen. Auf Benjamins 1846 erschienene Schrift *Die ständische Institution im monarchischen Staate* reagiert er verhalten. Schließlich kritisiert er dieses Plädoyer für den anachronistischen Ständestaat mit der Bemerkung: Im 19. Jahrhundert müsse man, umgeben von Staaten, »in denen die Einheit politischer Freiheit durchbricht, nicht ein Gewerbe, nicht einen Stand, nicht Städte oder Akkerland, nicht eine Provinz, nicht eine genealogische Mythe, sondern das allgemeine Vaterland repraesentiren«.[99] Beider Ansichten »über die Berechtigung, die jeder Bürger hat, politische Rechte auszuüben«, trenne »ein breiter Strom«.[100] Dagegen preist der Historiker Heinrich von Treitschke, der sich von einem kritischen Liberalen zu einem nationalistischen Preußenverehrer gewandelt hat, den geistreichen Bonner Geographen Mendelssohn als führenden Verfechter der ständischen Monarchie. [101] Georg Benjamin tritt vehement für die Erhaltung des feudalistischen Status quo ein – zuletzt in seinen Artikeln für das *Politische Wochenblatt* des Freundes Bethmann Hollweg. Selbst den aristokratischen Freunden erscheint seine Position als reaktionär.

Währenddessen ist seine Stellung an der Bonner Universität problematisch geworden. Sein Lehrauftrag ist keinem bestimmten Bereich zugeordnet, zudem ist er rhetorisch unbegabt, zieht wenige Hörer an, so daß seine Vorlesungen häufig ausfallen. Dann zieht er sich zurück, geht auf Reisen oder lebt auf dem Gut seines Vaters. Gehalt bezieht er keins, finanziell ist er versorgt. Akademische Beziehungen pflegt der Außenseiter nicht, prominente Freunde und politische Verbindungen seiner Familie genügen ihm zur Sicherung der eigenen Karriere. Das mißfällt den Mitgliedern des Lehrkörpers. Im Dezember 1835, nach dem Erscheinen seines Opus magnum, hatte ihn das Ministerium zum außerordentlichen Professor ernannt, ohne daß die Fakultät ihr

Gutachten abgeben konnte. Im Juli 1847 wiederholt sich der Vorgang, als mit Wissen des Universitätskurators Bethmann Hollweg der preußische Kultusminister eine Urkunde unterzeichnet, die Benjamin Mendelssohn zum ordentlichen Professor für Geographie und Statistik ernennt. Der Dekan der Philosophischen Fakultät sendet seinen Kollegen ein Rundschreiben: Die Fakultäts-Stellungnahme sei versäumt worden, Mendelssohn lehre ohne Eifer, er sei jünger als die anderen drei außerordentlichen Professoren, habe seine Vorlesungen zu spät angezeigt und zu wenig publiziert. Die Kollegen schließen sich dem Protest an. Mendelssohns Gehaltsverzicht dürfe nur positiv gewertet werden, wenn er seine Beförderung nicht selbst betrieben habe, schreibt einer. Der Minister lehnt den Protest ab. Im Spätsommer bittet der Gelehrte um Entbindung von seinen Pflichten als Fakultätsmitglied. Im Wintersemester 1850/51 hält er seine letzte Vorlesung: *Über die sozialen und politischen Zustände der wichtigsten europäischen Staaten*. 1857 nimmt er unbefristeten Urlaub.

Was aussieht wie ein Scharmützel um die Freiheit der Wissenschaft, ist hinter den Kulissen ein Fall von akademischem Antisemitismus unter liberalen Wissenschaftlern. Die Abneigung gegen Mendelssohns politische Position konnte sich mit Ressentiments gegen seine Herkunft verbinden. Diese Erfahrung der Ausgrenzung machte ein Intellektueller, der mit den Idealen von Freiheit-Gleichheit-Brüderlichkeit aufgewachsen war. Dabei erlebte Georg Benjamin die Regierungsstellen und die höhere Bürokratie als Verteidiger jüdischer Emanzipation sowie als Gönner seiner akademischen Laufbahn. Das förderte sein Vertrauen in die alte Ordnung und die Rettung von oben.

Der Nazarener Philipp Veit

»Heil Dir, hoher Volksbeglücker, / Dumpfen Wahnes Unterdrücker, / Eitlen Christentums Zerpflücker, / Strauss, Du echter Teufelsmann! / Alle Welt erhebt sich staunend: / Nicht nur in die

Ohren raunend, / Nein von jedem Dach posaunend / Stimmt man Dir ein Loblied an.« – Das Problem dieses Verseschmieds ist weder die Emanzipation noch die Assimilation: Philipp Veit, Enkel Moses Mendelssohns, Sohn Dorothea Schlegels, hat solche Themen längst hinter sich gelassen. Sein Feindbild ist die Moderne. Wenn er den liberalen Theologen David Strauß angreift, den Entmythologisierer, Religionskritiker und Hegel-Schüler, dann wehrt er sich gegen die Bedrohung der eigenen Weltanschauung durch den Zeitgeist: »Eisenbahn u. Magnetismus, / Flugmaschinen, Galvanismus, / Sind ein wahrer Nihilismus / Im Vergleich mit Deinem Fund. / So wie Kain erschlug den Abel, / Schlugst Du auf des Glaubens Babel, / Machst das Christentum zur Fabel, / Gottes Wort zum todten Hund. – Schlugst die Rationalisten, / Dann die dummen Bibelchristen, / Endlich die Evangelisten, / Als die ärgsten Lügner todt. / […] Weg mit Kutten u. Trappisten! / Kommunisten, Sozialisten / Sind's, die jetzt den Stall ausmisten, / Und die Christen müssen dran.«[102]

Das Gegenstück zu diesen satirischen Versen, in denen Veit die technischen und ideologischen Entwicklungen der modernen Zeit wie ein dämonisches Feinbild attackiert, bilden seine Karikaturen zur Revolution von 1848.[103] Auf einem Blatt mit dem Titel *Das politische Sonnenmikroskop* blickt das Publikum durch ein Vergrößerungsglas auf die als Amöben gezeichneten linken Abgeordneten Adolph Rösler, Robert Blum, Carl Vogt, Franz Zitz, Arnold Ruge und Lorenz Brentano. Ein Conferencier annonciert: »Aufgepaßt, meine Herren und Damen! – Ein klein wenig Salz, und alle diese Confusionsthierchen verschwinden, sie lösen sich auf, sie werden zu Nichts.« Eine Lithographie, die *Neue Errungenschaft* betitelt, zeigt bärtige Revolutionäre mit Jakobinermützen, die Schilder mit den Parolen »Der Himmel nur auf Erden« und »Kein Jenseits mehr!« hochhalten. Auf ihren Schultern tragen sie eine exaltierte Greisin; eine Gruppe von Bürgern kommentiert den Aufzug: »Wen bringen denn die da? Die Physiognomie kommt mir bekannt vor – / Ist das nicht die Pariser Göttin der Vernunft? / – Je, Herr Je! Die ist recht alt geworden und findet doch noch ihre Liebhaber.« Philipp Veit, darin ganz der Sohn seiner Mutter, verhöhnt die Französische Revolution und den Rationalismus der Aufklärung.

Germania und der deutsche Michel

Den Parlamentarismus verspottet er in einer Zeichnung mit dem Titel *Hinreißende Beredsamkeit*: Am Rednerpult fuchtelt ein gesichtsloser, weit aufgesperrter Schreihalsmund unter einer Jakobinermütze aufgeregt mit den Armen, die Abgeordneten ringsum dösen dabei gelangweilt.

Und doch hängt in der Frankfurter Paulskirche, in der die Delegierten der Nationalversammlung, der ersten frei gewählten Deutschlands, tagen, hoch über dem Rednerpult, zur Verdeckung der Orgel, seine eigene, im Frühjahr 1848 gemalte jugendliche *Germania* – 4,82 mal 3,20 Meter groß, mit üppig fallender Haarpracht, eichenlaubbekränzt, in der Rechten das Reichsschwert (der Wehrhaftigkeit) und den Ölzweig (der Friedensliebe), in der Linken die schwarzrotgoldene Fahne (der Einheit), auf der Brust den Reichsadler. Zu ihren Füßen liegt eine gesprengte Handschelle, hinter ihr geht die Sonne einer neuen Zeit auf.

Daß Veit die Revolution ablehnt, geht aus seinen Karikaturen, die eine genaue politische Standortbestimmung sowenig zulassen wie seine Briefe, immerhin hervor. Seine selbstbewußte Paulskirchen-Germania könnte nahelegen, daß er sich eine konstitutionelle Monarchie erhoffte; als Romantiker zieht er wohl eine großdeutsche Lösung mit dem katholischen Kaiser von Österreich vor. Aber auch seine Beziehung zum preußischen König ist positiv. 1845 hat er für den geplanten Neubau des Berliner Doms die Ausmalung einer Chornische mit dem Thema »Erwartung des Jüngsten Gerichts« entworfen: Sein Vorschlag, der das Gottesgnadentum und die Hierarchie des Ständestaates verklärt, plaziert die knieende Königsfamilie im Vordergrund. Nach 1848 wurde mit dem Bauprojekt auch der Veitsche Entwurf, dessen mittelalterliche Ideologie nun selbst Friedrich Wilhelm IV. seinem Volk nicht mehr zumuten wollte, aufgegeben.

Mit der *Germania* hat sich Philipp Veit, der Direktor des Städelschen Kunstinstituts, schon Mitte der 1830er Jahre befaßt, als er sein programmatisches Fresko *Die Einführung der Künste durch das Christentum in Deutschland* samt allegorischen Seitenbildern schuf. Hier blickt in der Mitte der Szene die allegorische Figur der Religion hinüber zum predigenden Bonifatius, während das heidnische Kultpersonal flieht oder resigniert und die Allegorien der Künste, Architektur, Malerei, Rittertum, Poesie und Musik, sich erwartungsvoll positionieren. Zur Linken sitzt vor antiken Ruinen *Italien* mit dem Kreuz des Papstes; zur Rechten thront *Germania* mit dem Reichsschwert und dem Adlerschild in einem Steinsessel, dessen Podest kurfürstliche Wappen zieren und dessen Rückenlehne eine knorrige Eiche bildet. Im Hintergrund steht der unvollendete Kölner Dom. Das Fresko zeigt Veits Auffassung von der Weltgeschichte als Heilsgeschichte: die romantische Vorstellung von der Rückkehr Europas in ein idealisiertes christliches Mittelalter.

Obwohl Veits romantisch-patriotische Paulskirchen-*Germania* dreizehn Jahre später kämpferischer erscheint, wird sich sein Optimismus angesichts der politischen Entwicklung bald verflüchtigt haben. Die Unschlüssigkeit und Machtlosigkeit der Nationalversammlung enttäuscht seine nationalen Hoffnungen. Eine Zeichnung zum Jahreswechsel 1850/51 zeigt das alte Jahr in Gestalt einer bepackten Greisin auf einen Abgrund zugehend, ihrer Börse entfallen Münzen, aus ihrem Korb quellen eine preußische und eine österreichische Soldatenpuppe und die Akte des ohne deutsche Beteiligung verabschiedeten Londoner Protokolls zur dänischen Erbfolgefrage. Das neue Jahr in Gestalt einer jungen Frau balanciert auf dem Kopf einen Baum, in dessen Zweigen Politikervögel hocken. Zu ihren Füßen sitzt ein resignierter deutscher Michel mit verschränkten Armen, der traurige Bruder der stolzen Germania.

In Veits Frankfurter Haus treffen sich Politiker, die bei aller Meinungsverschiedenheit in ihrer konservativen und antipreußischen Grundhaltung übereinstimmen. Der Gastgeber selbst lehnt die demokratischen Forderungen der Märzrevolution ab, wehrt sich besonders gegen Angriffe auf die katholische Kirche, aber auch gegen die Emanzipation der Juden. Mit seinem Cousin Moritz Veit, einem Paulskirchen-Abgeordneten des linken Zentrums, dem ersten Vorsitzenden der Repräsentantenversammlung der Jüdischen Gemeinde zu Berlin, wird ihn wenig verbunden haben. Seinen Onkel Salomon Veit, den ersten jüdischen Stadtverordneten in Berlin, hat er in jungen Jahren gezeichnet. Nun, im Sommer 1848, zeigt eine von Philipps Karikaturen mehrere Juden, die gierig auf einer Werbetafel abgebildete Schweine betrachten, während ein Jude im Vordergrund bereits unreines Fleisch verzehrt. Der Text erläutert, daß die von der Nationalversammlung als Ablösung des Frankfurter Bundestages eingesetzte Zentralgewalt nun in der Lage sei, dem Begehren jüdischer Bürger nach Schweinefleisch Rechnung zu tragen. Dafür müsse sie aber »mit Moses und dem hohen Synhedrium zu Jerusalem«, der obersten Ratsversammlung, Verhandlungen aufnehmen. Daß der Enkel des anderen Moses diese Verunglimpfung jüdischen Emanzipationsdranges als gelungen ansieht, verrät eine Lithographie des Kollegen Winterwerb, auf der Veit sein Machwerk seinem Förderer Josef von Radowitz zu Füßen legt, dem Führer der äußersten Rechten in der Nationalversammlung und des Katholischen Vereins, einem künftigen Berater des preußischen Königs.

Das Scheidungskind

Das Verhältnis Philipp Veits zu seinem jüdischen Vater ist innig und zwiespältig. Er ist ein Scheidungskind und wird im Alter von fünf Jahren von Simon Veit getrennt. Als Zwölfjähriger kehrt er zum Vater nach Berlin zurück, so war es abgemacht. Er hängt an seinem Vater, will ihn nicht verletzen, nicht enttäuschen. Doch zugleich fällt ihm der Abschied von der Mutter und von dem Stiefvater Friedrich Schlegel schwer.

Dorothea ist erleichtert, daß Simon Veit ihr das Sorgerecht und die Unterhaltszahlung trotz ihrer Konversion und Neuheirat nicht entzogen hat. Sie bangt um seine wirtschaftliche Stabilität und hofft auf weitere Zugeständnisse. Der Vater soll Philipp vor der verabredeten Zeit wieder freigeben und auf die Dresdner Kunstakademie lassen. Simon Veit willigt ein. Die nächste Zumutung ist riskanter. Jetzt will die Mutter ihre Söhne zum christlichen, zum katholischen Glauben führen. Philipp hat viel davon in seinen Kölner Kindheitsjahren erfahren. Jonas fühlt sich angezogen, reagiert aber bisweilen abfällig und verstimmt auf die Bekehrungsversuche. Dorothea appelliert an den kindlichen Gehorsam und an das Gewissen. Die Söhne sollen keine Zeit mehr verlieren, die Reise zur Taufe – nach Dresden oder Wien, das steht lange Zeit nicht fest – keinesfalls gegen den Willen des Vaters unternehmen. Zugleich müßten sie das eigentliche Vorhaben so lange wie möglich verheimlichen. Die Söhne sind grundsätzlich zur Konversion bereit, lassen sich auf den Zeitdruck jedoch nicht ein – als wollten sie die konfessionelle Entscheidung zwischen Vater und Mutter möglichst lange in der Schwebe halten. Als Jonas, der mit Simon Veit durch längere Jahre gemeinsamen Lebens vertrauter ist als der jüngere Philipp, den Vater nicht vor vollendete Tatsachen stellen will und diesem gegenüber von seinen Absichten spricht, gerät die mütterliche Strategie ins Wanken. Durch ein »so unvorbereitetes Geständnis« hätte der Älteste den Vater nicht erschrecken dürfen, tadelt Dorothea: Wer den »Glauben nicht liebt, der hasst ihn; einen Mittelweg giebt es hier nicht. Es musste ihn also freilich unangenehm überraschen, Dich einer Meinung hingegeben zu sehen, die ihm hassenswürdig erscheint.«[104] Philipp setzt der mütterlichen Angespanntheit Gelassenheit entgegen. Die Taufe könne sich ruhig, mehr oder weniger geheim, wann und wo auch immer ergeben, in irgendeinem Hinterzimmer in Dresden oder in Wien, dem Wohnort Dorotheas. Die wiederum gerät in Rage bei soviel Gleichgültigkeit: »Es ist hier nicht die Rede von Zimmern, sondern wo wir Männer finden, die sich mit Liebe der Sache annehmen, so dass Ihr gründlich unterrichtet werdet, und zugleich alles Aufsehen vermieden, um den Vater nicht zu kränken.«[105]

»Wenn die Religion von Toleranz beleuchtet wird«

Behutsamkeit und Fürsorge sprechen aus den Briefen des Vaters, der sich danach sehnt, mit seinen Kindern zusammen zu leben. Philipp sei sein »innig geliebter Sohn«, aber er erscheine ihm manchmal »zu empfindlich und geneigt zum Argwohn«. »Du hast meine ewige Liebe und Zutrauen und lass von heute an alle diese quälenden Zweifel aus Deiner Seele verbannt sein«. Zwischen Jonas und seinem Bruder war es zu Verstimmungen gekommen. Philipp hatte dem anderen üble Nachrede unterstellt, es ging möglicherweise um den Umgang mit Geld. Der Vater ermuntert ihn zu ökonomischer Gelassenheit. Philipp ist sich seiner Zuneigung nicht sicher – eine Unsicherheit, die ihn, bei aller Suche nach Autorität und Ordnung, auf seinem weiteren Weg bestimmen wird, nicht nur in der Beziehung zu Simon Veit.

Anfang Oktober 1810 erfährt der Vater, daß seine Söhne durch den Nuntius in Wien die Taufe empfangen haben, und ist »in den ersten Augenblicken wirklich heftig erschüttert«[106]. Am 28. Oktober verläßt ein langer Brief Simon Veits Berlin. Der Vater äußert sich zu Philipps Studien und berichtet vom Umzug in seine alte Wohnung an der Spandauer Brücke, nicht weit vom ersten Berliner Domizil der Mendelssohns: »Wenn Du hierher kommen willst, so werde ich Dir entweder das Entrée abgeben oder Dir in der Nachbarschaft eine kleine Wohnung miethen. Wir können übrigens den ganzen Tag zusammen sein [...].« Dann setzt der Vater einen Absatz – und holt aus: »Uebrigens, mein lieber Sohn [...].« Er wiederhole jetzt mit anderen Worten, was er auch dem Bruder Jonas, der sich nun Johannes nennt, geschrieben habe. »Ueber das Vorgefallene zwischen uns wollen wir einen Schleier ziehen und es der Vergessenheit übergeben. Ich werde Euch beide nicht aufhören zu lieben und das Mögliche zu thun, wenn wir auch in Rücksicht der Religion nicht einerlei Meinung sind. Moral und Religion, bürgerliche Rechte und bürgerliche Pflichten sollten zwar immer Hand in Hand gehen, allein mit dem Unterschied, dass die Moral und alle bürgerliche Pflicht für alle Menschen nur eine und die nämliche ist; ihr Wesen ist in der Natur des

Menschen gegründet, abgesondert von allem Ewigen und Göttlichen. [...] Es giebt nur *eine* Moral für alle Nationen, für alle Menschen von Anbeginn der Welt bis zum jüngsten Tag, und diese kann mit den Worten ausgedrückt werden: ›*Liebe deinen Nächsten wie dich selbst.*‹ [...] Wenn [...] die Religion von der Toleranz beleuchtet wird, wenn sie mit der Moral Hand in Hand gehen darf und gehen kann, so thun sie sich unter einander nicht nur keinen Schaden, sondern sie nähern sich so lange gegen einander, bis sie fast neben einander fortlaufen. Also, mein lieber Sohn, so lange wir nur verschieden in der Religion, in unsern moralischen Grundsätzen eins sind, so wird nie eine Trennung zwischen uns vorfallen. Glaube nur nicht, wenn Du zu einer anderen Religion übergegangen, dass die Millionen Menschen, die andere religiöse Grundsätze haben, arme Sünder und Gott verhasste Menschen sind, die an der ewigen Seligkeit nicht Theil haben können. Dieser Glaube hat schon öfter den Freund vom Freunde, den Vater vom Kinde, den glücklichen Gatten von seiner geliebten Frau getrennt und hat nichts wie Unheil angerichtet. Ich muss meinen Brief schliessen und will nur die wenigen Worte noch hinzusetzen, dass wir von nun an weder über Religion noch über Politik in unserm Briefwechsel eine Erwähnung thun wollen. Lebe wohl.«[107] Der Vater, ein Schüler Moses Mendelssohns, in dessen Haus er die letzten Lebensjahre verbringt, formuliert gegenüber seinem katholischen Sohn die universale Menschlichkeit der Aufklärungsphilosophie. Mit dem von Jesus als zentrale Formel des Christentums herausgestellten Liebesgebot des Alten Testaments, der *Goldenen Regel*, bietet er Philipp ein Zitat an, das als gemeinsame ethische Basis für beide akzeptabel ist.

Auf dieser eingeschränkten, diplomatischen Ebene können Vater und Sohn sich weiterhin vertragen. Anfang Dezember kündigt Simon Veit seinen Rückzug von den Geschäften an und gibt Philipp Ratschläge für den Umgang mit seinem Talent. Dann schwärmt der Mann, von dem sich Dorothea einst getrennt hatte, weil ihn Kultur nicht interessierte, von einem unbekannten Maler namens Caspar David Friedrich, bei dem der Sohn Unterricht hat: »[...] und dass dieser vortreffliche, ausgezeichnete Künstler zugleich Dein Freund ist. Wie sehr mich seine zwei Landschaften in Oel, die zur Ausstellung hier waren, ergötzt haben, kann ich mit Worten nicht ausdrücken. In entzückendem und heiligem Gefühle stand ich Stunden lang davor, und es wurde immer schöner und lichter, je länger ich sie beschaute.«[108] Der Vater ist bemüht, mit dem Sohn wenigstens über dessen Berufsfeld, die Kunst, ein tiefgründiges Gespräch zu führen – einen Bereich, der bis dahin wie das Thema Religion von der Mutter und dem Stiefvater dominiert wurde. Seine »heiligen Gefühle« als Bildbetrachter zeigen die Hochkultur als Ersatzreligion des aufgeklärten Zeitgenossen. Für Philipp dagegen steht die Kunst im Dienst der Religion.

Der Zauderer

Philipp gehorcht dem Vater, er äußert sich als Kind durchaus anhänglich – »Mein lieb Väterchen!«[109] –, verinnerlicht allerdings auch die ambivalente Einstellung seiner Mutter, die ihre Söhne auffordert, für eine Bekehrung des Vaters, den »heimliche Angst vor Eurem Christentum«[110] plage, zu beten, und zugleich gegenüber Simon Veit eine demütige, schuldbewußte und sentimentale Haltung einnimmt.

Philipp ist ein schwankender Charakter, ein Skrupulant und Zauderer, ein Melancholiker und überdies schlecht organisiert. »Das Lob von Johannes Briefen aus Rom hat in mir Vorwürfe erregt, dass ich Dir nicht dieselbe Freude mache und ich habe mir fest vorgenommen, künftig nicht zurück zu bleiben«, schreibt er dem Vater aus Wien. »Leider ist das Briefschreiben eine so unvollkommene Mittheilung; die Stimmung, in der ich schreibe, ist schwerlich noch dieselbe, wenn Du den Brief liessest; die Ideen und Meinungen selbst haben sich vielleicht indessen geändert, ich befinde mich wohl gar auf einem ganz andern Ort, und so bleibt jeder Brief immer nur ein Bruchstück aus dem vergangenen Leben. Daher kommt es auch, dass ich jeden Brief gleich nachher wieder zurückwünsche, ich hätte immer vieles zuzusetzen, vieles wegzustreichen, und so würde man am Ende gar nicht fertig.«[111]

Während seiner römischen Jahre, nach dem Abschluß seiner großen, allgemein bewunderten Freskenarbeit in der Casa Bartholdy Ende 1817, quält sich Philipp mit dem Gedanken, zum Priester berufen zu sein. Er sei »eine schlanke, hohe, orientalische Schönheit, sein Wesen ernst, aber nicht finster. Geist und Witz belebte seine Unterhaltung, und wo er erschien, beherrschte er unwillkürlich die Umgebung ohne es zu wollen.«[112] So schildert ihn die Malerin Louise Seidler, die mit Veit im römischen Palazzo Guerniero wohnte, in ihren Erinnerungen; gegenüber Goethe hat sie dieses Bild ergänzt: »Er [...] kann hinreißend anmuthig u. witzig seyn, aber es ist selten, er ist gewöhnlich ernst u. schweigsam, liebt die Jagd sehr, u. arbeitet im ganzen leider viel zu wenig. – Er geht immer einen eigenen ungenirten Lebensweg, aber vernachlässigt er auch die Menschen, sind sie oft bitterböse auf ihn, so ist doch alles vergessen u. vergeben, wenn er sie nur einmal wieder seiner Gegenwart würdigt u. sie mit seiner Liebenswürdigkeit erfreut. Streng catholisch incomodirt er doch Niemand mit seinen Ansichten [...].«[113] Philipp ist immer noch auf der Suche nach dem eigenen Lebensentwurf zwischen Kraftfeldern, die ihn bestimmen: den Wünschen der Mutter, die ihn gern als Priester sähe, aber eine zuwenig fundierte Entscheidung fürchtet, dem eigenen, kompromißlosen katholischen Glauben, der in Verbindung mit mittelalterlich-romantischer Weltverklärung auch die Inhalte seiner sakralen Malerei prägt, und seiner Rastlosigkeit und Disziplinlosigkeit, durch die er zu erkennen gibt, daß ihm die Integration aller Neigungen in das religiöse Ideal nicht gelingt.

Die Wahl zwischen Staffelei und Altar ist entschieden, als der von vielen Frauen umschwärmte Sechsundzwanzigjährige Caroline Pulini heiratet, die dreizehnjährige Tochter eines römischen Bildhauers, bei dem seine Mutter Unterkunft gefunden hat. Das Mädchen macht auf die Berliner Verwandten einen so schrecklichen Eindruck, daß kolportiert wird, hier habe einer heiraten müssen. Spätere Urteile über Madame Veit klingen nicht positiver: Trotz ihres jahrzehntelangen Aufenthalts in Deutschland ist die Mutter von fünf Kindern des Deutschen nicht mächtig,

Freundschaften ihres Mannes habe sie »chemisch zersetzt«, sie sei eine mißtrauische, herzlose Person mit »blechernem Lachen« – so die Schilderung Ernst Liebers, Philipps Patensohns.[114] Hinweise auf positive Aspekte dieser Ehe sind schwer zu finden. In einem Gedicht, das Philipp drei Jahre nach seiner Hochzeit unter dem Pseudonym Sebastian, jenes Heiligen, der, von Pfeilen durchbohrt, am Marterpfahl starb, veröffentlicht, liest man als Ausdruck seiner inneren Kämpfe und Beziehungskonflikte: »Ich fühl es wohl ich bin zu wild, / Zu vielerley, zu ungeduldig, / Im Herzen schwebt so manches Bild / Und mein Gewissen fühlt sich schuldig: / Von Ichheit kann ich noch nicht lassen / Wie sollt' ich wohl die Liebe fassen! / Ein tiefes Meer steht mir bevor / Von bittren Thränen, Schmerz und Reue, / Bis aus der Tiefe ich empor / Zu selger Liebe mich erneue: / Doch alles will ich gern ertragen, / Kann ich nur einst: ich liebe, sagen.«[115]

Philipp Veit hat seine Ehe als Kreuz akzeptiert und durchgehalten: mit einer Frau, in deren Heimat er bei den Nazarener-Malern sein künstlerisches Zuhause fand, während sie in seiner Heimat nie ganz ankommen wird.

Das Fest der Züchtigung

Wie viele junge Männer zieht Philipp 1813 in der schwarzen Uniform des Lützowschen Freikorps begeistert gegen Napoleon. Während der Völkerschlacht bei Leipzig im Oktober 1813 bewährt er sich unter Lebensgefahr, wird zum Offizier befördert; das begehrte Eiserne Kreuz erhält er dafür – glücklicher als Wilhelm Hensel – im Nachgang 1838. Der Krieg, den er unter der Führung des Freiherrn de la Motte Fouqué in sieben Schlachten erlebt, ist für den unsicheren, grüblerischen Zwanzigjährigen ein blutiges, ehrenvolles Spiel, eine Zeit der Kameradschaft und der Ablenkung von Lebenszweifeln. Joseph von Eichendorff, ein Freund jener Tage, hat Philipp Veit später Verse gewidmet, die wehmütig an das gemeinsame Abenteuer erinnern:

So ist unser Fest vergangen,
Und die lustgen Kerzen löschen aus,
Doch die Sterne draußen prangen,
Und die führen mich und dich nach Haus.[116]

»Glaube mir, liebe Mutter, Krieg bleibt Krieg und stets ein Recht, das man sich selber schafft«, schreibt er im Mai 1814 aus Frankreich. »Und dabei, was ist nun gewonnen und durch so vieler vieler Christen Leben erkämpft? Es ist mir so recht klar, wie auch dieser Krieg nur eine Züchtigung war und eine gerechte Strafe des allgemeinen, vorlauten und ungestümen Schreiens und Lärmens, um uns recht deutlich zu zeigen, dass es noch eine ganz andere Freiheit zu erringen galt als die des Handels, und ein anderes Joch abzuwerfen als das blos äussere; wobei ich noch bemerken will, dass es bei uns nicht immer so klar aussah und der Erfolg so wenig zweifelhaft, als es Euch so von weitem in der grünen Stube schien.«[117] Daß die errungene Freiheit der Idee von nationaler Einheit untergeordnet werden soll, zeigt Philipp in diesen Jahren auf Selbstbildnissen: Er malt sich in der bald darauf von Metternich verbotenen altdeutschen Tracht. So kleiden sich – schwarzer Rock, weißer Kragen – nach den Befreiungskriegen die patriotischen Studenten.

Die Schule der Nazarener

Die Kunst Philipp Veits gründet in einem radikalen Kulturpessimismus, im Bewußtsein des Spätgeborenen, der die Meisterwerke großer ferner Zeiten nur kopieren kann. Dem flachen Kulturkonsum der Gegenwart verweigert er sich, der »modernen Modewelt […] die womöglich aus dem ganzen Menschen einen Magen machen möchte, um Alles Herrliche in Natur u Kunst zu verspeisen u selbst die Religion nur als Mittel betrachtet feiner zu genießen«.[118] Die Kunst solle nicht die Nachahmung einer zerstörten Natur abgeben, sondern deren ursprüngliche Schönheit offenlegen: so wie das Ziel der Weltgeschichte, nach der

Definition seines Stiefvaters Friedrich Schlegel, in der »Wiederherstellung des göttlichen Ebenbildes«[119] besteht. Philipp folgt in seiner Kunstauffassung seinem Nazarener-Kollegen Johann Friedrich Overbeck, der »die Wahrheit im Gewand der Schönheit« sucht. Sein Kunstbegriff sei klassisch, urteilt der Veit-Biograph Norbert Suhr, da in dieser Vorstellung »die Spannung zwischen Welt und Kunst, Realität und Idealität zu einer wechselseitigen Durchdringung gelangen soll«.[120] Im Gegensatz zu den anderen, bald in ihrem Stil erstarrten Nazarenern sei er »der Suchende, immer wieder Ansetzende und Zweifelnde« geblieben.[121] Er habe, bei schwankenden Leistungen, große Werke geschaffen, die »zum Besten nazarenischer Malerei und Zeichnung gehören«. Dazu zählen *Die sieben fetten Jahre*, ein Fresko für die Casa Bartholdy in Rom, das Motive der Josephsgeschichte zu einer Allegorie des Goldenen Zeitalters verdichtet. Ebenso beeindruckend, so utopisch wie *Die sieben fetten Jahre* ist das große Fresko aus Philipps Frankfurter Zeit, *Die Einführung der Künste durch das Christentum in Deutschland* – eine allegorische Darstellung der romantischen Gesellschaftstheorie vom Primat der christlichen Religion, die alle Bereiche der Kultur inspiriert und regiert und die Historie der Nationen zur Erlösungsgeschichte werden läßt.

Noch vor seiner römischen Zeit, als Einundzwanzigjähriger in Wien, hat Philipp Veit sein Thema entdeckt: die große Bild-Erzählung christlicher Heilsgeschichte. So malt er für den Vatikan den *Triumph der Religion* (1817/18): Eine weibliche Figur, Allegorie der katholischen Kirche, sitzt mit dem Kreuz in der Hand auf römischen Ruinen, zu ihren Füßen liegen Marterwerkzeuge. In der Villa Massimo entstehen zwischen 1818 und1824 seine Fresken zu Dantes *Göttlicher Komödie*. 1847 entwirft er *Die Erwartung des Jüngsten Gerichts durch Wilhelm IV. und sein Haus*.

Wenn man ein öffentliches Amt gegen den Zeitgeist führen will, braucht man ein dickes Fell. Das hat Philipp Veit nicht. Der Direktor des neuen Städelschen Kunstinstituts in Frankfurt am Main und Professor und Inspektor der Malklasse wird schon bald von seinen Kollegen in Frage gestellt. 1830 ist er mit der Familie vom Tiber an den Main gezogen, Dorothea wird bis zu ihrem Tod in seinem Haus leben. Künstlerisches Talent gestehen ihm selbst seine Kritiker zu; er probiere »so lang, bis es ihm glückt, aber dann wird es auch wirklich gut«. Doch als Direktor, heißt es, sei er »eine Null [...] überdies schließt er sich in sein Zimmer ein und ist mäuschenstill, besonders, wenn man ihn sprechen will«.[122] Problematisch ist nicht nur der unsichere Führungsstil, sondern auch die Kompromißlosigkeit des Direktors, wo es um Inhalte geht.

Im Land der Philister

Die Eskalation seiner Frankfurter Krise ist auch dem Briefwechsel mit Felix Mendelssohn Bartholdy aus den Jahren 1841–1843 zu entnehmen, der die gegenseitige künstlerische Wertschätzung der Cousins und – bei aller ideologischen Differenz – auch ihre freundschaftliche Verbundenheit dokumentiert. 1832 hatte Felix bereits seinem alten Lehrer Zelter gegenüber bemerkt, Philipp in Frankfurt male »ruhig seine Bilder, die so einfach schön und fromm sind, wie ich es nur auf den alten Bildern gekannt habe. Da ist keine Ziererei und keine Affection drin, wie bei den Deutschthümlern in Rom, sondern eine aufrichtige Künstlerseele.«[123]

Dreimal hat Philipp Veit die spätere Frau seines Cousins, Cécile Jeanrenaud, porträtiert; das erste Mal bereits 1833, bevor die Tochter einer angesehenen Frankfurter Predigerfamilie und der gefeierte Komponist einander begegnet sind.

Im Sommer 1841 wendet sich Felix aus Leipzig an Philipp in Frankfurt mit einer besonderen Bitte. Er habe gehört, daß Philipp ein wunderbares *Achillesschild* für das Gewölbe des Antikensaales in seinem Institut angefertigt habe und nun eine Lithographie davon nicht herausgeben wolle. Er, Felix, sehne sich danach, »mal wieder Ordentliches in den Kunstläden, und Fenstern, und in den Stuben der Leute, und endlich auch in meiner eigenen hängen zu sehen; [...] weil ich nach jedem Meisterwerk, das in irgend einer Kunst jetzt erscheint, ordentlich gierig bin, weil ich in so einem Werk von Dir das in aller Menschen Hände kommt, wieder ein wohltätiges Gegengewicht sehe gegen eine Menge dummer Romane und langweiliger Musik (der Bilder nicht einmal zu gedenken) […]!« Er selbst schicke sich gerade an, im Auftrag des preußischen Königs für ein Jahr nach Berlin zu gehen, zur Neuorganisation der Akademie der Künste. »Nun lebwohl, liebster Philipp; bitte schreib mir, daß Du mein Bitten u. meinen Brief nicht übel genommen hast, und daß Du mir gut bleibst, wie ich mein Lebenlang […].«[124] Zwei Wochen später sendet Philipp die verlangte Lithographie. Felix werde ihm sicher beipflichten, daß diese Arbeit zu Recht ad acta gelegt sei. Nun habe er das Stück noch durch das »Aufsetzen einiger Lichter« etwas verbessert, daher komme diese Post so spät. Im übrigen nehme er großen Anteil an »Allem […] was Dich betrifft. […] Gott geleite Dich. Dein treuer Ph. Veit.«[125] Der Dankbrief für die »herrliche Sendung« ist überschwenglich, enthält, wie schon der erste Brief, medizinischen Rat für den erschöpften Institutsdirektor.

Im Jahr 1842, zwischen dem dritten und dem vierten Brief, haben sich Felix und Philipp im Haus des Frankfurter Kunstmäzens und späteren Senators Franz von Bernus getroffen. Zum Nachtisch zeichnet man Karikaturen, die Cousins stellen die Grundsteinlegung zur Vollendung des Kölner Doms dar: Ein dicker Friedrich Wilhelm IV. mit Schärpe und Hammer, darunter Noten von *Heil dir im Siegerkranz*. Auf die Rückseite hat der Hausherr notiert: »Wilhelm IV. hält seine Rede mit dem Schlußwort: Alaaf Cöln! Die Noten schrieb Felix Mendelssohn darunter. Bernus.«[126]

Der vierte Brief kommt im Februar 1843. Er habe gehört, daß sich Philipp »vom Städelschen Institut geschieden« habe: »[…] nach allen Versionen, die ich von meinen hiesigen zeitungslesenden Bekannten erfahre, kann nur eine Stimme darüber sein: das Du das thun *mußtest*, daß alles andere Unrecht gewesen wäre, daß man Dir wieder danken muß, für Deine Aufrechthaltung der Künstlerehre und des Künstlerrechts! Daß überhaupt so einer wie Du in der Welt und noch dazu in Deutschland lebt ist etwas das mir […] große Freude macht […].« Er hoffe, daß Philipp nicht auswandere. »Freilich, es ist das Land der Philister und der

Verkümmerungen und der Klatschereien [...] – aber es ist doch unser Vaterland, und dem gönnte ich so gerne von allem Guten das Beste. Du hast mir einmal vor mehreren Jahren gesagt, ›jetzt können die Künstler nichts anders thun, als die heilige Flamme vor dem Verlöschen hüten‹. So hüte sie denn vor all dem Wind, der sie ausblasen will [...].«[127]

Der Demission Philipps am 30. Januar 1843 (»aus Gesundheitsrücksichten und anderen Gründen«[128]) war ein Gemäldeankauf durch das Institut vorausgegangen, der ihn provozierte: Carl Friedrich Lessings Gemälde *Johann Hus im Verhör zu Konstanz*, ausgerechnet diese Darstellung des Martyriums eines edlen Ketzers, hängt man gegenüber seinem eigenen Fresko *Die Einführung der Künste* auf; eine spannungsvolle Konstellation, die inhaltlich und künstlerisch dem Konzept des Direktors widerspricht. Künftig wird Philipp Veit – als Galerieleiter in Mainz (1853), als erster Präsident der Versammlung deutscher Künstler (1856) – nur noch Ehrenämter annehmen und natürlich auch die Ernennung zum Ritter des heiligen Michael. Einen preußischen Orden erhält er vom König für die Zueignung des *Achillesschildes*.

Bildnis eines Unbekannten

Zu den Kindheitserinnerungen des alten Malers gehören auch Anekdoten aus der Jenaer Romantiker-Kommune: von einem Besuch Friedrich Schillers, den der kleine Philipp mit der Laterne auf die Straße begleitet, wo sich der Dichter mit den Worten »Gute Nacht, Gesichtchen« verabschiedete.

Den Gesichtchen und Gesichtern, der Formulierung von Identität im Porträt und im Selbstbildnis, hat sich Philipp Veit intensiver und vielfältiger gewidmet, als es im Nazarener-Kreise üblich war. Schon 1812 konnte der Neunzehnjährige, der gerade die schöne Marianne Saaling, eine angeheiratete Verwandte, porträtierte, dem Vater mitteilen, daß er auf diesem Feld langsam Fortschritte mache; wenn er auch das Arbeitspensum der Kollegen – ein Porträt in zwei, drei Tagen – noch nicht schaffe. Er erkennt

»das Portrait [als] die Grundlage aller historischen Malerei«.[129] Nicht die Ähnlichkeit soll bedient oder idealisiert, sondern die Nachahmung der Natur mit der Transzendenz der Schönheit in Einklang gebracht werden. Philipps Selbstbildnisse aus verschiedenen Lebensphasen spiegeln mehr als akute Befindlichkeit: den jeweiligen Stand seiner künstlerischen Technik und Selbstwahrnehmung. Der Mund ist geschlossen, ein Licht glimmt in den Augen. Der schwarzlockige Beau um 1816 trägt Oberlippenflaum, richtet seinen Blick streng auf den Betrachter. Die Haare des Achtzigjährigen sind weiß, der Schnurrbart überdeckt nun die Oberlippe, der zurückhaltende, prüfende Blick kommt aus dem distanzierten Halbprofil. Konturen und Farbflächen lösen sich auf, verschwimmen. Die eine Gesichtshälfte liegt im Schatten. Das Kinn ist hart geworden. Überzeugungen haben sich verfestigt, die Antworten auf Selbstzweifel sind alte Bekannte. Der Trotz des jungen wie des alten Mannes widersteht den Verunsicherungen der Gegenwart, der Vergangenheit. Er stellt sich seiner Geschichte, folgt dem Weg der Mutter, hat die Glaubensformeln für das eigene Leben – gegen den Vater und Großvater – gefunden. Eine Fotografie und das Gemälde des Kollegen Benjamin Orth aus den letzten Jahren zeigen ihn allerdings weniger verletzlich, als die Selbstdarstellung behauptet: Der weiß, was er glaubt, und bleibt sich ein Rätsel.

Ein Porträt von Philipp Veit, das sich bis heute im Besitz der Nachkommen Moses Mendelssohns befindet, ist im Werkverzeichnis unter dem Titel *Bildnis eines Unbekannten* aufgeführt. Es zeigt einen jungen Mann mit dunklen Locken, die in die Stirn fallen, wohlgeformten roten Lippen, einer großen Nase und kugelförmigem Kinn. Um den Hals, gerahmt durch ein braunes Jackett, trägt er eine graue Fliege, über der ein weißer Kragen blitzt. Bildaufbau und Kolorit ähneln dem Selbstbildnis Veits von 1816. Wahrscheinlicher als die Annahme, es handle sich um eine ausgefallene Darstellung Felix Mendelssohn Bartholdys, ist die Auffassung, hier sei Arnold Mendelssohn dargestellt, der älteste Sohn Nathan Mendelssohns.

Die lange Rebellion des Arnold Mendelssohn

Im Sommer und Herbst 1838 besucht der Bonner Student Arnold den Cousin Philipp im Städelschen Institut und dessen Familie zu Hause. »Seine Bekanntschaft hat uns alle erfreut, er hat auch bei allen einen sehr vorteilhaften Eindruck gemacht durch sein einfaches, verständiges, recht angenehmes Wesen und gute Manieren«, berichtet Dorothea dem Bruder Joseph und der Schwägerin. »Und daß er gar nichts Berlinisch Spitzfindiges an sich hat und so mit allem zufrieden und heiter war, hat den Mädchen sehr wohl gefallen, die sonst sich immer fürchten, wenn sie junge Männer aus Berlin sollen kennen lernen. Mich dünkt der gute Arnold aber etwas schüchtern und ängstlich vor seinem künftigen Besuch als Arzt zu sein. In der Physiognomie hat er zwar nichts von seinem Vater, soweit ich mich entsinne, aber im ganzen doch Mendelssohnsches, besonders mit unseren Söhnen eine Vetter-Ähnlichkeit.«[130]

Zehn Jahre später scheint von dem Bild des verständigen Neffen mit den guten Manieren nichts übriggeblieben zu sein. Das Revolutionsjahr 1848 verbringt Arnold, der sich zum überzeugten Sozialisten entwickelt hat, in Kölner Untersuchungshaft und im Zuchthaus. Seine Verurteilung im Februar, kurz vor Ausbruch der Pariser Unruhen, erfolgt aber – welche Schande! – keineswegs wegen eines politisches Delikts. Wegen Diebstahl und Hehlerei muß er eine fünfjährige Zuchthausstrafe antreten, darf nicht mehr als Arzt praktizieren und wird lebenslänglich unter Polizeiaufsicht gestellt. Zeitungen berichten über seinen Fall, über bestochene Zeugen und Mordpläne. Arnold Mendelssohn ist einunddreißig. Sein Leben steckt in der Falle. Er ist verzweifelt, enttäuscht über alle, die ihn im Stich lassen. Aufgeben will er nicht. Dieser häßliche Vogel, der preußische Adler, der ihn in den Fängen hat, soll ihn nicht kleinkriegen.

Mit der Klistierspritze am Krater des Vesuv

Als er noch ein kleiner Junge war, damals in Schlesien, haben die Eltern Großes von ihm erwartet. Wo sieben Kinder gestorben sind, trägt der älteste Überlebende die Last aller Hoffnungen. Er ist intelligent, auch musisch begabt. Daß er gut Klavier spielt, erkennt schon sein Cousin Felix, der ihm in Berlin Unterricht erteilt. Er kenne junge Burschen von siebzig »und alte Männer von 14 (mein Neffe [sic] Arnold Mendelssohn aus Schlesien, dem ich alle Sonntag früh um 8 eine Klavierstunde gebe, ist so einer)«.[131] Arnold ist zu diesem Zeitpunkt sechzehn. Er wird kein Pianist. Abitur macht er 1837 am Friedrich-Wilhelm-Gymnasium in Berlin, wohin die Eltern im Vorjahr zurückgekehrt sind. Studium in Bonn und Berlin, Promotion 1841 – *Über den Erbgrind*. Zwei Jahre zuvor hatte der Mediziner Johann Lukas Schönlein entdeckt, daß diese Hautkrankheit durch einen Schimmelpilz hervorgerufen wird. Erstmals wird ein Kleinlebewesen als Erreger einer menschlichen Krankheit identifiziert; Doktor Mendelssohn veröffentlicht mikroskopische und klinische Untersuchungen, die beweisen, daß die Krankheit übertragbar ist. Mit Ludwig Traube, Rudolf Virchow, Emil Heinrich Du Bois-Reymond und Hermann Helmholtz gehört er bald zu den vielversprechendsten Schülern Johannes Peter Müllers, des Begründers der neuzeitlichen Physiologie.

Als Armenarzt erlebt er zugleich im »Vogtland«, der Webersiedlung am Rosenthaler Tor, das Elend des ersten Berliner Industrieproletariats. Sein Forschungserfolg motiviert ihn, auch der sozialen Frage auf den Grund zu gehen. Er kann sich »mit der einfachen Tatsache, daß diese Menschen arm seien, viel ärmer, als man überhaupt glauben sollte, daß ein Mensch in einem civilisierten Lande sein könne, nicht begnügen«, er will wissen, weshalb »diese Menschen 18 Stundes des Tages arbeiten und anstatt sich durch so einen immensen Fleiß zu bereichern, grade diejenigen Einwohner von Berlin seien, deren Tagesverdienst von 1 ½ bis 4 bis 6 Silber[groschen] war, so daß ich ihre Krankheiten oft heilte, indem ich ihnen was zu essen geben ließ. Ich entdeckte bald, daß die Ursache davon darin stecke, daß der Fabrikant, der ihnen das Rohmaterial zu ihrer Arbeit lieferte und ihnen den Lohn zahlte, sich dadurch bereicherte, daß er ihnen den Lohn so niedrig stellte, als dies die Arbeiterconcurrenz nur zuließ.« Sein Onkel Joseph und dessen Sohn Alexander geben ihm zuweilen Almosen für die Armen. Das scheint ihm, als stelle sich jemand »mit einer Klystiersprütze [...] an den Krater des Vesuvs« und versuche »das Feuer zu löschen«.[132]

Herbst 1844. Arnold besucht den Onkel in der Jägerstraße, der ihm weitgehend das Studium finanziert hat. Der Armenarzt erzählt dem erfahrenen Kaufmann von der proletarischen Realität. Joseph hört aufmerksam zu: »Willst Du Geld oder guten Rat?« Der Neffe antwortet: »Beides.« Er plane, die nächsten Spenden für das »Vogtland« in einer Industrie anzulegen. Er wolle »anstatt Eurer Wohltätigkeitslotterien« ein Institut einrichten, in dem die Weber ihr Rohmaterial erhalten. »Ich werde die Produkte alsdann verkaufen lassen, das ist nach meiner Meinung die größte Wohltat, die ihr jenen Leuten erzeigen könnt, wenn Ihr den Fabrikanten in dieser Weise Concurrenz macht.« Der Onkel ist »etwas frappiert«, kündigt sogar an, etwas beizusteuern, warnt aber: Arnold werde sich Feinde machen, ohne seinen Zweck zu erreichen. Er werde auf den Produkten, deren Wert von der Mode abhänge, sitzenbleiben. Mit Paul Mendelssohn Bartholdy führt Arnold in dessen gediegener Wohnung (seit Ostern 1842 wohnt Paul im Haus des Onkels Joseph) ebenfalls ein Gespräch. Der Cousin hat ihm ein Buch des Kieler Philosophen Lorenz Stein zu lesen gegeben: *Der Sozialismus und Kommunismus des heutigen Frankreich.* Arnold beginnt sich für diese radikale Bewegung zu interessieren. Paul – nach Arnolds Ansicht ein guter Mensch, der seine Güte andere gern spüren läßt – lehnt diese Bewegung ab, sagt aber mit Blick auf seine luxuriöse Einrichtung: »Siehst Du, ich frage mich manchmal, wie ich zu dem allen berechtigt bin.« Der mittellose Vetter antwortet spitz: »Die andern fangen auch schon an, danach zu fragen.«[133]

Der weiße Rabe und sein Mystagog

Die Begegnung mit einem faszinierenden jüdischen Kaufmannssohn aus Schlesien verändert Arnolds Leben. Der zwanzigjährige Philosophiestudent Ferdinand Lassalle bittet den Armenarzt Mendelssohn zu sich nach Hause: »Sie sind mir ein weißer Rabe unter den Ärzten, ich habe noch keinen solchen gesehen, Sie beschäftigen sich ja ordentlich wissenschaftlich.«[134] Arnold verfällt sofort dem Charisma dieses »unbärtigen Weisen«[135]. Seine blinde Gefolgschaft gibt er gegenüber Lassalle, aber auch vor Verwandten so unverhüllt preis, daß bald der Eindruck entsteht, hier habe ein Orientierungsloser die ersehnte Autorität gefunden. Lassalle, der »bedeutendste der jetzt lebenden Menschen«, führe ihn wie ein Mystagog in die Mysterien der Philosophie ein; er lerne nun – analog zu den physiologischen Experimenten der Medizin –, die sozialen Krankheiten der Gesellschaft zu begreifen und sie »aus dem Begriffe zu heilen«.[136] Lassalle sei daher der einzige wirklich praktische Arzt auf der Welt.

Seinem Schwager, dem Mathematiker Eduard Kummer, der ihn vor dem Verführer warnt (»Lassal ist ein Mensch ohne sittliche Grundlage. […] Ihm ist nichts heilig, und er wird Dich ebenso mit Füßen treten, wenn es ihm zum Vorteil gereicht«[137]), entgegnet Arnold: Er wisse genau, »daß wenn L. mich mit Füßen tritt, ich es als von meiner Seite verdient annehmen werde«.[138] Bald planen Arnold und Lassalle eine Wohngemeinschaft Unter den Linden. Die Bettelbriefe an Joseph Mendelssohn, der den standesgemäßen Beitrag Arnolds zu dieser Unternehmung finanzieren soll, konzipiert Lassalle persönlich. Darin wird dem Onkel wegen seines »mildfreundlichen Wesens«[139] geschmeichelt und die gestörte Beziehung zu Nathan, dem Vater, angeprangert. Schon zu Beginn seines Studiums waren Arnold die Bittgesuche an den reichen Onkel peinlich gewesen; damals mußte sie der Vater für ihn formulieren.

Seine mit Lassalle verfaßten Schreiben an das Familienoberhaupt ziehen nun hemmungslos alle Register zwischen Diplomatie und Arroganz: Es empöre ihn, daß manche Leute »ihres

Geldes wegen so geringschätzend auf unser einen herabsehen, wie ich z. B. auch jetzt noch keine Stunde in Deinem Hause sein kann, ohne daß aus dem Benehmen Deines Sohnes, Deiner Frau etc. sehr deutlich herausblickt, wie ich trotz allem Sonstigen doch nur der ›pauvre parent‹ sei«.[140] Der Onkel kontert: Arnold selbst sei es, der bei seinem Umgang mit der Familie ständig den Vermögensstand erwähne. Er solle die Ärmel aufkrempeln, es selbst zu etwas bringen. Die Antworten werden immer gereizter: Er habe bis vor kurzem zehn Taler monatlich vom Vater erhalten, die seien nun gestrichen; die Wohnung der Eltern am Oranienburger Tor habe er verlassen müssen, weil man dort keine Praxis für liquides Publikum gründen könne. »Ich kann mir doch keine Kranken aus der Erde stampfen.«[141]

Als er dem Onkel sein neuestes Werk über den *Mechanismus der Respiration und Zirkulation oder das explizierte Wesen der Lungenhyperaemia* zusendet, formuliert Arnold die stolze Hoffnung, damit »dem Namen Mendelssohn in der Wissenschaft, welche ich erwählt habe, einen solchen Klang zu verschaffen, wie er ihn in irgend einem Fache durch die verschiedenen Glieder unserer Familie hat«. Er habe die Almosen des Onkels nur widerstrebend annehmen können, da er es verdiene, daß ihm »im Ganzen und Großen aus meiner drückenden Lage geholfen werde, in die ich ohne mein Verschulden gekommen bin, die mich von Kindheit auf an Händen und Beinen mit ehernen Ketten gefesselt, während der Geier des Bewußtseins dessen, was ich leisten könnte, wenn man mir äußerlich beistehn wollte, mir an der Leber frißt«.[142] Die Zeit werde kommen, »wo ich dies vom Staat als mein Recht fordern darf, unterdessen aber gehe ich, wenn sich meine Verwandten nicht durch reichliche Unterstützung meiner annehmen, zu Grunde«.[143]

Tatsächlich führen Arnold und Lassalle ein elegantes Studentenleben mit Champagner-Diners in schicken Hotels. Der Millionärssohn und Jurist Alexander Oppenheim, ein angeheirateter Verwandter Arnolds, ist mit von der Partie. Als Lassalle sich für einige Zeit ins väterliche Haus nach Breslau zurückzieht, reagieren die Mendelssohns erleichtert: »Man bemerkt, daß ich jetzt angenehmer in der Gesellschaft sei, als während Deines Hierseins, wo ich, von stiller Bewunderung Deiner hingerissen, immer dagesessen hätte, ohne eine Wort zu sprechen. Du aber habest auch nichts für die Gesellschaft getan, sondern Dich eigentlich nur mit dem Alten [Joseph Mendelssohn] eingelassen.«[144] Arnolds ironisch-emphatische Briefe an den sieben Jahre jüngeren Lassalle sind Liebesbekenntnisse, Elogen auf den Seelenführer: »Du, denn so kann ich Dich ja nur nennen, da Du ja das einzige Ich bist, dem ich ganz Ich bin, die höhere Einheit, in der ich als Moment aufgehoben bin, in der ich mich mit meinem Andern vermittle.«[145] – »Mein Einziger! [...]wie der Hirsch nach dem Wasser, so dürstet meine Seele nach *Dir*; die Menschen ennuyieren mich im allgemeinen gründlich; gehörig aushalten werde ich es erst können, wenn ich dazu kommen werde, [...] sie [...] als Werkzeuge zu unserm Zweck zu gebrauchen. Ich bin noch immer zu kleinlich und furchtsam, was Du sehr wahr eine *Schwäche* des Bewußtseins nennst [...].«[146]

Die Kassetten-Affäre

Im November 1845 stirbt Arnolds Mutter Henriette. Mit Hilfe ihres Erbes möchte Arnold in Paris studieren. Doch im Sommer 1846 gerät sein Leben außer Kontrolle.

Alexander Oppenheim berät eine gewisse Sophie Gräfin von Hatzfeld, die gegen ihren Ehemann um ihr Vermögen und ihren Sohn prozessiert; Lassalle interessiert sich für den Fall und für die Gräfin. Er bringt in Erfahrung, daß die Mätresse des Grafen, Baronin Sophie von Meyendorf, eine Schenkungsurkunde des Grafen mit sich führt, durch die der Sohn der Gräfin einen Teil seines Erbes verlieren würde. Oppenheim und Arnold sollen der Baronin folgen, wie jene steigen sie im Mainzer Hof zu Köln ab. Als ein Diener das Gepäck der Dame herabträgt, entdeckt Oppenheim eine Kassette, in der er das wichtige Dokument vermutet. Überstürzt bemächtigt er sich des Behältnisses, stürzt in Arnolds Zimmer und bittet ihn, es zu verstecken. Der verblüffte

Arnold willigt ein. Beide fliehen erst gemeinsam Hals über Kopf mit einer Droschke, Oppenheim stellt sich der Polizei. Arnold wird steckbrieflich gesucht, springt unterwegs aus einem Waggon, läßt Koffer und Kassette zurück, flieht querfeldein und erreicht – nach Umwegen über England – Paris. Hier fleht er Heinrich Heine an: »Ich suche so, wie ein gehetztes Thier des Waldes, bei Ihnen Schutz und Beistand mit Rath und That [...]; wollen Sie sich nicht meiner annehmen, so bin ich genöthigt, mich hier bei unserm Gesandten zu stellen u. mich den Krallen des ›häßlichen Vogels‹ zu überliefern, die mich auf immer zu Grunde richten.«[147] Später ersucht er Heine, bei der Augsburger *Allgemeinen Zeitung*, die den Flüchtigen verunglimpft hat, eine Richtigstellung zu erwirken. Heine sagt Hilfe zu, gesteht aber, daß er »auf die schändlichsten Zeitungsartikel keinen Werth legen würde; das sprießt und welkt und fällt ab, ohne sonderliche Spur zu hinterlassen, wie das Menschengeschlecht selbst«.[148]

In Paris begegnet Arnold dem Sozialisten Pierre-Joseph Proudhon, dessen politisches Programm er sich zu eigen macht. Und er trifft Moses Heß, einen Vordenker des Zionismus und späteren Mitarbeiter Lassalles. Dieser reagiert auf das Unglück des Freundes abweisend: »Du bist ein kompletter Narr. Und es geht bei Gott fast zu weit, daß ich in einer Zeit, wo ich so schon vielgequält bin, noch für Deine Narrheiten Geld, Zeit, Mühe und Ärger verwenden muß. [...] Glaubst Du, daß mein Herz so klein ist wie Dein Gehirn?«[149] Ende November spricht ein Kölner Gericht Oppenheim frei: Dem Millionärssohn glaubt man das edle Motiv seiner Tat.

Das Menschenantlitz mit Löwenklauen

In der Überzeugung, selbst auch ein mildes Urteil erwarten zu können, stellt sich Arnold im Juni 1847 den deutschen Behörden. Als Untersuchungshäftling im Kölner Klingelpütz meint er den Verstand zu verlieren. Von oben hört er Klopfen, jeden Schlag spürt er im Schädel. Draußen wird gesägt, das geht an seine Nerven. Die

Schlüssel des Kerkermeisters klappern. Ein Brief aus dem Gefängnis ist an die Gräfin Hatzfeld und gegen den Freund Lassalle gerichtet: »Ich habe hier Augenblicke, [...] wo ich Euch alle, die Ihr das Menschenantlitz tragt, hasse, dies Geschlecht, welches die Ägypter im Symbol der Sphinx so tief aufgefaßt und dargestellt haben, daß es heute noch wahr ist. Ja, Ihr tragt alle das menschliche Antlitz, Ihr habt aber Löwenklauen, mit denen Ihr Euch gegenseitig die Eingeweide aus dem Leib reißt [...] Ja, Ihr seid gezwungen, einen Menschen wie mich [...] in einsamer Zelle mit tausendfacher Todespein zu quälen [...]. Herr Generalbevollmächtigter der Frau Gräfin, fanatischer Proprietär, langbeinige Zikade, gefräßige Canaille! [...] Weshalb bin ich denn so lange mit Dir gegangen, warum habe ich denn alles ertragen, was Du mir angetan hast? Hast Du mich vielleicht dafür bezahlt? [...]. Als wir vor einem Jahr bei Tietz in Berlin dinierten, sagte ich Dir: Ich werde mit Dir gehen, wohin es auch sei, ich werde tun, was Du von mir verlangst, weil Deine Einsicht mir eine weitere zu sein scheint als meine; ich weiß zwar, daß Du mich zum Teufel jagen wirst, wenn Du erreicht hast, was Du willst, weil dies nach meiner Meinung so in der menschlichen Natur liegt, ich verspreche mir keinen Vorteil von meinem Gehorsam, ich werde aber doch so handeln. [...] Sehen Sie, Frau Gräfin, ein Mann muß einen andern *verstehen*, um ihn zu *kennen* [...] eine Frau aber *fühlt*, was ein Mann ist, mehr als sie ihn *versteht* [...] vorläufig erinnere ich Sie daran, daß als ich in Verviers drei Tage von Brot und Birnen gelebt hatte und darauf, mich von Ihnen verlassen glaubend, nach Paris ging, mir Freund L. schrieb, daß ich ein Narr sei, während Sie darunter setzten, daß ich die treueste Seele sei, die Sie kennten. Frau Gräfin, ich bin noch weit mehr als eine treue Seele, denn die ist ein Hund auch [...].«[150]

»Einmal bin ich nun totgeschossen«

Das harte Gerichtsurteil hat die Familie nicht erwartet, doch es wird in der Berufungsverhandlung am 11. Mai 1848 bestätigt. Während Joseph Mendelssohn und Alexander von Humboldt

Beziehungen spielen lassen und der Vater Nathan ein Gnadengesuch aufsetzt, sammelt Arnolds Bruder Wilhelm zur Unterstützung Unterschriften Kölner Bürger. Am 1. Juli verwandelt Friedrich Wilhelm IV. die fünfjährige Zuchthausstrafe in eine, was den Vollzug betrifft, mildere Gefängnisstrafe. Am 11. August wird Lassalle vor demselben Gericht wie Oppenheim und Arnold von der Anstiftung zum Diebstahl freigesprochen. Alexander von Humboldt setzt sich im Oktober erneut bei Hofe für Arnold ein. Er erwähnt Kriegsverdienste Nathans und berichtet diesem: Er habe sich »unserer frühesten Jugendfreundschaft« gerühmt und »auf die exceptionelle Lage Ihres unglücklichen vielbelasteten Sohnes zwischen zwei unversehrten (einem Verführer und einem Mitschuldigen, Mehrschuldigen)«[151] hingewiesen.

Ende April 1849 schreibt Arnold aus dem Kölner Gefängnis einen bittenden, bitteren Brief an Nathan Mendelssohn. Er könne sich kaum vorstellen, daß der Vater die Forderungen der Behörden akzeptiere und von ihm verlange, nach seiner Freilassung aus Europa zu verschwinden. Falls der Vater aber eine Kaution stelle, werde diese nicht verlorengehen; er, Arnold, werde die Bedingungen einhalten, »da ich mich Dir gegenüber nicht im Verhältnis der Unterordnung unter die Gewalt, sondern des von meiner Seite unverdienten Vertrauens befinde«.[152] Der Vater werde sich über ihn nie wieder zu beklagen haben. Er sei bereit, Preußen zu verlassen. Er legt seine kommunistische Überzeugung noch einmal dar: Schon vor der Begegnung mit Lassalle sei er »von der Krankheit des Revolutionsfiebers« angesteckt worden; er sei also »nicht das verführte Subjekt«, als das ihn der Verteidiger dargestellt habe, »wenn auch das immerhin wahr sein mag, daß ich in derlei Intriguen wahrscheinlich nie in Conflict mit den Cassetten fremder Damen gekommen wäre, wenn ich in meiner Weise fortgefahren hätte, Socialismus zu studieren und zu treiben, die Revolution vorzubereiten und auszuführen«.[153] Der Vater werde demnächst von Gottfried Kinkel, dem Redakteur des *Spartacus*, einige Aufsätze erhalten, die Arnold anonym veröffentlichen lasse. Er nennt Namen verurteilter Revolutionäre, auch den seines Pariser Lehrers Proudhon, und droht: »Das Blut, was nun fließen wird, komme über euch und über eure Kinder, ihr sät Blut und ihr werdet es ernten.«[154] Er werde weiter »die revolutionäre Propaganda durch Schrift und Wort [...] nach meinen besten Kräften zu machen helfen, Du darfst mich ruhig freilassen, ich habe nichts vor, was mich wieder compromittieren könnte, oder, wenn man mich hier im Gefängnis halten will, damit ich sie nicht mache, so tue ich es erst recht [...]. Du pflegtest sonst bei dergleichen zu sagen: Er will sein Recht haben, er will totgeschossen sein. Einmal bin ich nun totgeschossen, da Du jedoch mich wieder aufgeweckt, so will ich, wenn ich herauskomme, ebenso wie Ihr daran arbeitet, meine ganze Rehabilitation mir erkämpfen [...]. Also, seid so gut und laßt mich jetzt aus dem Loch, es soll niemandem leid tun, es getan oder dazu geholfen zu haben.«[155]

»Was will die Revolution von 1848?«

Am 12. März 1849 erscheint im *Spartacus* unter dem Titel *Zuerst Republik, oder zuvor Socialismus* der erste Teil einer volkswirtschaftlichen und sozialpolitischen Betrachtung. »Der vorstehende Aufsatz kommt uns aus dem Gefängnis zu, wo jetzt so viele Talente für künftige Thaten die Ideen in sich ausreifen«, kommentiert Redakteur Gottfried Kinkel. Bis zum 25. Juni folgen zwei weitere *Briefe aus dem Gefängnis*, insgesamt sind es sechs Fortsetzungen. Arnold Mendelssohn, der anonyme Verfasser, definiert sich eingangs als »Socialrepublikaner«[156] und warnt davor, die Errichtung sozialer Einrichtungen und die Lösung der sozialen Frage aufzuschieben, bis die konstitutionelle Monarchie bankrott sei. Deren Auflösungsprozeß könne indes durch sozialistische Institutionen beschleunigt werden. »Was will die Revolution von 1848?«[157] Er verspottet den Begriff des von der französischen Nationalversammlung diskutierten und verworfenen »Rechtes auf Arbeit« als »ein in Nichts zerfließendes Gespenst«.[158] Es handle sich dabei um dasselbe wie um den von Proudhon geforderten »unentgeldlichen Credit«. Die französische Bourgeoisie habe durch die Wiedereinführung der Schuldhaft, durch die Verweigerung einer Nationalbank, an der die Arbeiter Anteile haben sollten, und durch ihr Steuersystem gezeigt, daß »die Basis des Bestehenden nicht die etwaige Staatsform, sondern der Credit, der organisirte Wucher ist« und daß sie »sogar mit Enthusiasmus Republik mitspielt, wenn man nur nicht verlangt, die Creditinstitutionen im mindesten zu ändern«.[159] Frankreichs Revolutionen zwischen 1789 und 1848 seien nichts anderes gewesen als die Gleichmachung aller Personen, Interessen und Rechte vor dem Fünffrankenstück. Dem Arbeiter, der sein Leben einsetze, müsse man deshalb Unterscheidungskriterien an die Hand geben; »ob der ihn werbende Wühler einer von den ›socialistischen Wunderschäfern‹ ist, der Communismus predigt, um die Gemeinschaft im Interesse seines Bauches für sich zu confisciren, oder ob er zu jenen Socialrepublikanern gehört, welche die sociale Gleichheit […] verwirklichen werden«.[160]

Dann analysiert Arnold die Vermehrung der Produkte, die sinkenden Preise, den Fortschritt des Reichtums und entlarvt die Argumente der Fabrikanten: »Haben wir es nicht durch unsre Industrie und unsern Handel, durch unsre Maschinen, Fabriken, Dampfschiffe und Eisenbahnen dahin gebracht, daß Leinen, Baumwolle, Seide und Sammt, daß Kaffee, Thee, Zucker u.s.f., daß alles Vorhandne in niedere Volksschichten gedrungen ist, als es je in der Welt geschehen […] konnte?«[161] Aber je mehr einer arbeite und produziere, desto ärmer werde er in diesem System, da die Steigerung der Produktion den Preis drücke. Die Konzentration des Kapitals und die Verelendung immer größerer Massen setzten sich fort. Zwar sei die Proudhonsche Volksbank gerade aufgelöst worden, heißt es in dem letzten Aufsatz *Die Tauschbank*, doch Europa werde auf diese Idee zurückkommen müssen: Es gebe hier zu wenig Land, eine Kultivierung sei unter dem alten Regime des Eigentums nicht möglich, sondern nur in einer Assoziation der Produzenten. Es sei Proudhons Ziel gewesen, diverse Arbeiter-Assoziationen – Bäcker, Köche, Schuster, Schneider, Tischler, Maurer – über den Tausch ihrer Produkte in Verbindung zu bringen. Nur durch direkten Tausch könne »das goldene Kalb unseres Jahrhunderts, der Reichsthaler nebst seiner Sippschaft«,[162] endlich gestürzt und eine soziale Revolution in Gang gesetzt werden.

»*Trotz alledem und alledem*«

Die Nr. 23 des *Spartacus*, in dem Arnolds Artikel veröffentlicht werden, redigiert bereits Johanna Kinkel: Gottfried Kinkel und Carl Schurz haben am 10. Mai mit 120 weiteren Freiheitskämpfern Bonn verlassen. Nach der gescheiterten Erstürmung des Siegburger Zeughauses schließt sich Kinkel in Kaiserslautern der pfälzischen Revolutionsregierung an. Mitte Juni flüchtet die provisorische Regierung vor den einmarschierenden preußischen Truppen nach Baden. Die redaktionelle Schlußbemerkung der *Spartacus*-Ausgabe vom 18. Juni lautet, ohne Namenskürzel, unter der Rubrik *Kleine Raketen*: »In der Politik der Freiheit kommt es nicht so sehr darauf an, daß eine That gelingt, als daß überhaupt einmal eine That *geschieht*. Auch der verunglückte Putsch ist stets ein Gewinn, weil er jedem kühnen Herzen immer wieder den Beweis liefert, daß es im deutschen Volke Männer giebt, die selbst ohne sichre Aussicht auf Erfolg gewaffneten Protest gegen die Thyrannen einlegen. Was im vorigen Jahr das Gefängnißsitzen, nützt in diesem Jahr das Draufschlagen. Diejenigen Leute aber, die durch das Mißlingen eines Putsches muthlos werden, sind ohnehin keinen Schuß Pulver werth.«[163]

Arnolds Aufsatz, der an Verständlichkeit zu wünschen übrigläßt, endet mit einem atemlosen Appell: »Den Arbeitern aber, für welche ich zuvörderst das Vorstehende geschrieben habe, rufe ich zum Schluß zu: Immer Muth, die Zeit der Erlösung ist gekommen, ›trotz alledem und alledem‹, wie unser Dichter sagt […], die moderne Sphinx, das Kapital als Geld und seine verderbenbringende Produktivität, ist nicht so loyal, wie jene Sphinx, welche die Griechen weiland decimirt haben soll, sie will sich nicht selbst in den Abgrund stürzen, gleich jener, nachdem Oedip ihr Rätsel gelöst hat, sie glaubt, durch das Hinabstürzen der Oedipe verhindern zu können, ›Daß der Boden zeugt sie wieder, / wie er sie von je gezeugt?‹« Doch: »die Wahrheit ist die Wahrheit oder wird und muß es werden ›trotz alledem und alledem‹.«[164] Die Redakteurin kommentiert: »Wir wünschen nicht, daß dieses überhaupt der letzte Brief unseres geehrten Mitarbeiters sei: aber der letzte aus dem Gefängnis ist es, denn in diesen Tagen hat er seine Freiheit erlangt.«[165] Am 4. Mai ist Dr. Mendelssohn unter der Bedingung, sofort ins Exil zu gehen, gnadenhalber aus dem Gefängnis entlassen worden.

Im Exil

Stationen, Fluchtpunkte, Illusionen, Beschleunigung. Die Reisepläne und Projekte des Entwurzelten überschlagen sich. Abschied vom Vater. Weg aus Preußen. Bewerbung in Wien als Oberarzt der k. u. k. Armee; das Kriegsministerium ist zunächst dafür. Untersuchungshaft in Preßburg: ein Kriegsgerichtsverfahren wegen des Verdachts, sich der ungarischen Revolution anschließen zu wollen. Ausweisung nach Preußen. Kontakt mit den ungarischen Revolutionsführern Lajos Kossuth, Joseph Bem und Georg Kmety im bulgarischen Sumla. Nach Stambul: Von dort Aussendung durch die türkischen Behörden, als Quarantänearzt für Syrien. Mit ungarischen Flüchtlingen und dem englischen Grafen Richard Guyon auf dem Dampfer *Sultan* über Smyrna und Rhodos ins syrische Alexandrette. Arnold kuriert Kranke auf den Dörfern, heilt unentgeltlich Augenentzündungen. Ein Scheich lädt ihn ein, sich niederzulassen, dann bekomme er Milch, Butter, Geflügel, Trauben und eine Frau. Im Oktober 1850 kündigt ein Brief der Stambuler Administration ohne Angabe von Gründen seine Entlassung an. Ein Dokument aus Berlin und ein Schreiben der preußischen Gesandtschaft in Stambul teilen ihm den Entzug der Staatsbürgerschaft mit. Das sei eine Lektion für alle Welt, sich vor preußischer Gnade zu hüten, schreibt er verbittert an den Bruder Wilhelm und kombiniert, daß Diplomaten Preußens und Österreichs aufgrund des Dissidententreffens in

Sumla seine Entlassung bewirkt hätten. Es gelingt ihm, als englischer Untertan weiterzureisen. In Aleppo will er sich als Arzt bewerben, da bricht eine Revolte der türkischen Garde aus. Er gelangt nach Beirut, wo sich mehrere Arbeitsangebote zerschlagen. Bitte an den Bruder in Berlin: Falls die Familie nach Amerika emigriert, teilt mir das mit, dort sehen wir uns wieder.

Im Mai 1851 erreicht er Jerusalem, wo er sich in Konkurrenz zu Doktoren christlicher Missionswerke einen Ruf als der beste Privatarzt erwirbt. Sein Einkommen sei gering, berichtet er dem Bruder, »wie der Araber, der Jud. u. der Grieche an seinem Geld hängt davon habt Ihr in Europa keinen Begriff [...]. Ihre tiefe Schlauheit u. der gänzliche Mangel an was wir in Europa Ehre nennen (bei den Orientalen gibt es keine Ehre, als den Andern mit List oder Gewalt zu übervortheilen) machen sie für mich mehr oder weniger intraktabel, weil ich im Ganzen derselbe bin als den du mich gekannt hast, offen, nichts weniger als schlau, u. nicht besonders sparsam. Bei alledem kann ich hier leben u. zwar [...] ziemlich gut, ich esse u. trinke gut, rauche gut, halte ein gutes Pferd, auf dem ich täglich eine Stunde ausreite, und das ist Alles. Beinahe hätte ich mich vor einiger Zeit verheirathet, (eine lange Geschichte, in welcher alle mögliche arabische und europäische Schlauheit für oder gegen mich im Gange war) ich bin aber mit blauem Auge u. ohne Frau weggekommen u. gedenke mein Junggesellenleben im Lande meiner Verbannung, in dem alten Lande des Fluches, fortzuführen, bis der Augenblick der Änderungen, die Stunde meiner Befreiung schlagen wird [...].« Er träumt davon, in zehn Jahren mit Frau und Kind wieder in Europa leben zu können: »[...] meine frühern Thorheiten oder Irrtümer oder Verbrechen oder wie Du es nennen willst, habe ich gebüßt u. büße sie noch, hoffe aber weise u. besser geworden zu seyn [...] ich habe was man nennt Erfahrungen gemacht.«[166] Er spricht Französisch, Englisch, Italienisch, Spanisch, etwas Türkisch und Arabisch.

Im Oktober 1851 gründet Arnold mit dem italienischen Missionar Dom Gaetano Sorrentino und dem französischen Konsulatskanzler Lequeux ein 22-Betten-Hospital, das heute das älteste Krankenhaus der Stadt ist. Dem Vater berichtet er stolz über seine eindrucksvollen Behandlungserfolge unter Türken, Armeniern, Griechen, Katholiken; die Muslime erlaubten ihm jetzt alles, »die Christen nennen mich Abura (Unser Vater) u. rufen mir in arabischer Weise Katarakten von Segnungen auf mein Haupt herab«.[167] Am 8. Dezember läßt er sich in der Kapelle des lateinischen Patriarchen taufen, während einer Messe »en famille«, aber »in vollem Pomp« der katholischen Kirche und aus politischen Gründen, wie er dem Vater mitteilt. Er habe sich ausbedungen, daß kein öffentlicher Bekehrungstriumph daraus gemacht werde, aber der Schritt sei nötig gewesen: »Hier zu Lande ist die Religion Politik.«[168] Trotzdem hält sich der Patriarch mit Finanzspritzen für das Hospital zurück, übernimmt aber die ganze Institution, als Mittel der französischen Regierung, auf die das Gründertrio gehofft hatte, verweigert werden. Eine vom Patriarchen angebotene Anstellung als Arzt schlägt Arnold aus; er will nicht »im Orient verfaulen«[169]. Mit dem Konsul und einem französischen Mediziner durchquert er Anfang 1852 – als Beduine gekleidet – die Wüste nach Damaskus. »Wir blieben 16 Tage in dem schönen Sham, der Perle der Wüste, der einzigen Stadt Syriens, die den orientalischen Charakter behalten hat.«[170] Dann folgt ein glückliches Wiedersehen mit dem Abendland: Arnold kommt nach Rom, verlobt sich mit einer Neapolitanerin, verabredet sich noch im Frühsommer 1853 mit dem Bruder, der gerade arbeitslos ist, zur Hochzeit in Beirut: Wilhelm soll auf seiner Anreise via Neapel die Braut dorthin mitbringen. Doch am 3. Oktober 1853 erklärt das Osmanische Reich, nach monatelangen Schlichtungsverhandlungen, an denen England, Frankreich und Österreich beteiligt sind, Rußland den Krieg. Der Abenteurer auf der Suche nach einer bürgerlichen Existenz hat die Weltgeschichte gegen sich.

Ende 1852 verarztet Arnold, von seinem Freund Lequeux herbeigerufen, die europäische Kolonie im libanesischen Tripolis. Bisweilen tauchen im Leben des Junggesellen, wie jene schöne, verhängnisvolle Gräfin Hatzfeldt im Sommer 1846, Frauengestalten auf: »eine Dame, die mich gern hat«,[171] in Beirut, dann eine deutsche Brieffreundin namens »Madame«, hinter der sich vermutlich die drei Jahre ältere Kölner Verwandte Elisabeth Caroline Itzig verbirgt. »Der Orient hat meine Ideen wie meine Lebensweise geändert«, schreibt er der Freundin, »in Europa war ich zur Zeit vollgestopft mit Berliner hegelianischer Allwissenheit u. glaubte, die Welt müsse so sein wie ich sie mir vorstellte, oder wenn sie nicht so sey, müsse ich sie so machen, kurz ich war ein fanatischer Revolutionär u. Philosoph in einem Lande wie Berlin, wo es gar keinen Fanatismus gibt.«[172] Nun lernt er, mit gekreuzten Beinen auf dem Diwan zu sitzen, und versucht Haschisch zu rauchen.

Im Dezember 1853, nach dem Beginn des Krimkrieges, berichtet er »Madame« aus dem türkischen Winterquartier zu Kars: Als Militärarzt habe er ein Regiment zu versorgen und sei außerdem Geheimsekretär des Generals Guyon, der jetzt Churchid Pascha heiße und, obwohl nicht zum Islam übergetreten, den Oberbefehl über das örtliche Armeekorps ausübe. »Er hat mich, trotzdem ich bei ihm sehr verläumdet worden bin (man hat mich hier zu einem Jesuiten, einem österreichischen Spion u. ich weiß nicht was sonst gemacht) auf Empfehlung des General Kmety rufen lassen [...] u. [...] so nützlich gefunden, daß ich ihm jetzt schon unentbehrlich bin [...]. Die Hauptsache ist, daß ich endlich das Glück haben werde, meine einst begangenen Dummheiten wieder gut machen zu können, und der Welt zu zeigen, daß ich, wenn auch einst ein entarteter, doch noch ein Mendelssohn bin, einer, von denen Heine im Atta Troll sagt: stolz wie ein Enkel von Moses Mendelssohn.«[173] Der letzte Brief an »Madame« ist auf den 23. Januar 1854 datiert, nach den Schlachten von Gümri und Szubatan, über die Dr. Mendelssohn an die *Times* berichtet. Er hofft, im Lauf des Jahres nach Europa zurückzukehren.

Die Zeit des Jüngsten Gerichts

Über »Madame« nimmt der Verbannte Kontakt zur *Kölnischen Zeitung* auf und wird ermuntert, Feuilletons aus dem Orient zu schreiben; von diesem Blatt war Arnold während seines Prozesses besonders verleumdet worden. Der erste von zwölf *Levantinischen Briefen zur orientalischen Frage* erscheint im Januar 1854. Der anonym bleibende Autor beschreibt Jerusalem, das Patchwork der Bevölkerung, zu der rund 8000 Juden und 7000 Muslime zählen, und die heiligen Stätten der Christen, Muslime und Juden: um zu verdeutlichen, daß diese Stadt nicht nur den Christen heilig ist. »An einer anderen Seite des Tempels, an welcher die Größe der ungeheuren Steine [...] den altjüdischen Ursprung verraten – es ist dieses ein Überrest der salomonischen Tempelmauer und ganz nahe dabei ein Rest der Brücke, welche den Stadttheil, wo der Tempel war, mit der oberen Stadt verband, [...] an dieser sogenannten Klagemauer sieht man [...] am Donnerstag um 3 bis 5 Uhr Nachmittags jüdische Männer und Weiber ihre Schuhe ausziehen, die Mauer küssen, sich hinsetzen, theils beten, theils laut weinen und schreien, als ob sie einen nahen Verwandten so eben verloren hätten. Sie beweinen so dort seit [...] Jahrtausenden den Fall Zions und beten [...] um die baldige Ankunft des Messias.«[174] Er schildert die verwirrende Zuordnung der Konfessionen zu den Nationalitäten: »Es ist sehr schwer, den Einwohnern begreiflich zu machen, daß man ein Engländer und dennoch katholisch, oder ein Franzose und dennoch protestantisch sein könne. Frangi und Katholik ist bei ihnen synonym, so wie Inglis und Protestant. Auch wissen sie nicht, ob diese letzteren Christen sind, da sie sich nicht bekreuzen und die heilige Jungfrau nicht verehren; man hat mich oft gefragt, ob die Protestanten an Jesus Christus glauben. Was endlich den Namgaui, den Deutschen betrifft, so sind sie in einer völligen Unklarheit über ihn, weil sie die Österreicher in die Kirche der Frangi, die Preußen in die der Inglis gehen sehen, und obendrein [...] alle Skenagi mehr oder weniger jüdisches Deutsch sprechen hören, ja daß sie halb und halb alle polnischen und russischen Juden zur deutschen Nation rechnen [...]. Ein Mensch aber, der in keine Kirche geht, ist [...] in Jerusalem übler angesehn, als einer, der seine [...] Confession mehrere Male geändert hat, selbst wenn er dies auch aus notorisch weltlichen Motiven gethan haben sollte.«[175]

Die tolerante Provinzverwaltung des großen Osmanischen Reiches, in dem unter der Dominanz des Islam als Staatsreligion unterschiedliche Völker und Religionen ihre kulturelle Eigenart bewahren und autonom gestalten können, erlebt der medizinische Gastarbeiter als befreiend und fortschrittlich. Orientalischer Despotismus sei heutzutage »fast ganz verschwunden und – auf die christlichen Regierungen übergegangen«, man brauche nur das blutige russische Regiment in Polen ansehen. Dagegen gebe es unter dem Sultan für Rebellen keine Todesstrafe mehr. »Die türkische Regierung und die Lebensweise der unter ihr stehenden Nationen repräsentiert die Freiheit vor [...] der europäischen Civilisation, während sich im Abendland die Civilisation auf Kosten der Freiheit entwickelt hat.«[176] Arnold erscheint bei diesem Vergleich der Systeme als weltläufiger Wanderer, dessen Blick für die Fehler christlicher Regierungen durch das persönlich erlebte Unrecht und durch die Erfahrung der fremden Perspektive geschärft worden ist.

Er räsoniert über die Ursachen und den Verlauf des Krimkrieges: »Leben wir nicht wirklich in der Zeit des jüngsten Gerichts, in jener Zeit wo nach der Revelation [= Offenbarung des Johannes] die Völkergeschicke sich in der großen Schlacht bei Armageddon entscheiden sollen?«[177] Die Motive Rußlands, diesen Krieg gegen Frankreich, England und die Osmanen zu führen, sieht er vor allem wirtschaftlich begründet, und so zeigt er »Sympathie mit der Sache der Türken, die nichts andres ist als die Sache der nationalen Unabhängigkeit & Religionsfreiheit«.[178] Seinen zehnten Brief, bereits niedergeschrieben am Jahresende 1853, hat der aus Deutschland vertriebene Enkel des Aufklärers Moses mit einer nachdenklichen Anekdote beendet: »Ein Oberst eines türkischen Infantrie-Regiments, ein geborener Tscherkeß, mit dem ich eine freundschaftlich politisch-religiöse Diskussion hatte, fragte mich: Ihr Christen, hat Euch nicht Euer Prophet die Lehre des Friedens gegeben; warum befolgt ihr sie nicht, und bekriegt nicht nur uns, das wäre nur gerechte Wiedervergeltung, sondern euch untereinander? [...] das christliche Gesetz war einst sehr gut, aber seine Zeit ist vorüber; das Gesetz unseres Propheten war einst sehr gut, und siehe, die Köpfe, die wir am Baume der Menschheit wie die überflüssigen Reiser an einem Rebstock abgeschnitten haben, haben den Rebstock, den Islam zu einem gewaltigen Wachstum gekräftigt, so dass er mehr Länder beschattet, als irgend einer eurer religiösen oder staatlichen Bäume, aber – seine Zeit ist auch vorüber, und wir bedürfen alle eines neuen Gesetzes, eines Gesetzgebers (Chodscha), der uns seine neue Weise zu leben lehre. Was meinst Du zu diesem Muselmann? Ich stimmte ihm von ganzem Herzen bei, muß Dir jedoch bekennen, um nicht ein übertriebener Verehrer der Türken zu scheinen, dass dergleichen Leute, wie dieser mein tscherkessischer Oberst nicht gar häufig hier zu finden sind. Sind sie bei uns zu Hause viel häufiger?«[179]

Von Sehnsucht nach diesem Zuhause ist in Arnolds *Levantinischen Briefen* wenig zu spüren. Die Entfernung von Europa verführt ihn nicht zur Verklärung der dortigen Zustände. Er ist weiterhin neugierig auf das Leben, wie bei seinen ersten Sozialstudien in den Berliner Slums; will Völker, Kulturen und immer Zusammenhänge verstehen – andere an seinem Verständnis teilhaben lassen. Sein politisches Sendungsbewußtsein hat sich auf diese zivilisationskritische Vermittlungsarbeit übertragen. Arroganz und intellektuelle Verschraubtheit dieses Salonrevoluzzers sind verflogen. Arnold ist zum gelassenen Weltbürger geworden.

»Der arme Teufel, vom Schicksal gepeitscht und gehetzt«

Als Ferdinand Lassalle, dessen Verbindung zum einstigen Busenfreund längst abgerissen ist, im Herbst 1856 den Orient bereist, stößt er auf Arnolds Spuren. Aus Konstantinopel sendet er der Gräfin Hatzfeld Auszüge eines Briefes von General Kmety an den Stabsarzt General Joseph Bems: »Unser armer Freund Dr. Mendelssohn«, hatte Kmety geschrieben, »ist vor wenigen Wochen in Bajazid an der persischen Grenze am Typhus gestorben. Der arme Teufel, vom Schicksal gepeitscht und gehetzt, voll

Empfindung und Phantasie, im ganzen ein ganz gewiß guter Kerl, angefeindet von seinen Kollegen, verdächtigt als Spion von Freund und Feind, mußte sich bis an den Fuß des Berges Ararat packen, um dort jung, von der ganzen Welt verlassen, in einem Loch wie ein Hund auszuhauchen. Ruhe seiner Asche!« Lassalle korrigiert: Mendelssohn sei noch auf dem Marsch, fünf Stunden vor Bajazid, gestorben: »Gott! Wenn dieser Mensch doch noch lebte. Wenn es eine Macht gäbe, die einen Toten wieder lebendig machen könnte! Selbst unverwundlich und unverwüstlich, habe ich das harte Geschick, immer in dem getroffen zu werden, was ich liebe! Es ist das Marterschicksal des ewigen Juden, das auf mir lastet. Wie besser wäre es, selbst zugrunde zu gehen! [...] In meinem ganzen Leben habe ich außer meinem Vater nur zwei Menschen geliebt, Sie und Arnold. [...]. Gerade zu der Zeit, als ich die letzten krampfhaften Anstrengungen machte, die zu Ihrem Siege führen sollten, mußte er mir untergehen. Es ist wie der Zoll, den ich für Ihren Sieg den schwarzen Göttern zahlen sollte! [...] Gräfin! Es lastet eine große Liebesschuld auf Ihnen. Mein Arnold ist tot! Sie müssen mir alles an Liebe und Freundschaft ersetzen, was ich durch seinen Untergang verloren habe.«[180] In diesem späten Abschied von seinem einst ergebenen Anhänger klingt noch einmal die verhängnisvolle Konstellation der Freundschaft zwischen Lassalle und Arnold an: die ungebrochene Selbstverliebtheit des sozialistischen Salonlöwen, der Mendelssohn seinerzeit wenig Selbstbewußtsein entgegensetzen konnte. Durch den Verrat des Freundes und die distanzierte Haltung des Vaters, durch das Leben als Gejagter, als Häftling und durch seine fünf Verbannungsjahre hat er letztlich Vertrauen zu sich selbst gefunden und Menschenkenntnis erworben. Manche Briefe aus den Jahren des Exils klingen optimistischer als die Liebesbriefe an Lassalle. Die Sehnsucht, in einem Gelobten Land der Freiheit zu leben, hat er nicht aufgegeben. Zugleich wurde Heimkehr für ihn zur Utopie. Das schwarze Schaf der Familie und die bürgerlichen Mendelssohns passen nicht mehr zueinander. Arnold hat sich daran gewöhnt, zum nächsten Ort der Hoffnung unterwegs zu sein.

Die Affäre Arnold

Unmittelbar nach der Kassetten-Affäre hatte Joseph Mendelssohn aus Horchheim an seinen Sohn Alexander in Berlin über diese »kläglichen Geschichte« geschrieben: »Daß die drei jungen Leute, die alle eine gute Erziehung genossen haben, solcher Verirrungen fähig sind, ist ein höchst trauriges Zeichen unsrer Zeit! – An unbegrenzter Eigenliebe und Überschätzung ihres eigenen Wertes leiden sie wohl alle drei – ist das eine Krankheit der Zeit?«

Während sich der Bankier hinter den Kulissen für den Neffen verwendet, geht er zu Lassalle deutlicher auf Distanz: »Soeben fährt Dr. Lassal in einer eleganten Equipage unter dem Balcon vor und läßt sich anmelden, ich laß ihn abweisen, so daß er es verstehen wird.«[181] Bei aller Anteilnahme für den unglücklichen Vater Nathan tun sich die Mendelssohns schwer, die Affäre Arnold zu verarbeiten. Es gelingt, den Pechvogel aus dem Gefängnis zu holen, doch sein bürgerlicher Untergang ist für die Familie ein Signal der Verunsicherung.

Zwischen dem Kassetten-Diebstahl (1846) und der Verbannung des Begnadigten (1849) sind in Europa und in der Familie dramatische Ereignisse vorgefallen. Mit dem Tod von Fanny, Felix und Joseph haben die Mendelssohns nach außen ihre renommiertesten Persönlichkeiten, nach innen den Halt verloren. Felix hat dem Namen seines Großvaters in der bürgerlich-christlichen Welt des 19. Jahrhunderts hohe Anerkennung verschafft. Durch ihn sind die Mendelssohns, jenseits ihrer Bedeutung als größte Privatbank der Hauptstadt, für tout Berlin und tout le monde ein Begriff.

Die politische Liberalität des Komponisten hatte seiner Popularität nicht geschadet; mit öffentlichen Äußerungen hält er sich zurück. Zur Revolution in Paris, Wien und Berlin konnte er keine Stellung mehr beziehen. Die Schwestern Fanny und Rebecka sind, geschützt durch Namen ihrer nichtjüdischen Ehemänner, politisch wacher, in ihrer Kritik schärfer; anders als der Bruder stehen sie nicht im Rampenlicht der Gesellschaft. Die Männer des Clans, besonders die Veteranen des Befreiungskriegs, vertreten eher konservative Ansichten: Georg Benjamin und

Nathan Mendelssohn unter dem Namen des Großvaters, Philipp Veit als Angehöriger der bisweilen bedrängten katholischen Minorität in Preußen. Arnold, der die radikalste Position vertritt und von seiner Gesellschaftskritik die ökonomische Basis des Mendelssohnschen Reichtums nicht ausnimmt, wird zur tragischen Gegenfigur des verklärten Felix: Jener steht, trotz großer Talente, für Schande und Scheitern, dieser für Ruhm und Erfolg.

Arnold ist auch ökonomisch ein Außenseiter in der Familie: kaum besser bemittelt als der Großvater Moses in seinen frühen Berliner Jahren. Sein Gerichtsprozeß war ein politisches Verfahren: Von den drei angeklagten Salonkommunisten jüdischer Herkunft werden die beiden Millionärssöhne freigesprochen, während den Mittellosen, einen Mendelssohn, das härteste Urteil trifft. Eine drastische Lektion für die ganze Familie: Die bürgerliche Rechtssicherheit ist offenbar noch antastbar – selbst für einen Mendelssohn. Gerade für einen Mendelssohn? In der Chronik Sebastian Hensels, der sich bewußt gegen eine politische Geschichte seiner Familie entschieden hat, bleibt Arnold unerwähnt. Über ihn, wird später der Sohn seines Bruders Wilhelm feststellen, sei nach der Tradition jüdischer Familien dasselbe Verdikt verhängt worden wie über seine ungestüme Tante Dorothea: Ihrer sollte nicht gedacht werden.

Der Maschinist Wilhelm Mendelssohn

Für Wilhelm Mendelssohn, der seinem Bruder stets verbunden bleibt, ist 1854 ein trauriges, ein hoffnungsvolles Jahr.

Der jüngste Sohn Nathan Mendelssohns, ein humorvoller, besonnener, großer, blonder, blauäugiger Mann, ist beruflich in Vaters Fußstapfen getreten. 1840 absolviert er seine Lehre in der Berliner Maschinenbau-Anstalt und Dampfkessel-Fabrik Freund, dient als Freiwilliger ein Jahr bei den Garde-Pionieren und führt dann eine Fabrik in Breslau. Als er seinen Bruder im Gefängnis unterstützt, ist auch er zeitweise politisch radikal. Die Märzrevolution 1848 erlebt er in Berlin und ärgert sich, daß das Bürgertum prompt die Privilegien des bedrängten Adels anstrebt »und die Arbeiter nach wie vor die ›Endesgefertigten‹ bleiben sollen«.[182] Der Zorn treibt den 27jährigen dazu, auf Kundgebungen, die er gelegentlich mit seinem Vater besucht, selbst zu den Arbeitern und Bürgern zu reden: »Den Arbeitern *weiß ich Nichts* zu sagen, ich wüßte wohl, was ihnen gehört, sehe aber vor der Hand noch keine Möglichkeit, es ihnen zu verschaffen«, gesteht er dem Freund und Schwager Eduard Kummer in Breslau. »Endlich aber kann ich Dir versichern, daß ich niemals besser königlich gesinnt war als *grade jetzt*. Ich glaube, daß wenn unser König, *wie es sehr nahe war*, verjagt wurde, ein schrecklicher Zustand bei uns ausgebrochen wäre. Man muß die Revolution gesehen haben, um diesen Glauben zur Gewißheit werden zu lassen.«[183]

Im Revolutionsjahr 1848 stirbt Wilhelms Schwester Ottilie, vier Jahre später folgt der Vater. 1853 begibt er sich als »Weltwanderer«[184] auf Fortbildungsreisen nach Österreich, Belgien, Frankreich und England. Er bringt die Erfindung der Kohlenwäsche nach Deutschland und befaßt sich mit Verfahren zum Reinigen von Eisenerzen für den Hochofenprozeß. Von dem Tod des Bruders erfährt er wahrscheinlich im Sommer 1854; offiziell erreicht ihn die Nachricht, wohl durch den preußischen Konsul in Jerusalem, Ende 1854. Jetzt ist Wilhelm der letzte seiner Familie. Im September dieses Jahres verlobt sich der Obermaschinenmeister mit Louise Cauer, der Tochter aus einer angesehenen Berliner Pädagogenfamilie. Einen Monat vor der Hochzeit veranlaßt er eine notarielle Verhandlung, da man beim Bestellen des Aufgebots bemerkt hat, daß sein Nachname im Militärkirchenbuch von Neiße mit nur einem »s« geschrieben ist: »Diese Schreibart erkläre ich hiermit für unrichtig«, hält das Protokoll des Königlichen Notars fest. »Denn mein Vater, der Königliche Leitenant und Fabriken-Kommissarius, Herr Theodor Nathanael Mendelssohn, sowie dessen Vater respective mein Großvater, der berühmte Philosoph, Herr Moses Mendelssohn, haben den Geschlechts-Namen nur mit zwei ss geschrieben. Mein

Cousin respective Enkel des Philosophen Mendelssohn, der berühmte Tonkünstler Felix Mendelssohn hat sich, wie dies seine Kunstwerke ergeben, mit doppel ss geschrieben.«[185]

Felix Mendelssohn Bartholdy – Aufstieg und Nachruhm eines Stars in Europa

Wilhelms notarielle Beurkundung ist weniger eine orthographische Richtigstellung als ein Akt der Selbstversicherung. Seine Herkunft und Identität beglaubigt er mit einem Verweis auf die berühmten Leitfiguren der Familie.

Die traditionsbildende Verbindung des Ahnherrn Moses mit seinem Enkel Felix wird nach dem Tod des Komponisten eindrucksvoll bekräftigt worden. Nachts um halb zwei hält der Zug mit seinem Sarg in Dessau, der Stadt, aus der Moses hundertvier Jahre zuvor in eine neue Welt aufgebrochen war. Der greise Oratorienkomponist Friedrich Schneider steht mit einem Männerchor auf dem Bahnsteig und huldigt »dem dahingeschiedenen Meister entblössten Hauptes«[186] mit einem eigens komponierten Abschiedsgruß. Dann geht die Reise, symbolischer Nachvollzug der ersten Wanderung Moses Mendelssohns von Dessau an die Spree, zum Berliner Anhalter Bahnhof – mit dem eisernen Vehikel der neuen, bewegten Zeit.

Ein Unbeweglicher war freilich auch der traditionsbewußte Felix Mendelssohn Bartholdy nicht. Als der 27jährige im Sommer 1836 in Frankfurt am Main für zwei Monate den »Caecilienverein« leitet, bedanken sich die Sänger mit einem kostbaren Reisenecessaire. Obwohl dieses Frankfurter Gastspiel zur Verlobung mit Cécile Jeanrenaud, zur Familiengründung und Häuslichkeit des Leipziger Gewandhausdirektors führt, kann der Komponist, Konzertdirigent und Festivalleiter das mit Samt ausgeschlagene Holzköfferchen und die 31 Teile aus Silber und Elfenbein in den kommenden Umzugs- und Reisejahren gut gebrauchen. Auf seine Hochzeit (1837) folgt die im Erinnerungsalbum der Zeichnungen und Noten verewigte schwäbische Hochzeitsreise, dann die Festivaldirektion in Birmingham. 1838 beginnen seine historischen Gewandhaus-Konzerte in Leipzig; der Sohn Carl wird geboren, im Jahr darauf die Tochter Marie. 1840 folgt die sechste Englandreise. 1841 wird Paul geboren, die Mendelssohn Bartholdys ziehen nach Berlin, wo Felix als Hofkomponist wirken soll, für 3000 Taler Gehalt – das stehe nicht im Verhältnis zu anderen Gehältern, notiert Varnhagen: »Vielfache große Mißstimmung ist unvermeidlich.«[187] 1842 Englandreise mit Cécile; Besuch bei Queen Victoria und ein stärkeres Engagement in Leipzig. Großer Familienurlaub in der Schweiz. Ernennung durch Friedrich Wilhelm IV. zum Generalmusikdirektor unter Einbeziehung der Kirchenmusik. 1843 eröffnet er Leipzigs neues Konservatorium als Gründungsdirektor und wird Ehrenbürger der Stadt, Sohn Felix kommt zur Welt. In Berlin zieht die Familie nach dem Tod der Mutter Lea in die Leipziger Straße 3. Auf die achte Englandreise (1844) folgt eine Kur in Bad Soden, die Niederlassung in Céciles Heimatstadt Frankfurt, die Reduzierung der königlich-preußischen Verpflichtungen auf Auftragskompositionen. Im folgenden Jahr lockt ihn einerseits der preußische König mit dem Amt des Direktors der Akademie der Künste und einem Lehrstuhl für Komposition, andererseits der sächsische Monarch – erfolgreich – mit der neuerlichen Leitung der Gewandhauskonzerte. Die jüngste Tochter Lili wird geboren. Während der neunten Englandreise (1846) wird der *Elias*, sein zweites Oratorium, in Birmingham uraufgeführt. Im Frühjahr 1847 reist er, zum zehntenmal, diesmal mit dem Geiger Joseph Joachim, nach England, besucht zweimal das Königspaar. Auf die Nachricht von Fannys Tod wird er ohnmächtig.

In der Hauptstadt der Frösche

Die ungeheure Mobilität des Künstlers hat innere und äußere Gründe; dazu gehören die Berliner Zustände. Vertrauten gegenüber hat Felix aus seiner wachsenden Abneigung gegenüber der

Heimatstadt kein Hehl gemacht. Die Besetzungspolitik der Singakademie hat ihn persönlich getroffen, das kulturelle Klima stößt ihn ab. Das Publikum sei kalt, chronisch unzufrieden, desinteressiert an neuen Talenten. »[…] jeder Schritt aus dem Haus erinnert mich daran, wie die ganze Stadt stehen geblieben und also zurückgegangen ist. Die Musik geht schlecht, die Leute sind nur noch knöcherner geworden, die besten sind gestorben, die andern, die noch schöne Pläne hatte, sind jetzt glückliche Philister […].«[188] Es gebe keine Geselligkeit und keine Öffentlichkeit. »Dies ist wahrhaftig ein Nest; […] es ist zu Zeiten zum Verzweifeln, ich denk mir China nicht viel ärger, und unbewußter, natürlicher. Die ganze Stadt ist ja genau auf demselben Punkte, wie ich sie vor drei Jahren verlassen habe; da liegt 1830 dazwischen, unglaubliche Zeiten, ›bejammernswerte Umwälzungen‹ wie unsre Landstände sagen, aber bis hieher ist nichts gedrungen, wir sind nicht aufgewacht und nicht eingeschlafen, es ist als gäbe es keine Zeit.«[189] Sein Widerwille gegen »alles was man Berlin nennen kann«, nehme zu, das liege auch an der politischen Ausrichtung nach Rußland, an der Entfremdung gegenüber dem übrigen Deutschland, an dem vielen Militär: »Es ist hier nicht deutsch und doch nicht ausländisch, nicht wohltuend und doch sehr gebildet, nicht lebhaft und doch sehr aufgereizt, ich muß an den Frosch denken, der sich aufblasen will, nur daß er hier nicht zerspringt, sondern am Ende wirklich ein Ochse werden wird – aber ich mag nicht blasen helfen.«[190] Er geißelt das »Berlinische Zwitterwesen: die großen Pläne, die winzige Ausführung; die großen Anforderungen, die winzigen Leistungen; die vollkommene Kritik, die elenden Musikanten; die liberalen Ideen, die Hofbedienten auf der Straße«.[191]

Als er 1844 seinen Berliner Wohnsitz aufgibt, begründet er den Schritt gegenüber dem Maler Carl Friedrich Lessing damit, daß Berlin seine Kunst und sein vergnügtes Leben zugrunde richte: »Es ist mir zu viel äußerer Glanz und zu wenig innere Bewegung im hiesigen Wesen, und dabei ist die allgemeine Unzufriedenheit so groß, daß eigentlich nichts recht mit Eifer und Leben getrieben wird ausgenommen das Raisonnieren.«[192] Doch als Antiberliner ist der rastlos tourende, international verehrte Europäer Felix zum Horizont-Erweiterer geworden, auch für die familiäre Fangemeinde.

Alle Gegenstände schwimmen durcheinander

Während jener vier Wochen im Herbst 1847, in denen der 38jährige mehrere Schlaganfälle erleidet, ist die Anteilnahme seiner Verehrer in Leipzig und Berlin, in Deutschland und Europa groß. Freunde besuchen ihn, renommierte Ärzte versuchen zu helfen. Menschen warten vor seinem Haus, müssen mit Flugblättern über den Zustand des Todkranken informiert werden. Der leidet unter rasenden Kopfschmerzen, »als ob ein fremder Körper sich mit Gewalt in seinen Kopf drängen wollte«.[193]

In den Wochen vor dem 4. November scheint er sich bisweilen zu erholen, ist heiter, dann wieder gereizt, wird mit Blutegeln behandelt. Er lenkt sich mit Kartenspiel und dem Betrachten von Kupferstichen ab. Am 1. November macht er mit Cécile einen großen Spaziergang um die Stadt, legt sich nach Tisch auf das Sofa. »Wohl eine Viertelstunde sprachen wir sehr lustig zusammen, er nahm mich auf den Schoos und küßte mich, auf einmal fing er an zu röcheln schloß die Augen und warf den Kopf hinterüber.«[194] Als es wieder besser geht, freut er sich an den Kindern, besonders an der Schönheit des kleinen Carl, klagt über Pauls lautes Pfeifen. Der nächste Anfall wird schlimmer, er kann nicht mehr gut sehen, »alle Gegenstände schwämmen durcheinander«.[195] Dann trifft der Bruder Paul mit dem Arzt Prosper Johann Philipp ein. Felix bittet, den königlichen Leibarzt Johann Lukas Schönlein aus Berlin zu konsultieren; der ist unabkömmlich, diagnostiziert aus der Ferne, »dass keine Hoffnung sei, und der endliche Tod nach Wiederholung dieser Anschläge unvermeidlich«.[196]

Nach dem letzten Anfall, bei dem nur Paul, leichenblaß, zugegen ist, versucht man mit Aderlaß, Blutegeln, Tee, Moschuspulver, eisigen Kopfwickeln und einer Luftpumpe an den Füßen alles Mögliche. Er sei müde, sehr müde, sagt Felix seiner Frau. In der letzten halben Stunde wird der Atem leiser, seltener, »so daß als auch der letzte vorüber war, ich immer noch wartete immer noch seine ganz warme Stirne anfaßte, und mir immer noch nicht sagen wollte, es ist vorbei«.[197]

Das Ende der abstrakten Sympathie

Die große Trauer um Felix Mendelssohn Bartholdy und sein Einfluß auf das Musikleben seiner Zeit können nicht darüber hinwegtäuschen, daß die gesellschaftliche Akzeptanz des »Judensohnes«, wie ihn sein Lehrer Zelter genannt hat, auf Vorbehalte stößt.

Knapp drei Jahre nach Felix' Tod veröffentlicht Richard Wagner, der in der Vergangenheit mehrfach Unterstützung von dem erfolgreichen Kollegen erbeten und erhalten hatte, in der *Neuen Zeitschrift für Musik* unter dem Pseudonym R. Freigedank ein Pamphlet. Darin heißt es, rückblickend auf das Jahr 1848: »Als wir für die Emanzipation der Juden stritten, waren wir doch eigentlich mehr Kämpfer für ein abstraktes Prinzip als für den konkreten Fall: wie all unser Liberalismus ein nicht sehr hellsehendes Geistesspiel war, indem wir für die Freiheit des Volkes uns ergingen, ohne Kenntnis dieses Volkes [...], so entsprang auch unser Eifer für die Gleichberechtigung der Juden viel mehr aus der Anregung eines allgemeinen Gedankens als aus einer realen Sympathie; denn bei allem Reden und Schreiben fühlten wir uns bei wirklicher tätiger Berührung mit Juden von diesen stets unwillkürlich abgestoßen.« Als Beispiel für seine These von der Unfähigkeit und Zerstörungskraft jüdischer Künstler nennt Wagner Mendelssohn Bartholdy. Der 1869 als Buch unter seinem Namen erschienene Aufsatz endet mit einem Appell an die Juden: »[...] bedenkt, daß nur eines eure Erlösung von dem auf euch lastenden Fluche sein kann: die Erlösung Ahasvers, – der Untergang!«[198] Diese oft zitierte Schrift über *Das Judentum in der Musik* findet scharfen Widerspruch und langfristig weitreichende Resonanz. Der Familie des Geschmähten, die wie jedermann ungern in der Schußlinie steht, signalisieren solche Angriffe, daß ihre Integration unvollendet ist. Das glückliche Fest ist vorbei: Zum Programm wird den Mendelssohns um so mehr die verklärte Erinnerung – an ihre Protagonisten der Anerkennung.

Der jüdische Kommerzienrat Alexander Mendelssohn

Die Hochzeit Wilhelm Mendelssohns und Louise Cauers am 12. Dezember 1854 feiern mit den Mendelssohns und den Cauers aus Berlin und Potsdam auch das Ehepaar Dirichlet, Alexander von Humboldt, der »Vater der Meteorologie« Heinrich Wilhelm Dove und General August Franz von Etzel, ein Vetter des Bräutigams. Die Hochzeitsgesellschaft ist illuster, die Brautmutter bei der Begegnung mit Exzellenz von Humboldt aufgeregt, reiche und ärmere Mendelssohns mischen sich, so gut es geht. Der Gottesdienst hat in St. Jacobi stattgefunden, der 1845 erbauten, dreischiffig-neuromanischen Basilika an der Oranienstraße in der Luisenstadt. Fast alle Gäste sind getauft, auch die Kinder Alexander Mendelssohns.

Alexander dagegen gehört bis an sein Lebensende der Jüdischen Gemeinde, zuletzt auch ihrer Repräsentantenversammlung und dem Vorstand an. 1847 arbeitet er in einer Gemeindekommission an einer Bittschrift mit, die versucht, politische Debatten um das neue Judengesetz zu beeinflussen. In dem Gesetz erhielten die Gemeinden den Status als Körperschaften des öffentlichen Rechtes, dagegen wurde die bürgerliche Verfassung jüdischer Staatsbürger – in Anpassung an die emanzipationsfeindlichen Praktiken der Verwaltung – verschlechtert. Doch wird dieser Vollzug des Gesetzes aufgrund der politischen Entwicklung zunächst ausgesetzt.

Im Januar 1854 wird Alexander Mendelssohn in Anerkennung seiner wirtschaftspolitischen Beratertätigkeit für die Regierung der Titel Geheimer Kommerzienrat verliehen. Zufriedengestellt hat ihn diese Auszeichnung nicht. Er kann eine solche Würdigung weder von der Geschichte seiner Familie noch von der Situation anderer Juden in Deutschland trennen. Sie empfinde wie ihr Sohn, daß diese Ehre »unter den obwaltenden Verhältnissen fast beleidigend ist«, notiert Hinny Mendelssohn in ihrem Tagebuch. »Die armen Juden sollen Liebe u Treue bewahren für eine Regierung die sie wie Feinde behandelt u täglich auf neue Kränkung sinnt.«[199] Offiziell gilt seit 1850 aufgrund der durch Friedrich Wilhelm IV. aufgezwungenen Verfassung ein Gesetz, das die Ausübung bürgerlicher Rechte von der Konfession abkoppelt. Doch Verfechter des »christlichen Staates« bezeichnen diese Gleichstellung als ungesetzlich. Die Bürokratie bemüht sich weiterhin, die Zulassung von Juden zu Ämtern in Verwaltung, Justiz, Schule und Hochschule zu beschränken.

Der jüngste Sohn Joseph Mendelssohns wird nach dem Tod des Vaters als »Patriarch« der Familie angesehen, eine Respektsperson in Gemeinde und Gesellschaft. Als erster Mendelssohn erhält er später den Roten Adlerorden 4. Klasse, seine sozial engagierte Frau Marianne, eine Nichte Lea Mendelssohn Bartholdys, wird mit dem preußischen Luisen-Orden ausgezeichnet: Die patriotischen Ehrenzeichen signalisieren eine Anerkennung der staatlichen Autorität, wie sie den Mendelssohns, anders als Juden in schwächerer wirtschaftlicher Position, seit Jahrzehnten im finanzpolitischen Alltagsgeschäft bereits zuteil wird. Wie sein Vater bekleidet Alexander Funktionen für die »Gesellschaft der Freunde« und in der »Gesellschaft zur Verbreitung der Handwerke und des Ackerbaues unter den Juden im Preußischen Staate«. Die mit dem Bruder Georg Benjamin 1863 zum Andenken an ihre Mutter gegründete »Henrietten-Stiftung«, die Waisenmädchen eine Aussteuer finanziert, kommt unter das Dach der 1829 gegründeten »Moses-Mendelssohnschen-Waisenerziehungsanstalt«, deren Kuratorium auch Alexander Mendelssohn angehört. Alexanders Sommerwohnsitz ist die Villa Sorgenfrei an der Schloßstraße in Charlottenburg, wo er mit seiner Frau das »Mariannen-Stift« gründet: Hier können verarmte alte Charlottenburgerinnen mietfrei wohnen. Für sein Stifter-Engagement verleiht ihm das Vorstädtchen Charlottenburg in seinem Todesjahr 1871 die Ehrenbürgerwürde. Auf dem Brustbild, das Wilhelm Hensel 1823 von Alexander anfertigte, lächelt der Endzwanziger zaghaft. Auf dem Familienfoto, das zweiundvierzig Jahre später im Horchheimer Garten aufgenommen wurde, ist das Gesicht des Schwarzgekleideten kantiger, gerahmt von einem weißen Backenbart, das Haupt mit einem hellen steifen Hut bedeckt.

1820, nach dem Abschluß seiner Kaufmannslehre, war Alexander in das väterliche Bankhaus eingetreten, hatte den ausscheidenden Onkel Abraham als Sozius ersetzt und die Firma nach Josephs Tod als Seniorchef geleitet. Unter ihm wird Mendelssohn & Co. – neben Oppenheim und Rothschild – zur führenden deutschen Privatbank, Kreditgeber des Zaren, Finanzier des russischen Eisenbahnbaus.

Paul Mendelssohn-Bartholdy, der eiserne Kaufmann

Im Mai 1835 heiratet der zweiundzwanzigjährig Paul Mendelssohn Bartholdy seine langjährige heimliche Verlobte Albertine Heine. Ihr Brautporträt zeigt die zehn Jahre zuvor getaufte Bankierstochter madonnenhaft, in einem neogotisch-sakralen Rahmen neben der Keuschheitslilie: im Dekor eines Heiligenbildes. Ihr Gebetbuch liegt am Fenster, durch das die Marienkirche der Berliner Altstadt zu sehen ist. Diese Tochter jüdischer Eltern ist in der Ikonographie des christlichen Abendlandes angekommen.

Das erste Kind Pauls und Albertines stirbt am Tag seiner Geburt, das zweite, die Tochter Pauline, erliegt neunzehnjährig einer Unterleibserkrankung. Ein postum angefertigtes Gemälde, trauriges Pendant zum Brautbild der Mutter, zeigt die Verstorbene in einem weißen Seidenkleid, das ernste Gesicht unter einem korrekten schwarzen Scheitel, die Hände auf das Gebetbuch gelegt. Statt keuscher Lilie dornige Rosen, ein Röslein steckt an der Taille. Auf einem Familienbild, das Paul und Albertine mit den Söhnen Ernst, dem angehenden Bankier, und Gotthold, dem späteren Rittergutsbesitzer, und der noch unverheirateten Tochter

Fanny im Salon ihres Hauses an der Französischen Straße zeigt, sieht man im Hintergrund lebensgroß und goldgerahmt das Porträt der toten Pauline. Davor haben die Eltern und Geschwister Aufstellung genommen. Der Vater im Sessel, als Halbprofil, Beine übereinandergeschlagen, Lippen zusammengepreßt, Hand in der Tasche, starrt an der Familie vorbei durch den Raum aus dem Bild.

Im Schatten der Wunderkinder Felix und Fanny ist der begabte Cellist Paul Mendelssohn Bartholdy der ewig Unbeachtete, das »versteckte Veilchen« mit den verlorenen Talenten, die ihn hätten berühmt machen können – wie der knapp Vierzigjährige in einem Brief klagt.[200] In seinen letzten Lebensjahren wird er das Schicksal, keinen Ruhm und Namen zu haben, subtil korrigieren – durch die Einfügung des Bindestrichs in seinen Doppelnamen: Mendelssohn-Bartholdy. So unterscheidet er sich von dem Neffen Paul und die eigene Familie von der des großen Bruders. Auf seine Art setzt er die vom Vater Abraham begonnene Identitätssuche und Namensdeutung fort.

Aus Paul wird mit den Jahren ein Kaufmann, der seine Gefühle wie Bilanzen zu kontrollieren versucht. Im privaten Kontobuch vermerkt er: 7. Juli 1839 Eisenbahnfahrt Berlin – Potsdam 8 Taler; für eine Fete an Mutters Geburtstag 15. März 1840 (Bedienung, Kostüme, Taschengeld) 16 Taler; am Geburts- und Todestag des Erstgeborenen 31. August 1840 »Begräbnis des kleinen Kindes« 17 Taler; 15. März 1841 die Grabstein-Kosten 22 Taler.[201]

Niedergedrückt durch die tragischen Todesfälle im engsten Familienkreis, verunsichert durch sein Außenseitertum, seine Minderwertigkeitskomplexe und Lebensenttäuschungen, belastet von der Aufgabe, das Vermächtnis seiner ruhmreichen Geschwister angemessen zu bewahren, entwickelt sich Paul zum Pessimisten. Mit Fannys Tod sei die Familie zerstört, »durch Felixens ist sie vernichtet« worden, schreibt er im November 1847. »Ich bin verfrüht zum alten Mann geworden, und gebe meine Hoffnungen auf Lebensgenuss auf, bis er durch unsere Kinder, wenn der Himmel sie zu guten Menschen heranwachsen lässt, vielleicht in späten Jahren wieder geweckt werden wird.«[202] Am

Ende des schicksalhaften Jahres 1847 stellt er fest: »Wahrlich, in einer Schlacht können die Reihen nicht mit furchtbarerer Eile gelichtet werden, als die unsrigen. Schon oft wurde mir der Anblick meiner eigenen Kinder dadurch getrübt, daß die *Großeltern* keines von ihnen gekannt haben. Um wieviel mehr wird der Eindruck von Felixens Kindern ein gemischter seyn, und zwar seltsamerweise um so gemischter, je mehr Veranlassung zu glücklichen und heiteren Gefühlen er andrerseits künftig vielleicht giebt, und geben möge. So sehen wir denn unserem Leben für seine ganze Dauer wehmüthige Trauer beigemischt. Die Frische ist fort, – der strenge Ernst hat sein Reich angetreten, und wird uns mit eisernem Scepter regieren!«[203]

Die Noten des Bruders bewahrt Paul im Banktresor, die Veröffentlichung ausgewählter Briefe unterwirft er dem Ideal eines positiven, harmonischen Familienbildes. Über den Tod seines Onkels Nathan bemerkt Paul 1852, dieser sei »ungemein glücklich gestorben. Dem Anschein nach im Schlaf ohne vorher aufzuwachen. Sein Leben war ein sehr bewegtes, erfüllt von Kummer und Arbeit, aber leer an Resultaten, und also kein glückliches, wenigstens vom Standpunkt eines Dritten aus betrachtet.«[204] Nathan sei aber, wie der Neffe umständlich ausführt, »für uns der letzte Repräsentant der Kinder von Moses Mendelssohn und gewissermaßen die Brücke zu einer unmittelbaren Verbindung zwischen Moses und den späteren Generationen [gewesen]. Durch seinen Tod entsteht also in dieser Beziehung eine Lücke, welche ich als eine nie mehr auszufüllende beklage.«[205]

Seine Beziehung zur Familiengeschichte bleibt zwiespältig. Als Vorsitzender der von ihm oft finanziell unterstützten »Gesellschaft der Freunde« spitzt er den Konflikt mit jenen Mitgliedern zu, die das jüdische Erbe dieses einflußreichen Berliner Vereins betonen. Bei einem Rom-Besuch aber treibt den Protestanten der Abscheu vor der pompösen katholischen Liturgie fast zurück in die Arme seiner Ahnen: »Lessing empfahl einmal an Moses Mendelssohn einen jungen Mann, welcher ein Land suchte, ›wo es weder Christen noch Juden gäbe!‹ – Und, möge Gott meinen Ungeschmack verzeihen, – im Ghetto fühle ich mich innerlich mehr zu Hause als in St. Peter, wenn der Pabst sein Wesen daselbst treibt. Müsste also eins oder das andere sein, so würde ich mich eher dem Hohenpriester als dem Pabst anschliessen.«[206]

Das Bankhaus Mendelssohn & Co.

Für den einen ist das Glas halbvoll, für den anderen halbleer. So unterschieden sich schon die Charaktere ihrer Väter: Joseph, der lachende Demokrit, Abraham, der weinende Heraklit. Doch als Kompagnons ergänzen sich die Cousins. Gemeinsam entwikkeln Alexander und Paul das Bankhaus der Väter zum führenden Kreditinstitut. Die Verlagerung von den ursprünglichen Handlungsaktivitäten zum ausschließlichen Geldgeschäft dauerte Jahrzehnte; bis in die 1840er Jahre handelten Mendelssohn & Co. noch mit Wolle – eine Verbindung zur Textilfabrik Moses Mendelssohns.

Mendelssohn & Co. sind dabei, als im Jahr 1856 die bedeutendste Privatbank des Rheinlands, Mevissen und Oppenheim, mit führenden Berliner Häusern eine große Berliner Kreditbank gründet. Beteiligt ist man an Bankgründungen in Braunschweig und Weimar sowie über die Hamburger Filiale Paul Mendelssohn-Bartholdys an norddeutschen Anleihegeschäften. Bereits 1839 hatte Paul zur Belebung bestehender Kontakte eine Geschäftsreise nach St. Petersburg unternommen. Als Rußland angesichts der Herausforderungen der industriellen Revolution und des Eisenbahnbaus, zusätzlich belastet durch den Krimkrieg und die Kosten der Bauernbefreiung, finanzielle Unterstützung benötigt, vermittelt das St. Petersburger Bankhaus Stieglitz & Co. – Bekannte jüdischer Herkunft aus alten Berliner Tagen – über die Mendelssohns Auslandsanleihen im Wert von 15 Millionen Silberrubeln an die Berliner Börse. Varnhagens Tagebuch erwähnt sogar Anleihen von über 50 Millionen Silberrubeln: »[…] das hiesige Haus Mendelssohn übernimmt davon 5 Millionen. Ob ihm das binnen kurzem noch erlaubt sein wird?«[207] Tatsächlich wird dieses Engagement als preußische Parteinahme im Krimkrieg ausgelegt; in Rußland gewinnen Alexander und Paul damit allerdings Sympathien. So sind Mendelssohn & Co. auch an einer französischen Finanzgruppe beteiligt, die der russischen Eisenbahngesellschaft im Januar 1857 250 Millionen Rubel Kapital zuführt. Ihnen gewährt die Regierung des Zaren eine besondere Zinsgarantie.

Das Bankhaus finanziert die neue europäische Mobilität. Seit 1834 halten sie Aktien der Stettin-Copenhagener Dampf-Schifffahrts-Gesellschaft. Aktien der Poti-Tiflis-Eisenbahn werden 1867, Anteile an der österreichischen Kronprinz-Rudolf-Bahn und an der Berliner Nordbahn 1868 gezeichnet. Das große Eisenbahnfieber bricht in Rußland 1866 aus: Von den drei zu dieser Zeit gegründeten Aktienbanken entwickeln sich zwei zu Großbanken, an deren Geschäften die Mendelssohns ebenfalls beteiligt sind. Im Jahr zuvor hat Bismarck um ein Gespräch mit seinem Hausbankier Gerson Bleichröder und Paul Mendelssohn-Bartholdy gebeten: Wie wohl die Wirtschaft auf einen Krieg mit Österreich reagieren würde? Auch im Jahr 1871, als der Krieg mit Frankreich vor der Tür steht, ist es wiederum Paul, der – mit dem Bankier Adolph Hansemann – das ökonomische Risiko eines militärischen Engagements einschätzen soll. Auf Mendelssohn & Co. kann sich der Staat verlassen.

Die Bankiers stehen an der Spitze der dritten Generation. Der Name ihres Unternehmens wird mit dem Ruhm des Ahnherrn und des Komponisten jahrzehntelang einen Dreiklang bilden. Als Geschäftsleute sind sie akzeptierte Bürger. Doch auch sie werden verunsichert, wenn anderen Mendelssohns in der Öffentlichkeit aufgrund ihrer Herkunft Unrecht widerfährt. Ihre Künstler-Verwandten und politisch aktiven Cousins und Cousinen reagieren auf solche Vorgänge bisweilen sensibler. Manche Mendelssohns der dritten Generation entfremden sich einander. Eine Heimkehr in den großen Familienkreis, an die Festtafel der harmonischen Erinnerung, wird allen gemeinsam nicht gelingen. Doch in der deutsch-christlichen Gesellschaft sind die meisten von ihnen – beinahe – angekommen. Sie sind keine Fremdkörper; sind nicht wie andere. Sie fallen auf.

Der Garten an der Oder

Seit der Hochzeit von Wilhelm und Louise sind zwölf Jahre vergangen. Als 1866 der Preußisch-Österreichische Krieg ausbricht, bringt der Obermaschinenmeister Mendelssohn, ein unter Kollegen beliebter Fachmann, dem die Einführung einiger technischer Neuerungen im deutschen Eisenbahnwesen gelungen war, seine Familie von Ratibor in die Potsdamer Etappe. Da Schlesien zu den Krisengebieten zählt, will er Louise und die fünf Kinder weit weg von der drohenden Cholera-Gefahr wissen. Seine Bewerbung auf eine Stelle als Vorsteher des neuen Görlitzer Bahnhofs in Berlin soll in den nächsten Wochen entschieden werden. Die Eheleute erhoffen Veränderung. Wilhelm ist auf seiner Position in Ratibor unterfordert, das Ausbildungsangebot für die Kinder ist dürftig. Täglich wechseln in diesen Wochen Briefe zwischen Wilhelm in Schlesien und seiner Frau in Potsdam. Noch vor dem Ende des Krieges kehrt die Familie nach Ratibor zurück, die Verhandlungen über die neue Stelle sind noch nicht abgeschlossen. Wilhelm übernimmt in einer Krankenbaracke eine Nachtwache, für die sich niemand gefunden hat, und stirbt innerhalb von zwei Tagen an der Cholera.

Sein ältester Sohn Arnold, der Weihnachten 1855 geboren und nach seinem unglücklichen, erst im Herbst 1864 vom Berliner Stadtgericht offiziell für tot erklärten Onkel benannt ist, wird sich später gut an das große Haus der Mendelssohns in Ratibor erinnern. Es stand unmittelbar an den Bahngleisen. Man mußte über die Gleise gehen, um in den Garten zu gelangen oder in Wilhelms Werkstatt, wo die Eisenspäne von der Werkbank flogen. Auf den Gleisen standen Achsen von Bahnwaggons. Der Garten war ein beliebter idyllischer Aufenthaltsort für die ganze Familie. Jenseits des Gartens, durch ein Tor zu erreichen, fünfzig Meter unterhalb des Hauses, strömte die Oder. Auf den Gleisen rollten die Züge der sogenannten Wilhelmsbahn.

Fluß der Erinnerung, des Vergessens. Räderwerk des Fortschritts. Uhrwerk der Mobilität. Die andere Zeit hat begonnen.

Fünftes Kapitel
Vaterland der Erinnerung

Das Instrument ist dreißig Zentimeter hoch und steht auf drei schwarzen Beinen. Sie tragen eine goldglänzende Messingsäule, die sich zu einer Plattform verjüngt. Dort hält eine Metallklammer einen halbierten Kristallkubus; die eine Seitenfläche ist matt, die anderen glänzen geschliffen. Auf die Plattform und den Kristall laufen drei Messingröhren zu. In der kleinsten steckt am Ende eine Linse. Mit der mittleren läßt sich die Plattform drehen. An ihrem äußeren Ende trägt sie eine Schraubklemme zum Fixieren von Materialpartikeln. Die längste Röhre besteht aus zwei Objektiven mit verschiedenen Linsen. In die Messingsäule wurde eingraviert: »P. Mendelssohn-Bartholdy ob filium docte et probe institutum dicavit. A MDCCCLXIV« – für den gelehrten und ordentlichen Gebrauch zugeeignet anno 1864.

Der Spektrograph Paul Mendelssohn Bartholdys sieht aus wie ein magisches Fernrohr, mit dem man in den Kristallkubus der Zukunft blicken kann; doch er dient der Zerlegung weißer Lichtbündel in die Spektralfarben. Der Chemiestudent und spätere Fabrikant benutzt ihn im Labor des berühmten Chemikers August Wilhelm Hofmann, um das Universum der Farben zu erforschen: Es ist der Anfang einer Weltfirma.

In der Geschichte der Mendelssohns steht der Spektrograph für den Sieg der Naturwissenschaften über die Geisteswissenschaften, wie er sich während des späten 19. Jahrhunderts abzeichnet: für den Fortschrittsglauben und die industrielle Revolution, für die Goldgräberstimmung der Gründerzeit, für die Suche nach Massenprodukten zur Versorgung der Massengesellschaft. Für neue Möglichkeiten chemischer Kriegsführung.

Unternehmer und Kaufleute sind die Protagonisten der vierten Mendelssohn-Generation. Sie begegnen jenen Verwandten, die weiterhin als Traditionsfreunde, als Geisteswissenschaftler und Künstler die Welt zu verstehen suchen. Oft sind beide Interessen in einer Person verbunden. Die vierte Generation etabliert sich im Kaiserreich der großen Erwartungen und beginnt, arriviert, die eigene Herkunft als – nahe, ferne – Geschichte zu formulieren. Die Mendelssohns werden sich selbst historisch.

Paul Mendelssohn Bartholdy und die Gründung der AGFA

Er ist, selbst in dieser Ausnahmefamilie, eine Ausnahmeerscheinung; als seien alle positiven Eigenschaften seines früh verstorbenen Vaters Felix noch einmal in ihm zur Welt gekommen. Als hätte sein großer Bruder Carl allein die Schattenseiten des väterlichen Charakters, Reizbarkeit und Eigensinn, geerbt. Paul Mendelssohn Bartholdy ist einer jener »Glücklichen, welche sich die Zuneigung der Menschen nicht erobern brauchen, denen sie auf halbem Wege entgegengebracht wird«.[1] Er ist der Musikalischste unter seinen Geschwistern, ein Beethoven-Fan, der keine *Fidelio*-Aufführung in Berlin versäumt. Sein Zeichentalent ist so eindrucksvoll, daß selbst sein strenger Vormund, Onkel Paul, ihm ein Kunststudium nahelegt.

Im Berliner Haus der Mendelssohn-Bartholdys, wo das Leben geordneter verläuft als im Leipziger Elternhaus, werden Paul und Carl erzogen, nachdem 1853 auch ihre Mutter Cécile gestorben ist. Diese hatte ein zumeist angespanntes Verhältnis zu der Schwägerin Albertine Mendelssohn-Bartholdy. Als nun die Brüder, von den bei Frankfurter Verwandten verbliebenen Schwestern getrennt, unter der Obhut des Onkels und der ängstlichen, besonders auf die korrekte Form bedachten Tante heranwachsen, setzen sich die Konflikte der Mutter in den Erfahrungen der Söhne fort. Anders als sein Bruder, der aus der Konfrontation mit dem Vormund nie mehr herausfinden wird, ist Paul ein vermittelnder Charakter, der jedoch seinen eigenen Weg zu gehen weiß.

Der Lässige

Als der neunzehnjährige Carl 1857 für das vom Onkel verordnete Jurastudium nach Heidelberg geht, hält es auch den Obertertianer Paul nicht mehr in Berlin. Er beginnt bei Leipziger Verwandten seiner Mutter – Schunck, Souchay und Co. – eine Kaufmannslehre. Die Kontor-Routine langweilt ihn bald, er holt das Abitur in privaten Abendlektionen nach, immatrikuliert sich bereits 1859 in Heidelberg als Student der Philosophischen Fakultät. Schließlich entdeckt er in den Vorlesungen von Bunsen und Kirchhoff Chemie und Physik als seine eigentlichen Interessen. Er genießt die Stadt, die akademische Freiheit, ist ein Spitzenturner und exzellenter Fechter, äußerst beliebter Kommilitone und – wie Carl – Burschenschafter der liberalen Verbindung »Allemannia«. Für ein Semester folgt er dem Bruder, der sein Jurastudium mittlerweile abgeschlossen hat und endlich Geschichtswissenschaft studieren kann, nach Göttingen. Der Zweiundzwanzigjährige promoviert in Heidelberg als Chemiker, dient anschließend als Einjährig-Freiwilliger im 2. Garde-Ulanen-Regiment.

Zu dieser Zeit wird August Wilhelm Hofmann von der preußischen Regierung, die am Aufbau einer chemischen Industrie interessiert ist, aus London nach Berlin gelockt: mit der Zusage, ihm werde ein großes Labor zur Verfügung gestellt. Vorerst muß sich der berühmte Mann mit einem Provisorium begnügen. Zu dem kleinen Kreis, der in diesem Rahmen forschen wird, gehört Dr. Mendelssohn-Bartholdy. »Es war ein compactes Zusammenleben in den engen Räumen; man lernte sich aber leichter kennen und schloss sich schneller aneinander an als in den grossen Laboratorien«, wird Hofmann später den Verlust des »behaglichen wissenschaftlichen Verkehrs«[2] bedauern. Paul, der bisher vor allem Mineralchemie getrieben hat, widmet sich nun der organischen Chemie. Er zählt zu den Mitbegründern der von Hofmann initiierten Deutschen Chemischen Gesellschaft.

1866 zieht er als Unteroffizier in den Preußisch-Österreichischen Krieg, der seinen Onkel Wilhelm in der Cholera-Baracke das Leben kostet, nimmt an etlichen Schlachten, unter anderem der von Königgrätz, teil und kehrt als Offizier zurück. Zwei Fotografien früher Jahre zeigen ihn in unterschiedlichen Funktionen gleichermaßen lässig: den Laboranten oder Lehrling im Kittel, mit Schlips an einem Tisch sitzend, unter einem schwarzen Schopf, der die Ohren fast bedeckt, und den bärtigen, selbstbewußten Ulanen-Offizier in weißer Uniformjacke, die Hände auf dem Säbelknauf, mit melancholischem Blick.

Das Traumpaar und die Fabrik

1867 wird für Paul ein Entscheidungsjahr. Der Enkel Abraham Mendelssohn Bartholdys heiratet die zweiundzwanzigjährige Else Oppenheim, eine Urenkelin seines Großonkels Joseph Mendelssohn. Die Familie schwärmt von der engelgleichen Ausstrahlung der jungen Frau. Paul und Else, ein Traumpaar! »Alles schien ein heitres und dankenswertes Dasein zu verheißen«, wird sich Carl später an diese Zeit erinnern: Umgeben von schönsten Hoffnungen, habe ihm der Gedanke, »mit einer so liebenswürdigen und vortrefflichen Frau wie meine Schwägerin zusammenzutreffen«, besondere Freude bereitet. [3] Aber Else, die im März 1868 einen Sohn, Otto, zur Welt bringt, ist nicht nur die wunderbarste Frau, sondern auch eine glänzende Partie: dank des Mendelssohn-Erbes ihrer Mutter und dank der am Bankhaus Warschauer beteiligten Familie ihres Vaters.

Mit den Warschauers ist auch der Chemiker Karl Alexander Martius verwandt, den Paul in Hofmanns Labor kennengelernt und zum Freund gewonnen hat. Als Paul und Martius 1867 auf dem Gelände der alteingesessenen, bald von ihnen übernommenen Firma Kunheim & Co am Spreeufer in Berlin-Rummelsburg eine Anilinfabrik gründen, steht ihnen genügend Kapital zur Verfügung. Der Zeitpunkt ist optimal: Die neue Farbenindustrie, deren synthetische Produktion nicht mehr von Pflanzenölen abhängt und eine reichere Kolorierungspalette, niedrigere Preise und einen expandierenden Markt ermöglicht, hat sich bereits

Ende der 1850er Jahre in England und Frankreich entwickelt. In Deutschland beginnen Bayer 1860 in Leverkusen und Elberfeld und die Badische Anilinfabrik 1863 in Höchst mit der Produktion. Die Aktiengesellschaft für Anilinfabrikation, der Paul als Generaldirektor und Martius als sein Stellvertreter vorstehen, unterscheidet sich von der Konkurrenz durch das wissenschaftliche Personal an ihrer Spitze. Sie betreibt die einzige größere chemische Fabrik im Zentrum Norddeutschlands.

Im Bewußtsein erlebten Glücks

Nach dem Jahr der Hoffnungen und Starterfolge kommt der Schicksalsschlag im August 1868 aus heiterem Himmel. Else stirbt in der Heringsdorfer Sommerfrische an Typhus. Schwager Carl erinnert sich an einen gemeinsamen, nun prophetisch klingenden Gästebucheintrag im Jahr 1865: »[...] die Namen von Else und mir, die wir damals harmlos heiter einschrieben, und drunter von mir die melancholischen Äschyleischen Worte ›O dieses Menschenleben, wenn es glücklich ist, ein Schatten kann es wenden, ist es Leid, so tilgt ein feuchter Schwamm das Bild hinweg.‹«[4] Adolf Wach, Freund beider Brüder aus Heidelberger Jahren, kondoliert Carl: »Der arme Paul. Du weißt, wie sehr wir früher sein großes Glück gepriesen haben, das hat sich schnell und zu schrecklich gewandt. Gestehe es nur, Liebster, Du hast ihn wohl früher hin und wieder ein wenig beneidet. [...] Es ist eigentümlich, aber ich kann mich von der fatalistischen Anschauung nicht freimachen, die das leicht erreichte Glück für unbeständig hält. Du hast dem Neid der Götter Deinen Zoll gezahlt und kannst froh und ungetrübt genießen. Wie ich höre, ist Paul nach Karlsbad gegangen. Sein Leberleiden ist immer noch nicht ganz behoben. Er wird später in Berlin bei seinen Schwiegereltern wohnen.«[5]

Paul stürzt sich in die Arbeit. Seine Schwester Lili, die bald darauf den Freund Adolf Wach heiratet, beobachtet, wie über Nacht des Bruders Schläfen grau werden. Die Arbeitsteilung zwischen ihm und Martius – dieser konzentriert sich auf die Produktion, während er sich um den Absatz kümmert und dafür oft auf Geschäftsreisen geht – kommt ihm jetzt entgegen. »Na, die Gelegenheit glücklich zu sein hast Du ja, und es ist wohl Niemand, der sie Dir mehr gönnen kann als ich«, schreibt er in einem Geburtstagsbrief an Carl einen Monat vor dessen Hochzeit. Er wünsche, daß das »Bewußtsein des erlebten Glücks« sich bei ihm einbürgere, um dann auch über weniger gute Tage hinwegzuhelfen. Er selbst lasse sich derzeit instinktiv vom Geschäftstreiben »so sehr übermannen und einnehmen, daß das Bewußtsein auch andre Pflichten zu haben [...] nicht recht in mir aufkommt. – Das ist ja auf der einen Seite recht gut und hält mich fortdauernd in Atem, und damit Gedanken, die mir sonst kommen würden, fern, aber auf der anderen Seite empfinde ich es in ruhigen Augenblicken gar mächtig, wie ich mich verändert habe und wie ein gut Teil meiner Sinnesweise verloren gegangen ist und immer mehr verloren geht. Und wenn man, so wie ich jetzt, darauf hinlebt, um nur einen bestimmten Gedanken und Ideengang nicht aufkommen zu lassen, da kommt man schließlich dahin, daß gar Nichts mehr, außer das alltäglichste Treiben, Eindruck macht.« Er wünscht sich noch, Carls Braut kennenzulernen. »Laß es Dir sehr gut gehen und bleibe stets so glücklich wie die Zeit, in der Du lebst und der Du jetzt entgegengehst.«[6]

Die Trauer über den Verlust seiner Frau, bei deren Eltern nun der kleine Otto aufwächst, läßt sich durch diesen beruflichen Einsatz nicht überwinden. Die Angst vor einem Verhängnis, das die vom Schicksal begünstigten Kinder der Mendelssohn Bartholdy-Linie mit vorzeitigen Todesfällen verfolgt, kann in der Familie nicht gänzlich verdrängt werden. Doch Paul ist nicht sehr ängstlich. Es gibt auch keinen Hinweis, daß ihn Todessehnsucht getrieben hat, als er 1870 – wie schon vier Jahre zuvor – mit vaterländischer Begeisterung zu den Fahnen eilt. Er will heil zurückkommen, zu seiner Firma, zu seinem Sohn, zu der großen Verwandtschaft, die ihn erwartet.

Kriegsstimmung

Als die preußische Armee zum drittenmal in diesem Jahrhundert nach Frankreich vorstößt, nimmt Leutnant Mendelssohn Bartholdy in der Landwehr-Kavallerie an dem Feldzug teil. Er erlebt den Kampf um Metz, die Einnahme von Orléans und Le Mans, ist aber vor allem mit der Lebensmittelversorgung für die Armee beauftragt. Ein Konvolut von Briefen, die ihm von Verwandten, Freunden und Untergebenen zwischen September 1870 und Januar 1871 an die Front geschickt wurden, hat sich erhalten und dokumentiert das lebhafte Großfamilienbewußtsein, die Anteilnahme an dem Schicksal des dreißigjährigen Witwers und die Stimmung an der »Heimatfront«: ein Echolot der Beziehungen und Befindlichkeiten:

Während deutsche Truppen Metz belagern und nach Paris vorrücken, sitzt Familie Oppenheim zu Hause in patriotischer Behaglichkeit beisammen. Tochter Enole spielt am Piano ein Capriccio, Schwester Rosa hockt mit einer Freundin unter der Lampe am Ecksofa, die Frauen nähen Socken für Verwundete. Während der Vater die Presse und eine große neue Paris-Karte studiert, schildert Mutter Margarete in einem Brief an die Front diese Szene dem Schwiegersohn. Im Haus der Oppenheims am Leipziger Platz werden Frontnachrichten von dem Sohn Hugo, dem Teilhaber des Bankhauses Robert Warschauer & Co., und von Paul, dem verwitweten Schwiegersohn, begierig aufgenommen und an die Mendelssohns in der Jägerstraße und an die Mendelssohn-Bartholdys in der Französischen Straße weitergereicht. Vater Otto berichtet vergnügt den makabren Vorfall um den Shakespeareforscher Friedrich August Leo, der als Posener Abgeordneter für den Preußischen Landtag kandidierte und das Unglück hatte, »einem Jagdgenossen seine Ladung in den Leib zu schießen. Ein trauriger Anfang der Kandidatur.«[7] Er hoffe, daß der Medizinalrat Carl Westphal, der von seiner Frau, Tante Clara Mendelssohn, für den Frankreichfeldzug mit einem Revolver bewaffnet worden ist, »*mehr Glück hat* – wenn es zum Schuß kommt, einen Feind, nicht einen Freund niederzustrecken«. Im feinen Klub von Berlin an der Jägerstraße debattiert man derweil über den Kriegslauf, mancher Gast bemäkelt die schlechte Versorgungslage. Bei der Truppe in Frankreich macht sich dagegen Blitzkriegstimmung breit. Wo Versorgungszüge und Verwundetentransporte auf Bahnhöfen halten, treffen sich Bekannte aus der Heimat und verabschieden sich »Na, wir sehen uns in Berlin« – als verabrede man sich mit »Heute Abend bei Hanus« für das beliebte Restaurant in der Behrensstraße.[8] Die deutschen Soldaten sind zuversichtlich, den schlecht motivierten und durch die Ausrufung der zweiten französischen Republik geschwächten Gegner bald zu schlagen und Weihnachten wieder zu Hause zu sein.

Zur Desinfektion auf den Kriegsschauplatz

Am 23. September 1870 berichtet Pauls Freund und Geschäftspartner Carl Martius aus der Rummelsburger Fabrik dem Kompagnon an die Front: Mit dem Benzol, das in neuen Destillationsapparaten bereitetet wurde, solle nun Blau-Anilin hergestellt werden. Da das gewonnene Mirban in den neuen Bleibleichkammern gelb werde, müsse man Weißblechkammern anfertigen; er hoffe den angedunkelten Farbstoff an einen Kunden in Glasgow zu verkaufen, der große Mengen minderer Qualität verlange. Um Risiko-Materialien unter Verschluß halten zu können, lasse er einen großen Schuppen durch Bretterwände abtrennen und erweitern. »Ich denke, Du wirst damit auch einverstanden sein.« Ein Bleiapparat zur Produktion von Chloral, »der 300 Pfund Alkohol faßt«, werde derzeit installiert. Die Qualität des Chlorals sei besser geworden; mit der Untersuchung dieser Chemikalie hatten sich Paul und Martius bereits in Berichten für die Deutsche Chemische Gesellschaft befaßt. Aus deren Vorstand, schreibt Martius, sei »eine Reihe Mitglieder zur Desinfektion nach dem Kriegsschauplatz geschickt worden«. Er sei neugierig auf Pauls Nachrichten. »Hoffentlich wirst Du bald in Paris einziehen können.« Dort solle er sich doch einmal nach einer Konkurrenzfirma, der John Pasthelaz'schen Fabrik in Aubervilliers, erkundigen: »ganz in der Nähe der Fortifikationen und ist in Folge dessen möglicherweise demoliert.«[9]

Von dem, was in Frankreich passiert, erfahren Pauls Bekannte und Verwandte vor allem aus der einseitigen offiziellen Kriegsberichterstattung, wenn nicht durch Feldpostbriefe genauere Nachrichten bei ihnen eintreffen. Je mehr er vermeide, »die mehr ausführlichen als wahren Darstellungen der Zeitungs-Spezial-Korrespondenten über das, was die ›siegreich anrückende‹ Armee hinter sich läßt, zu studieren«, schreibt Pauls Cousin, der Bankier Ernst Mendelssohn-Bartholdy, »um so interessanter war mir Dein Brief mit der einfachen Schilderung des wirklichen Zustandes des Landes und der Bewohner, wie ihn so blutige, eben erst gewesene Schlachten hervorgebracht haben. Wenn ich die tiefe Empfindung des Elends, das Dich umgibt, die aus Deinen Zeilen spricht, mit dem: ›wie schrecklich! wie furchtbar!‹ der Kaffeeschwestern vergleiche, unter denen ich häufig zu sitzen die Ehre habe, und denen die Nachrichten von dort (je ›graulicher‹, desto besser) eine unumgängliche Zugabe zum Wohlgeschmack ihres Nachmittags-Kaffees sind, so muß ich mich zusammennehmen, um nicht herauszuplatzen und den Betreffenden zu sagen: ›Wißt ihr denn, was schrecklich ist? […].‹ […] die Summe des Schrecklichen, was sich diese Personen vorstellen können, ist eine Krupp'sche Riesenkanone, die recht viel Gepolter auf dem Straßenpflaster macht und die 100 oder lieber noch 1000 Menschen mit einem Schuß töten kann. Ihre Phantasie spielt da mit der Masse der Gefallenen […]« Am 28. September zitiert Ernst einen Artikel Bismarcks im *Staatsanzeiger*: »Ob er ganz Elsaß und Lothringen nehmen will, sagt er […] noch nicht; aber Metz und Straßburg nennt er mit Namen als unumgänglich für unsere fernere relative Sicherheit.« Der Kanzler warne davor, einen dauernden Frieden zu erwarten, da die Franzosen – selbst wenn die Preußen jetzt das Feld räumten – unbedingt auf Rache sinnen.[10]

»Die merkwürdige Zeit, in der wir uns befinden«

Pauls Schwester Lili Wach meldet am 8. Oktober aus Frankfurt am Main, daß sich die Stimmung gewandelt habe seit dem Krieg von 1866, als die Freie Stadt auf seiten Österreichs stand und anschließend Preußen zugeschlagen wurde. Der »Fortschritt des einigen Deutschland« sei jetzt erkennbar: »[...] eine solche Tätigkeit herrscht unter den Damen im Pflegen, Speisen, Nähen für die Soldaten, daß ich gewiß nicht die Erlaubnis bekommen hätte zu schreiben, wäre es nicht ein Feldpostbrief. Man hat eigentlich nur noch Sinn für dicke wollene Strümpfe, rote Magenbinden, grobe Hemden [...].«[11] Pauls Tante Julie Schunck, geb. Jeanrenaud, beklagt am 11. Oktober die Luxushaft Napoleons III. in Kassel, die sanfte Behandlung von 115 gefangenen französischen Offizieren in Merseburg: »Man geht, finde ich, außerordentlich gelinde mit diesen und dem Hauptstrolche um, der in der schönen Wilhelmshöhe sitzt, statt in der tiefsten Hölle.«[12] Der wachsende Franzosenhaß im Land geht einher mit der Begeisterung für die vaterländische Sache und mit dem Wunsch, daß die Männer bald aus dem Krieg heimkehren. Unterdessen diskutieren die Mendelssohns »in dem Heiligsten Comptoir-Zimmer« von Mendelssohn & Co. die heikle Frage, ob die Luftballonbriefe französischer Zivilisten, die Paul seiner Feldpost beigelegt hat, von Berlin aus den Adressaten zugestellt werden sollten. Schwiegervater Otto findet die Idee ritterlich, bezweifelt aber die Ritterlichkeit der Gegenseite, weshalb »die Briefchen wohl nicht befördert werden sollten«.[13] Sein Schwiegervater Alexander Mendelssohn sowie Ernst Mendelssohn-Bartholdy sind anderer Meinung. Noch am gleichen Tag expediert Ernst eine Abschrift des Ballon-Briefleins an Madame Strauss in Arroz/Poz de Calais; das Original behalte er »als Erinnerung an die merkwürdige Zeit, in der wir uns befinden [...]. Ich schreibe Dir das nur für den Fall, daß die ›runde Welt‹ dich zufällig einmal mit der Genannten zusammenführen sollte, ich hoffe, sie wird dann meine Samariter-Haltung an Dir vergelten und ihre dankbare Gesinnung für immer auf die Söhne des Mendel erstrecken.«[14] Nebenbei erwähnt

Ernst das Ende des Kirchenstaates, aus dem – nach Frankreichs Niederlage in der Schlacht von Sedan – die französischen Truppen abgezogen wurden, weshalb die nun eingerückte italienisch-königliche Armee den Preußen eigentlich dankbar sein müßte. Italiens Held Giuseppe Garibaldi treffe sich mit dem französischen Republik-Führer Léon Gambetta in Tours, letzterer habe per Ballon das belagerte Paris verlassen: »Auch noch nicht dagewesen, daß Minister durch die Luft zu Conseils kommen!«[15]

Zur kleinen Ballon-Debatte ergänzt Margarete Oppenheim zwei Tage später, im Familienkreis habe sich zwischen Philanthropen und Patrioten »eine ziemlich bedeutende Kontroverse« darüber entwickelt, ob man diversen Angehörigen melden dürfe, daß es den Ihrigen in Metz gut gehe.[16] Die Behandlung des kuriosen Themas zeigt, wie in diesem liberalen, preußisch-loyalen Familienkreis die universalen und humanistischen Ideale der aufgeklärten Vorfahren mit dem nationalistischen Freund-Feind-Denken der politischen Tagesordnung konkurrieren. Man ist stolz, eine große Zeit miterleben zu dürfen, in der – durch die gemeinsame militärische Aktion vieler deutscher Staaten – das einige Deutschland, der seit den Befreiungskriegen geträumte Traum, zum Greifen nahe ist; und ist bereit, die eigenen kleinen Bedürfnisse dem großen Ziel unterzuordnen.

Wie man eine Bleistiftspitze annäht

Der Kompagnon Carl Martius muß am 19. Oktober 1870 von Krankheitsfällen und einem drohenden Streik in der Fabrik berichten. »Ich drohte die ganze Gesellschaft fortzuschicken und habe [...] die Leute mit der Versicherung, daß wir ihnen einen Arbeitsanzug liefern, ohne Lohnerhöhung wieder zur Vernunft gebracht. [...] Ein Streik auf der Frankfurter Bahn hat uns wieder die nötigen Arbeiter zugeführt. In der Stadt soll der Arbeitermangel schon empfindlicher sein.«[17] Ansonsten laufe die Firma gut, der Ausfall dreier französischer Konkurrenzfirmen werde sich positiv auswirken. Die »alte Chlorbude« sei nun mit zwei Dampfabzügen ausgestattet. »Die neue Chloralbude habe ich vorne mit Ketten und Türen versehen lassen.« Gibt es übrigens bei der Truppe genug Beleuchtungsmittel? »Ob nicht die Holliday Lampen, die in Wind und Regen brennen, vorteilhaft dort eingeführt werden könnten.« Dafür wären diverse schwere Öle einzusetzen, im Notfall Brennöl aus England; sobald er Pauls Ansicht zu dem Thema wisse, wolle er mit den Leuten im Kriegsministerium sprechen.

Martius meistert den Konflikt mit seinen Arbeitern erfolgreicher als andere Unternehmer. Er gewinnt durch Zusatzleistungen ihre Loyalität zurück. Sein Nachbar auf dem Rummelsburger Firmengelände, der Fabrikant Kunheim, kann den Streik nicht verhindern und muß den Tageslohn auf bis zu 25 Silbergroschen erhöhen. Da viele Männer im Krieg sind, werden Arbeitskräfte rar; im Berliner Stadtzentrum ist der Mangel bereits spürbar. Die zensierte Presse erfüllt den Auftrag, die Bevölkerung bei Laune zu halten, und schweigt: Der Arbeitskampf der Chemiearbeiter bleibt unerwähnt. Die Auftragslage für die Anilinfabrik von Martius und Paul war in den ersten Kriegswochen bescheiden, die Reservoirs der Chemikalien blieben lange Zeit bedenklich gefüllt. Doch im Oktober 1870 laufen schon viele Preisanfragen ein, die neue Bestellungen erwarten lassen. Trotz einiger kriegsbedingter Geschäfte hofft man auf baldigen Frieden, durch den sich die Umsätze nachhaltig beleben.

Währenddessen fiebert die Heimatfront der Kapitulation von Metz entgegen: Wenn die Stadt falle, sei der Krieg in vier Wochen gewonnen. Paul gehört zu den Belagerern. Seine Schwester Marie meldet am 26. Oktober aus dem englischen Highwood: »Ich lebe von Morgen bis Abend und vom Abend bis Morgen fast nur mit dem einen Gedanken: Was macht Metz? […] Des Morgens, wenn ich kaum wach bin, bringt die Nurse die ›Times‹ und sagt: still no News of Metz, Madam – und so geht es Tag für Tag […].«[18] Zwei Tage später schreibt der Schwager Hugo Oppenheim an Paul, daß bei ihm in Gallerdon, zwischen Rambouillet und Chartres, die ersehnte Neuigkeit eingetroffen sei: »Eben ist Prinz Albrecht durchgekommen mit der Nachricht, daß Metz gestern Nachm. 5 Uhr kapituliert habe. Hurrah! Ich gratuliere! Wie lange wird es noch dauern? Von dem Widerstande der Pariser halte ich nicht viel [...].«[19] Am 30. Oktober klingt der Brief der Schwiegermutter Margarete etwas konfus, denn Pauls fast dreijähriger Sohn Otto krabbelt um sie herum, will eine abgebrochene Bleistiftspitze angenäht haben; in einem beigelegten Brief dankt eine Angestellte namens Auguste für zehn Taler: »[...] ich werde mich dafür Holz und Torf kaufen, das ich im Winter nicht Frieren brauche, da mein Mann im Krieg ist und für nichts sorgen kann, ich hatte Von meinem Mann die Letzte Nachricht am 19ten, da schrieb er mier, er fühlte sich sehr Unwohl und wollte im Lazarett gehen [...].«[20]

Aus dem Schiffbruch retten, was zu retten ist

Die an ihn gerichteten Briefe hat Leutnant Paul Mendelssohn Bartholdy gesammelt, viele hat er beantwortet und sie mit seinem Kamm, der Zahnbürste, Seifenbüchse und dem Tabakspäckchen während des Krieges in der Satteltasche mit sich herumgetragen. Die umfangreiche Korrespondenz ist ein Dokument seiner Verbundenheit mit den Verwandten und Freunden – einer starken Familienbande, die dem Witwer Halt gibt. Das Netzwerk der alltäglichen Anteilnahme und Begegnungen zwischen den Mendelssohn Bartholdys, Oppenheims und Mendelssohns zeigt sich darin als lebendig und vertrauensvoll. Durch Verwandtenehen, geschäftliche Verflechtungen und durch die gemeinsame Bewältigung persönlicher Schicksalsfälle wächst in der vierten Generation die Zusammengehörigkeit.

Am 6. November berichtet der Schwager Adolf Wach nach Frankreich, daß Pauls Bruder Carl sich nach dem Kindbettod seiner Frau Bertha langsam erhole. Er sei nicht, wie befürchtet, »in sein früheres Brüten und in die alte komische Abgeschlossenheit versunken. Er hat [...] offenbar den guten Willen, aus dem Schiffbruch alles zu retten, was zu retten ist. Wenn etwas zu fürchten ist, so dürfte das vielleicht nur sein, daß er zu früh und zu unüberlegt an eine Wiederverheiratung denkt.«[21] Die charakterlich unterschiedlichen Brüder Carl und Paul sind als Witwer und junge Väter in einer ähnlichen Situation; beider Lebensglück hat sich unerwartet zerschlagen. Für Paul gehört der militärische Einsatz zu der Herausforderung des Weiterlebens. Er will sich nicht unterkriegen lassen.

Der Krieg kommt in die Heimat mit den Verletzten und Invaliden zurück, um die sich viele patriotisch gesinnte Familien nun kümmern. Sebastian Hensel, dem Pauls Briefe ebenfalls zu Ohren gekommen sind, will nun am Krieg teilnehmen und beantragt, einen Krankentransport aus Paris oder Metz begleiten zu dürfen; »[...] aber man hat ihn nicht mehr angenommen, so sagte mir heute seine Frau«, schreibt Margarete dem Schwiegersohn Paul.[22] Die Oppenheims am Leipziger Platz kümmern sich um Verwundete: »Wir haben [...] täglich zu Mittag einige rekonvaleszente Soldaten hier – das ist die neueste Mode. Sie kommen um 1 Uhr und essen an einem Tisch am Fenster, während wir frühstücken«, berichtet die Schwiegermutter am 4. Dezember. »Der Eine ist ein netter einfacher Märker, der eine Frau und 2 Kinder hat, der Andere ein halbgebildeter Posener, der mir gleich zuerst sagte: ›Ich hatte einst die kühne Hoffnung, Zimmermeister zu werden‹, und zum Ottochen: ›Ein hübscher Knabe, schade, daß er so schüchtern ist‹, aber merkwürdig ordentliche Menschen sind sie Alle, die wir in unseren verschiedenen Familien auf diese Weise kennen lernen, und zu jammervoll, daß solch' junge, kräftige Leute nun ihr Leben lang Invaliden sein sollen! Einer von Meinen behält ein steifes Bein und der andere einen steifen Arm.«

Mit »Weihnachtsliebesgaben« startet ein Eisenbahnzug von Berlin nach Frankreich, diesmal darf Sebastian Hensel den Transport begleiten: »Er hofft natürlich, Euch zu sehen und mit in Paris einzuziehen«, kündigt Margarete an.[23] Zwei Tage später trifft Pauls Schwiegermutter beim Nachhausekommen auf eine »große Gesellschaft im grünen Wohnzimmer«, darunter auch ihr Onkel Eduard Simson, der 1849 als Präsident des Paulskirchen-Parlaments dem preußischen König die Kaiserwürde angetragen hatte und jetzt Interessantes aus dem Reichstag zu berichten weiß. Er bietet der Nichte seine Loge an, »da werde ich wohl bald hinwandern und mit dem ruhigen Schreiben wird's wieder Nichts!« Erwartet wird in diesen Tagen nichts dringender als die Nachricht von der Einnahme der französischen Hauptstadt. Der kleine Otto diktiert am 9. Dezember einen Brief an den Vater: »Gestern war schreckliches Pectakel in der Schrankstube und mich ließen sie ganz allein und ich konnte die Tür nicht aufmachen, und rief immer ›Henriette, was ist denn los?‹ Da sagten sie ›Paris hat kapituliert‹, aber es war garnicht war [...].«[24] Margarete konstatiert lakonisch am 11. Dezember: »Morgen reist Onkel Eduard mit der Kaiserkrone nach Versailles. Das ist nun schon das zweite Mal, daß er die Kaiserkrone bringt!«[25]

Am 28. Dezember bedankt sich die Jüdin Marianne Mendelssohn für einen Weihnachtsbrief des getauften Neffen Paul: »[...] ich bitte Gott, daß Du und viele andere mit gesunden Gliedmassen keimkehren möchst und daß das Blutbad endlich ein Ende haben möge. Grad sehr leid tut es mir, daß Dein Dienst grade ein so unangenehmer ist und Du Dich durch die Peitsche mit den fatalen Menschen verständigen mußt – nun, diese Gewohnheit legt man rasch genug ab.«[26] Der undatierte Brief einer Berlinerin namens Henriette Kohl, wohnhaft Neue Kreutzstraße 7, richtet sich an Paul, den militärischen Vorgesetzten ihres Mannes: »Hochgeehrter Herr, mit heutiger Post habe ich die niedergeschlagende Nachricht erhalten, das mein guter Mann schwer krank liegt, und ich aus seinem Brief sehe das er nicht glaubt uns noch einmal zu sehn [...]. Lieber guter Herr, denken Sie sich in meiner Lage ein krankes Elendes Kind, welches 1 ½ Jahr alt is und an die englische Krankheit leidet, Ich vor 5 Wochen entbunden von einem Knaben, welcher bis jetzt, Gottseidank, Gesund is, aber was fang ich unglückliches Geschöpf an, wenn ich meinen guten Mann verlieren müßte, und jetzt nicht mehr so arbeitsfähig dastehe, als ich war, den nach meiner jetzigen Entbindung einen schaden behalten habe. Also ich hiermit offen gestehe das ich untröstlich bin, und ich jetzt vor allen Dingen meine Zuflucht zu Ihrer Wohlgeboren nehme, und zwar mit der gütigsten Bitte, mir doch von Ihre sichre Hand eine erfahrung einzuziehen, ob mein

Mann den zum Tode is oder ob es nur seine verzweiflung dahin gebracht hat. [...] Noch muß ich bemerken, das mein Mann schreibt, das er noch 8 Thaler Geld bei sich führt. Kann ich den nich darum bitten, das ich meinen Mann zu Hause nehme und ihn pflege? Ich will ihn sogar hollen wen es sein muß.«[27]

Paul Mendelssohn Bartholdy kehrt unversehrt aus dem Krieg zurück: Zu Hause erwartet ihn sein Kind, keine Frau und jede Menge Arbeit. Fünf Jahre nach dem Tod seiner Else heiratet er deren jüngere Schwester, Enole Oppenheim. Zwei Töchter und zwei Söhne werden geboren; der Jüngste, Paul, wird später als Chemiker den Beruf des Vaters übernehmen. Nach dem Deutsch-Französischen Krieg beschleunigt sich die Entwicklung der Chemie-Industrie rasant. 1873 fusioniert Pauls Rummelsburger Unternehmen mit Jordans großen Farbenfabriken am Wiesenufer in Treptow; daraus wird die Actiengesellschaft für Anilinfabrication, AGFA, hervorgehen. Ende der 1870er Jahre zieht sich Paul langsam zurück. Zwar fährt er noch täglich in die Fabrik, aber er muß sich schonen, eine Herzkrankheit wird festgestellt, die ihn im Winter 1879/80 oft ans Bett fesselt. Bald ist er wieder bei Kräften, trifft Anweisungen in seinen Werkstätten vor der Stadt. In der Nacht zum 18. Februar 1880 stirbt er plötzlich, im Alter von 38 Jahren, wie sein Vater Felix.

Hermann Mendelssohn, der Infant und die Überlieferung

Mit dem Sieg über Frankreich und der Gründung des zweiten deutschen Kaiserreiches beschleunigt sich die Entwicklung der preußischen Hauptstadt. Berlin boomt. Doch während die wirtschaftliche Expansion in die Zukunft weist, wendet sich der herrschende Historismus der Vergangenheit zu. Technischer Fortschritt wird als wenig sinnstiftend empfunden, die Formulierung neuer Ideale oder Identitätsentwürfe traut man der eigenen Gegenwart nicht zu. Das Selbstbewußtsein leiht sich die Gesellschaft von den als überragend empfundenen Idolen der Vorfahren. Das Jahrhundert der vierten Mendelssohn-Generation ist die Zeit der Epigonen.

Die 1870er Jahre sind das Jahrzehnt, in dem mit Alexander Mendelssohn, mit Paul und Albertine Mendelssohn-Bartholdy in Berlin und mit Philipp Veit in Mainz die letzten Vertreter der dritten Generation sterben. Die Rückbesinnung auf das Vermächtnis der Ahnen hat zu Beginn der 1840er Jahre mit der Herausgabe der Gesammelten Schriften Moses Mendelssohns durch dessen Enkel Georg Benjamin begonnen. In den beiden folgenden Jahrzehnten setzt sie der älteste Sohn Alexander Mendelssohns fort.

Der 26jährige Hermann Mendelssohn gründet 1850 die Leipziger Verlagsbuchhandlung Avenarius & Mendelssohn. Im Herbst desselben Jahres wird ihm in Leipzig die voreheliche Tochter Elga Ernestine Johanna Kalbfleisch geboren; der einzige – überlieferte – illegitime Sproß, den der Familienstammbaum verzeichnet. Vier Jahre später übernimmt er den Verlag ganz und führt das Geschäft nunmehr nur unter seinem Namen. Der Erstgeborene hat sich gegen den Beruf des Vaters, für die Wissenschaften entschieden. Adolph, der zweitälteste Sohn, steigt in das Bankgeschäft ein, stirbt aber früh an einem Lungenleiden, so daß Franz, der dritte Sohn, in die Rolle des Firmenchefs hineinwächst. Auf einer Fotografie, die Hermann in seinem Hochzeitsjahr 1856 zeigt, sieht er wie ein Bücherwurm aus: schwarze Locken, Schnurr- und Backenbart, Grübchenkinn, Oberlippe vorgeschoben, dicke schwarze Fliege, den Übermantel lässig-zerstreut über die Schulter geworfen. Sein Blick durch die randlose Brille scheint trotzig zu sagen, daß Buchstaben wichtiger sind als Fotoplatten und Banknoten. Die Hochzeit, zu deren Anlaß diese Aufnahme wohl entstand, findet im Juni statt, die Braut, Laura Gramich, kommt aus München. Es wird ein turbulentes Fest mit vielen Gästen, wie einem Brief Alexander von Humboldts zu entnehmen ist, der zu dieser »Herrmann Schlacht«[28] eingeladen wurde. Der hochbetagte Freund der Familie nimmt Anteil an Hermanns Leben, sorgt sich um dessen Gesundheit und verfolgt von Anfang an interessiert dessen Arbeit.

1853 veröffentlicht Hermann den Originaltext der 1787 erschienenen Streitschrift Mirabeaus *Sur Moses Mendelssohn. Sur la réforme politique des Juifs*. Der französische Politiker hatte sich bei der Abfassung dieses Textes auf die durch Moses angeregte Abhandlung *Über die bürgerliche Verfassung der Juden* des Berliner Kriegsrats Christian Wilhelm Dohm bezogen, dessen Kollegien der junge Humboldt einst besucht hatte. Das Entzücken des greisen Familienfreundes, der sich hinter den politischen Kulissen gegen die Diskriminierung der jüdischen Minderheit einsetzt, ist groß. Er erkennt in der Publikation einen Akt der Pietät und ein politisches Signal: »Alles was von Mirabeau kommt hat eine Frische, eine immer bezaubernde Macht!« schreibt er an Hermanns Vater Alexander. »Wie herrlich ist gleich zu Anfang die Schilderung Ihres großen Ahnherrn! Sagen Sie Ihrem Sohne meinen zärtlichsten Dank. Diese Herausgabe ist ein glücklicher Gedanke, in der Zeit ›christlich germanischer‹ Judenverfolgung! Diese Herausgabe ist mehr werth als unsere ohnmächtige Petition.«[29] Als Hermann Anfang 1856 die Dissertation des Budapester Rabbiners Meyer Kayserling über *Moses Mendelsohns philosophische und religiöse Grundsätze mit Hinblick auf Lessing. Nebst einigen bisher ungedruckten Briefen MMs* veröffentlicht, lobt Humboldt das Unternehmen wiederum und freut sich, »dass ein so naher Abkömmling als der *Infant Hermann* dies hat edieren können«.[30] Anschließend erwähnt er einen Ball im Schloß, auf dem er dem König »den Ausdruck meines Schmerzes und Abscheues« über einen Abgeordnetenantrag mitgeteilt habe, der sich gegen die Gleichberechtigung der Juden richtet. Dokumentation und Traditionspflege haben für Humboldt, der sich in Treue zu seinen jüdischen Freunden als einer der letzten seiner Generation immer noch für die Ideale der Aufklärung einsetzt, politische Bedeutung. Diese Haltung verbindet ihn mit dem jungen Verleger, den er als würdigen Erben seines Urgroßvaters Moses und seines Großvaters Joseph erlebt: als einen Bewahrer, der die Familiengeschichte nicht nostalgisch begreift, sondern sie auf die eigene Gegenwart bezieht.

Hermann bringt vorzugsweise wissenschaftliche Literatur heraus, schwerpunktmäßig Theologie, Geschichte, Naturwissenschaften. Zu einem mehr als hundert Jahre gültigen Standardwerk wird dann Meyer Kayserlings 1862 ebenfalls bei Hermann Mendelssohn verlegte Biographie *Moses Mendelssohn, sein Leben und seine Werke*. Doch zur erfolgreichsten Publikation des Verlagshauses werden die Briefe Felix Mendelssohn Bartholdys, die seit 1861 und dann über viele Jahre in immer neuen Auflagen erscheinen. Herausgeber ist Felix' Bruder Paul – und angeblich, das betrifft den zweiten Band, auch Felix' ältester Sohn Carl, der kritische Geschichtsschreiber.

Der Revolutionshistoriker Carl Mendelssohn Bartholdy

Mit der Briefedition geraten zwei grundverschiedene Haltungen zur Überlieferung der Familiengeschichte in eine scharfe Konfrontation. Die Vorgeschichte des Streites zwischen Onkel und Neffe ist eine von dem frühen Tod beider Eltern überschattete Jugend. Die Vorvorgeschichte ist die Kränkung eines mißachteten Nesthäkchens, das in der Familie einst als »Prokura-Paul« gehänselt wurde, aus dem derweil freilich ein bedeutender Bankier geworden ist.

Der Erstgeborene des Götterlieblings Felix war zu Lebzeiten seiner Eltern noch als eine wunderbare Erscheinung wahrgenommen worden. »Carl ist nun wahrhaft ein zauberhaftes Kind, Felix selbst war in dem Alter nicht so schön und lieblich«, notierte Fanny Hensel im März 1843 über den Fünfjährigen. »Die beiden Andern [Marie und Paul] sind auch hübsche prächtige Bälger, aber nicht zu vergleichen mit Carl, über den man fortwährend erstaunen muß, bald über seine unvergleichliche Schönheit, über die wunderbaren Augen, mit denen er Einen so gescheidt und so bedeutend ansieht, über die prächtige blonde Lockenperücke, bald eben so sehr über sein scharfes, väterliches Gedächtniß, und am allermeisten über seine liebe, anmuthige poetische Kinderseele.«[31] Carl beeindruckt mit vielseitigen Begabungen und einer – man nennt ihn schon mal liebevoll-spöttisch »Neureuse«[32] – auffälligen Sensibilität: jene Mendelssohnsche Reizbarkeit, die in vorangegangenen Generationen als Zeichen der Überforderung durch den Anpassungs- und Leistungsdruck erklärt wurde.

Carl und seinen vier Geschwistern begegnet die vertraute Frankfurter Verwandtschaft der Mutter, in deren Kreis er nach dem Tod des Vaters aufwächst, herzlicher und toleranter als die Mendelssohns in Berlin. Den Vater hat er im Alter von neun Jahren verloren, die Mutter sechs Jahre später. Seine Trennung von den Schwestern und die gemeinsam mit dem Bruder Paul erfahrene Verpflanzung zu dem Onkel Paul nach Berlin verstärken die erlittenen Verluste. Das Haus des Onkels erlebt Carl als »Sandwüste« und Geschwistertreffen, die nur einmal im Jahr genehmigt werden, als die einzige »Oase«.

»Die zwischen uns bestehende Kluft«

Carl entwickelt sich im Widerstand gegen die Erziehung des Onkels und der Tante zum Familienrebellen, zum Antipreußen und Demokraten, zum leidenden Choleriker. »Ich konnte nicht besser schreiben, weil meine ganze Hand zittert und in Folge einer fürchterlichen geistigen wie körperlichen Aufregung wie gelähmt ist«, schreibt der Sechzehnjährige an seinen Frankfurter Freund Alexander Bernus. [33] Mißstimmungen bedrücken ihn wochenlang. Dann geht er im Zimmer auf und ab, verwünscht sich selbst, träumt von der Vergangenheit, spielt Klavier und liest. Zeitweilig zieht sich der Abiturient von seinen Freunden ganz zurück, in dem Bewußtsein, daß er bereits »die bitteren Früchte des Alters« genießt: »Ich möchte mit Gott hadern, weil er uns keine höhere Macht über den Körper gegeben, und die Seele, der Unsterblichkeit verliehen sein soll, in einen so finsteren Kerker eingesperrt hat, daß die Finsternis oft uns den Glauben an die Möglichkeit des Lichtes benimmt. Warum läßt er die Unterdrückung des Geistigen, warum überhaupt den Triumph des Bösen auf Erden zu?«[34]

Der Vormund Paul zwingt ihm ein Jurastudium auf, obwohl Carl Historiker werden will. Nach sechs Semestern promoviert er in Heidelberg mit einer Abhandlung über kanonisches Strafrecht und widmet die Dissertation demonstrativ zwei Onkeln mütterlicherseits, Souchay und Jeanrenaud; nun ist er, einundzwanzigjährig, in der Lage, seinen eigentlichen Interessen nachzugehen. Als Zeichen seiner Emanzipation verändert er die Schreibweise seines Namens in Karl, worauf sich Freunde und Verwandte einlassen, bis auf den Onkel Paul Mendelssohn-Bartholdy. Nachdem Karl in Heidelberg bei den liberalen Historikern Georg Gervinus, Friedrich Schlosser und Ludwig Häusser das Studium begonnen hat, leistet er in Berlin seinen Militärdienst ab; der Onkel, den er gelegentlich sieht, bereitet derweil die Herausgabe der Reisebriefe seines Vaters vor, ohne ihm viel von dem Projekt mitzuteilen. Karl erhält kein Freiexemplar, muß sich das Buch kaufen; der Onkel hält ihm vor, er habe sich doch gar nicht dafür interessiert. Im Oktober 1860 hatte Paul Mendelssohn-Bartholdy noch ein Versöhnungssignal ausgesandt: »Du wirst mich bereit finden, Dir in meinem Hause die Hand über die zwischen uns bestehende Kluft zu reichen, deren allmählige Schließung ich von der Zukunft wünsche und hoffe.«[35]

Hassenswerte Rücksichten

Der Wunsch erfüllt sich nicht. Pauls geschönte Briefauswahl, die ein strikt harmonisches, hochmoralisches Bild von Felix Mendelssohn Bartholdy vermittelt und aus Rücksichtnahme gegen noch lebende Zeugen allerlei Kontext ausspart, muß dem Historiker mißfallen. Karls Vorschläge, bei der Edition eines zweiten Bands mit den Quellen systematischer und korrekter zu verfahren, werden nicht erhört. Der Onkel ist überzeugt, daß er allein die Zusammenhänge der Texte versteht, daß nur er über die notwendige Diskretion entscheiden kann. Auch die Erinnerung an die Peinlichkeiten im Goethe-Zelter-Briefwechsel und an antijüdische Ausfälle des Goethe-Herausgebers Friedrich Wilhelm Riemer, von denen die Mendelssohns betroffen waren, beeinflußt Paul in seiner Haltung als Zensor. Befugnis über die

Papiere ihres Vaters will er den Söhnen nicht einräumen. Anfang 1863 rückt er die Vorstellungen des Neffen, der am zweiten Briefband beteiligt werden soll, zurecht: Karl solle sich bloß nicht von finanziellen Erwartungen leiten lasen. Der neue Vertrag mit dem Verleger Hermann werde nicht mehr beinhalten, daß einen etwaigen Verlust der Herausgeber trage: »Es wird dann kein Mensch demselben die verwandschaftlichen Rücksichten, die Du so sehr zu hassen scheinst, anmerken können«, bemerkt der Onkel bissig. Er mahnt indes zur Rücksichtnahme auf einen Freund der Familie: »Der Professor Arendt lebt noch, und ist ein treuer Familien-Bekannter geblieben, den man also, trotz seiner Sonderbarkeiten und Fehler, schonen muß. Mithin dürfte sich die ihn betreffende Stelle, so pikant sie auch ist, nicht zur Veröffentlichung eignen.«[36] Als der zweite Band im Lauf des Jahres 1863 erscheint, ist Karl, der mit seiner Habilitationsschrift beschäftigt war und heftige Auseinandersetzungen mit dem Onkel vermeiden wollte, zwar auf dem Titel als Mitherausgeber – wenn auch als Carl Mendelssohn Bartholdy – genannt, doch seinen Vorstellungen entspricht das Buch nicht. Es ist seine erste Veröffentlichung, die er anfangs stolz verschenkt, bis ihm die Fachkritik die Mängel der Edition bewußt macht; es gibt freilich auch positive Stimmen aus der Familie. Doch leben noch Zeitgenossen, die das fortan gültige und für lange Zeit tradierte Bild von dem stets erfolgreichen Glückskind Felix Mendelssohn Bartholdy nicht hinnehmen wollen, weil ihre Erinnerungen an berufliche Niederlagen und charakterliche Widersprüche des Verewigten differenzierter sind. Karl erwägt daraufhin, eine Biographie seines Vaters zu schreiben. Im Mai 1865 erhält er vom Onkel eine Kiste mit allen an Felix gerichteten Briefen. Paul beschwört ihn, dafür zu sorgen, daß diese »auf keine Weise in unrechte Hände gelangen können. Ich für meine Person wäre am ruhigsten, wenn sie zerstört würden, da man eigentlich in alle damaligen Verhältnisse genau eingeweiht sein muß, um ein Urteil zu haben, was bedenklich oder unbedenklich, wertvoll oder wertlos ist, und *Euch* die Kenntnisse jener Verhältnisse naturgemäß nicht beiwohnen kann.«[37]

Der Streit um die rechte Edition und Tradition ist eben auch ein Generationenkonflikt. Paul will, im Sinne seiner, der dritten Generation, vor allem die Familienehre bewahren, er identifiziert sein eigenes Wohlergehen mit dem guten Ruf der Mendelssohns. Das Bild seines Bruders, den er oft beneidet hat, will er in Abwehr der eigenen, bitteren Erinnerung überhöhen und unangreifbar stilisieren. Karl sucht dagegen in der objektiven »Wahrheit« wohl auch den individuellen Zugang zur eigenen Geschichte: einen Vater mit Licht- und Schattenseiten, in dem er sich wiederfinden kann.

Im März 1867 scheint Paul den Editionsprojekten des Neffen seinen Segen zu erteilen: Er finde es in Ordnung, daß dieser alle diesbezüglichen Verhandlungen nun als »Selbstherrscher« übernehmen wolle. »Meine Ansichten werde ich Dir, je nachdem Du mich befragen solltest, sehr gern mitteilen. Hingegen wünsche ich, mich als activ vermittelnde Person, nach welcher Seite es auch sei, zurückzuziehen [...].«[38]

»Wie schön Dein Vater der Nation vorschwebt«

Doch die Kontroverse spitzt sich wieder zu: Der Onkel ärgert sich über Schriften von Eduard und Therese Devrient, in denen Felix nicht positiv genug erscheint. Eine Gegendarstellung zu den darin enthaltenen Indiskretionen hält er allerdings für unangebracht: »Am allerwenigsten aber würde sich wohl eine Erwiderung für Dich schicken, dem das Verhältnis, um welches es sich handelt, ganz unbekannt ist, und der daher nicht selbständig darüber urteilen kann.«[39] Das Signal ist eindeutig: Hände weg von Felix, mein Bruder gehört mir! Acht Tage später folgt eine ernste Warnung an Karl, dem man die Veröffentlichung weiterer Briefe seines Vaters angetragen hat: Er, Paul, werde in keine weitere Herausgabe von Papieren einwilligen. Dokumente, die der Neffe erbeten habe, werde er »gern mitbringen, jedoch nur unter der Bedingung, daß Du mit mir hinsichtlich der *Nicht*-Herausgabe derselben einverstanden bist [...]. Ich bitte mir dies zu bestätigen [...].«[40]

Als ein Dreivierteljahr später Karls Frau Bertha sechs Wochen nach der Geburt ihrer Tochter Cécile stirbt – eine Katastrophe, von der sich dieser nie mehr erholen wird –, versucht Paul Mendelssohn-Bartholdy Mitgefühl auszudrücken. Der Trost gerät zur Ermahnung: Karl finde ja an seinem verwitweten Bruder »ein schönes Vorbild, wie auch das Härteste und Schwerste würdig ertragen werden kann. Laß uns zu unserem Trost hoffen, daß Du ihm nachahmen, und Dich nicht widerstandslos dem ungeheuren Schmerze, welchen Du zu erdulden hast, hingeben wirst.«[41] Anfang 1871 beherrscht schließlich wieder die vormalige Verbissenheit das Verhältnis. Karl läßt einen Brief von Felix an Lea Mendelssohn Bartholdy in einer Zeitschrift veröffentlichen; der Onkel sieht Bruder und Mutter in einem unglücklichen Licht. Der Neffe hätte zumindest einiges weglassen müssen: »Mit den Söhnen des Ritters Bunsen stehen wir in angenehm geselligen Verkehr. Die alte Madame Bunsen lebt noch. Keinem von ihnen wird es lieb sein, daß Deine Eltern in dem Bunsenschen Hause ›mit großer Langeweile‹ diniert haben. – Dergleichen intime Äußerungen zu drucken kann nur gerechtes Ärgernis erregen, und dem schönen Bilde, in welchem Dein Vater der Nation vorschwebt, mindestens Vorteil nicht bringen.«[42]

Letztlich kann sich Paul Mendelssohn-Bartholdy, der im Alter von vier Jahren getauft wurde, aber die Ausgrenzung seiner jüdischen Familie noch erlebt hat, gegen den Neffen durchsetzen: mit dem Bestreben, ein harmonisches Bild der Familie dem bürgerlichen Geschmack anzupassen und damit möglichen Angriffen, auch antijüdischen Attacken, keine Ansatzpunkte zu bieten. Karls Versuche, sich als Familienhistoriker Geltung zu verschaffen, scheitern hingegen. Die geplante Biographie seines Vaters bleibt unrealisiert. Als einzigen familienhistorischen Beitrag hält er im März 1871 anläßlich einer Reichsgründungsfeier einen Vortrag über *Goethe und Felix Mendelssohn Bartholdy*, den er seiner Frankfurter Großmutter Lili Jeanrenaud widmet. Der kritische Ansatz dieser Rede, die kulturelle Blüte der Goethezeit gegen den aktuellen preußischen Großmachtrausch heraufzubeschwören, wird vom Publikum nicht wahrgenommen, dem die Eingangsworte wie eine freundliche Bestätigung geklungen haben mögen: »Die Jugend fühlt das Bedürfniß freudig theilzunehmen, unbedingt zu verehren. Glücklich, wenn ihre Begeisterung einem echten Ideal gelten, wenn ihr Auge sich an dem Vorbild großer mitlebender Männer stärken und bilden kann, wie an dem Anblick der über dem Horizont stehenden Gestirne.« Doch trägt die Publikation des Vortrags eher zur Idealisierung des Felix-Bildes bei, obgleich das Schlußwort des Antipreußen Karl subtil die aktuelle nationale Euphorie angreift: »Die Gegenwart erschien öde und leer, da man nicht mehr zu Goethe emporsehen konnte. Man vermißte die heitere Klarheit, die ruhige Harmonie die alle Gegensätze gebändigt und das Leben erhellt hatte.«[43] Immerhin bedankt sich der Kollege Heinrich von Treitschke bei Karl für den »ganz reinen Genuß«, den ihm das Werk bereitet habe: »Ich sehne mich doch oft hinweg aus der politischen Hetzjagd, die mir das Schicksal bestimmt hat; um dies erregte Leben zu ertragen muß ich mich zuweilen in die reichen ruhigen Tage von Weimar flüchten. Da war mir denn Ihre Schrift eine willkommene Weihnachtsfreude. Man fühlt ihr an, mit welcher Liebe sie geschaffen ist, und mir tut es wohl zu sehen, daß Sie nach so schweren Schicksalsschlägen Heiterkeit und Frieden wiedergefunden haben.«[44]

»Mein von schweren Kämpfen gemartertes Gemüth«

Die Schicksalsschläge treffen in Karl Mendelssohn Bartholdy eine Persönlichkeit, die es sich und anderen schwer macht. Karl ist zu großer Liebenswürdigkeit fähig, aber es gelingt ihm nicht, seine Empfindsamkeit und seinen Freiheitsdrang in Einklang zu bringen – vielleicht ein Erbe seines hin und her gerissenen Großvaters Abraham. In seiner Studentenzeit profiliert sich der junge Mann, der auf Kindheitsporträts hypersensibel erscheint, als Haudegen. Seine Fechtrekorde bei der Burschenschaft »Allemannia«, hinter deren Männlichkeitsritualen er sich verschanzt, bleiben lange Zeit ungebrochen. Unter den Bundesbrüdern findet er allerdings auch den besten Freund seines Lebens, Adolf Wach, seinen künftigen Schwager. Als problematisch erweist sich in dieser Zeit seine Beziehung zum anderen Geschlecht. Zum Drama wird ein Erlebnis enttäuschter Leidenschaft, die Verbindung mit einer Frau, deren ehrliche Zuneigung er nicht glauben mag, da er unterstellt, sie liebe ihn nur wegen seines prominenten Namens. Fast zehn Jahre lang werden Frauen in seinem Leben keine Rolle spielen, dafür artikuliert der junge Historiker in seinen ersten Veröffentlichungen Vorurteile über die materialistische Treulosigkeit der weiblichen Natur.

Von seiner ersten Ehefrau erwartet seine Umgebung einen wohltuenden Einfluß auf den Schwierigen; der Verlust Berthas, in dem sich der traumatische Abschied von beiden Eltern wiederholt, wird zur Weichenstellung seiner letzten Lebensjahre. Karl, der Sammler und Archivar, wird nach diesem Schock plötzlich aufhören, seine Briefe zu aufzubewahren. Er stürzt sich in die Arbeit als Geschichtsprofessor, bietet zusätzliche Vorlesungen an, übernimmt den Vorsitz der Freiburger Historischen Gesellschaft, läßt sich zum Dekan der Universität wählen. Seine zweite Frau heiratet er im Herbst 1872 und äußert die Hoffnung, daß Mathilde sein »von langen Irrungen und schweren innerlichen Kämpfen, von einem entsetzlich brutalen Schlag des Schicksals gemartertes Gemüth zur Harmonie zurückführen und beglücken« könne.[45]

Doch Karls innere Spannungen lassen sich nicht beruhigen. Er ist ein Kämpfer und Eiferer: Seine Auseinandersetzung mit Vaterfiguren und anderen Autoritäten, wohl auch die Überlastung durch ein anspruchsvolles Erbe werden zum Themensteinbruch seiner Profession, zur Zerreißprobe seiner Biographie. Seine Rebellion zeigt sich schon in dem Moralismus des Siebzehnjährigen, der sich über Heuchelei der Kirchgänger erregt und über seinen undemokratischen Onkel Paul, der einen Orden des autoritären Zaren-Regimes akzeptiert. Schließlich stellt Karl gegenüber dem Freund Bernus die letzte Instanz überhaupt zur Diskussion. »Der Trieb nach einer Verbesserung seiner Lage, nach Glück, ist dem Menschen angeboren. [...] – was entspricht diesem Trieb mehr als die *Fiktion* eines gütigen Wesens, das uns über die Hindernisse der Natur hinwegsetzte. Betrachte die Religionen aller Völker: was sind ihre Götter? In Streben und Erlangen große *Menschen*. ›Es malet in seinen Göttern sich nur der Mensch.‹ Ich ärgre mich stets, wenn, wie es neulich von der Kanzel geschah, der Jüdische Zebaoth gepriesen und gerade seines Eifers, seiner Leidenschaftlichkeit wegen gepriesen, angedroht wurde. Als ob es möglich wäre, daß ein *Unsterbliches* Wesen Leidenschaften empfinden könne. [...] Ich bin ungläubig, bin die Verzweiflung meiner gutgesinnten frommen Umgebung [...] am Kranken-, am Todes-Bette bekehre ich mich, und der ganze Chor der Theologen und Gotteseiferer wiederholte: ›Gott ist Deine Kraft und Dein Arm in der Not; ohne ihn könnten wir das Unglück nicht tragen.‹ [...] Wir können nicht *glücklich* sein, *ohne* Gott, *ohne* den Glauben an ein Erhaltendes Höheres Wesen, das ist das Dogma aller Frommen. Aber gerade diese *Unentbehrlichkeit* Gottes zu unserm *Glück* zeugt, so meine und fürchte ich, am meisten *gegen* das Dasein Gottes [...].«[46] Der Aufstand gegen die vorgegebene Ordnung der Welt und ihre obersten Autoritäten wird sein Thema.

Der Revolutionshistoriker

Karl erforscht vor allem die Freiheitsbewegungen des 19. Jahrhunderts. Er ist politisch radikaler als die meisten Kollegen, befürwortet eine demokratische Gesellschaft, ist Föderalist und – damit im Gegensatz zur Haltung des Bürgertums seiner Zeit – ein Gegner preußischer Dominanz in dem deutschen Einheitsstaat, den er anstrebt. Er setzt auf die Durchsetzungskraft der Völker gegen Tyrannen und absolutistische Systeme, auf den Fortschritt der neuen Zeit – und zugleich auf die humanistischen Vorstellungen des deutschen Idealismus. Es stehe elend um eine Zivilisation, schreibt er im Sommer 1859, solange »das Lebensglück von Millionen einzig und allein noch – durch keine Verfassung oder Clausel geschützt – an die Launen eines durchtriebenschlauen oder fanatischdummen Despoten bedingend geknüpft ist«. Für Deutschland könne man »nur noch ein ›Achtzehnhundertachtundvierzig‹ herbeiflehen« – damit Louis Napoléon sich die Situation nicht expansiv zunutze mache: »Die Revolution muß ihm zuvorkommen.«[47] Er attackiert Richard Wagner, verteidigt den linken 1848er-Aktivisten David Friedrich Strauß gegen Wagners Parteigänger Nietzsche – und idealisiert das Erbe der Weimarer Klassik. Er paßt in kein Schema.

Karls frühe und späte Arbeiten untersuchen die Französische Revolution und ihr Ende in der Restauration. Er charakterisiert den unter diversen Regimen einflußreichen, in seiner politischen Haltung gründlich sich wandelnden Politiker und Publizisten Friedrich von Gentz, einen Geliebten Rahel Varnhagens. Er würdigt in den *Preußischen Jahrbüchern* verkannte Helden: den hingerichteten Revolutionär Eulogius Schneider, einen ehemaligen Franziskanermönch, der der Vernunftreligion huldigt und an den »leuchtenden Völkerfrühling im Westen«[48] glaubt, der als Revolutionsrichter »für alle ungerecht Bedrängten, für die unterdrückten elsässischen Juden«[49] eintritt, der als todesmutiger Redner das Doppelgesicht von Freiheit und Terrorismus enthüllt; den Politiker Mirabeau, der das historische Bindeglied zwischen dem emanzipatorischen Verdienst des Philosophen Moses und der unaufschiebbaren Gleichberechtigung französischer Juden durch die revolutionäre Nationalversammlung darstellt. Die mit hinreißendem Elan verfaßte biographische Studie nimmt Partei für die Jahrhundertgestalt des intellektuell radikal unabhängigen Grafen, ohne dessen Schwächen, seine hochbezahlte Beratertätigkeit für den fast gestürzten Louis XVI. zu beschönigen. Karl postiert seinen Heroen gegen die Verordnungswut und Kleingeisterei, gegen die Mittelmäßigkeit der Abgeordneten, seine Mirabeau-Zitate sind Sprengsätze gegen die Selbstzufriedenheit und das Gottesgnadentum des neuen deutschen Kaiserreichs: »Eine neue Ordnung der Dinge bricht an, die Regierung muß regeneriert werden.«[50] – »Die Privilegien werden enden, aber das Volk ist ewig.«[51] – »Klar und unumwunden nannte er das Volk die Quelle aller staatlichen Gewalten, die Nation den Souverän.«[52] Persönliche Affinitäten sind dabei nicht zu übersehen: Mirabeau sei von seinem Vater gehaßt, verfolgt, eingekerkert worden, jener habe seine Jugend ruiniert, ihn aber nicht zerbrochen. »Man ersieht, welch' ein Kapital politischer Leidenschaft und Kraft [...] aus den Erfahrungen seines Privatlebens erwachsen war.«[53] Seine Auflehnung gegen die familiäre Tyrannei habe der Rastlose umgewandelt in den politischen Kampf gegen jegliche Zwangsherrschaft und in der Gefängniszelle gegen das Wahnsinnigwerden angeschrieben.

Sehnsucht nach einem weltumfassenden Unternehmen

Karls Lebenswerk, das ihn elf Jahre beschäftigt, ist jedoch die Erforschung Griechenlands und seiner Geschichte seit dem Beginn der Türkenherrschaft im 15. Jahrhundert. Zwischen 1862 und 1872 bereist er viermal den südlichen Balkan, lernt Neugriechisch, studiert Landschaften und Bevölkerung, befragt Zeugen des griechischen Freiheitskampfes. Er bewegt sich zu Pferd über Hochebenen, durch Schluchten, passiert Steilküsten und Obsthaine, sucht in der nächtlichen Einöde bisweilen ein Haus zur Übernachtung. 1864 veröffentlicht er *Graf Johann Kapodistrias*[54], die Biographie eines russischen Diplomaten, der aus Begeisterung für den Freiheitskampf der Griechen seinen Dienst quittierte, ins Exil ging und 1827 zum Präsidenten Griechenlands gewählt wurde.

Die zweibändige, 1870 und 1874 erschienene *Geschichte Griechenlands von der Eroberung Konstantinopels durch die Türken im Jahre 1453 bis auf unsere Tage*[55] ist bis heute ein Standardwerk. Das Opus magnum ist auch ein politisches Projekt. Fasziniert blickt der Geschichtsschreiber auf die europäische Solidaritätsbewegung der 1820er Jahre für das von den Türken unterdrückte griechische Volk: »Die Sehnsucht nach einem großen, weltumfassenden Unternehmen war geweckt. Kreuzzugsgedanken gingen durch die Welt. *Der Philhellenismus ward die Religion der Jugend und des Alters.*«[56]

Karl erzählt von der Vergangenheit und zielt auf die Gegenwart. Er berichtet seinen Lesern, denen aus der politischen

Debatte die Vision eines germanisch-christlichen Nationalstaates präsent ist, von der Unterdrückung griechisch-orthodoxer Gläubiger durch die Muslime, von christlichen Pogromen gegen Juden. Die Mahnung eines Patriarchen, Christus habe niemandem gestattet, Andersgläubigen Unrecht zuzufügen, kommentiert Karl, diese »schönen und seltenen Worte der Toleranz« lese man heute noch gern, da sie »auch für andere Zeiten Bedeutung und Anwendung haben«.[57] Er warnt vor einer Idealisierung heutiger Griechen, der »leuchtende Frühling«[58] der Antike sei dahin; gleichwohl ist seine Beschreibung des Alltags der griechischen Freiheitskämpfer getragen von romantischer Sympathie.

Der Geschichtsforscher ist Dichter und Kundschafter in einer halb versunkenen Welt, die mit den Ursprüngen abendländischer Kultur in Verbindung steht. Bei einer Bestattung »glauben wir eine der Scenen zu sehen, wie sie uns auf antiken Vasenbildern dargestellt sind. Dem Zuge der Leidtragenden voran gehen die Klageweiber mit den Zeichen des wildesten Schmerzes die Brust zerschlagend, die Haare zerraufend. Während der religiösen Feier am Grabe selbst verstummt ihr Gesang, bricht aber nach dem letzten Kuß, nachdem die Anwesenden den Verstorbenen noch einmal umarmt haben, wieder herzzerreißend hervor.«[59] – »Die Vorstellung des Todesortes ist ganz die heidnische; ein ›Tartarus‹ ohne Licht und Wasser, eine ›dunkle Region von dick gefrorenem Eis‹, kurz der Inbegriff allen Schreckens in den Augen des Südländers empfängt die Seelen der Abgeschiedenen. Vor Allem hat sich die Phantasie des Volkes der Gestalt des Charon, jenes grimmigen alten Fährmanns nach der Unterwelt, bemächtigt. Noch heutzutage giebt man den Verstorbenen eine kleine Münze, einen Obilos, als Fährgeld auf den Weg, als ob der Fährmann Anstand bei der Ueberfahrt über das styxische Gewässer erheben würde. Der mürrische Greis, Charon selber, ist in der Vorstellung der Neugriechen zur Personifikation eines raschen unerwarteten Todes geworden. Als Vogel oder Wolf gestaltet, lauert er den Sterblichen, die in voller Lebenskraft stehen, und wohl übermüthig pochen, auf, überfällt sie, ringt mit ihnen, oft entspinnt sich ein heftiger Kampf, doch sobald der Abend kommt, behält Charon die Oberhand, ergreift sein Opfer am Haar und schleppt es von dannen.«[60]

Im Herbst 1873 bricht Karl Mendelssohn Bartholdy zusammen. Seine Frau erleidet eine Totgeburt. Seit der vierten Griechenlandreise hat sich seine Reizbarkeit gesteigert. Im November bittet der Geschichtsprofessor um seine Entlassung aus dem Staatsdienst. Als wichtigste Überlebenshilfe bleibt ihm das Schreiben. Er siedelt nach Baden-Baden über, wo die Krankheitssymptome zunehmen. Im Mai 1874 diagnostiziert man »katatonische Schizophrenie«, ein »Spannungs-Irresein«. Zweieinhalb Jahre durchläuft Karl in einer Görlitzer Psychiatrie sämtliche Klinikstationen. Sein Zustand schwankt, gelegentlich scheint eine Therapie anzusprechen. Besuche seiner Frau bringen nicht die erwünschte Entspannung. Jeden äußeren Zwang lehnt der Patient ab. Wann immer er sich beobachtet fühlt, verweigert er sich. Im Oktober 1874 wird in Karlsruhe sein Sohn Albrecht geboren. Im November 1876 wird Karl auf Wunsch der Familie in die Schweizer Klinik Königsfelden bei Brugg verlegt. Dort verbringt er 21 Jahre. Therapeutische Maßnahmen sind auf seinem Krankenblatt nicht vermerkt. Aus den insgesamt 23 Anstaltsjahren liegen keine Notizen des passionierten Schreibers vor. Seine Geisteskrankheit wurde in Briefen der Familie, soweit sie der Forschung zugänglich sind, nie erwähnt. Karl Mendelssohn Bartholdy – schönes Kind, unglücklicher Waisenjunge, revoltierender Neffe, Forscher auf den Spuren der Freiheitskämpfer, Psychiatriepatient – ist die tragische Figur der vierten Generation.

Sebastian Hensel und sein Bestseller *Die Familie Mendelssohn*

Die umfangreiche Familienbiographie Sebastian Hensels, deren erste Puzzleteile bereits Anfang der 1860er Jahre beim Sortieren des väterlichen Nachlasses gesammelt wurden, ist im Gegensatz zu den Buchprojekten und Briefeditionen Hermann Mendelssohns, Paul Mendelssohn-Bartholdys und Karl Mendelssohn Bartholdys ursprünglich für die interne Lektüre bestimmt. Doch das Manuskript weckt im Freundeskreis den Ruf nach Veröffentlichung. Daß der Streit um die Deutungshoheit keineswegs ad acta gelegt war, zeigt ein Seitenhieb des Verfassers im Vorwort des 1879 erstmals erschienenen Buches *Die Familie Mendelssohn*: »Eine reiche Sammlung von Familienbriefen *an* Felix, welche eine Fülle schöner und interessanter Mittheilungen enthält und zur Abrundung des Bildes mir sehr erwünscht gewesen wäre, war mir leider nicht gestattet zu verwerthen; es ist so eine beklagenswerte Lücke entstanden.«[61] Hier meint der Chronist wohl jenes Briefkonvolut, das vierzehn Jahre zuvor dem Cousin Karl übergeben worden war und von den Angehörigen des Kranken nun offenbar nicht zur Verfügung gestellt wird.

1879 wird der Onkel Eduard Simson zum Präsidenten des Reichsgerichts in Leipzig ernannt. Preußen und Österreich schließen ein Defensivbündnis, das bis zum Ersten Weltkrieg halten wird. Im September 1879 gibt der »Deutsch-Israelitische Gemeindebund« zum 150. Geburtstag Lessings und Moses Mendelssohns das *Lessing-Mendelssohn-Gedenkbuch* heraus. Es ist ein Plädoyer für »Glaubensfreiheit und Menschenwürde«[62], das nach der »thatsächlichen Gleichberechtigung und Annäherung zwischen Juden und Christen«[63] fragt und »ein Volksbuch im besseren Sinne«[64] sein möchte. Emphatisch rühmt man die deutsch-jüdische Kulturverschmelzung: Moses Mendelssohn, der »das deutsche Wort zur Formvollendung« geweiht habe, stehe inmitten »der Geister, der höchsten, die Germania gebar«.[65] Er habe den Juden »die deutsche Herrlichkeit« erschlossen: »Denn er macht ihn zum Germanen, macht ihn durch die Sprache frei.«[66] Die assimilierten Juden feiern mit Lessing und Mendelssohn ihre eigene Anerkennung und Gleichberechtigung als deutsche Staatsbürger.

Zur selben Zeit werden jedoch auch Visionen eines christlich-germanischen Staates wiederbelebt, in der Vorankündigung von Wilhelm Marrs *Antisemitischen Heften* [67] taucht 1879 ein neuer Begriff für den modernen Judenhaß auf. 1879 erscheint Heinrich von Treitschkes *Deutsche Geschichte im 19. Jahrhundert*; der Historiker veröffentlicht in den *Preußischen Jahrbüchern* den Aufsatz *Unsere Aussichten*, der die Gefahr ostjüdischer Zuwanderung beschwört. Kinder und Kindeskinder der Zuwanderer würden eines Tages Deutschlands Presse und Börse beherrschen: »Die Juden sind unser Unglück!«[68] Widerspruch erfährt Treitschke durch die Professoren Theodor Mommsen, Rudolf Virchow und Johann Gustav Droysen. Der Berliner Antisemitismusstreit wurde durch eine Rede des Hofpredigers Adolf Stöcker ausgelöst, der im Vorjahr die antisemitische *Christlich-soziale Arbeiterpartei* gegründet hatte. Stöcker und Treitschke unterscheiden zwischen guten und schlechten, deutschen und nichtdeutschen Juden. Treitschke wird in der Folge an der Berliner Universität isoliert, doch trägt sein Ansehen dazu bei, den Antisemitismus hoffähig und in akademischen Kreisen akzeptabel zu machen.

Das Glück vergangener Zeit

Sebastian Hensels Familiengeschichte entwirft das Bild einer deutschen Bürgerfamilie. Die weitverzweigte, auseinanderstrebende vierte Mendelssohn-Generation muß sich nach dem Abtreten der Älteren über das gemeinsame Erbe und die eigene Identität neu verständigen.

Er war ein zeichnerisch talentiertes Künstlerkind, und doch entscheidet sich Sebastian Hensel gegen die elterlichen Erwartungen für den praktischen Weg als Landwirt und Unternehmensdirektor. Ein Gespür für den neuen deutschen Trend – aus dem Wolkenkuckucksheim zur bodenständigen Realität – soll das Motiv gewesen sein: So zumindest hat sein Sohn Paul (im Vorwort der väterlichen Autobiographie) diesen Weg begründet. Möglicherweise haben ihn aber auch Versagensängste geplagt: Das strahlende Erbe der Vorfahren, in deren Schatten sie leben, ist Moses Mendelssohns Ururenkeln eine Last. Sebastian Hensel wählt Berufsfelder, auf denen er sich nicht mit den erfolgreichen Eltern und den berühmten Verwandten messen muß. Zugleich sucht er nach Anerkennung, die ihm diese Brotberufe nicht geben können. Sein Bestseller macht aller Welt klar, daß der Name Hensel mit der Marke Mendelssohn verbunden ist. Er beweist, daß auch er ein künstlerisches Lebenswerk schaffen konnte, das bleibt.

Der erste Bruch in seiner Biographie ist das Jahr 1847. Erst stirbt Fanny, dann Felix, im Winter ist der Siebzehnjährige wochenlang todkrank. »Es giebt Tage und Stunden und Augenblicke, die [...] durch die alles verwischende Zeit vor uns stehen. Am 14. Mai hörte meine Kindheit auf, am 4. November meine Jugend, im Winter beinahe mein Leben. Es ist wahr, ich fühle, dass ich alt werde, meine Freuden, meine Leiden sind die eines Alten [...] sollte ein, beinah schon Gestorbener nicht alt sein, jemand, auf den der Tod stündlich lauert? Ich lebte in der Familie, in ihr fand ich mein höchstes, mein einziges Glück, das wurde mit meiner Mutter zu Grabe getragen und für ewig. Jemand, der ein solches Familienleben gehabt hat, kann nie an einem anderen Geschmack finden.«[69] Die Rückschau auf das verlorene Paradies wird zu einem Leitmotiv seines Lebens. Der dreißigjährige Dreiviertelglatzkopf mit buschigem Schnauzbart, den ein Porträt des Vaters zeigt, hat mit dem hübschen Knaben entschwundener goldener Tage fast nichts mehr gemein.

»Kein Mensch, ein ganz gemeiner Jude«

Seine Militärkarriere erscheint ihm im Rückblick als große Torheit: »Ich rannte [...] an der Mauer der militärischen Verhältnisse meinen Kopf ein, in ganz vom Zaun gebrochener, unmotivierter Weise.«[70]

Als sich der Freiwillige Hensel auf sein Offiziersexamen vorbereitet, wird ein Garde-Kavallerieoffizier während des Unterrichts herausgerufen und bemerkt bei der Rückkehr grinsend: »Denken Sie sich, meine Herren, da sagt mir der Bursche, es wolle mich ein Mensch draussen sprechen, und es war gar kein Mensch, es war ein ganz gemeiner Jude!« Die Wut sitzt tief, als Sebastian

Hensel am selben Tag seinen Lebenslauf verfassen muß. Seine Abstammung von Moses Mendelssohn betont er nun erst recht und schildert auch noch, wie er als Fünfjähriger in Paris von einem Attentat auf den König tief beeindruckt worden sei, wie er als Zehnjähriger in Italien die Bekanntschaft eines berühmten Terroristen gemacht habe. Die Offiziersprüfung verläuft ausgezeichnet: Als aber das provokante Curriculum vitae vorliegt, tobt der vorsitzende Rittmeister. Man habe den Kandidaten Hensel nicht nach seiner politischen Gesinnung gefragt, diese gehe das Offizierskorps nichts an, aber wenn ihm dieselbe unter die Nase gerieben werde … Examen geplatzt.

Später, in Ostpreußen, kann die nachträgliche Offiziersernennung über Beziehungen doch noch in die Wege geleitet werden, eine militärische Karriere entsteht daraus nicht: »Ich stand in meinem Kreise in der vordersten Reihe der Vorkämpfer für die Verfassung und gegen das Ministerium, und war dem Offizierskorps ein sehr unbequemer Kamerad.«[71] Die Aussicht auf den militärischen Alltag habe ihn abgestoßen, wird Sebastian seinen Abschied später begründen, zumal »ein tüchtiger ehrenvoller Krieg« gerade nicht in Sicht gewesen sei. Da das Korps den politisch Unzuverlässigen habe loswerden wollen, sei man sich einig geworden: Sebastian Hensel wird vom Stabsarzt »vollkommen dienstunfähig« geschrieben.[72]

»Erquicklich, mein lieber Hensel, Sie hier in Nancy!«

Die Ernüchterung folgt 1870, als die deutschen Männer begeistert gen Frankreich ziehen, ohne Sebastian. Immerhin gelingt es ihm, mit der Begleitung eines Zuges beauftragt zu werden, der Soldaten Weihnachtsgeschenke bringen soll. Der Transport wird zum Kriegsabenteuer ohne Krieg. Antifranzösische Ressentiments betet der einstige Liberale auf dieser Reise unreflektiert nach. Für ihn ist es zudem wichtig, als Sprößling einer großen Familie identifiziert zu werden. Er ist stolz, trotz seines Auftritts als verfrorener »ruppiger Eskimo« auf dem Bahnhof in Nancy von dem Reichstagspräsidenten erkannt zu werden, der eben von seiner historischen Mission aus Versailles zurückkehrt: »Plötzlich erschien [Eduard von] Simson, in untadeliger Hoftoilette, weissbebindet, mit einem kostbaren Pelz, aus dem verschiedene Orden hervorschimmerten.« Er »streckte mir die weissbehandschuhte Hand entgegen und rief: ›Wie ist es erquicklich, mein lieber Hensel, Sie hier in Nancy zu sehen!‹ – und dieser Ausspruch wurde ein geflügeltes Wort bei uns [...].«[73] Eine andere Begegnung, die Sebastian als Bestätigung erlebt, ereignet sich bei einem von Generalfeldmarschall Moltke präsidierten Diner in einem Versailler Hotel. Dort kommt »ein grosser mit Orden über und über bedeckter General« auf Sebastian zu: »›Sie sind ja sehr hochmütig geworden, Herr Hensel, kennen Sie mich nicht mehr?‹ Es war Bronsart von Schellendorf, der zehn Jahre früher als einfacher Leutnant im Generalstabe drei Tage bei mir in Barthen im Quartier gelegen hatte ...« In Versailles erinnert sich Sebastian an die damaligen Gespräche, auf einem Hügel über dem ostpreußischen Pregeltal: »Am ersten Tage war er sehr reserviert und zugeknöpft gewesen, am zweiten taute er mehr auf, am dritten erzählte er jüdische Geschichten – er hatte sein Terrain erkannt [...].«[74]

Der General und der Gutsbesitzer Hensel sind deutsche Patrioten jüdischer Herkunft, was auf gesellschaftlicher Ebene nicht immer gut ankommt. Sobald man unter sich ist, wird eine augenzwinkernde Verständigung möglich: Der Bezug zu den Vorfahren kann ungeschützt Thema werden, zum Beispiel bei der gegenseitigen Erzählung von Anekdoten. In Ostpreußen, weit weg von der Berliner Familie, hat Sebastian das Sammeln solcher Geschichtchen und Geschichten als Aufgabe entdeckt: als sein persönliches Projekt zur Formulierung der eigenen Identität.

Mit der Rhinozerospeitsche

»Bei mir in Barthen« bezeichnet einen Lebensabschnitt, der Sebastian Hensel nachhaltig verändert hat. Nach dem Abschluß seiner Ausbildung an der Landwirtschaftsakademie im württembergischen Hohenheim hatte der Mittdreißiger für 160000 Taler das Gut Groß-Barthen bei Königsberg erworben, das »aus dem Hauptgut Barthen, den Vorwerken Ottenhagen, Waldhof und Lindenau, den Wäldern Ackeran und Dichtenwalde und einigen kleineren Parzellen« bestand.[75] Gute, unterschiedliche Böden vom Sand bis zum schweren Lehm, saftige Wiesen, ordentlicher Waldbestand; allerdings wenig Vieh, leere Speicher, verwahrloster Zustand. »Eins steht fest, dass ich *weiss*, ich bin glücklich, und dem oder der, oder was es nun sein mag das die Geschicke lenkt, unendlich dankbar bin; nennt man das fromm, so bin ich vielleicht jetzt der frömmste Mensch [...] ein Stückchen der Welt, und kein ganz schlechtes gehört mir, und erwartet sein Wohl und Wehe von mir, und ich das meinige von ihm, und das ist ein beglückender Gedanke.«[76]

Siebzehn Jahre kämpft der Gutsherr gegen Wind und Wetter, gegen die waldzerstörende Nonnenraupe, das Phlegma seiner Angestellten und gegen den Dünkel adliger Nachbarn. Die Arroganz des Grafen Dönhoff, des Vorbesitzers seines Guts, geht ihm gegen den Strich: »Er sagte mir herablassend: ›Nun, Herr Hensel, Sie sitzen in Barthen auf einem alten Wohnsitz meiner Väter.‹ Ja, Herr Graf, erwiderte ich, dafür sitzen Sie in Berlin auf einem alten Wohnsitz meiner Väter. ›Wieso?‹ fuhr er auf. Nun, Sie sind Mitglied des Herrenhauses, und das Grundstück hat uns früher gehört. – Das hat er mir nie vergeben. Namentlich ärgerte ihn, dass ich von ›Vätern‹ sprach. Ich hatte nur einen Vater. Väter kamen ihm zu.«[77] Nicht nur Sebastians Familienstolz entwickelt sich aus der Selbstbehauptung und aus der Lust am Kontern. »Meine ewige Opposition zeigt sich namentlich auf politischem Gebiete«, hat er einmal im Tagebuch notiert. »Gegen extreme Liberale bin ich ganz reaktionär und bin es in dem Augenblick wirklich und von Herzen. Eine eigentliche Meinung habe ich nicht, meine Meinung ist Widerspruch.«[78]

Nach dem Tode seines altmodischen Vaters entwickelt sich der Gutsbesitzer zum konservativen Pragmatiker. Um seine Autorität zu wahren, züchtigt er einen aufmüpfigen Arbeiter mit der Rhinozerospeitsche: »[...] ich habe stets sehr gut mit meinen

Leuten gestanden – aber was ich mir in Zeiten von jugendlichem Idealismus geträumt hatte und was doch schon durch meine Lehrzeit, wo ich ja täglich in den genauesten Verkehr mit den Leuten gekommen war, sehr herabgestimmt war, der Gedanke, den Leuten ein wirklicher Freund und Berater, zu dem sie unbedingtes Vertrauen haben würden, zu werden, das verwirklichte sich doch garnicht. Es blieb ein Herrn- und Dienstbotenverhältnis [...].«[79]

Die Frau aus dem Osten

Sebastian heiratet Julie Adelson, Tochter einer bald darauf von dem Zaren in den erblichen Adelsstand erhobenen Königsberger Kaufmannsfamilie russisch-jüdischer Herkunft. Ihre Eltern stammen aus Jurburg, einem Städtchen an der Memel, jenseits der deutschen Reichsgrenze. Trotz ihrer ausgezeichneten Erziehung bleibt die freundliche, schöne Julie auch später als Berlinerin für die Mendelssohns immer eine aus dem Osten. Ausgerechnet Sebastian, der Sohn des vaterländisch gesinnten Wilhelm, hat das Assimilationsprogramm der Familie konterkariert und ein Mädchen geehelicht, dessen Familie erst zwei Jahrzehnte zuvor getauft worden ist.

Bei Ausflügen über die ostpreußische Ostgrenze erlebt der ordentliche Berliner die russisch-litauischen »Zustände« als einen Kulturschock: Soviel Unordnung, Elend, Menschenmißhandlung und Luxus ohne Kultur hat er nicht erwartet. Aber seine Adelsons sind ja längst eine Königsberger Patrizierfamilie. Der Bräutigam schwärmt anfangs von Julies Schönheit; sie sei der Liebling aller, dabei »einfach und natürlich, so anspruchslos und fleissig; gar nicht vergnügungssüchtig, am liebsten in einer stillen Häuslichkeit«.[80] Später wird die Mutter seiner fünf Kinder für ihn die Spielverderberin sein, deren Krankheit ihn dazu gezwungen habe, sein Gut aufzugeben.

Begraben hat man Julie Hensel, geb. Adelson, übrigens – getrennt von ihrem im Mendelssohnschen Familiengrab auf dem Berliner Dreifaltigkeitsfriedhof bestatteten Mann – auf dem Berliner Luisenfriedhof, bei ihrem jüngsten Bruder Hans. Dieser erst 1905 preußisch naturalisierte und preußisch geadelte Versicherungsmillionär Hans von Adelson wurde, wenn er die Hensel-Familie besuchte, zur Vorbereitung seines lauten Auftritts, als Iwan Hurrajewitsch angekündigt. Von Julies Schwester Anna Adelssen, der Unter den Linden residierenden Bankiersgattin, überlieferte die Familie das lebensfrohe Wort: »Wenn ich nicht mehr kann, dann trink ich, und dann komm ich wieder aus Königsberg.« Gustav, der leichtlebige älteste Adelson, wird in der Familientradition mit dem selbstbewußten Satz verewigt: »Dein Wunsch ist mir Befehl, und befehlen laß ich mir nicht.« Das interkulturelle Szenario zwischen Königsberg/Jurburg und Berlin wurde in dem Bonmot zusammengefaßt: »Wenn wir einen vierhändigen Gast haben, spielen wir immer die Lieder aus dem Osten.«[81] Die Zitate und Idiome, in einem Handbuch der Henselschen Familiensprache gesammelt, klingen ironisch und heiter, dokumentieren jedoch auch eine Abgrenzung. In der Erfolgsgeschichte der Hensel-Mendelssohnschen Assimilation sollten russische Ursprünge und das Ostjudentum keinen Eingang finden.

Käseschrecken an der Jägerstraße

Abschied von Ostpreußen nimmt Sebastian, als seine Frau und Paul, der mittlere Sohn von fünf Kindern, im feuchten Klima der Pregelniederung an einem malariaähnlichen Fieber erkranken. Adalbert Delbrück, ein Geschäftsfreund der Mendelssohns und Warschauers und ein Nachbar des Schwagers Hans von Adelson, bietet ihm die Direktion der neuen Berliner Markthallengesellschaft an: ein Tochterunternehmen der Deutschen Baugesellschaft, an deren Spitze Delbrück steht.

Die Glücksritter der Gründerzeit berauschen sich in Berlin an der Vorstellung, daß Frankreich nun fünf Milliarden Francs Kriegsentschädigung zu zahlen hat. Aktiengesellschaften schießen aus dem Boden, die Zuwanderung der Bevölkerung, vieler Industrien und Firmen nimmt enorm zu. Manager werden gesucht. Die Preise klettern so rasant wie die Gewinnerwartungen der Spekulanten. Die Lebensmittelversorgung der Stadt ist dieser Expansion nicht gewachsen, sie funktioniert immer noch über Wochenmärkte, mit denen die schönsten Plätze verschandelt werden: »Da standen in langer Reihe in der Mohrenstrassenfront die Fischbottiche, grün, schleimig und moosbewachsen, und darin, meist tot, mit den Bäuchen nach oben schwimmend, im Sommer in lauwarmem, altem, stinkenden Wasser, im Winter in Eis, die spärlichen Fische. [...] An der Markgrafenstrasse hatten die Schlächter ihre Stände. Schmeissfliegen summten um die ekelhaften Tierkadaver, das Blut rieselte auf den Pflastersteinen, und verhungerte Hunde suchten einige Fleischabfälle zu erhaschen. Am schrecklichsten aber war der Gang über den Platz von der Jäger- zur Französischenstrasse, wo die Käsehändler standen. Um eins wurden dann alle die Rumpelkasten von Buden abgebrochen, die Fischtonnen über das Pflaster ausgegossen, die unverkauften, halb verdorbenen Waren wanderten in den Grünkramkeller, nur zwei alte Obstfrauen blieben an zwei Ecken des Platzes in einsamer Majestät thronen und das Chaos von alten Kohlblättern, Käsepapieren, Heringsschwänzen und Zwiebelschalen wurde stundenlang zusammengefegt. Nur der abscheuliche Gestank war nicht zu vertilgen.«[82] Zur Behebung dieser unappetitlichen und chaotischen Zustände werden große Verkaufshallen geplant, unter anderem in der Jägerstraße, gegenüber der Mendelssohn-Bank. Doch das gesamte Projekt scheitert vorerst am bürokratisch-politischen Tauziehen zwischen Ministerium, Magistrat und den Polizeibehörden: »Es war der Anfang der sozialistischen Anschauung, dass womöglich alles durch den Staat und die Kommune gemacht werden müsse«, kommentiert der enttäuschte Direktor Hensel. Die »Missgunst gegen private Unternehmungen, namentlich wenn sie prosperieren«,[83] nehme in Deutschland ständig zu.

Wenn es gut geht, sind Millionen gar nichts

Die Markthallengesellschaft wird schon bald abgewickelt. Sebastian rückt in die Direktion der Deutschen Baugesellschaft auf, nachdem er den Betrug seines mit »Häuserschlächtern« kooperierenden Kodirektors aufgedeckt hat. Er wird außerdem Direktor der Berliner Hotelgesellschaft und Gründungsdirektor des ersten Berliner Luxushotels Kaiserhof am Wilhelmplatz. In Wien, wo sich gerade die Hoffnungen auf eine Weltausstellung zerschlagen haben und Pleiten an der Tagesordnung sind, kauft er die nagelneue Einrichtung zweier bankrotter Luxusherbergen auf und überredet den Caféhaus-Besitzer Bauer, nach Berlin überzusiedeln. Das erste Café Bauer, später ein berühmter Treffpunkt Unter den Linden, residiert in Hensels Kaiserhof. Zwei Stunden lang besichtigt Kaiser Wilhelm I. den Prachtbau, bestaunt Aufzüge und sanitäre Anlagen, über die man – wie Majestät neidvoll bemerken – im Schloß nicht verfüge. Delbrück prophezeit, daß Hensel nun wohl einen Orden erhalten werde, der aber bleibt aus. Die triumphalen, von Presse und Gästen umjubelten Eröffnungstage enden mit einem spektakulären Brand. Das Mobiliar ist glücklicherweise bei der Firma des Schwagers Hans von Adelson versichert, die den Schaden kulant und vollständig begleicht. Sieben Monate später wird das Hotel neu eröffnet und bis 1880, bei gesteigerten Einnahmen, von seinem Gründungsdirektor geleitet. Als die Arbeit Routine wird, legt Hensel sein Amt nieder. Neun Jahre lang leitet er noch die Deutsche Baugesellschaft, der es nach der Enttäuschung der ersten gründerzeitlichen Euphorie schlecht ergangen war. Seine Kollegen erlebt Sebastian Hensel »übermütig und waghalsig, sanguinisch und den tollsten Illusionen zugänglich im Glück, kleinmütig und niedergeschlagen im Unglück. So lange alles gut ging, waren Millionen gar nichts, als das Blatt sich wendete, waren sie abgeneigt, ein paar Groschen für die allernotwendigsten Reparaturen aus zugeben.«[84]

Durch Börsenmanipulation gelangt die Aktienmehrheit der Deutschen Baugesellschaft 1889 in den Besitz krimineller Übernahmestrategen, die den alten Vorstand ausbooten; Delbrück und

Hensel quittieren ihr Amt. Der 59jährige Bestsellerautor, dessen Bucherfolg zehn Jahre zuvor begonnen hat, wird Privatier und widmet sich fortan seinen Neigungen.

Das Berlin der vierten Generation

Mit der Reichsgründung 1871 wird Berlin zur Hauptstadt des Kaiserreichs. Die Dynamik des neuen politischen, wirtschaftlichen und kulturellen Zentrums verändert das Erscheinungsbild der Stadt völlig. An dem Bauboom der Gründerzeit ist auch der Architekt Georg Friedrich Hitzig beteiligt, ein Neffe zweiten Grades von Lea Mendelssohn Bartholdy. Er errichtet am Tiergarten ein neues Villenviertel, außerdem das Vereinshaus der »Gesellschaft der Freunde« in der Neuen Friedrichstraße und die neue Börse in der Burgstraße an der Spree, auf dem Grundstück des Palais Itzig seines Urgroßvaters Daniel, das er verkaufte und abreißen ließ, sowie die Reichsbank in der Jägerstraße. Das ehemalige Gebäude der Königlich Preußischen Porzellanmanufaktur, neben dem die Mendelssohn Bartholdys in der Leipziger Straße 3 gewohnt hatten, baut er 1871 zum provisorischen Reichstag um; die Bauleitung übernimmt das Architekturbüro Gropius und Schmieden, das ebenfalls für die Mendelssohns in der Jägerstraße arbeitet. Hitzig führt auch die Umgestaltung des Zeughauses zur Ruhmeshalle des Deutschen Heeres durch.

Das Reichstagsgebäude von Paul Wallot entsteht in den Jahren 1884 bis 1894 am Königsplatz – mit dem Rücken zum Regierungsviertel und zum Schloß, abseits der Prachtstraßen; Wilhelm II. verachtet den Parlamentarismus und betrachtet das Gebäude als »Gipfel der Geschmacklosigkeit« und »Reichsaffenhaus«. In der Oranienburger Straße entsteht bis 1866 im orientalisierenden Stil die Neue Synagoge mit der goldglänzenden Kuppel. Sie wird in Anwesenheit des Kanzlers Bismarck und des Kronprinzenpaars eingeweiht – ein politisches Signal gegen die antijüdische Stimmungsmache. Noch 1879 wird der Historiker Heinrich von Treitschke »das schönste und prächtigste Gotteshaus der deutschen Hauptstadt« als Beweis dafür anführen, »daß die Juden in Deutschland mächtiger sind als in irgendeinem anderen Lande Westeuropas«. Der Berliner Dom entsteht als protestantische »Peterskirche des Nordens« nach dem Geschmack Kaiser Wilhelms II. – neobarocker, imperialer Pomp. An der Stelle abgerissener Häuser auf der Schloßfreiheit wird 1892 ein bombastisches Nationaldenkmal fertiggestellt, das die Berliner »Wilhelm in der Löwengrube« nennen. Vor der Universität hat man bereits 1883 die Denkmäler für Alexander und Wilhelm von Humboldt eingeweiht. Alexander von Humboldt war 1859 gestorben und mit großer Anteilnahme der Bevölkerung beerdigt worden. Bis zuletzt war er, als treuer Freund der Mendelssohns, für Henriette, die Witwe Josephs Mendelssohns, bei gesellschaftlichen Veranstaltungen als vertrauter Begleiter aufgetreten: »Wenn nun die beiden alten Leute, deren Gesammtjahre sich auf etwa 178 beliefen, langsam und bedächtig dahintrippelten, konnte man sich der Befürchtung kaum erwehren, sie würden über irgend einen kleinen Gegenstand, wie etwa ein Sandkorn oder einen Strohhalm, der sich zufällig auf dem Wege vom Empfangszimmer zu dem etwas entfernt gelegenen Speisesaale befände, hinstürzen.«[85]

Berlin wächst. 1875 zählt man bereits 966858 Einwohner; bis 1900 wird sich die Zahl auf 2,7 Millionen erhöhen. Dörfer an der Peripherie gehen nun in städtischen Randbezirken auf. Die Stadt wird für die Bürger, die es sich leisten können, zum Konsumentenparadies. In der Leipziger Straße eröffnen die Warenhäuser Wertheim und Hermann Tietz. Immer neue Schneisen schlagen die Eisenbahn und die erste Hoch- und Untergrundbahn durch die Stadt. Große Mietskasernen werden gebaut. Im Südosten entsteht eine Arbeiterstadt der AEG, die Siemensstadt wird im Norden hochgezogen. Erholung sucht man im Grünen und in den neu angelegten Parks. Das Berliner Zeitungsviertel entwickelt sich in den 1890er Jahren an der Kochstraße in Mitte.

Vis-à-vis den Gebäuden der Mendelssohn-Bank in der Jägerstraße errichtet die Preußische Seehandlung einen gewaltigen Neubau. Die Wilhelmstraße südlich des Brandenburger Tores wird zur Straße der Ministerien. Auf dem Gelände des weitgehend niedergerissenen Scheunenviertels, in dem vor allem jüdische Einwanderer aus Osteuropa lebten, wird kurz vor dem Ersten Weltkrieg die Volksbühne gebaut. 1885 wird das ehemalige Wohnhaus der Familie Mendelssohn in der Spandauer Straße abgerissen. Die reichen Mendelssohn-Bankiers ziehen in diesen Jahren von der Jägerstraße in die neue Villenkolonie im Grunewald, die bürgerlichen Hensels von der Mohrenstraße in den grünen Vorort Westend.

Ein kleines Stück Geschichte

Die Zeit, in der er sich bei der Baugesellschaft mit Parzellierungen, Abrissen, unzufriedenen Mietern, dem Aufsichtsrat und den Aktionären beschäftigen mußte, jene »siebzehn Jahre, wo ich diese Kette schleppen musste«, hat Sebastian Hensel später zu seinen »schwersten Erinnerungen« gerechnet.[86] Trost versprach da nur der unerwartet große Erfolg seines Buches über *Die Familie Mendelssohn*, das dem Verfasser öffentliche Anerkennung eingetragen hat. Dieses Familienbuch, das mit den beiden Todesfällen des Jahres 1847 abrupt endet, ist für ihn auch ein Versuch der Identitätsversicherung. An den Erfolg des Wurfes sollten zwei Bücher anknüpfen, die ähnlich wie die Chronik – als Erzählung mit vielen Briefdokumenten – aufgebaut sind: das biographische Denkmal für einen ostpreußischen Nachbarn, *Carl Witt, ein Lehrer und Freund der Jugend*, und die eigene Autobiographie, *Sebastian Hensel. Ein Lebensbild aus Deutschlands Lehrjahren*, geschrieben Anfang der 1890er Jahre und 1903 vom Sohn Paul postum herausgegeben. Das Buch, in dem der Leser einiges über Rebecka Dirichlet, deren Bruder Paul Mendelssohn-Bartholdy und vor allem über Sebastian erfährt, ist als Fortsetzung der Familienchronik angelegt. Ein Unterschied zur Personenvielfalt der Mendelssohn-Chronik besteht darin, daß Sebastians Frau und Kinder schemenhaft bleiben, während sich fast alles um den Berufsweg des Autobiographen dreht. Hier werden individuelle Lebensentscheidungen legitimiert und in den Deutungszusammenhang der Mendelssohn-Saga gestellt.

Zur Erholung von den Geschäften besucht Sebastian Hensel früh von acht bis neun gemeinsam mit dem Sohn Paul die Vorlesungen Theodor Mommsens. Wie sein Großvater Abraham, der als Privatier unter den Hörern von Leopold Ranke und Alexander von Humboldt zu finden war, erweitert er seine stattliche Allgemeinbildung. Der Stoff, die römische Kaisergeschichte, interessiert den Hobby-Historiker und paßt mit seinen Geschichten von imperialer Hybris und Dekadenz in mancher Hinsicht zur gesellschaftlichen Befindlichkeit zwischen Gründerwahn und Jahrhundertfinale. Den berühmten Professor bittet Hensel um einen guten Vorderplatz neben seinem Sohn; ein andermal wünscht er exakt Platz 5/6 oder 2 bis 4 und legt *Die Familie Mendelssohn* bei: »Es ist ja auch ein kleines Stück Geschichte, und wenn auch nicht so großartig als die von der Sie handelten, so doch im Ganzen erfreulicher.«[87] Mommsen meldet im März 1886 an den Philologen Friedrich Leo in Rostock: »Ihr Schwiegervater hört bei mir mit einem Eifer, der jüngeren Leuten zu wünschen wäre.«[88] Der Sohn Paul empfindet die Vorlesung als »Neuschöpfung einer versunkenen Welt«.[89] Sebastian, zu dessen Lieblingsbüchern Mommsens *Römische Geschichte* gehört und der auf die nie erschienene Geschichte der Kaiserzeit wartet, genießt den ausdrucksstarken Vortragenden, seine Temperamentsausbrüche, Übertreibungen und Selbstkorrekturen. Ihm fällt allerdings auf, daß Mommsen das Christentum »im ganzen Kolleg nicht mit einem Worte« erwähnt habe[90] – was von den eigenen Mitschriften widerlegt wird. Das Judentum, wie es Mommsen hier charakterisiert, zeichnet sich durch Ritualismus und nationale Begrenzung aus, das Christentum durch seine Menschheitsperspektive und Humanität: eine plebejische Religion mit einem »Köhlerglauben«,[91] der auch Grafen und Barone anspreche und sich deshalb als geschichtswirksam erweise. Zur Hermannsschlacht notiert Paul Hensel Mommsens Bemerkung, unter Kaiser Augustus sei erstmals »unser Vaterland in die Weltgeschichte« eingetreten und das deutsche Nationalgefühl entstanden.[92]

Manchmal kritzelt der eifrige Bildungsbürger in seine Vorlesungsmitschriften verspielte Karikaturen. Da trägt das Goethe-

Schiller-Denkmal in Weimar die Häupter von Vater und Sohn mit Burschenschaftsmützen. Da lauscht das bärtige Männlein Sebastian der Sphinx Mommsen. Auf einer anderen Zeichnung schreitet Mommsen – mit großem Hut, weißem Haar und den Notizen unter dem Arm – durch das Kastanienwäldchen nahe der Berliner Universität.

Vorzugsweise setzt Sebastian Hensel sein Talent jedoch zur Illustration von Kinderbüchern ein: Seine *Naturgeschichten für Kinder* (1896) wie auch das bereits 1865 geschaffene und1894 noch einmal kopierte Buch *Die Tanne, die Biene, der Apfelbaum, das Ganze ein fröhlicher Weihnachtstraum* und *Die Geschichte einer tausendjährigen Eiche* zeichnet er zunächst für die eigenen Kinder und die Sprößlinge der Verwandtschaft. »Lieber Sebastian, wie glücklich bist Du, ein ›Kindernarr‹ zu sein, und für Deine kleine Umgebung Bilder und Geschichten zu erfinden, die mit so großem Entzücken aufgenommen werden«, schreibt ihm Carl Witt im September 1891 aus Königsberg.[93] Er ruft dem Freund ein populäres Wort Jean Pauls, eines Lieblingsdichters der Mendelssohns, ins Gedächtnis: Die Erinnerung sei »das einzige Paradies, aus dem wir nicht vertrieben werden können«.[94] Wie zuvor in seiner Familienchronik kehrt Sebastian Hensel auch mit seinen Zeichnungen in das Gartenparadies seiner Kindheit zurück. Und auch sie dienen dem verwandtschaftlichen Zusammenhalt und transformieren das Familienerbe in poetische Erzählungen.

Die Zugvögel

Weihnachten 1897 widmet Sebastian Hensel den Töchtern seines Neffen Franz von Mendelssohn jun. – der siebenjährigen Emma, der sechsjährigen Enole und der dreijährigen Margarethe – ein 44seitiges Bilderbuch mit achtundzwanzig Aquarellen. Es erzählt von der Reise der Nachtigallen in den Süden, die am Charlottenburger Sommerhaus der Mendelssohns, der Villa Sorgenfrei, beginnt und über das Mendelssohn-Gut Horchheim bei Koblenz und das Weingut Anice südöstlich von Bordeaux, der

Heimat ihrer Großmutter Enole Biarnez, nach Afrika führt und wieder zurück. Die Vögel tratschen über die Gartenbesitzer, sie versammeln sich zur Taufe und geben den Nachtigallenkindern Tonleiternamen. Sie verbinden die Geschichten der Mendelssohn-Generationen und ihrer Landhäuser miteinander.

Zu Beginn präsentiert der Erzähler ein Panorama der Tierwelt, das seinen kleinen Großnichten gewiß bekannt sei, da das neue Sommerhaus der Familie, Eichberg genannt, nahe dem Zoologischen Garten gelegen sei; er selbst habe als Kind keinen Zoo gekannt, sondern nur Bär, Affe, Kamel und Bauernhoftiere. Dann stellt er die erste Berliner Sommervilla der Mendelssohns vor: »In Charlottenburg, zu der Zeit da es noch ein kleines, stilles Dörfchen war, lebte in einem herrlichen Garten jeden Sommer ein Nachtigallenpaar. Gegen die Straße war der Garten mit einer hohen Mauer abgeschlossen; durch ein eisernes Gittertor trat man ein und ging durch eine Allee schöner, alter Bäume nach dem langen, einstöckigen Haus.« Das Nachtigallenpaar in diesem Paradies heißt Dur und Molly. »Eines Tages kam Dur ganz aufgeregt angeflogen: ›Frau‹, sagte er, ›der Garten ist verkauft. Eine Familie aus Berlin mit vielen Kindern hat ihn gekauft und wird den Sommer hier wohnen.‹« Molly befürchtet das Schlimmste von den Störenfrieden, aber Dur beschwichtigt: »Es sollen recht nette Menschen sein, hat mir der Storch gesagt, der am Schloß auf der alten Pappel sein Nest hat.« Der Storch ist furchtbar beschäftigt, weil er der Familie jedes Jahr neue Kinder liefern soll; er behauptet, der neue Herr des Gartens heiße Mandelssohn, da er eine Mandel[95] Söhne und ebenso viele Töchter habe. »Er hieß aber gar nicht so, sondern Mendelssohn, und soviele Kinder hatte er auch garnicht, aber doch recht viele.« Tatsächlich tun die neuen Besitzer samt ihrer Kinderschar den Vögeln nichts zuleide. »Und diese Kinder waren Euer Großvater [Carl Westphal] und Tante Alexandrine [Mendelssohn, verh. Horsfall], Großmama Clara [Westphal, geb. Mendelssohn] und alle ihre Geschwister, die schon tot sind. Denn der Anfang dieser Geschichte ist schon sehr sehr lange her, und es gibt nur noch wenige Menschen aus der Zeit. Aber es war ein sehr fröhliches Leben in dem langen, einstöckigen, alten

Hause, und der Onkel, der Euch die Geschichte erzählt, hat viele glückliche Stunden da verlebt, und hat Euern Urgroßvater [Alexander] und Eure Urgroßmutter [Marianne] sehr lieb gehabt, und sogar den Ur=urgroßvater [Joseph] und die Ur=urgroßmutter [Henriette] hat er noch ganz gut gekannt, und sie sind immer sehr freundlich und liebevoll zu ihm gewesen.«

Als die Zugvögel nach Süden aufbrechen, machen sie auf Vorschlag des Storches Station in Horchheim am Rhein: »Da ist ein wunderschöner Garten, ich kenne ihn ganz genau. Er gehört unsern Mendelssohns; ich habe verschiedentlich die Familie da besucht und ihnen Kinder hingebracht.« Die Vögel genießen die Ruhe »in dem schönen, stillen Garten, der noch durch keine Eisenbahnen zerschnitten und verunstaltet war wie jetzt«. Dann geht es ins südliche Frankreich: »Ein einstöckiges Haus mit einer langen Freitreppe konnten sie aus der Ferne sehen; davor waren Blumenbeete. Die Tür des Hauses öffnete sich, und ein wunderschönes junges Mädchen ging die Stufen hinunter und schritt gerade auf das Gartenhäuschen zu.« Die Nachtigall, entzückt von dieser Erscheinung, beginnt laut zu singen. Das schöne Mädchen erwidert den Gruß, stimmt eine Arie von Pergolesi und ein Volkslied an. Doch dann ruft jemand vom Haus her: »Enole, où es-tu donc? Viens déjeuner!« Jenseits des Mittelmeeres, in Afrika, endet ein Wohltätigkeitskonzert der Nachtigallen in einer kriegsähnlichen Panik. Unter Afrikas Tieren entsteht Fremdenfeindlichkeit. Die Nachtigallen, heißt es, füllten ihre Mägen auf Kosten der Einheimischen, sie seien an allem Unglück schuld. So kehren die Zugvögel heim und finden voller Freude ihre Sängerin Enole in der Charlottenburger Villa Sorgenfrei wieder: »[…] die Sehnsucht nach Deutschland hatte ihr keine Ruhe gelassen; sie war gekommen um immer hier wohnen zu bleiben. […] Und mit der Zeit wurde Enole die Mutter von Onkel Roby und von Eurem Vater, und Eure Großmutter, und wenn Ihr wissen wollt, wie sie ausgesehen hat, denn Ihr habt sie, und sie hat Euch ja leider nicht gekannt, dann seht Euch das schöne Bild an, das bei Onkel Roby von ihr hängt. Aber wie herrlich sie gesungen hat, das könnt Ihr nie erfahren, denn das kann man nicht so den Nachkommen überliefern, wie die Züge eines Menschen. Durch die Nachtigallen ist sie zu uns gekommen, und seitdem war ein Singen und Klingen in dem alten, lieben Sorgenfreier Haus, daß alle Menschen froh darüber waren. – Das ist nun auch schon wieder lange her; das alte Sorgenfreier Haus ist niedergerissen und hat einem neuen, viel größeren Platz gemacht. Auch Eure Großeltern haben sich ein neues Nest gebaut; das sah anfangs sehr mager und dürftig aus [...]. Jetzt steckt Eichberg ganz in dichten, hohen Bäumen, [...] und die buntesten Blumen zauberte Eure Großmutter überall hervor in Erinnerung an Anice [...]. Aber vor allem hat die Musik eine Heimat in Eichberg gefunden, und die schöne Stimme hat Eure Großmutter bis in ihr Alter behalten, und es wird jedem, der sie gehört hat, unvergeßlich sein, wie sie gesungen hat; denn ihre Töne drangen den Menschen bis ins innerste Herz hinein. [...] auch der größte Violinspieler der Welt [96] ging aus und ein, und Enoles Gesang und Eures Vaters und Onkel Robys und Joachims Spiel schufen aus Eichberg den herrlichsten Tempel der edelsten Musik. Ach! Es waren schöne Zeiten!«

Auf dem letzten Bild bringt der Storch ein Baby: Lilli von Mendelssohn, die am 30. November 1897 auf die Welt kommt, ein Kind der sechsten Mendelssohn-Generation. Es klingt wie ein Vermächtnis, wie wehmütige Erinnerung an das unwiederbringliche Kindheitsglück, wenn Sebastian drei Wochen vor seinem Tod das Märchen für die Großnichten beschließt: »Unverändert sind die Räume geblieben, in denen Eure Großeltern gelebt haben und man könnte manchmal glauben, jetzt müsse die Tür aufgehen und die wohlbekannten Gestalten würden hereintreten und den Besucher freundlich anlächeln. Und wie die Zugvögel meiner Geschichte wandern die Nachkommen Jahr aus, Jahr ein nach Eichberg und Horchheim und Anice, wo die lieben, alten Häuser gehegt und gepflegt werden und verändernde Zeit still zu stehn scheint.«[97] Er beschwört das Erbe der Mendelssohns in einer melancholischen Rückschau, als eine Vergangenheit, vor der die Gegenwart verblaßt: Als Nachgeborener, der sich sein Selbstbewußtsein bei den großen Vorfahren leihen muß, ist er ein Kind seiner Zeit.

Die Familie Hensel

Die Atmosphäre in der eleganten Zwölfzimmerwohnung der Hensels nahe dem Hotel Kaiserhof an der Mohrenstraße, in der Sebastian, Julie und ihre fünf Kinder bis 1880 wohnen, sei geeignet gewesen, »Erinnerungen an die berühmte Leipziger Straße 3 wieder aufleben zu lassen«, berichtet Sabine Lepsius, eine Freundin der jüngsten Tochter Lili.[98] Die Tochter des Historienmalers Gustaf Graef ist von den Fähigkeiten und der Lebhaftigkeit der fünf Geschwister fasziniert – und von der »Gelehrsamkeit der Familie Hensel, die alles wußte und alles einfach und leicht zu erklären verstand«,[99] irritiert. Paul entwickelt philosophische, Kurt mathematische Begabungen, die Töchter sind ausgesprochen hübsch. Die Älteste, Fanny, komponiert, Cécile fertigt ausgezeichnete Scherenschnitte, und Lili erscheint ihrer Freundin als frühreife Dichterin und Musikerin. Die Hensel-Kinder sind ungeheuer belesen, diskutieren über feuilletonistische Tagesthemen; ihr Pointen-Feuerwerk setzt einen Bildungsschatz voraus, dem »der gewöhnliche Sterbliche kaum zu folgen vermochte«.[100] Man wechselt schnell von Teilnahme zu Spott, von Visionen zur Analyse, von menschlicher Wärme zu rücksichtslosem Übermut, von Respekt zur Arroganz. Ihre Freundin Lili sei eine Meisterin des Wortes gewesen, die fast ohne Atempause stundenlang erzählen konnte wie ein improvisierender Musiker. »Immer hatte sie den Ausdruck zur Hand, ließ jede Nebensächlichkeit beiseite, hielt die Spannung von Anfang bis Ende.«[101]

Lili, die Jüngste, stellt ein Lexikon zusammen: *Der richtige Hensel in Worten und Redensarten* [102], eine seltsame Sammlung von Bonmots, Anekdoten, verspieltem Nonsens und ironischer Intellektualität – eine Verbindung von Mendelssohnscher Brillanz und Henselscher Kalaueritis. Paul Mendelssohn-Bartholdys Erkenntnis »Gott hat den Bauch geschaffen« findet sich – mit Sebastians Einschränkung »Aber zu klein« – dort ebenso wie der Felix-Ausspruch »Der Teufel hole alle zweiten Male« und Abraham Mendelssohn Bartholdys entwaffnendes Statement: »Ich glaube ein ehrlicher Mann zu sein, aber 'ne Million ist viel Geld.«

Das jiddische Nebbich, von Sebastian gegenüber seinen Eltern gern verwendet, taucht in dessen Wohnsitz Schloß Nebitüde wieder auf. »Widerschweige mir nicht« ist eine beliebte Formulierung aus dem Geschwisterkampf. Der echte Hensel reagiert cool. So notiert Lili die Geschichte von dem alten Juden, dessen Verwandte schon das Sterbegebet anstimmen, während der Todkranke abwiegelt: »Jagen laß ich mich nicht.«

Der Gescheiterte als Erfolgsautor

Am Ende seines beruflichen Abschiedsjahres 1889 hat Sebastian Hensel einen Unfall, ihm wird ein Bein amputiert. Nach »sehr langem und gefährlichem Krankenlager« könne der Vater kommende Woche entlassen werden, schreibt Paul Hensel im Januar 1890: »[...] dann wird, fürchte ich, sein bis jetzt ganz bewunderungswürdig bewahrter Gleichmut und Humor auf eine schwere Probe gestellt werden. Denn dann muß er anfangen, wieder gehen zu lernen – vorerst natürlich auf Krücken, und da wird ihn der Unterschied zwischen früher und jetzt oft sehr peinlich ergreifen.« Da das Leben hätte auf dem Spiel stehen können, sei man berechtigt, »den jetzigen Zustand (lästig, wie er für meinen armen Vater ist) als ein großes Glück aufzufassen«.[103]

Der frühpensionierte Invalide nutzt die neue Situation zu einer schriftlichen Lebensbilanz, die den Unfall und seine Folgen verschweigt. Doch ansonsten stellt Sebastian Hensel mit seiner Bereitschaft, berufliche Niederlagen mehr oder weniger öffentlich zu thematisieren, in der Mendelssohn-Verwandtschaft und unter den Memoirenschreibern des 19. Jahrhunderts eine Ausnahme dar – auch wenn er Krisen gern zum persönlichen Erfolg umdeutet. Er will den männlichen Rollenmustern seines bürgerlichen Milieus entsprechen, in dem biographisches Scheitern auf einen Mangel an Leistung, Charakterstärke und Intelligenz zurückgeführt, »das sogenannte ›Umsatteln‹ zu einer Art Verbrechen« abgestempelt wird.[104] Ihm bleibt nur die Wahl, seine eigene Standfestigkeit als persönlichen Lebenserfolg darzustellen:

»moralisch unanfechtbar, aber unterlegen in ungünstigen Konstellationen [...].«[105] Seine durchaus vorhandenen wirtschaftlichen Leistungen hat er dabei selbst durch den größten Erfolg seines Lebens, die Geschichte der Familie Mendelssohn, in den Schatten gestellt.

Sebastian, der Unternehmer und Manager mit dem Faible für erzählte Geschichte, ist in seiner Ambivalenz zwischen Modernität und Denkmalpflege ein Mendelssohn-Typus der vierten Generation: selbstbewußt – und verunsichert durch die Herausforderungen einer respektablen Tradition. »Lass uns nur zusammenhalten, damit wir einander nicht verlieren. Meine Kinder sollen schon Euch Alle, und meine schöne Jugend kennen, und *unsere* grossen Männer, dafür werde ich schon sorgen!«[106] So hat er gegenüber seiner Tante Rebecka die verklärende Intention der geplanten Familienchronik benannt; im Vorwort des Werkes heißt es, er habe unter »Tausenden von Briefen, die mir vorlagen, nicht die kleinste Stelle gefunden, von der man hätte sagen müssen, sie könne Anstoss erregen«.[107] Der außerordentliche, andauernde Erfolg des Buches hat ihn mit Stolz erfüllt; es sei bereits »in die Reihe der klassischen Werke eingerückt, die in keiner Familienbibliothek fehlen«.[108]

Ein Zeugnis deutscher Identität

Bis 1933 erfährt *Die Familie Mendelssohn* achtzehn Auflagen in fünf Verlagen. Das Buch wird schon bald, wie der Komponist Ferdinand Hiller schreibt, »als Chronik einer guten deutschen Bürgerfamilie betrachtet«; dabei versäumt es dieser Rezensent nicht, Dorothea Schlegels Weg zur »brünstigen Katholikin« ausdrücklich zu erwähnen. [109] Es gibt allerdings auch Gegenstimmen. Selbst im Familienkreis ist die Resonanz nicht einhellig, manchen erscheint die Darstellung zu süßlich. Doch solche Einwände verstummen angesichts der zunehmenden Popularität dieser Erzählung, in der »die Stilisierung und Idealisierung der Geschichte der Familie Höhepunkt und Abschluß erreicht«.[110] Kritische Stimmen kommen auch von jüdischer, streng religiöser Seite. Man greift vor allem die religiöse Indifferenz an, wie sie von Abraham Mendelssohn Bartholdy gegenüber seinen Kindern gelegentlich vertreten wurde. »So weit waren die *Söhne* Mendelssohn's von dem ›Jerusalem‹ und den ›Morgenstunden‹ zur zerbröckeltsten Vernünftelei, zum oberflächlichsten Rationalismus gelangt! Was Wunder, daß die *Töchter* noch weiter kamen und nach einem mehr als stürmischen Leben sich in den Katholicismus retteten.«[111]

Dabei hat der Familienchronist zweifellos, ohne das Thema zu benennen, die Diskussion über ein jüdisches Selbstverständnis zwischen deutschem Nationalbewußtsein und christlichem Bekenntnis angeregt. Er hat eine religiöse oder genealogische Begründung der Zugehörigkeit zum Judentum nicht reflektiert und vielleicht gerade durch den Verzicht auf emanzipatorische Absichten und Argumente einer erwünschten neuen Selbstverständlichkeit in der Darstellung deutscher Identität Ausdruck verliehen: Sein Buch enthält die Hoffnung der vierten Mendelssohn-Generation, daß die Diskriminierungen der Vergangenheit, die darin noch Erwähnung finden, überwunden sind und das jüdische Erbe nun keine Belastung mehr darstellt.[112]

In Hensels Originalausgabe von 1879 wird die tabubrechende Großtante Dorothea nur am Rand erwähnt; zwei Jahre später liegt aber mit dem von dem Mainzer Prälaten J. M. Raich herausgegebenen neunhundertseitigen Briefwechsel Dorotheas und ihrer Söhne ein katholischer Gegenentwurf zu der protestantischen Familiengeschichte vor. Die konfessionelle Frage, von der die Mendelssohns der Familienchronik wenig belastet scheinen, ist zurückgekehrt und wird – als Forderung nach nationaler Identität, als Ausgrenzungsphantasie und sogenannte Judenfrage – auch Sebastian Hensels harmonisches Gemälde seiner assimilierten Familie bald in Frage stellen.

Der Aufstieg in den preußischen Adel

Am Ende des 19. Jahrhunderts steigen einige Zweige der Mendelssohn-Familie in den preußischen Erbadel auf. Die Würdigung der gesellschaftlich Arrivierten wird von den übrigen Verwandten mit gemischten Gefühlen aufgenommen. In den gemeinsamen Stolz mischen sich Empfindungen der Konkurrenz.

So demonstriert Sebastian Hensel mit einer Übersetzung aus dem Englischen seine Nähe zum Kaiserhaus: das von ihm übertragene *Lebensbild* des liberalen, nach nur 99tägiger Regierungszeit verstorbenen *Friedrich III. als Kronprinz und Kaiser* erscheint mit einem Vorwort der »Kaiserin Friedrich«, wie sich die verwitwete Kaiserin Viktoria nennt. Das Buch erscheint wenige Monate, nachdem sein Cousin Franz durch Kaiser Friedrich III. in den Adel erhoben wurde. Doch ist die Nähe der Mendelssohn-Bankiers zum Herrscherhaus der Hohenzollern ist schon lange vor der Nobilitierung Franz Mendelssohns, des mittleren Sohnes von Alexander und Marianne Mendelssohn, sichtbar geworden.

Als im August 1880 Marianne Mendelssohn, die letzte Jüdin der Familie, stirbt, kondoliert Kaiserin Augusta: Sie schulde der Verstorbenen für deren »Teilnahme und Anhänglichkeit« Dank. Sie habe die Mutter Franz Mendelssohns näher gekannt und könne »nicht ohne Wehmut des Verlustes gedenken, der zunächst Ihre Familie, aber auch Berlin betroffen hat«. Nicht nur für die Familie sei es »beklagenswert, einen Charakter verschwinden zu sehen, der die traditionelle Treue der Gesinnung mit jener seltenen geistigen Frische verband, die an den Umgang mit hervorragenden Männern der Vergangenheit erinnert. Solche Gaben des Geistes und der Gesinnung bedarf das Vaterland, und es fällt unserer Zeit schwer sie zu ersetzen.«[113]

Mariannes Sohn wird aufgrund seiner Verdienste für die Wirtschaft des Vaterlandes zum Geheimen Kommerzienrat ernannt, er erhält fünf preußische Orden und aufgrund seiner internationalen finanzpolitischen Beziehungen auch zwei russische und einen spanischen. Seine guten Beziehungen zur kaiserlichen

Regierung zeigt auch eine Huldigungsrede auf den Leiter der Reichsbank, Reichskanzler Bismarck, in der bei allem Respekt die Ironie nicht fehlt: »Wie wir heute noch nicht darüber einig sind, ob die Gesänge Homers Einen Verfaßer haben, so werden spätere Generationen darüber streiten, ob Alles, was dem Reichkanzler zuzuschreiben ist, von diesem Einen Gewaltigen herrührt und von ihm geleitet wird, oder nicht eine mythische Sammel-Persönlichkeit, wie die Gestalt des Hercules in der alten Welt, vorliegt, viele Erscheinungen unter Einem Namen begreifend.«[114]

1879/80 setzt sich Franz für die Aufstellung einer Plastik ein, die daran erinnern soll, daß der von den Folgen eines Attentats genesene Kaiser Wilhelm I. im Dezember 1878 die Berliner Regierungsgeschäfte wiederaufnehmen konnte. »Ew. Majestät werden vielleicht geruhen, Sich zu entsinnen, daß den Abschluß der Feststraße eine zwischen Universität und Opernplatz aufgestellte Koloßalgruppe bilden sollte. Die damals bereits angefertigte Skizze zeigte auf einem mit dem Berliner Bären geschmückten Piedestal einen Schutzengel, der mit der rechten Hand die Gefahren abwehrt, und mit dem in der linken Hand gehaltenen Schilde die Kaiserkrone schirmt und schützt. An dem Fuße befanden sich zwei Gruppen, von denen die eine, auf der Linken vom Beschauer, des Volkes Freude ausdrückt und den Lorbeerkranz entgegenbringt, die auf der Rechten des Volkes Dank im Gebet zu Gott.«[115] Der Kaiser lädt Franz ins Königliche Palais zum Diner – »Anzug: Kleine Uniform«[116] – und bedankt sich bei dem Getreuen mit einer »Vase nebst dazu bestimmten Postamente«.[117]

Am 7. Mai 1888 schreibt der Vortragende Rat in der Reichskanzlei, Franz von Rottenburg, an den 58jährigen Seniorchef des Bankhauses, Franz von Mendelssohn: Nach der jüngsten Unterredung mit dem Bankier habe sich die »Angelegenheit des Allerhöchsten Gnadenbeweises« nun doch in die Länge gezogen. Er, Rottenburg, habe – dem Wunsch Mendelssohns entsprechend – dem Reichskanzler die Sachlage vorgetragen. Franz besteht offenbar unbedingt auf Bismarcks Einverständnis zu dem »Gnadenbeweis«, den der neue Kaiser Friedrich III. ihm, dem Mann mit dem jüdischen Namen, als Repräsentanten einer liberalen Tradition gewähren will. Rottenburg schreibt weiter, Bismarck habe in dem Gespräch gesagt, »er lege seinerseits Wert darauf, daß Sie die Auszeichnung, die Seine Majestät für Sie in Aussicht genommen habe, acceptierten, glaube auch, daß ein Refus den Kaiser unangenehm berühren werde. Die Bedingungen, von denen Sie Ihre Zustimmung abhängig machten, liegen also vor. Die Nobilitierung ist in Folge dessen erfolgt.«[118]

Das Glück der zweiten Wahl

Franz (von) Mendelssohn – fünftes von acht Kindern, dritter von vier Söhnen – ist ein Mensch, der gerne lebt. 1856 hat er seine Schwägerin Enole geheiratet, die Tochter eines Weingroßkaufmanns aus Bordeaux und Witwe seines älteren Bruders Adolph. Dieser sollte – seit 1849 Teilhaber von Mendelssohn & Co. – dem Vater Alexander an die Spitze der Firma folgen. Im September 1851 war Enoles Mann, im Februar 1852 ihr einjähriger Sohn Stephan an Tuberkulose gestorben. Auf einem in der Trauerzeit entstandenen Porträt trägt sie ein schwarzes Seidenkleid; auf dem Tisch, der ihren Ellenbogen stützt, liegt eine aufgeblühte abgebrochene Rose. Die Augen sind groß und braun, der Blick ist offenherzig. So sieht ein Mensch aus, der das Glück nicht vergißt.

Franz ist in seinem Leben weder als Ehemann noch als Bankchef – auf diesen Beruf läßt er sich nach Adolphs Tod ein – erste Wahl gewesen. Formeller Teilhaber an der Seite des Onkels und Seniorchefs Paul Mendelssohn-Bartholdy wird er 1872, nach dem Tod seines Vaters. Er interessiert sich als Mendelssohn-Bankier nicht nur für die Geldgeschäfte, sondern – darin der Familientradition folgend – auch für kulturelle Themen. Er kommentiert politische Diskussionen der Académie française und amüsiert sich über den liberalen Herzog Ernst II. von Coburg und dessen provinzielles Engagement für einen Deutschen Nationalverein. Er rühmt die literarische Qualität des eben erschienenen Briefbandes seines Onkels Felix und kritisiert scharf die Publikation seines Cousins Karl über einen griechischen Freiheitshelden, besonders den holprigen Erzählduktus. Er lehnt die Pläne eines Berliner Militärschriftstellers zur Erstellung eines Mendelssohn-Stammbaumes – um »zu sehen, was aus der Nachkommenschaft von Moses Mendelssohn geworden ist, und wie dieselbe sich ausgebreitet hat«[119] – entschieden ab: Ein Stammbaum zum privaten Gebrauch sei genug, die Veröffentlichung würde als Sache der Eitelkeit erscheinen.

Trotz der erbschaftsrelevanten Familienräson, die bei ihrer Hochzeit Pate stand, und obwohl sie sich in Briefen als »Cher Papa« und »Liebes Machen« anreden, sind Franz und Enole ein Liebespaar geworden; verliebt nicht weniger in ihren Robert, der oft krank ist, und in den sieben Jahre jüngeren Franz jun., genannt Ti. Gestorben ist Franz von Mendelssohn neunundfünfzigjährig, sieben Wochen nach seiner Frau, neun Monate nach der Erhebung in den erblichen Adelsstand.

Der nobilitierte Kranich

Der erste durch Franz von Mendelssohn vorgelegte Entwurf eines Adelswappens zeigte noch einen doppelten Kranich: Der wachsame Vogel hält in seiner angezogenen Kralle ein Steinchen, damit er – sollte ihn die Müdigkeit überfallen – durch den Aufschlag aufgeschreckt wird.

Das Motiv verdankt seine Popularität im nordosteuropäischen Einflußgebiet deutscher Ordensritter wohl dem Verbreitungsgebiet der Kraniche. Auch das Wappen des in Dessau lebenden königlich-preußischen Hofbankiers und Eisenbahnbauers Moritz (von) Cohn, der 1869 geadelt wurde, zierte bereits ein Doppel-Kranich, mit Eisenbahnrad und ohne den Spruch »Ich wach«. Joseph Mendelssohn hatte den Kranich mit dem Motto »Ich wach« als Emblem der Bank gewählt, sein Sohn Alexander verwendete das Motiv als Briefsiegel. Der Berliner Kassenverein ehrte schließlich 1871 seinen Gründer Joseph Mendelssohn mit der Übernahme des Emblems als Logo und Fassadenschmuck.

Franz (von) Mendelssohns farbenfroher Entwurf stellt den etwas zersausten Vogel auf einen knallroten Schild, über dem eine siebenzackige Krone prangt, in der ein kleinerer Kranich mit ebenfalls munter erhobener Kralle den Aufpasser spielt. Den Entwurf lehnt das Heroldsamt ab. Das Mendelssohnsche Adelswappen zeigt fortan nur einen Kranich im Schild, der artig aussieht, ohne frechen roten Hintergrund, mit einer prächtigen Weinrebe, die das Weingut Horchheim symbolisiert. Eine dreizackige Krone, aus der sich der geflügelte Schlangenstab des Kaufmannsgottes Merkur emporhebt, ziert das Wappen. Das Motto »Ich wach« ist geblieben.

Mit der ersten Nobilitierung eines Mendelssohns würdigt der liberale Kaiser Friedrich III. in seiner kurzen Regierungszeit einen herausragenden Familienverband, der offenbar in die politische Elite des Reiches integriert ist. Dies geschieht am Ende einer Epoche, in der liberale Ideen noch mit einer konservativen Grundhaltung vereinbar sind. Der Übergang der meisten Mendelssohns der vierten Generation in das konservative Lager bedeutete daher nicht die Abkehr von zentralen liberalen Positionen wie der Forderung, die Verfassung zu achten und die bürgerliche Gleichberechtigung religiöser Minderheiten zu sichern. Franz von Mendelssohns Verbindung zur emanzipatorischen Tradition der Familie scheint noch nicht abgerissen. Bald jedoch entwickelt sich Deutschland im Zuge der Industrialisierung zu einer wirtschaftlichen Weltmacht. Das Großkapital bindet sich enger an die konservativen Eliten, in scharfer Konfrontation zu den fortschrittlichen Kräften der Gesellschaft. Die künftigen, durch Wilhelm II. gewährten Nobilitierungen, die einen Cousin und einen Neffen Franz von Mendelssohns betreffen, erscheinen in einem anderen Licht. Wenn Wilhelm II. reiche »jüdische« Familien begünstigt, werden diese dadurch »weniger ein Mitglied der regierenden Klasse als ein Bestandteil der Wilhelminischen Gesellschaft«.[120]

Später hat man kolportiert, zur Erlangung des Adelspatents habe Franz von Mendelssohn 225 000 Mark für den Bau der Kaiser-Wilhelm-Gedächtniskirche gespendet, was chronologisch nicht stimmen kann. Doch das Gerücht verdeutlicht, daß viele Zeitgenossen den Aufstieg der Kaufleute kritisch betrachten. Schon König Friedrich Wilhelm IV. hatte gewitzelt, es sei nicht zu entscheiden, »ob die ›Vons‹ eine größere Zuneigung zu den ›Fonds‹ oder die ›Fonds‹ eine größere Liebe zu den ›Vons‹ hegen«. Der Nationalökonom Werner Sombart kommentiert am Ende des Jahrhunderts: »Unserer Bourgeoisie höchstes Ziel ist es geblieben, Junker zu werden.«[121] Die geadelten Mendelssohns sind herausgefordert, ihre Erinnerung an den Stammvater Moses aus Dessau mit dem Glanz der kaiserlichen Umgebung in Einklang zu bringen.

Mendelssohn & Co., Jägerstraße 49/50–53

Zehn Jahre nach der ersten Mendelssohn-Nobilitierung erscheint ein Buch über die *Berliner Banken*, in dem die vornehme Zurückhaltung der führenden Geldinstitute betont wird: »Gerade die drei großen Berliner Bankhäuser S. Bleichröder, und Robert Warschauer & Co in der Behrenstraße, Mendelssohn & Co. in der Jägerstraße bewohnen noch heute das alte schmucklose ehrwürdige Domizil, in dem sie sich in ihren Anfängen präsentierten.« Obwohl sich doch die Mendelssohns und Bleichröders »schon lange […] dem deutschen Schwertadel versippt« hätten.[122]

Das ehrwürdige Domizil befindet sich unweit des Gendarmenmarkts in der Jägerstraße, wo sich hundert Jahre zuvor die ersten Institute des Berliner Bankenviertels etabliert hatten. Im Haus des Königlichen Hofjägers, Jägerstraße 34, hatte Friedrich II. 1765 die *Königliche Giro- und Lehnbank* etabliert, aus der 1873 die Reichsbank wurde. Im einstigen *Königlichen Domestikenhaus* an der Ecke zum Gendarmenmarkt residierte ab 1777 die *Preußische Seehandlung*, ab 1904 *Preußische Staatsbank* genannt. Zwischen den beiden Staatsbanken lag das um 1770 erbaute, schlichte zweistöckige Haus Nr. 15, in dessen rechten Seitenflügel 1815 die Firma J. & A. Mendelssohn ihre Büroräume verlegte, während Josephs Familie das obere Vorderhaus bezog. Private Salons, Luxusgeschäfte, Kunsthandlungen und Kaufmannskontore prägten das Viertel. In das Geburtshaus Alexander von Humboldts, Jägerstraße 22, zog 1822 die neugegründete Dampfschifffahrtsgesellschaft ein. Im Vorderhaus der Nr. 51 führte der Hausbesitzer Christian Gottfried Flittner seine Apotheke Zum König Salomon. 1839 erwarb Joseph Mendelssohn die Immobilie für 70000 Taler. Nach dem Auszug der Apotheke wird das Haus komplett als Unternehmens- und Familiensitz genutzt.

Für die Bedürfnisse der verschiedenen Generationen, die das Haus bald gemeinsam nutzen, muß es etwas umgebaut werden, wie Franz im Februar 1864 seinem Onkel Georg Benjamin meldet: »Im Rohbau ist die Veränderung fertig, bei der Kälte hat alles eine Zeit lang unterbrochen werden müssen, jetzt fangen sie aber wieder an zu klopfen und zu hämmern. Die Veränderung scheint mir doch für die Eltern recht vorteilhaft zu werden, der neue Saal, ein schöner Raum mit hübschen Verhältnissen.«[123]

Mendelssohn & Co. hält sich von Risikogeschäften der Gründerzeit fern – und expandiert. Im Jahr 1865 erwirbt die Familie bereits das Nachbargrundstück zur Linken, die Jägerstraße 52; 1872 wird das dortige Wohnhaus abgerissen und in den beiden Folgejahren nach den Plänen des Architekturbüros Gropius & Schmieden durch einen eleganten Neubau ersetzt; augenfällig ist die stilistische Verwandtschaft mit dem von Gropius gebauten Berliner Kunstgewerbemuseum, dem heutigen Martin-Gropius-Bau. Die meisten Geschäftsräume werden in diesen Neubau verlegt. Die Wohnung im obersten Stockwerk bezieht Ernst Mendelssohn-Bartholdy mit Familie. Die Nr. 51 wird zum luxuriösen Wohnhaus umgebaut, dazu gehört in den 1880er Jahren auch der Einbau einer Telefonanlage. Im Hof gibt es einen glasüberdeckten Vorbau zur Vorfahrt der Kutschen. Im Treppenaufgang wird u. a. ein Bildnisrelief Joseph Mendelssohns eingefügt. Ein marmorner Musiksaal entsteht, dessen Akustik die Freundin der Familie, Clara Schumann, rühmt. 1880 erwirbt man auch das Nachbargrundstück, die Nr. 53, der Altbau wird abgerissen, man errichtet ein hochherrschaftliches Wohnhaus: Kostenpunkt inklusive Mobiliar 700000 Mark, Fassade im Stil der italienischen Hochrenaissance, nach dem Vorbild eines genuesischen Palazzo. Ein Herrenzimmer mit Renaissancemöbeln, ein Damenzimmer im Rokoko-Stil, ein Musikzimmer à la Louis XV. mit Porträts von Haydn, Beethoven, Mozart und Felix Mendelssohn Bartholdy an der Decke, ein prunkvoller Festsaal mit umlaufender Galerie. Der Bauherr Ernst Mendelssohn-Bartholdy demonstriert seine gesellschaftliche Position und sein Selbstbewußtsein.

Der letzte Neubau der Mendelssohns in der Jägerstraße entsteht schließlich auf dem Grundstück Nr. 49/50, das man bis 1893 mit einem stattlichen Geschäftshaus bebaut, unter Verzicht auf wilhelminischen Prunk. Die noble Sandsteinfassade paßt sich in ihrer Zurückhaltung der durch keine Modernisierung überformten Nr. 51 an, ein Bau, der in seiner äußeren Bescheidenheit an den friderizianischen Ursprung der Familiengeschichte erinnert. Die Fassade kündet »von Solidität und gesichertem Reichtum«.[124] Der Innenausbau spart allerdings nicht an feinstem Material: bebaute Fläche 2500 Quadratmeter und eine Million Mark Baukosten. Vier stattliche Gebäude in einer Reihe bilden jetzt als Wohn- und Geschäftshäuser den Mendelssohn-Komplex im Bankenviertel. Der Erhalt des Stammhauses Nr. 51 im Stil des 18. Jahrhunderts und die Errichtung prachtvoller Nachfolgebauten erscheinen als »Inszenierungsakt«[125]. Hier wird der Firmenaufstieg vor Kunden, Konkurrenten und Passanten eindrucksvoll demonstriert.

Die Spitzenbank

Bis zu seinem Tod im Jahr 1871 leitete Alexander Mendelssohn als Seniorchef gemeinsam mit seinem Cousin Paul Mendelssohn-Bartholdy das Bankhaus; unterstützt wurden sie von ihren Söhnen Franz (von) Mendelssohn und Ernst (von) Mendelssohn-Bartholdy. Drei Jahre lang ist Paul der Seniorchef, nach seinem Tod rückt Franz (von) Mendelssohn an seine Stelle, dessen Söhne – Franz jun. und Robert – ebenfalls in die Firma einsteigen. Als er 1889 stirbt, wird Ernst Mendelssohn-Bartholdy Seniorchef, die bereits geadelten Neffen sind nun seine Juniorpartner.

Zum strategischen Schwerpunkt wird in diesen Jahren das Geschäft mit der russischen Regierung und dem Zaren, die Beteiligung an Eisenbahnprojekten und Banken innerhalb Rußlands, in anderen europäischen Ländern und in Übersee und vor allem auf dem internationalen Geldmarkt. Von direkter Beteiligung an industriellen Gründungen hält man sich fern. Die Expansion von Mendelssohn & Co. funktioniert ohne Filialen, man arbeitet über langjährige Kontakte, mit Agenten und vertrauenswürdigen Geschäftspartnern in London, Wien und Paris.

An Geschäftsnachrichten und Zahlen ist die Entwicklung der Bank abzulesen. 1869 bieten Mendelssohn & Co. gemeinsam mit der London and Westminster Bank 20000 Wertpapiere an, Schuldverschreibungen auf Schlachthöfe und Handelsorte der Stadt Berlin. Am 17. September bevollmächtigt die Russische Bank für auswärtigen Handel in St. Petersburg Mendelssohn & Co., die Gründung ihrer Berliner Filiale vorzunehmen. Diese wird im Jahr 1875 – einer von drei Aufsichtsräten ist Ernst Mendelssohn-Bartholdy – einen Umsatz von 938 Millionen Mark verzeichnen. 1880 werden auf Anregung der Internationalen Bank in St. Petersburg die Mendelssohns an der Vermittlung von Krediten in Höhe von 42 Millionen Mark für die Große Russische Eisenbahngesellschaft beteiligt, gemeinsam mit einem Amsterdamer Bankhaus. 1882 organisiert man in Kooperation mit zwei russischen und zwei deutschen Banken für die Iwangorod-Dabrowa-Eisenbahngesellschaft Kredite in Höhe von 54 Millionen Mark. Mit einer Berliner Bank werden in demselben Jahr Mittel zur Finanzierung der Transkaukasischen Eisenbahngesellschaft beschafft; der Kreditrahmen beträgt 182 Millionen Mark. 1886 kreditiert man mit drei deutschen Banken 49 Millionen Mark für die Rjasan-Koslow-Eisenbahngesellschaft. Außerdem werden durch Mendelssohn & Co. immer öfter russische Staatsanleihen in den Finanzmetropolen Europas vermittelt, die ebenfalls dem Eisenbahnbau dienen; auf diese Weise fließen 1883 über das Geldinstitut in der Jägerstraße 164 Millionen Mark nach Rußland. Da die russische Politik sich in diesen Jahren panslawistisch, profranzösisch und antideutsch orientiert, gelangt ansonsten wenig deutsches Kapital in das Reich des Zaren: Um so höhere Gewinne verbuchen Banken wie Mendelssohn & Co., die sich trotzdem engagieren. Der russische Finanzminister schätzt Ernst von Mendelssohn-Bartholdy als »Haupt des wichtigsten Bankhauses Deutschlands«[126] ein. Tatsächlich sind die Mendelssohns mittlerweile die wichtigsten Bankiers des reaktionären Zarenreichs. Sie besorgen seinen Kapital- und Zinsendienst, bringen seine sämtlichen Staatsanleihen auf dem internationalen Kapitalmarkt unter. 1893 beträgt das Guthaben der russischen Regierung bei Mendelssohn & Co. – ihr damaliges größtes Auslandsguthaben überhaupt – rund 80 Millionen Mark; ein Kapital, das den Aufstieg Ernst von Mendelssohn-Bartholdys in die Spitzengruppe deutscher Privatbankiers befördert.

Ernst von Mendelssohn-Bartholdy, der reichste Mann von Berlin

So offensiv und so öffentlich hat bislang noch kein Mendelssohn den Kontakt zur politischen Macht gesucht. So großen Reichtum hat keiner seiner Vorfahren erworben und zur Schau gestellt. So prunkvoll hat noch keiner den eigenen Lebensstil gestaltet. Dabei zeigt der Auftritt Ernst von Mendelssohn-Bartholdys weniger den Trend der vierten Mendelssohn-Generation als seine persönlichen Neigungen und seine beruflichen Erfolge.

Im Mai 1869, nach dem Abschluß einer Kaufmannslehre, reist der 23jährige Ernst mit seinem Vetter Ernst Westphal als erster Nachkomme Moses Mendelssohns über den Atlantik, fünf Jahre nach dem Ende des amerikanischen Bürgerkriegs. Seine Briefe an die Familie mit Schilderungen der Überfahrt und seiner Eindrükke von New York, Washington, Boston, Cincinnati, St. Louis, Salt Lake City, San Francisco, Chicago und Toronto läßt er noch an Weihnachten desselben Jahres drucken.[127] Es sind die Mitteilungen eines selbstbewußten jungen Mannes, der gerade in das Bankhaus des Vaters Paul und des Onkels Alexander eingetreten ist und sich durch diese Publikation vor der Verwandtschaft – das Buch wird erst später in die öffentlichen Bibliotheken gelangen – als Mann von Welt inszeniert. Mit seinen Reisebriefen setzt Ernst eine Tradition fort, stellt sich in eine Reihe mit seinem Onkel Felix, dessen Reisebriefe sieben Jahre zuvor veröffentlicht wurden.

Das Bewußtsein, ein Mendelssohn zu sein, begleitet Ernst auch während seiner Reise durch die Neue Welt: wenn Werke von Felix Mendelssohn Bartholdy aufgeführt werden und er als dessen Repräsentant die Güte der Darbietung taxiert; wenn er als »Nephew of the great composer«[128] vorgestellt wird; wenn er an den Niagarafällen gefragt wird, ob sein Vater Paul heiße und ob Wilhelm Hensels einziger Sohn noch lebe. Er wird von dem amerikanischen Präsidenten, dem Präsidenten der Mormonen und von jenem berühmten Carl Schurz empfangen, der in Spandau einst den Revolutionär Gottfried Kinkel aus dem Gefängnis befreite und nun in Amerika als General, Senator und Verleger zu Ruhm gekommen ist. Neugierig, fasziniert und abgestoßen beobachtet er die exotischen Minoritäten des großen Landes und kommt sich unter den schwarzen Dienstboten vor »wie ein Plantagenbesitzer oder Sclavenzüchter«.[129] Angesichts der alle Lebensbereiche dominierenden Rassentrennung beurteilt er das Zusammenleben von Weiß und Schwarz skeptisch. Die »ungezähmte Wildheit und Bosheit«, die er bei seinem Aufenthalt in Salt Lake City in den Augen einer Gruppe von Indianern entdeckt, erschrecken ihn. »Ihre Sprache selbst ist wie das Grunzen oder Quieken von Thieren, und wie sie da um das Feuer herumsaßen, mit ihren langen Messern in der Hand, in dem Kessel rührend, wild lachend, mit tollen Geberden zu einander sprechend, gedachte ich dankend der 20000 Mormonen, die außer uns hier sind!«[130] Mit Blick auf den Schweizer Ferienort der Mendelssohn-Bartholdys bekennt er: »Ich in einer Wüste, unter Polygamisten, in geringer Entfernung von wilden Indianerstämmen lebend; – wir befinden uns jetzt in einer sehr verschiedenen Situation, – merkwürdig für eine so harmonische Familie, wie wir sind.«[131]

Der gute Preuße

Eine von donnerndem Applaus begleitete Kabarettaufführung in Richmond, die mit polizeilicher Erlaubnis den anwesenden Präsidenten Grant auf der Bühne parodiert, erstaunt den an Zensur gewöhnten Ernst. Begeistert berichtet er von einem Waisenheim in Philadelphia, »die großartigste Stiftung, die mir bisher vorgekommen«; der Stifter habe jede konfessionelle Einflußnahme auf die Kinder verboten, damit diese nur vom Ethos der Vernunftreligion geprägt werden, das habe auf ihn »einen gewissen Eindruck gemacht«.[132] Mit dem Vergnügen des Kaufmanns und mit dem Widerwillen des abendländischen Bildungsbürgers skizziert er den frühkapitalistischen Alltag: »[...] erst kommt Geld, dann noch einmal Geld, und dann alles Andere noch lange nicht. Jede Spur von Poesie – wenn sie hier früher je existierte – ist verbannt. In Allem herrscht die krasseste Praxis der Nützlichkeit; Alles wird nach ihr bemessen, jedes Ding nach seinem materiellen Werth klassifizirt [...]. Wenn man in Zahlen sprechen, und seine Kinder statt Karl, Eduard etc. dem Alter nach 1, 2, 3 rufen könnte, so würden das die New Yorker gewiß zuerst thun.«[133] Die Ideologie republikanischer Gleichheit, in deren Namen man – beispielsweise in der Eisenbahn – alle Stände unterschiedslos zusammensperrt, stößt ihn ab; an dieses »Coquettiren mit socialer Gleichheit« könne »nur ein Schwärmer glauben«.[134] Ihn fasziniert jedoch das selbstbewußte Auftreten der amerikanischen Frauen. Ernst ist ein womanizer, darin seinem Onkel Felix nicht unähnlich; selten versäumt er, die Anwesenheit reizender Damen hochgestimmt zu würdigen und seine Annäherungsversuche anzudeuten. Er ist perplex, als sich eine Dame in einem vollen Omnibus einem Herrn auf den Schoß setzt: »[...] während man bei uns von Emancipation der Frauen spricht, könnte man hier höchstens von einer gelegentlichen Emancipation der Männer reden«.[135] Dem Kennerblick des wohlerzogenen Machos entgeht kein Detail: Es sei unmöglich, sich mehr aufzubretzeln als die Amerikanerin. »[...] augenblicklich sind breite Schärpen, auffallend geschnittene Kleider, dicke hohe Frisuren, und ganz besonders prachtvolles Schuhwerk an der Tagesordnung. Auffallend hübsch, zart und graziös sind sie meistentheils, und sie scheinen mir, in körperlicher Beziehung wenigstens, die Vorzüge der Engländerinnen und Französinnen in sich zu vereinigen, von deren Mängeln hingegen frei zu sein.«[136]

Das Land der unbegrenzten Möglichkeiten hinterläßt tiefen Eindruck. Über die Gewohnheit der Amerikaner, ganze Häuser, ja Häuserblocks zu versetzen, staunt der Mitteleuropäer. Genüßlich berichtet er von ihrer Ruppigkeit und von der wilden Improvisation in vielen Alltagssituationen des Pionierlandes. »Es ist hier doch eine Heidenzucht! Aber interessant ist sie. Euer guter Preuße.«[137] Die Reise fördert Ernsts Selbstbewußtsein und seine Weltläufigkeit, sie befestigt sein Selbstverständnis als Konservativer und Sohn der guten, alten Welt.

Das Rittergut

1892 erwirbt Ernst Felix Moses Mendelssohn-Bartholdy, seit drei Jahren Seniorchef seines Bankhauses, von dem jüdischen Gutsbesitzer Eduard Simon das östlich von Berlin gelegene, fast fünfhundertjährige märkische Rittergut Börnicke bei Bernau. 1875 hat er Marie Warschauer, seine zwanzigjährige Nichte zweiten Grades, geheiratet. Sie ist die Tochter einer Bankiersfamilie, die noch reicher sein soll als die Mendelssohns, und außerdem eine Enkelin Alexander Mendelssohns. Die Verwandschaftsbande zwischen den Warschauers, den Nachkommen Joseph Mendelssohns und den Nachkommen Abraham Mendelssohn Bartholdys werden durch diese Hochzeit aufs neue geknüpft.

Auf dem politischen Parkett und als Bankier setzt Ernst hingegen ganz eigene Akzente. Er ist einer, der im Zweifel lieber kontrolliert: Als Anfang der 1880er Jahre zwei Angestellte Warschauers und einer der Mendelssohn-Bank durch einen Börsenschwindler Geld verlieren, will er seine Belegschaft per Rundschreiben – und unter Androhung der Kündigung – dazu zwingen, private Finanzangelegenheiten ausschließlich dem Arbeitgeber anzuvertrauen. Darüber entsteht ein Streit mit dem Kompagnon Robert, bei dem sich Ernst – Roberts Vater ist noch der Seniorchef – nicht durchsetzen kann. Auch in späteren Jahren stört die Neffen Franz und Robert die autoritäre Betriebsführung ihres Onkels Ernst; sie sind froh, wenn er nicht im Land ist und sie ihren eigenen, umgänglichen Stil praktizieren können.

Ernst ist ein entschiedener Befürworter der vielversprechenden Rußlandgeschäfte und setzt sich im Kreis der Mendelssohn-Bankiers dafür ein, der zaristischen Regierung bei ihren Gestaltungswünschen entgegenzukommen. Auch innenpolitisch setzt er deutliche Signale: Nachdem er 1887 in das Ältestenkollegium der Korporation der Berliner Kaufmannschaft gewählt worden ist, stiftet er zwei Jahre später eines der ersten Porträts von Wilhelm II. für das Börsengebäude. 1892 beruft ihn die Regierung in eine Enquete-Kommission zur Reform des Börsengesetzes. Daß er in diesem Gremium eine finanzpolitisch konservative, gegen die Börsenspekulation gerichtete Position im Sinne der Regierung vertritt, führt zu seiner Abwahl als Ältester der Kaufmannschaft durch die verärgerten Kollegen. Seine Nähe zur Regierung Bismarcks ist schon 1885 deutlich geworden, als er mit 200 000 Mark zur Entschuldung des Gutes Schönhausen beitrug, das der Reichskanzler anläßlich seines 70. Geburtstags mit Hilfe einer öffentlichen Spendenaktion als Geschenk erhielt. Eine weitere Großspende von 100 000 Mark geht 1887 an die Deutsch-Ostafrikanische Gesellschaft, mit der die deutsche Kolonialherrschaft auf privatwirtschaftlicher Basis ermöglicht werden soll. Im selben Jahr erhält er auf Anregung Bismarcks, der ihn persönlich über diese Verleihung informiert, den Königlichen Kronenorden III. Klasse. 1889 erfolgt die Ernennung zum Kommerzienrat, 1893 ist er Geheimer Kommerzienrat.

Das neue Rittergut des Berliner Bankiers hat eine wechselvolle Geschichte hinter sich. Die von Arnims verbrachten anderthalb Jahrhunderte hier; der vorletzte Besitzer Philipp Albrecht Thaer, gestaltete Mitte des 19. Jahrhunderts die Parkanlage mit See. In der Mitte liegt das herrschaftliche, spätklassizistische Gutshaus, überragt von einem Turm, ein umfriedetes Anwesen von elf

Hektar, zu dem auch Wirtschaftsgebäude gehören. Ein Gutshof von zwei Hektar schließt sich an, ebenso der Kirchhof mit einer trutzigen Wehrkirche aus dem 13. Jahrhundert, auf dem die Gutsherrin Marie eine Friedhofskapelle bauen läßt. Mit dem Vorwerk Helenenau, der Gemarkung Löhme und Tharfelde erlangt das Gut der Mendelssohn-Bartholdys bald eine Ausdehnung von 1081 Hektar. Das Berliner Bankiersehepaar wird zum Arbeitgeber des ganzen Dorfes. Als der älteste Sohn Paul allerdings zu seiner Hochzeit im Jahre 1902 durch den berühmten Architekten Alfred Messel ein Schlößchen hingestellt bekommt, entsteht Unmut unter den Börnickern. *Ein* Palast sollte denen doch wohl genügen. Zur Beschwichtigung der Gemüter lassen die Mendelssohn-Bartholdys in der Nähe der Kirche ein Kinderheim bauen, das nach der Stifterin Marienheim genannt wird. Ernst ist ein lustvoller Jäger; bei einer von ihm veranstalteten Treibjagd werden im Januar 1906 über fünfhundert Hasen erlegt, ein paar Tage später sind es weitere 216. Im Herrenhaus hängen reihenweise Geweihe des durch den Gutsherrn geschossenen Wildbrets. Er ist ein Charakter von altem Schrot und Korn. Der Bürger ist ein Junker geworden.

»Eine Familie semitischen Ursprungs«

Am 18. August 1895 wendet sich der Geheime Kommerzienrath Ernst Mendelssohn-Bartholdy an den allerdurchlauchtigsten Kaiser: »Ew. kaiserlichen und königlichen Majestät nahe ich mich ehrfurchtsvoll mit der unterthänigsten Bitte, Ew. Majestät wolle geruhen, mir, dem derzeitigen Chef meiner Familie und ältesten Chef des Bankhauses & Co., den erblichen Adel zu verleihen, – die gleiche Auszeichnung, welch Se. Hochselige Majestät Kaiser Friedrich meinem verstorbenen Vetter und Vorgänger Franz von Mendelssohn, dessen beiden Söhne jetzt meine jüngeren Sozien sind, aus Anlaß Seiner Thronbesteigung in Gnaden erwiesen hat. – Ew. Majestät wolle mir gestatten betreffs meiner Persönlichkeit hinzuzufügen, daß ich ein direkter Nachkomme – Urenkel

– des Philosophen Mendelssohn und Neffe des Komponisten Felix Mendelssohn-Bartholdy bin.«[138]

Das knappe, selbstbewußte Schreiben, in dem der berühmte Komponisten-Onkel mit Hilfe eines unauffälligen Bindestrichs genauso heißt wie sein antragstellender Neffe, weist darauf hin, daß dieser sich seines Erfolgs sicher und dem Kaiser persönlich bekannt ist. Ein neunseitiges, an Wilhelm II. gerichtetes Gutachten des Heroldsamts legt indessen dem Monarchen eine Ablehnung des Gesuchs nahe. Zwar habe der Kandidat in seiner »Eigenschaft als erster Chef der Firma [...] einen weitreichenden Einfluß auf den Welthandel«,[139] sein Einkommen belaufe sich auf etwa 1,1 Millionen Mark, sein Vermögen auf knapp 24 Millionen Mark, seine polizeiliche Führung und sein Ruf seien tadellos, die Vermögensverhältnisse gewährleisten demnach eine angemessene »äußere Repräsentation des zukünftigen Standes«. Doch sei sein Reichtum derart groß, daß nur wenige Fürstenhäuser mit dem Vermögen der Familie Mendelssohn-Bartholdy konkurrieren könnten. Zudem sei die »aus dem Namen des Antragstellers abzuleitende Vermutung, die Familie sei semitischen Ursprungs, eine begründete«.[140] Die Mendelssohns seien erst in diesem Jahrhundert Christen geworden. Leider nehme »unser christlicher Adel deutscher Nation [...] seit dem letzten Jahrhundert schon derart viel fremdes Blut in sich auf, daß es sehr dahinsteht, ob diese Blutmischung nicht endlich sein Wesen wird verändern müssen«.[141] Die Gutachter warnen vor der Schaffung eines »Börsenadels«, der – wie das Beispiel des vor 25 Jahren geadelten Bankiers Bleichröder zeige – im »Geschäftsleben der Väter« verharre, statt sich durch das »Erfassen neuer Standes-Interessen« mit dem Adel zu verschmelzen. [142] Zwar sei der Name Mendelssohn angesehener und historisch bedeutsamer als der Bleichröders, doch dürfe das Volk nicht den Eindruck bekommen, »als sei das Geld der Börsenfürsten für Nobilitierungen ausschlaggebend« oder als billige der Kaiser »die engere verwandtschaftliche Verbindung dieser Familien mit dem Adel«.[143] Die Erwähnung des Kaisers ist eine Spitze, denn die Gunsterweise Wilhelms II. für seine Berater und Finanziers jüdischer Herkunft werden auch in gehobenen Kreisen abschätzig diskutiert; Antisemitismus ist mittlerweile in weiten Kreisen des Adels und des Bürgertums anzutreffen. Der königliche Hausminister Wilhelm von Wedel, dem Ernsts Einfluß an allerhöchster Stelle offenbar bekannt ist, widerspricht dem Heroldsamt in seinem an den Kaiser gerichteten Kommentar vom 11. November, in dem er das christliche Bekenntnis der Familie »seit einigen Generationen« ebenso betont wie deren Wohltätigkeit und Kunstsinn sowie die Großzügigkeit des Kandidaten »für öffentliche Interessen«.[144]

Am 13. Dezember 1895 wird das Gesuch bewilligt, Ernst schickt dem Heroldsamt seinen angeforderten Taufschein und seine Wappen-Vorschläge: Er hätte gerne dasselbe wie der Vetter Franz, nur in der rechten Hälfte, dem Kranich gegenüber, anstelle der Horchheimschen Trauben die Taube mit dem Ölzweig aus dem Börnicker Wappen; »oder eventuell, wenn das hohe Heroldsamt dies vorziehen sollte, eine Bezugnahme auf meinen Urgroßvater, den Philosophen Moses Mendelssohn, oder endlich eine solche auf meinen Vatersbruder, den Komponisten Felix Mendelssohn-Bartholdy«.[145] Er überweist 2600 Mark Gebühren, was zu jener Zeit ungefähr dem Jahresgehalt eines höheren Beamten entspricht, und bittet nach erhaltener Abrechnung um Erlaubnis, den Überschuß von 56,50 Mark »zur Verfügung des hohen Königlichen Herolds-Amtes stellen zu dürfen«.[146]

Wilhelm II. hat zwischen 1888 und 1918 insgesamt 868 Familien geadelt, zehn Prozent davon Bankiers und Unternehmer. In seiner Danksagung an den Kaiser verspricht Ernst von Mendelssohn-Bartholdy: »Meine Kinder sollen kein höheres Gebot kennen als das, allzeit und ohne Zögern ihre besten Kräfte, Gut und Blut einzusetzen, wenn ihr Kaiser und König, ihr Vaterland es verlangt, – als echte Deutsche und Märker im Sinne Ew. Majestät.«[147]

»Wirklicher Geheimer Rat mit dem Prädikat Excellenz«

Ernst von Mendelssohn-Bartholdy wird bei wirtschaftspolitischen Verhandlungen zum Vermittler zwischen der russischen und der deutschen Regierung. Er kennt den Kaiser und dessen Reichskanzler Bernhard von Bülow, den Zaren Nikolaus II. und seinen Finanzminister Sergej Graf Witte. Kritiker bezeichnen ihn als einen der »Kaiserjuden« – eine Diffamierung, die Wilhelm II. einmal mit der Franz von Mendelssohn jun. betreffenden Bemerkung erwidert, er betrachte Mendelssohn nicht als Juden.

Ohne Ernst von Mendelssohn-Bartholdy, der seine Initiativen stets mit dem Auswärtigen Amt abspricht, läuft kein Geschäft mit Rußland mehr. Im persönlichen Kontakt mit den Majestäten – vor der Begegnung mit dem Zaren wünscht ihm Wilhelm II. »Glückliche Reise«[148] – bereitet er den deutsch-russischen Handelsvertrag von 1905 vor. Bei dem Austausch der Ratifikationsurkunden suchen sich Kanzler und Bankier gegenseitig an Komplimenten zu übertreffen. Doch Ernst, der Kaufmann, bleibt unabhängig genug, wahrt die eigenen Interessen, als sich Rußland und Deutschland 1906 über die Zukunft Marokkos zerstreiten und nunmehr das Auswärtige Amt von einer großen russischen Anleihe abrät. Er beteiligt sich an der Zeichnung der Papiere auf dem internationalen Markt, um den schlechten Eindruck auszugleichen, »den die Nichtbeteiligung Deutschlands an der Anleihe hervorrufen könnte«.[149]

1908 belegt Ernst auf der Liste der preußischen Millionäre, die Bertha Krupp von Bohlen und Halbach anführt, den 17. Platz; vier Bankiersfamilien jüdischer Herkunft stehen vor ihm. Sein Vermögen beträgt jetzt 43 Millionen, sein Jahreseinkommen 3,2 Millionen Mark, damit ist er – nach dem Steueraufkommen – der reichste Einwohner Berlins. Er sitzt im Zentralausschuß der Reichsbank und im Verwaltungsrat des Berliner Cassen-Vereins. Seit 1902 ist er zudem Mitglied des Preußischen Herrenhauses. Sein ältester Sohn Paul soll das Bankhaus übernehmen, drei der vier Töchter heiraten höhere Diplomaten; der Jüngste wird Gutsbesitzer in Berchtesgarden. Nach dem Tod seiner Frau im Jahr 1906 zieht er sich aus den Geschäften zurück. In seinem Todesjahr 1909 wird der Kränkelnde durch den seltenen Titel »Wirklicher Geheimer Rat mit dem Prädikat Excellenz« geehrt. Die Initiative erfolgt aus der nächsten Umgebung des Kaisers.

Auch Preußen besitzt hochherzige Schenker

Das gemeinnützige Engagement der Mendelssohns, das seinen Ausgangspunkt in den Initiativen der zweiten Generation hat, setzt sich in der zweiten Hälfte des 19. Jahrhunderts fort. Das Mariannenstift für pensionierte Hausangestellte in Charlottenburg leiteten seine Gründer, Alexander und Marianne Mendelssohn, zu Lebzeiten noch selbst. 1880 rufen die Erben, der Sohn Franz und die Schwiegersöhne Otto Oppenheim und Robert Warschauer, eine Stiftung ins Leben, mit der die Einrichtung fortgeführt werden soll. Zwei Jahre zuvor haben Felix' Erben – der kranke Karl wird durch seinen Bruder Paul vertreten – mit dem preußischen Finanzminister einen Vertrag geschlossen: Dem Staat wird der musikalischen Nachlaß des Vaters übereignet, im Gegenzug verpflichtet sich dieser, für begabte Musiker »ohne Unterschied des Alters, des Geschlechts, der Religion und der Nationalität« [150] jährlich Stipendien in Höhe von 3150 Mark aus dem Staatshaushalt auszuloben. 1899 schenken die Mendelssohn-Bankiers Ernst von Mendelssohn-Bartholdy und seine musikalisch begabten Cousins Franz und Robert der Felix-Mendelssohn-Bartholdy-Stiftung 30000 Mark. 1896 unterstützen die Kommerzienräte Eduard Arnold, Ernst von Mendelssohn-Bartholdy, Robert von Mendelssohn und Hugo Oppenheim mit dem Erwerb eines umstrittenen impressionistischen Gemäldes die moderne und nicht besonders vaterländisch ausgerichtete Ankaufspolitik des Direktors der Nationalgalerie: Mehr als 20000 Mark kostet Edouard Manets *Im Wintergarten*. Das Bild empfinden die gesellschaftlichen Kreise, in denen die Mendelssohns verkehren, als Zumutung. »Da sitzt eine Jüdin auf der Bank […] und hinter ihr steht ein jüdischer Mann, was soll das in der Nationalgalerie?« lautet ein von Wilhelm II. überlieferter Kommentar. [151] Die Kaiserin-Mutter ist sich sicher, jeder Maurer von der Straße werde ihr beipflichten, daß dies Machwerk keine Malerei ist. Die Stifter unterlaufen geschickt die Kulturpolitik des Kaisers, dem es vorbehalten war, Ankäufe zu genehmigen; private Geschenke waren von dieser Regel ausgenommen. An weiteren Impressionisten-

Ankäufen beteiligen sich Franz und Robert von Mendelssohn in den Jahren 1897 und 1900. Ernst, dessen Kunstgeschmack konventioneller ist, als seine Beteiligung an der Manet-Spende vermuten läßt, stiftet ein Glasfenster für die Kaiser-Wilhelm-Gedächtniskirche und spendet für den Aufbau von Lungenheilstätten. 1905 kauft er die in den Albaner Bergen unweit Roms gelegene Villa Falconieri; zwei Jahre später macht er dem Kaiser das von einem grandiosen Park umgebene Anwesen aus dem 16. Jahrhundert zum Geschenk.

Die großzügigste Spende erfolgt schließlich im April 1908, als Ernst der Königlichen Bibliothek einen einzigartigen Schatz an Musikautographen übereignet, der von seinem Onkel Felix an seinen Vater übergegangen war: die größte Beethoven-Sammlung sowie Handschriften von Mozart, Haydn und Johann Sebastian Bach. Bei der Übergabe dieser kostbaren Sammlung, die der Musikwissenschaftler Rudolf Elvers als die wertvollste bezeichnet hat, die je einer Bibliothek gemacht worden ist, fügt der Stifter noch das Originalautograph eines Violinkonzerts seines Onkels hinzu. Seine Majestät, »über die hochherzige Stiftung des Herrn von Mendelssohn sehr erfreut«, verfügt, daß Porträts von Paul, dem Sammler, und von Ernst, dem Stifter, angefertigt und im Saal der Sammlung angebracht werden. [152] Der Bibliotheksdirektor zeigt sich dankbar: »Wird man künftig noch auf amerikanische Schenkungsbeispiele hinweisen, so werde ich mit Stolz antworten dürfen, daß auch Preußen hochherzige Schenker besitzt [...].«[153]

Die öffentlichen Stiftungen und Schenkungen der vierten Generation sind unterschiedlich motiviert. Das Bewußtsein gesellschaftlicher Verantwortung spielt weiterhin eine große Rolle; aber auch die Absicht, auf die Mächtigen des Staates Einfluß auszuüben und der eigenen Familie – der eigenen Person – Anerkennung zu verschaffen und ihr in Deutschland ein bleibendes Denkmal zu setzen.

Die Moses Mendelssohn'sche Familienstiftung

Das soziale Engagement der Mendelssohns schließt auch die Unterstützung der eigenen, ärmeren Verwandten mit ein. 1868 wird unter der Führung Georg Benjamin und Alexander Mendelssohns die »Moses Mendelssohn'sche Familienstiftung« gegründet, das Stiftungskapital beläuft sich auf 20 000 Mark. Ziel ist es, »ehelichen Nachkommen Moses Mendelssohn's männlichen oder weiblichen Geschlechts, sie mögen den Familiennamen führen oder nicht, welche der Unterstützung bedürftig sind, oder sich in Vermögensverhältnissen befinden, welche eine Unterstützung wünschenswerth erscheinen lassen«,[154] beizustehen. Man will in Notfällen bei der beruflichen Ausbildung und Selbständigkeit, bei der Erziehung der Kinder und dem Unterhalt der Alten sowie bei Krankheit und Invalidität behilflich sein. Geführt wird die Stiftung von einem vierköpfigen Familienrat sowie einem dreiköpfigen Kuratorium, das sich aus dem schlesischen Rittergutsbesitzer Wilhelm Mendelssohn sowie den angeheirateten Verwandten Robert Warschauer und Otto Georg Oppenheim zusammensetzt. Das Stiftungsstatut nennt Kriterien für die Zuwendungen; so sollen Studenten nicht länger als sechs Jahre, Künstler nur nach Vorlage von Begabungsnachweisen gefördert werden.

Als Robert und Franz von Mendelssohn jun., die Bankiers der fünften Generation, 1899 von den Problemen ihres Onkels Arnold erfahren, reagieren sie ganz im Sinne der Stiftung. Arnold Mendelsohn jun., der Sohn des Eisenbahners Wilhelm aus Ratibor an der Oder und Neffe des im Exil verstorbenen Armenarztes Arnold, lebt als Musikmeister der Evangelischen Kirche in Darmstadt. Er ist 45 Jahre alt und arbeitet mit seinem Freund und Librettisten Hermann Wette seit der Mitte des Jahrzehnts an der Oper *Der Bärenhäuter* nach zwei Märchen der Gebrüder Grimm. 1897 ist durch eine Indiskretion des Freundes Engelbert Humperdinck Siegfried Wagner, der Sohn des Komponisten, auf den Stoff aufmerksam geworden; Mendelssohns Oper wird im Sommer dieses Jahres fertig. Wagners Werk, ebenfalls *Der Bärenhäuter* betitelt, wird 1898 erfolgreich uraufgeführt. Zwei Jahre braucht Arnold nach dem Druck seiner Komposition, um eine Bühne für die Premiere seines *Bärenhäuter* zu gewinnen. Aus dieser Zeit stammt ein Brief seines Neffen Franz von Mendelssohn jun.: »Lieber Arnold, Robi und ich sind selbstverständlich mit deinen Maßnahmen einverstanden und möchten dir überhaupt in der Angelegenheit durchaus freie Hand lassen, da wir lediglich den Zweck verfolgen, dir über etwaige materielle Schwierigkeiten etwas hinwegzuhelfen, damit die Aufführung deines Werkes keinen Aufschub leidet.«[155] Offenbar ist die Inszenierung der Oper an dem privat betriebenen Berliner Theater des Westens ohne die finanzielle Unterstützung der Neffen gefährdet.

Die Uraufführung soll am 9. Februar 1900 stattfinden. »Glänzender Erfolg. 28 Vorhänge. Glückauf«[156] telegraphiert Arnold nach der ersten Vorstellung an seine Frau Maria. Fünf Wochen nach der Premiere spielt man auch in Berlin den Wagnerschen *Bärenhäuter*. Siegfried Wagner, der den Plagiat-Vorwurf zurückweist, verdängt mit seinem Erfolg die Oper Arnolds.

Für die Unterstützung seiner Familie revanchiert sich Arnold Mendelssohn, der bislang vor allem Vokalwerke geschaffen hat, mit seiner ersten veröffentlichten kammermusikalischen Komposition: *G. D. A. E. Drei Tonsätze für Violine und Klavier. op. 24.*, die »Herrn Franz von Mendelssohn freundschaftlich zugeeignet« ist. Der erste Satz dieses am Jahrhundertbeginn geschaffenen Werkes, *In Memoriam*, ist expressiv, mit großen Intervallsprüngen und betonten Dissonanzen. Der lieblich-liedhafte zweite Satz, *Melodie*, klingt wie ein Ausflug in die romantische Welt des *Sommernachtstraums*. Der temperamentvolle dritte Satz, *Scherzo*, überwindet die Melancholie des Beginns und fügt die Stimmungen der ersten beiden Sätze zusammen. Die *Drei Tonsätze* erzählen von den Krisen der Moderne, in der Sprache der Vergangenheit.

Arnold Mendelssohn und die Zweistimmigkeit der Welt

Arnold Mendelssohn, ein Nachkomme der mit Wohlstand wenig gesegneten Nathan-Linie, ist eine Figur aus der Mitte des 19. Jahrhunderts und – da er seinen Vetter Ernst um viele Jahre überleben soll – der letzte Mendelssohn der vierten Generation im 20. Jahrhundert. Der Musiker sucht im Anschluß an die Formen des Barock und der Klassik die Überwindung des romantischen Subjektivismus. Zur Romantik seines berühmten Onkels äußert er sich distanziert, räumt allerdings ein, man solle Felix nicht »nach seinem vielen eleganten Quark«[157] beurteilen, sondern nach seinen besten Werken, der *Sommernachtstraum*-Musik und der Ouvertüre *Die Hebriden*. Der oftmals Zweifelnde mißtraut der scheinbaren Leichtigkeit und dem Lebensglück des anderen, spricht ihm, im Vergleich zu Gluck und Wagner, zwar mehr Talent, aber weniger Persönlichkeit zu; von dieser jedoch hänge der Wert eines Werkes vor allem ab. Der Aufstieg der Mendelssohn-Bankiers betrifft ihn nicht. Arnold lebt in kleinen Verhältnissen, ein Mann mit gerunzelter Stirn und leuchtenden Augen: ein Bürger an der Wende zum 20. Jahrhundert.

Äußerlich verläuft Arnolds Künstlerleben einigermaßen geradlinig, innerlich ist es aufgewühlt und krisenreich. Die glücklichen Kindheitsjahre in Schlesien – verbotene Besuche benachbarter Obstgärten, das Schwarzfahren mit der Eisenbahn zum Schlachtefest eines Schulfreundes, die Früheinschulung, da er nach Ansicht der Mutter »zu Hause nicht mehr auszuhalten war«[158] – wecken seinen »trotz allem unvertilgbaren gründlichen Optimismus«.[159] Die bedrückende Berliner Jugendzeit des Halbwaisen begründet seinen Trotz, seine Verzagtheit, sein mangelndes Selbstvertrauen. So zumindest wird Arnold sein Leben rückblickend analysieren. Der einzige Sohn des Bahnhofsvorstehers von Ratibor liebt es, beim Eisenbahnfahren zuzusehen, wie die »Telegraphendrähte allmählich anzusteigen schienen, bis sie plötzlich – durch die Stange, an der sie befestigt sind – sozusagen eins auf den Kopf kriegten, [...] und nach einiger Zeit begannen, sich mit frisch erwachendem Mut wieder zu heben; worauf sich dasselbe

Spiel wiederholte«: Das sei ein »treffendes Bild des Menschenlebens«, bemerkt er später, in der traurigsten Zeit seines Lebens.[160] Schon der Zehnjährige sieht sich mit dem »Werk der Aufklärung, die Welt zu rationalisieren und das Märchen zu töten«,[161] konfrontiert; er zweifelt an den biblischen Wundern. »Doch gab ich jedes Stück meines Kinderglaubens unter schmerzlichem Widerstreben sehr ungern und nur durch den Verstand genötigt her, und war sehr erstaunt, wie unbekümmert und leichtherzig meine Kameraden den schönen Glauben wie ein schmutziges Taschentuch fortwerfen konnten.«[162] In einem Traum sieht der Knabe einmal »einen Mann auf einer Kugel stehen, der in der ausgestreckten Rechten ein verkleinertes Abbild seiner selbst trug, das wieder ein solches in der Hand trug, usw., bis sich die Vision im Unendlichen verlor. Der Mann sang zweistimmig. – Ich meine, die Grundstimmung für Welt und Leben, die mich bis heute begleitet hat, sei in mir schon in der Kindheit lebendig geblieben. An ihr hab ich immer ermessen, was für mich Wahrheit im tieferen Sinn ist.«[163]

Im Traum des kleinen Arnold sind Themen des großen zu erkennen: sein Philosophieren über Transzendenz und Selbstdistanz, seine Erfahrung der Selbstbespiegelung und der Barriere zu den eigenen Gefühlen. In der Zweistimmigkeit der Welt beschreibt er eine geheimnisvolle Welt der Untertöne und Zwischentöne, die ihn in der Kindheit faszinierte. Der erwachsene Arnold versucht diese mehrstimmige, dissonante und harmonische Welt zu durchdringen, zu verstehen, die technokratischen und ideologischen Weltanschauungen der Moderne genügen ihm nicht. In seiner Verweigerung gegenüber Moden der neuen Zeit wird er zum Skeptiker, ein konservativer Mendelssohn der vierten Generation. Sein Glück sucht er jedoch nicht im Kindheitsparadies des alten Jahrhunderts. Er ist einer, der den Dingen auf den Grund gehen will.

Mit dem Kopf gegen Häuserwände

Das erste Glück zerbricht mit dem Cholera-Tod des Vaters und dem Umzug der Mutter, des Erstgeborenen und der vier Töchter nach Berlin, wo sie von den Cauers, der Familie der Mutter, und von Alexander Mendelssohn unterstützt werden. Arnold, dessen schlesischer Klavierlehrer den Unterricht des Achtjährigen wegen »Talentlosigkeit und mangelndem Eifer«[164] abgebrochen hatte, stürzt sich nun in die Musik, worunter die Leistung in den anderen Schulfächern deutlich leidet. Jähzorn und Empfindsamkeit kennzeichnen das Seelenleben des Jungen, und eine der »peinlichsten Erinnerungen« des Erwachsenen wird die unbedachte Kränkung eines buckligen Klassenkameraden sein, den er »nach der Ursache seines Fehlers« fragte: »Als er antwortete ›Ich kann nichts dafür‹ – und zu weinen begann, fühlte ich einen so entsetzlichen Schmerz, daß ich mit dem Kopf wider Häuserwände hätte rennen mögen. Ich sühnte das, als ich in Prima einen Klassenkameraden, der den buckligen G. dumm neckte, in größter Wut packte und mit dem Kopf in die Fensterscheibe stieß.«[165] Der Gymnasiast erhält Gesangs- und Klavierunterricht, besucht ab 1872 das Gymnasium seines Onkels Eduard Cauer in Danzig. Hier beginnt er sich mit religiösen Fragen zu beschäftigen und wendet sich der evangelischen Kirche zu, die ihn von der freisinnigen Sphäre der Familie und seiner Jugendfreunde isoliert, ohne daß sich Arnold mit dem kirchlichen Milieu anfreunden kann.

Wegen der wirtschaftlichen Unsicherheit einer Künstlerlaufbahn besteht die Mutter auf einem Jurastudium in Tübingen, das aber bald abgebrochen wird. Unbekümmert um die Theorie, komponiert Arnold Symphonien, Ouvertüren, Kammermusik – bis die professionelle Ausbildung in Berlin, am Kirchenmusikinstitut und an der Musikhochschule, zur »Versteifung« seiner Musik führt, »zum Versiegen des Quells der Erfindung«: »Ich wandte mich daher der angewandten Musik zu, für die mein bei reiner Musik ungenügendes Talent auszureichen schien.«[166]

Arnold wird Vokalkomponist, Organist und Chordirigent an der Neuen Evangelischen Kirche in Bonn, wo er mit seinem

Freund, dem Theologen Friedrich Spitta, den Anstoß zur Wiederentdeckung des Kirchenmusikers Heinrich Schütz gibt. Die Gemeinde strömt zu seinen Aufführungen, das lutherisch-orthodoxe Presbyterium lehnt aber seine instrumentalen Neuerungen ab: »Janitscharenmusik« in der Kirche sei nicht erwünscht.[167] Er wird Chordirigent und Konzertmeister in Bielefeld, dann Orgel- und Theorielehrer am Kölner Musikkonservatorium und schließt Freundschaft mit den Komponisten Humperdinck und Hugo Wolf. Die Berufung zum Kirchenmusikmeister der Evangelischen Kirche des Großherzogtums Hessen und zum Dirigenten des Darmstädter Kirchengesangsvereins erfolgt 1891. Es entstehen Kantaten, Motetten, Chorstücke mit Orchester, Oratorien, drei Opern, Sololieder, Bearbeitungen von Volks- und Kinderliedern. Wenn ihm die Freunde für seine Vokalwerke Texte schreiben, klingt es meist altertümlich; dichtet Arnold selbst, wie im Ersten Weltkrieg das *Lied von den Schuften*, eine wüste Tirade gegen Deutschlands Feinde, wird es peinlich: »Gebt dem Ruß einen Schuß, dem Franzos auf die Hos, dem größten Schuft, dem Oberschuft, dem Britt' einen Tritt! [...] Gebt dem Japs einen Klaps, schlagt den Serben zu Scherben [...].«[168] Doch für die meisten seiner Lieder findet er mit poetischem Gespür die schönsten Verse der Klassik und Romantik: Theodor Storm, Heinrich Heine, Joseph von Eichendorff, Gottfried Keller, Ludwig Uhland und Goethe, immer wieder Goethe. Die Hochachtung der Mendelssohns für den Dichter erreicht in Arnolds Vertonungen ihren Höhepunkt. »Genuß, Glück, Harmonie, Schönheit sind diesseitige Symbole der jenseitigen letzten Einheit. Das muß Goethes Auffassung gewesen sein: woher käme sonst der leise feierliche Posaunenklang, der seine Gedichte auch bei leichten Gegenständen, dem feinen Ohr vernehmbar, durchhallt und so charakteristisch von denen anderer Dichter unterscheidet? [...] Das Glück sagt bei Goethe, wie seine Suleika von Gott: ›In mir liebt Ihn, für diesen Augenblick.‹«[169] Der Komponist ist ein Kenner und kritischer Verehrer des Schriftstellers. Mit dem Goethe, der sich – so beschreibt ihn Arnold – seine Grenzen und seine Form erst suchen mußte, kann er sich als Künstler identifizieren:

»lauter Versuche, ein Herumprobieren, ein fortgesetztes wechselndes Ringen um eine feste Anschauung«.[170] Den »feierlichen Posaunenklang« des Klassikers sucht er auch in seinen Kompositionen.

Das Qualendreieck

In der Goethestraße eines Darmstädter Vororts erwirbt Arnold bald ein Haus mit schönem Garten, das er bis an sein Lebensende bewohnen wird. 1885 hatte der Dreißigjährige – wie zuvor schon sein Vater Wilhelm – eine Cousine zweiten Grades aus der Familie seiner Mutter geheiratet, die Graphikerin Maria Helene Louise Cauer aus Kreuznach. In dieser Zeit entsteht sein Opus 1, die Vertonung eines Gedichtes von Theodor Storm, ein zartes, helles Lied der Zuversicht:

Das macht, es hat die Nachtigall
Die ganze Nacht gesungen;
Da sind von ihrem süßen Schall,
Da sind in Hall und Widerhall
Die Rosen aufgesprungen.

Sie war doch sonst ein wildes Kind;
nun geht sie tief in Sinnen,
Trägt in der Hand den Sommerhut
Und duldet still der Sonne Glut
Und weiß nicht, was beginnen. […] [171]

Der Optimismus des Schwierigen, der als einziger von fünf Geschwistern eine Ehe eingeht, zerbricht an seiner familiären Tragödie. An einer Gehirnkrankheit sterben die acht Monate alte Tochter Helene 1888, der dreijährige Sohn Wilhelm 1890 und der achtjährige Karl 1898. Bohrende Selbstvorwürfe, das bestimmte Gefühl, aufgrund eigener Veranlagung oder wegen der Verwandtschaftsheirat den Tod seiner Kinder verschuldet zu haben, schließlich die Vorstellung, einen Fluch von Generation zu Generation zu vererben, stürzen ihn in tiefe Verzweiflung.

Anfang der 1890er Jahre diskutiert er mit dem Freund Friedrich Spitta erstmals ein Opernprojekt, das die leidvollen Erfahrungen jener Jahre verarbeiten soll: Ob dem Freund eine Erzählung – aus der Bibel oder sonstwoher – bekannt sei, »in welcher der Gegensatz des Wortes ›die Sünde der Väter soll heimgesucht werden an den Kindern‹ und der Erlösung von diesem Fluch ausgesprochen ist? [...] Ich denke etwa so: Ein Vater oder Mutter sähe ihr Kind von einer furchtbaren lebenslänglichen Krankheit zerrüttet, mit dem Bewußtsein, daran selbst irgendwie schuld zu sein [...] wo dann die Erlösung von solcher liebreichen Selbstqual im Glauben gefunden würde [...] wirf den Brief ins Kaminfeuer, denn ich möchte nicht, daß irgendjemand Anderes zufällig von dieser Grille Kenntniß erhalte und ich dessen Spott ausgesetzt wäre.«[172] Arnold findet als Vorlage für seine erste, 1895 in Köln uraufgeführte Oper Jeremias Gotthelfs Erzählung *Elsi, die seltsame Magd*. Er stürzt sich in seine Arbeit, die öffentliche Anerkennung seines Liedwerkes setzt ein, er wird Professor, schließlich 1912 Leiter der Chorklasse am Konservatorium in Frankfurt am Main, Kontrapunktlehrer unter anderem von Paul Hindemith. Doch im selben Jahr wird seine zweiundzwanzigjährige, künstlerisch hochbegabte, an den Folgen einer Hirnhautentzündung leidende Tochter Dora in eine Anstalt eingeliefert. Vier Jahre zieht sich Arnolds grausamste Lebenskrise hin. Depressionen, Hypochondrie, Selbstzweifel – ein Selbsthaß, den er immer wieder in seinen 1912 begonnenen, bis ans Lebensende fortgeführten Aufzeichnungen artikuliert. »Daß ich mich selbst verachte, ist dasjenige an mir, was ich am höchsten achte.«[173]

Er wendet sich der reinen Instrumentalmusik zu. Abermals führt die Krise in einen Schaffensschub. »Je mehr ich durch das häusliche Unglück zu Grunde gerichtet werde, je reizbarer, schwächer, zügelloser mein nervöses Dasein wird, um so bessere konstruktive Musik mache ich.«[174] Als sein Leben zerbricht, flieht er in die Form und in die Ordnung seiner Kompositionen. Die Belastung der Ehe nimmt zu. »Bei mir wirkt die chaotische Familienkatastrophe so, daß ich den Verkehr mit Unbeteiligten als Erleichterung empfinde, da er mich veranlaßt, momentan den

Blick von dem Qualendreieck abzuwenden.«[175] Arnold zieht sich mehr und mehr zurück: »Von je spiele ich oft mit der Vorstellung, daß Ich jetzt in der Maske A. M. stecke, daß diese im Tode abfällt. Und Ich dann eine andere Maske vorkriege, ein Wurm werde, oder was es sei. Ich war aber stets und werde stets sein, obgleich in verschiedenen Gestalten: Genie, Heiliger, Philister, Schuft: all das sind bloß Masken, die mein ewiges Ich wechselnd trägt. [...] Mir schwebt also eine Art Seelenwanderung vor, doch ohne die Idee von Schuld und Strafe, die damit gewöhnlich verbunden wird. Denn für mich gehört Schuld zur Rolle, zur Maske.«[176]

Arnold, der an eine Erlösung in diesem Leben nicht glaubt, rettet sich in ein existentielles Versteckspiel, das ihn davor bewahren soll, die eigenen Verletzungen preiszugeben. Er erträumt sich eine wahre, verborgene Identität, der die Schicksalsschläge nichts anhaben können.

»Die Lösung der Judenfrage im Deutschen Reiche«

Er sei kein Kirchgänger, hat Arnold Mendelssohn gesagt. Den rationalistisch verwässerten Protestantismus attackiert er so unerbittlich wie den religiös anmutenden Wissenschaftsglauben und die politische Instrumentalisierung der Religion. »Endliche, gegen etwas außer ihnen kämpfende Götter gibt es freilich: der Gott Abrahams, Isaaks und Jakobs, sodann der Gott, der keinen Deutschen verläßt, der Genius der Menschheit, der Geist der Erde: sie alle sind begrenzt. Aber Gott, der Gott der ewigen Notwendigkeit, der ist grenzenlos und unendlich, und ist nichts außer ihm. Er ist freilich als Standarte im Kampf nicht zu brauchen, auch ist er keine Versicherungsanstalt für Menschenglück; aber er ist ultimum refugium, wenn alles bricht [...].«[177]

Während er sich von Dogmen aller Art zu distanzieren versucht, vertritt Arnold die Argumente des christlichen Antijudaismus so scharf wie vor ihm unter den Mendelssohns wohl nur seine katholische Großtante Dorothea. Seit sie ihren eigenen Staat verloren hätten, trete bei den Juden der Geist nur noch »in verzerrter Gestalt auf«. Der Jude sei »interessant durch die große Spannweite zwischen den Brennpunkten seines moralischen Wesens«.[178] Im zweiten Jahr des Ersten Weltkriegs wird der Urgroßenkel Moses Mendelssohns schließlich für eine Broschüre mit dem Titel *Die Lösung der Judenfrage im Deutschen Reiche* das Vorwort verfassen. »Mit Recht setzen Sie voraus«, beginnt er seinen offenen Brief an den Verfasser Curt Trützschler von Falkenstein, »daß ich Ihrem Versuch einer Lösung des jüdisch-deutschen Problems durch allgemeinen Übertritt der Juden zum Christentum mit Interesse gegenüber stehen muß, sofern ich selbst Mischblut bin, und mit Sympathie, da ich mit ganzem Herzen mich als Deutschen fühle und als Christen bekenne. Ich bin überzeugt, daß die Juden, nachdem sie ihre Religion aufgegeben haben, in wenig Generationen als Juden verschwunden sein werden: sehen wir doch die getauften Juden, oder wenigstens ihre Nachkommen, um desto besser ihr jüdisches Blut zu verleugnen, mit Renegaten-Eifer in großer Zahl sich als Antisemiten betätigen.«[179] Eine allgemeine Taufe der dem Siebzigmillionenvolk »unverdaulichen sechsmalhunderttausend Juden« werde die völlige Assimilation bewirken. »Ich, selbst aus einer Mischung jüdischen, deutschen und französischen Blutes entsprungen, bin natürlich nicht der Meinung, daß durch Assimilierung der Juden das Blut der Deutschen Schaden leiden wird; im Gegenteil; meiner Ansicht nach wird der infolge solcher Blutmischung entstehende generative Gärungsprozeß dem zu – sagen wir – Beschaulichkeit oder Bequemlichkeit neigenden deutschen Wesen zu Gute kommen.«[180] Wahrscheinlich sei diese Konversion nicht, da die intelligenten Juden den nationalen »Kitt«[181], als welcher ihre Religion funktioniere, kaum aufgeben würden. Die wenigen Male, die er Kontakt zu Juden hatte, hätten bei ihm der Eindruck verstärkt, daß jene »in der eigentümlichen zwitterhaften Stellung«[182] als Juden *und* Deutsche verharren wollten. Zudem erkenne der Jude im Christentum keine höhere Entwicklungsstufe gegenüber der eigenen Religion. Am Schluß des Vorworts steht dennoch der Wunsch, daß die »Hoffnung einer allgemeinen Judentaufe« seinem Zweifel gegenüber recht behalten möge.[183]

Arnold Mendelssohn ist kein Antisemit. Aber seine unter den Zeitgenossen und auch unter den liberalen Familienmitgliedern durchaus gebräuchliche rassisch-biologische Begrifflichkeit wird von deutschen Antisemiten, die den »Volkskörper« von »jüdischen Elementen reinigen« wollen, verwendet. Wo Arnold von der »Unverdaulichkeit« der großen jüdischen Minderheit spricht, kommt er dem Denkansatz der Antisemiten, die im wilhelminischen Kaiserreich an Einfluß gewonnen haben, gefährlich nahe. Daß er in demselben Text von 1917 zuletzt einen christlich-versöhnlichen Ton anschlägt – »Ihr seid sozusagen Gottes Kinder, deren keines seiner Familie fehlen darf«[184] –, kann die vorausgegangene antijudaistische Argumentation nicht entschärfen. Für einen gebildeten Mendelssohn, den der jüdische Philosoph Spinoza fasziniert und der die eigene Familiengeschichte kennt, bedeutet diese politische Instrumentalisierung der traditionellen Judenmission einen intellektuellen und moralischen Bankrott. Eine Erklärung für diese antijüdischen Ausfälle muß psychologische Spekulation bleiben. Der Selbsthaß des schuldbewußten Vaters oder die Außenseiterrolle der ärmeren, benachteiligten Mendelssohns könnte eine Rolle gespielt haben. Wahrscheinlich hat seine Aversion gegen die Moderne den deutschen Patrioten dazu verführt, das antisemitische Feindbild von den Juden als Avantgarde ebendieser zerstörerischen Moderne auf sich wirken zu lassen.

Soldatenlied

Wenn das »lange 19. Jahrhundert« tatsächlich von 1789 bis 1914 gedauert hat, wie der Historiker Eric Hobsbawm meint,[185] lassen sich die Mendelssohns im Hinblick auf ihre Werte und ihre Traditionsverwurzelung – und obwohl die Geschichte der Nachkommen des Moses mit dem Ersten Weltkrieg keineswegs endet – als eine Familie jener Epoche verstehen. Das lange 19. Jahrhundert ist die große Zeit ihres Aufstiegs, ihres Ruhms. Auch der gesellschaftliche Erfolg Moses Mendelssohns gehört, obwohl der Pionier der jüdischen Emanzipation 1789 schon drei Jahre tot war, in diese Zeit. Das Jahrhundert der Mendelssohns ist auch die Epoche der bürgerlichen Familie, deren beginnende Auflösungserscheinungen in Deutschland nach dem Ersten Weltkrieg deutlicher sichtbar werden. Neun Nachkommen Moses Mendelssohns, Söhne und Enkel der vierten Generation, werden in diesem Krieg fallen. Die Mendelssohn-Bank wird in der russischen Oktoberrevolution einen beträchtlichen Teil ihres Kapitals verlieren.

Wenige Wochen vor den Schüssen von Sarajewo ist in der *Allgemeinen Zeitung des Judentums* unter dem Titel *Ein zu Unrecht Vergessener* die erste und letzte Rehabilitation Arnold Mendelssohns sen. erschienen: des Arztes, der im Krimkrieg umkam, dem ersten modernen, als industrielle Materialschlacht geführten Krieg der Geschichte, der Probe für Verdun. Das Judentum [!] brauche sich dieses Mannes nicht zu schämen, heißt es da über den Sozialisten Arnold. [186] Nach dem Weltkrieg wird auch diese späte Würdigung mitsamt dem Säkulum untergegangen sein.

Arnold Mendelssohn jun. erhält im Jahr des Kriegsbeginns das Ritterkreuz des Ludwigordens aus den Händen des hessischen Großherzogs. Er ist als renommierter Komponist und vaterländisch gesinnter Bürger in der wilhelminischen Gesellschaft angekommen. Die Verbindung zu den Verwandten hat er nicht gänzlich verloren, vom Erbe seines Urgroßvaters hat er sich jedoch weiter entfernt als andere. Als der Krieg und mit ihm die allgemeine Feldzugseuphorie ausbricht, ist der 58jährige zu alt für die Armee. So schreibt er Soldatenlieder, vertont zwei der populärsten Stücke dieses Genres, *Heute wollen wir ein Liedlein singen* (Hermann Löns) und *Drüben am Wegesrand* (H. Zuckermann), sowie Rudolf Alexander Schröders chauvinistisches *Reiterlied* und dessen *Deutschen Schwur* (für gemischten Chor): »Du sollst bleiben, Land! Wir vergehn.«[187] In dem *Deutschen Flottenlied,* der Vertonung eines preisgekrönten Gedichts von Gottfried Schwab, hieß es drei Jahre zuvor: »Was die Kraft der Ahnen schuf, du auch sollst es wagen! Michel, eh die Zeit verrinnt, schlag an dein Gewissen [...].«[188] Während man in der Mendelssohn-Tradition stolz und melancholisch auf den toleranten Ahnherrn und das Künstlerparadies in der Leipziger Straße zurückblickt, berufen sich die Hurra-Patrioten lieber auf soldatische Tugenden und siegreiche Feldzüge des vergangenen Jahrhunderts.

Soldatenlied heißt eines jener von Arnold Mendelssohn komponierten Landsknechtslieder, das die Soldaten auf ihrem Weg in die Schützengräben und auf die Schlachtfelder begleitete; vielleicht war er selbst der anonym gebliebene Texter dieser poetischen Verklärung des Krieges, einer – auch musikalisch irritierend lieblichen – Erinnerung an die sogenannte gute alte Zeit:

Es gibt nichts Schön'res auf der Welt,
es kann nichts schöner sein,
als wenn Soldaten ziehn ins Feld,
wenn sie beisammen sein.
[...]
Den Leib begräbt man in der Gruft,
der Ruhm bleibt in der Welt,
die Seele schwingt sich in die Luft,
ins blaue Himmelszelt. [189]

Die mörderischen Materialschlachten des 20. Jahrhunderts kommen in Arnold Mendelssohns Propagandaliedern sowenig vor wie die Möglichkeiten chemischer Kriegsführung, die fünfzig Jahre zuvor, bei den ersten chemischen Experimenten Paul Mendelssohn Bartholdys, durch die Linsen des Spektrographen noch nicht zu erkennen waren. Während des Ersten Weltkriegs wird die AGFA, seit 1904 mit Bayer und BASF zum Dreibund 04 zusammengeschlossen, unter Paul Mendelssohn Bartholdys Schwager Franz Oppenheim ein wichtiger Giftgasproduzent. In den AGFA-Werken in Berlin-Treptow werden Giftgase in Stahlflaschen abgefüllt, die Gaslieferungen kommen aus den Farbwerken Höchst, Bayer und der AGFA-Farbenfabrik Wolfen. Außerdem werden Gasmaskenfilter produziert. Die Kampfstoffe Clark, Gelbkreuz, Blaukreuz und Phosgen werden an der Front eingesetzt. Am 22. April 1915 erfolgt der erste deutsche Gasangriff bei Langemark: 30 Tonnen Chlor aus 6000 Stahlzylindern.

Die Deutschen und ihre Mendelssohns sind im 20. Jahrhundert angekommen.

Sechstes Kapitel
Vermächtnis in der Krise

Sie ist verblüffend gut erhalten, was für ihre irischen, englischen, italienischen und deutschen Liebhaber spricht. Seit dem ersten Tag ihrer Existenz war sie offenbar in den Händen von Kennern, die ihre Einzigartigkeit zu schätzen wußten. Antonio Stradivari, der berühmteste aller Instrumentenbauer, hat diese Kniegeige neun Jahre vor der Geburt Moses Mendelssohns geschaffen. Ihre Linien sind schwungvoll, der Lack hat einen tiefroten Ton. Das Ahornholz der Rückseite und der Oberseite ist glatt. Das Pinienholz ihres Bauches ist ebenmäßig gemasert, nicht zu feinkörnig, nicht zu grob. Die vollkommene Harmonie des Stradivari-Cellos überwältigt den Betrachter. Der Klang des Instruments ist hell und voll.

Anfang des 20. Jahrhunderts kommt dieser Schatz in den Besitz der Mendelssohns. Ein irischer Weinhändler hatte das klingende Kunstwerk 1818 in Andalusien erworben; in Dublin begann Alfredo Piattis Liebesgeschichte mit dem Cello, das einmal seinen Namen tragen sollte. Der Italiener hatte im Juli 1844, bei einer Londoner Begegnung mit Felix Mendelssohn Bartholdy, dessen zweite Cello-Sonate B-Dur op.45 während eines Konzerts im Freundeskreis vom Blatt spielend uraufgeführt. Felix, von dem virtuosen Spiel beeindruckt, beginnt bald darauf ein Cello-Konzert für Piatti zu schreiben, aber erste Notizen gehen unterwegs verloren, der Plan wird aufgegeben. Wenige Wochen später, im November 1844, sieht Piatti das Stradivari-Cello zum erstenmal. Er ist hingerissen von seinem Klang und der handwerklichen Präzision. In den folgenden Jahren wird er das außergewöhnliche Instrument immer wieder in Konzerten spielen. 1867 erhält er es von dem reichen Vorbesitzer als Geschenk.

Robert Mendelssohn, der junge Bankkaufmann und ambitionierte Cellist, schwärmt schon früh für das Piatti-Cello. 1883 treffen er und sein Vater Franz bei einem Diner in London den Musiker, dessen Instrument »in der Tat fast ebenso schön zu sehen wie zu hören ist. Ich begreife Robis Entzücken«, schreibt Vater Franz. Piattis Spiel sei sicher, vorzüglich, unfehlbar rein, wirke allerdings zuweilen lediglich »durch den Ton«.[1] Die verhaltene Kritik des Vaters kann die Liebe Roberts zu der Stradivari nicht mindern. Als Alfredo Piatti im Sommer 1901 stirbt, kauft der dreiundvierzigjährige Berliner Bankier, der seit drei Jahren mit der Florentinerin Giulietta Gordigiani verheiratet ist, das legendäre Instrument von der Tochter des Star-Cellisten in Bergamo. Am 6. September 1901, dem Geburtstag Moses Mendelssohns, kommt in Berlin Roberts Sohn Francesco zur Welt, der eines Tages das Cellospiel als Beruf ergreifen wird.

Das Cello aus Stradivaris Werkstatt verweist in dieser Familiensaga auf die Kraft der Erinnerung und der Traditionspflege – gegen die Desillusionierungen des 20. Jahrhunderts. Von einem kunstbegeisterten Bankier, den es 16 Jahre begleitet, am Beginn dieses Jahrhunderts erworben, symbolisiert das Instrument mit seiner magischen Aura die Priorität der schönen Künste in der Mendelssohnschen Weltanschauung. Die Familie, die dem kaufmännischen Erfolg einen Großteil ihres Ansehens und ihres Einflusses verdankt, bleibt der Kunst und den humanistischen Idealen besonders verpflichtet. Dabei werden die Mendelssohns selbst, nicht anders als das Piatti-Cello, zu einem diffusen Markenzeichen der verklärenden Rückbesinnung auf eine große Vergangenheit. Wofür dieses Zeichen tatsächlich steht, muß die fünfte Generation durch eigene Identitätsbestimmungen neu formulieren. Sie wird, herausgefordert nicht zuletzt durch jene, die dem jüdischen Erbe der Mendelssohns das Überlebensrecht absprechen, zur Generation der Rettung und des Exils – zur Generation der Krise.

Ihre Mendelssohns und die Dekaden dieser Krise wird Stradivaris Baßgeige überleben. Wenn das Jahrhundert der fünften Generation im Desaster schrecklicher Verbrechen zu enden scheint, signalisiert Piattis Cello, daß es einen Glauben der Mendelssohns gibt, der ihre eigene Geschichte überdauert: den Glauben an den Humanismus der Kunst und die Schönheit der Musik.

Die Welt der Bankiers

Giulietta Gordigiani ist eine außergewöhnliche Erscheinung. Die Pianistin und Sängerin stammt aus einer Künstlerfamilie: Der Großvater ist Komponist, Vater und Bruder sind Maler. Gastspiele führen Giulietta bald nach Rußland und Deutschland. Gabriele D'Annunzio dient sie als Vorbild für die Figur der Donatella Arvale in seinem Roman *Il fuoco* (*Das Feuer*, 1900), einem schonungslosen Bericht über seine Beziehung zu der Schauspielerin Eleonora Duse. Die Duse, eine Freundin Robert von Mendelssohns, soll dem Bankier diese atemberaubende Schöne zugeführt haben. Robert und Giulietta heiraten, die Duse wird Patentante der Tochter Eleonora Gabriella Marie Josepha und häufiger Gast der Familie. Robert betreut ihre Geschäfte; wenn sie in Berlin gastiert, wohnt sie in der Villa, die er von 1901 bis 1903 im Grunewald, gleich neben dem herrschaftlichen Domizil seines Bruders Franz von Mendelssohn, hat erbauen lassen.

Für die Innendekoration beider Villen hat der Kaiser seinen Mendelssohns Ratschläge erteilt, die nicht ignoriert werden dürfen. Bei der Einrichtung des Hauses läßt sich Robert von dem Generaldirektor der preußischen Museen, Wilhelm Bode, beraten. An den Wänden hängen Gemälde von Rembrandt, van Gogh, El Greco und Bilder der französische Impressionisten. Der Cellist Robert und die Pianistin Giulietta spielen glänzend miteinander. Die Kombination der musikalischen Talente zieht interessierte Musiker an. Regelmäßiger Gast ist der ergraute Joseph Joachim. Bei den von Mendelssohns geht eine illustre Gesellschaft ein und aus: Industrielle, Politiker, Wissenschaftler und Künstler wie Max Reinhardt, Albert Einstein und Max Planck, Walther Rathenau, der ebenfalls im Grunewald wohnt, Isadora Duncan, Edward Gordon Craig und der Verleger Samuel Fischer. Joseph Joachim, Franz und Robert spielen im Trio, sie stellen Quartetts und Quintette zusammen. Das Musikzimmer »ist sparsam und perfekt geschmackvoll möbliert. Der Raum wird dominiert von drei großartigen [Gemälden Camille] Corots. Die charakteristische silbrig-graue Tönung dieser Landschaften, voll von geheimnisvollem Charme, scheint das notwendige Recueillement zur wahren Wertschätzung der Kunst einzuladen, der dieser Raum gewidmet ist.«[2]

Seit dem Tod des Onkels und Seniorchefs Ernst von Mendelssohn-Bartholdy im Jahr 1908 leitet Robert das Bankhaus Mendelssohn & Co. Die Geschäftsleitung liegt damit wieder bei einem Joseph-Nachfahren; Roberts jüngerer Bruder Franz und der Cousin Paul von Mendelssohn-Bartholdy sind die Junior-Teilhaber. Zur Zeit der Geschäftsübernahme beträgt Roberts Vermögen 21 Millionen Mark, sein jährliches Einkommen 1,6 Millionen Mark. Anders als seine Vorgänger, die ihre Interessen meist durch Vertrauensmänner sicherten, wird er Aufsichtsrat der Deutsch-Asiatischen Bank in Schanghai und der Berliner Assecuranz-Gesellschaft von 1832. Er sitzt im Verwaltungsrat des Berliner Cassen-Vereins und amtiert als Königlich-Schwedischer Generalkonsul und Schatzmeister des Flottenvereins. Er unterstützt die konservative Rechte und befürwortet den Wilhelminischen Kolonialismus. Nachdem Zentrumspartei und Sozialdemokraten einen Nachtragsetat zur Finanzierung des Kolonialkrieges in Südwestafrika verhindert haben, löst Reichskanzler von Bülow 1907 den Reichstag auf: Mit anderen Wirtschaftsbossen unterzeichnet Robert von Mendelssohn einen Aufruf des »Komitees Patria«, der sich gegen die Kriegsgegner wendet. Aus den folgenden »Hottentottenwahlen« geht das konservative Lager gestärkt hervor. Außerdem übernimmt der Bankier den Kuratoriumsvorsitz der »Moses Mendelssohn'schen Waisenerziehungsanstalt«, einer Institution der Jüdischen Gemeinde. Er ist eine Persönlichkeit mit breitgefächerten Interessen, politisch konservativ, kulturell fortschrittlich, ein humorvoller, warmherziger Vater.

»Die Mendelssohns bleiben, was sie sind«

Als der Erste Weltkrieg ausbricht, steht Mendelssohn & Co. – Patriotismus hin, Kapitalismus her – vor dem Problem seines Rußlandgeschäftes. Das Bankhaus hat sich mit der Emission von

Wertpapieren zu einem der führenden Geldinstitute Europas entwickelt. Den großen französischen und englischen Häusern läuft es dabei den Rang ab, überholt beim Geldgeschäft deutsche Aktiengroßbanken, fungiert als Finanzvertretung einiger ausländischer Regierungen sowie wichtiger Groß- und Notenbanken und beteiligt sich an Konsortien für türkische und marokkanische Staatsanleihen. Gleichwohl bleibt das russische Engagement ein Hauptpfeiler des Unternehmens. Mendelssohn & Co. dominiert die von Deutschland ausgehenden Geschäfte mit der Regierung in St. Petersburg, russische Staats- und Eisenbahnanleihen, Handelskredite und die Regulierungen des Rubelkurses.

Die Verbindungen zur zaristischen Regierung sind krisenerprobt. Während des Russisch-Japanischen Krieges 1904/05 und der anschließenden Revolution von 1905, die Nikolaus II. dazu veranlaßt, seinem Reich eine Verfassung zu gewähren, intervenieren die Mendelssohns zugunsten der russischen Anleihen geschickt an der Berliner Börse. 1914 ist der Fall schwieriger, Rußland ist jetzt Kriegsgegner. Für keine Bank birgt dieser Krieg so große Risiken wie für Mendelssohn & Co. Doch das Geldinstitut in der Jägerstraße imponiert der Fachwelt. Während des Krieges weiß es den gesamten deutschen Zinsendienst der von ihm emittierten russischen Anleihen zu bedienen und eigene Verluste souverän zu kompensieren. »Darf man den Mendelssohns einen Vorwurf daraus machen, daß sie die Finanzgeschäfte der russischen Regierung besorgen?« fragt im Herbst 1914 der Wirtschaftsjournalist Leo Jolles – und antwortet mit einer Hommage: »Die Mendelssohns bleiben was sie sind, ob mit oder ohne Russen.« Das Bankhaus, die älteste und bedeutendste Berliner Privatbank, stellt sein Kapital hauptsächlich dem Geldmarkt zur Verfügung, konzentriert sich auf den eigentlichen Geldhandel, ist Hauptdiskonteur an der Berliner Börse und hält an der Tradition fest, nicht in die Unternehmensgründung zu gehen, »unter keinem Industrieprospekt hat je der Name Mendelssohn gestanden«. Emittiert werden ausschließlich russische Wertpapiere und deutsche Staatspapiere. Über den Umfang des Mendelssohn-Vermögens gebe es unterschiedliche Schätzungen, jede erreiche den Level »einer ansehnlichen Großbank«. Und da die Ehrfurcht vor der Kultur in der Reichshauptstadt sonst eher zu kurz komme, weist Jolles ausdrücklich darauf hin, daß sich mit Mendelssohn & Co. »sogar im Berliner Wirtschaftsbezirk Kulturträger erhalten haben«.[3]

Das Senioritätsprinzip

An der Spitze des expandierenden Bankhauses steht in der Regel ein Vertreter der Joseph-Linie. Unabhängig von der juristischen Gleichberechtigung der Partner in den Sozietätsverträgen obliegt dem Ältesten die Führung. Das war schon in der Partnerschaft der Brüder Joseph und Abraham von 1804 bis 1822 so; der Erstgeborene beanspruchte seine Rechte als Firmengründer, was zu Spannungen und auch zur Trennung der Kompagnons beitrug. Während der knappe Sozietätsvertrag zwischen Joseph Mendelssohn und seinem Sohn Alexander 1830 auf das »unbegränzte Vertrauen, welches wir wechselseitig ineinander setzen«,[4] aufbaut, ist der 1838 geschlossene Gesellschaftervertrag mit dem Neffen und Cousin Paul Mendelssohn-Bartholdy ungleich ausführlicher. Das Mißtrauen zwischen den beiden Bankiers-Linien der Mendelssohns mag in den Folgejahren ein wenig abgebaut worden sein: In einem Silvesterbrief an die »Herren Mendelssohn, ohne Compagnie« bedankt sich Paul, der Sohn des schwierigen Abraham, 1845 recht launig und artig bei Joseph und Alexander für die Steigerung seines Anteils an den gemeinschaftlichen Geschäften von dem bisherigen Siebtel auf ein Fünftel. »Meine Stellung zu der Handlung ist gleich von Anfang an auf einer so breiten Basis begründet gewesen, daß es mir nie eingefallen wäre, an eine Aenderung derselben auch nur zu denken, geschweige denn, sie zu beantragen. […] Ich sehe aber, man kann sich in der jetzigen Zeit der Fortschritts-Parthey nicht entziehen, und so verspreche ich denn der neuen Fahne, zu welcher ich schwören muß, dieselbe Treue und Anhänglichkeit wie der alten! Und somit vivat 1846 seq[uentes].«[5]

In der über hundertjährigen Firmengeschichte ist nur dreiundzwanzig Jahre lang ein Mendelssohn-Bartholdy Seniorchef gewesen; zudem stehen in der Geschäftsführung meistens zwei Joseph-Nachkommen einem Abraham-Nachkommen gegenüber. Die beiden Jahrzehnte, in denen der ehrgeizige und erfolgreiche Ernst von Mendelssohn-Bartholdy als primus inter pares die Bank leitete, haben die Differenzen in Betriebsführung, Lebensstil und öffentlichem Auftritt zwischen den beiden Stammbaumlinien wieder deutlicher werden lassen. Ehrenzeichen, Ehrentitel, Immobilien und Einkommenshöhe signalisieren nun nicht nur der Außenwelt, sondern auch im Kreis der Gesellschafter die eigene Position; zumindest für Ernst von Mendelssohn-Bartholdy hat dieses familiäre Ranking eine bedeutende Rolle gespielt. Für seinen Sohn Paul, der mit dem Tod des Vaters als Vertreter der Abraham-Linie in die Unternehmensführung eintritt, wird es um so schwerer, sich gegenüber den zehn und achtzehn Jahre älteren Profis Franz und Robert, dem Seniorchef, zu profilieren. Außerdem geben unsaubere Geschäfte eines Cousins aus Süddeutschland, der in Berlin ein Bankhaus Mendelssohn-Bartholdy & Co. KG gegründet, eine Million Mark veruntreut hatte und dann im Ersten Weltkrieg gefallen war, Pauls guten Namen vor der Berliner Gesellschaft, in Finanzkreisen und vor den Teilhabern in der Jägerstraße der Lächerlichkeit preis. Für einen Bankier kann solch ein Imageverlust empfindliche Folgen haben.

Der Kunstsammler Paul von Mendelssohn-Bartholdy

Paul von Mendelssohn-Bartholdy, dem ältesten, jahrelang einzigen Sohn des mächtigen Ernst von Mendelssohn-Bartholdy, war die Bankiers-Nachfolge zwangsläufig zugefallen. Dem väterlichen Beruf folgt der Stammhalter ohne Begeisterung. Manches deutet darauf hin, daß er, anders als seine Vorgänger in der Jägerstraße, seine privaten Neigungen den gesellschaftlichen Erwartungen nicht untergeordnet hat. Er ist der einzige Mendelssohn-Bankier, der sich scheiden läßt und kinderlos bleibt. Er ist der erste, der bei der Wahl seiner Ehefrau – einer Gesellschafterin seiner geschiedenen Frau – den Standesaspekt ignoriert.

Noch unter dem Einfluß seiner ersten Frau Charlotte, einer Tochter der großen Kunstsammlerin Margarete Oppenheim, wird Paul zum bedeutendsten Sammler zeitgenössischer Kunst in der Familie. Zur Einrichtung seiner Häuser und Schlösser gehören neben einer kostbaren Asiatika-Kollektion zahlreiche Werke van Goghs und Picassos; der berühmte *Garçon à la pipe* von 1905 kommt um 1910 in seinen Besitz.

Am auffälligsten tritt dieser scheue Individualist der fünften Generation jedoch als Bauherr in Erscheinung. Nur wenige Monate nach dem Tod seines Vaters läßt Paul durch den Architekten Bruno Paul, einen Lehrer Mies van der Rohes, das spätklassizistische Börnicker Herrenhaus zu einem »Schloß in der Mark«[6] umbauen. Eine herrschaftliche Auffahrt führt im weiten Bogen um ein Rondell zu dem Anwesen, das nun französische Fenster, ein hohes Mansardendach mit Gaubenfenstern für zusätzliche Gästezimmer und eine breite Freitreppe in den Park mit See, Tempelchen und Tennisplatz hat. Im Schloß gibt es eine nach Süden und Norden geöffnete Halle, Pilaster an den Wänden, Decken- und Wandgemälde, vertäfelte Wände, Räume für Kunstsammlungen; außerdem ein Badezimmer, das in seiner Form an ein jüdisches Ritualbad erinnert und – hier haben sich Teile des Vorgängerbaus erhalten – aus der Mitte des 19. Jahrhunderts stammt. In Börnicke residiert Paul, der Ururenkel Moses Mendelssohns, als Feudalherr, Hauptarbeitgeber und bis 1918 unangefochtener Souverän einer märkischen Bauerngemeinde.

1913 wird das prächtige Wohnpalais der Familie in der Jägerstraße 53 dem Königreich Belgien als Botschaftsgebäude vermietet und dann verkauft. Im selben Jahr beginnt, ebenfalls nach Plänen Bruno Pauls, der Bau eines dreiflügeligen Wohnpalais in der Alsenstraße, nahe dem Reichstag. Während der zweijährigen Bauzeit dürfte der Bauherr, soweit er nicht als Soldat an der Front ist, häufig draußen in Börnicke gewohnt haben, was seine Präsenz in der Bank kaum befördert hat. Mit diesen Bauprojekten wird der repräsentative Auftritt des eigenen Vaters überflügelt. Auch das gesellschaftliche Ansehen und der Wohlstand der Cousins werden eingeholt und überholt: Deren Grunewald-Villen sind gewiß aufwendige Wohnanlagen, durch renommierte Architekten realisiert und im Vorort der Reichen plaziert, allerdings nicht auf dem innerstädtischen Präsentierteller, nur wenige Minuten von den Zentren der politischen Macht entfernt. Der große Bau am Reichstag ähnelt Pariser Stadtpalästen des 18. Jahrhunderts und sticht deutlich ab von den übrigen Bauten des Viertels. Sachverständige unter der Leitung des Stadtbaurates diskutieren das Projekt fünf Sitzungen lang und fordern schließlich zu seiner städtebaulichen Integration zahlreiche Entwurfsänderungen. Noch in den ersten optimistischen Kriegsmonaten wird der Bau vollendet. Mit seinem großen Portal und der repräsentativen Gestaltung wirkt er gewaltig. Ein Musiksaal mit klassizistischem Stuck ist für große Festgesellschaften angelegt. In der Mitte der kaiserlichen Hauptstadt, auf einem Logenplatz der Reichen und Mächtigen jener preußischen Welt, deren Ende mit dem großen Schlachten bereits begonnen hat, nimmt der Hausherr nun Platz. Trotz seines gesellschaftlichen Ansehens ist Paul von Mendelssohn-Bartholdy kein wirtschaftspolitischer Drahtzieher, keine Schlüsselfigur auf dem Börsenparkett. Seine glanzvollen Immobilien und Sammlungen sind Ausdruck persönlicher Interessen.

Die Individualisten

Konflikte zwischen individuellen Lebenswünschen und gesellschaftlichen wie familiären Ansprüchen begleiten die Mendelssohn-Generationen von Anfang an. Schon der Stammvater Moses muß das Autonomiebestreben des aufgeklärten Subjekts und die Glaubensordnung der Jüdischen Gemeinde miteinander vereinen. Zwar gibt es in jeder folgenden Generation schwarze Schafe, die sich dem Kompromiß zwischen Familienkodex und individuellem Sonderweg verweigern. Doch der Mendelssohn-Stil ist ein anderer: Im Zweifelsfall müssen die persönlichen

Wünsche und Begabungen mit den Interessen der Familie in Übereinstimmung gebracht bzw. ihnen untergeordnet werden.

In der fünften Generation treten neue Formen individueller Selbstverwirklichung auf, selbst bei Nachkommen der disziplinierten Bankiers. Paul von Mendelssohn-Bartholdy und seine Ehefrau Charlotte realisieren mit gewaltigem finanziellem Aufwand einen großbürgerlichen Lebensstil, der erstmals in der Geschichte der Mendelssohn-Bankiers weder wirtschaftspolitischen und gesellschaftlichen Aufgaben dient noch mit dem dynastischen Aspekt der Traditionsvermittlung verbunden ist. Die ästhetische Inszenierung scheint nunmehr sich selbst zu genügen.

Bei Robert von Mendelssohn, dem Seniorchef des Bankhauses, und seiner Frau Giulietta sieht es zunächst anders aus. Die Künstlerin gibt nach der Heirat ihre Karriere auf, indem sie ihre musikalische Begabung in den Dienst der familiären Verpflichtungen stellt; der Bankier nutzt sein Vermögen zum Aufbau geschäftlicher Beziehungen und tritt als Mäzen öffentlich in Erscheinung. Dabei ist die künstlerische Leidenschaft Roberts bemerkenswert: Für seine Hauskonzerte mit Giulietta, dem Bruder Franz, Joseph Joachim und anderen Musikern gibt es in der Geschichte der Mendelssohn-Bankiers keinen Vergleich. Ein wenig erinnert seine Musikliebe, die sich in der Erwerbung des Piatti-Cellos materialisiert hat, an Moses Mendelssohns ältere Söhne, Joseph und Abraham, die ihren Neigungen – Wissenschaft und Kunst – beruflich nicht nachgehen konnten, diesen Verlust aber im Rahmen eigener Hobbys und als Förderer zu kompensieren wußten. Robert und Giulietta scheinen weitaus erfolgreicher als die Bankiers der ersten Stunde ihre künstlerischen Begabungen und ihre gesellschaftlichen Aufgaben aufeinander abgestimmt zu haben.

Kein Denkmal für Walther Rathenau

Nach dem Tod ihres Mannes, der im August 1917 im Alter von 59 Jahren nach langer Krankheit stirbt, zeigt sich, daß Selbstverwirklichung für Giulietta eine größere Rolle spielt als für jene zurückhaltenden Mendelssohn-Witwen, die ihr vorausgegangen sind. Ihre ältesten Kinder, Eleonora und Francesco, haben das künstlerische Talent von den Eltern geerbt; ihre Beziehung zur Mutter ist aber ausgesprochen schlecht. Giulietta lebt nun vorwiegend in Florenz, wo Angelica, ihre jüngste Tochter, 1920 im Alter von 17 Jahren stirbt. Bald verbindet sie sich mit dem 26 Jahre jüngeren spanischen Cellisten Gaspar Cassadó, den sie fördert, mit dem sie auftritt und seit 1934 in Florenz zusammen lebt. Dennoch verschwindet die Frau, der Roberts stattliches Vermögen zugefallen ist, nicht aus der Welt der Mendelssohns. Sie bleibt Teilhaberin des Bankhauses und hat als glühende Mussolini-Verehrerin eigene politische Meinungen, die sich vom Konservatismus ihres Mannes unterscheiden.

Als am 24. Juni 1922 im Berliner Grunewald ein Nachbar der Familie – der deutsche Außenminister Walther Rathenau – vor dem Grundstück Giulietta von Mendelssohns ermordet wird, ist der gewaltsame Kampf gegen die drei Jahre zuvor gegründete Weimarer Republik eröffnet. Rathenau, jener Unternehmer und Jude, der in seiner frühen Schrift *Höre, Israel* seinen Glaubensgenossen die gänzliche Assimilation empfohlen hatte, verkörperte für das nationalkonservative Lager die Schande des Versailler Vertrages, dessen Verpflichtungen der Politiker zumindest teilweise erfüllen wollte. Dieser von der Justiz halbherzig geahndete politische Mord wird zum antisemitischen Fanal in einer Republik halbherziger Republikaner, die sich über Deutschlands militärische, politische und wirtschaftliche Niederlage und den Zusammenbruch des wilhelminischen Systems hinwegzutrösten suchen: mit Hilfe der Dolchstoßlegende vom unbesiegten deutschen Heer. Ein intellektueller Realist und Millionär wie Rathenau gibt in dieser Situation das ideale Feindbild ab. Die Vertreter der obersten Institutionen des Staates verstehen, daß der Angriff ihnen gilt. Als 1926 am Tatort ein Gedenkstein errichtet werden soll, wendet sich die Reichsregierung gegen die Inschrift: »Hier wurde Walther Rathenau am 24. Juni 1922 ermordet – Deutschlands treuester Sohn.« Man entschärft die Widmung und formuliert, im Einverständnis mit der Familie: »Walther Rathenau /

Dem treuen Sohn des deutschen Volkes / zum Gedächtnis / † 24. Juni 1924.«[7] Doch dann findet sich kein Platz für den Gedenkstein; die Stadt Berlin ist nicht bereit, ihn auf öffentlichem Gelände zu errichten. So wird Frau von Mendelssohn gebeten, einen kleinen Zipfel ihres Grundstücks zur Verfügung zu stellen. Die Bitte wird abgelehnt.

Eleonoras und Francescos politische Ansichten stimmen mit denen der Mutter nicht überein. In ihrem Temperament und ihrem Narzißmus indes sind die Geschwister der sechsten Generation Giulietta ähnlicher, als ihnen lieb sein kann. Ohne Rücksicht auf Verwandtschaft und Öffentlichkeit leben sie die künstlerischen Träume ihrer Eltern aus: Wie die romantisch-katholische Dorothea in der zweiten, der Sozialist Arnold in der dritten, der schizophrene Revolutionsfreund Karl in der vierten Generation werden sie nach dem Tod ihres Vaters Störenfriede und Außenseiter der Familie. Dabei bestand zunächst die begründete Hoffnung, Roberts Kinder könnten dem Künstler-Stammbaum der Mendelssohns neue Ruhmesblätter hinzufügen.

Im Gifthauch der bösen Fee
Eleonora und Francesco von Mendelssohn

1919, zwei Jahre nach dem Tod ihres Vaters, heiratet die neunzehnjährige Eleonora von Mendelssohn zum erstenmal: den Pianisten Edwin Fischer. Für berühmte Künstler und große, unerreichbare Männer hat sie ein Faible. Fischer allerdings entpuppt sich als eher kindlicher Typ, der bemuttert werden will, was mit ihr nicht funktioniert. Die Ehe langweilt sie, Eleonora nimmt Schauspielunterricht. Ihr Bühnendebüt gibt sie unter dem Namen Eleonora Fischer in Wien: als Nanni in Hofmannsthals *Der Schwierige*, als Jessica an der Seite Fritz Kortners im *Kaufmann von Venedig*. Ein Österreicher namens Rudolf Forster, der eines Tages ihr Ehemann Nr. 3 sein wird, spielt die Titelrolle des Antonio. Regie führt bei beiden Aufführungen Max Reinhardt. In ihn, der zu Lebzeiten des Vaters Gast in ihrem Elternhaus war, ist sie seit Ewigkeiten verliebt. Zwanzig Jahre wird sie von der Affäre mit ihm nicht loskommen. Es scheint sie nicht zu stören, daß Reinhardt verheiratet ist. Nach einer Abtreibung wird sie krank, erhält Morphium und wird süchtig. Vor ihrem Ehemann und der unglücklichen Liebe zu Reinhardt flieht sie in die Arme des ungarischen Rittmeisters Emmerich von Jeszensky, mit dem sie 1925 am Attersee in Österreich ein Gut samt Schloß erwirbt. Sie kämpft um ein Engagement am Düsseldorfer Schauspielhaus und schreibt an die Intendantin: »*Sie* haben mich verstanden. Und deshalb komme ich zu Ihnen und bitte Sie, mich in Ihre Hände zu nehmen, mich zu führen, mir den Weg zu zeigen, der es Einem ermöglicht, Alles, was man fühlt und leidet und in sich hat, auszudrücken und zu gestalten. Und dazu gehört unendlich viele und immer neue Arbeit. Lassen Sie mich arbeiten!!! Wie *Sie* es wollen und was Sie wollen. *Nur arbeiten!* Noch nie hat wohl ein Mensch diesen Beruf mehr geliebt als ich, *nie* ist in einem Menschen die Sehnsucht danach und der innere Zwang dazu grösser gewesen.«[8]

Zwei Jahre später heiraten Eleonora und Emmerich. Er versucht durch allmähliche Reduzierung der täglichen Morphiumdosis ihre Sucht zu heilen. Sie spielt am Düsseldorfer Schauspielhaus, in Berlin an den Preußischen Staatstheatern, am Deutschen Theater und im Theater am Schiffbauerdamm sowie in München in Klassiker-Inszenierungen und Uraufführungen, mit Kollegen, deren Karriere zum Teil erst beginnt: Renate Müller, Veit Harlan, Berta Drews, Gustav von Wangenheim, Luise Ullrich, Blandine Ebinger, Egon Friedell, Rudolf Platte, Käthe Haack, Paul Graetz, Helene Weigel, Lotte Lenya, Werner Krauß, Paula Wessely, Attila Hörbiger. Sie arbeitet mit Regisseuren wie Jürgen Fehling, Otto Falckenberg und Leopold Jeßner. Die Kritik lobt das »beseelte Gebärdenspiel, die modulationsfähige Stimme«[9] der jungen Schauspielerin, sie sei eine »geborene Darstellerin des Innerlichen«,[10] die auf Effekthascherei verzichte. Über ihre Königin Elisabeth in Schillers *Don Carlos* schreibt der Kritiker Emil Faktor, die Darstellung Eleonore von Mendelssohns sei »ungewöhnlich stark«, zeige »Entschlossenheit und Lebenswärme«.[11] In der

Rolle der Bettina Clausen in Max Reinhardts Uraufführung von Gerhart Hauptmanns *Vor Sonnenuntergang* findet sie sogar Gnade vor dem gefürchteten Alfred Kerr: »Eleonore Mendelssohn gibt mit Selbstverleugnung eine Menschenstudie – wundervoll. Im armen Gang, in stoßender Sprechweise, im entzündeten Blick ein ganz tapferes Wahrheitsbild. Ein Wahrheitsvorbild.«[12] Am 21. Januar 1933 steht sie – unter anderem mit Gustaf Gründgens, Bernhard Minetti und Hans Otto – in *Faust II* auf der Bühne des Preußischen Staatstheaters: als Helena, jene mythische Schöne des Altertums, um die der Trojanische Krieg geführt wurde – ihre letzte Rolle in Deutschland.

Auch Eleonora von Mendelssohn ist eine ungewöhnliche Schönheit. »Sie war [...] so schön, daß einem die Augen übergingen, wenn man sie ansah«, hat die Schauspielerin Elisabeth Bergner ihre Kollegin später beschrieben. »So gebildet wie eine ganze Universität; und so intelligent wie sechs Teufel, und so engelhaft gut wie eben ein Engel. Sie war [...] auch der unglücklichste Mensch, den ich jemals getroffen habe. [...] Als hätten alle guten Feen an ihrer Wiege gestanden, um sie mit Schönheit, Reichtum und Talent zu segnen; und zum Schluß war die böse Fee gekommen, die man vergessen hatte einzuladen, und hatte das unschuldige Kind mit so giftigem Atem angehaucht, daß alle Segnungen davon zunichte gemacht wurden.«[13]

Abenteuer eines Zehnmarkscheins

Im Spätsommer 1926 drehen zwei junge, aufstrebende Berliner Filmkünstler, der Regisseur Berthold Viertel und der ungarische Drehbuchautor Béla Balász, den ersten sogenannten Querschnittfilm. Das neue Genre markiert den Übergang des düsteren Nachkriegsexpressionismus zur Neuen Sachlichkeit: eine Montage typischer Alltagsszenen von Großstadtmenschen, die nicht mehr aus dem begrenzten Blickwinkel des Individuums dargestellt werden sollen. Es geht um das Leben, wie es »wirklich« ist. Die Hauptrolle spielt eine Banknote, ihr »Fahren, Flattern und Streifen durch die Lebensbezirke der Großstadt«.[14] Ein Kaffeehausfenster spiegelt eilende Passanten, Autos, Busse. Der einstündige Stummfilm mit dem Titel *K 13513 – Die Abenteuer eines Zehnmarkscheins* führt durch verschiedene Milieus der großen Stadt: Das Bauernmädchen Anna gibt ihren ersten Wochenlohn, einen nagelneuen Zehnmarkschein, ihrer Mutter, der das Geld auf dem Markt gestohlen wird. In der Folge wechselt der Schein seine Besitzer, Menschen sterben, andere ruinieren ihre Existenz. Schließlich kehrt das Geld, identifiziert durch die Seriennummer, zu Anna zurück, die sich in ihren Nachbarn verliebt hat. Während sich das Paar umarmt, flattert K 13513 zu Boden und wird von Annas Hündchen zerfetzt. Einen Kurzauftritt als Pianist hat in dieser filmischen Kapitalismuskritik Francesco von Mendelssohn. Er und Eleonora, die Bohemiens aus dem Grunewald, sind mit Berthold Viertel befreundet. Francescos einzige Filmrolle zeigt ihn inmitten jener Künstlerszene, der er sich mehr verbunden weiß als den Vertretern des Finanzadels. Sein Auftritt in diesem Film ist für den reichen Bankierssohn, dem – wie seiner Schwester – ein realer Bezug zum Geld vollkommen abgeht, ästhetische Spielerei. Im Rückblick erscheint die Rolle des Beau am Klavier, der sich – während alle gesellschaftlichen Konstanten wanken – seinen Unterhalt zusammenklimpert, als ein Omen für die Zukunft des Kleindarstellers.

Die schluchzende Seele

Zuallererst ist Francesco von Mendelssohn ein begabter Cellist. Seine Lehrer waren Arthur Williams und Pablo Casals, sein Piatti-Cello ist ein Kleinod. Die »bedeutende Gestaltungskraft« seines Spiels wird von der Kritik ebenso gerühmt wie der »edle, warme Gesangston«, die »große Linie« und »blühende Kantilene« seines Instruments. »Man kann sich schwer ein noch intensiveres Erfühlen, ja Erleiden bei dem Abringen der Töne von seinem Instrument, das zu seiner singenden, bebenden und schluchzenden Seele wurde, vorstellen«, schwelgt ein Münchner Rezensent.[15] Francesco gastiert als Solist in vielen Ländern Europas, er spielt in Wien – für die sozialistische Arbeiterjugend – mit dem Pianisten Rudolf Serkin, in Düsseldorf mit dem Pianisten Conrad Hansen und mit dem Busch-Quartett. Den Höhepunkt seiner Musikerkarriere bilden Konzerte mit dem angesehenen Klingler-Quartett. Als diese Zusammenarbeit nach drei Jahren enden soll, ist die Enttäuschung des Achtundzwanzigjährigen groß.

Im Berlin der Goldenen Zwanziger ist Francesco von Mendelssohn auch für seinen glamourösen Lebensstil bekannt. Eine Fotografie zeigt ihn inmitten des Varieté-Ensembles der »Scala« im knallbunten Kostüm mit Monokel: Unter den gutgelaunten Sekttrinkern gibt er mit zuckenden Mundwinkeln das Pokerface, Perlentropfen an den Ohrläppchen. Den Bürgerschreck spielt er gern. Bisweilen springt er aus seinem Cabriolet mit den hermelinbezogenen Sitzen und flaniert im gelben Seidenschlafrock oder im roten Lederanzug über den Kurfürstendamm. Wenn er mit seiner kurzzeitigen Verlobten Ruth Landshoff – Autorin, Schauspielerin und Nichte des Verlegers Samuel Fischer – ausgeht, trägt er in einer Nacht Abendkleid und sie Smoking. In einer anderen läßt er während des Balls seinen Pelzmantel, unter dem er nackt ist, fallen und sich von der Polizei abschleppen. In der Grunewald-Villa seiner abwesenden Mutter wohnen manche Künstlerfreunde wie Ödön von Horváth, Elisabeth Bergner und Berthold und Salka Viertel wochenlang. Vladimir Horowitz ist eine zeitlang Francescos Lebensgefährte, Gustaf Gründgens wird sein Geliebter. Seine Parties sind heiß, die Mischung der Gäste ist ungewöhnlich. High-Society, Vertreter aus Wirtschaft, Kultur und Politik. Muskulöse Jünglinge, die der junge Herr von Mendelssohn in Schwulenbars getroffen hat. Der Pianist Arthur Schnabel und der Dirigent Wilhelm Furtwängler im Disput mit dem Komponisten Paul Hindemith. Strichjungen setzen sich Morphiumspritzen. Paul Wegener, Fritz Kortner und andere Theaterstars liegen der Chansonette Yvette Guilbert zu Füßen.

Der »exzentrische Paradiesvogel«[16] ist in der Yellow Press ebenso präsent wie im internationalen Jet-Set. Er hat Wohnungen am Quai d'Orsay in Paris und an der Piazza San Marco in Venedig. Das Leben ist im besten Fall eine Party, die Welt eine Bühne.

Letzter Klang, letzter Duft, letzte Schönheit

Francesco von Mendelssohn wurde viel in die Wiege gelegt. Abweisung und Mißerfolge verkraftet der vom Schicksal Begünstigte schwer. Wütend beendet er nach der unfreiwilligen Trennung vom Klingler-Quartett seine Musikerlaufbahn und wendet sich dem Theater zu, einer Leidenschaft, die für ihn mit der Verehrung einer legendären Geliebten seines Vaters verbunden ist, deren Vermögen die Bankierserbin Giulietta – das werfen Sohn und Tochter ihr vor – durch falsche Anlagepolitik ruiniert hat. Der im April 1924 gestorbenen Diva setzt er 1926 mit seiner Anthologie *Eleonora Duse. Bildnisse und Worte* ein Denkmal. Den Überschwang seines Kunstbegriffs, seinen ästhetischen Idealismus und das eigene pathetische Lebensprogramm projiziert er auf die Tote: »So offenbart sich Eleonora Duse vielleicht am tiefsten in der legendären Größe ihres einsamen Todes, in dem fremden ihrer Kunst und Wesenheit abgewandten Amerika, das ihr gleichwohl, als Greisin, den letzten, vielleicht größten, Triumph ihres Lebens bereitet hatte. Viel tiefer als materielle Not und äußere Gründe hatte sie in diesen Tod auf dem Schlachtfeld der Dämon ihres Wachstums getrieben, der ihr befahl, bis zum Äußersten groß, bis zum Äußersten stolz und mutig ihrer schenkenden Sendung bewußt, ganz sich selbst zu verwirklichen und den letzten Klang, den letzten Duft, die letzte Schönheit und die letzte, tiefeste Güte noch einmal hinzugeben.«[17]

Mitte der zwanziger Jahre beginnt Francesco Stücke von Luigi Pirandello zu übersetzen. Im April 1926 erlebt das rührende Liebes-, Sozial- und Betrugsdrama *Die Nackten kleiden*, in dem es um Lüge, Rollentausch, Illusion und Wirklichkeit geht, seine deutsche Erstaufführung an Reinhardts Kammerspielen. Das »Kleid«, das in dieser Komödie der Heldin und Selbstmörderin fehlt, ist die Lebensrolle, die für sie paßt. »Nackt sterben! Ertappt, erniedrigt und verachtet von allen! Seid Ihr zufrieden? Und nun geht, geht! Laßt mich in Stille sterben – nackt! Geht, ich kann es, glaub ich, jetzt doch sagen, daß ich niemanden mehr sehen, niemanden mehr hören möchte.«[18] Eine Außenseiter- und

Opferrolle, eine Sinnsucherin: Francesco will sich mitteilen, nicht nur als Übersetzer.

1930 gibt er sein Regiedebüt mit der *Quadratur des Kreises* von Valentin Katajew im Theater am Schiffbauerdamm. Die Schauspieler Lotte Lenya, Hilde Körber, Peter Lorre, Heinz Rühmann und Theo Lingen werden gelobt, der Regisseur als Dilettant verrissen. Er läßt sich durch Mißerfolge nicht aufhalten. Francesco inszeniert am Renaissance-Theater Noel Cowards Komödie *Intimitäten*, am Schiffbauerdamm die Uraufführung der *Italienischen Nacht* Ödön von Horváths und im Theater an der Stresemannstraße ein Kriminalstück mit Fritz Kortner, das nicht nur Alfred Kerr ablehnt: »Kortner, Francesco: Vielleicht macht ihr nächstens was Anderes.«[19] Seine zweite Horváth-Uraufführung, *Kasimir und Karoline*, kommt im November 1932 in Leipzig heraus, wird vom Komödienhaus Berlin übernommen. Daß der Vorhang für ihn und seine Freunde in Berlin bald fällt, ist noch nicht abzusehen.

Das Berlin der fünften Generation

Nach dem verlorenen Krieg, in der fürs erste gewonnenen Republik, verwandelt sich das große Stadtschloß der Hohenzollern in ein Kunstgewerbemuseum und das kleine Schloß Monbijou an der Oranienburger Straße in ein Hohenzollernmuseum. Am Anfang der Goldenen Zwanziger steht die Inflation, am Ende die Weltwirtschaftskrise und der schwarze Börsenfreitag 1929. Durch die Eingemeindung angrenzender Städte, Landgemeinden und Gutsbezirke entsteht Groß-Berlin, flächenmäßig und mit 3,8 Millionen Einwohnern hinter New York und London eine der größten Metropolen der Welt, wichtigster Verkehrsknotenpunkt und Industriestandort des Kontinents. Kommunale Siedlungen in Britz und Zehlendorf werden gebaut, begleitet von Bauskandalen. Bis 1933 wächst die Bevölkerung um weitere 400000 Personen. Das U-Bahn-Netz wird ausgebaut. Der Flughafen Tempelhof entsteht, ebenso der Flughafen Johannisthal, der erste deutsche Motorflugplatz für Flugschauen. Berlin ist die

Stadt der Künstler, der pluralistischen Lebensstile. Die Philharmonie an der Bernburger Straße und das neue Pergamonmuseum werden fertiggestellt. An der Friedrichstraße entsteht aus einer ehemaligen Markthalle, die der Architekt Hitzig in den 1860er Jahren gebaut hatte, das Große Schauspielhaus. Berlin ist die Stadt der Theater, Varietés, Cabarets und Filmpaläste. Das Romanische Café an der Kaiser-Wilhelm-Gedächtniskirche wird Treffpunkt der Boheme. An der Unterwasserstraße nahe der Jägerstraße wird ein Erweiterungsbau der Reichsbank errichtet. Die Preußische Seehandlung läßt in den dreißiger Jahren den Altbau in der Jägerstraße 22 abreißen, der so bescheiden wirkte wie das Stammhaus der Mendelssohn-Bank gegenüber, Jägerstraße 51. Im Haus Nr. 22 kam Alexander von Humboldt zur Welt, Joseph Mendelssohn hatte es erworben, der junge Alexander Mendelssohn hatte es mit seiner Familie bewohnt. Nun entsteht hier ein Neubau.

Albrecht Mendelssohn Bartholdy und das Institut für Auswärtige Politik

Berlin, Sommer 1919. Regierungsviertel, Wilhelmstraße 75/76. Auswärtiges Amt, altes Rückgebäude. In einem kleinen Raum des ministerialen Hauptarchivs beginnen drei Männer ein gigantisches, achtjähriges Editionsprojekt: der 62jährige Theologe und Politiker Johannes Lepsius, der 51jährige Reichstagsbibliothekar Friedrich Thimme und der 45jährige Rechtswissenschaftler Albrecht Mendelssohn Bartholdy, einziger Sohn des Historikers Karl Mendelssohn Bartholdy. Im Auftrag der Reichsregierung soll das Team sein Land vor der Welt und vor der Weltgeschichte rehabilitieren und dem deutschen Volk zeigen, daß die junge Republik patriotisch eingestellt ist. Mit der Publikation der diplomatischen Akten des Berliner Außenministeriums soll die »große Politik der europäischen Kabinette, 1871–1914«[20] dokumentiert und wissenschaftlich bewiesen werden, daß Deutschland keineswegs, wie es im Versailler Friedensvertrag 1918 festgeschrieben worden war, die alleinige Schuld am Ersten Weltkrieg trägt. Die Edition soll das Gegengewicht zu einer Veröffentlichung Karl Kautskys darstellen, der mit seiner Dokumentation der letzten vierzehn Tage vor Kriegsbeginn peinliche Beschränkungen des Kaisers und seiner Regierung und deren Versagen offenbart hatte. Dutzende Ordner stapeln sich auf dem Dielenboden, Akten mit Handschriften Bismarcks, mit den Originalen folgenreicher Beistandsverträge und vergangener Dreikaiserbündnisse – Dokumente einer Staatenordnung des 19. Jahrhunderts, die im Ersten Weltkrieg zerbrach.

Albrecht Mendelssohn Bartholdy ist ein angesehener liberaler Professor, der während des Krieges keineswegs zu den Hurra-Patrioten gehörte, doch teilt er die politische Intention seiner Auftraggeber. Herausgeber Thimme möchte die Dokumente gern mit monumentalen Fußnoten kommentieren, was ihm bei den Kollegen den Spitznamen Ödipus (zu deutsch: Schwellfuß) einträgt; Herausgeber Mendelssohn Bartholdy will die Texte weitgehend für sich sprechen lassen. Bei der Einsicht in die Akten der Bismarck-Ära staunt er über die friedensorientierte Diplomatie des Eisernen Kanzlers. Beschämt und fassungslos liest er Randvermerke Wilhelms II., die er in Sorge um das deutsche Ansehen am liebsten unpubliziert lassen möchte. Trotz ihrer loyalen Grundhaltung geraten die Editoren bald in Widerspruch zu den staatlichen Auftraggebern über die Vollständigkeit der Veröffentlichung, es kommt zu erbitterten Auseinandersetzungen, zu Rücktrittsdrohungen der Herausgeber. Das vierzigbändige Werk wird ein Kompromißprodukt, von Fachhistorikern wegen editorischer Mängel kritisiert, von Politikern wegen seines Umfangs kaum zur Kenntnis genommen. Selbst die auf vier Bände gekürzte Ausgabe ist dem Außenminister Gustav Stresemann zu dick; er wünscht sich das Thema einbändig komprimiert. Als Albrecht, mittlerweile Professor in Hamburg, erfährt, daß Thimme der ministerialen Zensur nachgegeben und Unangenehmes weggelassen hat, ist er entsetzt und fühlt sich wieder einmal in seinem Widerwillen gegen die Reichshauptstadt bestätigt: »Berlin verdirbt den Charakter.«[21] Als man ihn 1922 als Ordinarius in die Hauptstadt berufen will, lehnt er das vielversprechende Angebot ebenso ab wie vier weitere Berufungen an Lehrstühle preußischer Universitäten.

Ein guter Bürger dieser Welt

Albrecht entwickelt sich wie sein Vater zu einem Anti-Preußen, zu einem süddeutschen Liberaldemokraten und Weltbürger. Er reflektiert seine Herkunft, setzt sich mit dem Erbe der Familie auseinander: »Unter meinen Vorfahren ist eine lange Reihe jüdischer Rabbiner bis ins Mittelalter hinauf, unter ihnen ist eine ebenso lange Reihe von Pfarrern und Vorstehern und Glaubensmärtyrern der französisch-reformierten Gemeinde bis unter das Edikt von Nantes, unter ihnen sind deutsch-evangelische Pfarrer aus der Reformationszeit und als vierte großelterliche Reihe gute katholische Österreicher. So wird es vielen von uns gehen. Und doch sage ich auch für uns Zusammengewürfelte, daß uns der Glaube der Väter den Grund zum Leben in unserer Seele legen muß, wenn wir gute Bürger dieser Welt und unserer Heimat werden sollen.«[22] Das interkulturelle Credo aus dem Jahre 1917 paßt zu seinem pazifistischen Engagement im Ersten Weltkrieg, zu seiner Betreuung verwundeter Kriegsgefangener, zu seinem Einsatz für die internationale Vermißtensuche und zu seinem Anschluß an die gegen den deutschen Expansionsdrang gerichtete »Heidelberger Vereinigung« von 1917, der neben den Sozialwissenschaftlern Alfred und Max Weber der Erzieher Kurt Hahn angehört, ein Verwandter und Freund der Bankiers- und Mäzenatenfamilie Warburg in Hamburg, Vertrauter des liberalen Prinzen (und letzten kaiserlichen Kanzlers) Max von Baden und Freund Albrechts aus Karlsruher Jugendtagen.

Im März 1919 wird in den *Preußischen Jahrbüchern* ein Manifest unter dem Titel *Völkerbund und Rechtsfrieden* veröffentlicht, das neben Albrecht Mendelssohn Bartholdy der Historiker Hans Delbrück, Max und Marianne Weber, der Theologe und Philosoph

Ernst Troeltsch und Robert Bosch unterzeichnen. Von den 160 Mitgliedern der »Heidelberger Vereinigung« beruft die republikanische Reichsregierung einige Professoren in jene Delegation, die den Friedensvertrag von Versailles in Empfang nehmen soll. Dort verfassen Max Weber, Hans Delbrück, Graf Max Monteglas und Albrecht Mendelssohn Bartholdy an Ort und Stelle ihr sogenanntes Professorengutachten, die deutsche Protestnote gegen den Kriegsschuldartikel 231. Die Alliierten bestehen auf der alleinigen Schuld Deutschlands, der deutsche Außenminister Graf Brockdorff-Rantzau verweigert dem »Diktatfrieden« seine Unterschrift. In Versailles bewährt sich der Ururenkel Moses Mendelssohns, innerlich ausgespannt zwischen seiner Ablehnung des preußischen Militarismus und dem eigenen kritischen Patriotismus, hier qualifiziert er sich politisch für den bald darauf erfolgenden Editionsauftrag. Die Beratungen der deutschen Delegation finden hinter Stacheldraht statt, der sie vor dem Zorn der Pariser Bevölkerung schützen soll. Da die Deutschen davon ausgehen, daß eine Abhöranlage installiert wurde, versammelt man sich zur Beratung um einen Flügel; Albrecht, der beste Pianist unter den Delegierten, greift zur Abwehr des Lauschangriffs lautstark in die Tasten.

Der Fast-Alles-Könner

Eigentlich ist er, zuallererst, eine poetische Seele. Als Gymnasiast in Karlsruhe erhält Albrecht für seine Gedichte den Fichte-Preis. Mit einem Studienfreund gibt der Zweiundzwanzigjährige kurz vor der juristischen Promotion in Leipzig, die ihn eher nebenbei beschäftigt, den romantischen Lyrik-Band *Schmetterlinge* heraus.[23] Seine Verse sind pathetisch und ironisch, schalkhaft und schwärmerisch, von Tristesse umflort. Er schreibt die Opernlibretti *Mopsus* (über einen genarrten, lüsternen Faun)und *Simplicius* (über Schuld, Liebe und die Faszination der Gewalt im Dreißigjährigen Krieg). Er komponiert Kunstlieder nach den melancholischen Gedichten seiner Freunde und berühmterer Poeten. Wenn er, auf Vortragsreisen oder im halböffentlichen Kreis, gelegentlich als virtuoser Pianist auftritt, wirkt er wie in eine andere Welt entrückt, aus der er irritiert zurückkehren muß. Beim Schlußapplaus zeigt sich auf seinem Gesicht ein zaghaftes, um Entschuldigung bittendes Lächeln. Albrecht ist wie sein Ururgroßvater Moses ein Sprachkünstler, auch im Englischen, Französischen und Italienischen. Die *Frankfurter Zeitung* möchte den 34jährigen Würzburger Ordinarius für Zivilrecht als Feuilletonchef gewinnen. Der gutaussehende Fast-Alles-Könner ist ein gewinnender Gesprächspartner, ein strahlender, erfolgsverwöhnter Charakter, etwas ungeübt in der Einsicht eigener Fehler. Ein unpraktischer Idealist, wie er sich selbst definiert. Er schließt sich Literatenzirkeln an, steht mit Rainer Maria Rilke und Paul Heyse, dem Literaturnobelpreisträger, in Verbindung. Und er schreibt, wie ein Mendelssohn, geistreiche, brillante Briefe: rund 20000 im Laufe seines Lebens, die in alle Winde zerstreut sind; rund zehntausend Briefe, die er empfangen hat, sind in seinem Nachlaß erhalten. Die Enge der Würzburger Provinz erträgt er nur durch kreative Nebenbeschäftigungen: organisiert Volkskonzerte und gründet 1916, nach dem Tode des Freundes Max Reger, die Jenaer Reger-Festspiele.

Wie die Verhältnisse in Deutschland liegen

Zur eigenen Familie steht Albrecht in einem ambivalenten Verhältnis. Seinen Vater Karl kennt er nur als Anstaltspatienten; doch verehrt er ihn und besucht ihn in dem Schweizer Sanatorium. Adolph Wach, der Freund und Schwager des Vaters, wird ihm Ersatz-, Doktor- und Schwiegervater: 1905 heiratet Albrecht in Leipzig Wachs Tochter Dora, seine Cousine. Sein Interesse an der Familiengeschichte, das sich in der Pflege eines Archivs, in gelegentlichen Veröffentlichungen und in Hebräisch-Studien äußert, ist größer als sein Bedürfnis, sich mit den Berliner Mendelssohn-Bankiers zu verbinden. Nur zu seinem Cousin Otto, dem Sohn des AGFA-Gründers Paul Mendelssohn Bartholdy, besteht intensiver Kontakt. Otto ist im Kreis der Mendelssohns ein sehr eigensinniger Typ, neben seinem Bruder Ludwig, der 1918 bei Bolowsk fällt, der einzige Bankier unter den Nachkommen des Komponisten Felix. Er ist Teilhaber des Bankhauses Warschauer & Co., hat eine Adresse am Pariser Platz vor dem Brandenburger Tor und besitzt in der Residenzstadt Potsdam seine an den Urgroßonkel Jacob, den Bruder Lea Mendelssohn Bartholdys, erinnernde »Casa Bartholdy« mit Seeblick. Dort macht Albrecht bereits 1901 die Bekanntschaft des Hamburger Bankiers Max Warburg, der zwei Jahrzehnte später ein entscheidender Förderer seiner Projekte werden soll. Otto, der Geschäftsmann, ist ein Bonvivant, Jäger, Segler, Reisender. Jahrelang sucht er in der Nähe von Albrechts Würzburger Wohnort einen Landsitz, der ihm zusagt. Während seine Frau Cécile sich am Leben der feinen Gesellschaft orientiert, ist Otto von Äußerlichkeiten und Statussymbolen unabhängig. Darin ähnelt er dem Cousin Albrecht, dessen Autographenkäufe er gelegentlich finanziert, dessen Freunden er berufliche Kontakte erschließt und Stipendien gewährt. Doch 1907 gerät die Freundschaft der ungleichen Vettern in eine Krise.

Otto hat mit Erfolg und unter Einsatz finanzieller Hilfsmittel die eigene Nobilitierung beantragt. Treibende Kraft bei diesem von amtlicher Seite nahegelegten Schritt ist seine Frau Cécile. Nun gibt es also einen dritten geadelten Familienzweig, dessen Name allerdings, da der Bindestrich fehlt, wie zusammengeschoben wirkt: von Mendelssohn Bartholdy. Das Wappen des Frischgeadelten unterscheidet sich im Detail von denen der Jägerstraßen-Bankiers. Auf dem Schild ist nur ein schwarzer, frech und wie gerupft wirkender Kranich mit einem Stein in der Kralle zu sehen, darunter das Motto »Ich wach«; über dem Schild ein diagonal ausgerichtetes Visier (statt frontal, wie bei den anderen Mendelssohn-Wappen), die Krone ziert ein weiterer Kranich. Ottos Wappentier steht nicht brav und rechtwinklig im Profil, sondern stakst nach links und blickt dabei, den Kopf nach rechts gewendet, zurück. Dieser Edelmann demonstriert seinen eigenen Stil.

Doch unsicher wird der selbstbewußte Otto, als er Cousin Albrecht die Versetzung in den Adelsstand erklären muß. Seine Familie lebe nun einmal in Potsdam, schreibt er, wo man mit adelsfixierten Offizieren und Beamten verkehre. Er selbst sei solchen Ambitionen gegenüber gleichgültig, seine Frau sei da anders veranlagt. »Jedenfalls ist, m. E. gewiß zu Unrecht, Thatsache, daß wie die Verhältnisse in Deutschland und speciell bei uns liegen, gewisse Kreise und Berufszweige, welche ich persönlich wohl allerdings nicht ergreifen würde, für Bürgerliche nur mit großen Schwierigkeiten zugänglich sind.«[24] Otto ahnt, daß Albrecht die Hände über dem Kopf zusammenschlagen wird, bittet diesen aber, ihre Freundschaft nicht aufzukündigen. Er werde der alte bleiben und wolle den Cousin als einen »von den wenigen Menschen, zu denen ich mich hingezogen fühle«,[25] nicht als Freund verlieren. »[...] wenn Du auf diesen Brief überhaupt antwortest, so schreib' keinen Gratulationsbrief, wie wohl die andern Menschen, sondern so, wie es Dir's ums Herz ist. Grob meinetwegen, aber zum Schluß laß es so wie es bisher war.«[26] Von der ganzen Angelegenheit wüßten bisher nur seine Mutter, sein Onkel Hugo Oppenheim und sein Großvater Otto Georg Oppenheim, der deswegen lange Zeit nicht mehr mit dem Enkel sprechen wird. Wenn diese Behauptung in Ottos Brief vom 1. Mai 1907 stimmt, dann hat die Familienpost bestens funktioniert: Am 5. Mai schreibt Adolph Wach bereits besänftigend über »Ottos dumme Adelsgeschichte«, der Albrecht nicht viel Bedeutung schenken solle. Begehrlichkeit nach Titeln sei »eine Albernheit, eine Schwäche«, die besten Menschen seien »mit solchen Schwächen und Kindereien behaftetet«.[27] Der Schwiegersohn möge erst mal mehrere Nächte darüber schlafen. Albrechts Schreiben ist als Entwurf erhalten, es erreicht den Cousin am 9. Mai.

»Mit der vollen Pietät gegen unsern Ursprung«

Der Brief ist ein Zeugnis seines Familienstolzes, seines bürgerlichen Selbstbewußtseins, seines Talents zur Freundschaft. Bei einem jüdischen Familiennamen, stellt er kategorisch fest, könne der Übergang von dem bürgerlichen in den Adelsstand niemals gut gehen. Das »von« in einer solchen Verbindung sei etwas »Unanständiges«, und zwar im wörtlichsten Sinne, »etwas was nicht ansteht, was keinen Stil im höchsten Sinn hat«.[28] Davon sei er »unerschütterlich überzeugt«, und zwar »nicht nur vom Standpunkt des überzeugten und pietätvollen Juden aus (dem Standpunkt, den ich persönlich einnehmen würde), sondern genau ebenso vom Standpunkt des anständigen und ehrlichen Adligen aus«.[29] Er hätte es konsequenter gefunden, wenn Otto sich für die Nobilitierung ganz von dem Namen Mendelssohn getrennt hätte. Sein Urgroßvater Abraham habe seinerzeit für den Versuch, den Namen Mendelssohn fallenzulassen, dieselben Gründe angeführt wie Otto für seinen Schritt: »daß man sich in Verhältnisse hineingelebt habe, in denen die neue Bezeichnung die allein mögliche und vorteilhafte sei«.[30] Nur Juden dürften Mendelssohn heißen, habe Abraham behauptet. Im Kern treffe diese Ansicht auch heute zu. »Mit der vollen Pietät gegen unsern Ursprung, mit dem vollen Stolz auf den Ururgroßvater und auf seine Herkunft aus der niedersten Schicht des damaligen Judenthums, und mit der Führung seines Namens läßt sich die Stellung im preußischen Adel meinem Gefühl nach nicht vereinigen, und die Nöthigung, es zu thun, die Du für die Kinder schaffst, scheint mir schwere Konflikte für sie mit sich zu bringen.« Er habe bislang »förmlich ausgeschrieen«, daß die von Mendelssohn-Bartholdys, der Bankier Ernst und seine Nachkommen, nicht zur eigenen Familie gehörten, also keinesfalls von dem Komponisten Felix abstammten. Verschiedene Namen und Standeszugehörigkeiten müßten innerhalb des Clans zu Trennungen führen. Dem Cousin versichert er jedoch seine aufrichtige Liebe: »Deinen Wunsch [...], daß wir ohne Falschheit in alle Zukunft mit ganzem Herzen an unsrer alten Freundschaft halten [...], theile ich ganz.«[31] Tatsächlich hat sich diese Freundschaft bis in die zwanziger Jahre hinein bewährt und ist erst dann im Sande verlaufen; die politischen Positionen Albrechts und Ottos haben sich wohl voneinander entfernt.

Im Nobilitierungsstreit der Vettern zeigen sich gegensätzliche Haltungen zum Erbe der Familie, wie sie gleichermaßen unter vielen Verwandten verbreitet sind. Albrecht begreift das Vermächtnis der Mendelssohns nicht nur als eine Aufstiegsgeschichte mit ruhmreichen und nostalgischen Aspekten, sondern als inhaltliche Verpflichtung – auf die Ideale des Aufklärers Moses und dessen Einsatz für die bürgerliche Gleichberechtigung der Juden.

Der Friedensforscher

Bereits im Vorfeld des Ersten Weltkriegs, auf den wissenschaftlichen Konferenzen in Heidelberg und London zur internationalen Verständigung, und schließlich während des Krieges, als seine Würzburger Idylle zerbricht, wird Albrecht politisiert. Er hat sich bereits publizistisch für die englischen Suffragetten eingesetzt, wofür nicht einmal seine liberalen Kollegen Verständnis haben. Er beteiligt sich an der Gründung der »Deutschen Gesellschaft für Völkerrecht« und hält 1916 in Frankfurt am Main fünf Vorträge über »Bürgertugenden in Krieg und Frieden«, die später als Buch erscheinen. Es sind Beschwörungen der vorindustrialisierten Welt, idealistische Proklamationen des Primats der Moral vor der Politik, die sich gegen Heinrich von Treitschkes Machtlehre richten und gegen die populäre Vorstellung, am Kriegsgegner Rache zu nehmen. Ohne den eigenen Patriotismus zu verleugnen, aber jenseits propagandistischer Beschönigung benennt er die Realität des Krieges: In Europa sehe man jetzt »den Krieg als Verderber, den Krieg, der niedrig und schlecht macht, den Krieg, der in den Fluß des Lebens [...] gefallen ist wie ein giftiges Abwasser, alles Gesunde in ihm tötend, Tiere und Pflanzen, in denen er atmet, zu Pestleichen verwandelnd, daß er trüb und bitter dahergefahren kommt, ein Greuel der Verwüstung«[32]. Aus dem anerkannten Zivilrechtler wird in diesen Jahren der politische Wissenschaftler, schließlich der Gutachter von Versailles, der Mitherausgeber jener 40bändigen Großedition, die den verzweifelten Nachweis erbringen will, daß es nicht die eigene chauvinistische Regierung war, die den Tod von Millionen verursacht hat.

Seit 1920 erster Ordinarius für Auslandsrecht in Hamburg, gründet Albrecht dort ein Institut, das die Aufarbeitung der Kriegsursachen, die völkerrechtliche Regelung der Kriegsfolgen und die Fundierung der Weimarer Außenpolitik betreiben und die Verständigung der einstigen Kriegsgegner fördern soll: So sollen Untertanen durch politische Bildung zu mündigen Republikanern werden. Albrecht will dazu beitragen, daß sein Land wieder in der Völkerfamilie akzeptiert wird und deren Spielregeln beherrscht, will die öffentliche Meinung in Deutschland in diesem Sinn beeinflussen, offiziöse Schönfärberei korrigieren, ausländische politische Literatur in Deutschland bekanntmachen. Sein Lebenswerk steht am Anfang der Politikwissenschaft und Friedensforschung in Deutschland.

Das Mendelssohn-Institut

Am 25. November 1924 findet in den Räumen des Kupferstichkabinetts der Hamburger Kunsthalle ein Festakt statt. Das seit drei Jahren in Gründung befindliche, zunächst in den Seminarräumen des Professors Mendelssohn Bartholdy und in einem Haus des Förderers Max Warburg provisorisch untergebrachte Institut für Auswärtige Politik hat im Turmgebäude der Alten Post, hoch über dem Alsterfleet, endlich sein Quartier gefunden und wird nun offiziell eröffnet. Hamburgs Honoratioren – der Erste Bürgermeister, der Universitätsrektor, Vertreter der Handelskammer, Banker, Reeder, Professoren – haben sich eingefunden.

Drei Jahre lang hat Albrecht Mendelssohn Bartholdy mit den ehemaligen Delegationsmitgliedern der Versailler Verhandlungen, dem Bankier Max Warburg und seinem Kompagnon Carl Melchior, dem Chefunterhändler bei den Reparationsfragen und erstem Nachkriegsbotschafter in London, nach der passenden unabhängigen und deshalb privatrechtlichen Struktur für das Mendelssohn-Institut gesucht, wie man es bald nennen wird. Nun ist es über ihn, seinen ehrenamtlichen Leiter, mit der Hamburger Universität verbunden. Der Senat stellt die Räume zur

Verfügung und besoldet fünf, dann acht Mitarbeiter, zu denen die später wegen ihres Widerstands gegen den Nationalsozialismus hingerichteten Hans von Dohnanyi und Theodor Haubach gehören, außerdem Paul Marc, der Bruder des Malers Franz Marc, und Albrechts Würzburger Assistentin Magdalena Schoch, die sich als erste Frau in der Rechts- und Staatswissenschaftlichen Fakultät habilitieren wird. Den Sachetat des Instituts decken Zuschüsse der Reichsregierung, Stiftungen der Wissenschaftsförderung und Spenden. Die Warburgs unterstützen das Institut mit großzügigen Starthilfen. In New York stellt Paul Warburg in den ersten Jahren Dollarbeträge zur Anschaffung ausländischer Literatur zur Verfügung; in Hamburg kann der Neuankömmling Albrecht mit seiner Familie zunächst in einem Haus der Familie im Villenvorort Blankenese wohnen. Die Warburgs beteiligen sich später auch an der durch ihn gegründeten Hamburger Amerika-Bibliothek.

Die Eröffnungsansprache des Institutsleiters beschwört die Not der vergangenen fünf Jahre, die Initialzündung der Erfahrungen in Versailles, wo allen Beteiligten »die wahre Einsicht in die inneren Zusammenhänge, die Kenntnisse des Blutlaufs im politischen Weltkörper mangelte«.[33] Der Bürger dürfe vor der Außenpolitik nicht wie vor einer Geheimwissenschaft stehen, ihm müsse das Verantwortungsgefühl des »tua res agitur« vermittelt werden: Seine Sache werde verhandelt, so müsse man gegen die Unwissenheit kämpfen »bis zum letzten«.[34] Albrecht erwähnt auch seine durch Deutschlands diplomatische Vertretungen weltweit verbreitete Instituts-Zeitschrift *Europäische Gespräche. Hamburger Monatshefte für Auswärtige Politik,* die »in den schwierigsten Zeiten der Verzweiflung am Frieden und der wirtschaftlichen Zerrüttung« gegründet worden sei;[35] die erste Ausgabe war erschienen, als die französische Armee das Ruhrgebiet besetzte. Dieses Periodikum, in dem Aufsätze, Rezensionen, Dokumentationen und Chroniken die jüngsten außenpolitischen Entwicklungen analysieren und den Horizont der Leser global erweitern, zeuge davon, »was europäisches Wissen und Gewissen und deutsches im europäischen für die Welt bedeutet«.[36]

Mit der Arbeit seines Instituts steht Albrecht in der Tradition der Aufklärungsphilosophen, die von universalen Idealen und von der autonomen Vernunft des Menschen überzeugt waren: ein großer Vertreter seines Ururgroßvaters Moses im 20. Jahrhundert.

»Schön ist es, für den Staat Gutes zu tun«

Der überzeugte Europäer Albrecht Mendelssohn Bartholdy ist ein Mann der Alten Welt, der für sein Land die Neue Welt entdeckt. Seine Vorträge hält er nicht nur vor den hanseatischen Honorationen im vornehmen Übersee-Club, dessen Präsidium er zeitweise angehört, sondern auch vor einem englischen, französischen, Schweizer, skandinavischen, osteuropäischen und amerikanischen Publikum, das Deutschland und Europa nicht abschreiben soll. 1926 lädt ihn das Institute of Politics der Yale University in New Haven ein, wo man noch im Vorjahr abgelehnt hatte, einen Deutschen zur Vorgeschichte des Weltkriegs sprechen zu lassen. In seiner Rede über die politische Lage in Europa plädiert er, trotz der jüngsten nationalistischen Verirrungen, leidenschaftlich für die Wahrnehmung des Kontinents als Einheit, für ein »European Commonwealth«. Den kolonialistischen Rassismus attackiert er ebenso wie den Rückzug des Bürgers von der Politik: Sein Schullehrer habe ihn seinerzeit davor gewarnt, die Politik zu verteufeln und sich lieber mit schöner Kultur zu befassen. Statt die Politik als schmutziges Geschäft dem Teufel zu überlassen, müsse jeder einzelne sie ernst nehmen wie einen Gottesdienst.

Albrechts politische Moral unterscheidet sich von der internationalen Geschäftspolitik der Bankiers-Verwandten, die es häufig verstanden haben, ihre persönliche liberale Haltung und moralisch anfechtbare Vertragsabschlüsse miteinander zu verbinden: vom Waffenhandel Josephs und Abrahams im Befreiungskrieg bis zur engen Verbindung ihrer Nachfolger mit dem autokratischen Zaren-Regime. Der Konflikt zwischen Interessenpolitik und einer sendungsbewußten Politik der universalen Werte hat die auf Wirtschaft und Kultur gleichermaßen ausgerichteten Mendelssohns in ihrer Geschichte begleitet. In dem Jahrhundert der totalitären Ideologien, in der politischen Polarisierung der zwanziger und dreißiger Jahre, wird es schwieriger, in diesem Konflikt neutral zu bleiben. Albrecht, der Jurist, ist kein naiver Weltverbesserer, doch vertritt er einen hohen moralischen Anspruch, der vom Bürger den Einsatz für das Gemeinwesen verlangt.

Nach seiner Rückkehr aus den USA gründet Albrecht Mendelssohn Bartholdy in Hamburg eine »Gesellschaft der Freunde der Vereinigten Staaten« und die Zeitschrift *Hamburg-Amerika-Post*: Die Deutschen sollen ihre Scheuklappen ablegen und wie er von der amerikanischen Gesellschaft etwas lernen. Im ungeliebten Berlin nominiert man ihn als erstes deutsches Mitglied für das Haager Schiedsgericht, das einen Streit um den Dawes-Plan zur Durchführung der deutschen Reparationszahlungen schlichten soll, nachdem Deutschland Zahlungen verweigert hat. Auch über seine Ernennung zum Botschafter in London wird gemunkelt, aber die Erscheinung seiner Gattin Dora, die sich mehr für die Erziehung der beiden Adoptivkinder des Paars, für Gartenpflege und Ziegenzucht begeistert als für das diplomatische Parkett, soll diese Berufung verhindert haben. Albrechts Publikationen befassen sich weiterhin mit der Erforschung von Kriegsursachen, mit Abrüstung, völkerrechtlichen Verträgen, Verfassungsfragen und dem Parlamentarismus. Er wird 1927 in das Präsidium der deutschen Liga für den Völkerbund gewählt, 1931 in die deutsche Völkerbunddelegation. Im selben Jahr wird – bezogen auf den Beginn seiner Gründung 1921 – mit einem großen Festakt in der Kunsthalle das zehnjährige Bestehen des Instituts begangen. 28 Redner, Würdenträger der nationalen wie der internationalen Politik und Wissenschaft, gratulieren, einige werden zu Ehrenmitgliedern des Instituts ernannt. Den lateinischen Text der Ehrenurkunden hat Albrecht selbst aus dem Werk des römischen Historikers Sallust über die Catilinarische Verschwörung herausgesucht, er lautet übersetzt: »Schön ist es, für den Staat Gutes zu tun; auch gut von ihm zu reden, ist wohl angebracht; sowohl im Frieden wie im Krieg kann jemand berühmt werden; sowohl die vielen, die Taten vollbracht, wie auch die, welche anderer Taten verherrlichten, verdienen Lob.«[37] Der Politikwissenschaftler Mendelssohn Bartholdy glaubt an die Macht der Worte und an die Deutungsmacht der Geschichtsschreibung.

Nach dem Festakt unternimmt man mit der Yacht des Senats eine Elbfahrt. Während des Dinners spricht Albrecht vor 200 Gästen über die ersten zehn Jahre: Das Institut kämpfe für die Glaubwürdigkeit der Republik. Während nach außen die Rehabilitierung Deutschlands Fortschritte mache, nehme die innere Zerrissenheit der Gesellschaft zu. Der Redner appelliert an das Gemeinschaftsgefühl der Deutschen – im Sinne der bürgerlichen Ideale der Aufklärung und der Französischen Revolution. Rede und Bankett finden im Restaurant Jacobs an der Elbchaussee statt, in der Gegend, wo einst Martens Mühle stand, das Altonaer Sommerhaus von Abraham und Lea Mendelssohn Bartholdy.

»Mich wundert, daß ich so fröhlich bin«

Der in Süddeutschland aufgewachsene Albrecht Mendelssohn Bartholdy wird mit der Mentalität der Hanseaten nur langsam vertraut. Doch mit seiner Persönlichkeit, die aus »angelsächsischem Pragmatismus und deutschem Idealismus […], aus florentinischem Bürgerhumanismus und Rousseauschem Citoyen«[38] gebildet ist, paßt er zu den liberalen Hamburger Patriziern, zu ihren Klubs, zum akademischen Leben und zu den Freunden, die er hier gewinnt.

Unter der Schirmherrschaft jüngerer Kollegen taucht Albrecht gelegentlich in das großstädtische Nachtleben ein: Während seiner New-York-Aufenthalte zieht es ihn bisweilen zu Milieustudien nach Harlem, wenn er in Hamburg ist, nach St. Pauli. Man begibt sich, manchmal begleitet von kundigen Polizeifreunden, in die Tanzhallen und Spelunken rund um die Reeperbahn, in die Straßen des Elends und des Vergnügens, der Groghallen und Damenringkämpfe, zu den Szenarien der Matrosen, Huren und Ganoven. Bei den »gutmeinenden Männern, die nie auch nur ein Armenhaus von der Innenseite gesehen hatten«, habe sich auf diese Weise das Gefühl des Realitätskontaktes mit echter Misere eingestellt, berichtet Albrechts vertrautester Mitarbeiter Alfred Vagts mit sanfter Selbstironie. Die dekadenten Impressionen hätten etwas Venetianisches an sich gehabt: »Wenn wir im Frühmorgenlicht nach Hause gingen, erinnerten daran die Kanäle, die durch die Stadt sich zogen, die Vaporetti, die auf der Alster ihre Rundfahrten begannen.«[39] Vagts zitiert in einem »Gespräch zwischen Nacht und Morgen« einmal Rilkes Gedicht von der venetianischen Kurtisane, sein Chef dagegen seine Lieblingsverse des barocken Mystikers Angelus Silesius: »Ich komme, ich weiß nicht woher, / Ich gehe, ich weiß nicht wohin, /Mich wundert, daß ich so fröhlich bin.«[40] Albrecht, der intellektuelle Kopf, ist zugleich ein melancholischer Flaneur zwischen den Welten, die er besucht. Ein Entdecker und Voyeur, verwurzelt in seiner bürgerlichen Wissenschaftlerwelt, die durch politische und wirtschaftliche Turbulenzen der zwanziger Jahre noch nicht bedroht erscheint.

Aus dem Blankeneser Bankiershaus zieht die Familie Mendelssohn Bartholdy in den Vorort Ohlstedt, eine waldige Gegend, wo Mitarbeiter des Instituts für Auswärtige Politik, die Reserveoffiziere Alfred Vagts und Theodor Haubach, am Wochenende sozialdemokratische Arbeiter für den Zusammenstoß mit Hitlers Sturmtrupps trainieren – im Einvernehmen mit der hanseatischen Polizeibehörde. Das wohnliche, strohgedeckte Bauernhaus der Mendelssohn Bartholdys aus dem 18. Jahrhundert bleibt von diesen Auseinandersetzungen vorläufig unberührt. Hier hütet Albrecht das Erbe seines in Hamburg zur Welt gekommenen Großvaters Felix Mendelssohn Bartholdy: die in grüne Kladdendeckel gebundene Sammlung von über 5000 Briefen an den Komponisten und, auf dem Flügel, den Gipsabguß seiner Hand.

1929 – Das große Jubiläum

1929 ist ein besonderes Jahr. Trotzki wird aus der UdSSR ausgewiesen, Stalin ist Alleinherrscher. Die »Jewish Agency« wird als Vertretung der Juden in aller Welt gegründet. In den Lateranverträgen, die Papst Pius XI. mit Mussolini schließt, verzichtet die katholische Kirche auf den Kirchenstaat. Erich Maria Remarques Antikriegsroman *Im Westen nichts Neues* und Kurt Tucholskys Satireband »Deutschland, Deutschland über alles« kommen heraus. Thomas Mann erhält den Literaturnobelpreis. Am 1. Mai kommt es in Berlin zu blutigen Zusammenstößen zwischen der Polizei und Demonstranten. Der Young-Plan, der die deutschen Reparationszahlungen neuerlich festlegt, stößt auf den Widerstand der Deutschnationalen und der Nationalsozialisten. Heinrich Himmler, führendes Mitglied der NSDAP, wird Reichsführer der paramilitärischen Schutzstaffel (SS), die zu dieser Zeit noch eine Untereinheit der Sturmabteilung (SA) mit 280 Mitgliedern ist. Außenminister Gustav Stresemann, Förderer der deutsch-französischen Verständigung und des Hamburger Mendelssohn-Instituts, stirbt in Berlin. Am Preußischen Herrenhaus in der Berliner Leipziger Straße 3, dem Nachfolgebau des Reckeschen Palais der Mendelssohn Bartholdys, wird eine Gedenktafel eingeweiht, die an den Komponisten Felix Mendelssohn Bartholdy erinnert. Die 1840 an der Spandauer Straße 68 angebrachte Gedenktafel zu Ehren seines Großvaters – »In diesem Hause lebte und wirkte Unsterbliches Moses Mendelssohn. geb. in Dessau 1729, gestorben in Berlin 1786« – war mit dem Gebäude 1885 abgerissen worden.

1929 jährt sich die Wiederentdeckung der Matthäus-Passion durch den Enkel des Philosophen zum hundertsten, die Geburtstage Moses Mendelssohns und Lessings zum zweihundertsten Mal. So viele Mendelssohn-Ehrungen hat es noch nie gegeben. Im Verlauf des Jahres eskaliert die Weltwirtschaftskrise; nach den Kursstürzen an der New Yorker Börse vom 29. Oktober und 13. November steigt die Zahl der Firmenbankrotte und Entlassungen. Mit dem Massenelend nimmt die gewaltsame politische

Auseinandersetzung auf der Straße zu. Wo man Moses Mendelssohns gedenkt, behauptet man die Ideale der Aufklärung gegen den drohenden Zusammenbruch des Gemeinwesens.

Die große Moses-Mendelssohn-Ausstellung wird in den Sälen der Preußischen Staatsbibliothek Unter den Linden in Anwesenheit des Reichsinnenminister Carl Severing, des preußischen Kultusminister Carl Heinrich Becker und des Bankiers Franz von Mendelssohn eröffnet. 700 Drucke, Handschriften, Bildobjekte – von der *Vossischen Zeitung* als »ein breites Kulturbild der freien Geistigkeit der Aufklärungsepoche« gelobt.[41] Das Lessing-Museum im Nicolai-Haus veranstaltet eine musikalisch umrahmte Feierstunde unter dem Aspekt *Moses als Urbild des »Nathan«*. In der Singakademie zu Berlin laden die Jüdische Gemeinde, die Akademie für die Wissenschaft des Judentums und deren Fördergesellschaft zu einer akademischen Feierstunde; im Auftrag der Reichsregierung und der preußischen Staatsregierung spricht Reichsinnenminister Severing und schließt seine Rede zur Verständigung der Völker, Religionen und Parteien mit der Forderung: »Mehr Nathan!« Der Rabbiner Leo Baeck, führender Repräsentant des deutschen Judentums, analysiert die historische Bedeutung Mendelssohns, durch den die Geschichte Preußens und Deutschlands mit der Geschichte des Judentums verknüpft worden sei. In ihm sei erstmals ein Jude aufgetreten, der mit Leib und Seele Europäer war und der, ohne von seinem Judentum abzudanken, »im neuen Europa aufrecht auf seinem Platze stand«.[42] Moses sei kein Genie gewesen. »Wir verstehen ihn, wenn für ihn Wahrheit das erste war, weil sie für ihn Mut zu sich selbst und nicht Verzicht auf das Ich besagte, und wenn auf die Wahrheit für ihn der Friede folgte, weil Frieden ihm nicht ein Gleichmachen, sondern ein Zusammenarbeiten für das grosse Ganze bedeutete.«[43]

Der Magistrat läßt am Mendelssohn-Grab in der Großen Hamburger Straße einen Kranz niederlegen: »Ihrem großen Mitbürger Moses Mendelssohn die Stadt Berlin«. Auch in Chemnitz, Danzig, Eberswalde, Erfurt, Hamburg, Köln, Leipzig, Bonn, Essen, Mannheim, München, Wiesbaden und Würzburg finden Vorträge und Konzerte statt, vor allem in Synagogen, Gemeindehäusern und Theatern.

Bei einer Dessauer Sonntagsmatinee – den Auftakt bildet Bachs Orchestersuite D-Dur, den Abschluß Beethovens *Leonoren-Ouvertüre* – wird der Kampf Lessings und Mendelssohns gegen Vorurteile gewürdigt, ein Ministerialdirektor rühmt »Moses Mendelssohns deutsche Sendung« und nennt ihn den »Bahnbereiter für eine neue Zeit«.[44] Der Berliner Historiker Ismar Elbogen bezeichnet Mendelssohns Persönlichkeit und Werk als »Apologie des Judentums«;[45] auf seine Tugend habe man sich berufen, um für die Juden Bürgerrechte einzufordern. »Gewiß das Zeitalter der Humanität ist vorüber. Innerhalb der Judenheit gibt es mächtige Strömungen, die von den Wegen Moses Mendelssohns bewußt abweichen, aber auch sie sind ohne die Mendelssohnsche Erziehungsarbeit, ohne das Mendelssohnsche Kulturideal nicht denkbar [...].«[46] An der dreitägigen Dessauer Jubiläumsfeier, veranstaltet von der Stadt, ihrer Israelitischen Kultusgemeinde und vom Freistaat Anhalt, nehmen über 3000 Besucher teil, 233 auswärtige Gäste treffen ein.

Die Familie Mendelssohn hat das Hotel Zum Goldenen Beutel für drei Tage komplett reserviert. Hier treffen sich Verwandte, die sonst wenig miteinander zu tun haben. Für die Bankiers ist die Teilnahme an den Feierlichkeiten Ehrensache. Sie werden durch finanzielle Zuwendungen unterstreichen, daß ihnen dieses Jubiläum wichtig ist. Leitende Angestellte des Bankhauses sind ebenfalls eingetroffen, aber auch Familienmitglieder, für die das Fest persönliche Bedeutung hat. Andere sind nur so mitgekommen oder ferngeblieben, wie 1829 Abraham Mendelssohn Bartholdy, der lieber auf Geschäftsreise ging, als den hundertsten Geburtstag seines Vaters zu feiern. Damals trafen sich zum Festakt Freunde, Verehrer, Nachkommen und Schüler des Philosophen im Berliner Lokal der jüdischen »Gesellschaft der Freunde«; jetzt ist das Gedenken in Anwesenheit der Repräsentanten von Staat und Kirche ein öffentliches Ereignis.

Die Öffentlichkeit 1929 nimmt die Mendelssohns als einen reichen Clan wahr, dabei treten unter ihnen Verwerfungen, Entfremdungen, Meinungsverschiedenheiten und Schulterschlüsse zutage wie in jeder weitverzweigten Familie. Viele erkennen nicht, daß dieses Jubiläum bereits ein Politikum ist. Wenige Jahre später wird in Deutschland ein Bekenntnis zu Moses Mendelssohn und seinen Idealen lebensgefährlich sein.

Für die Dessauer Festaufführung des *Nathan* am 6. September schreibt Arnold Zweig einen Prolog, der anderntags im *Berliner Tageblatt* erscheint:

> In Sachen des verstorbenen Herrn Moses Mendelssohn.
> Lebte er heute, spräche man auch nicht in geschwollenem Ton.
> Von allerlei Leuten sähe man ihn heftig verkleinert,
> mancher schriebe viel Blödes über ihn,
> Und in Bayern oder Frankfurt hieße es wieder:
> natürlich, Berlin. […]
> Liebenswert sind Sie noch heute, Moses Mendelssohn.
> Ihr Lebtag haben Sie sich geplagt und zerdacht,
> Und wir haben manchmal Ihre tapfere Aufklärung ausgelacht;
> Aber heute, zehn Jahre nach einem gründlich ausgekosteten
> Krieg,
> Seufzen wir manchmal nach ihr und nach Ihnen – Sie waren
> ein Sieg.
> Bei uns Gebrodel, Wirrnis und Gefahr,
> Bei euch Verstand und Einsicht, gütig und klar,
> Bei uns Tiefe, Aufruhr und Übergang,
> Bei euch Lessings Festigkeit, Schillers Glühen und Klopstocks
> und Goethes Gesang.
> Bei uns unablässiges Beginnen und Mühn,
> Bei euch Ansatz zu Blüte und unsägliches Blühn:
> Bei uns schmerzhaftes Gestalten, tragische Pflicht:
> Bei euch: Vorhang auf! Nathan der Weise spricht! [47]

Die Förderung des deutschen Geisteslebens

Zu den bleibenden Projekten, die im Umfeld des Jubiläums realisiert werden, gehört die Jubiläumsausgabe der Schriften Moses Mendelssohns. Seit dessen Enkel Georg Benjamin Mendelssohn, angeregt durch seinen Cousin Felix und unterstützt von seinem Vater Joseph, von 1843 bis 1845 eine siebenbändige Werkausgabe herausgegeben hatte, war die Edition nicht mehr dem Forschungsstand angepaßt worden. 1925 gründet die Berliner »Gesellschaft zur Wissenschaft des Judentums« einen Ausschuß, der zum 200. Geburtstag eine Moses-Gesamtausgabe vorbereiten soll. Die geplante Edition gerät aufgrund der Wirtschaftskrise und einer merklichen Zurückhaltung jüdischer Leser und Sponsoren bald in finanzielle Schwierigkeiten, wird aber durch die Berliner Akademie für die Wissenschaft des Judentums und durch das Bankhaus Mendelssohn & Co. weitergetragen. Zu dem 31köpfigen Ehrenausschuß gehören unter anderem Adolf von Harnack, der Präsident der Kaiser-Wilhelm-Gesellschaft (später Max-Planck-Gesellschaft), der Philosoph Ernst Cassirer und der Historiker (und Herausgeber der Briefe Dorothea Schlegels) Heinrich Finke, außerdem die Moses-Nachkommen Kurt und Paul Hensel, Albrecht Mendelssohn Bartholdy sowie Otto von Mendelssohn Bartholdy und dessen jüngster Bruder Paul Mendelssohn Bartholdy, Franz von Mendelssohn und dessen Sohn Robert sowie Paul von Mendelssohn-Bartholdy; ferner drei Bankhaus-Teilhaber und drei angeheiratete Verwandte. Am Geld, so signalisiert dieser Auftritt von acht Bankiers, wird dieses Unternehmen nicht scheitern. Im Geschäftsbericht der »Gesellschaft zur Wissenschaft des Judentums« hieß es 1926, für die Ausgabe lägen bereits so viele neue Funde vor, daß dieselbe »als eine Bereicherung der Wissenschaft und eine Ehrung des großen Philosophen wird gelten können«.[48] Die im Jubiläumsjahr erscheinenden Bände 1 (Schriften zur Philosophie und Ästhetik I) und 16 (Hebräische Schriften III) werden am 7. September in Dessau feierlich überreicht. Vier weitere Bände erscheinen bis 1932, aber der Absatz bleibt weit unter den Erwartungen. Mendelssohn als deutsch-jüdischer Botschafter der Toleranz, der Jubilar des Jahres 1929, hatte noch ein breiteres Publikum angesprochen; seine Popularität im 18. Jahrhundert, als *Phaedon*-Autor, wird Moses ohnehin nicht mehr erreichen. Doch die große Gruppe seiner Nachkommen, die fördernd an der Jubiläumsedition beteiligt ist, hat – kurz vor dem Beginn der nationalsozialistischen Herrschaft in Deutschland – den letzten Zeitpunkt genutzt, um das schriftliche Vermächtnis des Ahnherrn so umfassend wie möglich für künftige Generationen zu retten.

Ein anderes Projekt, das mit Hilfe der Mendelssohns realisiert wird, ist die »Moses-Mendelssohn-Stiftung zur Förderung der Geisteswissenschaften« in Dessau. Schon 1829 hatte es dort eine Stiftung unter dem Mendelssohns-Namen gegeben, von der begabte junge Juden profitieren sollten; eine ähnliche Stiftung wurde 1861 in Leipzig ins Leben gerufen. 1886 stiftete Franz von Mendelssohn in Berlin 150 000 Mark für Stipendien, die Studenten »der philosophischen Fakultät ohne Unterschied der Confession«[49] zugute kommen sollten. Kurz vor dem Ersten Weltkrieg wurde in Berlin an der Hochschule für die Wissenschaft des Judentums eine »Moses-Mendelssohn-Toleranzstiftung« gegründet, über deren weiteres Schicksal wenig bekannt ist.

Die Gründung im Jubiläumsjahr 1929 erfolgt als Vorhaben der Stadt Dessau, der Israelitischen Kultusgemeinde und des Freistaats Anhalt. Vorausgegangen waren entsprechende Überlegungen Franz von Mendelssohns. Der Dessauer Oberbürgermeister soll ihm sagen, welche Summe er sich vorstellen könne, gibt die Frage zurück und erhält durch von Mendelssohn den Bescheid: »Wir hatten an 250 000 Mark gedacht« – den Dessauern verschlägt es angesichts der Summe die Sprache. Die Stiftung soll »ohne Unterschied des Glaubensbekenntnisses in erster Linie Vertretern des deutschen Geisteslebens die Mittel zur Durchführung wissenschaftlicher Forschungsvorgaben (auch Forschungsreisen)«[50] bereitstellen. Zu dem 22köpfigen Stiftungskuratorium gehören neben sieben Vertretern der Mendelssohn-Bankhäuser auch der Architekt Walter Gropius, der Physiker Albert Einstein, der Flugzeugfabrikant Hugo Junkers, der Maler Max Liebermann und der Schriftsteller Arnold Zweig. Zunächst kann die Stiftung jährlich etwa 20000 Mark für Stipendien ausschütten; zu den Geförderten zählt u. a. der Soziologe Herbert Marcuse. 1930 stellt man auf Anregung Albert Einsteins eine Preisaufgabe, um besonders begabte Bewerber zu ermitteln, doch werden die vier eingereichten Arbeiten als nicht preiswürdig befunden. Ihr Thema: »Die Aufklärungsphilosophie im geistigen Leben Berlins«.[51] Den Mendelssohn-Bankiers, die sich als Stifter und Kuratoriumsmitglieder für diese Stiftung einsetzen, geht es um mehr als Pietät gegenüber dem Ahnherrn. Ihre Förderung des deutschen Geisteslebens ist ein Bekenntnis zur bürgerlichen Kultur, zur universalen, rettenden Macht der Vernunft.

Franz von Mendelssohn, der letzte Bankherr

Nach dem Tod seines Bruders Robert übernimmt Franz von Mendelssohn die Rolle des Familienoberhaupts und Traditionshüters. Er unterstützt die kostbaren Faksimile-Editionen wiederentdeckter Moses-Schriften durch die bibliophile Soncino-Gesellschaft; er stellt der großen Berliner Jubiläumsausstellung einen jener Porzellanaffen zur Verfügung, die sein Ururgroßvater zwangsweise, wahrscheinlich als »Gebühr« für die Geburt des Sohnes Joseph, der Königlich Preußischen Porzellanmanufaktur hatte abkaufen müssen. Er erhält das Original einer zu Moses' Lebzeiten angefertigten Marmorbüste als Leihgabe von der Jüdischen Gemeinde und stiftet dem Jüdischen Museum Berlins eine Kopie des Kunstwerks. Zugleich sitzt Franz als wohltätiges Mitglied im Kirchenrat seiner Grunewalder Gemeinde. Sein 1927 geborener Enkel Robert-Alexander Bohnke, der nach dem frühen Unfalltod seiner Eltern lange bei seinen Großeltern lebt, hat später erklärt, von den jüdischen Vorfahren sei daheim nie die Rede gewesen.

Franz hat nach der Eheschließung mit seiner Cousine Marie Clara Westphal, einer Urenkelin Joseph Mendelssohns, anläßlich der Geburt der ältesten Tochter Emma Anfang 1890 eine silberne Schale anfertigen lassen, in die fortan die Namen der Täuflinge, der Kinder des Bruders Robert sowie der eigenen Kinder und Kindeskinder, in fünf Reihen übereinander eingraviert werden: 24 Haustaufen bis 1929. Das liturgische Gerät ist mit Kreuzen und Engelsköpfen verziert, den Deckel der Wasserkanne krönt ein Kreuz, doch auf dem Grund der Schale findet sich kein christliches Symbol, sondern das Emblem der Mendelssohns, der Kranich mit dem Stein. Franz von Mendelssohn ist weder von jüdischer noch von christlicher Frömmigkeit geprägt, er fühlt sich vor allem der Familientradition verpflichtet. Das bezeugen auch Porträts von Joseph und Henriette Mendelssohn und von Abraham Mendelssohn Bartholdy im Ahnensaal des Bank-Stammhauses, Jägerstraße 51, sowie weitere Porträts der Vorfahren in seiner Villa an der Herthastraße.

Die Millionärskolonie

Die Villenkolonie Grunewald ist im letzten Jahrzehnt des 19. Jahrhunderts entstanden, nachdem der Kurfürstendamm auf besonderen Wunsch Bismarcks mit privaten Mitteln zum Boulevard ausgebaut worden war. Die Kurfürstendamm-Gesellschaft hat 234 Hektar Waldgelände erworben, künstliche Seen und ein Straßennetz angelegt. 1899, als die Villa Franz von Mendelssohns bezugsfertig ist, erhält die »Millionärskolonie« genannte Siedlung den Status einer selbständigen Gemeinde, was Steuervorteile bringt; 1920 kommt sie zu Groß-Berlin.

Franz von Mendelssohn engagiert sich für das vornehme Wohnviertel, er gehört zu den Gründern und Sponsoren der Freiwilligen Feuerwehr und des Kriegervereins, unterstützt den Kirchenbau, stiftet Konzertflügel für die Festsäle der Schulen. In Grunewald wohnen unter anderen der Physiker Max Planck, der 1930, nach dem Tod Adolf von Harnacks, in das Kuratorium der »Moses-Mendelssohn-Stiftung zur Förderung der Geisteswissenschaften« nachrückt, die Operndiva Lilli Lehmann, der Kritiker Alfred Kerr, die Familie Bonhoeffer, die Schriftsteller Gerhart Hauptmann, Lion Feuchtwanger und Vicki Baum. Ein Drittel der Bewohner des Viertels ist jüdischer Herkunft. Einige Jahre wohnt hier Berlins Theaterzauberer Max Reinhardt, zu dessen Bühnenimperium später zwei Häuser am Kurfürstendamm gehören. Auch die Ullstein-Brüder, Berlins erfolgreichste Zeitungsverleger, der Verleger Samuel Fischer und der AEG-Chef und spätere Reichsaußenminister Walther Rathenau haben im Grunewald ihre Anwesen. In einem 23 000 Quadratmeter großen Park am See liegt das Palais Mendelssohn, wie die Leute Franz von Mendelssohns Anwesen im englischen Landhausstil nennen. Unter dem Dach ist ein Fitneß-Studio. Für die fünf Kinder von Franz und Marie und die drei von Robert und Giulietta wird eine Privatschule eingerichtet, die auch Nachbarskindern offensteht: Samuel Fischers Tochter und der Tochter des mit Walther Rathenau befreundeten Publizisten Maximilan Harden sowie Nicolaus Sombart, dem Sohn des Wirtschaftswissenschaftlers Werner Sombart, dem vor allem der livrierte Diener imponiert, von dem die Schüler in ihre Klasse geleitet werden. Beeindruckend sind auch die Gemälde der Impressionisten Cézanne, Manet, van Gogh wie der niederländischen Meister, die in den Salons des Hauses hängen. Im Musikzimmer ziert van Goghs *Blühender Kastanienzweig* eine Wand; es gibt holzgetäfelte Wände, kostbare Seidentapeten, gewaltige Kronleuchter, einen gotischen Hausaltar und Bilder von Moses, Felix und den Eltern des Hausherrn, Franz und Enole. In der Eingangshalle führt eine Treppe hinauf zur Galerie, auf der das Bild des Fürsten Bismarck einen Ehrenplatz bekommen hat. Gelegentlich ist Kaiser Wilhelm II. zu Gast. An Weihnachten, wenn im Foyer der riesige, mit duftenden Orangen behängte Tannenbaum steht, bringt Seine Majestät den Kindern Geschenke: Segelschiffmodelle der deutschen Flotte, die später im Küchenbereich aufgehängt werden, wo über dem Kamin der Kranich mit dem Stein Wache hält.

Berühmt in der Berliner Gesellschaft sind die Benefiz-Soireen und Hausmusiken der Mendelssohns, bei denen alle großen Virtuosen, die nach Berlin kommen, zu hören sind – Rudolf Serkin, Edwin Fischer, Yehudi Menuhin. Wenn Franz von Mendelssohn und Albert Einstein mit den Philharmonikern Bachs Konzert für zwei Violinen und Orchester aufführen, findet das Benefizkonzert allerdings in einem größeren Rahmen statt. Im Palais Mendelssohn gibt es keinen Empfang und kein Familienfest ohne einen außerordentlichen musikalischen Rahmen.

1902 wird Franz von Mendelssohn zum Mitglied des Preußischen Herrenhauses ernannt, woraufhin er das gerade übernommene Amt des belgischen Generalkonsuls niederlegt, um jede Überschneidung von Repräsentationspflichten zu vermeiden. Um so gerührter wird er Jahrzehnte später für seine weit zurückliegenden Dienste eine hohe Auszeichnung des belgischen Königs annehmen, den einzigen Orden, der ihn wirklich erfreut hat. Zur operativen Politik hält er bis 1918 eher Distanz, ohne daß er – nach der Abdankung Wilhelms II. – seine vormaligen Verbindungen zur untergegangenen Monarchie leugnen würde. Trotzdem gilt er nicht als Monarchist: Sein Haus bildet in den Inflationsjahren, als die großen Feste seltener werden, einen Treffpunkt verschiedener politischer Lager. Während sich bei dem Bankier Paul von Schwabach, dem Chef des Bankhauses Bleichröder, vor allem die republikanische Society und bei dem Diplomaten Herbert von Dirksen monarchistische Nostalgiker treffen, ist das Palais Mendelssohn eine großbürgerliche Insel für Prominente aus Wissenschaft und Bildung, weniger für Parvenüs und Parteipolitiker.

Wer bei Mendelssohns arbeitet, hat ausgesorgt

Vor dem Krieg schätzt man Franz von Mendelssohns persönliches Vermögen auf 18 Millionen Mark, sein Jahreseinkommen auf eine Million. Im Jahr des Kriegsbeginns ist er zum Präsidenten des Deutschen Industrie- und Handelstages gewählt worden. Nach der Oktoberrevolution 1917 steht er in dieser Funktion und als Seniorchef eines Bankhauses, das wie kein anderes russische Geschäfte betrieben hat, vor dem Problem der Schulden aus der Zarenzeit. 1919 stellt er einen aus Rußland geflüchteten

Finanzmann ein – in der irrigen Wunschvorstellung, die bolschewistische Regierung werde in absehbarer Zeit wieder vertrieben sein. Reichsfinanzminister Eugen Schiffer vermittelt gleichwohl eine Verbindung zum sowjetrussischen Volkskommissar für auswärtige Angelegenheiten, Georgi Tschitscherin, der ein Geschäft vorschlägt: Ein Konsortium für russische Staatsanleihen und staatliche Eisenbahnverschreibungen soll gebildet, der Zinssatz auf bis zu zwei Prozent über dem Standard angesetzt werden, was als Abtragung der russischen Vorkriegsschulden zu verrechnen ist. Bei einem Frühstück im Haus des Finanzministers treffen sich daraufhin ein sowjetischer Finanzvertreter und Franz von Mendelssohn. Der Mann aus Moskau bittet um eine Landkarte der Sowjetunion: Eilends wird *Andrees Allgemeiner Handatlas* herbeigeschafft, auf dem gigantische Industrieprojekte, Verkehrsnetze und Bewässerungsanlagen skizziert werden. All das sei aus den kommenden Anleihen zu finanzieren, womit doch hinreichende Sicherheiten für die Kreditgewährung vorlägen. Franz von Mendelssohn reagiert zurückhaltend. Es widerstrebe den deutschen, korrekten Grundsätzen der Finanzpolitik, einem säumigen Schuldner neuen Kredit einzuräumen. Man bittet ihn, zur Regulierung des internationalen Geldverkehrs wenigstens Filialen auf sowjetischem Territorium einzurichten. Franz lächelt: Das wäre wohl zu machen, aber wer garantiert, daß unsere Leute von dort unbeschadet zurückkommen? Die Verhandlungen laufen ins Leere. Auch nach dem im April 1922 zwischen Deutschland und Rußland geschlossenen Rapallo-Vertrag lehnt die Sowjetunion jede Verantwortung für die Vorkriegsschulden ab. Die Reichsregierung rät, einen Affront zu vermeiden, doch als sich Moskau 1928 aufs neue um Anleihen bemüht, gelingt es Franz immerhin, die Schulden des Zaren noch einmal zu erwähnen; zum allerletzten Mal – bald werden andere Probleme größer und wichtiger.

Während der Inflationszeit ist Mendelssohn & Co. durch umfangreiche Devisengeschäfte in der Lage, drohende Verluste zu kompensieren und seine Position als führende deutsche Privatbank zu festigen. Außerdem setzt Franz von Mendelssohn auf neue Strategien. Statt sich wie bisher auf die russischen Geschäfte zu konzentrieren, geht man Konsortien mit kleineren osteuropäischen Ländern ein. Zudem wird nicht nur die Präsenz der Firma in Amsterdam, Wien und München ausgeweitet, sondern auch der Kreis der Teilhaber erweitert. Vor dem Krieg war bereits der langjährige Prokurist Artur Fischel Mitinhaber, ein in London geborener Wiener, Autorität in Fragen des internationalen Geldverkehrs, ein kluger Unterhändler auf dem Börsenparkett, den die Mendelssohns von der Österreichischen Creditanstalt abgeworben hatten. Fischels Adlatus Rudolf Loeb, der 1895 als junger Kaufmann in das Bankhaus eingetreten war, wächst nach dem Krieg in die Rolle des 1913 gestorbenen Fischel hinein. Er wird von einigen Kabinetten der Weimarer Republik als finanzpolitischer Berater hinzugezogen und führt zunehmend die eigentlichen Bankgeschäfte, denen sich sein Chef aufgrund wirtschaftspolitischer Verpflichtungen im In- und Ausland nicht mehr widmen kann. Auch der Jurist Paul Kempner, seit November 1918 mit Franz von Mendelssohns Tochter Margarethe verheiratet, wird in den Kreis der Teilhaber aufgenommen. Vor allem aber wird die Expansion von Mendelssohn & Co. durch den Sozietätsvertrag mit Fritz Mannheimer beschleunigt. Dieser gilt als Finanzgenie, wechselt von der Reichsbank, für die er während des Krieges in Holland gearbeitet hat, zu Mendelssohn & Co. und wird als Leiter der auf ihn zugeschnittenen neuen Amsterdamer Niederlassung des Bankhauses bald einer der reichsten Männer Europas. Mannheimer, der keine Fusionen und keine Aktienkäufe tätigt, sondern sich ausschließlich dem Finanzgeschäft widmet, paßt mit diesem Schwerpunkt besonders gut zu den Interessen der Mendelssohns. Mit der Filialgründung 1920, die von der Internationalität des holländischen Marktes profitiert, sind die Mendelssohns den anderen Berliner Banken um einige Jahre voraus. In Wien wiederum beteiligt sich Mendelssohn & Co. an der Gründung der Bankfirma Kux, Bloch & Co. hier laufen die Fäden für die südosteuropäischen Geschäfte zusammen. Mitte der zwanziger Jahre gilt Mendelssohn & Co. als führendes internationales Bankhaus. Am Ende des Jahrzehnts steht es mit

120 Millionen Finanzkapital in Deutschland an der Spitze, in deutlichem Abstand vor Goldschmidt-Rothschild, Warburg oder Oppenheim.

Die respektablen Gewinne des Unternehmens kommen auch der Versorgung seiner Mitarbeiter zugute. Nach der Inflation sind deren alte Konten allmählich zum Kurs eins zu eins wiederhergestellt worden. In den zwanziger Jahren wächst die Zahl der Angestellten bei Mendelssohn & Co. von 200 auf 300. Mit dem ersten Arbeitstag sind die Arbeitnehmer pensionsberechtigt, nach zehn Jahren stehen ihnen 50 Prozent ihres Gehaltes zu; die Pension steigt jährlich um ein Sechzigstel und liegt nach vierzig Jahren bei 100 Prozent, ohne Prämie. Als nach 1931 zwei Drittel der Arbeitsplätze abgebaut werden müssen, erhalten die entlassenen Mitarbeiter immerhin vier Jahresgehälter; die über Fünfunddreißigjährigen kassieren zudem die Hälfte ihres Gehalts als Pension. Diese besonderen Sozialleistungen vermehren den Ruf des Traditionshauses, von dem es in Berlin heißt, wer bei Mendelssohn & Co. angestellt sei, habe ausgesorgt.

Der Wirtschaftsführer

Während das Bankhaus, geführt von den kompetenten Teilhabern, seine Geschäftsbeziehungen und seine Kapitalbasis erweitert, agiert der Seniorchef auf Berliner, nationaler und internationaler Ebene als »Außenminister« der Firma. Schon die Vielzahl der Ehrenämter, in denen er jenseits der Wirtschaftswelt repräsentativ und vermittelnd wirkt, spiegelt das große Ansehen seiner Persönlichkeit. »Überall, wo der gutgewachsene Mann hinkam, erschien er als der geborene Vorsitzende«, hat der Reichskanzler und spätere Reichsbankpräsident Hans Luther über ihn in seinen Memoiren geschrieben.[52] Als Schatzmeister der »Kaiser-Wilhelm-Gesellschaft«, zu deren Gründern Franz und sein Bruder Robert 1910 mit einer Spende von 300 000 Mark gehörten, rettet er einen Teil des Gesellschaftsvermögens durch die Inflation. Um die Finanzen kümmert er sich auch im »Verein der

Freunde der Preußischen Staatsbibliothek« und im »Kaiser-Friedrich-Museums-Verein«, er engagiert sich in der »Deutschen Orientgesellschaft« und im »Stifterverband der Notgemeinschaft der deutschen Wissenschaft«, aus der später die »Deutsche Forschungsgemeinschaft« entsteht. Er präsidiert der Treuhandverwaltung für das deutsch-niederländische Finanzabkommen, sitzt im Ehrenpräsidium des konservativen Vereins für das Deutschtum im Ausland.

Seit 1914 ist Franz von Mendelssohn zudem Präsident der Berliner Industrie- und Handelskammer, deren Zusammenführung mit der – von seinem Urgroßvater Joseph mitbegründeten – Berliner Kaufmannschaft ihm 1920 gelingt. Als Deutschland 1925 der Internationalen Handelskammer beitritt, wird er ihr Vizepräsident und 1931 ihr erster und letzter deutscher Präsident. 1921 hat man ihn zum Präsidenten des Deutschen Industrie- und Handelstages gewählt, dessen Vollversammlungen und Hauptausschußsitzungen bis 1931 maßgeblich von ihm gestaltet wurden: »Dem Führer in schwerer Zeit« steht auf der Ehrenmedaille mit seinem markanten Profil, die ihm 1931, am Ende der »Ära Mendelssohn«[53], überreicht wird. Bei der Ausübung all dieser Ämter sei es ihm gelungen, »jeden Gedanken daran, daß er Inhaber des Bankhauses war, vollkommen auszuschalten«, hat sein enger Mitarbeiter Rudolf Loeb behauptet.[54] Die Zurückhaltung von der Tagespolitik, wie sie bei den Mendelssohn-Bankiers üblich ist, gibt Franz allerdings teilweise auf. Geschäftliche Verflechtungen mit seinem Kunden, dem Reichskanzler Hans Luther, den er politisch unterstützt und 1930 für das Amt des Reichsbankpräsidenten vorschlägt, betrachtet er dabei offenbar nicht als Interessenkonflikt. Luther selbst, der diese Verbindung in seinen Memoiren verschweigt, hat das wohl anders gesehen.

Den Deutschen Industrie- und Handelstag nutzt Franz als Forum zur Konsolidierung der angefochtenen Republik. Reichskanzler Joseph Wirth erbittet 1921/22 von ihm und seiner Organisation Beratung bei Reparationsverhandlungen sowie Unterstützung zur Stabilisierung seiner Regierung gegenüber den politischen Extremisten, zur Steigerung der Volkswirtschaft und zur Vertrauensbildung bei den ehemaligen Kriegsgegnern und jetzigen Gläubigerstaaten. Die in Erfüllung des Versailler Vertrages an die Siegerstaaten des Weltkriegs zu zahlenden Milliarden-Summen gefährden die junge Republik ökonomisch und politisch: Deutschlands Wirtschaft kann sich nicht erholen, die als ungerecht empfundenen Forderungen der Alliierten heizen die antidemokratische Stimmung an und stärken die Nationalisten. Kanzler Wirth gilt als »Erfüllungspolitiker«; durch Bedienung der Vertragsforderungen will er dem Ausland beweisen, daß Deutschland so keine Chance hat. Unter ihm schließt Minister Rathenau aber auch den Vertrag von Rapallo mit Sowjetrußland ab, der die Erledigung von Reparationsforderungen und die Aufnahme diplomatischer Beziehungen beinhaltet. Nach Rathenaus Ermordung prägt Wirth den Satz: »Der Feind steht rechts.«

1924 stimmt Franz von Mendelssohn mit dem Reichspräsidenten Ebert und dem Kanzler Stresemann in der positiven Einschätzung des Dawes-Plans zur Reparationszahlung überein; daß der konservative Handelstag ihm darin folgt, wird als Verdienst des Präsidenten von Mendelssohn angesehen. Als im Februar 1924 die Rentenmark stabilisiert und eine Goldkreditbank geschaffen werden soll, besprechen der Finanzminister und der Reichsbankpräsident ihre Maßnahmen mit Franz von Mendelssohn, der auf der nächsten Vollversammlung des Industrie- und Handelstages mitteilt, man arbeite mit den höchsten Instanzen des Reiches zusammen, »gerade in einer Zeit, in der zum Teil um politischer Notwendigkeiten willen die Tätigkeit der Parlamente ausgeschaltet werden mußte«.[55] Am 13. Oktober 1923 hatte der Reichstag im ersten »Reichsermächtigungsgesetz« die Regierung bevollmächtigt, Wirtschaftsgesetze ohne Zustimmung der Volksvertretung zu erlassen.

Im Herbst desselben Jahres lädt von Mendelssohn erstmals Repräsentanten deutscher Auslandshandelskammern und Vertreter der nationalistisch gesinnten Auslandsdeutschen nach Berlin ein, um mit Reichspräsident Ebert für die Unterstützung des demokratischen Staates zu werben. »Deutschland erwartet, daß jedermann seine Pflicht tut«, schließt Franz seine Rede.[56] Seine politischen Überzeugungen klingen auch an, als er am 29. April 1925 bei der Eröffnung der 45. Vollversammlung des Industrie- und Handelstages den verstorbenen sozialdemokratischen Reichspräsidenten Friedrich Ebert als einen »geraden, aufrichtigen und weitblickenden Mann« würdigt, während er es gegenüber dessen gewähltem Nachfolger, Generalfeldmarschall Paul von Hindenburg, bei der »Minimalhöflichkeit« bewenden läßt, dem »ehrenvollsten Gruß«, welcher diesem als »Vertreter des deutschen Volkes und der Souveränität« gebühre. Vor den weitgehend konservativen Vertretern der deutschen Wirtschaft wirkt diese Verweigerung des monarchistisch-nostalgischen Schulterschlusses als deutliche Absage an reaktionäre Positionen, zumal Franz bedauernd erwähnt, daß durch die Reichspräsidentenwahl erneut politische Gegensätze betont worden seien, »deren Erörterung gewiß viele deutsche Männer unter den heutigen Verhältnissen gern vermieden hätten«.[57] Als der Direktor der Wirtschaftsabteilung des Völkerbundes dafür plädiert, daß Deutschland Franz von Mendelssohn gemeinsam mit weiteren Bankiers und Wirtschaftswissenschaftlern zur Weltwirtschaftskonferenz entsenden soll, lehnt die deutsche Regierung eine solche Besetzung ihrer Delegation ab und schickt statt dessen linientreue Beamte und Industrielle. Im Hintergrund wird dennoch der wichtige Konferenzauftritt des Kriegsverlierers durch den Präsidenten von Mendelssohn und seinen Mitarbeiterstab vorbereitet.

Als im Mai 1931 in Washington die Internationale Handelskammer tagt, kann Franz von Mendelssohn aus gesundheitlichen Gründen nicht teilnehmen. Sein Dank für die Wahl zum Präsidenten der Kammer wird von diesseits des Atlantiks telefonisch an die Konferenzteilnehmer übertragen. Nachdem er Ende 1931 seine Führungsämter in der Internationalen Handelskammer, im Deutschen Industrie- und Handelstag und in der Berliner Industrie- und Handelskammer auf eigenen Wunsch niedergelegt hat, wird er von allen drei Organisationen zum Ehrenpräsidenten ernannt. Franz von Mendelssohn hat sich als Wirtschaftsführer in seiner Ansprache zum 48. Deutschen Industrie- und Handelstag unmißverständlich zu der Aufgabe bekannt, »den geretteten Staat zu schirmen und zu sichern«.[58] Diese Aussage war überlegt, da der Präsident seine Reden vorformulierte. Er bekennt sich zu dem großbürgerlichen Staat, dem er loyal gedient hat: unter den Hohenzollern wie unter der Republik. Zu jenem Staat, in dem das Unternehmen seiner Vorfahren Einfluß und großes Ansehen gewinnen konnte. Daß er für die Weltwirtschaftskrise – eine Situation, die es so noch nie gegeben hatte – kein Rezept kennt und die Gefahr für diesen Staat lange unterschätzt, stellt den Kaufmann als untauglichen Propheten in eine Reihe mit vielen seiner Zeitgenossen.[59]

Überlieferung und Veranlagung

Es fällt nicht leicht, jenseits des Amtsträgers Franz von Mendelssohn die Kontur seiner Persönlichkeit zu gewinnen. Die öffentlichen Würdigungen entwerfen das Bild eines Patriarchen, dessen geschäftliche Zuverlässigkeit und Souveränität an den ersten Bankchef in der Jägerstraße, Joseph Mendelssohn, erinnern. Zudem war er ein Musikliebhaber, ein Familienmensch, ein Arbeitgeber, der sich, motiviert von »Überlieferung und Veranlagung«,[60] auch immer um den einzelnen Mitarbeiter sorgt. Soziale Kompetenz und Begeisterung für die Kunst haben sich bei diesem Mendelssohn, der Bankier im Hauptberuf bleibt, eindrucksvoll ergänzt.

Die bekannten Porträts bringen indes andere Aspekte seiner Persönlichkeit zum Vorschein und erinnern daran, daß Franz von Mendelssohn keineswegs zum Vorsitzenden geboren war. Tatsächlich bilden in der Geschichte von Mendelssohn & Co. jene Bankiers, denen als Ältesten oder gar Erstgeborenen die Führungsaufgabe in die Wiege gelegt war, die Ausnahme. Auf den Bildern seiner jüngeren und mittleren Jahre erscheint Franz eher als ein gemütlicher Typ, von dem man sich vorstellen kann, daß er als kleiner Junge den niedlichen Kosenamen »Ti« trug: der vorletzte Ton in der Tonleiter. Erst nach dem Tod seines Bruders, im letzten Lebensdrittel, gewinnt er eine präsidiale Statur. Ein spätes Foto zeigt den Mann, der sich nicht Bankier, sondern Bankherr nannte, mit kahlem Schädel, tiefen Ringen unter schwarzen Augen und fest geschlossenem Mund, um den Stehkragen einen großen Krawattenknoten. Sein ernster Blick scheint von weither zu kommen, aus einem anderen Jahrhundert.

Die späten Jahre Arnold Mendelssohns

Am 19. Februar 1933, knapp drei Wochen nach Hitlers »Machtergreifung«, stirbt in seinem Darmstädter Haus am Goetheweg der 77jährige Arnold Mendelssohn.

Seit seiner künstlerischen Wende, seiner Lebenskrise vor dem Ersten Weltkrieg, hat der Komponist die Auseinandersetzung mit der Tradition und der Moderne weitergeführt und sich dabei vor allem mit kirchenmusikalischen Werken einen Namen gemacht. In seinen drei Motetten von 1920 erprobt er prägnante A-cappella-Techniken und kompositorische Formen, die der kirchenmusikalischen Erneuerungsbewegung richtungweisende Impulse geben. Aus seiner Arbeitsfreundschaft mit dem Thomaskantor Karl Straube entstehen weitere Werke geistlicher Musik, die in Leipzig mit großem Erfolg uraufgeführt werden. Straube schickt seine besten Schüler zu dem Komponisten nach Darmstadt, so den Berliner Günter Raphael, der mit Paul Hindemith zu den berühmten Schülern Mendelssohns zählen wird. Raphael sei der Sohn eines Organisten der Berliner Lutherkirche, schreibt der Thomaskantor an Mendelssohn: »Väterlicherseits ist er jüdischer Abstammung, mütterlicherseits germanisch, seine Menschenformung ist also der Deinen gleich. […] Dein Lebensweg ist ja so geführt worden, daß Du nur selten die Möglichkeit der Auswirkung auf junge Talente hattest. So wie ich Dich sehe, halte ich das für ein Unglück […]. Jetzt, wo der Herbst Deines Lebens gekommen, müssen wir sehen, daß junge Menschenseelen noch zu Deinen Füßen sitzen können, um von Dir zu lernen und menschlich und künstlerisch geformt zu werden.«[61] Auch Bernhard Sekles, Direktor des Hoch'schen Konservatoriums in Frankfurt am Main und Begründer der ersten europäischen Jazzklasse, schickt Arnold, der dort die Chorklasse geleitet hatte und Kontrapunktlehrer gewesen war, seine begabtesten Studenten. Der Schülerkreis wird von den Kollegen »Mendelssohn-Schule« genannt.

Die Anerkennung Arnolds hat lange auf sich warten lassen. Er wird Mitglied der Berliner Akademie der Künste und erhält von der Preußischen Staatsakademie den Beethovenpreis, in Gießen den theologischen und in Tübingen den philosophischen Ehrendoktor. Auch die Stadt Leipzig ernennt ihn zum Doktor h.c., in Darmstadt wird er Ehrenbürger. Man beruft ihn in die Leitung der »Neuen Bachgesellschaft« sowie in den Direktorialausschuß der »Heinrich-Schütz-Gesellschaft«. Im ersten Drittel des 20. Jahrhunderts gilt er als der bedeutendste Komponist evangelischer Kirchenmusik.

Von Paul Hindemith läßt sich Arnold Mendelssohn, der auf harmonischem Gebiet zwischen dem 19. und 20. Jahrhundert zu vermitteln sucht, zu einer rhythmischen Suite für Blas- und Schlaginstrumente op. 62 anregen, doch im Gegensatz zu seinem Schüler lehnt er die Atonalität ab, da sie seiner Ansicht nach eine mechanistische Welt abbilde: »Alle möglichen Disharmonien im alltäglichen Gebrauch so wie Konsonanzen und ohne tonale Beziehung zu verwenden, [...] taugt [...] schon darum nicht, weil es Verarmung bedeutet, sofern die ganze Welt von Beziehungen ausgeschaltet wird, die in der Funktionalität und Tonalität beschlossen ist.«[62] Mit dem gefühligen Subjektivismus der Romantik aber hadert Arnold nicht weniger und nähert sich in dieser Abwehr wiederum der Moderne an: »Seit einigen Jahren habe ich das Gefühl, daß ich mich mit meinen Zeitgenossen besser verstehe«, bekennt der Endsechziger. »Besonders in der Ablehnung jener gewissen Philister-Romantik, die meiner Generation ›Das Schöne‹ bedeutete, mir aber von jeher als verlogen tief verhaßt war, fühle ich mich der heutigen Jugend nahe.«[63]

Seit seiner Hinwendung zur Instrumentalmusik hat Arnold Kammermusik komponiert, Sonaten, Trios, Quartette, aber auch ein Violinkonzert und vier Sinfonien, von denen in den frühen zwanziger Jahren drei in Darmstadt, Hamburg und Halle uraufgeführt werden. Er hoffte zunächst auf die Uraufführung der dritten Sinfonie durch Wilhelm Furtwängler, doch der lehnt ab: Das Stück scheine ihm, »so sehr es an sich das Werk eines reifen Meisters und ein wahrhaft in sich abgeschlossenes Kunstwerk ist, doch in seiner Beziehung zu unserer heutigen Zeit nicht unproblematisch. So wenig ich das Nur-Zeitgenössische an sich schätze – im Gegenteil – so scheint mir ein irgendwiegeartetes, nicht nur rein negatives Verhältnis zu dieser Zeit doch im tieferen Sinne notwendig für die Komponisten von Heute. Selbst, wenn dadurch der Aufbau eines Werkes, wie es Ihnen vorgeschwebt hat, und Sie ihn durchgeführt haben, wenn dadurch der von Beethoven geschaffene knapp sachliche, männliche große Stil, der Ihnen beim Schaffen Ihres Werkes vorschwebte, darunter leiden müsste.«[64] Die Kritik seines Freundes Straube setzt an einem anderen Punkt an: »Die formale Gestaltung seiner Sinfonien ist meisterhaft, hätte er sein inneres Erleben enthüllt, so wären uns Werke von Rang geschenkt worden.«[65]

Die familiäre Tragödie hat der Komponist durch Abkapselung seiner Gefühle gemeistert, was seine Begegnung mit Freunden und Fremden, aber auch die Gestalt seiner Werke, besonders die abstrakten Instrumentalstücke ohne vermittelnden Text, nachhaltig beeinflußt. Der Drang, das eigene Seeleleben zu verbergen und sich vor allem über die Auseinandersetzung mit vorgegebenen Formen musikalisch auszudrücken, zeigt sein Problem der Selbstmitteilung. Vom Sommer 1912 bis zum Februar 1933 hat Arnold 4488 Notizen und Aphorismen in ein Notizbuch geschrieben, das er – wie sein Urgroßvater Moses – dafür immer bei sich trug. An eine Veröffentlichung dieser »Gedanken und Grillen«, von denen nach 1945 unter dem Titel *Gott, Welt und Kunst* eine Auswahl erscheint, hat er dabei nicht gedacht.

»Da Glück nicht möglich ist, wird Kunst Notwendigkeit«

Am Weihnachtsabend 1928 stirbt Arnolds Frau Maria im Alter von 67 Jahren; es ist der Vorabend seines Geburtstags. Jetzt ist er ganz allein: mit seinen Erinnerungen an die verstorbenen Kinder, an die Ehefrau, an die kranke Tochter Dora in der Anstalt. »Von der früher überschwenglichen Heftigkeit des Gefühls, des Schmerzes, der Freude, der Teilnahme ist nun im Alter bloß ein mattgrauer Schatten übrig«, notiert er im Sommer 1929. »Seit einiger Zeit werden meine übrigens gesunden Zähne wackelig und gehen nach mäßiger Unbequemlichkeit eines Tages aus, schmerzlos, ohne Blutverlust. Möge mein Tod sich dementsprechend vollziehen. Keine Träne weihe ich dem Verlust der Person; denn sie ist nicht sonderlich geraten, daher ich mich einigermaßen freue, sie endlich loszuwerden. Ist sie doch nicht mein ganzes Wesen, vielmehr eine Art Gefängnis auf Lebenszeit, in das mein ewiges Wesen unbegreiflicherweise, aber tatsächlich hinein-verhext ist.«[66] Jahre zuvor hatte sich der Einsame schon als Hiob beschrieben, der »der Rede übervoll« sei, aber keinen Gesprächspartner habe, weshalb er sein »Mitteilungsbedürfnis« nur schreibend befriedigen könne.[67] Oft handeln seine düsteren Notizen von den Begrenzungen der eigenen Person, von ihren schwer kontrollierbaren Trieben und den Deformationen der modernen Zivilisation. Das Motto des gläubigen Sünders, Martin Luthers »Pecca fortiter« (Sündige tapfer), wird sein trotziger Wahlspruch zwischen moralischem Ideal und psychischer Wirklichkeit. Dabei wertet er diese Zerreißprobe produktiv: Das innere Leben könne gar nicht harmonisch sein, es disharmoniere auch zwangsläufig mit der Außenwelt – diese Differenz bereite Schmerzen, lasse den Tod wünschenswert erscheinen. »Dennoch scheuen wir ihn. Uns schwebt als Wunschbild eine andere Lösung vor, die Glück oder Schönheit heißt, wobei in der Differenz Harmonie gedacht wird. Da nun das reale Glück nicht möglich ist, wird die Kunst Notwendigkeit«.[68] In unentwegter Auseinandersetzung mit den Problemen der Welt und des eigenen Lebens findet der philosophische Brüter Befriedigung und Erkenntnis. Während seine Bankiers-Verwandten sich in ihren beglückenden Hausmusiken über das profane Geldgeschäft erheben, sucht der Komponist seine Erholung und Erhebung im Notizbuch der Selbstreflexion. Über die Chance zum Glücklichsein macht sich Arnold keine Illusionen: »Glücksgefühl ist nur möglich bei momentaner oder dauernder Beschränktheit auf die eigene Person. Wer mit anderen empfindet, der wird leiden. Wer die Welt in sein armes Ich nimmt, der muß platzen.«[69]

Arnold ist ein widersprüchlicher Charakter, feinfühlig und ruppig, literarisch und philosophisch hochgebildet, dem grimmigen Humor zugeneigt. Von den schweren Schicksalsschlägen habe er sich nicht beugen lassen, sagen seine Freunde. »Mein Ideal ist: Leben, d. h. genießen, leiden, siegen, unterliegen; alles fortiter. Und daneben diesem ganzen Treiben mit Frömmigkeit und Humor zuschauen«, notiert der 74jährige.[70] Obwohl seine Ansichten manchmal altmodisch klingen, bewahrt er sich jugendliche Frische. »Ich habe seit meiner Kindheit ein noch heut nicht erstorbenes Vergnügen an kleinen bürgerlichen Ungesetzlichkeiten gehabt. Ich rauche gern im Nichtraucherabteil, stehle Rüben aus fremden Feldern, gehe verbotene Fußwege und dergleichen, während ich andrerseits bürgerlich gewissenhaft bis zur Spießerei bin, sobald größere Dinge in Frage kommen.«[71]

Der neue Turm von Babel

Die Spannung zwischen Tradition und Moderne prägt auch Arnolds politische Positionen. Er ist zufrieden, wenn seine Freunde sagen, er sei rechts und links zugleich: »Die bösen Sozzen sollen schuld an dem Zusammenbruch sein; der Kaiser soll es sein, und wer noch alles sonst? Ja! [...] Wir alle sind schuld. Aber was ist schuld an der allgemeinen Schuld? Die ganze Art der Entwicklung, die die europäische Kultur seit einigen hundert Jahren genommen hat. Sie ist wissenschaftlich, und in notwendiger Folge davon materialistisch geworden. Der Beamte, der Arbeiter sind Maschinenteilchen; Menschen gibt es nicht mehr. Mittel über

Mittel bringt der ›Fortschritt‹ zutage; Zwecke im höheren Sinne sind verschwunden; nur die gemeinsten sind geblieben. Solchen Zustand aber erträgt die Menschheit nicht; und so konnte es nicht ausbleiben, daß der neue Turm von Babel, der in den Himmel ragen sollte, bei Gelegenheit zusammenstürzte. Diese Gelegenheit war der Krieg.«[72]

Der Kulturpessimismus, den er mit vielen Zeitgenossen teilt, ist – bei allen künstlerischen und religiösen Hoffnungen, die ihn dennoch bewegen – zu seiner Grundhaltung geworden und beeinflußt seine politischen Urteile. Allerdings unterscheidet Arnold zwei Arten von Sozialismus: den »großartigen Sozialismus«, der von der Beschränktheit des Individuums und dessen möglicher Komplettierung ausgehe und der in der Lage sei, das messianische Zukunftsbild von dem Löwen, der bei dem Lamm liegt, zu verwirklichen – und den Spießer-Sozialismus des Nützlichkeitsdenkens, der nur »möglichst vielen Philistern ihr philisterhaftes Dasein führen helfen« soll: »Seine Konsequenz ist Austilgung der Individualitäten, Uniformierung, l'homme machine [...].«[73] Arnold verabscheut die Gleichmacherei der natürlich vorgegebenen Verschiedenheiten. »Aber es gibt einen vernünftigen Sozialismus des Herzens, dem ich anhänge.« Wenn eine Gesellschaft in diesem Sinne gestaltet werde, dürfe jeder seiner Veranlagung, sofern sie den Mitmenschen »irgendwie zu Paß« komme, folgen: die Hure, der Künstler, der Forscher, der Philosoph, der Straßenfeger. Der Abschluß dieses Gedankenganges, den Arnold 1919 festgehalten hat, erschreckt, nicht nur vor dem Hintergrund der totalitären Ideologien des 20. Jahrhunderts. »Und die Schädlinge? Sie mögen ausgetilgt werden, doch ohne Haß und Entrüstung, mit Teilnahme an ihrem harten Los. Übrigens sind absolute Schädlinge nicht so häufig, als man denkt. Die meisten, die so scheinen, haben nur nicht die rechte Stelle gefunden.«[74] Seine Skepsis gegenüber der modernen Zivilisation und gegenüber den humanistischen Floskeln eines oberflächlichen Rationalismus hat Arnold Mendelssohn für ideologische Modebegriffe seiner Zeit empfänglich gemacht, für die Rede vom »Volkskörper« und den »Schädlingen«, für die Einführung bio-

20 Das Gartenhaus Leipziger Strasse 3
Aquarell von Sebastian Hensel, 1851

Die Sonntagsmusiken im Gartensaal der Mendelssohn Bartholdys entwickelten sich über zwei Jahrzehnte zu einem exklusiven Konzertforum der preußischen Hauptstadt und boten Fanny und Felix die Gelegenheit, mit ihren Kompositionen öffentlich aufzutreten. Im Gartenhaus befand sich später die Wohnung der Hensels.

21 LEA MENDELSSOHN BARTHOLDY UND IHRE KINDER
Zeichnung von Wilhelm Hensel, 1824

Lea als Cäcilia, die Schutzheilige der Musik, steht hinter Felix (links), Paul (rechts unten mit Lyra) und ihren singenden Töchtern Rebecka und Fanny in der Mitte.

22 Felix Mendelssohn Bartholdy (1809–1847) am Klavier
Zeichnung von Wilhelm Hensel, um 1821/22

23 Carl Friedrich Zelter
Zeichnung von Wilhelm Hensel, 1829

Der Maurermeister, Komponist, Singakademie-Direktor und Goethe-Intimus wurde für zwei Mendelssohn-Generationen ein kultureller Vermittler und eine Bezugsperson. Seine Schüler Fanny und Felix prägte er als Kompositionslehrer auf den Spuren Bachs.

24 Fanny Hensel geb. Mendelssohn Bartholdy (1805–1847)
Zeichnung von Wilhelm Hensel, 1836

25 Wilhelm Hensel (1794–1861)
Zeichnung von August Grahl

Die Hochzeit des märkischen Pastorensohns mit der Tochter eines vormals jüdischen Bankiers markierte einen neuen Abschnitt in der Mendelssohnschen Assimilationsgeschichte.

26 Felix Mendelssohn Bartholdy
Gemälde von Theodor Hildebrandt, 1835

Für Felix wurde der Abschied von seinem als Freund und Vorbild verehrten Vater – das Bild stammt aus dessen Todesjahr – zu einem Neuanfang. Bald darauf verlobte er sich mit einer Frankfurter Patriziertochter und heiratete als letzter unter den Geschwistern. Zu seiner Zeit ist er mit seinen Ouvertüren, Chorwerken, Liedern und Kammermusiken der berühmteste deutsche Komponist.

27 Bildnis eines Unbekannten
vermutlich Arnold Mendelssohns (1817–1854)
Gemälde von Philipp Veit, undatiert

Der älteste Sohn Nathan Mendelssohns ist das schwarze Schaf der Familie. Als Armenarzt und kommunistischer Agitator brach er aus der Enge elterlicher Moral- und Ordnungsvorstellungen aus und ging den Weg der politischen Radikalisierung.

28 PHILIPP VEIT (1793–1877)
Selbstbildnis, 1816

Der jüngere Sohn Dorothea Schlegels folgte mit seinem Bruder, dem Maler Jonas Veit, seiner Mutter in die katholische Kirche. Nach seinem langjährigen römischen Aufenthalt in der Künstlergruppe der Nazarener kehrte er nach Frankfurt am Main zurück, wo er die Kunstsammlung und Malklasse an dem neugegründeten Städelschen Kunstinstitut leitete.

29 Die Familien BENJAMIN (GEORG) (1794–1874), links, und ALEXANDER MENDELSSOHN (1798–1871), rechts, Horchheim 1865

30 PAUL (1812–1874) und ALBERTINE MENDELSSOHN-BARTHOLDY (1814 bis 1879) mit ihren Kindern
Ölgemälde von Ludwig Passini, etwa 1868

31 Ernst von Mendelssohn-Bartholdy (1846–1909) im Ordensschmuck

Der älteste Sohn Paul Mendelssohn-Bartholdys war 1907 der reichste Mann in Berlin und wurde in den erblichen Adel aufgenommen.

32 Das Wappen Ernst von Mendelssohn-Bartholdys

Das zentrale Element ist der Kranich mit dem Stein, ein antikes Symbol der Aufmerksamkeit und Fürsorge, verbunden mit dem Motto »Ich wach«.

33 Carl Mendelssohn Bartholdy (1838–1897)
Gemälde von Eduard Magnus, 1845

Der älteste Sohn Felix Mendelssohn Bartholdys wurde Revolutionshistoriker und Radikaldemokrat.

34 Paul Mendelssohn Bartholdy (1841–1880)

Der mittlere Sohn Felix Mendelssohn Bartholdys wurde Chemiker und gründete 1867 in Berlin-Rummelsburg eine Anilinfabrik, die AGFA.

35 Sebastian Hensel (1830–1898), undatierte Fotografie

Der einzige Sohn Fanny und Wilhelm Hensels war zunächst Landwirt auf einem Gut bei Königsberg; im Berlin der Gründerzeit wurde er Direktor der Markthallengesellschaft, der ersten Luxusherberge Hotel Kaiserhof und der Deutschen Baugesellschaft. Sein 1879 erschienener Bestseller *Die Familie Mendelssohn* wurde zu einem Hausbuch des deutschen Bildungsbürgertums.

36 Arnold Mendelssohn (1855–1933), undatierte Fotografie

Der dritte Komponist der Mendelssohn-Familie war ein Enkel Nathan Mendelssohns. Als Chor- und Kirchenmusiker wurde Arnold zum Erneuerer der evangelischen Sakralmusik im ersten Drittel des 20. Jahrhunderts.

37 Wohnhaus Jägerstrasse 53, 1882–1884 von Martin Gropius und Heino Schmieden erbaut

Das auffälligste Mendelssohn-Haus in der Jägerstraße, ein imposantes Denkmal des Aufstiegs

38 Wohnhaus Paul von Mendelssohn-Bartholdys, Alsenstr. 3/3a

39 Franz von Mendelssohn (1865–1935), undatierte Fotografie

Der letzte Chef von Mendelssohn & Co. war wirtschaftspolitischer Berater zahlreicher Politiker und Regierungen der Weimarer Republik.

40 Portraitmedaille der Industrie- und Handelskammer zu Berlin zum 60. Geburtstag Franz von Mendelssohns 1925. Entw.: G. Morin.

41 ALBRECHT MENDELSSOHN BARTHOLDY (1874–1936)
Fotografie von R. F. Schmidt

Der Sohn des Historikers Carl Mendelssohn Bartholdy war musikalisch und literarisch begabt. Der Jurist wurde durch den Ersten Weltkrieg politisiert, die Reichsregierung ernannte ihn zum Gutachter bei den Versailler Friedensverhandlungen 1919. Als Gründungsdirektor des Hamburger Instituts für Auswärtige Politik steht er am Anfang der politischen Wissenschaften und der Friedensforschung in Deutschland. 1933 wurde er von seinem Hamburger Lehrstuhl für Auslandsrecht, 1934 aus seinem Institut vertrieben, er starb im englischen Exil.

42 Francesco von Mendelssohn (1901–1972) mit Albert Einstein und dem Pianisten Bruno Esser in Berlin, Ende der 20er Jahre

Der Sohn des Bankiers Robert von Mendelssohn und dessen italienischer Frau Giulietta war in der Weimarer Republik ein erfolgreicher Cellist, ein mäßiger Theaterregisseur, ein stadtbekannter glamour boy. Im amerikanischen Exil gerät das Leben des Entwurzelten in den freien Fall.

43 Eleonora von Mendelssohn (1900–1951)

Francescos morphiumsüchtige Schwester war bis zu ihrer Emigration eine erfolgreiche Schauspielerin, die u. a. mit Fritz Kortner, Gustaf Gründgens, Helene Weigel und Lotte Lenya auftrat.

logischer Begriffe in das politische Denken. Seine sonst so kritische Urteilskraft versagt bei diesen Formulierungen. Was ihre politische Umsetzung in der Konsequenz bedeuten könnte, hat er nicht zu Ende gedacht.

Er sucht nach einer Idee der Volksgemeinschaft – doch nicht wie Albrecht Mendelssohn Bartholdy im Sinne der Ideale der bürgerlichen Aufklärung und der Französischen Revolution. Er setzt auf die Veredlung des Kollektivs durch Schicksalsschläge. »Glück ist nichts für die Deutschen«, stellt er im Sommer 1927 fest. »Die meisten werden, wenn es ihnen einige Zeit gut geht, ordinär, die besseren mißmutig, weil nichts zu ersehnen, zu erstreben ist. Das Beste kommt bei den Deutschen zum Vorschein, wenn sie aus dem Elend aufstreben [...].«[75] Noch im Sommer 1930 wendet er sich gegen die These, Deutschland habe den Weltkrieg gebraucht, um vom Materialismus geheilt zu werden. Dem Deutschen tue zur Kompensation seines Idealismus ein Quantum Materialismus gut. Er sehe den Versailler Vertrag immer noch als ein Verbrechen der anderen Völker gegen Deutschland an, was ihn aber nicht nach Rache rufen läßt, weil er das Leiden als Läuterungsprozeß begreift: »Sollen doch nach Goethe diejenigen gerade Lieblinge der Götter sein, denen sie neben unendlichen Freuden auch alle Schmerzen, die unendlichen, ganz zuerteilen.«[76] Die republikanische Haltung des konservativen Franz von Mendelssohn, der die bedrohte Demokratie unterstützt, teilt Arnold nicht, vertritt aber auch keine revanchistische Position. Er versucht, seine Zeit aus der philosophischen Vogelperspektive zu deuten, und projiziert dabei persönliche Leiderfahrungen in sein Geschichtsverständnis. Während sein Onkel, Felix Mendelssohn Bartholdy, als Götterliebling angesehen wurde, hofft Arnold darauf, gerade als Schmerzensmann ein göttlich Begünstigter zu sein.

Seine Wahrnehmung politischer Realitäten wird durch solche Einblendung des Privaten ins Weltgeschichtliche getrübt. Daß die Anklage des »Verbrechens« von Versailles zum deutschnationalen Agitationsbegriff wurde und von der eigenen Verantwortung ablenkt, reflektiert er nicht. Während des Ersten Weltkriegs hatte er seinen moralischen Anspruch an das Individuum noch herausfordernder formuliert: »Für Verbrechen seiner Regierung ist jeder Staatsbürger mit verantwortlich, solange, als er keinen Anstand nimmt, deren Früchte mit zu genießen.«[77]

Arnolds letztes Instrumentalwerk, sein Konzert g-Moll für Violoncello und Orchester von 1932, wird 1933 in einer Frankfurter Radio-Veranstaltung uraufgeführt. Sein Chorwerk *Die Seligpreisungen* für Chor, Soli und Streichquartett kommt am 16. Juni 1933 in der Leipziger Thomaskirche mit dem Gewandhaus-Quartett zur Uraufführung: das Programm eines christlichen Gewaltverzichts, dessen Gegensatz zur nationalsozialistischen Ideologie kaum radikaler formuliert werden kann als in den zugrunde liegenden Worten der Bergpredigt Jesu. Arnolds Oratorium *Jonas*, die biblische Geschichte von dem Propheten, der einer heidnischen Metropole die Bußpredigt halten soll und vor diesem Auftrag flieht, war vom Leipziger Verlagshaus Breitkopf & Härtel im Oktober 1932 zurückgeschickt worden, »da wir infolge der gegenwärtigen Verhältnisse auf eine Übernahme [...] leider noch nicht zukommen können«.[78] Das Werk gilt als verschollen. Für das Grab ihres Vaters in Darmstadt hat die behinderte Bildhauerin Dora Mendelssohn eine Plastik gestaltet: »Das Mädchen mit dem Tränenkrug«. 1937 wird ein Darmstädter Freund, Heinrich Hahn, dem ehemaligen Vereinskollegen in der »Geschichte des Richard-Wagner-Vereins« nachrufen: Arnold Mendelssohn sei »ein in sich vollendeter Mensch« gewesen, »kein Jude, Oberschlesier von Geburt«: eine Persönlichkeit »von unvergeßlicher Eigenheit«.[79]

Die Mendelssohns im »Dritten Reich«

Die Geschichte der Nachkommen Moses Mendelssohns zur Zeit der nationalsozialistischen Herrschaft ist bislang weitgehend unerforscht. Das liegt nicht nur an der Unzugänglichkeit von Akten, die vernichtet, unauffindbar oder – wie im Fall der Deutschen Bank – noch gesperrt sind. Die zeitliche Nähe der Ereignisse, Pietät oder der Wunsch, die bösen Erinnerungen ruhen zu lassen, veranlassen nicht selten jene Betroffenen zu schweigen, die noch über eigene Erlebnisse oder die der Verwandten Auskunft geben könnten.

Die Schicksale der Mendelssohns im »Dritten Reich« bestehen nicht nur aus den Biographien der Flüchtlinge und Enteigneten; auch die Überlebensversuche jener zählen dazu, die sich – manchmal erst nachdem der Staat sie beraubt hatte – zu arrangieren wußten. Es gehört zum System der rassistischen Selektion, unterschiedlich »qualifizierte« Opfergruppen und ihre Überlebensinteressen gegeneinander auszuspielen: Auch innerhalb der Familie Mendelssohn hat diese Spaltungsstrategie mitunter funktioniert. Solche schamvollen Erfahrungen, an denen die Wirksamkeit des totalitären Apparats auf allen Lebensebenen deutlich wird, könnten helfen, die Probleme einer großen Familientradition im Totalitarismus besser zu verstehen. Aber gerade solche Erfahrungen werden eher verdrängt als dokumentiert.

Das Puzzle dieses Kapitels der Familiengeschichte ist unvollständig. Die historischen Eckdaten sind vorgegeben: der Beginn der Naziherrschaft am 30. Januar 1933, die Einführung der Nürnberger Rassengesetze im Herbst 1935, die Reichspogromnacht im November 1938 und der Beginn des Zweiten Weltkriegs am 1. September 1939, der den meisten Emigrationsplänen ein Ende setzte. Elf Nachkommen Moses Mendelssohns fallen als Wehrmachtssoldaten.

Die Verfolgten

1933 muß Otto von Mendelssohn Bartholdy, Hauptaktionär und ständiges Mitglied des Aufsichtsrates der AGFA, wie die jüdischen Aufsichtsräte Arthur von Weinberg und Ernst von Simson sein Amt niederlegen. Die AGFA, deren Markenzeichen seit 1898 weltweit eingeführt ist, war 1925 in den IG Farben aufgegangen, dem nunmehr weltgrößten Chemiekonzern, der den Aufstieg Hitlers förderte: 1932 unterstützt der Konzern den Wahlkampf der NSDAP mit 400000 Reichsmark, der höchsten

Einzelspende aus der deutschen Industrie. Auch der jüngste Sohn des AGFA-Gründers Paul Mendelssohn Bartholdy, ein Chemiker, der den gleichen Namen wie sein Vater trägt, wird 1933 aus seinem Direktorenamt bei den IG Farben gedrängt. Die Brüder Otto und Paul gehen ins Schweizer Exil.

1933 wird die Dessauer »Moses Mendelssohn-Stiftung zur Förderung der Geisteswissenschaften« eingefroren. Bereits 1932 war im Freistaat Anhalt die NSDAP an die Macht gekommen, die das 1890 errichtete Mendelssohn-Denkmal in den Bahnhofsanlagen demontieren ließ; es wurde auf den Israelitischen Friedhof versetzt und dort in der Nacht vom 9. zum 10. November 1938 zerstört. Die Stiftung wird jedoch unter wechselnden Namen in der Dessauer Stadtverwaltung versteckt weitergeführt und erst nach dem Krieg von den sozialistischen Behörden in den »Hilfsfonds der Stadt Dessau« eingebracht und dann aufgelöst.

Aus dem Kuratorium der 1878 gegründeten »Felix-Mendelssohn-Bartholdy-Stiftung« in Berlin muß im Oktober 1933 Georg Schünemann, Musikwissenschaftler und Sozialdemokrat, ausscheiden. Im April 1934 teilt man dem Kuratorium mit, es wäre im Vorjahr klüger gewesen, Bewerbungen von Nichtariern zu übergehen. Künftig müssen Stipendiumsbewerber eine Erklärung zu ihrer Nationalität und Abstammung vorlegen. 1937 wird die Stiftung mit anderen Stiftungen in ein »Preußisches Staatsstipendium für Musiker« umgewandelt. Die Wertpapierzinsen werden zur Kapitalvermehrung angelegt und ausgegeben, letztmals 3000 Reichsmark in Pfandbriefen im Juli 1944.

Am 11. Mai 1935 stirbt in Berlin 59jährig der zweite Chef des Bankhauses Mendelssohn & Co., Paul von Mendelssohn-Bartholdy, »nach kurzem, schweren Leiden«, wie es in der Anzeige heißt. Die Trauerfeier findet am 15. Mai im großen Damenzimmer von Schloß Börnicke statt. Zuerst spielt vor dem Schloß eine Kapelle »Jesus meine Zuversicht«. Dem Trauerzug gehen die Musiker voran, es folgt der Kriegerverein, danach der Sarg, der Pfarrer, die Verwandten. Die Regieanweisung zur zeremoniellen Bestattung nennt unter Punkt 10: »Frau von Mendelssohn wirft Erde in die Gruft, während der Kriegerverein den Ehrensalut schießt. Jagdsignal. Es schliessen sich, nachdem Frau von Mendelssohn als einzige den Kranz in der Gruft niedergelegt hat, die nächsten Anverwandte und Freunde usw. an. Förster Buchwald sorgt dafür, dass die nächsten ihre Kränze ausserhalb der Gruft niederlegen. 11.) Nach dem Jagdsignal spielt die Kapelle ›Ich hatt einen Kameraden‹. 12.) Nach der ersten Strophe verlässt Frau von Mendelssohn den Friedhof [...]«.[80] Der Grabstein des Bankiers zeigt das Wappen seiner Adelslinie, den Kranich mit dem Stein und die Eule von Börnicke, darüber den kaufmännischen Merkurstab. Paul von Mendelssohn-Bartholdy hatte auf sein Berliner Palais in der Alsenstraße im Vorjahr eine persönliche Grundschuld von 600 000 Mark aufgenommen. Da er im Sinne der NS-Rassenbiologie als Jude galt, hatte er ein sogenanntes Verfolgten-Testament verfaßt. Seine »arische« Frau wurde darin als beschränkte Vorerbin seiner als Nacherben eingesetzten vier Schwestern bestimmt, um deren Erbe dem Zugriff des nationalsozialistischen Staates zu entziehen.

Bald nach der Trauerfeier trifft sich die Witwe Elsa mit den vier Schwestern ihres verstorbenen Mannes und einem Priester zu einer Unterredung über den Nachlaß. Das Protokoll des Gespräches vermerkt, Elsa, der Nichtjüdin, werde die Kunstsammlung überlassen. Am 26. August 1938 wird sie – wie andere Besitzer von »Judenwohnungen« – gezwungen, zugunsten der »Germania«-Pläne des Generalbauinspektors für die Reichshauptstadt, Albert Speer, ihren Palastkomplex an der Alsenstraße für 30 000 Mark an die Stadt Berlin zu verkaufen. Die Ausschreitungen der Reichspogromnacht im November 1938 bestärken sie in ihrem Vorhaben, den Namen ihres verstorbenen Mannes abzulegen und ihren Mädchennamen wieder anzunehmen. Dieser soll in die Grundbücher ihres Gutes Börnicke eingetragen werden, wodurch sie den Besitz vor der »Arisierung« schützen zu können glaubt. Am 27. Januar 1939 genehmigt der Reichsminister des Innern den Antrag, »da Frau Lavergne Vollarierin ist«.[81]

1940 heiratet Elsa den österreichischen Grafen Max von Kesselstatt, was ihren Gutsbesitz vor den NS-Behörden zusätzlich absichert. Das einst von ihrer Schwiegermutter Marie von Mendelssohn-Bartholdy gestiftete Marienheim in Börnicke entzieht sie den Diakonissen der Pfarrgemeinde, um es »im Einvernehmen mit der N.S.V. [einer nationalsozialistischen Erziehungsorganisation] weiter zu führen«.[82] Schloß Hasenheide verkauft sie an das nationalsozialistische Dichterpaar Herbert und Erna Volk, die ihr Anwesen *Eddahof* nennen. 1947 wird das von Alfred Messel erbaute verwüstete Schmuckstück durch die Liegenschaftsverwaltung abgerissen. Schloß Börnicke wird nach 1945 von der Roten Armee und von der KPD beansprucht. Elsa von Kesselstatt versucht vergeblich, unter Berufung auf den Verfolgtenstatus ihres Mannes und auf das zugunsten ihrer Schwägerinnen, der Nacherbinnen, verfaßte Testament, eine Restitution des Besitzes zu erlangen.

Wenige Wochen nach dem Tod Paul von Mendelssohn-Bartholdys stirbt am 13. Juni 1935 in Berlin-Grunewald der 69jährige Seniorchef des Bankhauses, Franz von Mendelssohn. Es kondolieren u.a. der Reichsfinanzminister Lutz Schwerin von Krosigk, der Staatssekretär im Büro des Reichspräsidenten, Otto Meißner, der Generaldirektor der Reichsbahn, Julius Dorpmüller, Hans Luther, der mittlerweile deutscher Botschafter in Washington ist, aber auch Politiker, die kurz zuvor ihr Amt verloren haben. Hans von Dohnanyi aus dem Justizministerium, der am Ende des Krieges hingerichtet werden wird, und Eduard Hamm, langjähriger Geschäftsführer des Deutschen Industrie- und Handelstages, der sich 1944 nach seiner Verhaftung das Leben nimmt, gehören ebenso dazu. Auch die führenden Vertreter der deutschen Industrie und Hochfinanz um Robert Bosch und Max Warburg drücken ihr Beileid aus, Reichsbank-Vizepräsident Fritz Dreyse schreibt: Mendelssohn habe »unter Einsatz seiner ganzen großen Kraft und des hohen Ansehens, das Generationen ausgezeichneter Bankiers und Wirtschaftsführer ihm als würdigen Erben solchen geistigen und kulturellen Besitzes hinterlassen hatten, erfolgreichsten Anteil an dem Wiederaufbau unseres Vaterlandes« genommen. Er sei ein Repräsentant »guten alten deutschen, die gesamte Welt umspannenden Kaufmannsgeistes«

gewesen.[83] Seite an Seite kondolieren Wirtschaftsführer und Staatsdiener, die zum NS-Regie innerlich auf Distanz stehen oder ihm mehr oder weniger loyal ergeben sind.

Zu den Trauernden zählen viele Musiker: der Geiger Boris Schwarz, die Pianisten Josef Schwarz, Grete Sultan, Bruno Eisner und die Sängerin Olga Schwarz; sie alle werden bald aus Deutschland emigrieren. Auch Julius L. Seligsohn aus dem Präsidium der Reichsvertretung der deutschen Juden und Cora Berliner, ehemalige Referentin im Reichswirtschaftsministerium, melden sich zu Wort; beide werden 1942 ermordet. Leo Baeck, Präsident der Reichsvertretung der deutschen Juden, würdigt Franz von Mendelssohn als ein »Stück Geschichte vererbten reinsten Menschentums und edelster deutscher Kultur«.[84] In den Nachrufen der gleichgeschalteten Presse bleibt die jüdische Herkunft des Verstorbenen unerwähnt, während die Zeitung des *Central-Vereins deutscher Staatsbürger jüdischen Glaubens*, der sich in diesem Jahr zwangsweise in *Jüdischer Central-Verein* umbenennt, auf die Ursprünge verweist: »Wie bei allen Nachfahren Moses Mendelssohns waren auch die religiösen Bindungen Franz von Mendelssohns gelöst. Aber er pflegte bewußt und stolz auch die jüdische Tradition seiner Familie [...].«[85] Bei der Trauerfeier am 17. Juni rühmt der neue Chef von Mendelssohn & Co., Rudolf Loeb, vieles an Franz habe an Moses, ja an Nathan den Weisen und auch an Felix denken lassen. Musik sei die »Ruhepause, die seelische Stärkung für seine unermüdliche und ununterbrochene Arbeit im Dienste seines Hauses und im Dienste der Gesamtheit« gewesen.[86] Der Ehrenpräsident der Berliner Industrie- und Handelskammer, Karl Gelpcke, beendet seine Rede mit dem Vers: »Was vergangen, kehrt nicht wieder; aber ging es leuchtend nieder, leuchtet's lange noch zurück.«[87] Was als sentimentaler Nachruf auf einen ehrenwerten Mitbürger gemeint ist, klingt im Rückblick wie der melancholische Abgesang auf ein großes Familienvermächtnis, dessen Zeit schicksalhaft abgelaufen ist.

In den späten Abendstunden des 16. September 1935 wird auf Anordnung Hermann Görings die Gedenktafel zu Ehren Felix Mendelssohn Bartholdys an der Front des Preußischen Herrenhauses abmontiert. Die Geheime Staatspolizei hatte »wegen der Gegensätzlichkeit der Inschrift« zur jetzigen Nutzung des Hauses diese Maßnahme empfohlen. Am Tag zuvor hatte der Deutsche Reichstag in Nürnberg auf einer Sondersitzung des Reichsparteitages das »Reichsbürgergesetz« sowie das »Gesetz zum Schutz des deutschen Blutes und der deutschen Ehre« erlassen. Durch das neue »Rasserecht« und jene 13 Durchführungsverordnungen, die den neuen Verfassungsparagraphen bis Juli 1943 ergänzen werden, soll »das ins deutsche Volk eingedrungene jüdische Blut« ausgeschieden, »die entstandene Mischrasse«[88] eliminiert werden. Felix Mendelssohn Bartholdy, dessen Leipziger Denkmal im November 1936 abgerissen wird – was zum Rücktritt des Oberbürgermeisters Carl Goerdeler führt –, ist nach den Nürnberger Gesetzen »Volljude«. Seine Musik ist verfemt; im KZ Theresienstadt darf sie auf dem Programmzettel stehen, im Vernichtungslager Auschwitz muß sie anonym gespielt werden. Das Verdikt betrifft auch Arnold Mendelssohn, der als »Dreiviertel-Jude« gilt.

In einem Stammbaum aus dem Jahr 1929 markiert die Familie anhand der Nürnberger Rassegesetze nach 1935 »Juden«, »Mischlinge« 1. und 2. Grades und die »deutschblütigen« Verwandten oder Angeheirateten. Der Stammbaum verzeichnet nur die Nachkommen der männlichen Linien und ihre Ehepartner. In der ersten und zweiten Generation gibt es, abgesehen von Friedrich Schlegel, dem eingeheirateten kinderlosen zweiten Mann Dorotheas, ausschließlich »Juden«. In der dritten Generation gibt es drei »Deutschblütige«, in der vierten 14, in der fünften 17, in der sechsten 13. In der jungen siebten Generation, die zu diesem Zeitpunkt aus elf Personen besteht, gibt es nach dieser Stammtafel keine »Juden« mehr.

Alexander Mendelssohn, ein Urenkel des Bankbegründers Joseph Mendelssohn, stirbt am 12. Juli 1935 in Lippspringe. Auf seiner Hochzeit mit Jenny von Leyden 1885 in Berlin hatte sein Onkel Franz Mendelssohn sen. noch Wortspiele mit dem angesehenen Familiennamen der Braut getrieben. Die beiden Söhne des Paars werden 1941 den Namen Mendelssohn ablegen und sich und ihre Söhne Leyden nennen. Angst um die Zukunft ihrer Kinder und die Erwartung, der Nationalsozialismus werde Bestand haben, haben den Ausschlag gegeben. Ihre Mutter lebt in den letzten Lebensjahren, geistig verwirrt, bei dem ältesten Sohn in Lippspringe. Als dieser die 77jährige während einer Hausrenovierung den Bodelschwinghschen Anstalten von Bethel vorübergehend zur Pflege anvertraut, stirbt sie dort vier Wochen später, am 19. Juli 1941 um 12 Uhr 30 – eines natürlichen Todes, wie aus ihrer Patientenakte hervorgeht. In ihrer Familie hat eigene Verfolgungserfahrung die Wahrnehmung dieses Todesfalls beeinflußt: Man spricht davon, Jenny Mendelssohn sei ein Opfer des geheimen Euthanasieprogramms geworden.

Im Juni 1938 verfaßt das Preußische Finanzministerium ein Verzeichnis national wertvoller Kunstwerke, deren Ausfuhr verhindert werden soll, darunter einige als »entartete« Kunst klassifizierte. Auf dieser Liste werden als Eigentümer von drei van Gogh und zehn Cézanne die bereits 1935 verstorbene Kunstsammlerin Margarete Oppenheim und deren Tochter Charlotte genannt. Charlotte, die an der Seite ihres ersten Mannes Paul von Mendelssohn-Bartholdy die einzige wirkliche Kunstsammlung der Mendelssohns zusammengetragen und durch ihre zweite Ehe die Schweizer Staatsangehörigkeit erworben hat, ist alleinige Verfügungsberechtigte über den Nachlaß der Mutter. 1938 emigriert sie in die Schweiz. Bereits im Mai 1936 war die Sammlung Oppenheim auf einer Münchner Auktion angeboten worden, doch für Cézanne-Gemälde ohne Ausfuhrerlaubnis fanden sich keine Käufer. Die Nationalgalerie in Berlin setzt sich dafür ein, daß einige Bilder der berühmten Sammlung von der »nationalen Schutzliste« gestrichen werden, und erwartet dafür als »Lösegeld« günstige Angebote bei anderen Oppenheim-Objekten. Später bietet Charlotte Teile ihrer Sammlung auf dem Schweizer Kunstmarkt an: Bilder von Henri Rousseau, Pablo Picasso, Juan Gris, Camille Pissarro, Auguste Renoir, Constantin Meunier[89] und Paul Gauguin, die sich 1940, zum Zeitpunkt der Verhandlungen mit dem Kunsthändler, noch in Deutschland befinden. Ein Hauptwerk Rousseaus, *La muse inspirant le poète* von 1909, wird vom

Kunstmuseum Basel für 12000 Franken erworben – »ein schandbar billiger Preis«, gesteht der Museumsdirektor Georg Schmidt, der nur dadurch möglich gewesen sei, »dass der Besitzer rasch realisieren« mußte.[90] Henri Rousseaus Herrenbildnis *Pierre Loti* und sein *Blumenstilleben* erwirbt ein Zürcher Bankier für insgesamt 45000 Franken und überläßt für 22000 Franken den *Pierre Loti* dem Zürcher Kunsthaus, das den Preis hatte drücken wollen. Beide Bilder sind 1943 auf der Ausstellung »Ausländische Kunst in Zürich« zu sehen. Ebenfalls in den vierziger Jahren und zu Beginn der fünfziger erwirbt der durch Waffenexporte reich gewordene Deutsche Emil Georg Bührle mehrere Bilder Mendelssohnscher Provenienz: von Charlotte van Goghs *Der Sämann*, *Das gelbe Ährenfeld mit Zypressen* und *Blühender Kastanienzweig*, welche sich einst in der Grunewald-Villa Franz von Mendelssohns befunden hatten. Außerdem Renoirs *Stilleben mit Pfirsichen und Pflaumen* und von Eleonora von Mendelssohn Manets *Der Hafen von Bordeaux*. Eleonora von Mendelssohn und ihr zweiter Mann Emmerich von Jeszensky haben bereits 1935 jene drei Gemälde Camille Corots, die einst das Musikzimmer Robert von Mendelssohns schmückten, im Kunsthaus Zürich eingelagert und an die Basler Handelsbank verpfändet. Ein durch Francesco von Mendelssohn in Paris verpfändeter Toulouse-Lautrec wird 1941 durch den befreundeten Kunsthändler Christoph Bernoulli aus der Pfandleihe ausgelöst und 1942 über die Schweizer Gesandtschaft via Diplomatengepäck nach Zürich geschmuggelt.

Von 1933 bis 1937 erscheinen keine Bände der Jubiläumsausgabe Moses Mendelssohns. Seit 1933 vertritt Leo Baeck die »Gesellschaft zur Förderung der Wissenschaft des Judentums« im Gremium der Herausgeber. 1934 wird die »Akademie für die Wissenschaft des Judentums« aufgelöst, die Gesellschaft trägt nun allein die Kosten der Edition. 1935 kündigt die »Moses Mendelssohn-Stiftung zur Förderung der Geisteswissenschaften« Unterstützung an. 1936 wird der mit der Herausgabe befaßte Berliner Akademie-Verlag aufgelöst. Die Rechte gehen auf den Breslauer Verlag M. und H. Marcus über, der jedoch seinen Inhaber wechselt und die Judaica ausgliedert, welche nun mit den

Verlagsrechten der Jubiläumsausgabe von dem Breslauer Verleger Stefan Münz übernommen werden. Im Sommer 1937 liegt Band 14 (Hebräische Schriften I) nahezu vollständig vor, aber er erscheint erst im November 1938. Fast die gesamte Auflage wird beschlagnahmt und eingestampft. Ein Exemplar gelangt in den Besitz eines Bandbearbeiters, zwei andere an die Herausgeber Simon Rawidowicz und Eugen Mittwoch.

Die Geschichte der Diskriminierung, Verfolgung und Beraubung der Nachkommen Moses Mendelssohns zwischen 1933 und 1945 handelt auch vom Überleben. Stiftungen, Kunstsammlungen, Denkmäler, Gedenktafeln und Bücher wurden zerstört. Doch nach dem heutigen Forschungsstand ist kein Mitglied der Familie ermordet worden. Die Mendelssohns waren in mancher Hinsicht gegenüber anderen Verfolgten privilegiert. Die Vermögensverhältnisse der reichen Verwandten steigerten zwar die Begehrlichkeit der NS-Funktionäre, erleichterten manchen Verfolgten jedoch auch ihre Flucht und die Existenz im Exil. Das subjektive Erlebnis der Verfolgung bleibt von diesem objektiven Vergleich mit anderen, ärmeren Opfern des NS-Regimes unberührt. Wer dem Untergang, der Vernichtung entgangen ist, aber über längere Zeit der Todesangst ausgesetzt war, ist traumatisiert.

Die Kinder von Fanny und Fanny

Einige der Nachkommen Moses Mendelssohns gelten im »Dritten Reich« als Mischlinge. Daß die Taufe ihrer jüdischen Vorfahren weit zurückliegt, macht sie nach dem rassenbiologischen System der Nürnberger Gesetze noch nicht zu »Ariern«: Nicht der Taufschein, sondern das »deutsche« Blut ist für den Ariernachweis relevant. Allerdings war mit dem Übertritt zum Christentum in den meisten Familienzweigen auch die Heirat von Partnern nichtjüdischer Herkunft üblich. Wo diese Verbindungen die Ahnenreihe dominieren, haben Enkel und Urenkel von den Rassegesetzen weniger zu befürchten. Sie geraten gegebenenfalls, wie andere Nicht-Juden auch, aus politischen Gründen mit dem Regime in Konflikt. Wenn sie den jüdischen Namen Mendelssohn tragen, stellen sie für Rassisten eine Provokation dar. Doch berufliche Einschränkungen, Ausgrenzung im Alltag und physische Verfolgung aufgrund ihrer Abstammung bleiben ihnen erspart.

Anders ist die Situation für jene Familienmitglieder, in deren Ahnenreihe durch Verwandtschaftsehen oder durch Verbindung mit weiteren Familien jüdischer Herkunft das »arische« Element geschwächt wurde. Zur Ausgrenzung der »Volljuden« (vier jüdische Großeltern), »Juden« (drei jüdische Großeltern), »Mischlinge 1. Grades« (zwei jüdische Großeltern) und »Mischlinge 2. Grades« (ein jüdischer Großelternteil) werden zwischen 1935 und 1943 über dreitausend Restriktionen und Maßnahmen verfügt, deren Anwendung – auch Ausnahmen aufgrund diverser Beziehungen – von Stadt zu Stadt, von Beamten zu Beamten bisweilen unterschiedlich gehandhabt wird.

Diese verwirrende, bedrückende Alltagsrealität läßt sich deutlich an Schicksalen der Nachkommen Fanny Hensels erkennen. Die Enkelin Moses Mendelssohns, »Volljüdin« im Sinne der NS-Terminologie, hatte als eine der ersten Mendelssohn-Nachkommen einen »Arier« geheiratet, doch ihr einziger Sohn Sebastian, ein »Halbjude« folglich, verband sich mit einer (getauften) »Jüdin« aus Königsberg, Julie von Adelson. In der Familie Hensel wurde, durch Erinnerungsarbeit Sebastian Hensels angeregt, das Mendelssohn-Bewußtsein besonders gepflegt. »Ich kann mich an keine Zeit erinnern, in der ich nicht gewußt hätte, daß ich aus der Familie Mendelssohn stamme«, schreibt Charlotte Bergengruen, eine Enkelin Sebastians, in ihren Erinnerungen. »Es gab allerlei Bilder aus ihrer großen Zeit. [...] Kopien und Ölbilder von Felix und Cécile, von Paul und Albertine, von Fanny hingen in prächtigen Goldrahmen in Salon und Eßzimmer; im Musiksalon stand ein schönes reichgeschnitztes Notenpult aus dem Besitz von Fanny, das mein Vater benutzte [...].«[91] Das jüdische Erbe, besonders das Ostjudentum der Adelson-Vorfahren, haben Sebastians und Julies Nachkommen weniger betont. In der Familienchronik *Jacob Ludwig und Fanny von Adelson samt ihren Sip-*

pen von 1928 hieß es dazu distanziert: »Der schwierigen, wenn nicht unlösbaren Frage nach der Rassenzugehörigkeit soll hier nicht nähergetreten werden; es sei nur daran erinnert, daß a) zu verschiedenen Zeiten ganze russische und sonstige slawische Stämme (Chazaren) und die sämtlichen Bewohner ganzer Ortschaften zur jüdischen Religion übertraten; b) die uns erhaltenen Bilder Jacob Ludwig von Adelson's wie die seiner Nachkommen keinen rein oder auch nur stark semitischen Charakter zeigen [...].«[92]

Mit der nationalsozialistischen Machtergreifung entsteht für die unter dem Dach einer Familienstiftung verbundenen Adelson-Nachkommen, von denen die meisten auch Hensel-Nachkommen sind, eine komplizierte Situation. Mit den Verfolgten und mit jüdischen Vorfahren müßte und will man sich solidarisieren. Um selbst zu überleben, sollte man möglichst wenig mit ihnen zu tun haben.

Erzählungen der Hensel-Nachkommen, die im »Dritten Reich« Kinder und Jugendliche waren, gleichen den Erfahrungen vieler sogenannter Mischlingsfamilien. Verschärft wird der innere Zwiespalt dieser Diskriminierten durch ihre Beziehung zu dem großen Familienvermächtnis. Else-Maria, ein Hamburger Schulmädchen, offiziell »Mischling 2. Grades«, ist einerseits beeindruckt und beeinflußt von den antijüdischen Karikaturen in Schaukästen des Hetzblattes *Der Stürmer*, andererseits ist sie stolz auf die großen Vorfahren. Als im Schulaufsatz das Thema »Unsere Ahnen« behandelt werden soll, kommt sie unglücklich nach Hause. Die Eltern erzählen ihr daraufhin ausschließlich Geschichten berühmter »arischer« Vorfahren; die selektive Ahnenreihe wird der beste Aufsatz der Klasse. Ihr kleiner Bruder Christoph wiederum, geboren 1933, wird sich lebenslang an die Anmeldung zur Hitlerjugend erinnern: »Der Bannführer saß mir gegenüber, einen Fragebogen vor sich mit der ersten Frage: Arisch? Ich mußte antworten: Nein, ich bin Mischling 2. Grades! Diese Szene steckt mir bis heute in den Knochen. [...] Mir war unverlierbar eingeprägt: Du bist ein minderwertiger Mensch! Diese Einsicht wurde weiter gefestigt, als ich von meinem Vater zur Oberschule angemeldet wurde und der Direktor sich sehr ungehalten darüber ausließ, einen Menschen wie mich in seine Schule aufnehmen zu sollen. Ich konnte es nicht begreifen, warum bestimmte Prozente des in mir fließenden Blutes mich minderwertig machen sollten.«[93] Das Erlanger Schulmädchen Cécile wird des Gymnasiums verwiesen, nachdem man bei den Plünderungen der »Reichskristallnacht« das schulterfreie Porträt der Vierzehnjährigen, eine angeblich erotische Aufnahme, im Atelier eines jüdischen Fotografen gefunden hat. Der verstorbene Vater war als Philosophieprofessor eine akademische Autorität: Nun statuiert man an der Tochter, den »Reichsbestimmungen über die Schülerauslese an höheren Unterrichtsanstalten« folgend, ein Exempel. Die Einsprüche der Mutter beim Kultusministerium und in Berlin helfen nichts. Der Turnlehrer gibt zu Protokoll, Cécile habe vor einigen Jahren gegenüber Mitschülern geäußert, sie sei stolz darauf, daß »jüdisches Blut in ihren Adern fließt. […] Das ist und bleibt ein Bekenntnis zum Judentum. Die Bindung zum Judentum, wenn auch nur geschäftlich, hält die Mutter aufrecht.«[94]

Von den Ferien am Tegernsee, Ostern 1940, berichtet Maria Schütze-Bergengruen in ihrem Rückblick *Unsere Fanny*[95]: »Wir sprachen einmal über Musik und ich erzählte unvorsichtigerweise, aber doch mit dem Wunsch, zu imponieren, daß Felix Mendelssohn einer meiner Vorfahren sei. Da baute sich der älteste Sohn dicht vor mir auf und sagte erstaunt und etwas höhnisch: ›Dann bist du ja das Kind von am Jud!‹« Ein Jahr später erklärt die Leiterin ihres Münchner Schwimmvereins, sie dürfe künftig nicht mehr starten. Im Herbst 1942 müssen für die neue Klassenlehrerin Fragebogen zur Person ausgefüllt werden. Maria kreuzt an, sie sei nur zu 25 Prozent jüdisch, woraufhin die Lehrerin sie nach vorn zitiert und der Klasse mitteilt, daß dieses Mädchen gelogen habe. Als die Familie ein paar Tage später ausgebombt wird, ist Maria froh, aus München zu verschwinden.

Während die Kinder oft nur ahnen, was hinter der Atmosphäre aus Unsicherheit und Angst steckt, der sie ausgesetzt sind, werden die erwachsenen Familienmitglieder von Charlottes Mann, dem u. a. wegen seiner »jüdischen« Ehefrau mit Berufsverbot belegten Schriftsteller Werner Bergengruen, und von deren Schwager, dem Juristen Hans Schenck, über wichtige Abstammungsrecherchen informiert. Charlotte und Werner Bergengruen werten gemeinsam mit Schenck unter dem Codenamen »Unsere Fanny« alle erreichbaren Dokumente aus. An der Recherche in Ostpreußen und Litauen, den Ursprungsorten Julie von Adelsons, kann Charlotte nicht teilnehmen, da ihr als Halbjüdin weder Paß noch Personalausweis verlängert werden; dabei sieht sie so wenig »jüdisch« aus, daß man sie in der Familie gern als »unser allerchristlichster König« tituliert. Immer deutlicher wird, daß sich an Julie von Adelsons Mutter Fanny, einer geborenen Loewenstam, das Schicksal vieler Verwandter entscheidet: Diese Fanny wuchs zwar als Adoptivkind eines Rabbiners auf, bei ihrer Hochzeit mit dem Zolloberinspektorssohn Jacob Adelson lag jedoch kein Nachweis ihrer Konfession vor. Ihre Mitgift von zehntausend Silberrubeln und einem vierundzwanzigteiligen Porzellanservice mit dem Wappen der Romanows gibt den Spekulationen über ihre allerhöchste Herkunft Nahrung: Nun wird ihre illegitime, also angeblich nichtjüdische Herkunft, mit der sich das Verhältnis der »arischen« und jüdischen Großelternteile entscheidend ändern würde, zum Hoffnungsschimmer. Schenck und Bergengruen verfassen zwei dicke Denkschriften für das Reichssippenamt: ein ausgefeilter Indizienbeweis gegen Fannys jüdische Abstammung. Sie sprechen und korrespondieren mit hohen Nazifunktionären, nutzen jede Möglichkeit der Einflußnahme. »Seit den Wannseer Beschlüssen zur Endlösung der Judenfrage, die am 20. I. 42 gefaßt, aber nicht veröffentlicht wurden, wußten wir, daß die Mischehen geschieden werden sollten, und damit erlosch der Schutz durch den arischen Partner und die Deportation des jüdischen Teils war gewiß«, schreibt Charlotte Bergengruen in dem unveröffentlichten Manuskript *Die Ahnfrau,* das die Forschungen der Familie nach dem Geheimnis der anderen Fanny schildert. »Im Herbst 44 erfuhren wir auf Umwegen, daß die Reichsstelle für Sippenforschung ausgelagert worden sei.« Ihr Mann habe auf diesen Effekt der Bombenangriffe gehofft, »wir hatten es ja mit Verbrechern zu tun, und die

Entscheidung über unsere Sache konnte davon abhängen, ob der betreffende Zuständige gut oder schlecht geschlafen hatte. Die Familie, vor allem die weniger Betroffenen, drängte zwar die ganzen Jahre immer wieder auf eine Entscheidung, aber wir setzten nach wie vor auf Verzögerung.«[96] Die Verbindung von Solidarität mit den Verfolgten, persönlicher Betroffenheit und christlichem Bekenntnis, wie sie bei einigen Mendelssohn-Hensel-Nachkommen dieser Jahre anzutreffen ist, trägt auch Bergengruens Gedicht *Die letzte Epiphanie*, das im Sommer 1944 entsteht und knapp zwanzig Jahre später während des Eichmann-Prozesses in Jerusalem verlesen wird:

Ich hatte dies Land in mein Herz genommen.
Ich habe ihm Boten um Boten gesandt.
In vielen Gestalten bin ich gekommen.
Ihr aber habt mich in keiner erkannt.

Ich klopfte bei Nacht, ein bleicher Hebräer,
ein Flüchtling, gejagt, mit zerrissenen Schuhn.
Ihr riefet dem Schergen, ihr winktet dem Späher
Und meintet noch, Gott einen Dienst zu tun.

Ich kam als zitternde geistesgeschwächte
Greisin mit stummem Angstgeschrei.
Ihr aber spracht vom Zukunftsgeschlechte
Und nur meine Asche gabt ihr frei.

Verwaister Knabe auf östlichen Flächen,
ich fiel euch zu Füßen und flehte um Brot.
Ihr aber scheutet ein künftiges Rächen,
ihr zucktet die Achseln und gabt mir den Tod.

Ich kam als Gefangner, als Tagelöhner,
verschleppt und verkauft, von der Peitsche zerfetzt.
Ihr wandtet den Blick von dem struppigen Fröner.
Nun komm ich als Richter. Erkennt ihr mich jetzt?[97]

Die Geschichte von Gertrud, Albert und Marie-Luise

Am 18. Oktober 1933 erliegt der Königsberger Staatsrechtler Albert Hensel in Pavia, wo er sich am Finanzinstitut der dortigen Universität nach einer Anstellung umgesehen hatte, den Folgen einer Angina pectoris.

Albert, ein Enkel Sebastian Hensels, ist seit 1918 mit Marie-Luise Flothmann verheiratet, hat bei seinem Onkel Paul Hensel in Freiburg Philosophie gehört, vor allem aber Öffentliches Recht studiert. 1923 wird der 28jährige außerordentlicher Professor in Bonn für die Bereiche Verwaltungsrecht, Allgemeine Staatslehre, Polizeirecht, Deutsches Reichs- und Landesrecht. 1924 erscheint sein Hauptwerk *Steuerrecht*, das neben einer systematischen Aufarbeitung des unübersichtlichen Rechtsgebietes auch das Konzept einer kulturfördernden Steuerpolitik entwirft. Ihm geht es um eine Definition des Kulturstaates, der die Bürger zur Demokratie erziehen soll, und um Grundlagenforschung für einen bundesstaatlichen »Finanzausgleich«, den Begriff hat er geprägt. Albert Hensel ist ein Rechtsliberaler, dem die »Notwendigkeit autoritärer Staatsführung« nur als Übergangslösung einleuchtet.[98] 1929 wird er Professor für Allgemeine Staatslehre, Staats-, Verwaltungs- und Völkerrecht in Königsberg. Vor seinen Studenten, die ihn aufgefordert haben, gegen die Feinde Deutschlands zu predigen, hält er im Wintersemester 1931/32 eine Vorlesung über den »Pazifismus als völkerrechtliche Weltanschauung«.[99] Eine »Weltrechtsordnung, die auf dem politischen status quo von 1918 aufbaut« und die Kriegsschuld allein den Besiegten aufbürde, diene nicht dem Weltfrieden. Eine solche Ordnung, so Albert Hensel, müsse mit geistigen Waffen bekämpft werden, aber es sei »ein Widersinn, im Kampfe um die Kriegsschuld und für den Frieden zum Krieg aufzurufen«.[100] Er befürchte, daß ein solcher »Zukunftskrieg nicht nationalsittlichen Aufstieg, sondern weltmoralischen Niedergang bedeuten würde«, und deshalb zwinge ihn sein Gewissen, dem Frieden bis zur letzten Ausschöpfung aller Möglichkeiten zu dienen.

Am 25. April 1933 wird der »Halbarier« Albert Hensel aufgrund des »Gesetzes zur Wiederherstellung des Berufsbeamtentums« vom 7. April zwangsweise beurlaubt. Am 6. Juni antwortet er mit einer Eingabe nach Berlin, die seine mehr oder weniger »arischen« Vorfahren erwähnt, deren Herkunft zu leugnen er für unwürdig erachtet; zudem betont der Träger des Eisernen Kreuzes II. Klasse seine Frontkämpfer-Verdienste im Weltkrieg. Seine Leitsätze über Pazifismus und Völkerrecht füge er dem Schreiben bei, da er »in manchen Punkten Übereinstimmung mit der großen außenpolitischen Rede des Herrn Reichskanzlers feststelle«.[101] Die nationalsozialistische Bewegung habe er in seinen Vorlesungen häufig behandelt, »stets mit höchstem Ernst, mit Achtung vor dem in ihr beschlossenen reinen Wollen grade der akademischen Jugend. Den von ihr erstrebten, jetzt erreichten Verfassungsumbau konnte ich in seinen organisatorischen Teilen aus voller Überzeugung billigen.«[102] Den Weg »zu den rassenpolitischen Theorien der NSDAP« könne er freilich nicht beschreiten. Am 28. August sendet der Königsberger Universitätskurator Friedrich Hoffmann die bei ihm eingetroffenen Nachweise zu Hensels militärischen Verdiensten nach Berlin. Am 18. September entscheidet der Reichsminister für Wissenschaft, Erziehung und Volksbildung, Bernhard Rust, daß Hensel als Kriegsteilnehmer unter die Ausnahmeregel des Berufsbeamtengesetzes falle und zurückkehren dürfe. Durch ein Schreiben des Universitätskurators vom 11. Oktober wird Albert von dieser Entscheidung informiert und äußert sich in Pavia gegenüber seiner Frau Marie-Luise erleichtert – am Tag vor dem tödlichen Herzanfall. In seiner Berliner Akte wird der Vermerk »Hensel ist verstorben« eingetragen.

Am 31. August 1942 nimmt sich Marie-Luise Hensel, nachdem ihr Versuch, jüdischen Freunden zur Flucht über die Schweizer Grenze zu verhelfen, gescheitert ist und angezeigt wurde, im Konstanzer Gestapo-Gefängnis das Leben. Noch am selben Tag erhält ihre Schwiegermutter Gertrud Hensel in Marburg die Aufforderung, sich für den »dritten Abwanderungstransport der Juden aus dem Regierungsbezirk Kassel« nach Theresienstadt bereitzuhalten. Seit dem Tod ihres Mannes im Juni 1941 ist die »Jüdin« Gertrud Hensel nicht mehr vor der Deportation geschützt, ihr Vermögen bereits teilweise konfisziert. Die Tat ihrer verhafteten Schwiegertochter, der man unterstellt, sie habe im Hinblick auf die jüdische Schwiegermutter Juden zur illegalen Ausreise verhelfen wollen, hat diesen Deportationsbefehl ausgelöst. Das Engagement Marie-Luises wird in der Familie zwiespältig aufgenommen: Auch andere Angehörige müssen nun fürchten, von den Folgen betroffen zu werden.

Während Gertrud Hensel bereits auf ihren gepackten Koffern wartet, erreichen ihre Schwiegersöhne Werner Bergengruen und Hans Schenck im Gespräch mit dem hessischen Regierungspräsidenten – unter Hinweis auf das schwebende Verfahren beim Reichssippenamt und auf Gertruds Enkel in der Wehrmacht – einen Aufschub. Eine weitere Deportationsanordnung Anfang 1945 wird von einem Gestapobeamten überbracht: Die alte Frau soll das Nötigste in einen Kopfkissenbezug packen und sich bereithalten. Kurt Hensel, der Sohn von Albert und Marie-Luise, ist zu dieser Zeit als verwundeter Soldat auf Heimaturlaub in Marburg. Wie viele »Mischlinge« in Uniform, die ihr militärisches Ansehen ausnutzen, um bedrohten Angehörigen zu helfen, nimmt auch er diese einzige Chance wahr. In Uniform und mit Krücken begibt er sich umgehend zur Gestapo-Dienststelle im alten Marburger Polizeigebäude, fuchtelt mit den Krücken dem Beamtem vor dem Gesicht herum und ruft empört, daß alle Enkel dieser Frau an der Front ständen, verwundet oder gefallen seien. Wenn man seine Großmutter abtransportieren wolle, müsse man ihn gleich mitnehmen. Die Beamten versprechen, Anweisungen von oben einzuholen. Tage des Wartens. Dann kommt Hans Schenck nach Marburg; Gesuche werden geschrieben, Formulare ausgefüllt. Jetzt fällt für die rassenbiologische Arithmetik rettend ins Gewicht, daß Fanny Adelson angeblich keine Jüdin war, daß Gertrud also die Großmutter von einigermaßen »arischen« Enkeln ist. Noch einmal Warten.

In den letzten Kriegswochen werden manche Verwaltungs- und Polizeibefehle, zum Beispiel Aufforderungen zur Zwangsarbeit, von der Familie ignoriert – im Vertrauen auf die Auflösungserscheinungen des NS-Staats. Der Verfolgungsapparat arbeitet zugleich nach wie vor. Eine Mischlingsfamilie von Hensel-Nachkommen in Hamburg, die ihre Auswanderungspläne noch vor dem Krieg aufgegeben hat, ist bislang vor allem vom Studienwechsel für die Kinder, durch die Zwangsarbeit des Vaters und durch die Fragebogen betroffen werden, die ermitteln, wieviel Wohnraum im Falle ihrer Deportation frei wird. Am 3. Mai 1945 findet sich auf dem Schreibtisch des Hamburger Gauleiters Kaufmann ein Dokument, das den Transport von Juden und Mischlingen in das Konzentrationslager Neuengamme anordnet – noch ohne Unterschrift. »Das schnelle Vordringen der Engländer hatte uns […] vor der geplanten Ausrottung bewahrt.«[103]

Das Ende von Mendelssohn & Co.

Die Leitung des Bankhauses übernimmt 1935, nach dem Tod der beiden Bankchefs Franz von Mendelssohn und Paul von Mendelssohn-Bartholdy, der Teilhaber Rudolf Loeb. Auf eine Anfrage des Amtsgerichts Frankfurt am Main, die künftigen Eigentumsverhältnisse betreffend, antwortet im Oktober 1935 Robert von Mendelssohn, einziger Sohn des verstorbenen Seniorchefs, das Erbscheinverfahren sei noch in der Schwebe und werde noch dauern. Bis zum Herbst 1937 wird eine familieninterne Einigung gefunden: Die Witwe des Seniorchefs, Marie von Mendelssohn, wird als persönlich haftende Gesellschafterin in das Handelsregister eingetragen, Pauls Witwe Elsa dagegen, die in der Familie unbeliebt ist, lediglich als stille Teilhaberin. Noch gehört Mendelssohn & Co. zu dem Konsortium, das die Anleihen des Deutschen Reiches übernimmt; 1933 bestand diese Runde von 50 Banken noch zu einem Drittel aus jüdischen Geldinstituten. 1938 sind es drei.

Zu den vorerst funktionierenden Geschäften dieser Jahre zählt die Beteiligung von Mendelssohn & Co. an der Industrialisierung Estlands. In der kleinen baltischen Republik, die 1918 unabhängig geworden ist und 1919 ihre vorwiegend deutschen Großgrundbesitzer enteignet hat, sind deutsche Investoren eine Ausnahme. Von knapp zehn Millionen Reichsmark, die 1933 in Estland angelegt sind, kommen mehr als zwei Drittel von Mendelssohn & Co. Die Berliner Bankiers sind dort seit den zwanziger Jahren an dem Aufbau von Ölschieferanlagen beteiligt, die mittelfristig Gewinne versprechen. In den dreißiger Jahren verläuft die Entwicklung des Projekts zunächst enttäuschend; das estnische Schieferöl kann auf dem Weltmarkt nicht gegen das billigere Rohöl konkurrieren. Die Talliner Hausbank der Estnischen Steinöl AG gerät in Schwierigkeiten. Mendelssohn & Co. schätzt das Risiko weiterer Investitionen als zu hoch ein, erwirbt aber 50 Prozent der Aktien. Für weitere Kredite müßte das Unternehmen Sicherheiten, also Absatzgarantien, bieten.

Eine Perspektive tut sich auf, als die Kriegsmarine des nationalsozialistischen Deutschlands zur Stärkung ihrer Unabhängigkeit von ausländischen Rohstoffen Interesse an der neuen Treibstoffquelle Schieferöl anmeldet. Mendelssohn & Co. zögert dennoch, weitere Kredite zum Werksausbau einzuräumen: Sollte der Liefervertrag mit der Kriegsmarine nicht erfüllt werden, sei die Investition verloren; floriere das Geschäft, sei die Verstaatlichung der Fabriken zu befürchten. Der estnische Ministerpräsident bittet die deutsche Regierung, sie möge Mendelssohn & Co. zur Kooperation bewegen. Man trifft sich im August 1935 mehrmals zu Verhandlungen im Berliner Hotel Bristol. Der Vertreter der Mendelssohns, Paul Kempner, fordert eine Garantie der estnischen Regierung, daß die Exportsteuern für Schieferöl nicht erhöht werden. Dann wünscht er einen neuen Schlußpassus im Vertrag; Fritz Fetzer, Ministerialrat bei der Kriegsmarine, legt zwei Tage später einen stark geänderten Entwurf vor. Der Kredit für den Ausbau der Industrieanlagen soll nach Ansicht der Mendelssohn-Bankiers keinesfalls aus Estland, sondern von der deutschen Kriegsmarine kommen, deren Bestellung – Schieferöl für rund zwei Millionen Reichsmark pro Jahr – die Fabrikneubauten erst notwendig mache. Da die deutsche Marine dies ablehnt, schlägt Paul Kempner vor, sie solle Anzahlungen auf ihre Abnahmemengen leisten. Auch das wird verworfen. Dennoch erreicht Mendelssohn & Co. Zugeständnisse, da die Bankiers den Eindruck erwecken, nicht mehr interessiert zu sein; dabei hat man in der Jägerstraße durchaus erkannt, daß es aufgrund des staatlichen Interesses an der Sache politisch riskant wäre, den Abschluß platzen zu lassen. So hofft man, wenn auch durch Beteiligung an der deutschen Aufrüstung, Schwierigkeiten mit der Regierung zu vermeiden. Unterzeichnet wird im Oktober. Festgehalten sind in dem Dokument die von der Kriegsmarine zu zahlenden fixen Ölpreise; Mendelssohn & Co. hätte den Preis lieber flexibel gehalten, zur Anpassung an die Lebenshaltungskosten. Zwischen Vertragsentwurf und -abschluß gelingt es Fetzer, den Preis von 66 Reichsmark pro Tonne auf 58,95 zu drücken. Den Kredit gewährt die dem NS-Regime nahestehende Dresdner Bank, der auch das Transferierungsgeschäft zufällt, wovon sich Mendelssohn & Co. Gewinne versprochen hatten. Obwohl sie Hauptaktionäre der baltischen Firma sind, können sie unter diesen Umständen weniger Einfluß auf das Geschäft nehmen als geplant. Ihre Aktien der Estnischen Steinöl AG, über deren Produktion Mendelssohn & Co. nunmehr Deutschlands Kriegsvorbereitung unterstützt, werden in Amsterdam deponiert, bei der Maatschappij vor Bank- en Handelsondernemingen, an der die Berliner Bankiers beteiligt sind.

Die Liquidation

Am 14. März 1938 sucht Rudolf Loeb, der Leiter von Mendelssohn & Co., den Vizepräsidenten der Reichsbank, Fritz Dreyse, auf dessen Wunsch in seinem Büro auf. Dreyse hat drei Jahre zuvor in seinem Beileidsbrief zum Tod Franz von Mendelssohns bewegende Worte über dessen Verdienste um den Wiederaufbau des Vaterlandes gefunden. Jetzt erklärt er Loeb, daß das Bankhaus Mendelssohn wachsende Schwierigkeiten zu erwarten habe: Langjährige Kunden verabschieden sich aufgrund der politischen Pressionen, neue stellen sich nicht ein, die Umsätze schwinden dramatisch. Er wolle den Bankier keineswegs beeinflussen, empfinde es aber als seine Pflicht, ihn zu warnen. Loeb reagiert überrascht, gibt zu bedenken, daß »eine funktionierende Finanz- und Bankwirtschaft ohne die traditionelle Position des Hauses Mendelssohn in Berlin«[104] einfach nicht vorstellbar sei. Die führende Rolle seiner Firma sei gewiß bedeutend genug, um vorübergehende Schwierigkeiten zu bewältigen. Dreyse wiederholt seine Warnung. Die Reichskreditgesellschaft sei zu Übernahmegesprächen bereit. Loeb gerät außer sich. Bislang hätten alle Teilhaber von Mendelssohn & Co. solche Gespräche abgelehnt. Um den Vorschlag Dreyses abzuwehren, lügt er: Er habe Hermann Abs von der Deutschen Bank versprochen, falls überhaupt, zuerst mit diesem über das Thema zu sprechen. Nach der Unterhaltung begibt sich Loeb umgehend zu Abs und bittet ihn um Entschuldigung für seine Notlüge, er habe sich anders nicht zu helfen gewußt.

Hermann Josef Abs, der in einem jüdischen Bankhaus in Bonn in die Lehre gegangen ist, steht zu diesem Zeitpunkt, 37 Jahre alt, am Beginn einer großen Karriere. Seit 1937 sitzt er im Aufsichtsrat der IG Farben, seit 1938 im Vorstand der Deutschen Bank. Er bietet sich Loeb als Partner für die Liquidationsverhandlungen an. Seine Gesprächsnotizen, die er dreißig Jahre später aus dem Gedächtnis vervollständigt hat, sind die einzige – einseitige – Quelle für die Rekonstruktion der Verhandlungen.

Am 7. April 1938 bittet Rudolf Loeb Abs in sein Büro. Er wolle mit der Deutschen Bank, aber nur mit Abs, über die Zukunft der Firma verhandeln. Die Aussprachen sollen geheim stattfinden, in Loebs Büro oder Wohnung. Abs läßt sich von seinem Vorstand zu Verhandlungen ermächtigen, die am 28. Juni, am 19. und 30. August und am 3. September stattfinden. Man bespricht die Bilanz: 78,7 Millionen Aktiva, 66 Millionen Passiva. Die »arischen« Angestellten sollen eingegliedert, ihre überdurchschnittlichen Bezüge erhalten, auch Pensionszahlungen soll die Deutsche Bank weiterführen; von den »jüdischen« Angestellten ist – laut Abs – keine Rede. Er notiert, »daß wir die Aktiven und Passiven ausgeglichen übernommen haben«.[105] Die wesentlichen Vermögenswerte übernimmt die Deutsche Bank; zurückbleiben soll die Gesellschaft Mendelssohn & Co. in Liquidation.

In vier weiteren Gesprächen im September und Oktober einigt man sich darauf, daß die Deutsche Bank 110 »arische« Angestellte und die Pensionsverpflichtung für 90 »arische« Rentenempfänger übernimmt; dafür empfängt sie von Mendelssohn & Co. einen Pensionsfonds mit 7 Millionen Reichsmark. Zuletzt drehen sich die Gespräche um den – ohne Mitwirkung der Deutschen Bank zu vollziehenden – Transfer von Vermögensteilen ins Ausland. Anfang November ermächtigt Abs den Bankchef, der Belegschaft das Resultat mitzuteilen. Die Liste der Debitoren wird übergeben. Die Belegschaft erklärt sich einverstanden. Bei dieser Begegnung wurde, wie Abs schriftlich festhält, »nach den Ereignissen vom 9. 11. die Lage durchgesprochen. Herr Loeb urgiert.«[106] Hier springen die Notizen des jungen Bankiers ins Präsens. Das Wort, mit dem er die Bedrängnis nach der Reichspogromnacht skizziert, bedeutet Dringlichkeit: *Urgenz*, abgeleitet von dem lateinischen Verb *urguere: drängen, bedrücken*. Das deutsche *würgen* ist damit verwandt.

Am 1. Dezember wird die Übernahme genehmigt. »Einige Pensionäre bleiben bei Mendelssohn & Co«, notiert Abs.[107] Er meint den verbliebenen Unternehmensmantel zur Abwicklung der restlichen Verbindlichkeiten. 53 jüdische Angestellte und Pensionäre werden, zur Erleichterung ihrer Auswanderung, mit 150000 Reichsmark von der Familie Mendelssohn abgefunden. Es gibt auch Hinweise, daß die Deutsche Bank bis 1945 versucht hat, emigrierten Angestellten Pensionsgelder zu überweisen, was angesichts strenger Devisenkontrollen schwierig war. Am 6. Dezember wird die Liquidation der Presse bekanntgegeben. Am Tag vor Weihnachten spricht man über die Übernahme von Grundschulden, maximal 2,5 Millionen Reichsmark. Zum Jahresende soll die Sache abgeschlossen sein.

Hermann Abs, der freundliche Arisierer, hat den Vorteil für sich und seine Firma genutzt, vielleicht Schlimmeres abwenden wollen. Der Bankhistoriker Wilhelm Treue hat diese Liquidation noch als Verhinderung einer »Arisierung«, als »standesgemäßen« Abschluß gelobt, in Anführungszeichen.[108] Doch daß die Einverleibung eine »Arisierung« war, steht heute – anders als 1970, als

Hermann Abs gegen eine solche Behauptung vor Gericht zog – nicht mehr in Frage. Wie freundschaftlich seine Rolle tatsächlich gewesen ist, könnte sich freilich erst durch Öffnung seines Archivs klären lassen. Den Gesellschaftern von Mendelssohn & Co. hätte eine »Innenarisierung« durch illoyale Angestellte offenbar mehr widerstrebt als die Einigung mit der Deutschen Bank, deren Einmischung NS-Funktionäre zu verhindern suchten. Diese wiederum hätten die Mendelssohn-Bank gern selbst übernommen. Der Betriebsobmann Erich Kluge hatte im Referat »Judenfragen« des Reichswirtschaftsministeriums auf schnelle »Arisierung« gedrängt: »So, wie sich die passive Resistenz der Juden bisher selten fassbar gezeigt hat, sondern immer nur mit dem gesunden Instinkt des Nationalsozialisten gegen alles jüdische gefühlsmäßig wahrgenommen werden konnte, so steht es auch für jeden aufrechten Deutschen hier im Betriebe außer Zweifel, daß die jüdische Betriebsführung sich längst über ihre wahren Ansichten im klaren ist. Man ist davon überzeugt, daß die Juden für sich selbst alles sichern werden, um dann letzten Endes zu erklären, daß die scharfen Verordnungen das Geschäft lahmlegten [...].«[109] Kluge hatte vorgeschlagen, Robert, der Sohn Franz von Mendelssohns, solle die »jüdischen« Anteile übernehmen und der Prokurist Alfred Kurzmeyer neuer Teilhaber werden.

Mit dem 1. Januar 1939 geht Mendelssohn & Co. in die Liquidation. Bereits im November 1938 waren Marie von Mendelssohn, Rudolf Loeb und Paul Kempner als Teilhaber ausgeschieden und die Geschäfte eingestellt worden. Der Witwe Marie wird eine jederzeit widerrufbare Rente von 3000 Reichsmark gewährt. Ihr Sohn Robert, mehr Bonvivant als Kaufmann, der an den Verhandlungen nicht teilgenommen hat, wird zum Liquidator bestellt, ebenso Ferdinand Kremer, der langjährige Syndikus des Bankhauses in der Jägerstraße und spätere Abteilungsleiter bei der Deutschen Bank. Giulietta von Mendelssohn, die längst in Italien lebt, ist ebenfalls Liquidatorin und wird 1942 die Gesellschaft verlassen. Elsa von Kesselstatt, formal die letzte Vertreterin der Mendelssohn-Bartholdy-Linie in diesem Gremium, scheidet bereits zum 31. Dezember 1939 aus, angeblich »auf Grund freundschaftlicher Vereinbarungen«.[110] Paul Kempner und Rudolf Loeb emigrieren. Die Hälfte ihres transferierbaren Vermögens behält der Staat als »Reichsfluchtsteuer« und als »Sühneleistung« für das Attentat auf den deutschen Diplomaten Ernst vom Rath. Loeb kann 210000 Reichsmark mitnehmen, gelangt über Buenos Aires in die USA. Bei Maries Schwiegersohn Paul Kempner und seiner Frau Margarethe sind es 50000 Reichsmark. Da sich Kempner für die Fortführung amerikanischer Kredite verwandt hat, gestatten ihm die Behörden, einen Teil seines Haushalts nach London mitzunehmen – ohne Wertsachen, ausgenommen zwei Uhren und die Eheringe. Von England reist das Paar weiter nach New York.

Fritz Mannheimer, der die Amsterdamer Filiale zuletzt unabhängig von dem Berliner Stammhaus geführt hat, nimmt sich im August 1939 das Leben. Durch Devisenspekulation ist er in Schwierigkeiten geraten, die von der politischen Lage in Frankreich mit beeinflußt waren. Am 1. September beginnt der Zweite Weltkrieg. Die Geschäfte seines international angesehenen Geldinstituts, eines der bedeutendsten Bankhäuser der Niederlande, werden wenige Tage nach seinem Tod eingestellt.

Die Deutsche Bank übernimmt das laufende Geschäft der Mendelssohn-Bank, vermutlich ohne Geld an die Liquidationsgesellschaft zu zahlen. Was mit dem Aktienpaket der Bayerischen Vereinsbank – 12 Prozent der Anteile lagen bei dem Berliner Mendelssohn-Haus, acht Prozent bei der Dependance in Amsterdam – geschah, ist bislang ungeklärt. Von diesen Wertpapieren hatte sich Mendelssohn & Co. 1938 trennen müssen, ohne daß Kaufpreis und Käufer bekannt wurden. Mendelssohn & Co. i. L. verwalten nun nur noch Eigenkapital der Familie, Immobilien und einige Auslandsbeteiligungen, die so schnell nicht abgewickelt werden konnten.

Vier Monate nach der Auflösung des Bankhauses werden die Immobilien zwangsweise an das Deutsche Reich verkauft. Das Haus Jägerstraße 52 war schon im März 1938 für 400000 Reichsmark von der Königlich Belgischen Botschaft erworben worden, die bereits seit 1913 Haus und Grundstück Nr. 53 besaß.

Am 26. April 1939 zahlt die Reichsfinanzverwaltung für das Stammhaus der Mendelssohn-Bank, Jägerstraße Nr. 51, und das Haus Nr. 49/59 zusammen 2200000 Reichsmark. Auch ein Gebäude in der Mohrenstraße und ein weiteres in der Jägerstraße 29–31 werden verkauft, in das die Haupttreuhandstelle Ost einzieht: eine Vermögensverwertung der SS für die Ausplünderung Osteuropas. Das Stammhaus der Mendelssohn-Bank besetzt die Reichsfinanzdirektion. Eine Fotografie von 1942 zeigt das bescheidene Gebäude aus dem 18. Jahrhundert mit dem Hakenkreuz-Emblem. Die Grunewald-Villa Franz von Mendelssohns hat Marie von Mendelssohn verlassen müssen. Die Reichspost richtet hier ein Gästehaus ein, in den letzten Kriegswochen installiert die Waffen-SS in dem weitläufigen Komplex eine große Abhöranlage. Marie von Mendelssohn, die 1942 nach Schweden flüchten will, muß sich bei der SS mit einer Million Reichsmark auslösen. Als sie das Geld bezahlt hat, wird ihr erklärt, es sei nicht eingetroffen; die Summe ist ein zweites Mal fällig. So fließt der Kaufpreis für die Häuser in der Jägerstraße aus der Liquidationsgesellschaft, von der das Lösegeld und weitere Schmiergelder an NS-Funktionäre vermutlich genommen werden, auf die Konten Heinrich Himmlers.

Im Exil

Die meisten Mendelssohns der sechsten Generation, die als »Mischlinge 2. Grades« oder als »arisch« eingestuft werden, bleiben in Deutschland. Vor allem Familien, die den jüdischen Mendelssohn-Namen nicht tragen und weder über große finanzielle Mittel noch über Auslandskontakte verfügen, versuchen unter dem Schutz der Unauffälligkeit den Nationalsozialismus zu überleben.

Auch Eleonora und Francesco von Mendelssohn sind im Sinne der Nürnberger Gesetze nur »Vierteljuden«. Ihre politische Haltung ist von Anfang an eindeutig. »Man kann nicht Mendelssohn heissen und keine Jüdin sein«, behauptet Eleonora. [111] Ihr Bruder denkt vorübergehend sogar daran, nach Palästina auszuwandern. Daß er im Deutschland Hitlers nicht leben kann, steht für ihn außer Frage: Seine Mutter, ein Mitglied der faschistischen Partei Italiens, hasse Juden, Linke und Homosexuelle, sagt Francesco, all das treffe nun einmal auf ihn zu. Im Exil verschlingen sich die Lebenswege der Geschwister noch enger als zuvor.

Wenige Tage vor Hitlers Machtübernahme reist Francesco nach New York, wo er im April 1933 am Broadway die *Dreigroschenoper* inszeniert: kein Publikumsrenner, aber für den Komponisten Kurt Weill das Entree zum amerikanischen Musikmarkt. Nach einer Regieassistenz bei Max Reinhardts *Fledermaus*-Inszenierung in Paris bereiten beide ein gigantisches, zionistisch inspiriertes Theaterprojekt vor, mit Texten von Franz Werfel und Musik von Kurt Weill – eine Bibel-Revue unter dem Titel *Der Weg der Verheißung*. Währenddessen lebt Eleonora mit dem Rittmeister Jeszensky auf ihrem österreichischen Schloß, fährt aber gelegentlich nach Berlin. Sie geht mit Pirandellos *Sechs Personen suchen einen Autor* und Schillers *Maria Stuart*, zwei Wiener Reinhardt-Inszenierungen, auf eine selbstfinanzierte Europatournee, die wirtschaftlich ein Reinfall ist, aber grandiose Kritiken erhält. Gemeinsam mit Jeszensky reist sie dem verehrten und geliebten Arturo Toscanini zu seinen Konzerten nach.

Im September 1935 fahren die Geschwister mit Lotte Lenya, Kurt Weill und dem zionistischen Theaterveranstalter Meyer W. Weisgal, der *Weg der Verheißung* angeregt hat, auf der »Majestic« von Cherbourg nach New York. Dort beginnt Francesco mit Proben zu *The Road of Promise*, wie die Bibel-Revue nun genannt wird. Die Premiere Anfang 1936, mittlerweile heißt das Projekt *The Eternal Road*, platzt wegen Finanzierungsschwierigkeiten. Eleonora läßt sich derweil scheiden, debütiert am Broadway als Agamemnons mörderische Gattin Klytaimnestra in *Daughters of Artreus* von Robert Turney – im 44th Street Theater, das 1 468 Zuschauer faßt. Die Kritik tadelt ihren Akzent und verreißt die Inszenierung als Schulaufführung. Francesco pendelt zwischen der Ostküste und Hollywood. Am 7. Januar 1937 findet Max

Reinhardts Uraufführung von *The Eternal Road* im Manhattan Opera House statt, ein Publikumserfolg, der jedoch seine Kosten – für 245 Mitwirkende, darunter Lotte Lenya und der spätere Filmregisseur Sidney Lumet, und 1772 Kostüme – nicht decken kann; das 200000-Dollar-Budget wird um über 150 Prozent überzogen. Von Francesco, der die Aufführungen als Koregisseur betreuen soll, heißt es, er sei ständig betrunken. Lion Feuchtwanger verspottet das Spektakel als »jüdisch-amerikanisches Oberammergau«.[112]

Eleonora reist in den Sommern 1936/37 nach Europa, um Arturo Toscaninis Konzerte und Max Reinhardts Festival-Inszenierungen zu sehen. In dieser Zeit ereignet sich eine seltsame Episode, die ein Licht auf die familiären Interessenkonflikte, aber auch auf den bereits begonnenen Ausverkauf des Mendelssohn-Besitzes wirft. Im Tresor der Mendelssohn-Bank befindet sich ein kostbares Gemälde aus Roberts und Giuliettas Besitz, Rembrandts *Hendrickje Stoffels*. Eleonora läßt in Österreich von einem Freund eine Fälschung des berühmten Bildes anfertigen, bringt die gelungene Arbeit nach Berlin, verschafft sich Zugang zum Tresor, tauscht die Exemplare aus und schafft das Original nach Wien. Als ihr Cousin Robert von Mendelssohn, dem nach dem Tod der Bankchefs die Rolle des Familienoberhaupts zugefallen ist, von dem Coup erfährt, gerät er in Panik. Sie bringe ihn noch an den Galgen, soll er Eleonora angefahren haben, die daraufhin bei Nacht und Nebel die echte *Stoffels* aus Österreich zurückholt und den Tausch rückgängig macht. Später wird ihre Mutter das Bild über den Reichsjugendführer Baldur von Schirach für 600000 Reichsmark nach Wien verkaufen, den Handel aber stornieren, als Hitler das Bild für sein Führermuseum in Linz ordert. Der italienische Konsul in Berlin vermittelt das Geschäft: Vom Führer verlangt Giulietta 1,2 Millionen Reichsmark, man einigt sich auf 900000. Das Nachspiel der bizarren Geschichte um *Hendrickje Stoffels*, die mittlerweile im Frankfurter Städelmuseum hängt, wird schließlich bundesrepublikanische Gerichte und Anwälte beschäftigen. Restitutionsansprüche müssen geklärt werden: ob Giulietta zum Verkauf des Objekts gezwungen war, weil sie für ihre Kinder die »Reichsfluchtsteuer« bezahlen mußte.

In der Nähe des New Yorker Metropolitan Museum, East 83. Street, kauft Francesco ein hübsches weißes Holzhaus. Bei seinen bald wieder berühmt-berüchtigten Parties trifft Manhattans Society, Prominente wie die Filmdiva Greta Garbo und der Musical-Künstler John Latouche auf weniger bekannte Freunde, auf Lastwagenfahrer und Gelegenheitsliebhaber. In den Räumen herrscht glänzendes Chaos: kostbare Bilder, alte Möbel, Müll, dazwischen, auf dem Boden verstreut, wertvolle Erstausgaben. Ausgelassene Stimmung. Der Hausherr sitzt alkoholisiert mit dem Piatti-Cello unter dem Flügel und spielt. In anderen, seinen nüchternen Momenten signalisiert Francesco: »Hilfe aus allen Himmelsrichtungen wird akzeptiert.«[113] 1937 inszeniert er sogar noch, zum Ärger Kurt Weills, der den Dilettantismus des Vorhabens vorauszusehen meint, eine durchaus erfolgreiche *Dreigroschenoper* in Paris. Er musiziert auch wieder, gibt Cello-Konzerte in New York, organisiert Konzertreisen für die befreundeten Musiker Adolf Busch und Rudolf Serkin. Dann folgen wieder: Depressionen, Exzesse, Abstürze, ein Psychiatrie-Aufenthalt 1937/38.

Zur gleichen Zeit versucht Eleonora durch eine neue, von ihrer obsessiven Eifersucht allerdings schwer belastete Liebe zu dem österreichischen Schauspieler Rudolf Forster Boden unter den Füßen zu gewinnen. Die Heirat mit dem Kollegen Anfang August 1938 im kalifornischen Santa Ana, vor allem aber ein von Eleonora ersehntes gemeinsames Kind soll die Lösung ihrer Suchtprobleme bringen: »Denk Dir, ein Wesen zu haben, was man liebt und – was Einen braucht. [...] Du weißt, dass ich Dich nicht bitten würde, wenn ich nicht spüren würde, dass es eben eine *Lebens-Rettung* für mich bedeutet, sowohl in physischer wie in moralischer und seelischer Beziehung. Die *einzige* Rettung!«[114] Doch Eleonora kann keine Kinder mehr bekommen. Ihre Ehe zerbricht nach kurzer Zeit. Forster, der sich von ihr zur Übersiedlung in die USA überreden ließ, kommt als Schauspieler mit der fremden Sprache nicht zurecht und kehrt 1940 nach

Deutschland zurück. Eleonora, die meinte ihre Abhängigkeit vom Morphium überwunden zu haben, unterzieht sich 1938 drei Entziehungskuren. Währenddessen ist Österreich dem Deutschen Reich einverleibt worden. Eleonoras Schloß am Attersee besetzt die Gestapo, zieht aber wieder ab, als Frau von Mendelssohn, durch einen Anruf des Ex-Mannes alarmiert, über ihre Bekannte, Präsidentengattin Eleonor Roosevelt, beim Reichsaußenminister Joachim von Ribbentrop interveniert.

Obwohl sich das Leben Eleonoras und Francescos oft im freien Fall zu befinden scheint, unterstützen sie die aus Europa geflohenen Freunde und Bekannten. Ein großer Teil ihrer wertvollen Möbel wird in einem Lagerhaus aufbewahrt, aus dem sich bedürftige Freunde bedienen können. Eleonora schreibt Empfehlungsbriefe, unterstützt die Besorgung von Affidavits, berät bei der Arbeitssuche, sammelt bei den Wohlhabenden des Showbiz für die mittellosen Ankömmlinge und hilft mit eigenem Geld. Francesco setzt eine Summe von 10000 Dollar immer wieder wirkungsvoll ein, indem sie so lange auf dem Konto eines Immigranten deponiert wird, bis sich die Behörden von der wirtschaftlichen Stabilität des Antragstellers überzeugt haben; dann wandert das Geld zum nächsten Kandidaten.

Währenddessen unterliegt Francesco zusehends seinen eigenen psychischen Problemen. Wegen Trunkenheit, Zechprellerei, Schlägerei und aggressiver Homosexualität wird er immer häufiger inhaftiert und immer länger in Kliniken behandelt. »Unheimlich: Die Nachrichten über Francesco Mendelssohns ausgebrochenen Irrsinn. ›He is locked in‹«, notiert Klaus Mann am 9. Januar 1940 in sein Tagebuch. »Wie es kommen mußte ... Die – fliessende – Grenze zwischen snobistischer Exzentrizität und klinischem Wahnsinn, mit dem Mute der Verzweiflung übersprungen [...].« [115] Eleonora erhält alarmierende Briefe von Bekannten, die sich über den Zustand des Bruders Sorgen machen, und Aufforderungen, seine Schulden endlich zu bezahlen. Ein Aufenthalt bei Berthold und Salka Viertel in Kalifornien, in deren Villa bei Los Angeles sich Emigranten und Filmleute treffen, soll gegen Francescos Depressionen helfen. Er »schert sich kahl (stempelt sich zum Sträfling)«, notiert Berthold Viertel. »Absichtliche Verlotterung in der Kleidung, Pariamarke. Will damit Eleonora bestrafen, ihr beweisen, daß sie sich seiner schämt. Überhaupt will ihn keiner mehr; er fühlt sich getilgt, daher letztes Mittel: auffallen, Aufsehen erregen. Hängt sich Kuhglocken um; erzwingt dadurch endlich seine Verhaftung. [...] Bricht sich den Arm, um auch nicht mehr Cello spielen zu müssen.«[116]

In einem Gedicht, das Berthold Viertel der Freundin Eleonora am 18. April 1942 unter dem Titel *Sein und Haben. Ein Frauenportrait* gewidmet hat, stehen die Zeilen:

Warst Du gerüstet für den Schiffbruch? Du
Vor allen, die sich tief geborgen glaubten?
Wer Dich gekannt, sah Dir erschrocken zu,
Der einst Geschmeichelten, nun bis aufs Blut Beraubten.[117]

Eleonora spielt Anfang der vierziger Jahre Theater in New York, Washington, Boston. Sie geht auf Tournee, beteiligt sich 1943 in Philadelphia und Boston an einer Bühnenschau unter dem Titel *We Will Never Die*, eine Verneigung vor den ermordeten Juden Europas. Sie kümmert sich um Francesco und pflegt Max Reinhardt, der einen Schlaganfall erlitten hat, die letzten zwei Wochen vor seinem Tod, bis die Ehefrau eintrifft, der sie weichen muß. Was sie nicht hindert, auch Arturo Toscaninis – von der Ehefrau tolerierte – Geliebte zu werden.

Seit Kriegsbeginn hat sich die ökonomische Situation der Geschwister verschlechtert. Der Transfer von Geldern der »Moses-Mendelssohn'schen Familienstiftung« aus der Schweiz wird zunehmend schwieriger. Zwischen den Kuratoriumsmitgliedern Jakob Goldschmidt und Paul Kempner herrschen Meinungsverschiedenheiten über Anlagestrategien und Verwendungszwecke. Eleonora hat Asthma, Gallenprobleme, auch eine Unterleibsoperation muß bezahlt werden. Francesco wird wegen einer Rippenfellvereiterung mehrmals operiert. Die medizinische Versorgung verschlingt große Summen. Während der unbezahlte Zahnarzt mit einem Prozeß droht, kauft Eleonora, sobald etwas

Geld da ist, Pelze, Schmuck, täglich frische Orchideen und spendiert Toscanini zum Abendessen schon einmal ein Musikautograph im Wert eines mittelständischen Jahresgehalts.

Als Eleonora ihrem Bruder eine Anstellung als Cellist in Toscaninis Orchester verschafft, ist das Glück groß. »Wenn er dirigiert oder wenn man mit ihm ist, vergisst man *alles*!« schwärmt Francesco. »Er ist die Vollendung. [...] Man glaubt wieder an die Schöpfung, an den Begriff: Mensch. Ich verzeihe dem lieben Gott, daß er Hitler schuf, wenn das möglich ist, wenn es *einmal* auf dieser Erde die Vollkommenheit gibt. [...] Er ist da, ich kann ihn sehen, hören, lieben. Und mit einem Schlag ist die Welt schön.«[118] Doch das Engagement platzt, als Francesco zur ersten Probe betrunken erscheint. Immerhin vermittelt ihm der Dirigent eine Stelle als Cellist im texanischen San Antonio. Obwohl Francescos Gehalt insgeheim von Eleonora überwiesen wird, wird die Ausstellung nach zweieinhalb Spielzeiten gekündigt – wegen anhaltender Trunkenheit und Rufschädigung des Orchesters.

Der Krieg ist vorbei, man erinnert sich. Francesco kontaktiert alte Freunde. Während Eleonora kompromißlos gegenüber Nazi-Mitläufern und Karrieristen wie Werner Krauß und Wilhelm Furtwängler Stellung bezieht, reagiert Francesco sentimental, als sein Freund Veit Harlan für die Mitwirkung in dem antisemitischen Hetzfilm *Jud Süß* zur Rechenschaft gezogen wird: »Ausgerechnet *Du*, Veit, ein Antisemit ...? Ein Antikortner – ein Antimendelssohn? – dafür kann Dich keine Jury verurteilen. Mich kann auch niemand verurteilen, dass ich Dich liebe wie am ersten Tag. Raum, Zeit, Krieg, Hass – alles das dringt *nicht* in meine Liebe, in meinen Glauben an einen geliebten Freund, der Veit Harlan heisst. Gewiss, Du hättest Dich sauberer und geschickter aus der Scheissaffaire ziehen können. [...] Lieber lieber lieber Veit, ... ich wäre sehr glücklich, Dich wiederzusehen.«[119]

Das Exil der Geschwister ist mit dem Krieg nicht beendet. Ihr Schicksal ist ein Künstlerdrama, der Abgesang einer großbürgerlichen Familiengeschichte, ein Roman des 20. Jahrhunderts, aber auch ein Schlußkapitel der Mendelssohn-Saga. Die Idee der

Mendelsssohnschen Weltanschauung von gesellschaftlicher Verantwortung für Wirtschaft und Kultur hat ihre bürgerlichen Fundamente verloren. Es gibt kein Paradies einer ewigen Jugend, keinen Ort der Versorgung und der grenzenlosen Freiheit, des märchenhaften Wohlstands und der kulturellen Übereinstimmung, an den diese tragischen Geschwister zurückkehren könnten.

Allerdings reist Eleonora in der zweiten Hälfte der vierziger Jahre häufig nach Europa, um die Wiedererstattung von Gemälden zu betreiben, die ihre Mutter unter Wert verkauft hat. Die ablehnende Haltung vieler Behörden in Wien – Eleonora ist seit ihrer zweiten Heirat Österreicherin – bedrückt die Heimkehrerin. An ein wichtiges Depot in Holland kommt sie zunächst nicht heran. »Um dieses Konto freizubekommen, müssen wir nachweisen, dass keiner von uns Fascist oder Nazi gewesen ist«, schreibt sie an ihren Freund, den Kunsthändler Christoph Bernoulli in Basel. »Wenn die Verhandlungen scheitern und die Holländer das Geld nicht herausgeben, liegt es natürlich wieder nur an Mama. Das Schlimmste aber, was sie je getan hat, bleibt ja doch, dass sie den Grunewald, das Haus, in dem Papa gelebt hat und in dem er gestorben ist, an die Gestapozentrale verkauft hat. Es war nicht nur verbrecherisch, diese Bande dort hereinzulassen, sondern auch eine unsagbare Dummheit. Hätte sie sich geweigert, [...] hätten sie es ihr wahrscheinlich mit Gewalt beschlagnahmt und man könnte es jetzt ohne weiteres zurückbekommen.«[120]

1947 heiratet Eleonora zum viertenmal: den Kollegen Martin Kosleck, der am Deutschen Theater in Berlin ausgebildet wurde und in den USA als Porträtmaler und Schauspieler – in Horrorfilmen, in Rollen als KZ-Aufseher und mehrfach als Goebbels-Darsteller – Erfolg hat. Kosleck ist homosexuell, depressiv, Alkoholiker wie ihr Bruder Francesco. »Wir sind zusammen, um nicht allein zu sein«, erklärt sie ihre Motive. [121] Den kranken Bruder versucht Eleonora vergeblich in Schweizer Kliniken unterzubringen, was erschwinglicher wäre als die Versorgung in Amerika. Francesco ist staatenlos, Eleonora seit 1943 auch amerikanische Bürgerin. Mit Gene Kelly dreht sie 1949 unter der Regie von Richard Thorpe den Spielfilm *Black Hand*: Sie spielt eine italienische Einwanderin, deren Mann von der Mafia ermordet wird. Im Januar 1951 stürzt sich der liebeskranke Martin Kosleck, der von seinem Kollegen Christopher Drake abgewiesen wurde, aus dem Fenster von Eleonoras Apartment in der 73. Street. Kosleck liegt mit einer Wirbelsäulenverletzung im Metropolitan Hospital, Francesco nach einem Schlaganfall im Bellevue Hospital. Eleonora besucht beide täglich. Am 24. Januar wird sie von einem Nachbarn auf dem Fußboden ihres Schlafzimmers gefunden – leblos, einen mit Äther getränkten Lappen auf dem Mund, den Kopf mit Handtuch und Badematte zugedeckt. Auf dem Nachtisch liegen Spritzen, neben ihr Schlaftabletten, ein Ätherfläschchen halb leer.

Ihr Bruder wird nach weiteren Behandlungen in diversen Sanatorien von der besorgten Witwe seines Psychiaters aufgenommen. Als ihn 1961 sein ehemaliger Freund Gustaf Gründgens trifft, der gerade mit *Faust* in New York gastiert, macht Francesco einen kontrollierten, bevormundeten, befriedigten Eindruck. Er wirke gar nicht mehr exaltiert und überlasse »das leise Grausen, das einen gelegentlich ankommt, wenn man an früher denkt, einem selbst«.[122] Jene wilden Zeiten, als der berauschte Cellist seine geliebte Kniegeige schon mal ins Gebüsch geworfen hatte, sind vorbei. Manchmal geht er ins Konzert. Man bezahlt Studenten der nahen Juilliard School, damit sie mehrmals die Woche mit ihm musizieren. Er wünscht sich immer dieselbe Chopin-Sonate. »Wir haben hier einen schönen Winter«, schreibt er dem Basler Freund Bernoulli im Februar 1972. »Sonne, Sonne, Sonne – aber kalt. Ich habe oft grosse Sehnsucht nach Dir. Je t'embrasse. Franz.«[123] Am 22. September 1972 stirbt Francesco von Mendelssohn. Die Ausführung seines Plans, eine Geschichte der Familie Mendelssohn zu schreiben, hat dieser unvollendete Sproß der sechsten Generation begonnen, aber nicht fertiggestellt. Sein Piatti-Cello geht an die Marlboro-Foundation, die von dem Verkaufserlös einen »Von Mendelssohn Fund« einrichten wird: Damit soll Musikern am Beginn ihrer Karriere zu guten Instrumenten verholfen werden.

»We few, we happy few, we band of brothers«

Albrecht Mendelssohn Bartholdy erfährt von der Machtergreifung des »unbekannten Soldaten, der nie gestorben ist« – so nennt er Hitler vor 1933[124] –, auf einer Vortragsreise in Chicago. Als die Meldungen von den ersten terroristischen Maßnahmen der Nationalsozialisten in den USA eintreffen, bezweifelt er in Interviews der amerikanischen Presse ihren Wahrheitsgehalt. Zu gut erinnert er sich an die Weltkriegspropaganda. Die Überzeugung der bürgerlichen Eliten in Hamburg, daß der letzte Rest »politischer Vernunft im deutschen Bürgertum es nie zu einem Sieg des Nationalsozialismus kommen lassen werde«,[125] hat er lange geteilt, den Faschismus noch 1928 für eine »lokale italienische Angelegenheit«[126] erklärt. Seine Abwiegelung im Frühjahr 1933 stößt auf Unverständnis bei den amerikanischen Freunden. Er reagiert gereizt auf die Unterstellung, Hitler gefällig sein zu wollen; daß er auf Freunde im Auswärtigen Amt, die noch nicht entlassen sind, Rücksicht nehmen will, spielt gleichwohl eine Rolle. Als man ihn mit der Nachricht konfrontiert, in Hamburg seien bereits 1400 Juden ermordet worden, überprüft er die Meldung telegraphisch und bestreitet sie. Obgleich er »die Gefahr längst rational erkannt hatte«,[127] will er die Tragweite des Nationalsozialismus nicht wahrhaben.

Im April 1933 drängt der neue NS-Bürgermeister Hamburgs, Carl Vincent Krogmann, Albrecht Mendelssohn Bartholdy aus dem Vorstand der Philharmonischen Gesellschaft. Im Juni ist Albrecht Ehrengast der Weltausstellung in Chicago und erhält die Ehrendoktorwürde der Northwestern University Chicago. Seine Reise wird vom Auswärtigen Amt befürwortet. Er habe aus seiner Opposition gegen die Nazi-Bewegung nie ein Hehl gemacht, schreibt er in diesem Monat an seinen ehemaligen Mitarbeiter Alfred Vagts, der bereits Ende 1932 ausgewandert ist, erwarte aber weder die Wiedereinführung der Monarchie noch eine radikale Änderung der Außenpolitik. Sein Verbleiben in Deutschland begründet er mit der Hoffnung, seine Zeitschriften und das Institut retten zu können. Im Juli tritt er auf Druck des Tübinger Verlages als Mitherausgeber der Zeitschrift *Archiv des Öffentlichen Rechts* zurück. Den neuen Hamburger Hochschulsenator bittet er vergeblich um ein Gespräch über die Zukunft seines Instituts. Seine Überwinterungsstrategie ist die Entpolitisierung, der Verzicht auf tagespolitische Kommentare, die Reduktion der Institutszeitschrift auf Chronik und Bibliographie. Im August verläßt er die »Deutsche Gesellschaft für Völkerrecht«. Als einer von 313 ordentlichen Professoren, die in Deutschland wegen ihrer Herkunft oder aufgrund ihrer politischen Haltung entlassen werden, wird ihm am 23. August die Zwangsversetzung in den Ruhestand zum Jahresende angekündigt und auf eigenen Wunsch die sofortige Beurlaubung gewährt. Seine Eingaben und Anfragen zur Strukturierung des Instituts bleiben über Monate ohne Antwort. Man stehe am Ende eines Zeitabschnitts, resümiert er in seinem letzten Editorial der zum Jahresende eingestellten *Europäischen Gespräche*. In seiner Arbeit für das Vaterland, für Wahrheit und Gerechtigkeit habe das Institut ein Bewußtsein davon erworben, wie wenig selbst der Kräftigste allein ausrichten könne. Seinem engeren Mitarbeiterkreis könne er nur noch das Wort König Heinrichs V. vor der Schlacht von Agincourt zurufen: »We few, we happy few, we band of brothers.«[128]

Nie im Leben habe er sich so einsam gefühlt wie in dieser Zeit, bekennt Albrecht Mendelssohn Bartholdy gegenüber Freunden. Die Zwangsemeritierung wird bereits im September 1933, während der Semesterferien, vollzogen. Der Bescheid schont ihn auf formaler Ebene, indem er nicht die »Arier«-Bestimmung, sondern den Einsparungsparagraphen betont; der Lehrstuhl sei jetzt überflüssig, dieser Professor koste zuviel. Im Januar 1934 teilt das Reichsinnenministerium mit, dem Institut keine Mittel mehr gewähren zu wollen. Das Reichspropagandaministerium stellt fest, ohne Mendelssohn werde das Institut über keine interessanten Auslandsbeziehungen mehr verfügen. Am 26. Januar werden Albrechts Ruhegehaltsbezüge gekürzt. Die amtlichen Bescheide titulieren bald nicht mehr den verehrten Professor oder den Herrn Geheimrat, sondern richten sich ohne Anrede an die Bearbeitungsnummer des Vorgangs. Am 4. März tritt Albrecht als

Leiter seines Instituts für Auswärtige Politik zurück, in dem die Anwesenheit von Spitzeln zunehmend spürbar geworden ist. Zum Abschied dankt man ihm für seine »langjährige erfolgreiche Aufbauarbeit«.

In der Folge wird das Institut zum politischen Spielball zwischen Hamburg und Berlin und 1937 in die Reichshauptstadt verlegt. Internationales Privatrecht darf an der Hamburger Universität nicht mehr gelesen werden. Der Lehrstuhl für Auslandsrecht wird in eine Gastprofessur umgewandelt, für die man jahrelang erfolglos ausländische Gelehrte sucht.

Im September 1934 gelangt Albrecht auf gefährlichen Fluchtwegen nach England. Bald darauf folgen seine Frau Dora mit den Adoptivtöchtern Lea und Brigitte und schließlich die Bibliothek, mit den kostbaren grünen Kladden, der Korrespondenz seines Großvaters Felix, insgesamt 27 Bände. In Oxford erhält er einen Lehrauftrag. Die Überweisung seines Ruhegelds wird gestrichen.

The War and German Society

1937 erscheinen in Oxford und im nordamerikanischen New Haven zwei Publikationen des im Jahr zuvor unerwartet gestorbenen Albrecht Mendelssohn Bartholdy. Das eine Buch, *Renvoi in Modern English Law*, vergleicht deutsche und angelsächsische Rechtsauffassungen, das andere, *The War and German Society*, ist eine knapp dreihundertseitige Analyse gesellschaftlicher Vorkriegs-, Kriegs- und Nachkriegsphänomene: *The Testament of a Liberal*. Der Herausgeber James T. Shotwell führt den Autor – im Kontrast zur kreischenden Rhetorik des »Dritten Reiches« – als Stimme des alten Deutschlands der Kunst, Wissenschaft und Philosophie ein. Der Nachkomme des Aufklärers Moses, der Enkel des Komponisten Felix, der Sohn des Historikers Karl Mendelssohn Bartholdy erfasse hier die verheerenden Konsequenzen des Krieges mit den Begriffen der griechischen Tragödie.

Der Krieg, schreibt Albrecht, konzentriere alles auf die Gegenwart, ohne Rücksicht auf die Zukunft. Die Geschichtswissenschaft, eine Gefährtin des Friedens, erinnere sich der Schöpfungen des menschlichen Geistes, die das Heute überdauern sollen. Der Krieg lehne all das ab: Schriftstellerei, Malerei, Architektur, Wald- und Ackerbau. »Er wird die Leute lehren, in ein Vakuum hineinzusprechen und bedeutungslosen Geräuschen zuzuhören, die aus der Lügenhöhle eines Verstärkers dröhnen.«[129] Er zentralisiere die Gesellschaft: Der Erste Weltkrieg, einst als Heilmittel gegen die deutsche Kleinstaaterei gepriesen, habe es Kommunisten und Nationalsozialisten durch ein neues, zentralistisches Wahlsystem erst ermöglicht, so gewaltige Stimmenergebnisse zu erzielen. Wo die jüngere Generation philosophisch »Ganzheit« propagiere, spiegele sie diesen Zentralisierungstrend. Wenn man heutzutage sage, nur ein Mensch, der sich hundertprozentig einsetze, könne diese »Ganzheit« verkörpern,[130] dann passe das zur nationalistischen Sicht- und Redeweise. Die bezeichnende Vokabel zur Bestimmung des neuen deutschen Staates laute »totalitär«.[131] Uniformität der Gesellschaft, der Wahlergebnisse, der rassischen Zusammensetzung sei das Ziel. Die derzeitige gesellschaftliche Stimmung, eine Folge des Ersten Weltkriegs, zeige in Deutschland eine nicht weniger einschneidende Veränderung als nach den Napoleonischen Kriegen die Bewegung für die unbedingte nationale Freiheit, gehe allerdings in die entgegengesetzte Richtung. Hier bekennt sich Albrecht – wie sein Vater Karl Mendelssohn Bartholdy – zu den demokratischen Idealen der Revolution von 1848, gegen den Führerstaat.

Der Krieg, schreibt Albrecht, zerstöre die Tradition: anders als eine Revolution, welcher es, musikalisch gesprochen, darauf ankomme, wichtige Lebensbereiche in eine andere Tonart zu transponieren. Der Krieg verändere um der Veränderung willen und produziere Nachkriegsgenerationen, deren Haltung sich jeweils im absoluten Gegensatz zur letzten Vorkriegsgeneration entwickle; das sei kein gewöhnlicher Generationskonflikt. Als Beispiel dafür, wie in Kriegszeiten Traditionen ausgelöscht werden, nennt Albrecht die hundertjährige Vergessenheit der Matthäus-Passion, dieses »reinsten Ausdrucks spirituellen Lebens in Deutschland seit Luther, der heute untrennbar verbunden scheint mit dem Wesen der Nation«.[132] Er beschreibt die Mechanisierung und Unsichtbarkeit des modernen Krieges: Man wisse nicht, wen die abgeworfenen Bombe zerreiße – angriffsbereite Gegner, Verwundetentransporte, eigene Landsleute, ein Munitionsdepot oder eine Kirche voller Frauen und Krüppel. »Der moderne Krieg macht die Unsichtbarkeit zum Fetisch, und wird dafür, das ist sein Preis, mit Blindheit geschlagen.«[133] Nicht Zentralismus, Metropolitanismus, Uniformität, sondern Regionalismus, Anerkennung natürlicher Vielfalt und gegenseitiger Respekt zwischen Menschen, die sich zu unterschiedlichen Meinungen bekennen, müßten als erste Regel für ein gesellschaftliches Zusammenleben akzeptiert werden. Der Ururenkel Moses Mendelssohns kämpft mit seinem letzten Werk gegen den Totalitarismus, gegen die rasenden Windmühlenflügel seines Jahrhunderts.

Lob des Namens

In Oxford wird Albrecht Senior Fellow des Balliol College. Ein bißchen paßt der Gentleman hierher. Gotische Altertümer, gepflegte Gärten, Akademiker mit Stil. Die Stadt ist eine Hochburg der Vertreter jener *Apeasement*-Politik, die um des Friedens Willen Nachgiebigkeit gegenüber Deutschland befürworten. Gelegentlich kommen Leute des inneren Widerstands gegen Hitler nach Oxford und berichten von zu Hause. Bei den Engländern finden sie wenig Gehör. Albrecht gibt die Hoffnung nicht auf. Am 10. September 1935 wird der amerikanische Senator Huey Pierce Long, den man in den USA einen Faschisten nennt, bei einem Attentat erschossen. Albrecht fragt nach Details: Jeder habe »das große Interesse zu wissen, was geschieht, wenn jemand sich entschließt, to bump off Mr. Hitler«, schreibt er an Alfred Vagts in den USA. Es gehe ihm um eine Anwendung »des Parallelfalls in unserem ci-devant [vormaligen] Vaterland.«[134]

Er verzweifelt an seinem vormaligen Vaterland – und lebt, wenngleich ein hellwacher Zeitgenosse, in der Welt seiner Väter. Albrecht hat im 20. Jahrhundert mit seiner akademischen Arbeit das gesellschaftliche Engagement, den Gerechtigkeitssinn, die Sprach- und Kulturkritik seines Ururgroßvaters Moses fortgeführt. Er hat die historische und politische Leidenschaft seines Vaters Karl zu seiner persönlichen Sendung gemacht. Er hat – als Musiker und Sammler – das musikalische und romantische Erbe seines Großvaters verkörpert und gepflegt; als Emigrant beginnt er eine Biographie Felix Mendelssohn Bartholdys zu schreiben.

Mit der schwierigen Figur seines Urgroßvaters Abraham hat sich Albrecht respektvoll und kritischer als andere Familienchronisten auseinandergesetzt. Über Abraham Mendelssohn Bartholdys Versuch, mit dem Ablegen des väterlichen Namens die eigene Herkunft loszuwerden, hat er nicht den Stab gebrochen. Doch ein wenig Fassungslosigkeit klingt durch, wenn er 1907 gegenüber seinem Cousin Otto erwähnt, daß dem Großvater Felix seinerzeit väterlicherseits »in allem Ernst« befohlen wurde, den Mendelssohn-Namen am liebsten ganz fallenzulassen: Abraham habe mit großer Entschiedenheit ausgesprochen, »daß Mendelssohn nur ein Jude heißen dürfe. Juden seien sie aber nicht mehr und wollten sie nicht mehr sein, und deshalb müsse der Name verschwinden, das ist ja natürlich damals, wo Moses Mendelssohn ein jedem Gebildeten bekannter Mann war, in anderm Sinn zutreffend als heute.«[135]

Zwei Jahre nach diesen privaten Ausführungen hat Albrecht seine Kritik öffentlich und schärfer formuliert. In einem Beitrag zur Geschichte der Familie Felix Mendelssohn Bartholdys in der *Frankfurter Zeitung* vom 30. Januar 1909 publiziert er unter der Überschrift »Lob des Namens« erstmals jenen »Namensbrief« vom 8. Juli 1929, in dem Abraham den Sohn zur Unterdrückung des Mendelssohn-Namens aufforderte, und kommentiert: Der Name Mendelssohn gehöre sicher, in Anbetracht seines jungen Alters, zu den »am häufigsten gedruckten Namen von literarisch-künstlerischem Rang«. Die Überlieferung, daß der Torsteher der Jüdischen Gemeinde in Berlin dem einreisenden Knaben Moses den Namen beigelegt habe, sei nicht besonders glaubwürdig. Gleichwohl habe zwanzig Jahre später das gebildete Europa diesen Namen gekannt, und nach nur »einem halben Menschenalter«

hätten ihn dann die *Lieder ohne Worte* des Enkels »noch heller und weiter klingen« lassen. Später hätten Juden im Osten Deutschlands, in Polen und Galizien den Namen angenommen wie die Schwarzen in den Südstaaten die Namen ihrer Befreier. Abraham Mendelssohn Bartholdy, der Mann, der diesen Namen unter seinen eigenen Nachkommen beseitigen wollte, sei »eine tragische Figur«, ein »streng rechtlicher Mann, von nicht gewöhnlicher Klugheit« gewesen – als »Kind seiner Zeit und Umgebung Rationalist durch und durch«: »So verfällt er der Kurzsichtigkeit dieser Anschauung, die über dem Zweckmäßigen der Gegenwart die Lehre der Vergangenheit übersieht und deshalb die schlechteste Prophetin der Zukunft ist.«

Albrecht verteidigt Moses' Lebenswerk gegen die Kritik seines Sohnes Abraham: Der »in seiner Geistesschärfe einfache und schlichte Mann, dem seine orthodoxen Glaubensgenossen die Schrifterklärung und die Uebersetzungen ins Deutsche so sehr verargten«, sei »bis ans Ende ein frommer Jude geblieben«. Es sei üblich, Moses' Toleranz im Verbund mit seiner Frömmigkeit zu loben, doch diese gründe keineswegs im Gefühl, sondern – das sei noch mehr zu bewundern – in fester Überzeugung. »Er, den der bloße Vorwurf des Atheismus gegen seinen Freund Lessing getötet hat, ist von der freigeistigen Skepsis seines Sohnes in jeder Faser seines Wesens verschieden.«[136]

Während des Ersten Weltkriegs hat Albrecht schließlich im Rahmen seiner Beschwörung der *Bürgertugenden in Krieg und Frieden* gegen die Traditionskonflikte und Identitätsstörungen Abrahams seine eigene Position entwickelt. Wer bürgerlich geboren sei, von dem dürfe man fordern, »daß er sich nur als Verwalter dieses Erbes fühlt« und das Erbe nicht für sich aufzehre.[137] Von seinem Urgroßvater habe die Familie ein Wort überliefert, das jeder Bürger als Geleit für sein Leben annehmen könne: »Das ist mein Los; früher war ich der Sohn meines Vaters, jetzt bin ich der Vater meines Sohnes.«[138] Was von Abraham einst als Klage formuliert worden sei, interpretiert Albrecht als Formel bürgerlicher Verantwortung: »Für keinen Bürger kann es etwas Höheres geben, als dieses, daß er der Sohn seines Vaters und der Vater seines Sohnes ist. Und dieser zumal, der in der sicheren Beständigkeit, im ruhigen Mittelstand seines Wesens die Weltweisheit des Vaters überliefern durfte an den Sohn, dem das gefährliche Geschenk der romantischen Phantasie in den Schoß gefallen war [...].«[139] Das sei die höchste Pflicht, zu der die Tugend der Beständigkeit den Bürger anleite: »[...] daß wir denen, die nach uns in die Stadt kommen, die wahren Reichtümer der Gemeinde überliefern, und das nicht als ein totes Gut, als eine Erbschaft von hundert oder tausend Millionen, die sie nur zu versteuern und auf der altbewährten langen Bank liegen zu lassen brauchten, sondern so überliefern, daß sie verstehen, was da auf sie kommt, als ein Teil ihres Selbst.«[140] Der Seitenhieb gegen die kaufmännische Verwandtschaft ist hier nicht zu überhören. Für Albrecht Mendelssohn Bartholdy besteht die wichtigste Aufgabe der Mendelssohns und aller »guten Bürger ihrer Welt« in der zuverlässigen Überlieferung politischer Ideale und kultureller Werte.

Zu dieser Überlieferung aber gehöre das Ringen mit dem Glauben der Väter. Es gebe »nichts Armseligeres [...] unter der Sonne, als den Menschen, der ohne Kampf gegen den Glauben ungläubig ist, und der nicht einmal diesen Unglauben zu eigen hat, weil er nicht vorher den Glauben der Väter hatte. Ehrfurcht vor der Vergangenheit, treuer Verwalterdienst in der eigenen Zeit, feste Lehre an das nächste Geschlecht, aus diesen drei Stoffen ist die Beständigkeit gewirkt, die ich die höchste und letzte Bürgertugend nenne.«[141] Die Bewahrung der eigenen Identität, die äußerlich durch den Namen bezeichnet wird, ist für Albrecht Mendelssohn Bartholdy kein individualistisches Programm. Er entdeckt, wer er selbst ist, in der Auseinandersetzung mit den Überzeugungen der Vorfahren.

Ein Fremdling in Oxford

Das Europa der Bürger und der Vaterländer war zu den Zeiten der ersten und der zweiten Mendelssohn-Generation entstanden. Die Mendelssohns gehörten bald dazu als ein anerkannter Teil ihrer Gesellschaft – Protagonisten des Fortschritts, Garanten der Beständigkeit, Repräsentanten des bürgerlichen Wertesystems. Im 20. Jahrhundert passen das totalitäre Vaterland und das Vaterhaus der jüdischen Ahnen nicht mehr zusammen. Der Niedergang des Bürgertums beginnt, Familienstrukturen verlieren an Stabilität. Albrecht Mendelssohn Bartholdy tritt in diese Szene der Umbrüche als letzte überragende Mendelssohn-Gestalt, als eine Figur der Synthese. In ihm verbinden sich noch einmal überzeugend die Traditionen seiner Familie – Kunst, Philosophie und die politische Verantwortung des Citoyen. Gemeinsam mit Franz von Mendelssohn, dem Wirtschaftsführer, beschließt Albrecht die Ahnengalerie jener Mendelssohns, die Deutschlands Geschichte beeinflußt haben. Seinen Urgroßvater Abraham Mendelssohn Bartholdy, den Bankier, Stadtrat, Musenfreund und Künstlervater, den Zweifler und Identitätskonstrukteur, hat Albrecht eingeholt, überholt und – mit einer bewegenden Verbeugung vor dem Ahnherrn Moses und dessen Judentum – korrigiert. So erscheint der zweite AMB als die ins Positive gewendete Antwort auf den ersten, eine hellsichtige Gestalt in düsterer Zeit.

Im November 1936 schickt das nationalsozialistische Deutschland die Legion Condor in den Spanischen Bürgerkrieg, die Sowjetunion sendet 87 Panzer. Am 3. November wird Franklin D. Roosevelt als US-Präsident wiedergewählt. Am 11. November wird die Achse zwischen dem faschistischen Italien und Deutschland vertraglich besiegelt. Am 19. November wird die faschistische Regierung General Francos von den Achsenmächten anerkannt. Am 25. November unterzeichnen Hitlers Bevollmächtigter von Ribbentrop und Japans Sonderbotschafter Vicomte Kintomo Mushanokoji den Antikominternpakt zwischen Deutschland und Japan.

Albrecht Mendelssohn Bartholdy, außenpolitischer Experte a. D., schreibt in diesen Wochen bedrückende Briefe an seine Freunde, Botschaften aus der Sackgasse des Exils. In der Nacht zum 27. November 1936 stirbt er an Magenkrebs. Begraben ist der Fremdling auf dem hoch über der Themse gelegenen Dorffriedhof von Clifton Hampden, wo der Blick, vorbei an schmiedeeisernen Normannenkreuzen, ins Weite geht. Von ihm bleibt – außer der wertvollen Hamburger Institutsbibliothek, die das »tausendjährige Reich« unbeschadet überdauern wird – seine persönliche Formulierung des Mendelssohn-Vermächtnisses als Verpflichtung auf die Wahrheit der Kunst und die Kunst der Wahrheit – gegen den allgemeinen Trend, »in ein Vakuum hineinzusprechen und bedeutungslosen Geräuschen zuzuhören, die aus der Lügenhöhle eines Verstärkers dröhnen«. Von ihm bleibt der Name seiner Familie, den er verteidigt, geehrt, erforscht und neu gedeutet hat.

Moses selbst habe auf seinen Namen wenig Wert gelegt, heißt es in Albrechts *Lob des Namens*. Der Stammvater habe bis in die letzten Lebensjahre ein Siegel benutzt mit der hebräischen Schrift: »Moses, ein Fremdling, von Dessau kommend«.[142] Man könne übrigens verstehen, daß der Name »Mendels Sohn« von Juden so gern angenommen worden sei, bedeute »Ben menachem« doch »in ihrer Sprache«: der Sohn unserer Tröstung.

Anhang

Moses Mendelssohn
(1729–1786)
∞
Fromet Gugenheim
(1737–1812)

Brendel (Dorothea) Mendelssohn
(1764–1839)
∞
1. Simon Veit
2. Friedrich Schlegel

Recha Mendelssohn
(1767–1831)
∞
Mendel Meyer

Joseph Mendelssohn
(1770–1848)
∞
Henriette Meyer

Jonas (Johannes) V.
(1790–1854)
∞
Flora Riess

Philipp V.
(1793–1877)
∞
Caroline Pulini

Benjamin (Georg) M.
(1794–1874)
∞
Rosamunde Richter

Alexander M.
(1798–1871)
∞
Marianne Seeligmann

Fanny M. B.
(1805–1847)
∞
WilhelmHensel
(1794–1861)

Hermann M.
(1824–1891)
∞
Laura Gramich

Adolph M.
(1826–1851)
∞
Enole Biarnez

Franz (von) M.
(1829–1889)
∞
Enole Biarnez

Sebastian H.
(1830–1898)
∞
Julie (von) Adelson

Robert (von) M.
(1857–1917)
∞
Giulietta Gordigiani

Franz (von) M.
(1865–1935)
∞
Marie Westphal

Eleonora von M.
(1900–1951)
∞
1. Edwin Fischer
2. Emmerich von Jeszensky
3. Rudolf Forster
4. Martin Kosleck

Francesco von M.
(1901–1972)

Margarethe von M.
(1894–1961)
∞
Paul Kempner

Lili von M.
(1897–1928)
∞
Emil Bohnke

Die Familie Mendelssohn

(Auszüge aus dem Stammbaum)

Henriette (Maria) Mendelssohn
(1775–1831)

Abraham Mendelssohn (Bartholdy)
(1776–1835)
⚭
Lea Salomon
(1777–1842)

Nathan Mendelssohn
(1782–1852)
⚭
Henriette Itzig

Felix M. B.
(1809–1847)
⚭
Cécile Jeanrenaud

Rebecka M. B.
(1811–1858)
⚭
Gustav Dirichlet

Paul M.-B.
(1812–1874)
⚭
Albertine Heine

Arnold M.
(1817–1854)

Ottilie M.
(1819–1848)
⚭
Ernst E. Kummer

Wilhelm M.
(1821–1866)
⚭
Louise Cauer

Carl M. B.
(1838–1897)
⚭
1. Bertha Eissenhardt
2. Mathilde von Merkl

Paul M. B.
(1841–1880)
⚭
1. Else Oppenheim
2. Enole Oppenheim

Ernst (von) M.-B.
(1846–1909)
⚭
Marie Warschauer

Arnold M.
(1855–1933)
⚭
Maria Cauer

Albrecht M. B.
(1874–1936)
⚭
Dora Wach

Otto (von) M. B.
(1868–1949)
⚭
Cécile M. B.

Paul M. B.
(1879–1956)

Paul von M.-B.
(1875–1935)
⚭
1. Charlotte Reichenheim
2. Elsa von Lavergne-Peguilhen

Robert von M.
(1902–1996)
⚭
1. Lieselotte von Bonin
2. Edeltraud Kistner

Siglen

MA	= Mendelssohn-Archiv
MG	= Mendelssohn-Gesellschaft
GStA	= Geheimes Staatsarchiv, Berlin
JubA	= Moses Mendelssohn, Gesammelte Schriften, Jubiläumsausgabe

Anmerkungen

Prolog
Von den »ohngefähren« Zufällen

1 Nach Karl Alexander Herklots für die Deutsche Erstaufführung in Hannover (1790) übersetzter Ausgabe: Oedip zu Colonos.
2 Abraham Mendelssohn an Carl Friedrich Zelter, 6. Mai 1799. In: Klein, »... die glücklichsten Momente meines Lebens«, S. 125.
3 Abraham Mendelssohn an Carl Friedrich Zelter, 18. Juli 1799. Ebd., S. 128f.
4 Bemerkungen und Entwürfe aus Kollektaneenbüchern. In: JubA 2, S. 3ff.
5 Notizen in und zu Stoschs Synonymensammlung. In: JubA 6,2, S. 39.

Erstes Kapitel
Der Gastarbeiter

1 Extract zum Cabinetsvortrag. Charlottenburg 2. Juni 1779. In: Acta Borussica, S. 231.
2 Moses Mendelssohn an Gotthold Ephraim Lessing, 27. Februar 1758. In: Mendelssohn, Sämmtliche Werke, S. 864.
3 In: JubA 20,2. Briefwechsel (1761–1785) in deutscher Umschrift und in Übersetzung aus dem Hebräischen.
4 Moses Mendelssohn an einen unbekannten Empfänger, 3. April 1762. In: JubA 11, S. 329.
5 Altmann, Moses Mendelssohns Kindheit in Dessau, S. 252.
6 So beschreibt ihn Lavater 1763. Ebd., S. 270.
7 Ebd., S. 267.
8 Auerbach, Zur guten Stunde, S. 34.
9 Moses Mendelssohn an Fromet Gugenheim, 20. April 1762. In: Mendelssohn, Brautbriefe, S. 130.
10 Moses Mendelssohn an Gotthold Ephraim Lessing, Mai 1761. Ebd., S. 18.

11 Moses Mendelssohn an Fromet Gugenheim, 12. Juni 1761. Ebd., S. 35.

12 Moses Mendelssohn an Fromet Gugenheim, 28. Juli 1761. Ebd., S. 57.

13 Moses Mendelssohn an Fromet Gugenheim, 31. Juli 1761. Ebd., S. 59.

14 Moses Mendelssohn an Fromet Gugenheim, 26. März 1762. Ebd., S. 125.

15 So wird Fromet Mendelssohn von Johann Georg Philipp Müchler charakterisiert in einem Brief vom 12. Dezember 1765 an Georg August von Breitenbauch in Stargard. In: JubA 22, S. 29.

16 Moses Mendelssohn an Johann Jakob Spieß, 1. März 1774. In: JubA 23, S. 7.

17 JubA 10,1, S. 269 f.

18 Gegenbetrachtungen zu Bonnets Palingenesie. In: JubA 7, S. 105.

19 Zitiert nach Kayserling, Moses Mendelssohn, S. 366.

20 Moses Mendelssohn an Sophie Becker, 27. Dezember 1785. In: Mendelssohn, Briefwechsel der letzten Lebensjahre, S. 334.

21 Überliefert von Friedrich Nicolai. In: JubA 11, S. 444 f.

22 JubA 6,2, S. 265.

23 Mendelssohn, Ueber die Hauptgrundsätze der schönen Künste und Wissenschaften, in: JubA 1, S. 434.

24 Lausch, »Der Mathematiker schwimmt in Wollust«, Mendelssohn-Studien 7, S. 78.

25 Hermann Amandus Schwarz (1843 bis 1921) formulierte die Schwarzsche Ungleichung, die mittlerweile zum Stoff mathematischer Einführungsvorlesungen gehört.

26 Ernst Eduard Kummer (1810–1893), Lehrer und Schwiegervater von H. A. Schwarz, war besonders erfolgreich mit seinen Werken zur Zahlentheorie.

27 Gustav Peter Lejeune Dirichlet (1805–1859), Begründer der analytischen Zahlentheorie.

28 Kurt Hensel (1861–1941), Wegbereiter einer Neuorientierung der Algebra durch sein im Englischen »Henselization« genanntes Kalkül der »p-adischen Zahlen«.

29 Walter Haymann (geb. 1926), Forscher auf dem Gebiet der Funktionentheorie, Begründer einer in 50 Ländern veranstalteten Mathematik-Olympiade für Sekundarschüler.

30 Roland Percival Sprague (1894–1967), Begründer der Sprague-Grundy-Theorie für eine moderne Theorie der Zahlen und Spiele.

31 Jente alias Henriette Maria Mendelssohn an Lea Mendelssohn Bartholdy, 15. März 1812. Abschrift in Privatbesitz.

32 Moses Mendelssohn an Sophie Becker, 27. Dezember 1785. In: Mendelssohn, Briefwechsel der letzten Lebensjahre, S. 333.

33 Aus August Lewalds Memoiren. In: JubA 24, S. 333.

34 Moses Mendelssohn an Fromet Gugenheim, 19./20. Juli 1773. In: Mendelssohn, Brautbriefe, S. 149.

35 Moses Mendelssohn an Fromet Gugenheim, 8. August 1777. In: JubA 20,2, S. 337f.

36 Friedländer, Ueber Moses Mendelssohn, in: JubA 23, S. 383.

37 Kayserling, Moses Mendelssohn, S. 72.

38 Moses Mendelssohn an Karl Wilhelm Ferdinand von Braunschweig, 23. Januar 1770. In: Mendelssohn, Selbstzeugnisse, S. 197–203.

39 Moses Mendelssohn an Peter Adolph Winkopp, 28. Juli 1780. In: JubA 12,2, S. 200.

40 Friedrich Nicolai an Johann Peter Uz, 26. März 1759, Mendelssohn-Studien 6, S. 27f.

41 Moses Mendelssohn an Gotthold Ephraim Lessing, 2. August 1756. In: Mendelssohn, Selbstzeugnisse, S. 45.

42 Mendelssohn, Theatralische Bibliothek 1754, Nr. 1. In: Ders., Selbstzeugnisse, S. 62.

43 Undatierter Brief vom Januar 1757. In: Mendelssohn, Sämmtliche Werke, S. 839.

44 Moses Mendelssohn an Gotthold Ephraim Lessing, 3. September 1777. Ebd., S. 884.

45 Brief vom 19. Dezember 1780. In: JubA 12,2, S. 202.

46 Moses Mendelssohn an August Hennings, 8. Mai 1781. In: Mendelssohn, Briefwechsel der letzten Lebensjahre, S. 16f.

47 Lessing, Nathan der Weise, 4. Akt, 7. Auftritt.

48 Bericht von Marcus Herz, in: Kayserling, Moses Mendelssohn, S. 465ff.

49 Moses Mendelssohn an Thomas Abbt, 1. März 1764. In: Mendelssohn, Sämmtliche Werke, S. 910.

50 Ebd., S. 83.

51 Ebd.

52 Ebd., S. 184.

53 Ebd., S. 205 f.

54 JubA 10,1, S. 317.

55 Moses Mendelssohn an Johann Georg Zimmermann, 1. September 1784. In: Mendelssohn, Briefwechsel der letzten Lebensjahre, S. 221 f.

56 Ramler, Sulamith und Eusebia, in: Berlinische Monatsschrift 7, S. 181 ff.

57 Cohen, Moses Mendelssohn und seine Beziehungen zu Hamburg Altona.

Zweites Kapitel
Die Kinder der Ringparabel

1 Zentrales Grundbucharchiv Berlin 422, Bd. 1, Bl. 5–9.

2 JubA 22, Entlegene zeitgenössische Texte zu Mendelssohns Leben und Wirken, S. 352.

3 Henriette Mendelssohn an Abraham Mendelssohn Bartholdy, 4. Juli 1827. Abschrift in Privatbesitz.

4 Lea Mendelssohn an Bella und Rebecka Salomon, 17. Januar 1805. Ebd.

5 Gilbert, Bankiers, Künstler und Gelehrte, S. 317.

6 Henriette Mendelssohn an Lea Mendelssohn, 20. März 1818. Abschrift in Privatbesitz.

7 Betty Meyer an Rosa Herz, geb. Bacher, 2. März 1818. In: Gilbert, Bankiers, Künstler und Gelehrte, S. 38 ff.

8 Betty Meyer an August Twesten, 1821. In: Heinrici, Briefe von Henriette Herz an August Twesten, Zeitschrift für Bücherfreunde, S. 342.

9 Dorothea Schlegel an Theresa Unterkirchner, 4. März 1832. In: Körner, Briefe von und an Friedrich und Dorothea Schlegel, S. 585.

10 Lea Mendelssohn an Bella und Rebecka Salomon, 17. Januar 1805. Abschrift in Privatbesitz.

11 Lassalle, Arnold Mendelssohn und Joseph Mendelssohn, S. 70.

12 Ebd., S. 71.

13 Ebd., S. 72.

14 Joseph Mendelssohn an Arnold Mendelssohn, 16. Januar 1845. Ebd., S. 77.

15 Ebd., S. 78.

16 Joseph Mendelssohn, Bericht über Rossetti's Ideen zu einer neuen Erläuterung des Dante, S. 13.

17 Ebd., S. 42.

18 JubA Bd. 6,2, S. 55 f.

19 Moses Mendelssohn an Herz Homberg, 15. März 1785. In: Mendelssohn, Briefwechsel der letzten Lebensjahre, S. 185.

20 Ebd.

21 Moses Mendelssohn an Herz Homberg, 20. November 1784. Ebd., S. 233.

22 Treue, Das Bankhaus Mendelssohn, S. 35.

23 Joseph Mendelssohn, Ueber Zettelbanken, Berlin 1846.

24 Kurt Zielenziger, Juden in der deutschen Wirtschaft, S. 61.

25 Joseph Mendelssohn, Brief vom 30. Mai 1830. In: Elvers/Klein, Die Mendelssohns in Berlin, S. 27.

26 Lesser, Chronik der Gesellschaft der Freunde, S. 9 u. 23; sowie: Rückblick auf die Hundertjährige Geschichte, S. 3.

27 Joseph Mendelssohn an Benjamin Mendelssohn, 11. April 1811. In: Klein, Aus dem Briefwechsel Benjamin Mendelssohns, Mendelssohn-Studien 7, S. 108.

28 Henriette Mendelssohn an Benjamin Mendelssohn, 19. April 1811. In: Klein, »Die Liebe gleicht alles aus«, S. 17.

29 Joseph Mendelssohn an Henriette Mendelssohn, 26. Januar 1809. In: Gilbert, Bankiers, Künstler und Gelehrte, S. 7 ff.

30 Joseph Mendelssohn an Benjamin Mendelssohn, 21. November 1812. In: Klein, »Die Liebe gleicht alles aus«, S. 19.

31 Joseph Mendelssohn an Henriette Mendelssohn, 8. Februar 1809. In: Gilbert, Bankiers, Künstler und Gelehrte, S. 14.

32 Ebd., S. 15.

33 Joseph Mendelssohn an Henriette Mendelssohn, 22. Dezember 1813. Ebd., S. 27.

34 Joseph Mendelssohn an Henriette Mendelssohn, 20. Juli 1815. Ebd., S. 32 f.

35 Henriette Mendelssohn an Rosamunde Mendelssohn, geb. Richter, 7. Oktober 1830. Ebd., S. 79.

36 Henriette Mendelssohn an Rosamunde Mendelssohn, geb. Richter, 10. März 1830. In: Gilbert, Bankiers, Künstler und Gelehrte, S. 111.

37 Henriette Mendelssohn an Georg Benjamin und Rosamunde Mendelssohn, geb. Richter, undatiert. Ebd., S. 138.

38 Alexander von Humboldt an Alexander Mendelssohn, 8. August 1845. In: Reissner, Alexander von Humboldt, Mendelssohn-Studien, S. 164.
39 Reissner, Henriette Mendelssohn, S. 257.
40 Joseph Mendelssohn an Karl August Varnhagen von Ense, 25. Februar 1843. In: Biblioteka Jagiellonska Krakau, Berol. Varnhagen Sammlung, 121 Inw. Nr 16363.
41 Joseph Mendelssohn an Georg Benjamin und Rosa Mendelssohn, 18. Dezember 1843 und 11. November 1830. In: Reissner, Henriette Mendelssohn, S. 256.
42 Joseph Mendelssohn an Dorothea Mendelssohn, 25. November 1832. In: Gilbert, Bankiers, Künstler und Gelehrte, S. 88.
43 JubA 6,2, S. 55f.
44 Hensel, Die Familie Mendelssohn, S. 58f.
45 Carl Friedrich Zelter an Johann Wolfgang Goethe, 16. November 1831. In: Hecker, Briefwechsel zwischen Goethe und Zelter, S. 584.
46 Abschrift in Privatbesitz.
47 Henriette Mendelssohn an Joseph und Abraham Mendelssohn, 18. April 1812. Ebd.
48 Henriette Mendelssohn an Friedrich Schlegel, undatiert. In: Raich, Dorothea v. Schlegel geb. Mendelssohn, Bd. 2, S. 110.
49 Henriette Mendelssohn an Lea Mendelssohn Bartholdy, 11. Oktober 1812. Abschrift in Privatbesitz.
50 Dorothea Veit an Henriette Mendelssohn, 15. September 1788. In: Wieneke, Caroline und Dorothea Schlegel in Briefen, S. 271.
51 Ebd., S. 272.
52 Henriette Mendelssohn an Rahel Levin, 25. Juni 1793. In: Varnhagen von Ense, Galerie von Bildnissen, S. 66.
53 Karl Friedrich Alexander Graf von Finckenstein an Rahel Levin, 29. Juni 1796. In: Varnhagen von Ense, Rahel-Bibliothek 8, S. 25.
54 Finckenstein an Rahel Levin, 26. August 1796. Ebd., S. 36.
55 Tagebuchnotiz vom 19. Mai 1811. Ebd., S. 123.
56 Henriette Mendelssohn an Rahel Levin, 8. April 1800. In: Varnhagen von Ense, Galerie von Bildnissen, S. 67.
57 Ebd., S. 68.
58 Ebd.
59 Ebd., S. 71.

60 Ebd., S. 70.

61 Henriette Mendelssohn an Rahel Levin, 24. August 1801. Ebd., S. 73ff.

62 Eine andere (Post-)Adresse wird genannt in dem Brief Friedrich Schlegels an seinen Bruder August Wilhelm vom 2. Mai 1806: »rue Bergere faubourg Montmatre. No 1004 maison de Mr Fould«. In: Körner, Krisenjahre der Frühromantik Bd. 1, S. 325.

63 Henriette Mendelssohn an Abraham Mendelssohn, 17. September 1803. Abschrift in Privatbesitz.

64 Henriette Mendelssohn an August Wilhelm Schlegel, 20. August 1808. In: Körner, Krisenjahre der Frühromantik, S. 595.

65 Henriette Mendelssohn an Lea Mendelssohn, undatiert 1806. Abschrift in Privatbesitz.

66 Henriette Mendelssohn an Dorothea Schlegel, 15. September 1806. In: Raich, Dorothea v. Schlegel geb. Mendelssohn, Bd. 1, S. 176.

67 Henriette Mendelssohn an August Wilhelm Schlegel, 5. Juni 1807. In: Körner, Krisenjahre der Frühromantik, Bd. 1, S. 410.

68 Ebd., S. 411.

69 Ebd.

70 Henriette Mendelssohn an August Wilhelm Schlegel, 17. November 1807. Ebd., S. 474.

71 Henriette Mendelssohn an August Wilhelm Schlegel, 20. August 1808. Ebd., S. 595.

72 Henriette Mendelssohn an August Wilhelm Schlegel, 29. August 1808. Ebd., S. 609.

73 Henriette Mendelssohn an August Wilhelm Schlegel, 12. Mai 1810. Ebd., Bd. 2, S. 128.

74 Varnhagen von Ense, Denkwürdigkeiten des eigenen Lebens, S. 148.

75 Ebd., S. 149.

76 Ebd., S. 150.

77 Ebd.

78 Henriette Mendelssohn an Karl August Varnhagen von Ense, 30. September 1810. In: Gilbert, Bankiers, Künstler und Gelehrte, S. 16.

79 Henriette Mendelssohn an Karl August Varnhagen von Ense, undatiert 1810. In: Biblioteka Jagiellonska Krakau, Berol. Varnhagen Sammlung, 121 Inw. Nr. 16362.

80 Henriette Mendelssohn an Karl August Varnhagen von Ense, 30. September 1810. In: Gilbert, Bankiers, Künstler und Gelehrte, S. 16.

81 Ebd., S. 17ff.

82 Henriette Mendelssohn an August Wilhelm von Schlegel, 18. Oktober 1810. In: Körner, Krisenjahre der Frühromantik, Bd. 2, S. 167.

83 Ebd.

84 Ebd.

85 Rosenstrauch, Von der Peripherie zum Zentrum zur Peripherie, S. 123.

86 Varnhagen von Ense, Denkwürdigkeiten des eigenen Lebens, S. 524.

87 Ebd.

88 Henriette Mendelssohn an Varnhagen von Ense, 27. Februar 1815. In: Biblioteka Jagiellonska Krakau, Berol. Varnhagen Sammlung, 121 Inw. Nr. 16362.

89 Henriette Mendelssohn an Lea Mendelssohn Bartholdy, 26. Juni 1824. Abschrift in Privatbesitz.

90 Hensel, Die Familie Mendelssohn, S. 74.

91 Henriette Mendelssohn an Fanny Hensel, 3. März 1821. In: Lambour, Quellen zur Biographie von Fanny Hensel. Mendelssohn-Studien 6, S. 60.

92 Henriette Mendelssohn an Lea Mendelssohn Bartholdy, 27. August 1815. Abschrift in Privatbesitz.

93 Henriette Mendelssohn an Lea Mendelssohn Bartholdy, 2. Dezember 1821. Abschrift in Privatbesitz.

94 Henriette Mendelssohn an Lea Mendelssohn Bartholdy, 26. Mai 1819. In: Gilbert, Bankiers, Künstler und Gelehrte, S. 42.

95 Henriette Mendelssohn an Lea Mendelssohn, undatiert 1817/1818. Abschrift in Privatbesitz.

96 Tagebucheintrag vom 24. Mai 1825. In: Rahel-Bibliothek 3, S. 204.

97 Brief vom 8. Juni 1826. Rahel-Bibliothek 9, S. 702.

98 Henriette Mendelssohn an Dorothea Schlegel, 12. April 1830. In: Körner, Briefe von und an Friedrich und Dorothea Schlegel, S. 316.

99 Ebd.

100 Henriette Mendelssohn an Dorothea Schlegel, 22. Mai 1830. Ebd., S. 318.

101 Henriette Mendelssohn an Dorothea Schlegel, 12. April 1830. Ebd., S. 317.

102 Dorothea Schlegel an Theresia Unterkirchner, 4. März 1832. Ebd., S. 586.

103 Dorothea Schlegel an Henriette Mendelssohn, 16. März 1830. Ebd., S. 315.

104 Tagebucheintrag vom 16. November 1831. In: Fanny Hensel, Tagebücher, S. 35.

105 Henriette an Fanny Mendelssohn Bartholdy, 2. März 1823. In: Gilbert, Bankiers, Künstler und Gelehrte, S. 53.

106 Ebd.

107 Die katholische *Jerusalemer Bibel* (1968) übersetzt: »Du wirst mich erlösen, Jahwe. Du Gott der Treue [...].« Die Worte aus dem 31. Psalm gehören zum Introitus des kirchlichen Nachtgebets. Was aus dem Hebräischen lateinisch mit *veritas* = *Wahrheit* übersetzt wird, heißt in deutschen Übertragungen *Treue*.

108 Gilbert, Bankiers, Künstler und Gelehrte, S. 5 f.

109 Brief Moses Mendelssohns vom 23. Dezember 1784, Antwort Sophie Beckers vom 24. Dezember 1784. In: Mendelssohn, Briefwechsel der letzten Lebensjahre, S. 329 ff.

110 Fromet Mendelssohn an Nathan Mendelssohn, 4. April 1806. In: Gilbert, Bankiers, Künstler und Gelehrte, S. 4.

111 Lea Mendelssohn Bartholdy an Henriette von Pereira-Arnstein, 4. Mai 1809. Abschrift in Privatbesitz.

112 Alexander von Humboldt an Dr. Beer, 22. April 1806. In: Löwenberg, Ein fast vergessener Sohn, S. 1 f.

113 Zitiert nach: Ilse Rabien, Die Mendelssohns in Bad Reinerz, Mendelssohn-Studien 7, S. 160.

114 Gilberts Annalen der Physik, 1806, S. 7.

115 Alexander von Humboldt an Dr. Beer, 22. April 1806. In: Löwenberg, Ein fast vergessener Sohn, S. 1 f.

116 Rabien, Die Mendelssohns in Bad Reinerz, Mendelssohn-Studien 7, S. 167.

117 Prinz August von Preußen an Nathan Mendelssohn, 25. Juli 1813. In: Rabien, Nathan Mendelssohn als preußischer Offizier, Mendelssohn-Studien 8, S. 60.

118 Ebd., S. 68 f.

119 So rekapituliert das Dienstzeugnis vom 13. November 1829. Ebd., S. 162.

120 Lea Mendelssohn Bartholdy an Henriette von Pereira-Arnstein, 24. Oktober 1824. Abschrift in Privatbesitz.
121 Zitat aus der Verhandlung zu Glatz am 8. März 1830. Zitiert nach: Rabien, Nathan Mendelssohn als preußischer Offizier, Mendelssohn-Studien 8, S. 168.
122 Eingabe Nathan Mendelssohns vom 9. Dezember 1832. Ebd.
123 Antwort auf eine Anfrage des Steuer-Raths Nau in Mittenwalde vom 16. August 1834. Ebd.
124 Henriette Mendelssohn an Nathan Mendelssohn, 16. Januar 1836. Ebd., S. 169.
125 Taufregister der Evangelischen Friedrichs-Waisenhauskirche, Berlin-Rummelsburg, Buch 17 und 18, 1809. Ebd., S. 159.
126 Henriette Mendelssohn an Arnold Mendelssohn, 18. April 1832. In: Gilbert, Bankiers, Künstler und Gelehrte, S. 85 ff.
127 Ebd., S. 85.
128 Geschichte der Großen Landesloge, S. 173.
129 Erlaß des Protektors an die Berliner jüdischen Brüder, 1843. Ebd., S. 170.
130 Ebd., S. 183.
131 Ebd., S.182 f.
132 Entwurf Ferdinand Lassalles für einen Brief Arnold Mendelssohns an Joseph Mendelssohn, Anfang 1845. In: Lassalle, Arnold Mendelssohn und Joseph Mendelssohn, S. 67 f.
133 Staatsbibliothrk zu Berlin, MA Depos. MG Nachl. 4, Nr. 39.
134 Ebd., Nr. 26.
135 Varnhagen von Ense, Tagebücher 9, S. 13 f.
136 Gilbert, Bankiers, Künstler und Gelehrte, S. 120.
137 Handschrift a. In: Dorothea Schlegel, Florentin, S. 203 f.
138 Dorothea Veit an Karl Gustav von Brinckmann, 25. Dezember 1791. In: Wieneke, Caroline und Dorothea Schlegel in Briefen, S. 275.
139 Dorothea Veit an Rahel Levin, 4. August 1793. Ebd., S. 284.
140 Dorothea Veit an Rahel Levin, 6. Juni 1793. Ebd., S. 280 f.
141 Dorothea Veit an Rahel Levin, 13. September 1792. In: Raich, Dorothea v. Schlegel geb. Mendelssohn, Bd. 1, S. 6 f.
142 Acta des Jüdischen Gerichts zu Berlin im Leo-Baeck-Institut New York. In: Stern, Ich möchte mir Flügel wünschen, S. 97.
143 Dorothea Veit an Karl Gustav von Brinckmann, 2. Februar 1799. Ebd., S. 101 f.

144 Dorothea Veit an Friedrich Schleiermacher, 8. April 1799. In: Briefe von Dorothea Schlegel an Friedrich Schleiermacher, S. 8f.
145 Dorothea Veit an Friedrich Schleiermacher, 16. Januar 1800. In: Raich, Dorothea v. Schlegel geb. Mendelssohn, Bd. 1, S. 26.
146 Dorothea Veit an Rahel Levin, 23. Januar 1800. Ebd., S. 27.
147 Dorothea Schlegel an Friedrich Schleiermacher, 11. Oktober 1799. Ebd., S. 16.
148 Dorothea Veit an Friedrich Schleiermacher, 10. März 1800. In: Briefe von Dorothea Schlegel an Friedrich Schleiermacher, S. 44f.
149 Dorothea Veit an Friedrich Schleiermacher, 11. April 1800. In: Körner, Briefe von und an Friedrich und Dorothea Schlegel, S. 51.
150 Dorothea Veit an Friedrich Schleiermacher, 15. Mai 1899. Ebd., S. 68.
151 Dorothea Veit an Auguste Böhmer, Juni 1800. In: Raich, Dorothea v. Schlegel geb. Mendelssohn, Bd. 1, S. 42.
152 Tagebucheinträge Nr. 24, 28 und 29. Ebd., S. 90f.
153 Chézy, Ueberlieferungen und Umrisse, 3. Heft, S. 48f.
154 Dorothea Schlegel an Friedrich Schleiermacher, 21. November 1802. In: Briefe von Dorothea Schlegel an Friedrich Schleiermacher, S. 124.
155 Tagebucheintrag Nr. 24. Ebd., S. 126.
156 Ebd., S. 23.
157 Chézy, Ueberlieferungen und Umrisse, 4. Heft, S. 81.
158 Dorothea Schlegel an Charlotte und Ludwig Emmanuel Ernst, 6. April 1804. In: Körner, Krisenjahre der Frühromantik, Bd. 1, S. 70.
159 Tagebucheintrag Nr. 46. In: Raich, Dorothea v. Schlegel geb. Mendelssohn, Bd. 1, S. 130f.
160 Dorothea Schlegel an Karoline Paulus, September 1804. In: Unger, Briefe von Dorothea und Friedrich Schlegel, S. 19f.
161 Dorothea Schlegel an Karoline Paulus, 23. Februar 1806. Ebd., S. 85.
162 Dorothea Schlegel an Karoline Paulus, 28. April 1805. In: Raich, Dorothea v. Schlegel geb. Mendelssohn, Bd. 1, S. 153.
163 Dorothea Schlegel an Friedrich Schlegel, 19. April 1807. In: Körner, Krisenjahre der Frühromantik, Bd. 1, S. 395.
164 Dorothea Schlegel an Karoline Paulus, Weihnachten 1805. In: Raich, Dorothea v. Schlegel geb. Mendelssohn, Bd. 1, S. 159.

165 Dorothea Schlegel an Friedrich Schlegel, undatiert 1806. In: Raich, Dorothea v. Schlegel geb. Mendelssohn, Bd. 1, S. 196.
166 Nr. 75. Zitiert nach: Körner, Krisenjahre der Frühromantik, Bd. 3, S. 315f.
167 Ebd., S. 316f.
168 Dorothea Schlegel an Friedrich von Schlegel, 3. Juli 1818. In: Finke, Der Briefwechsel Friedrich und Dorothea Schlegels, S. 59.
169 Dorothea Schlegel an Friedrich von Schlegel, Sommer 1818. Ebd., S. 95.
170 Ebd.
171 Dorothea Schlegel an Friedrich von Schlegel, 21. Juli 1819. Ebd., S. 251.
172 Dorothea Schlegel an Friedrich von Schlegel, 3. Juli 1818. Ebd., S. 59.
173 Gilbert, Bankiers, Künstler und Gelehrte, S. 44f.
174 Chézy, Ueberlieferungen und Umrisse, 1. Heft, S. 185.
175 Ebd., S. 198.
176 Tagebucheintrag vom 6. April 1856. In: Varnhagen von Ense, Tagebücher 11, S. 429f.
177 Rahel Varnhagen an Auguste Brede, 18. Mai 1816. In: Rahel-Bibliothek 2, S. 399.
178 Dorothea Schlegel an August Wilhelm Schlegel, 1. Dezember 1807. In: Körner, Krisenjahre der Frühromantik, Bd. 1, S. 485.
179 Dorothea Schlegel an Friedrich von Schlegel, 27. Februar 1819. In: Finke, Der Briefwechsel Friedrich und Dorothea Schlegels, S. 183.
180 Dorothea Schlegel an Johannes (Jonas) Veit, 4. Juni 1812. Raich, Bd. 2, S. 85.
181 Dorothea Schlegel an Rahel Varnhagen, 26. Juni 1815. Ebd., S. 313.
182 Dorothea Schlegel an Jonas und Philipp Veit, Ende Oktober 1808. In: Raich, Dorothea v. Schlegel geb. Mendelssohn, Bd. 1, S. 306.
183 Dorothea Schlegel an August Wilhelm Schlegel, 1. Dezember 1807. In: Körner, Krisenjahre der Frühromantik, Bd. 1, S. 485.
184 Dorothea Schlegel an August Wilhelm Schlegel, 23. Juli 1809. Ebd., Bd. 2, S. 63.
185 Psalm 149, 7–9.
186 Dorothea Schlegel an Friedrich von Schlegel, 25. September 1819. In: Finke, Der Briefwechsel Friedrich und Dorothea Schlegels, S. 289f.

187 Wilhelm von Humboldt an Caroline von Humboldt, 22. März 1816. In: Sydow, Wilhelm und Caroline von Humboldt in ihren Briefen, S. 209.

188 Wilhelm von Humboldt an Caroline von Humboldt, 30. April 1816. Ebd., S. 236.

189 Caroline von Humboldt an Wilhelm von Humboldt. Ebd., S. 220.

190 Ebd.

191 Dorothea Schlegel an Rebecka Dirichlet, 30. 4. 1834. Ebd., S. 101.

192 Dorothea Schlegel an Rebecka Dirichlet, 28. 8. 1834. Ebd., S. 102 f.

193 Arnold Mendelssohn, Gedanken und Grillen, Mappe II, Nr. 598 (Hessische Landesbibliothek, Darmstadt).

Drittes Kapitel
Der Sohn meines Vaters
Abraham Mendelssohn Bartholdy oder die Schwierigkeit, ein Mendelssohn zu sein

1 Allgemeine Deutsche Biographie, Bd. 51. München 1906, S. 766.

2 Brief vom 16. November 1835. Das Original befindet sich in der Biblioteka Jagiellonska in Krakau, Berol. Varnhagen Sammlung, 121, Inw. Nr. 16360.

3 Lili du Bois Reymond (geb. Hensel): Der richtige Hensel in Worten und Redenarten (1890). Abschrift (1897) in Privatbesitz.

4 Abraham Mendelssohn Bartholdy an Felix Mendelssohn Bartholdy, 12. Mai 1829. Grüne Bücher, Bd.1, Nr. 49.

5 Lea Mendelssohn (Bartholdy) an Henriette von Pereira-Arnstein, 1. Mai 1819. Abschrift in Privatbesitz.

6 Über Abrahams Gewichtsverlust schreibt Lea Mendelssohn Bartholdy in Briefen an Henriette von Pereira-Arnstein vom 27. Mai 1823 und 19. März 1823. – Lea Mendelssohn Bartholdy an Henriette Marie Mendelssohn, August 1822. In: Lambour, Quellen zur Biographie von Fanny Hensel. Mendelssohn-Studien 7, S. 176 ff.

7 Schnee- und Thee-Zeitung.

8 Henriette Mendelssohn an Abraham Mendelssohn (Bartholdy), 17. September 1803. Abschrift in Privatbesitz.

9 So Garlieb Helwig Merkel. In: Lambour, Fanny Hensel – Die Pianistin, Mendelssohn-Studien 12, S. 227 f.

10 Hensel, Die Familie Mendelssohn, zitiert den Brief an den politischen Schriftsteller und Journalisten Garlieb Helwig Merkel vom 26. August 1799, S. 100ff.

11 Abraham und Lea Mendelssohn an Bella Salomon, 15. November 1805. Original in Privatbesitz.

12 Lea Mendelssohn Bartholdy in einem Familienbrief an Felix Mendelssohn Bartholdy, 4. Oktober 1829. Grüne Bücher, Bd. 1, Nr. 99.

13 So nennt ihn Lea in einem Brief an Henriette von Pereira-Arnstein, 4. Juli 1819. Abschrift in Privatbesitz.

14 Lea Mendelssohn Bartholdy an Henriette von Pereira-Arnstein, 14. März 1825. Abschrift in Privatbesitz.

15 Ebd.

16 Ebd.

17 Lea Mendelssohn Bartholdy an Henriette von Pereira-Arnstein, 10. August 1825. Abschrift in Privatbesitz.

18 Ebd.

19 Ebd.

20 Lea Mendelssohn Bartholdy an Henriette von Pereira-Arnstein, 29. Dezember 1825. Abschrift in Privatbesitz.

21 Ebd.

22 Biblioteka Jagiellonska in Krakau, Berol. Varnhagen Sammlung, 121 Inw. Nr. 16360.

23 Lea Mendelssohn Bartholdys an Henriette von Pereira-Arnstein, 4. Juni 1825. Abschrift in Privatbesitz.

24 Abraham Mendelssohn (Bartholdy) an Fanny Mendelssohn (Bartholdy), 5. April 1819. In: Hensel, Die Familie Mendelssohn, S. 117f.

25 Abraham Mendelssohn (Bartholdy) an Fanny Mendelssohn (Bartholdy), 24. Mai 1820. Original in Privatbesitz.

26 Abraham Mendelssohn (Bartholdy) an Fanny Mendelssohn (Bartholdy), 16. Juli 1820. In: Hensel, Die Familie Mendelssohn, S. 122ff.

27 Fanny Hensel: Tagebücher. Eintrag vom 4. März 1831, S. 31.

28 Abraham Mendelssohn (Bartholdy) an Fanny Mendelssohn (Bartholdy), 14. November 1831. Original in Privatbesitz.

29 Hübner, Johann Gustav Droysen, S. 20.

30 Marx, Erinnerungen, S. 116.

31 Lea Mendelssohn (Bartholdy) an Henriette von Pereira-Arnstein, 1. Mai 1819. Abschrift in Privatbesitz.

32 »Nur so jemand wie Sie, Madame, konnte der Welt einen solchen Kopf schenken, denn ich glaube nicht, daß es noch einen zweiten Felix in Europa geben kann.« Lea Mendelssohn am 6. Mai 1821 an Henriette von Pereira-Arnstein. Abschrift in Privatbesitz.

33 Zitate nach dem EMI-CD-Booklet »Die beiden Pädagogen«.

34 Felix Mendelssohn Bartholdy an Abraham Mendelssohn Bartholdy, 23. März 1835. In: Mendelssohn Bartholdy, Paul und Carl, Briefe aus den Jahren 1833 bis 1847, S. 89f.

35 Brief aus Mailand vom 13. Juli 1831. In: Eduard Devrient: Dramatische und Dramaturgische Schriften, S. 114.

36 Lea Mendelssohn Bartholdy an Felix Mendelssohn Bartholdy, 23. Juni 1829. In: Grüne Bücher, Bd. 1, Nr. 62.

37 Auszüge aus einem Brief an Felix, in dem Abraham die schnelle Flucht des Sohnes vor den Schwierigkeiten seines Musikdirektorenamtes am Düsseldorfer Theater scharf kritisiert, veröffentlichten sein Sohn Paul und sein Enkel Carl: als Fußnote eines Briefes an die Schwester Rebecka vom 23. November 1834, in welchem Felix die Düsseldorfer Probleme beschreibt und seine Flucht verteidigt. In: Mendelssohn Bartholdy, Paul und Carl, Briefe aus den Jahren 1833 bis 1847, S. 63–69.

38 Abraham Mendelssohn Bartholdy an Felix Mendelssohn Bartholdy, 24. Oktober 1835. Grüne Bücher, Bd. 4, Nr. 132.

39 Felix Mendelssohn Bartholdy an Karl Klingemann, 29. August 1829. In: Klingemann, Felix Mendelssohn Bartholdys Briefwechsel, S. 60.

40 Abraham Mendelssohn Bartholdy an Felix Mendelssohn Bartholdy, 8. Juli 1829. Grüne Bücher, Bd. 1, Nr. 71.

41 Felix Mendelssohn Bartholdy an Abraham Mendelssohn Bartholdy, 16. Juli 1829. In: Jacobson, Mendelssohn Bartholdy, S. 279ff.

42 Klingemann, Felix Mendelssohn Bartholdys Briefwechsel, S. 352ff.

43 Felix Mendelssohn Bartholdy an Albert Bauer, 9. Dezember 1835. In: Mendelssohn Bartholdy, Paul und Carl, Briefe aus den Jahren 1833 bis 1847, S. 107.

44 Das Autograph befindet sich in der Staatsbibliothek zu Berlin, Stiftung Preußischer Kulturbesitz: Mus.ms.autogr.F.Mendelssohn Bartholdy 1, S. 50ff. Für die Transkription danke ich Franz

Bullmann und den Jüdischen Kulturtagen 2004 der Jüdischen Gemeinde zu Berlin.

45 Klein, Joseph Mendelssohn, S. 20.

46 August Bloch an Christian (von) Rother, 6. September 1832. In: GStA, I. HA Rep 109 Seehandlung (Preuß. Staatsbank) Anh II 3 Bd. I.

47 Abraham Mendelssohn (Bartholdy) an Carl Friedrich Zelter, 1. September 1797. In: Ein Brief Abraham Mendelssohns, S. 75 f.

48 Abraham Mendelssohn (Bartholdy) an Carl Friedrich Zelter, 6. Mai 1799. In: Klein: »... die glücklichsten Momente meines Lebens«, S. 124 f.

49 Zelter berichtet von dieser Erhebung Felix' in den Gesellenstand »in Gegenwart der Königlichen Musiker, welche seine Oper begleitet hatten«, in seinem Tagebuch. In: Schottländer, Carl Friedrich Zelters Darstellungen seines Lebens, S. 282. Siehe auch: Hensel, Die Familie Mendelssohn, S. 175.

50 Carl Friedrich Zelter an Johann Wolfgang Goethe, 22. April 1815. In: Hecker, Briefwechsel zwischen Goethe und Zelter, Bd. 1, S. 447 ff.

51 Carl Friedrich Zelter an Johann Wolfgang Goethe, April 1817. Ebd., S. 603 f.

52 Carl Friedrich Zelter an Johann Wolfgang Goethe, 21. Juni 1817. Ebd., S. 608 f.

53 Carl Friedrich Zelter an Johann Wolfgang Goethe, 4. April 1816. Ebd., S. 465.

54 Carl Friedrich Zelter an Johann Wolfgang Goethe, 26. Oktober 1821. Ebd., Bd. 2, S. 158 f.

55 Abraham Mendelssohn (Bartholdy) an Carl Friedrich Zelter, 1. September 1797. In: Ein Brief Abraham Mendelssohns, S. 72 ff. Kippenberg hat die brieflichen Belege für Besuche der Mendelssohns bei Goethe umfassend zusammengestellt.

56 Lea und Abraham Mendelssohn Bartholdy an Felix Mendelssohn Bartholdy, 16. Dezember 1833. Grüne Bücher, Bd. 2, Nr. 172.

57 Abraham Mendelssohn Bartholdy an Mary Alexander, 19. Januar 1834. In: Alexander, Some Unpublished Letters of Abraham Mendelssohn and Fanny Hensel, Mendelssohn-Studien 3, S. 17.

58 Familienbrief an Felix Mendelssohn Bartholdy, 3. Juni 1829. Grüne Bücher, Bd. 1, Nr. 56.

59 Landesarchiv Berlin, Bürgerbriefprotokoll vom 8. Januar 1805.

60 Abraham und Lea Mendelssohn Bartholdy an Felix Mendelssohn Bartholdy, 16. Dezember 1833. Grüne Bücher, Bd. 2, Nr. 172.

61 Abraham Mendelssohn Bartholdy an Carl Friedrich Zelter, 1. September 1797. In: Ein Brief Abraham Mendelssohns, S. 76.

62 Jacob Ludwig Salomon Bartholdy an Abraham Mendelssohn (Bartholdy), undatiert. Abschrift in Privatbesitz.

63 Taufbuch der Jerusalemskirche Berlin (EZA B 22/48), Faksimile in: Klein, Das verborgene Band, S. 20–23.

64 Jacob Ludwig Salomon Bartholdy: Bruchstücke zur näheren Kenntniß des heutigen Griechenlands, S. 284.

65 Jacob Ludwig Salomon Bartholdy an Fanny Mendelssohn (Bartholdy), 11. August 1821. In: Lambour, Quellen zur Biographie von Fanny Hensel, geb. Mendelssohn Bartholdy, I, Mendelssohn-Studien 6, S. 87.

66 Jacob Ludwig Salomon Bartholdy an Fanny von Arnstein, 4. Februar 1817. In: Nachlaß Arnstein-Pereira.

67 Jacob Ludwig Salomon Bartholdy an Fanny Mendelssohn (Bartholdy), 11. August 1821. In: Lambour, Quellen zur Biographie von Fanny Hensel, geb. Mendelssohn Bartholdy, I, Mendelssohn-Studien 6, S. 87.

68 Jacob Ludwig Salomon Bartholdy an Abraham Mendelssohn, 29. September 1821. Abschrift in Privatbesitz.

69 Psalm 91, Übersetzung aus: Moses Mendelssohn's sämmtliche Werke, S. 778.

70 Ebd.

71 Ebd.

72 Ebd.

73 Landesarchiv Berlin, Bürgerbriefprotokoll vom 8. Januar 1805.

74 Ebd.

75 Lea Salomon an Garlieb Helwig Merkel, 2. Juli 1799. In: Hensel, Die Familie Mendelssohn, S. 99.

76 Lea Mendelssohn an Henriette von Pereira-Arnstein, 20. Juli 1818. Abschrift in Privatbesitz.

77 Lea Mendelssohn an Henriette von Pereira-Arnstein, 19. März 1823. Abschrift in Privatbesitz.

78 Abraham Mendelssohn an Fanny Mendelssohn, 24. Mai 1820. Original in Privatbesitz.

79 Abraham Mendelssohn Bartholdy an Felix Mendelssohn Bartholdy, 8. Juli 1829. Grüne Bücher, Bd. 1, Nr. 71.

80 Rebecka Dirichlet an Sebastian Hensel, 4. April 1855. In: Hensel, Ein Lebensbild, S. 185. – In Rebeckas Lektüre wurde das Leben des Epigrammdichters Ephraim Moses Kuh beschrieben.

81 Werner, Felix Mendelssohn. Der Verfasser zitiert die unveröffentlichten Briefe Rebecka Mendelssohn Bartholdys an Felix Mendelssohn Bartholdy, 23. Juni [?], und den Gegenbrief, 17. Juli 1829, auf S. 64.

82 Felix Mendelssohn Bartholdy an Karl Klingemann, 13. Februar 1833. In: Klingemann, Felix Mendelssohn Bartholdys Briefwechsel, S. 111.

83 Felix Mendelssohn Bartholdy an Lea Mendelssohn Bartholdy, 27. Juli 1833. In: Werner, Felix Mendelssohn, S. 64.

84 Abraham Mendelssohn Bartholdy an Lea Mendelssohn Bartholdy, 23. Juli 1833. In: Klein, Abraham Mendelssohn Bartholdy in England, Mendelssohn-Studien 12, S. 109 f.

85 Ebd., S. 114.

86 Abraham Mendelssohn Bartholdy an Lea Mendelssohn Bartholdy, 16. August 1833. Ebd., S. 123.

87 Rousseau, Emile oder über die Erziehung, S. 331.

88 Ebd., S. 332.

89 Möglicherweise: Begas.

90 Über die letzten Stunden und Tage und den Tod Abrahams berichten: Lea Mendelssohn Bartholdy in einem Brief an Benjamin (Georg) Mendelssohn vom 29. November 1835. In: Gilbert, Bankiers, Künstler und Gelehrte, S. 108; in ihren Notizen vom 26. November 1835 Fanny Hensel, Tagebücher, S. 435 ff.; sowie Fanny Hensel an Felix Mendelssohn Bartholdy, 18. November 1835, in: Citron, The Letters of Fanny Hensel, S. 502.

91 Abraham Mendelssohn Bartholdy an Lea Mendelssohn Bartholdy, 24. Juni 1833. In: Klein, Abraham Mendelssohn Bartholdy in England, S. 87 f.

92 Lea Mendelssohn Bartholdy an Henriette von Pereira-Arnstein, 24. Januar 1826. Abschrift in Privatbesitz.

93 Abraham Mendelssohn Bartholdy an Lea Mendelssohn Bartholdy, 11. August 1833. In: Klein, Abraham Mendelssohn Bartholdy in England, S. 120.

Viertes Kapitel
Heimkehr in die Fremde

1 Fanny Mendelssohn Bartholdy an Felix Mendelssohn Bartholdy, 3. Oktober 1929. In: Citron, The Letters of Fanny Hensel, S. 43.
2 Klein: »...dieses allerliebste Buch«, Mendelssohn-Studien 8, S. 144.
3 Felix Mendelssohn Bartholdy an Abraham Mendelssohn, 18. September 1829. In: Elvers, Felix Mendelssohn Bartholdy, S. 94.
4 Felix Mendelssohn Bartholdy an Abraham Mendelssohn, 6. November 1829. Ebd., S. 101.
5 Eintrag vom 30. Januar 1829. In: Fanny Hensel, Tagebücher, S. 5.
6 Klein, Das verborgene Band, S. 156f.
7 Rebecka Mendelssohn Bartholdy an Karl Klingemann, 28. Dezember 1829. In: Klingemann, Felix Mendelssohn Bartholdys Briefwechsel, S. 69.
8 Felix Mendelssohn Bartholdy an Karl Klingemann, 29. August 1829. Ebd., S. 60.
9 Felix Mendelssohn Bartholdy an Abraham Mendelssohn Bartholdy, 10. September 1829. In: Elvers, Felix Mendelssohn Bartholdy, S. 94.
10 Felix Mendelssohn Bartholdy an seine Geschwister, 10. September 1829. In: Hensel, Die Familie Mendelssohn, S. 332.
11 Felix Mendelssohn Bartholdy an Karl Klingemann, 1. Dezember 1829. Ebd., S. 65.
12 Felix Mendelssohn Bartholdy an Karl Klingemann, 28. Dezember 1829. In: Klingemann, Felix Mendelssohn Bartholdys Briefwechsel, S. 68.
13 Ebd.
14 Ebd., S. 69.
15 Ebd.
16 Ebd.
17 Felix Mendelssohn Bartholdy an Karl Klingemann, 10. Februar 1830. Ebd., S. 74.
18 Fanny Hensel an Karl Klingemann, 30. Dezember 1829. Ebd., S. 72.
19 Ebd., im Anhang, S. 355.
20 Ebd., S. 356.

21 Familienbrief an Karl Klingemann, 30. Dezember 1829. Ebd., S. 73.
22 Eintrag vom 13. März 1843. In: Fanny Hensel, Tagebücher, S. 222.
23 Abraham Mendelssohn Bartholdy an Fanny Hensel, November 1828. In: Hensel, Die Familie Mendelssohn, S. 126 f.
24 Heyse, Jugenderinnerungen und Bekenntnisse, S. 41.
25 Eintrag vom 20. Januar 1843. In: Fanny Hensel, Tagebücher, S. 220.
26 Hensel, Die Familie Mendelssohn, S. 176.
27 Fanny Hensel an Lea Mendelssohn Bartholdy, 21. Oktober 1839. In: Fanny Hensel, Briefe aus Venedig und Neapel, S. 40.
28 Eintrag vom 20. April 1840. In: Fanny Hensel, Tagebücher, S. 129.
29 Eintrag vom 26. April 1840. Ebd., S. 130.
30 Eintrag vom 17. Mai 1840. Ebd., S. 136.
31 Eintrag vom 1. Juni 1840. Ebd., S. 140.
32 Ebd., S. 141.
33 Eintrag vom 18. April 1840. Ebd., S. 128.
34 Fanny Hensel an Felix Mendelssohn Bartholdy, 10. Mai 1840. In: Citron, The Letters of Fanny Hensel, S. 570.
35 Fanny Hensel, Tagebücher, S. 216 f.
36 Eintrag vom 20. Januar 1840. Ebd., S. 201.
37 Eintrag vom 13. März 1843. Ebd., S. 222 f.
38 Eintrag vom 14. April 1843. Ebd.
39 Eintrag vom 12. April 1847. Ebd., S. 275.
40 Eintrag vom 3. Mai 1847. Ebd., S. 132.
41 Hensel, Die Familie Mendelssohn, S. 156.
42 Ebd., S. 232.
43 Fanny Mendelssohn Bartholdy an Wilhelm Hensel, 5. Februar 1829. In: Helmig / Maurer, Fanny Mendelssohn Bartholdy, S. 143.
44 Wilhelm Hensel an Fanny Hensel, 9. Februar 1829. Ebd.
45 Fanny Mendelssohn Bartholdy an Wilhelm Hensel, 20. Februar 1829. Ebd., S. 145.
46 Wilhelm Hensel an Fanny Mendelssohn Bartholdy, undatiert 1829. Ebd., S. 146 f.
47 Wilhelm Hensel an Fanny Mendelssohn Bartholdy, 2. März [?] 1829. Ebd., S. 147.
48 Fanny Mendelssohn Bartholdy an Wilhelm Hensel, 2. März [?] 1829. Ebd., S. 148.

49 Fanny Mendelssohn Bartholdy an Wilhelm Hensel, März/April 1829. Ebd., S. 149.
50 Fanny Mendelssohn Bartholdy an Wilhelm Hensel, 23. August 1829. Ebd., S. 152.
51 Fanny Mendelssohn Bartholdy an Wilhelm Hensel, Mitte September 1829. Ebd., S. 155.
52 Wilhelm Hensel an Fanny Mendelssohn Bartholdy, Mitte September. Ebd., S. 158f.
53 Wilhelm Hensel an Fanny Mendelssohn Bartholdy, Mitte September. Ebd., S. 160.
54 Klein, Das verborgene Band, S. 156f.
55 Felix Mendelssohn Bartholdy an Lea Mendelssohn Bartholdy, Datum nicht angegeben. In: Kleßmann, Die Mendelssohns, S. 145.
56 Fanny Hensel an Karl Klingemann, 22. März 1829. In: Hensel, Die Familie Mendelssohn, S. 240.
57 Eintrag vom 20. Januar 1843. In: Fanny Hensel, Tagebücher, S. 220.
58 Eintrag vom Februar 1847. Ebd., S. 274.
59 Henriette Mendelssohn an Georg Benjamin und Rosa Mendelssohn, 21. Mai 1847. In: Gilbert, Bankiers, Künstler und Gelehrte, S. 144.
60 Hensel, Die Familie Mendelssohn, S. 871 u. 873.
61 Wilhelm Hensel an Luise Hensel, 28. Mai 1847. In: Gilbert, Bankiers, Künstler und Gelehrte, S. 145f.
62 Aus Wilhelm Hensels Notizen 1813/14. In: Schroeder, Um das Eiserne Kreuz von 1813, Mendelssohn-Studien 3, S. 171.
63 Sebastian Hensel an Wilhelm Hensel, 8. September 1850. In: Lowenthal-Hensel/Arnold, Wilhelm Hensel, S. 319.
64 Fontane, Wanderungen durch die Mark Brandenburg 4, S. 434.
65 Ebd.
66 Ebd., S. 431.
67 Ebd., S. 430.
68 Zitiert nach: Feilchenfeldt, Karl August Varnhagen von Ense, Mendelssohn-Studien 3, S. 56f.
69 Hensel, Ein Lebensbild, S. 14.
70 Rebecka Dirichlet an Sebastian Hensel, 20. April 1855. Ebd., S. 187.
71 Rebecka Dirichlet an Sebastian Hensel, 28. November 1848. Ebd., S. 85.

72 Rebecka Mendelssohn an Sebastian Hensel, 4. März 1849. Ebd., S. 92 f.
73 Rebecka Mendelssohn an Sebastian Hensel, 22. Juni 1849. Ebd., S. 96.
74 Rebecka Mendelssohn an Sebastian Hensel, 4. April 1855. Ebd., S. 184 f.
75 Rebecka Mendelssohn an Sebastian Hensel, undatiert 1856. Ebd., S. 205.
76 Feilchenfeldt, Karl August Varnhagen, S. 57.
77 Varnhagen von Ense, Tagebücher 6, S. 409 ff.
78 Rebecka Mendelssohn an Sebastian Hensel, 20. April 1850. In: Hensel, Ein Lebensbild, S. 115.
79 Schurz, Lebenserinnerungen, S. 302 f. Zitiert nach: Feilchenfeldt, Karl August Varnhagen, S. 58.
80 Rebecka Mendelssohn an Sebastian Hensel, 16. Oktober 1854. In: Hensel, Ein Lebensbild, S. 181 f.
81 Eintrag vom 19. April 1855. In: Varnhagen von Ense, Tagebücher 12, S. 48.
82 Kühn, »In diesem ruhigen Kleinleben geht so schrecklich viel vor«, Mendelssohn-Studien 11, S. 148.
83 Ebd., S. 154.
84 Rebecka Mendelssohn an Sebastian Hensel, 11. Dezember 1855. In: Hensel, Ein Lebensbild, S. 197 f.
85 Rebecka Mendelssohn an Ludmilla Assing, 12. Oktober 1858. In: Feilchenfeldt, Karl August Varnhagen, S. 148.
86 Georg Benjamin Mendelssohn an Clemens Theodor Perthes, 22. April 1848. In: Stolzenberg, Georg Benjamin Mendelssohn, Mendelssohn- Studien 3, S. 132.
87 Georg Benjamin Mendelssohn an Clemens Theodor Perthes, 21. Februar 1849. Ebd., S. 134 f.
88 Georg Benjamin Mendelssohn an Clemens Theodor Perthes, 10. bis 16. März 1849. Ebd., S. 139 ff.
89 Klein, Aus dem Briefwechsel Benjamin Mendelssohns, Mendelssohn-Studien 7, S. 111.
90 Joseph Mendelssohn an Benjamin Mendelssohn, 11. April 1813. In: Gilbert, Bankiers, Künstler und Gelehrte, S. 20.
91 Georg Benjamin Mendelssohn an Joseph Mendelssohn, 12. Juli 1813. Ebd., S. 23.
92 Georg Benjamin Mendelssohn an Joseph Mendelssohn. Ebd., S. 23 f.

93 Georg Benjamin Mendelssohn an die Eltern, 30. August 1813 aus Ludwigsdorf. Ebd., S. 24 f.

94 Georg Benjamin Mendelssohn, Das germanische Europa, S. 20 f.

95 Ebd., S. 70.

96 Ebd., S. 474.

97 Ebd., S. 500.

98 Ebd., S. 501.

99 Alexander von Humboldt an Georg Benjamin Mendelssohn, 29. Januar 1846. In: Stolzenberg, Georg Benjamin Mendelssohn, Mendelssohn-Studien 3, S. 89.

100 Ebd.

101 Zitiert nach Gilbert, Georg Benjamin Mendelssohn und Karl Mendelssohn Bartholdy, Mendelssohn-Studien 2, S. 187.

102 Suhr, Philipp Veit, S. 226.

103 Suhr, Karikaturen von Philipp Veit, Mainz 1981.

104 Dorothea Schlegel an Jonas Veit, 4. September 1808. In: Raich, Dorothea v. Schlegel geb. Mendelssohn, Bd. 1, S. 305.

105 Dorothea Schlegel an Philipp und Jonas Veit, 17. Januar 1810. Ebd., S. 405.

106 Henriette Herz an Johannes (Jonas) Veit, 9. Oktober 1810. Ebd., S. 432.

107 Ebd., S. 435–438.

108 Simon Veit an Philipp Veit, 2. Dezember 1810. Ebd., S. 443.

109 Philipp Veit an Jonas Veit, undatiert 1804. Ebd., S. 134.

110 Dorothea Schlegel an Jonas und Philipp Veit, 3. Juli 1817. Ebd., Bd. 2, S. 434.

111 Philipp Veit an Simon Veit, 8. Juli 1812. Ebd., S. 95.

112 Sylke Kaufmann (Hg.), Goethes Malerin, S. 164.

113 Louise Seidler an Johann Wolfgang von Goethe, undatiert 1830. Zitiert nach: Suhr, Philipp Veit, S. 222.

114 Ebd., S. 35.

115 Ebd., S. 220.

116 Ebd., S. 218.

117 Philipp Veit an Dorothea Schlegel, 12. Mai 1814. In: Raich, Dorothea v. Schlegel geb. Mendelssohn, Bd. 2, S. 258 f.

118 Suhr, Philipp Veit, S. 172.

119 Ebd., S. 174.

120 Ebd., S. 174.

121 Ebd., S. 189.

122 Friedrich Maximilian Hessemer an August Kestner. Ebd., S. 81.
123 Felix Mendelssohn Bartholdy an Karl Friedrich Zelter, 13. Februar 1832. In: Mendelssohn Bartholdy, Paul und Carl, Briefe aus den Jahren 1833 bis 1847, S. 249 f.
124 Felix Mendelssohn Bartholdy an Philipp Veit, 18. Juni 1841. In: Suhr, Felix Mendelssohn und Philipp Veit, Mendelssohn-Studien 6, S. 114 ff.
125 Philipp Veit an Felix Mendelssohn Bartholdy, 1. Juli 1841. Ebd., S. 116 f.
126 Ebd., S. 110 u. 113.
127 Felix Mendelssohn Bartholdy an Philipp Veit, 12. Februar 1843. Ebd., S. 118 f.
128 Suhr, Philipp Veit, S. 86.
129 Philipp Veit an Simon Veit, 24. März 1812 aus Wien. In: Raich, Dorothea v. Schlegel geb. Mendelssohn, Bd. 2, S. 68.
130 Dorothea Schlegel an Joseph und Henriette Mendelssohn, 10. Oktober 1838, In: Gilbert, Bankiers, Künstler und Gelehrte, S. 126.
131 Felix Mendelssohn Bartholdy an Karl Klingemann, 13. Februar 1833. In: Klingemann, Felix Mendelssohn Bartholdys Briefwechsel, S. 112.
132 Arnold Mendelssohn an Nathan Mendelssohn, 22. April 1849. In: Gilbert, Bankiers, Künstler und Gelehrte, S. 155 f.
133 Ebd., S. 154–161.
134 Arnold Mendelssohn an Eduard Kummer, 9. März 1845. In: Rabien, Arnold und Wilhelm Mendelssohn, Mendelssohn-Studien 7, S. 299.
135 Ebd.
136 Ebd.
137 Eduard Kummer an Arnold Mendelssohn, August 1845. Ebd., S. 190.
138 Ebd.
139 Briefentwurf Lassalles vom Januar 1845. In: Lassalle, Arnold Mendelssohn und Joseph Mendelssohn, S. 67.
140 Briefentwurf Lassalles, verfaßt zwischen dem 12. und 15. Januar 1845. Ebd., S. 74.
141 Briefentwurf Lassalles, verfaßt nach dem 16. Januar 1845. Ebd., S. 88 f.
142 Briefentwurf Arnolds, entworfen und an Lassalle gesandt im August 1845. Ebd., S. 94.
143 Ebd., S. 95.

144 Arnold Mendelssohn an Ferdinand Lassalle, 16. Mai 1845. In: Lassalle, Nachgelassene Schriften und Briefe 1, S. 162.

145 Arnold Mendelssohn an Ferdinand Lassalle, 28. Mai 1845. Ebd., S. 162.

146 Arnold Mendelssohn an Ferdinand Lassalle, 13. Juni 1845. Ebd., S. 164.

147 Arnold Mendelssohn an Heinrich Heine, 23. September 1846. In: Heine-Reliquien, S. 201 f.

148 Heinrich Heine an Arnold Mendelssohn, 12. Dezember 1846. In: Heine Bd. 22, S. 233 f.

149 Moses Hess an Arnold Mendelssohn, 28. September 1846. In: Lassalle, Nachgelassene Schriften und Briefe, S. 267.

150 Arnold Mendelssohn an Gräfin Sophie von Hatzfeld, 8. Juli 1847. Ebd., S. 329–336.

151 Alexander von Humboldt an Nathan Mendelssohn, 28. Oktober 1848. In: Rabien, Arnold und Wilhelm Mendelssohn, S. 308 f.

152 Arnold Mendelssohn an Nathan Mendelssohn, 22. April 1849. In: Gilbert, Bankiers, Künstler und Gelehrte, S. 155.

153 Ebd.

154 Ebd., S. 159.

155 Ebd., S. 161.

156 Spartacus, Nr. 10, Beilage der Neuen Bonner Zeitung vom 12. März 1849, S. 1. Besonderen Dank an Ilse Rabien für die Hilfe bei der Besorgung dieser Ausgaben.

157 Ebd., S. 2.

158 Spartacus, Nr. 11 vom 19. März 1849, S. 1.

159 Ebd., S. 2.

160 Spartacus, Nr. 17 vom 30. April 1849, S. 1 f.

161 Ebd., S. 3.

162 Spartacus, Nr. 23 vom 18. Juni 1849, S. 2.

163 Ebd., S. 4.

164 Spartacus, Nr. 24 vom 25. Juni 1849, S. 3.

165 Ebd., S. 1.

166 Arnold Mendelssohn an Wilhelm Mendelssohn, 25. August 1851. In: Rabien, Arnold und Wilhelm Mendelssohn, S. 314 f.

167 Arnold Mendelssohn an Nathan Mendelssohn, 21. Dezember 1851. Ebd., S. 316.

168 Arnold Mendelssohn an Nathan Mendelssohn, 12. Januar 1852. Ebd., S. 316.

169 Arnold Mendelssohn an Wilhelm Mendelssohn, 22. April 1852. Ebd., S. 317.

170 Arnold Mendelssohn an Wilhelm Mendelssohn, 8. Juli 1852. Ebd.

171 Arnold Mendelssohn an Wilhelm Mendelssohn, Ende 1852. Ebd., S. 318.

172 Arnold Mendelssohn an Madame, 2. März 1853. Ebd., S. 319.

173 Arnold Mendelssohn an Madame, 10. Dezember 1853. Ebd., S. 320.

174 Rabien, Dr. med. Arnold Mendelssohn, Mendelssohn-Studien 13, S. 183.

175 Ebd., S. 185.

176 Ebd., S. 189 f.

177 9. Brief. Ebd., S. 210.

178 10. Brief. Ebd., S. 219.

179 Ebd.

180 Ferdinand Lassalle an Arnold Mendelssohn, 7. November 1856. In: Lassalle, Nachgelassene Schriften und Briefe, Bd. 4, S. 103 f.

181 Joseph Mendelssohn an Alexander Mendelssohn, 8. Septenber 1846. In: Gilbert, Bankiers, Künstler und Gelehrte, S. 142 f.

182 Wilhelm Mendelssohn an Eduard Kummer, 26. März 1848. In: Rabien, Arnold und Wilhelm Mendelssohn, S. 321 f.

183 Ebd.

184 Ebd., S. 300.

185 Lowenthal-Hensel, »Diese Schreibart erkläre ich hiermit für unrichtig«, Mendelssohn-Studien 5, S. 145.

186 Wolff, Felix Mendelssohn Bartholdy, S. 182.

187 Eintrag vom 25. April 1841. In: Varnhagen von Ense, Tagebücher 1, S. 295.

188 Felix Mendelssohn Bartholdy an Karl Klingemann, 26. Dezember 1832. In: Klingemann, Felix Mendelssohn Bartholdys Briefwechsel, S. 105.

189 Felix Mendelssohn Bartholdy an Karl Klingemann, 4. Februar 1833. Ebd., S. 109.

190 Felix Mendelssohn Bartholdy an Karl Klingemann, 27. September 1834. Ebd., S. 151 f.

191 Felix Mendelssohn Bartholdy an Karl Klingemann, 15. Juli 1841. Ebd., S. 264 f.

192 Felix Mendelssohn Bartholdy an Karl Friedrich Lessing, 24. November 1844. In: Elvers, Über das »Berlinische Zwitterwesen«, S. 188.

193 Jones, Felix Mendelssohn Bartholdys Tod, Mendelssohn-Studien 12, S. 212 f.

194 Ebd., S. 219.

195 Ebd., S. 221.

196 Cornélie Schunck an Karl Klingemann, undatiert. In: Klingemann Felix Mendelssohn Bartholdys Briefwechsel, S. 334.

197 Jones, Felix Mendelsssohn Bartholdys Tod, Mendelssohn-Studien 12, S. 225.

198 Richter, Mendelssohn, S. 289 f. – Ahasver ist die mittelalterliche Sagengestalt des zur Heimatlosigkeit verdammten, durch die Welt wandernden »Ewigen Juden«.

199 Eintrag vom 11. Januar 1854. In: Reissner, Alexander von Humboldt, Mendelssohn-Studien 2, S. 157.

200 Über diesen Brief von 1862, der verschollen ist, aber 1911 durch einen Berliner Antiquar angeboten wurde, siehe: Gantzel-Kress, Noblesse oblige, Mendelssohn-Studien 6, S. 168.

201 Joachim von Elbe: Paul Mendelssohn-Bartholdy (1812–1874). In: Elvers/Klein, Die Mendelssohns in Berlin, S. 46 u. 53.

202 Paul Mendelssohn-Bartholdy an Karl Klingemann, 11. November 1847. In: Klingemann, Felix Mendelssohn Bartholdys Briefwechsel, S. 332.

203 Paul Mendelssohn-Bartholdy an Karl Klingemann, 10. Dezember 1847. In: Stolzenberg, Paul Mendelssohn-Bartholdy nach dem Tode seines Bruders Felix, Mendelssohn-Studien 8, S. 183.

204 Paul Mendelssohn-Bartholdy an Sebastian Hensel, undatiert 1852. Ebd., S. 145.

205 Ebd., S. 145 f.

206 Paul Mendelssohn-Bartholdy an Sebastian Hensel, 2. November 1858. In: Hensel, Ein Lebensbild, S. 311.

207 Eintrag vom 21. Juni 1854. In: Varnhagen von Ense, Tagebücher 11, S. 117.

Fünftes Kapitel
Vaterland der Erinnerung

1 Berichte der Deutschen Chemischen Gesellschaft, 13. Jahrgang, Januar–Juni 1880, Sitzung vom 24. Februar 1880, S. 297.

2 Ebd., S. 299.

3 Karl Mendelssohn Bartholdy an Alexander Freiherr von Bernus, 19. Oktober 1868. Ebd., S. 199f.

4 Ebd., S. 200.

5 Adolf Wach an Karl Mendelssohn Bartholdy, 9. Oktober 1868. Ebd., S. 306.

6 Paul Mendelssohn Bartholdy an Carl Martius, 7. Februar 1869. Ebd., S. 200.

7 Ebd., S. 131.

8 Paul Gottheiners an Paul Mendelssohn Bartholdy, 20. September 1870. Ebd., S. 155.

9 Carl Martius an Paul Mendelssohn Bartholdy, 23. September 1870. Ebd., S. 150f.

10 Ernst Mendelssohn-Bartholdy an Paul Mendelssohn Bartholdy, 22. September 1870. Ebd., S. 145ff.

11 Lili Wach an Paul Mendelssohn Bartholdy, 8. Oktober 1870. Ebd., S. 139.

12 Julie Schunck an Paul Mendelssohn Bartholdy, 11. Oktober 1870. Ebd., S.142 f.

13 Otto Oppenheim an Paul Mendelssohn Bartholdy, 12. Oktober 1870. Ebd., S. 128.

14 Ernst Mendelssohn-Bartholdy an Paul Mendelssohn Bartholdy, 12. Oktober 1870. Ebd., S. 147.

15 Ebd.

16 Margarete Oppenheim an Paul Mendelssohn Bartholdy, 14. Oktober 1870. Ebd., S. 118.

17 Carl Martius an Paul Mendelssohn Bartholdy, 19. Oktober 1870. Ebd., S. 151ff.

18 Marie Benecke an Paul Mendelssohn Bartholdy, 26. Oktober 1870. Ebd., S. 141.

19 Hugo Oppenheim an Paul Mendelssohn Bartholdy, 28. Oktober 1870. Ebd.

20 Eine Hausangestellte namens Auguste an Paul Mendelssohn Bartholdy, 26. Oktober 1870. Ebd., S. 119f.

21 Adolf Wach an Paul Mendelssohn Bartholdy, 6. November 1870. Ebd., S. 140.

22 Margarete Oppenheim an Paul Mendelssohn Bartholdy, 19. November 1870. Ebd., S. 122.

23 Margarete Oppenheim an Paul Mendelssohn Bartholdy, 4. Dezember 1870. Ebd., S. 123.

24 Otto Mendelssohn Bartholdy an Paul Mendelssohn Bartholdy, 9. Dezember 1870. Ebd., S. 134.

25 Margarete Oppenheim an Paul Mendelssohn Bartholdy, 11. Dezember 1870. Ebd., S. 125.

26 Marianne Mendelssohn an Paul Mendelssohn Bartholdy, 28. Dezember 1870. Ebd., S. 143 f.

27 Henriette Kohl an Paul Mendelssohn Bartholdy, undatiert. Ebd., S. 156 f.

28 Reissner, Alexander von Humboldt, Mendelssohn-Studien 2, S. 159 ff.

29 Alexander von Humboldt an Alexander Mendelssohn, 24. April 1853. Ebd., S. 174.

30 Alexander von Humboldt an Alexander Mendelssohn, 31. Januar 1856. Ebd., S. 178.

31 Eintrag vom 13. März 1843. In: Fanny Hensel, Tagebücher, S. 221 f.

32 Ernestine Paetzmann-Preusser an Julie Schunck, Februar 1868. In: Gantzel-Kress, Karl Mendelssohn Bartholdy, Mendelssohn-Studien 8, S. 199.

33 Carl Mendelssohn Bartholdy an Alexander Freiherr von Bernus, undatiert 1854. Ebd., S. 205.

34 Carl Mendelssohn Bartholdy an Alexander Freiherr von Bernus, 25. Februar 1857. Ebd., S. 205 f.

35 Paul Mendelssohn-Bartholdy an Karl Mendelssohn Bartholdy, 10. Oktober 1860. In: Gilbert, Bankiers, Künstler und Gelehrte, S. 179.

36 Paul Mendelssohn-Bartholdy an Karl Mendelssohn Bartholdy, 7. Januar 1863. Ebd., S. 185 f.

37 Ebd., S. 195.

38 Paul Mendelssohn-Bartholdy an Karl Mendelssohn Bartholdy, 25. März 1867. Ebd., S. 195 f.

39 Paul Mendelssohn-Bartholdy an Karl Mendelssohn Bartholdy, 16. Juni 1869. Ebd., S. 203.

40 Paul Mendelssohn-Bartholdy an Karl Mendelssohn Bartholdy, 24. Juni 1869. Ebd., S. 204.

41 Paul Mendelssohn-Bartholdy an Karl Mendelssohn Bartholdy, 1. April 1870. In: Gantzel-Kress, Karl Mendelssohn Bartholdy, Mendelssohn-Studien 8, S. 221.

42 Paul Mendelssohn-Bartholdy an Karl Mendelssohn Bartholdy, 14. Januar 1871. In: Gilbert, Bankiers, Künstler und Gelehrte, S. 214.

43 Karl Mendelssohn Bartholdy, Goethe und Felix Mendelssohn Bartholdy, S. 3 und 51.

44 Heinrich von Treitschke an Karl Mendelssohn Bartholdy, 26. Dezember 1871. In: Gilbert, Bankiers, Künstler und Gelehrte, S. 309 f.

45 Karl Mendelssohn Bartholdy an Fanny Lewald, 23. August 1872. In: Gantzel-Kress, Karl Mendelssohn Bartholdy, Mendelssohn-Studien 8, S. 224.

46 Karl Mendelssohn Bartholdy an Alexander Freiherr von Bernus, 11. April 1858. In: Gilbert, Bankiers, Künstler und Gelehrte, S. 171.

47 Karl Mendelssohn Bartholdy an Alexander Freiherr von Bernus, 29. Juni 1859. Ebd., S. 179.

48 Karl Mendelssohn Bartholdy, Eulogius Schneider und die Revolution im Elsaß, S. 70.

49 Ebd., S. 65.

50 Karl Mendelssohn Bartholdy, Mirabeau, S. 385.

51 Ebd., S. 391.

52 Ebd., S. 389.

53 Ebd., S. 374.

54 Karl Mendelssohn Bartholdy, Graf Johann Kapodistrias. Berlin 1864.

55 Karl Mendelssohn Bartholdy, Geschichte Griechenlands, S. 58.

56 Ebd., S. 318.

57 Ebd., S. 12.

58 Ebd., S. 57.

59 Ebd., S. 45.

60 Ebd., S. 45 f.

61 Hensel, Die Familie Mendelssohn. Hier wird zitiert aus der 4. Auflage, Berlin 1884, S. VII.

62 Lessing-Mendelssohn-Gedenkbuch, S. 16.

63 Ebd., S. 21.

64 Ebd., S. V.

65 Ebd., S. 80.

66 Ebd., S. 138.

67 Erschienen in Chemnitz ab 1880. Der erste publizistische Beleg für den neuen Begriff findet sich in der *Allgemeinen Zeitung des Judentums* vom 2. September 1879, die Marrs neues Wochenblatt ankündigt. Marr selbst hat den Begriff erst ab 1880 benutzt.

68 Treitschke, Unsere Aussichten, S. 559–576.

69 Hensel, Ein Lebensbild, S. 105 f.
70 Ebd., S. 166.
71 Ebd., S. 268.
72 Ebd., S. 268 f.
73 Ebd., S. 276.
74 Ebd., S. 288 f.
75 Ebd., S. 201.
76 Sebastian Hensel an Rebecka Dirichlet, August 1856. Ebd., S. 205 ff.
77 Ebd., S. 214.
78 Hensel, Ein Lebensbild, S. 77 f.
79 Ebd., S. 235.
80 Ebd., S. 204.
81 Lili du Bois-Reymond: Der richtige Hensel in Worten und Redensarten. Abschrift in Privatbesitz.
82 Hensel, Ein Lebensbild, S. 341 f.
83 Ebd., S. 352 f.
84 Ebd., S. 384.
85 Robert von Schlagintweit über eine Tischgesellschaft bei Humboldts Nichte, der Witwe des Staatsministers von Bülow. In: Reissner, Alexander von Humboldt, Mendelssohn-Studien 2, S. 156.
86 Hensel, Ein Lebensbild, S. 415.
87 Sebastian Hensel an Theodor Mommsen, 27. März 1883. In: Mommsen, Römische Kaisergeschichte, S. 31 f.
88 Theodor Mommsen an Friedrich Leo, 24. März 1886. Ebd., S. 34.
89 Paul Hensel an Christan Hülsen, einen Schüler Mommsens, 8. Dezember 1882. Ebd., S. 32.
90 Hensel, Ein Lebensbild, S. 417.
91 Mommsen, Römische Kaisergeschichte, S. 42.
92 Ebd., S. 45.
93 Carl Witt an Sebastian Hensel, 17. September 1891. In: Hensel, Carl Witt, S. 337.
94 Carl Witt an Sebastian Hensel, 16. September 1890. Ebd., S. 328.
95 Eine kleine Mandel ist die Maßeinheit für fünfzehn, eine große für sechzehn Stück.
96 Joseph Joachim (1831–1907), Schüler Felix Mendelssohn Bartholdys, befreundet mit Mendelssohns der vierten und der fünften Generation.

97 Staatsbibliothek zu Berlin, MA Depos. MG 122.
98 Elvers/Klein, Die Mendelssohns in Berlin, S. 77.
99 Ebd., S. 79.
100 Ebd., S. 78.
101 Ebd., S. 79.
102 Lili du Bois-Reymond, Der richtige Hensel in Worten und Redensarten. Abschrift in Privatbesitz.
103 Paul Hensel an Magnus von Wedderkop, 23. Januar 1890. In: Hensel, Sein Leben in seinen Briefen, S. 62
104 Hensel, Ein Lebensbild, S. 56.
105 Zahlman/Scholz, Scheitern und Biographie, S. 85.
106 Sebastian Hensel an Rebecka Dirichlet, 22. April 1858. In: Hensel, Ein Lebensbild, S. 332.
107 Vorwort zur zweiten Auflage, 1880. In: Hensel, Die Familie Mendelssohn, S. 877.
108 Hensel, Ein Lebensbild, S. 415.
109 Ferdinand Hiller in: Die Gegenwart, Nr. 27, S. 10. In: Hensel, Die Familie Mendelssohn, S. 893.
110 Gilbert, Bankiers, Künstler und Gelehrte, S. IL.
111 Hensel, Die Familie Mendelssohn, S. 892.
112 So argumentiert auch Konrad Feilchenfeldt. Ebd., S. 893.
113 Kaiserin Augusta an Franz Mendelssohn, 21. August 1880. Ebd., S. 225.
114 Staatsbibliothek zu Berlin, Mendelssohn-Archiv, MA Nachl. 6,4–2,1.
115 Franz Mendelssohn an Kaiser Wilhelm I., 5. Dezember 1879. Ebd., 6,4–6,17.
116 Hermann Graf von Pückler an Franz Mendelssohn, undatiert [Dezember 1879]. Ebd., 6,19.
117 Hermann Graf von Pückler an Franz Mendelssohn, 5. April 1880. Ebd., 6,24.
118 Franz von Rottenburg an Franz von Mendelssohn, 7. Mai 1888. In: Gilbert, Bankiers, Künstler und Gelehrte, S. 233.
119 Franz von Mendelssohn an Georg Benjamin Mendelssohn, 6. Februar 1864. Ebd., S. 189.
120 Ebd., S. XLIV.
121 Treue, Das Bankhaus Mendelssohn, Mendelssohn-Studien 1, S.52.
122 Ebd.

123 Franz von Mendelssohn an Georg Benjamin Mendelssohn, 24. Februar 1864. In: Gilbert, Bankiers, Künstler und Gelehrte, S.191.

124 Siebel, Das ehemalige Stadtpalais, Mendelssohn-Studien 13, S.308.

125 Ebd., S. 308 f.

126 Treue, Das Bankhaus Mendelssohn, Mendelssohn-Studien 1, S. 49.

127 Ernst Mendelssohn-Bartholdy, Von New-York nach San Francisco.

128 Ernst Mendelssohn-Bartholdy an seine Familie,18. Juli 1869. Ebd., S. 116.

129 20. Juni 1869. Ebd., S. 55.

130 5. Juli 1869. Ebd., S.113 f.

131 Ebd.

132 28. Juni 1869. Ebd., S. 79.

133 11. Juni 1869. Ebd., S. 17 f.

134 8. Juli 1869. Ebd., S. 85.

135 11. Juni 1869. Ebd., S. 22.

136 Ebd.

137 24. Juni 1869. Ebd., S. 69.

138 Hertz-Eichenrode, »Eure Majestät wolle geruhen, mir den erblichen Adel zu verleihen«, Mendelssohn-Studien 13, S. 250.

139 Ebd., S. 251.

140 Ebd.

141 Ebd., S. 253.

142 Ebd., S. 252.

143 Ebd., S. 253.

144 Ebd., S. 254.

145 Ebd., S. 255.

146 Brief und Empfangsbestätigung für das Adelsdiplom vom 3. März 1896. Ebd., S. 257.

147 Ernst von Mendelssohn-Bartholdy an Kaiser Wilhelm II., 23. Februar 1896. Ebd., S. 256.

148 Treue, Das Bankhaus Mendelssohn, Mendelssohn-Studien 1, S.49.

149 Ernst von Mendelssohn-Bartholdy an Sergej Graf Witte, 18. April 1906. In: Hertz-Eichenrode, »Eure Majestät wolle geruhen, mir den erblichen Adel zu verleihen«, Mendelssohn-Studien 13, S. 238.

150 Elvers, Aus der Geschichte der Felix Mendelssohn-Bartholdy-Stiftung, Mendelssohn-Studien 13, S. 346.

151 Siebel, Das ehemalige Stadtpalais, S. 311.
152 Minister Holle an Adolf von Harnack, 1. Juni 1908. In: Elvers, Schenkungen und Stiftungen der Mendelssohns, S. 106.
153 Adolf von Harnack an Kaiser Wilhelm II., 26. Juni 1908. Ebd., S.107.
154 Faksimile der Satzung in: Elvers/Klein, Die Familie Mendelssohn, S. 254.
155 Franz von Mendelssohn an Arnold Mendelssohn, 26. September 1899. In: Böhme, Komponieren um 1920, S. 210.
156 Telegramm Arnold Mendelssohn an Marie Mendelssohn, 10. Februar 1900. Ebd., S. 88.
157 Arnold Mendelssohn, Gott Welt und Kunst, S. 70.
158 Hermann Hering: Arnold Mendelssohn als Musiker und Mensch.
159 Arnold Mendelssohn, Gott Welt und Kunst, S. 379.
160 Ebd., S. 326.
161 Ebd., S. 93.
162 Ebd.
163 Ebd., S. 359 f.
164 Hering, Arnold Mendelssohn als Musiker und Mensch.
165 Arnold Mendelssohn, Gott Welt und Kunst, S. 362.
166 Werner-Jensen, Arnold Mendelssohn als Liederkomponist, S. 22.
167 Böhme, Komponieren um 1920, S. 56 f.
168 Neue Kriegslieder, S. 3.
169 Arnold Mendelssohn, Gott Welt und Kunst, S. 250.
170 Ebd., S. 22.
171 Wandlung über Nacht, komponiert für eine mittlere Stimme mit Klavierbegleitung von Arnold Mendelssohn. Text von Theodor Storm. Bonn o. J.
172 Arnold Mendelssohn an Friedrich Spitta, undatiert, vermutlich 1891. In: Böhme, Komponieren um 1920, S. 71.
173 Arnold Mendelssohn, Gott Welt und Kunst, S. 185.
174 Böhme, Komponieren um 1920, S. 113 f.
175 Ebd., S. 69.
176 Arnold Mendelssohn, Gott Welt und Kunst, S. 369.
177 Ebd., S. 259.
178 Ebd., S. 315 und 188.
179 Trützschler von Falkenstein, Die Lösung der Judenfrage im Deutschen Reiche, S. 5.
180 Ebd., S. 5 f.

181 Ebd., S. 6.
182 Ebd.
183 Ebd., S. 12.
184 Ebd., S. 9 f.
185 Hobsbawm, Das Zeitalter der Extreme, S. 28.
186 Noska, Ein zu Unrecht Vergessener.
187 Deutscher Schwur, komponiert für gemischten Chor und für Männerchor von Arnold Mendelssohn (September 1914). Text von Rudolf Alexander Schröder. Darmstadt 1914.
188 Deutsches Flottenlied. Preisgekröntes Gedicht von Gottfried Schwab, Melodie von Arnold Mendelssohn. Berlin 1911.
189 Neue Kriegslieder, S. 15.

Sechstes Kapitel
Vermächtnis in der Krise

1 Franz (von) Mendelssohn an Enole (von) Mendelssohn, 2. Juli 1883. In: Gilbert, Bankiers, Künstler und Gelehrte, S. 230.
2 Treue, Das Bankhaus Mendelssohn. In: Mendelssohn-Studien 1, S. 55.
3 Jolles, Im Reich des Geldes, S. 100 f.
4 Vertrag vom 2. März 1830. In: Klein: Die »Societäts-Contracte«, Mendelssohn-Studien 9, S.103.
5 Elvers/Klein, Die Mendelssohns in Berlin, S. 229.
6 Tomek, Das Gutshaus von Mendelssohn-Bartholdys, Mendelssohn-Studien 9, S. 124.
7 Berger, »Unsere Unreife für künstlerische Nationalaufgaben«, S. 248.
8 Eleonora von Mendelssohn an Louise Dumont, 1925. In: Blubacher, Gibt es etwas Schöneres als Sehnsucht?, S. 4 f.
9 Neue Berliner Zeitung vom 10. Februar 1927. In: Blubacher, Denk Dir, ein Wesen zu haben, was man liebt, Mendelssohn-Studien 13, S. 262.
10 Krefelder Zeitung vom 7. Februar 1927. In: Ebd., S. 262.
11 Berliner Börsen-Courier vom 4. November 1929. In: Ebd., S. 267.
12 Berliner Tageblatt vom 18. Februar 1932. In: Ebd., S. 268.
13 Bergner, Bewundert viel und viel gescholten, S. 226 f.
14 »Zwischen den Bildern – Aspekte der Filmmontage«.

15 Werbeprospekt der Süddeutschen Konzertdirektion.
16 Blubacher, Der exzentrische Paradiesvogel.
17 Segantini/Mendelssohn, Eleonora Duse, S. 8.
18 Luigi Priandello: Die Nackten kleiden. Deutsch von Francesco von Mendelssohn. Berlin 1925, S. 173.
19 Berliner Tageblatt vom 19. März 1932. In: Blubacher, Denk Dir, ein Wesen zu haben, was man liebt, Mendelssohn-Studien 13, S. 260.
20 Lepsius/Mendelssohn Bartholdy/Thimme, Die große Politik der europäischen Kabinette.
21 Vagts, Albrecht Mendelssohn Bartholdy, Mendelssohn-Studien 3, S. 211.
22 Gantzel-Kress, Albrecht Mendelssohn Bartholdy, S. 131.
23 Arnswaldt, Albrecht Mendelssohn Bartholdy: Schmetterlinge.
24 Otto von Mendelssohn Bartholdy an Albrecht Mendelssohn Bartholdy, 1. Mai 1907. In: Gantzel-Kress, Noblesse oblige, Mendelssohn-Studien 6, S. 177.
25 Ebd., S. 178.
26 Ebd.
27 Adolph Wach an Albrecht Mendelssohn Bartholdy, 5. Mai 1907. Ebd., S. 176.
28 Albrecht Mendelssohn Bartholdy an Otto von Mendelssohn Bartholdy, Briefentwurf, Mai 1907. Ebd., S. 178.
29 Ebd.
30 Ebd., S. 180.
31 Ebd.
32 Albrecht Mendelssohn Bartholdy, Bürgertugenden in Krieg und Frieden, S. 7f.
33 Gantzel, Kolonialrechtswissenschaft, S. 91.
34 Ebd.
35 Ebd., S. 90.
36 Ebd.
37 Ebd., S. 94.
38 Gantzel-Kress, Das Institut für Auswärtige Politik, S. 917.
39 Vagts, Albrecht Mendelssohn Bartholdy, S. 217.
40 Ebd.
41 Lowenthal, Vor fünfzig Jahren, Mendessohn-Studien 4, S. 253.
42 Rede von Leo Baeck zur Mendelssohn-Gedenkfeier am 9. September 1929. Ebd., S. 254.

43 Ebd., S. 255.
44 Ebd., S. 247.
45 Ebd., S. 249.
46 Ebd., S. 252.
47 Mendelssohn, Selbstzeugnisse, S. 11.
48 Holzboog, Die Geschichte der Jubiläumsausgabe, Mendelssohn-Studien 4, S. 280.
49 Lowenthal, Vor fünfzig Jahren, Mendelssohn-Studien 4, S.272.
50 Ebd.
51 Ziegler, Die Moses Mendelssohn-Stiftung, S. 59.
52 Luther, Vor dem Abgrund, S. 49.
53 Lowenthal-Hensel, Franz von Mendelssohn, Mendelssohn-Studien 6, S. 255.
54 Rede von Rudolf Loeb, Mitinhabers des Bankhauses Mendelssohn & Co. In: Zum Gedächtnis an Franz von Mendelssohn, S.18.
55 In: Treue, Das Bankhaus Mendelssohn, Mendelssohn-Studien 1, S. 61 f.
56 Ebd., S. 62.
57 Ebd., S. 63.
58 Rede auf der 48. Vollversammlung des Deutschen Industrie- und Handelstages 1928, ebd., S. 62.
59 Siehe dazu auch Treue, ebd., S. 62 ff.
60 Rede von Rudolf Loeb, Mitinhabers des Bankhauses Mendelssohn & Co. In: Zum Gedächtnis an Franz von Mendelssohn, S.19.
61 Karl Straube an Arnold Mendelssohn, 13. August 1924. In: Böhme, Komponieren um 1920, S. 131 f.
62 Ebd., S. 117.
63 Hering, Arnold Mendelssohn. Die Grundlagen seines Schaffens, S. 73.
64 Wilhelm Furtwängler an Arnold Mendelssohn, 22. August 1925. In: Böhme, Komponieren um 1920, S. 125 f.
65 Karl Straube an Friedrich Michael, 26. Juli 1947. Ebd., S. 126.
66 Eintragung vom Juni 1929. In: Arnold Mendelssohn, Gott Welt und Kunst, S. 376 f.
67 Ebd., S. 365.
68 Böhme, Form als ästhetische Kategorie, Mendelssohn-Studien 7, S. 339.
69 Eintragung vom 1. Juli 1930. In: Arnold Mendelssohn, Gott Welt und Kunst, S. 238.

70 Ebd., S. 189.
71 Ebd., S. 354.
72 Ebd., S. 316.
73 Ebd.
74 Ebd. S. 206.
75 Ebd., S. 317.
76 Ebd., S. 319.
77 Eintragung vor 1918. Ebd., S. 316.
78 Brief von Breitkopf & Härtel an Arnold Mendelssohn vom 18. Oktober 1932. In: Böhme, Komponieren um 1920, S. 140.
79 Ebd., S. 142.
80 Programm der Trauerfeier für Paul von Mendelssohn-Bartholdy. In: Klein, Miszellen zu Ernst und Paul von Mendelssohn-Bartholdy, Mendelssohn-Studien 11, S. 214.
81 Wachs, Preußische Junker oder ausländische Juden?, Mendelssohn-Studien 9, S. 136.
82 Rechtsanwalt J. von Stein an Pfarrer Wendland vom Pfarramt Börnicke, 24. November 1939. In: Schindler-Saefkow/Engelmann, Börnicker Geschichten, S. 94.
83 Lowenthal-Hensel, Franz von Mendelssohn, S. 262.
84 Ebd., S. 263.
85 Ebd., S. 264.
86 Ebd., S. 18.
87 Rede von Rudolf Loeb, Mitinhabers des Bankhauses Mendelssohn & Co. In: Zum Gedächtnis an Franz von Mendelssohn, S. 13.
88 Stuckart/Globke, Kommentar zur deutschen Rassegesetzgebung, S. 19.
89 In der Liste ist nur von Constantin die Rede. In: Francibi/Heuss/Kreis, Fluchtgut – Raubgut, S. 219.
90 Georg Schmidt an Rudolf Staechlin, 26. August 1940. Ebd., S. 221.
91 Hackelsberger, Charlotte Hensel, Mendelssohn-Studien 13, S. 296.
92 Streckfuß, Jacob Ludwig und Fanny von Adelson, S. 57.
93 Horwitz, Ich bin Mischling 2. Grades, S. 12.
94 Wilkes, Der Streichholzjunge, S. 107f.
95 Schütze-Bergengruen, Unsere Fanny; erscheint voraussichtlich in den Mendelssohn-Studien.
96 Charlotte Bergengruen, Die Ahnfrau. Manuskript in Privatbesitz.
97 Hackelsberger, Werner Bergengruen, Mendelssohn-Studien 5, S. 189.

98 Tilitzki, Die Beurlaubung des Staatsrechtslehrers, Mendelssohn-Studien 12, S. 244.

99 Ebd., S. 257.

100 Ebd.

101 Ebd., S. 253.

102 Ebd., S. 256.

103 Horwitz, Ich bin Mischling 2. Grades, S. 14.

104 Nach Notizen von Hermann Abs, die 1968 aus der Erinnerung vervollständigt wurden. In: Treue, Das Bankhaus Mendelssohn, Mendelssohn-Studien 1, S. 76.

105 Ebd., S. 78 f.

106 Ebd., S. 79.

107 Ebd.

108 Ebd., S. 70.

109 Erich Kluge an den Geheimen Regierungsrat Kohler im Reichswirtschaftsministerium, 30. Juli 1938. In: Köhler, Die »Arisierung« der Privatbanken, S. 249.

110 Schoeps, Das Ende von Mendelssohn & Co, S. 77.

111 Blubacher, Denk Dir, ein Wesen zu haben, was man liebt, Mendelssohn-Studien 13, S. 269.

112 Ebd., S. 272.

113 Blubacher, Radio-Feature.

114 Eleonora von Mendelssohn an Rudolf Forster, vermutlich von 1937. In: Blubacher, Denk Dir, ein Wesen zu haben, was man liebt, Mendelssohn-Studien 13, S. 275.

115 Ebd., S. 277 f.

116 Ebd., S. 278.

117 Blubacher, Gibt es etwas Schöneres als Sehnsucht? Programmheft.

118 Francesco von Mendelssohn an Eleonora von Mendelssohn, undatiert. In: Blubacher, Denk Dir, ein Wesen zu haben, was man liebt, Mendelssohn-Studien 13, S. 279.

119 Francesco von Mendelssohn an Veit Harlan, 3. Mai 1949. Ebd., S. 281. Das an Christoph Bernoulli in Zürich gesandte Schreiben ist wohl nicht weitergeleitet worden.

120 Ebd., S. 282.

121 Blubacher, Radio-Feature.

122 Blubacher, Gibt es etwas Schöneres als Sehnsucht? S. 37.

123 Ebd.

124 Vagts, Albrecht Mendelssohn Bartholdy, S. 222.

125 Vagts, Erinnerungen an Hamburg. In: Gantzel, Kolonialrechtswissenschaft, S. 110.

126 Albrecht Mendelssohn Bartholdy an Hubertus Prinz zu Löwenstein. In: Gantzel-Kress, Das Institut für Auswärtige Politik, S. 917.

127 Ebd., S. 933.

128 Ebd., S. 922 f.

129 Ebd., S. 279.

130 Albrecht Mendelssohn Bartholdy, The War and German Society, S. 123.

131 Ebd., S. 285.

132 Ebd., S. 282.

133 Ebd., S. 283.

134 Vagts, Albrecht Mendelssohn Bartholdy, S. 224.

135 Gantzel-Kress, Noblesse oblige, S. 180.

136 Albrecht Mendelssohn Bartholdy, Felix Mendelssohn Bartholdy, S. 1 f.

137 Albrecht Mendelssohn Bartholdy, Bürgertugenden in Krieg und Frieden, S. 96.

138 Ebd.

139 Ebd., S. 96 f.

140 Ebd., S. 97.

141 Ebd., S. 99.

142 Albrecht Mendelssohn Bartholdy, Felix Mendelssohn Bartholdy, S. 2.

Literaturverzeichnis

Quellen

Abschriften von Familienbriefen in Privatbesitz. – Durch den Historiker Richard Wolff wurden in den 1930er Jahren Briefe aus der Familie Mendelssohn, die sich im Besitz Kurt Hensels in Marburg befanden, kopiert. Diese Abschriften von Briefen Lea Mendelssohn (Bartholdys), Henriette (Maria) Mendelssohns und Jacob Ludwig Salomon Bartholdys kursieren in der Familie. Eine Edition der Briefe Henriette (Maria) Mendelssohns an ihre Schwägerin Lea ist für die Mendelssohn-Studien, Band 14, angekündigt, die im Herbst 2005 erscheinen sollen.

Biblioteka Jagiellonska in Krakau, Berol. Varnhagen Sammlung, 121.

du Bois-Reymond, Lili (geb. Hensel): Der richtige Hensel in Worten und Redensarten (1890). Abschrift (1897) in Privatbesitz.

Grüne Bücher: Oxford, Bodleian Library.

GStA, I. HA Rep 109 Seehandlung (Preuß. Staatsbank) Anh II 3 Bd. I.

Hintze, Otto/Schmoller, Gustav (Hrsg.): Acta Borussica. Die Preußische Seidenindustrie im 18. Jahrhundert und ihre Begründung durch Friedrich den Großen. Bd. 1 und 2. Berlin 1892, Nachdruck Frankfurt am Main 1986/87.

Klein, Hans-Günter/Elvers, Rudolf (Hrsg.): Fanny Hensel, Tagebücher. Wiesbaden, Leipzig, Paris 2002.

Landesarchiv Berlin: Bürgerbriefprotokoll vom 8. Januar 1805, A Rep. 002: Bürgerprotokollbücher, Film Nr. 12, 1805, S. 4. e.

Mendelssohn, Moses: Geschäftsjournal. In: Staatsbibliothek zu Berlin, MA Nachl. 5 B1.

New York Public Library, Mendelssohn Family Corespondence, Volume 1.

Schnee- und Thee-Zeitung (des Freundeskreises im Hause Mendelssohn Bartholdy), Stiftung Preußischer Kulturbesitz, Staatsbibliothek zu Berlin, Mendelssohn-Archiv, MA Ms. 63.

Staatsbibliothek zu Berlin, Handschriftenabteilung, Nachlaß Arnstein-Pereira.

Staatsbibliothek zu Berlin, Mendelssohn-Archiv, Nachlaß 6 und 9.

Werbeprospekt der Süddeutschen Konzertdirektion, Otto Bauer, München. In: Staatsbibliothek zu Berlin, Mendelssohn-Archiv, MA Depos., MG Nachlaß 5, Mappe 2.

Zentrales Grundbucharchiv Berlin 422, Bd.1, Bl. 5–9.

Die Familie Mendelssohn

Briefausgaben

Briefe von Dorothea Schlegel an Friedrich Schleiermacher (Mitteilungen aus dem Litteraturarchive in Berlin). Berlin 1913.

Citron, Marcia J. (Hrsg.): The Letters of Fanny Hensel to Felix Mendelssohn. New York 1987.

Ein Brief Abraham Mendelssohns an Zelter über Goethe. Mitgeteilt von Anton Kippenberg. In: Jahrbuch der Sammlung Kippenberg, 4. Jg. 1924, S. 72–91.

Elvers, Rudolf (Hrsg.): Felix Mendelssohn Bartholdy. Briefe. Frankfurt am Main 1984.

Finke, Heinrich (Hrsg.): Der Briefwechsel Friedrich und Dorothea Schlegels 1818–1820 während Dorotheas Aufenthalt in Rom. München 1923.

Gilbert, Felix: Bankiers, Künstler und Gelehrte. Unveröffentlichte Briefe der Familie Mendelssohn aus dem 19. Jahrhundert. Tübingen 1975.

Hecker, Max (Hrsg.): Briefwechsel zwischen Goethe und Zelter. Bd. 1–3. Frankfurt am Main 1987.

Heine-Reliquien. Neue Briefe und Aufsätze Heinrich Heines. Hrsg. von Maximilian Freiherrn v. Heine-Geldern und Gustav Karpeles. Berlin 1911.

Heinrici, Karl Friedrich Georg: Briefe von Henriette Herz an August Twesten. In: Zeitschrift für Bücherfreunde. Monatshefte für Bibliophilie u. verwandte Interessen. Organ d. Gesellschaft d. Bibliophilen, d. Deutschen Buchgewerbekünstler u. d. Wiener Bibliophilen-Gesellschaft. Leipzig, NS 5,2, 1914.

Helmig, Martina/Maurer, Annette (Hrsg.): Fanny Mendelssohn Bartholdy und Wilhelm Hensel: Briefe aus der Verlobungszeit. In: Helmig, Martina (Hrsg.): Fanny Hensel, geb. Mendelssohn Bartholdy. Das Werk. München 1997, S. 139–163.

Hensel, Fanny: Briefe aus Venedig und Neapel an ihre Familie in Berlin 1839/40. Hrsg. von Hans-Günter Klein. Wiesbaden 2004.

Hensel, Paul: Sein Leben in seinen Briefen. Wolfenbüttel, Hannover 1937.

Hübner, Rudolf (Hrsg.): Johann Gustav Droysen. Briefwechsel 1829 bis 1884. Bd. 1. Stuttgart, Berlin, Leipzig 1929.

Klein, Hans-Günter (Hrsg.): »... die glücklichsten Momente meines Lebens«. Der 22jährige Abraham Mendelssohn schreibt an Karl Friedrich Zelter. In: Bunte Blätter. Klaus Mecklenburg zum 23. Februar 2000, gesammelt von Rudolf Elvers & Alain Moirandet. Basel 2000, S. 124–137.

Ders. (Hrsg.): »Die Liebe gleicht alles aus«. Briefe der Zuneigung, Fürsorge und Trauer aus der Familie Mendelssohn. Berlin 2004.

Klingemann, Karl (Hrsg.): Felix Mendelssohn Bartholdys Briefwechsel mit Legationsrat Karl Klingemann in London. Essen 1909.

Körner, Josef (Hrsg.): Briefe von und an Friedrich und Dorothea Schlegel. Berlin 1926.

Ders. (Hrsg.): Krisenjahre der Frühromantik. Briefe aus dem Schlegelkreis. Bd. 1–3. 2. Aufl., Bern, München 1969.

Lassalle: Arnold Mendelssohn und Joseph Mendelssohn. Ein Briefwechsel. Hrsg. von Alex Bein. In: Jahrbuch für jüdische Geschichte und Literatur 29 (1931), S. 56–98.

Lassalle, Ferdinand: Nachgelassene Schriften und Briefe. Hrsg. von Gustav Mayer. Bd. 1 (1921), Bd. 2 (1923), Bd. 4 (1924).

Mendelssohn, Moses: Brautbriefe. Berlin 1936.

Ders.: Briefwechsel der letzten Lebensjahre. Stuttgart–Bad Cannstatt 1979.

Mendelssohn Bartholdy, Paul und Carl (Hrsg.): Briefe aus den Jahren 1833 bis 1847 von Felix Mendelssohn Bartholdy. Leipzig 1863

Raich, Dr. J. M. (Hrsg.): Dorothea v. Schlegel geb. Mendelssohn und deren Söhne Johannes und Philipp Veit. Briefwechsel. Bd. 1 und 2. Mainz 1881.

Sydow, Anna von (Hrsg.): Wilhelm und Caroline von Humboldt in ihren Briefen. Bd. 5, 1815–1817. Berlin 1912.

Unger, Rudolf (Hrsg.): Briefe von Dorothea und Friedrich Schlegel an die Familie Paulus. Berlin 1913.

Wieneke, Ernst (Hrsg.): Caroline und Dorothea Schlegel in Briefen. Weimar 1914.

Werke

Arnswaldt, Carl von: Albrecht Mendelssohn Bartholdy: Schmetterlinge. Gedichte, Göttingen 1896.

Deutsches Flottenlied. Preisgekröntes Gedicht von Gottfried Schwab, Melodie von Arnold Mendelssohn. Berlin 1911.

EMI-CD-Booklet »Die beiden Pädagogen«, Aufnahme von 1978 mit dem Münchner Rundfunkorchester und dem Chor des Bayerischen Rundfunks unter Heinz Wallberg.

Hensel, Fanny: »Die Hochzeit kommt«. Festspiel (1829), Klavierauszug. Hensel, Wilhelm (Text). Kassel 1997.

Hensel, Sebastian: Die Familie Mendelssohn. Frankfurt am Main, Leipzig 1995 (1. Aufl. erschien 1879).

Ders.: Zugvögel. Ein Märchen. Staatsbibliothek zu Berlin, MA Depos., MG 122

Das Lied von den Schuften. Text und Melodie von Arnold Mendelssohn. In: Jeder Stoß ein Franzos! Neue Kriegslieder. Jena 1914.

Mendelssohn, Albrecht: 1820 Erinnerung an den Großvater. Sonderabdruck aus: Der Neue Merkur, Jg. 1920/21, Heft 7, München 1920, S. 417–429

Mendelssohn, Arnold: Der Tausch der Arbeit. In: Spartacus, Nr. 17, Beilage der Neuen Bonner Zeitung vom 30. April 1849.

Ders.: Die Tauschbank. In: Spartacus, Nr. 23, Beilage der Neuen Bonner Zeitung vom 18. Juni 1849.

Ders.: Die Tauschbank (Schluß). In: Spartacus, Nr. 24, Beilage der Neuen Bonner Zeitung vom 25. Juni 1849.

Ders.: Zuerst Republik, oder zuvor Socialismus? In: Spartacus, Nr. 10, Beilage der Neuen Bonner Zeitung vom 12. März 1849.

Ders.: Zuerst Republik, oder zuvor Socialismus? (Schluß). In: Spartacus, Nr. 11, Beilage der Neuen Bonner Zeitung vom 19. März 1849.

Mendelssohn, Arnold: Gott Welt und Kunst. Aufzeichnungen. Hrsg. von Wilhelm Ewald. Wiesbaden 1949.

Mendelssohn, Georg Benjamin (Hrsg.): Das germanische Europa. Zur geschichtlichen Erdkunde. Berlin 1835.

Ders. (Hrsg.): Moses Mendelssohn's gesammelte Schriften. Bd. 1. Leipzig 1843.

Mendelssohn, Joseph: Bericht über Rossetti's Ideen zu einer neuen Erläuterung des Dante und der Dichter seiner Zeit. Berlin 1840.

Ders.: Ueber Zettelbanken: mit besondrer Hinsicht auf eine Preussische Landesbank. Nebst Auszügen aus den Statuten und Reglements der österreichischen, bayerischen, französischen und englischen Bank. Berlin 1846.

Mendelssohn, Moses: Gesammelte Schriften. Jubiläumsausgabe (JubA). Bd. 1–24. Stuttgart, Bad Cannstatt 1972–1998.

Ders.: Sämmtliche Werke. Ausgabe in einem Bande als National-Denkmal. Wien 1838.

Ders.: Selbstzeugnisse. Ein Plädoyer für Gewissensfreiheit und Toleranz. Tübingen, Basel 1979.

Mendelssohn-Bartholdy, Ernst: Von New-York nach San Francisco. Flüchtige Reiseskizzen. Berlin 1869.

Mendelssohn Bartholdy, Albrecht: Bürgertugenden in Krieg und Frieden. Tübingen 1917.

Ders.: Felix Mendelssohn Bartholdy. Beiträge zur Geschichte seines Lebens und seiner Familie. In: Frankfurter Zeitung vom 31. Januar 1909, Nr. 31, Vierte Morgenausgabe (Literaturblatt), S. 1 f.

Ders.: The War and German Society. The Testament of a Liberal. New Haven 1937.

Mendelssohn Bartholdy, Karl: Eulogius Schneider und die Revolution im Elsaß. In: Preußische Jahrbücher, Bd. 28, Berlin 1871.

Ders.: Geschichte Griechenlands. Von der Eroberung Konstantinopels durch die Türken im Jahre 1453 bis auf unsere Tage. Bd. 1: Von der Eroberung Konstantinopels durch die Türken bis zur Schlacht bei Navarin. Leipzig 1870.

Ders.: Goethe und Felix Mendelssohn Bartholdy. Leipzig 1871.

Ders.: Graf Johann Kapodistrias. Berlin 1864.

Ders.: Mirabeau. In: Preußische Jahrbücher, Bd. 31, Berlin 1873.

Schlegel, Dorothea: Florentin. Stuttgart 1993.

Segantini, Bianca/Mendelssohn, Francesco von (Hrsg.): Eleonora Duse. Berlin 1926.

Literatur über die Familie Mendelssohn

Achterberg, Erich/Müller-Jabusch, Maximilian: Lebensbilder deutscher Bankiers aus fünf Jahrhunderten. 2. ergänzte Aufl. Frankfurt am Main 1964.

Alexander, Boyd: Felix Mendelssohn and the Alexanders. In: Mendelssohn-Studien 1, 1972, S. 81–105.

Ders.: Felix Mendelssohn Bartholdy and Young Women. In: Mendelssohn-Studien 2, 1975, S. 71–102.

Ders.: Some Unpublished Letters of Abraham Mendelssohn and Fanny Hensel. In: Mendelsohn-Studien 3, 1979, S. 9–50.

Altmann, Alexander: Moses Mendelssohn. A Biographical Study. London 1973.

Ders.: Moses Mendelssohns Kindheit in Dessau. In: Bulletin des Leo-Baeck-Instituts, Nr. 40, Tel Aviv 1967, S. 237–275.

Bartholdy, Jacob Ludwig Salomon: Der Krieg der Tyroler Landsleute im Jahre 1809, Berlin 1814.

Behm, Britta L.: Moses Mendelssohn und die Transformation der jüdischen Erziehung in Berlin; eine bildungsgeschichtliche Analyse zur jüdischen Aufklärung im 18. Jahrhundert. Münster 2002.

Bergengruen, Charlotte: Die Ahnfrau. Manuskript in Privatbesitz.

Berwin, Beate: Moses Mendelssohn im Urteil seiner Zeitgenossen. Berlin 1919.

Blubacher, Thomas: »Denk Dir, ein Wesen zu haben, was man liebt …« Die Geschwister Eleonora und Francesco von Mendelssohn. In: Mendelssohn-Studien 13, 2003 S. 259–289.

Ders.: Der exzentrische Paradiesvogel. In: Aufbau. Deutsch-Jüdische Zeitung, Nr. 18 vom 30. August 2001.

Ders.: Gibt es etwas Schöneres als Sehnsucht? Die Geschwister Eleonora und Francesco von Mendelssohn. Eine Recherche. Veranstaltung am Berliner Ensemble mit den 18. Jüdischen Kulturtagen 2004.

Ders.: Gibt es etwas Schöneres als Sehnsucht? Radio-Feature über Eleonora und Francesco von Mendelssohn. Produktion des Schweizer Radio DRS 2001.

Böhme, Jürgen: Form als ästhetische Kategorie. In: Mendelssohn-Studien 7, 1990, S. 329–342.

Ders.: Komponieren um 1920 im Spannungsfeld zwischen Tradition und Moderne, dargestellt am Beispiel der Klavier- und Kammermusik Arnold Mendelssohns. Bonn 1986.

Bourel, Dominique: Bendavids Trinkspruch auf Moses Mendelssohn, Berlin 1829 (übersetzt von Michael S. Cullen). In: Mendelssohn-Studien 6, 1986, S. 41–47.

Cullen, Michael: Leipziger Straße Drei – Eine Baubiographie. In: Mendelssohn-Studien 5, 1982, S. 9–77.

Devrient, Eduard: Dramatische und Dramaturgische Schriften. Bd. 10: Erinnerungen an F. Mendelssohn-Bartholdy. Leipzig 1869.

Elvers, Rudolf/Klein, Hans-Günter: Die Mendelssohns in Berlin. Eine Familie und ihre Stadt. Ausstellung des Mendelssohn-Archivs der Staatsbibliothek Berlin in Bonn 1983, Düsseldorf 1983/84, Berlin 1984. Katalog Berlin 1983.

Elvers, Rudolf: Aus der Geschichte der Felix-Mendelssohn-Bartholdy-Stiftung in Berlin. In: Mendelssohn-Studien 13, 2003, S. 71–80.

Ders.: Durchgerutscht. In: Mendelssohn-Studien 11, 1999, S. 131–143.

Ders.: Schenkungen und Stiftungen der Mendelssohns. In: Elvers/Klein, Die Mendelssohns in Berlin, S. 94–109.

Ders.: Unbekannte Aufführungsdaten einiger Werke Mendelssohns. In: Mendelssohn-Studien 13, 2003, S. 71–80.

Engel-Holland, Eva J.: »Serendipity«: Auf der Suche nach Moses Mendelssohn. In: Mendelsohn-Studien 8, 1993, S. 11–22.

Dies.: Die Bedeutung Moses Mendelssohns für die Literatur des 18. Jahrhunderts. In: Mendelssohn-Studien 4, 1979, S. 111–159.

Dies.: Friedrich Nicolai an Johann Peter Uz: Ein frühes Zeugnis zu Moses Mendelssohns »Lehrjahren«. In: Mendelssohn-Studien 6, 1986, S. 25–40.

Elvers Rudolf: Über das »Berlinische Zwitterwesen«. Felix Mendelssohn Bartholdy in Briefen über Berlin. In: Preußen Dein Spree-Athen. Hrsg. von Hellmut Kühn. Katalog der Ausstellung »PREUSSEN – Versuch einer Bilanz«. Bd. 4, Hamburg 1981, S. 173–188.

Feilchenfeldt, Konrad: Karl August Varnhagen von Ense: Sieben Briefe an Rebecka Dirichlet. Mendelssohn-Studien 3, 1979, S. 51–79

Ders./Kinskofer, Lieselotte: Rebecka Dirichlet: Briefe – Aus der Varnhagen von Enseschen Sammlung. In: Mendelssohn-Studien 6, 1986, S. 121–150.

Forester, Vera: Lessing und Moses Mendelssohn. Geschichte einer Freundschaft. Hamburg 2001.

Francibi, Esther Tisa/Heuss, Anja/Kreis, Georg: Fluchtgut – Raubgut. Der Transfer von Kulturgütern in und über die Schweiz 1933 bis 1945 und die Frage der Restitution. Zürich 2001.

Friedländer, David: Lesebuch für Jüdische Kinder mit Beiträgen Moses Mendelssohns. Wieder aufgefunden und mit einer Einleitung versehen von Moses Stern. Berlin 1927.

Gantzel-Kress, Gisela: Albrecht Mendelssohn Bartholdy. Ein Bürgerhumanist und Vesöhnungsdiplomat im Aufbruch der Diplomatie in Deutschland. In: Zeitschrift des Vereins für Hamburgische Geschichte, Bd. 71, 1985, 127–143.

Dies.: Das Institut für Auswärtige Politik im Übergang von der Weimarer Republik zum Nationalsozialismus (1933 bis 1937). In: Eckart Krause/Ludwig Huber/Holger Fischer (Hrsg.): Hochschulalltag im »Dritten Reich«, Teil II. Berlin, Hamburg 1991.

Dies.: Karl Mendelssohn Bartholdy 1838–1897. In: Mendelssohn-Studien 8, 1993, S. 197–225.

Dies.: Noblesse oblige. Ein Beitrag zur Nobilitierung der Mendelssohns. In: Mendelssohn-Studien 6, 1986, S. 168–181.

Gemeindeblatt der Jüdischen Gemeinde zu Berlin, Nr. 9, Festnummer aus Anlaß der 200. Wiederkehr des Geburtstages von Moses Mendelssohn.

Gerhard, Anselm (Hrsg.): Musik und Ästhetik im Berlin Moses Mendelssohns. Tübingen 1999.

Giesau, Peter: Das Palais Mendelssohn Bartholdy in Berlin und die Entwürfe Carl Theodor Ottmers zum Umbau aus dem Jahr 1825. In: Mendelssohn-Studien 12, 2001, S. 55–66.

Gilbert, Felix: Georg Benjamin Mendelssohn und Karl Mendelssohn Bartholdy. Zwei Professoren aus dem Neunzehnten Jahrhundert. In: Mendelssohn-Studien 2, 1975, S. 183–201.

Gilberts Annalen der Physik, 1806, St. 7

Goch, Marianne: Im Aufbruch. Biographien deutscher Jüdinnen. Frankfurt am Main, Leipzig 2000.

Hackelsberger, Luise: Charlotte Hensel und »Ein Jüngling, der sich Dichter nannte …« In: Mendelssohn-Studien 13, 2003, S. 291 bis 297.

Dies.: Werner Bergengruen. Zum neunzigsten Geburtstag des Dichters. In: Mendelsohn-Studien 5, 181, S. 181–191.

Haimberger, Hans von: Die Rolle der Illusion in der Kunst nach Moses Mendelssohn. In: Mendelssohn-Studien 2, 1975, S. 31–49.

Hellwig-Unruh, Renate: »Ein Dilettant ist schon ein schreckliches Geschöpf, ein weiblicher Autor ein noch schrecklicheres …« In: Mendelssohn-Studien 10, 1997, S. 215–225.

Hensel, Sebastian: Carl Witt, ein Lehrer und Freund der Jugend. Berlin 1894.

Ders.: Ein Lebensbild aus Deutschlands Lehrjahren. Berlin 1903.

Hering, Hermann: Arnold Mendelssohn. Die Grundlagen seines Schaffens und seiner Werke. Regensburg 1930.

Ders.: Arnold Mendelssohn als Musiker und Mensch. In: Gießener Familienblätter. Unterhaltungsbeilage zum Gießener Anzeiger. Nr. 18 vom 3. März 1933

Hertz-Eichenrode, Dieter: »Eure Majestät wolle geruhen, mir den erblichen Adel zu verleihen.« Zur Nobilitierung Ernst Mendelssohn-Bartholdys (1895/96). In: Mendelssohn-Studien 13, 2003, S. 227–257.

Herzfeld, Erika: Juden in Brandenburg und Preußen. Berlin 2001.

Hinkelmann, Edeltraut: Vom Gasteer zu schillernden Farben. Zur Geschichte eines chemischen Unternehmens. Berlinische Monatsschrift, 7/1999, S. 26–33.

Holzboog, Günther: Zur Geschichte der Jubiläumsausgabe von Moses Mendelssohns Gesammelten Schriften. In: Mendelsohn-Studien 4, 1979, S. 277–292.

Horwitz, Christoph: Ich bin Mischling 2. Grades. In: Erneuerung und Abwehr. Monatsblatt, Jg. 37, Nr. 6, Juni 2002, Augustdorf. S. 12–14.

Huber, Annegret: In welcher Form soll man Fanny Hensels »Choleramusik« aufführen? In: Mendelssohn-Studien 10, 1997, S. 227–245.

Jacobson, Jacob: Mendelssohn Bartholdy. Leo Beack Year Book 7, 1962.

Jones, Peter Ward: Felix Mendelssohn Bartholdys Tod: Der Bericht seiner Frau. In: Mendelssohn-Studien 12, 2001, S. 205–225.

Kaus, R. Jeremy: Nathan der Weisere. In: Mendelssohn-Studien 9, 1995, S. 9–51.

Kayserling, Meyer: Moses Mendelssohn. Leipzig 1862.

Kellenberger, Edgar: Felix Mendelssohn als Librettist eines Moses-Oratoriums. Erstedition mit Kommentar. In: Musik und Kirche 3/1993, Kassel, S. 126–139.

Kessel, Martina: Ein Lebenslauf in absteigender Linie? In: Zahlmann, Stefan/Scholz, Sylka (Hrsg.): Scheitern und Biographie. Die andere Seite moderner Lebensgeschichten. Gießen 2005, S. 71–87.

Kirchhof, Paul: Albert Hensel – Ein Forscher der rechtsstaatlichen Steuerlehre. In: Mendelssohn-Studien 5, 1982, S. 171–180.

Klein, Hans-Günter: »... dieses allerliebste Buch« – Fanny Hensels Noten-Album. In: Mendelsohn-Studien 8, 1993, S. 144–157.

Ders.: Abraham Mendelssohn Bartholdy in England: Die Briefe aus London im Sommer 1833 nach Berlin. In: Mendelssohn-Studien 12, 2001, S. 67–127.

Ders.: Aus dem Briefwechsel Benjamin Mendelssohns mit seinen Eltern 1811–1818. In: Mendelsohn-Studien 7, 1990, S. 107–122.

Ders.: Das verborgene Band. Felix Mendelssohn Bartholdy und seine Schwester Fanny Hensel. Ausstellung der Musikabteilung der Staatsbibliothek zu Berlin. 15. Mai bis 12. Juli 1997. Katalog Wiesbaden 1997. Staatsbibliothek zu Berlin, Preußischer Kulturbesitz, Ausstellungskataloge, Neue Folge 22.

Ders.: Die »Societäts-Contracte« der Mendelssohn-Bank 1806–1876. In: Mendelssohn-Studien 9, 1995, S. 89–118.

Ders.: Die Familie Mendelssohn. Stammbaum von Moses Mendelssohn bis zur siebenten Generation. Berlin 2004.

Ders.: Die Mendelssohns in Italien. Ausstellung des Mendelssohn-Archivs der Staatsbibliothek Berlin. 6. Dezember 2002 bis 18. Januar 2003. Katalog Berlin 2002.

Ders.: Joseph Mendelssohn. In: Elvers/Klein, Die Mendelssohns in Berlin, S. 20–30.

Ders.: Miszellen zu Ernst und Paul von Mendelssohn-Bartholdy. In: Mendelssohn-Studien 11, 1999, S. 207–215.

Ders.: »Wir erleben einige Freude an diesem jungen Mann«. Die Briefe von Abraham Mendelssohn Bartholdy vom Niederrheinischen Musikfest 1833 nach Berlin. Mendelssohn-Studien 11, 1999, S. 49–75.

Kleßmann, Eckart: Die Mendelssohns. Bilder aus einer deutschen Familie. Zürich, München 1990.

Kliem, Manfred: Die Berliner Mendelssohn-Adresse Neue Promenade 7. In: Mendelssohn-Studien 7, 1990, S. 123–140.

Knobloch, Heinz: Herr Moses in Berlin. Auf den Spuren eines Menschenfreundes. 6. Aufl., Berlin 1993.

Köhler, Ingo: Die »Arisierung« der Privatbanken im Dritten Reich. Verdrängung, Ausschaltung und die Frage der Wiedergutmachung. München 2005.

Krochmalnik, Daniel: Das Andachtshaus der Vernunft. In: Mendelssohn-Studien 11, 1999, S. 21–47.

Kube, Michael: Paul Hindemith als Schüler Arnold Mendelssohns. In: Mendelssohn-Studien 11, 1999, S. 157–175.

Kühn, Helga-Maria: »In diesem ruhigen Kleinleben geht so schrecklich viel vor«. Rebecka Lejeune Dirichlet, geb. Mendelssohn Bartholdy, in Göttingen 1855–1858. In: Mendelsohn-Studien 11, 1999, S. 145–156.

Lambour, Christian: Fanny Hensel – Die Pianistin. In: Mendelssohn-Studien 12, 2001, S. 227–242

Ders.: Quellen zur Biographie von Fanny Hensel, geb. Mendelssohn Bartholdy. I. Briefe an die Nichte. Henriette Mendelssohn und Jacob Salomon Bartholdy. In: Mendelssohn-Studien 6, 1986, S. 49–100.

Ders.: Quellen zur Biographie von Fanny Hensel, geb. Mendelssohn-Bartholdy. III. Ein Schweizer Reisebrief aus dem Jahre 1822 von Lea und Fanny Mendelssohn Bartholdy an Henriette Mendelssohn, geb. Meyer. In: Mendelssohn-Studien 7, 1990, S. 171–178.

Lausch, Hans, »Der Mathematiker schwimmt in Wollust«. – Mathematik bei Moses Mendelssohn – Mathematiker im Familienstammbaum. In: Mendelssohn-Studien 7, 1990, S. 77–106.

Lepsius, Johannes/Mendelssohn Bartholdy, Albrecht/Thimme, Friedrich: Die große Politik der europäischen Kabinette, 1871–1914. Sammlung der diplomatischen Akten des Auswärtigen Amtes. 40 Bände, Berlin 1922–1927.

Lessing-Mendelssohn-Gedenkbuch. Zur hundertfünfzigjährigen Geburtstagsfeier von Gotthold Ephraim Lessing und Moses Mendelssohn, sowie zur Säcularfeier von Lessing's »Nathan«. Hrsg. vom Deutsch-Israelitischen Gemeindebunde. Leipzig 1879.

Lohmann, Ingrid: Über die Anfänge der bürgerlichen Gesprächskultur – Moses Mendelssohn (1729–1786) und die Berliner Aufklärung. In: Pädagogische Rundschau 46, 1992, 1, S. 35–49.

Löschburg, Winfried: Der Philhellenismus – »die Religion der Jugend und des Alters«. In: Mendelssohn-Studien 8, 1993, S. 227–235.

Löwenberg, Julius: Ein fast vergessener Sohn Moses Mendelssohn's. In: Vossische Zeitung, Sonntagsbeilage, Nr. 469 (7. Oktober 1883), S. 1f.

Lowenthal, Ernst G.: Moses in Berlin. Mitteilungen 4/1979.

Ders.: Vor fünfzig Jahren – Das erste große Mendelssohn-Gedenken. Versuch eines Rückblicks. In: Mendelssohn-Studien 4, 1979, S. 235–275.

Lowenthal-Hensel, Cécile: »Diese Schreibart erkläre ich hiermit für unrichtig« – Dreimal Mendelssohn im Militärkirchenbuch von Neisse. In: Mendelssohn-Studien 5, 1982, S. 141–146.

Dies.: Berlin in der Satteltasche. Briefe an Paul Mendelssohn Bartholdy 1870. In: Mendelsohn-Studien 1, 1972, S. 107–157.

Dies.: Franz von Mendelssohn – Zum 50. Todestag am 13. Juni 1985. In: Mendelssohn-Studien 6, 1986, Seite 251–265.

Dies.: Mit Orgelton und Bim. Hochzeit im Hause Mendelssohn. Berlinische Monatsschrift, 10/1999, S. 4–11.

Dies.: Neues zur Leipziger Straße Drei. In: Mendelssohn-Studien 7, 1990, S. 141–151.

Dies.: Wilhelm Hensel in England: In: Mendelssohn-Studien 2, 1975, S. 203–213.

Dies.: Wilhelm Hensels »Lebenslauf« von 1829. In: Mendelssohn-Studien 3, 1979, S. 175–179.

Lütteken, Laurenz: Zwischen Ohr und Verstand: Moses Mendelssohn, Johann Philipp Kirnberger und die Begründung des »reinen Satzes« in der Musik. In: Gerhard, Musik und Ästhetik, S. 135–163.

Marx, Adolph Bernhard: Erinnerungen, Bd. 1 und Bd. 2, Berlin 1865.

Marx, Therese: Adolf Bernhard Marx' Verhältniß zu Felix Mendelssohn-Bartholdy in Bezug auf Eduard Devrient's Darstellung berichtigt von Therese Marx. Leipzig 1869.

Mendelssohn, Gabriele: Der letzte erhaltene Ring der Stiftung von 1791. In: Mendelssohn-Studien 8, 1993, S. 43–58.

Mendelssohn-Studien. Beiträge zur neueren deutschen Kultur- und Wirtschaftsgeschichte. Hrsg. für die Mendelssohn-Gesellschaft von Cécile Lowenthal-Hensel, Rudolf Elvers, Hans-Günter Klein. Bd. 1–13, Berlin 1972–2003.

Meyer, Hermann M. Zadok: Die Vorfahren von Moses und Fromet Mendelssohn. Jerusalem 1967.

Ders.: Moses Mendelssohn. Eine Sammlung seiner Werke in Gesamt- und Einzelausgaben, der Schriften seiner Schüler, Anhänger und Gegner, sowie der Literatur über ihn. Handschriften und Druckwerke, Bildnisse und Münzen. Jerusalem 1959.

Moscheles, Ignaz: Aus Moscheles Leben. Nach Briefen und Tagebüchern hrsg. von seiner Frau, Leipzig 1872.

Nieding, Elke von: Die unbekannte Tochter. In: Mendelssohn-Studien 13, 2003, S. 221–225.

Noska, Egon: Ein zu Unrecht Vergessener. In: Allgemeine Zeitung des Judentums, 78. Jg., Nr. 24 vom 12. Juni 1914, S. 282 ff.

Nowack, Natalie: »Martens Mühle soll leben«. In Mendelssohn-Studien 10, 1997, S. 247 ff.

Panwitz, Sebastian: Zur Besitzgeschichte der Mendelssohn-Häuser in der Jägerstraße 49–53. In: Mendelssohn-Studien 13, 2003, S. 299–303.

Priandello, Luigi: Die Nackten kleiden. Deutsch von Francesco von Mendelssohn. Berlin 1925.

Rabien, Ilse: Arnold und Wilhelm Mendelssohn – Zur Biographie zweier bemerkenswerter Brüder. In: Mendelssohn-Studien 7, 1990, S. 295–328.

Dies.: Die Mendelssohns in Bad Reinerz. In: Mendelsohn-Studien 7, 1990, S. 153–170.

Dies.: Dr. med. Arnold Mendelssohn und seine »Levantinischen Briefe«. In: Mendelsohn-Studien 13, 2003, S. 177–219.

Dies.: Nathan Mendelssohn als preußischer Offizier im Befreiungskrieg 1813. In: Mendelsohn-Studien 8, 1993, S. 59–84.

Rasch, Manfred: Die Bedeutung des Bankhauses Mendelssohn & Co. für die Industrialisierung Estlands. In: Mendelssohn-Studien 6, 1986, S. 183–227.

Reissner, Hanns G.: Alexander von Humboldt im Verkehr mit der Familie Mendelssohn. In: Mendelssohn-Studien 2, 1975, S. 141 bis 182.

Ders.: Henriette Mendelssohn. Unresolved Conflicts of Integration. Leo Baeck Year Book, Jg. XXI, 1976, S. 247–258.

Richter, Arndt: Mendelssohn. Leben – Werke – Dokumente. Mainz 1994.

Rodd, Renell: Friedrich III. als Kronprinz und Kaiser. Ein Lebensbild. Mit einer Einleitung von Ihrer Majestät der Kaiserin Friedrich. Deutsche Ausgabe von Sebastian Hensel. 6. Auflage, Berlin 1888.

Rosenstrauch, Hazel: Von der Peripherie zum Zentrum zur Peripherie. Dorothea Schlegel und Henriette Mendelssohn. In: Raabe, Katharina (Hrsg.): Deutsche Schwestern. Vierzehn biographische Portraits. Reinbek bei Hamburg 1998, S. 89–127.

Sabine Lepsius: Das Haus Hensel In: Elvers/Klein, Die Mendelssohns in Berlin, S. 77–79.

Salomon Bartholdy, Jacob Ludwig: Bruchstücke zur näheren Kenntniß des heutigen Griechenlands. Berlin 1805.

Schindler-Saefkow, Bärbel/Engelmann, Claus (Hrsg.): Börnicker Geschichten aus sieben Jahrhunderten. Börnicke 2000.

Schinköth, Thomas: »Es soll hier keine Diskussion über den Wert der Kompositionen angeschnitten werden«. In: Mendelssohn-Studien 11, 1999, S. 177–205.

Schmidt-Beste, Thomas: »Alles von ihm gelernt?« In: Mendelssohn-Studien 10, 1997, S. 25–56.

Schoeps, Julius H.: Das Ende von Mendelssohn & Co. In: Hübener, Kristina/Hübscher, Wilfried G./Hummel, Detlev (Hrsg.): Bankgeschäfte an Havel und Spree. Potsdam 2000, S. 69–85.

Schottländer, Johann Wolfgang (Hrsg.): Carl Friedrich Zelters Darstellungen seines Lebens. Weimar 1931.

Schroeder, Karl Johann von: Um das Eiserne Kreuz von 1813 – Wilhelm Hensel in den Freiheitskriegen. In: Mendelssohn-Studien 3, 1979, S. 163–173

Schütze-Bergengruen, Maria: Unsere Fanny; erscheint voraussichtlich in den Mendelssohn-Studien.

Siebel, Ernst: Das ehemalige Stadtpalais von Ernst von Mendelssohn-Bartholdy in der Jägerstraße 53. Eine Annäherung an ein zerstörtes Gebäude. In: Mendelssohn-Studien 13, 2003, S. 305–343.

Silberstein, Siegfried: Moses Mendelssohns Witwe in Neustrelitz. Berlin 1932.

Simon, Hermann: Der Toravorhang Moses Mendelssohns. In: Jahrbuch 1995 Stadtmuseum Berlin, Berlin 1997, S. 279–287.

Sorkin, David: Moses Mendelssohn und die theologische Aufklärung. Wien 1999.

Stern, Carola: »Ich möchte mir Flügel wünschen.« Das Leben der Dorothea Schlegel. Reinbek bei Hamburg 1990.

Stolzenberg, Ingeborg: Benjamin Mendelssohn an August Twesten. In: Mendelssohn-Studien 7, 1990, S. 287–293.

Dies.: Georg Benjamin Mendelssohn im Spiegel seiner Korrespondenz. In: Mendelssohn-Studien 3, 1979, S. 81–161.

Dies.: Paul Mendelssohn-Bartholdy nach dem Tode seines Bruders Felix. In: Mendelssohn-Studien 8, 1993, S. 179–195.

Streckfuß, Karl: Jacob Ludwig und Fanny von Adelson samt ihren Sippen. Schriften der von Adelson'schen Familienstiftungen, Heft 1. Als Manuskript gedruckt 1928.

Suhr, Norbert: Karikaturen von Philipp Veit. Mainz 1981.

Ders.: Felix Mendelssohn und Philipp Veit. Unveröffentlichte Briefe. In: Mendelsohn-Studien 6, 1986, S. 107–119.

Ders.: Philipp Veit (1793–1877). Leben und Werk eines Nazareners. Monographie und Werkverzeichnis. Weinheim 1991.

Tilitzki, Christian: Die Beurlaubung des Staatsrechtslehrers Albert Hensel im Jahre 1933. Ein Beitrag zur Geschichte der Königsberger Universität. In: Mendelssohn-Studien 12, 2001, S. 243 bis 261.

Tomek, Ines: Das Gutshaus von Mendelssohn-Bartholdys in Börnicke bei Bernau. Eine Baubeschreibung. In: Mendelssohn-Studien 9, 1995, S. 123–133.

Treue, Wilhelm: Das Bankhaus Mendelssohn als Beispiel einer Privatbank im 19. und 20. Jahrhundert. In: Mendelssohn-Studien 1, 1972, S. 29–80.

Trützschler von Falkenstein, Curt: Die Lösung der Judenfrage im Deutschen Reiche. 2. Auflage, Darmstadt 1917.

Vagts, Alfred: Albrecht Mendelssohn Bartholdy. Ein Lebensbild. In: Mendelsohn-Studien 3, 1979, S. 201–225.

Varnhagen von Ense, Karl August (Hrsg.): Galerie von Bildnissen aus Rahel's Umgang und Briefwechsel. Berlin 1836.

Ders.: Denkwürdigkeiten des eigenen Lebens. Hrsg. von Konrad Feilchenfeldt. Frankfurt am Main 1987.

Ders.: Rahel-Bibliothek. Bd. 1–10. Hrsg. von Konrad Feilchenfeldt/Uwe Schweikert/Rahel E. Steiner. München 1983.

Ders.: Tagebücher. Bd. 1–6, Leipzig 1861/62, Bd. 7–8, Zürich 1865, Bd. 9–14, Hamburg 1868–1870.

Wachs, Philipp-Christian: Preußische Junker oder ausländische Juden? Elsa von Mendelssohn-Bartholdy und das Schicksal ihres Gutes Börnicke im Jahre 1945. In: Mendelssohn-Studien 9, 1995, S. 135–148.

Wenzel, Rainer: »Und Geschichte muß doch wohl allein auf Treu' und Glauben angenommen werden?« In Mendelssohn-Studien 12, 2001, S. 9–34.

Werner, Eric: Felix Mendelssohn. Leben und Werk in neuer Sicht. Zürich, Freiburg i. Br. 1980.

Werner-Jensen, Arnold: Arnold Mendelssohn als Liederkomponist. Winterthur 1976.

Wilkes, Johannes: Der Streichholzjunge. Geschichten von Helden und Opfern in Erlangen. Erlangen 2002.

Wolff, Ernst: Felix Mendelssohn Bartholdy. Berlin 1906.

Wollny, Peter: »Ein förmlicher Sebastian und Philipp Emanuel Bach-Kultus«. In: Gerhard, Musik und Ästhetik, S. 217–255.

Zarek, Otto: Moses Mendelsohn. Ein jüdisches Schicksal in Deutschland. Amsterdam 1936.

Ziegler, Günter: Die Moses Mendelssohn-Stiftung zur Förderung der Geisteswissenschaften. Geschichte und Schicksal. In: Schriftenreihe der Moses-Mendelssohn-Gesellschaft Dessau e. V., Nr. 7, o. J.

Zielenziger, Kurt: Juden in der deutschen Wirtschaft. Berlin 1930.
Zum Gedächtnis an Franz von Mendelssohn: Reden bei der Trauerfeier in seinem Hause in Berlin-Grunewald am 17. Juni 1935. Hrsg. von Hermann Priebe/Karl Gelpcke/Rudolph Loeb. Privatdruck. Berlin 1935.

Weitere Literatur

Allgemeine Deutsche Biographie. Bd. 51, München 1906.
Auerbach, Berthold: Zur guten Stunde. Gesammelte Volkserzählungen. Bd. 1, Stuttgart 1872.
Berger, Ursel: »Unsere Unreife für künstlerische Nationalaufgaben«. Projekte für Rathenau-Denkmäler in Berlin. In: Walther Rathenau 1867–1922. Die Extreme berühren sich. Eine Ausstellung des Deutschen Historischen Museums in Zusammenarbeit mit dem Leo Baeck Institute, New York, hrsg. von Hans Wilderotter. Berlin o. J.
Bergner, Elisabeth: Bewundert viel und viel gescholten ... Unordentliche Erinnerungen. München 1978.
Berichte der Deutschen Chemischen Gesellschaft, Jg. 13, Januar–Juni 1880, Sitzung vom 24. Februar 1880
Chézy, Helmine von: Ueberlieferungen und Umrisse aus Napoleons Tagen. In: Der Freihafen, Hefte 1–4, Altona 1840/41.
Fontane, Theodor: Wanderungen durch die Mark Brandenburg. Berlin 1881/2001.
Gantzel, Klaus Jürgen (Hrsg.): Kolonialrechtswissenschaft, Kriegsursachenforschung, Internationale Angelegenheiten. Hamburg 1983.
Geschichte der Großen Landesloge der Freimaurer von Deutschland zu Berlin. Bd. 1, Berlin 1920.
Heine, Heinrich: Säkularausgabe. Werke, Briefwechsel, Lebenszeugnisse. Hrsg. von der Stiftung Weimarer Klassik und dem Centre National de la Recherche Scientifique in Paris. Bd. 22: Briefe 1842–1849. Bearbeitet von Fritz H. Eisner. Berlin 1972.
Helling, J. G. A. Ludwig (Hrsg.): Geschichtlich-statistisch-topographisches Taschenbuch von Berlin und seinen nächsten Umgebungen. Berlin 1832.
Herklots, Karl Alexander: Oedip zu Colonos. Lyrisches Drama in drey Aufzügen zur beybehaltenen Musik von A. Sacchini. Berlin 1811.
Heyse, Paul: Jugenderinnerungen und Bekenntnisse. 3. Aufl., Berlin 1900.

Hobsbawm, Eric: Das Zeitalter der Extreme. Weltgeschichte des 20. Jahrhunderts. München 1998.

Jolles, Leo: Im Reich des Geldes. Berlin, Leipzig 1915.

Kaufmann, Sylke (Hrsg.): Goethes Malerin. Die Erinnerungen der Louise Seidler. Berlin 2003.

Klenner, Hermann: Preußisches zur Judengesetzgebung. Friedrichs, des sogenannten Großen, Reglement vor die Judenschaft. In: Judentum. Wege zur geistigen Befreiung. Dessauer Herbstseminare 2000 und 2001 zur Geschichte der Juden in Deutschland. Dessau 2002, S. 102–138.

Lesser, Ludwig: Chronik der Gesellschaft der Freunde in Berlin zur Feier ihres fünfzigjährigen Jubiläums. Berlin 1842.

Lessing, Gotthold Ephraim: Nathan der Weise. Stuttgart 1990.

Ders.: Werke und Briefe. Bd. 3: 1754–1757. Frankfurt am Main 2003.

Lexikon des Judentums. Gütersloh, Berlin, München, Wien 1970.

Lexikon für Theologie und Kirche. Freiburg 1957–1968.

Luther, Hans: Vor dem Abgrund. Berlin o. J.

Mommsen, Theodor: Römische Kaisergeschichte. Nach den Vorlesungs-Mitschriften von Sebastian und Paul Hensel 1882/86. Hrsg. von Barbara und Alexander Demandt. München 1992.

Neckarsulmer, Ernst: Der alte und der neue Reichtum. Berlin 1925.

Nicolai, Friedrich: Beschreibung der Königlichen Residenzstädte Berlin und Potsdam. Bd. 1–3, Berlin 1786.

Rousseau, Jean-Jacques: Emile oder über die Erziehung. Das »Glaubensbekenntnis des savoyischen Vikars« auf S. 275–334. Von Ludwig Schmidts (Hrsg.). Paderborn 1971.

Rückblick auf die Hundertjährige Geschichte der Gesellschaft der Freunde zu Berlin und Nachtrag zur Chronik bis zum Schluß des Jahres 1891. Berlin 1892.

Sagave, Pierre-Paul: Berlin und Frankreich 1685–1871. Berlin 1980.

Schlegel, Friedrich: Lucinde. Darin: Friedrich Schleiermacher: Vertraute Briefe. Herausgegeben, mit Dokumenten-Anhang und Nachwort von Eike Middell. Leipzig 1970.

Schneiders, Werner: Lexikon der Aufklärung. Deutschland und Europa. München 1995.

Stuckart, Wilhelm/Globke, Hans: Kommentar zur deutschen Rassegesetzgebung. München, Berlin 1936.

Treitschke, Heinrich von: Unsere Aussichten. In: Preußische Jahrbücher, Bd. 44, 1879, S. 559–576.

Vagts, Alfred: Erinnerungen an Hamburg 1923–1932. In: Gantzel, Kolonialrechtswissenschaft, Kriegsursachenforschung, Internationale Angelegenheiten, S. 97–111.

Wilson, W. Daniel: Goethes Haltung zur Judenemanzipation und jüdische Haltungen zu Goethe. In: Weber, Annette (Hrsg.): »Außerdem waren sie ja auch Menschen …«. Goethes Begegnung mit Juden und Judentum. Berlin, Wien 2000.

»Der Wasserträger«: CD-Booklet Opus B00005YVZU, Original-Text nach Autograph in der Staatsbibliothek zu Berlin, Stiftung Preußischer Kulturbesitz.

Zwischen den Bildern – Aspekte der Filmmontage. Sonderausgabe der Filmzeitung des AFK-Filmstudios, Wintersemester 1997/98.

Bildnachweis

akg-images: 5, 7
Landesarchiv Berlin: 38
Landesdenkmalamt Berlin: 12
Staatsbibliothek zu Berlin – Preußischer Kulturbesitz, Musikabt. mit Mendelssohn-Archiv: 1, 2, 8, 13, 14, 15, 18, 20, 21, 26, 29, 33, 34, 41
Stadtmuseum Berlin: 11, 17
Bildarchiv Preußischer Kulturbesitz: 3, 6, 10, 19, 22, 23, 39
Dr. Thomas Blubacher, Rheinfelden: 43
Deutsches Apotheker Haus, Berlin (Foto: Dr. Ernst Siebel): 16
Gleimhaus, Halberstadt: 4
Landesmuseum Mainz: 28
Mendelssohn-Gesellschaft, Berlin: 40
Dr. Gabriele Mendelssohn, Ingelheim: 27
Hensel, Sebastian: Ein Lebensbild aus Deutschlands Lehrjahren. Berlin 1903: 35
Wilhelm Hensel 1794–1861. Porträtist und Maler. Werke und Dokumente. Ausstellung zum 200. Geburtstag, veranstaltet vom Mendelssohn-Archiv der Staatsbibliothek zu Berlin – Preußischer Kulturbesitz. Wiesbaden 1994: 25
Mendelssohn-Studien: 30, 31, 32
Mendelsohn, Arnold: Gott Welt und Kunst. Aufzeichnungen. Darmstadt 1949: 36

Die Porträts auf dem Schutzumschlag stammen aus der Staatsbibliothek zu Berlin – Preußischer Kulturbesitz, Musikabt. mit Mendelssohn-Archiv, mit Ausnahme von: Eleonora und Francesco von Mendelssohn (Dr. Thomas Blubacher), Arnold Mendelssohn (aus: ders: Gott Welt und Kunst. Aufzeichnungen. Darmstadt 1949), Philipp Veit (Landesmuseum Mainz), Recha Meyer (Bildarchiv preußischer Kulturbesitz) und Arnold Mendelssohn (Dr. Gabriele Mendelssohn).

Leider konnten nicht alle Rechtsinhaber ermittelt werden. Berechtigte Ansprüche bitten wir an den Verlag zu richten.

Dank

Allen Personen, die an diese wahre Geschichte und ihre Figuren geglaubt und mich ermutigt haben, möchte ich Dank sagen. Die Alfred-Freiherr-von-Oppenheim-Stiftung hat mir geholfen, die Biographie Abraham Mendelssohn Bartholdys zu erforschen, durch dessen Leben und Persönlichkeit ich viele Aspekte der Mendelssohnschen Familiengeschichte erst verstanden habe. Der Stiftung bin ich zu Dank verpflichtet, ebenso in besonderem Maße Dr. Sebastian Panwitz und Dr. Ernst Siebel: für zuverlässigen Rat, beglückende Dokumentenfunde und wichtige Hinweise. Mein Dank gilt außerdem Dr. Cécile Lowenthal-Hensel für die Einsicht in aufschlußreiche Familiendokumente sowie Helga Breithaupt, Dr. Hans-Günter Klein, Dr. Ilse Rabien und Dr. Susanne Netzer.

Personenregister